21世纪高等学校规划教材 | 信息管理与信息系统

信息系统开发

——方法、案例与实验

郝晓玲 主编
韩冬梅 韩松乔 副主编

清华大学出版社
北 京

内容简介

本书以整个信息系统开发生命周期为主线，重点围绕结构化方法和面向对象开发方法，详细阐述系统规划、系统分析、系统设计、系统实施以及系统运行与支持等各阶段的主要内容，并介绍了项目管理工具以及系统分析、设计的CASE等，使其更具实践性。在每章之后提供了典型应用案例、思考题和练习题，用以加深理解。本书共分三部分：第1章至第3章主要介绍信息系统的概念、主要开发方法以及贯穿项目生命周期的项目管理技术；第4章至第11章讲述系统开发各阶段的任务、过程、结构化方法和工具；第12章至第17章讲述面向对象需求理解、面向对象分析、面向对象设计和面向对象实现。附录部分针对教学内容提供了10个系统开发项目，并设计了8个实验和6套模拟题，以强化读者的实践能力。

本书内容丰富，翔实生动，融合了方法、案例和实验，便于读者理论联系实际，可作为高等院校管理工程和管理信息系统专业教材，也可作为计算机和信息系统专业本科生、研究生的教科书，同时也可供软件工程、系统分析技术人员参考。

图书在版编目(CIP)数据

信息系统开发——方法、案例与实验/郝晓玲主编. —北京：清华大学出版社，2012.3(2020.12重印)
(21世纪高等学校规划教材·信息管理与信息系统)
ISBN 978-7-302-28059-0

Ⅰ.①信… Ⅱ.①郝… Ⅲ.①信息系统—系统开发 Ⅳ.①G202

中国版本图书馆CIP数据核字(2012)第024148号

责任编辑：闫红梅 顾 冰
封面设计：常学影
责任校对：梁 毅
责任印制：沈 露

出版发行：清华大学出版社
网 址：http://www.tup.com.cn，http://www.wqbook.com
地 址：北京清华大学学研大厦A座 **邮 编**：100084
社 总 机：010-62770175 **邮 购**：010-83470236
投稿与读者服务：010-62776969，c-service@tup.tsinghua.edu.cn
质量反馈：010-62772015，zhiliang@tup.tsinghua.edu.cn
课件下载：http://www.tup.com.cn，010-83470236
印 装 者：三河市宏图印务有限公司
经 销：全国新华书店
开 本：185mm×260mm **印 张**：31.25 **字 数**：785千字
版 次：2012年3月第1版 **印 次**：2020年12月第10次印刷
印 数：12001～13000
定 价：69.00元

产品编号：028836-03

出版说明

随着我国改革开放的进一步深化，高等教育也得到了快速发展，各地高校紧密结合地方经济建设发展需要，科学运用市场调节机制，加大了使用信息科学等现代科学技术提升、改造传统学科专业的投入力度，通过教育改革合理调整和配置了教育资源，优化了传统学科专业，积极为地方经济建设输送人才，为我国经济社会的快速、健康和可持续发展以及高等教育自身的改革发展做出了巨大贡献。但是，高等教育质量还需要进一步提高以适应经济社会发展的需要，不少高校的专业设置和结构不尽合理，教师队伍整体素质亟待提高，人才培养模式、教学内容和方法需要进一步转变，学生的实践能力和创新精神亟待加强。

教育部一直十分重视高等教育质量工作。2007 年 1 月，教育部下发了《关于实施高等学校本科教学质量与教学改革工程的意见》，计划实施"高等学校本科教学质量与教学改革工程（简称'质量工程'）"，通过专业结构调整、课程教材建设、实践教学改革、教学团队建设等多项内容，进一步深化高等学校教学改革，提高人才培养的能力和水平，更好地满足经济社会发展对高素质人才的需要。在贯彻和落实教育部"质量工程"的过程中，各地高校发挥师资力量强、办学经验丰富、教学资源充裕等优势，对其特色专业及特色课程（群）加以规划、整理和总结，更新教学内容、改革课程体系，建设了一大批内容新、体系新、方法新、手段新的特色课程。在此基础上，经教育部相关教学指导委员会专家的指导和建议，清华大学出版社在多个领域精选各高校的特色课程，分别规划出版系列教材，以配合"质量工程"的实施，满足各高校教学质量和教学改革的需要。

为了深入贯彻落实教育部《关于加强高等学校本科教学工作，提高教学质量的若干意见》精神，紧密配合教育部已经启动的"高等学校教学质量与教学改革工程精品课程建设工作"，在有关专家、教授的倡议和有关部门的大力支持下，我们组织并成立了"清华大学出版社教材编审委员会"（以下简称"编委会"），旨在配合教育部制定精品课程教材的出版规划，讨论并实施精品课程教材的编写与出版工作。"编委会"成员皆来自全国各类高等学校教学与科研第一线的骨干教师，其中许多教师为各校相关院、系主管教学的院长或系主任。

按照教育部的要求，"编委会"一致认为，精品课程的建设工作从开始就要坚持高标准、严要求，处于一个比较高的起点上；精品课程教材应该能够反映各高校教学改革与课程建设的需要，要有特色风格、有创新性（新体系、新内容、新手段、新思路，教材的内容体系有较高的科学创新、技术创新和理念创新的含量）、先进性（对原有的学科体系有实质性的改革和发展，顺应并符合 21 世纪教学发展的规律，代表并引领课程发展的趋势和方向）、示范性（教材所体现的课程体系具有较广泛的辐射性和示范性）和一定的前瞻性。教材由个人申报或各校推荐（通过所在高校的"编委会"成员推荐），经"编委会"认真评审，最后由清华大学出版社审定出版。

目前，针对计算机类和电子信息类相关专业成立了两个“编委会”，即“清华大学出版社计算机教材编审委员会”和“清华大学出版社电子信息教材编审委员会”。推出的特色精品教材包括：

（1）21 世纪高等学校规划教材·计算机应用——高等学校各类专业，特别是非计算机专业的计算机应用类教材。

（2）21 世纪高等学校规划教材·计算机科学与技术——高等学校计算机相关专业的教材。

（3）21 世纪高等学校规划教材·电子信息——高等学校电子信息相关专业的教材。

（4）21 世纪高等学校规划教材·软件工程——高等学校软件工程相关专业的教材。

（5）21 世纪高等学校规划教材·信息管理与信息系统。

（6）21 世纪高等学校规划教材·财经管理与计算机应用。

（7）21 世纪高等学校规划教材·电子商务。

清华大学出版社经过三十多年的努力，在教材尤其是计算机和电子信息类专业教材出版方面树立了权威品牌，为我国的高等教育事业做出了重要贡献。清华版教材形成了技术准确、内容严谨的独特风格，这种风格将延续并反映在特色精品教材的建设中。

清华大学出版社教材编审委员会

联系人：魏江江

E-mail：weijj@tup.tsinghua.edu.cn

前言

信息化已经成为世界经济和社会发展的大趋势，信息系统的建设是信息化工作的关键环节，而信息系统开发成功的关键就在于正确的方法论，能否运用科学规范的系统开发方法往往影响到信息系统开发的质量，乃至成败。只有既掌握管理又掌握信息技术的优秀系统分析员，才能够科学有效地开展系统需求分析和设计，担负起组织实施的重任。

为了适应社会与技术的发展，以培养具有现代综合素质的系统分析员为目标，在教学思想上强化了与国际接轨、互动式教学和培养学生综合运用理论知识解决问题的技能。我们以精品课建设项目为契机，立足于课程改革要求，在教材建设上尽量突出以下特色：

1. 强调经典与前沿的统一。在内容组织上强调传统的结构化开发方法与新的面向对象开发方法的并重。结构化方法作为经典和成熟的开发方法，具有很强的实用价值。面向对象方法作为业界较为流行的开发方法，也被行业普遍接受。因此，教材内容在保留经典的同时，也关注前沿的开发理念和方法，使学生能够适应社会发展需求。

2. 注重案例的筛选和讲解。针对重点内容设计了适合于课堂分析的典型案例，加强学生对基本概念的学以致用和消化理解。

3. 通过实验环节加强学生的实践操作能力。针对部分需要实践操作的章节，增加实验环节，分别设计了验证性实验、设计性实验和综合性实验，强化对开发工具与方法的综合运用能力。

4. 针对知识点的巩固与练习。练习与知识点相配套，在一些重要知识点后设计了练习模块，并给出具体的解题思路，引导读者主动思考和解决问题。此外，每章都列出了小结，并配有适量的、经过精选的习题，促进读者对内容进行深入学习和思考。

5. 本书融合了一些优秀教科书的内容，注重融入新的技术和理念，如极限编程、敏捷开发、面向对象等新方法和新技术，以跟踪系统分析与设计前沿技术和方法的发展动态。

6. 强调对 CASE 工具的运用和掌握。使学生了解主流的软件工具和软件开发环境产品，并借助 CASE 工具如 Visio、PowerDesigner、Rational Rose 等提高系统开发的效率。

7. 各章教学内容相对独立，针对不同知识模块的案例也相对独立，在实际授课时，教师可以根据课时和教学需要，有选择地安排教学内容和实验环节。

本教材由郝晓玲主编，韩冬梅与韩松乔为副主编，负责全书内容的编写。周鑫、徐珊珊、武茂枝、谢姚蕾等同学对书稿进行了校对，并完成书中图表的修正，在此表示感谢。

本书难免存在疏漏和不足之处，敬请广大读者批评指正，编者将不胜感谢。

编　者

2010 年 8 月

目 录

第1章 信息系统开发概述

学习目标

本章主要介绍系统及信息系统的基本概念，对信息系统开发的主要过程进行概述，同时对信息系统的相关角色进行阐述，并通过引入完整的信息系统开发案例，使读者对信息系统开发各阶段的主要任务有全局性的认识。

通过本章学习，要求掌握：

- 信息系统的基本概念和组成，这部分是理解后续内容的基础。
- 信息系统开发的基本过程，系统开发各阶段的主要内容。
- 围绕信息系统开发主要过程的角色分配。

1.1 信息系统的基本概念

1.1.1 信息系统与信息技术

1. 系统

系统(system)是具有可识别边界的一套相互关联的组件共同工作以达到某种目的。系统反映了人们对事物的一种认识论，即系统是由两个或两个以上的元素相结合的有机整体，系统的整体不等于其局部的简单相加。系统普遍具有以下 9 个要素，如图 1.1 所示。

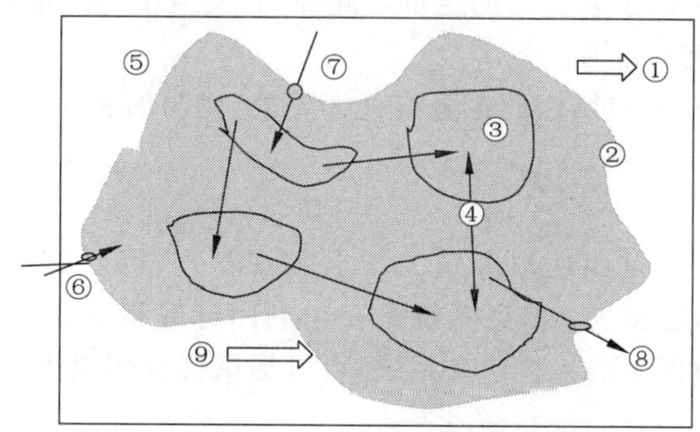

① 目的 ② 边界 ③ 构件 ④ 构件之间的关系
⑤ 环境 ⑥ 接口 ⑦ 输入 ⑧ 输出 ⑨ 约束

图 1.1 系统示意图

下面以某大学附近的快餐店为例对系统的要素进行说明。从系统的视角来看，快餐店具备系统的特征，可视为一个物理系统，如图 1.2 所示。

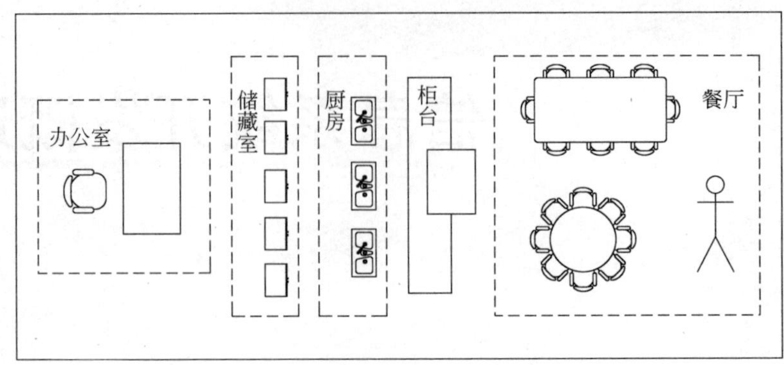

图 1.2 快餐店系统示意图

该系统的九大要素分别如下：

- 目标——该系统的主要目标是准备食品并把食品卖给顾客，从而生存盈利。
- 边界——系统的边界由物理的墙壁组成。
- 构件——包括厨房、餐厅、柜台、储藏室和办公室等子系统。
- 构件之间的关系——厨房、餐厅、柜台、储藏室和办公室等子系统之间需要进行合作，完成为客户供餐的目标。
- 环境——环境由那些和该店相互作用的外部要素构成，例如，该快餐店的顾客主要来自附近的大学，附近还有几家快餐竞争者。
- 接口——柜台是系统的一个接口，顾客在这儿点菜。另一个系统接口是店的后门，在这儿递送食品。还有一个系统接口是电话，经理利用它和银行以及食品配送商交流。
- 输入——包括制作食品的原料、食品、劳动力、现金等，但不限于这些。
- 输出——准备好的食品、银行存款、垃圾等，但也是不限于这些。
- 约束——快餐店的经营有几个约束，它的定位是能够便捷地提供物美价廉大众化的食品，如三明治和牛奶，这些都限制了快餐店能够提供的食品，同时该店与大学毗邻的地理位置也限制了它食品的定价。此外，有关卫生部门也对该店在如食品存储和加工方面有条例约束等。

信息系统也是系统的一种，因此也具有九大要素，说明如表 1-1 所示。

2. 信息系统

信息系统的概念最早是由明尼苏达大学卡尔森管理学院的教授 Gordon B. Davis 于 1985 年提出的，他下的定义为：信息系统是一个利用计算机软硬件，利用各类分析、计划、控制、决策模型，以及数据库的人机信息系统，可以提供信息用以支持企业或组织的运行、管理和决策功能。

我国学者薛华成教授认为，信息系统(Information System，IS)是一个以人为主导，利用计算机技术、网络通信技术以及其他办公设备，进行信息的收集、传输、加工、存储、更新和维

表 1-1　信息系统的九大要素

信息系统要素	说　明
目标	信息系统的目标是信息系统建设的根本出发点和最终目的。一般应结合组织内外部实际情况，从业务战略角度和高度出发制定信息系统目标，将信息系统目标与业务目标结合起来
边界	信息系统的边界是不可见的，很难从物理角度进行区分。系统与其他系统之间一般通过接口的形式进行连接，例如人事信息系统与财务信息系统之间存在接口
构件	指信息系统的组成模块或者子系统，例如，企业管理信息系统通常由人事子系统、财务子系统、营销子系统、生产子系统等组成
构件之间的关系	各子系统之间相互依赖，相互传递信息，协同工作，以确保整个系统的和谐运转
环境	包括信息系统应用的用户环境、技术环境、法律环境等
接口	信息系统的接口主要有两类：一是信息系统与其他系统之间的接口，二是信息系统与人之间的接口，即系统的用户界面
输入	系统的输入信息包括各种需要录入到系统中的数据和信息
输出	信息系统的输出有两种，一种是软输出，即呈现在计算机屏幕上的输出；另一种是硬输出，包括各种需要分发给用户的图形、报表、文字等各类文档
约束	指开发以及应用信息系统的各类限制条件，如开发的技术限制，系统的容量、内存、运行速度，或者管理限制等

护，以企业战略竞优、提高效益和效率为目的，支持企业高层决策、中层控制、基层运作的集成化的人机系统。这个定义说明信息系统绝不仅仅是一个技术系统，而是把人包括在内的人机系统，因而它是一个管理系统，也是个社会系统。

3. 信息技术

信息技术是指信息的采集、存储、加工、输出、传递等过程中的各种技术总称，主要包含计算机技术（软硬件）和电信技术（数据、图像和语音网络）。它也常被称为信息和通信技术（Information and Communications Technology，ICT）。

信息技术的应用包括计算机硬件和软件、网络和通信技术、应用软件开发工具等。随着计算机和互联网的普及，人们日益普遍地使用计算机来生产、处理、交换和传播各种形式的信息（如书籍、商业文件、报刊、唱片、电影、电视节目、语音、图形、图像等）。

从商业角度来看，一个信息系统是一个用于解决环境提出的挑战的，基于信息技术的组织管理方案，主要应用计算机科学和通信技术来设计、开发、安装和实施信息系统及应用软件。

在企业、学校和其他组织中，信息技术体系结构是一个为达成战略目标而采用和发展信息技术的综合结构。它包括管理和技术的成分。其管理成分包括使命、职能与信息需求、系统配置和信息流程；技术成分包括用于实现管理体系结构的信息技术标准、规则等。由于计算机是信息管理的中心，计算机部门通常被称为“信息技术部门”。

4. 系统方法

系统方法作为一种普遍的方法论反映了人类的思维模式，有助于理解系统组织的方式以及系统如何工作，这些技术有助于我们应用理论和概念构造现实世界中的系统。系统方法是用系统的观点来认识和处理问题的方法，即把所研究的对象当作系统来认识和处理的方法，能极大地简化人们对事物的认知，给我们带来整体观。

系统方法要求人们运用系统的观点，从系统整体与部分、功能与结构、系统与环境之间的相互联系和相互作用中考察对象。系统观点强调把握对象的整体性，把对象分解成为多个部分或要素，分析各个部分在整体对象中的位置和作用，以及各个部分之间的相互联系和结构。包含以下 4 个要点：

(1) 整体性。在分析和处理问题的过程中，始终从整体来考虑，把整体放在第一位，而不是让任何部分的东西凌驾于整体之上。整体法要求把思考问题的方向对准全局和整体，从全局和整体出发。如果在应该运用整体思维进行思维的时候，不用整体思维法，那么无论在宏观方面还是微观方面，都会受到损害。

(2) 结构性。进行系统思维时，注意系统内部结构的合理性。系统由各部分组成，部分与部分之间组合是否合理，对系统有很大影响。这就是系统中的结构问题。好的结构是指组成系统的各部分间组织合理，具有有机的联系。

(3) 关联性。每一个系统都由各种各样的因素构成，其中相对具有重要意义的因素称为构成要素。要使整个系统正常运转并发挥最好的作用或处于最佳状态，必须对各要素考察周全和充分，充分发挥各要素的作用。

(4) 功能性。是指为了使一个系统呈现出最佳态势，应从大局出发来调整或改变系统内部各部分的功能与作用。在此过程中，可能是使所有部分都向更好的方面改变，从而使系统状态更佳，也可能是以降低系统某部分的功能为代价来求得系统的全局利益。

1.1.2 信息系统的结构

1. 信息系统的功能结构

从功能上来看，信息系统具有以下 5 个基本功能：输入、存储、处理、输出和反馈与控制。如图 1.3 所示。

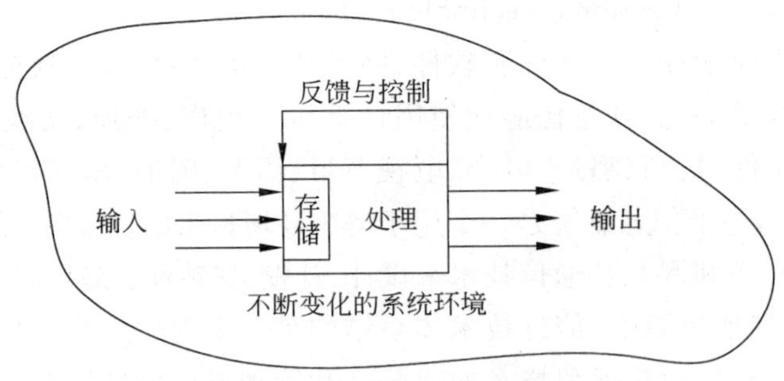

图 1.3 信息系统功能结构

(1) 输入功能：信息系统的输入功能决定于系统所要达到的目的及系统的能力和信息环境的许可。

(2) 存储功能：存储功能指的是系统存储各种信息资料和数据的能力。

(3) 处理功能：信息处理是指对输入或条件做出的系统响应或者转换，有时信息处理也包括信息的传输、加工和存储。

(4) 输出功能：信息系统的各种功能都是为了保证最终实现最佳的输出功能。信息的输出主要面向系统的使用者，使用者接收信息并利用信息进行决策。

(5) 反馈与控制功能：对构成系统的各种信息处理设备进行控制和管理，对整个信息加工、处理、传输、输出等环节通过各种程序进行控制。通常，信息管理者负责信息系统的运行和协调，使系统具有一个反馈和控制回路，以使系统可以自我调整并适应变化的环境。

2. 信息系统的应用结构

从系统应用的角度来看，可以根据信息系统服务对象的不同来划分。从横向上来看，信息系统可以承担多种服务职能，以生产企业为例，其业务包括生产、销售、采购与运输、财务、人事等方面的工作，这些业务都有相应的子系统为其提供所需的信息。因此，信息系统可以划分为生产子系统、市场子系统、供运子系统、财会子系统、人事子系统等。如图 1.4 所示。

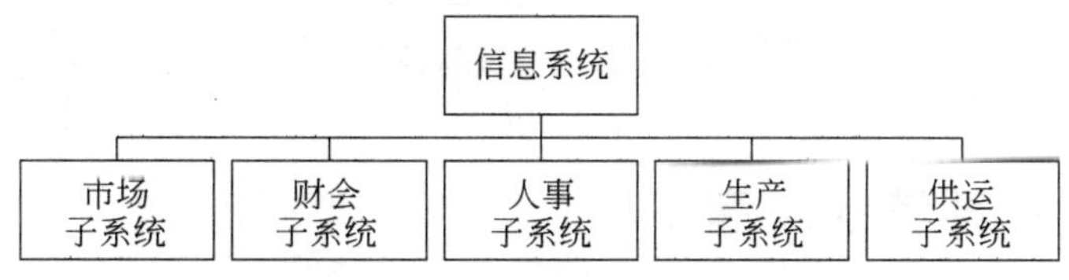

图 1.4 信息系统横向结构

从纵向上来看，企业可划分为战略管理层、战术管理层、知识管理层、操作管理层，不同管理层对信息的需求也不相同。信息系统的任务在于支持管理业务，因而可以按管理任务的层次进行设计，不同层次的信息系统分别服务于组织的不同管理层，如图 1.5 所示。

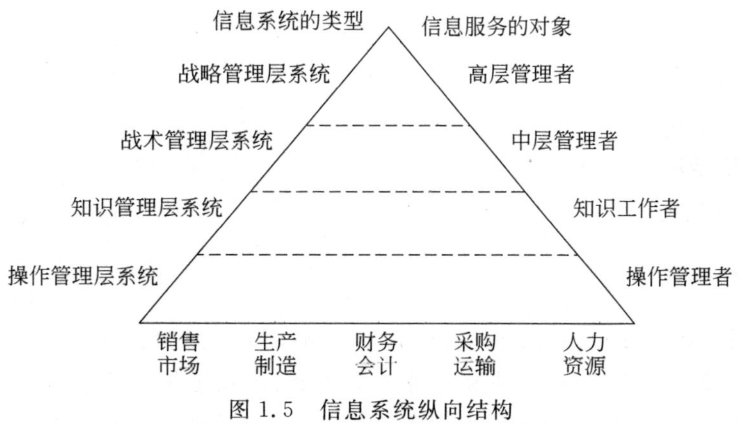

图 1.5 信息系统纵向结构

3. 信息系统的软件结构

信息系统的软件结构是指支持信息系统各种功能的软件系统或者软件模板组成的系统结构。软件结构可以采用功能-层次矩阵表示，如图 1.6 所示，每列代表一种管理功能，功能的划分根据组织的不同而不同，每行表示一个管理层次，行列交叉表示每种职能子系统。

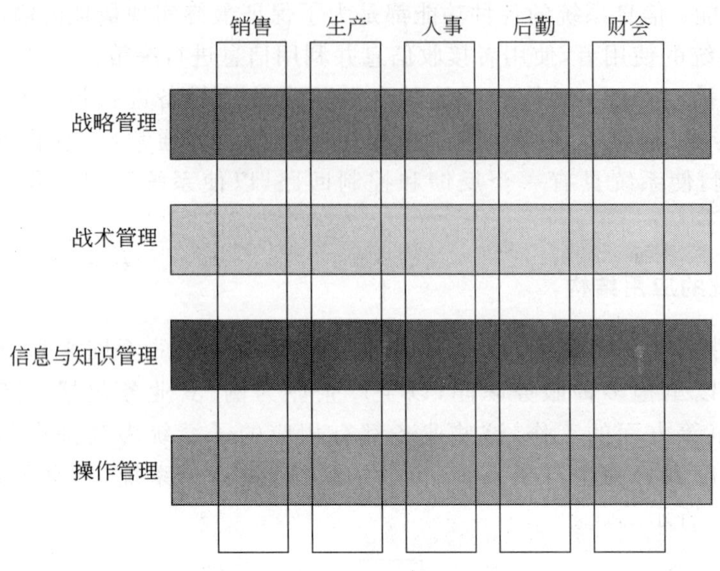

图 1.6　信息系统软件结构

1.1.3 信息系统的类型

信息系统按信息系统用户类别可分为前端信息系统和后端信息系统。前端信息系统是指支持延伸到企业客户的业务功能的信息系统；后端信息系统是指支持组织内部业务运行并直达供应商的信息系统。

按照提供的功能、服务组织的层次，信息系统可分为：

- 事务处理系统；
- 管理信息系统；
- 办公自动化系统；
- 知识工作系统；
- 决策支持系统；
- 经理信息系统。

1. 事务处理系统

事务处理系统(Transaction Processing Systems，TPS)是操作层的系统，主要完成信息的捕获、生成、存储和传递等任务，支持企业业务中例行的、常规性的事务活动。事务处理系统主要处理结构化问题，处理步骤也很固定，主要操作就是排序、列表、更新，使用的运算是简单的加减乘除运算，使用人员是操作人员。

典型的事务处理系统包括超市 POS 系统、教务信息系统、航空公司订票系统、收支账目系统、工资管理系统、订单录入系统、存货控制系统、图书管理系统等。

所有的事务处理系统均完成一系列共同的基本数据处理活动。主要包括以下活动，如图 1.7 所示。

(1) 数据收集。获取和收集完成事务处理所需数据的过程称为数据收集，许多数据收

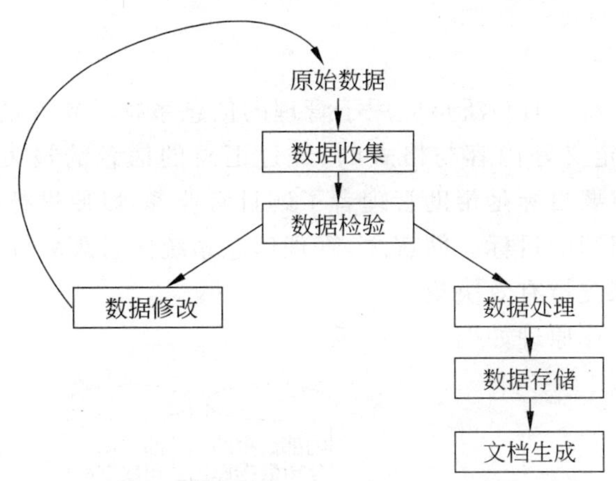

图 1.7 事务处理系统的工作原理

集可以采用自动化方式完成,例如超市结账处条形码扫描仪获得产品信息、员工上班时的划卡等。

(2) 数据校验。主要用于检查数据的有效性和完整性。例如,数量必须为数值型数据,否则数据项无效。

(3) 数据修改。当系统运行出现错误时,系统应提示错误信息,重新输入数据。

(4) 数据处理。执行和计算其他与企业相关的事务等数据转换过程,例如进行分类、数据检索、计算、汇总等。

(5) 数据存储。保存事务数据,更新事务数据库。数据可以被其他系统进一步处理和使用。

(6) 文档生成。文档生成包括输出记录和报告,例如产生文件、发票、管理报告、账单、库存报告等,代扣所得税等,可以是打印到纸文档的硬拷贝,也可以是显示在屏幕上的软拷贝。

下面以超市的销售终端系统(Point-of-Sales)为例进行说明,该系统的工作原理如下:

所有超市新进的商品都要提前录入系统,当用户选购完商品进行结账时,首先使用POS机扫描条形码读入产品信息,然后会在后台数据库中进行查找,如果存在就可以显示其价格,工作人员可以进行输入购买数量等相应的操作,如果不存在则报错:不存在此商品。确认后,系统会对信息进行处理,更新库存数量与销售数量,更新会员客户购物记录,同时将处理结果反馈到显示终端,并为客户打印收据。

事务处理系统的主要特点包括:

- 支持日常运作;
- 处理大量数据;
- 精度要求高;
- 逻辑关系简单;
- 重复性强;
- 支持多用户。

2. 管理信息系统

广义的管理信息系统(MIS)泛指应用于管理的信息系统。狭义的理解是组织中为管理人员提供定期的、预先定义好内容与格式的、经过汇总的信息的报表。此处采用狭义的理解。管理信息系统的主要目标是帮助管理者了解日常业务,以便进行既有效又高效的控制、组织、计划,最后达到组织的目标。简言之,管理信息系统向管理者提供每日业务反馈信息,通过不同的汇总分析来支持有效决策。

管理信息系统的工作原理如图 1.8 所示。

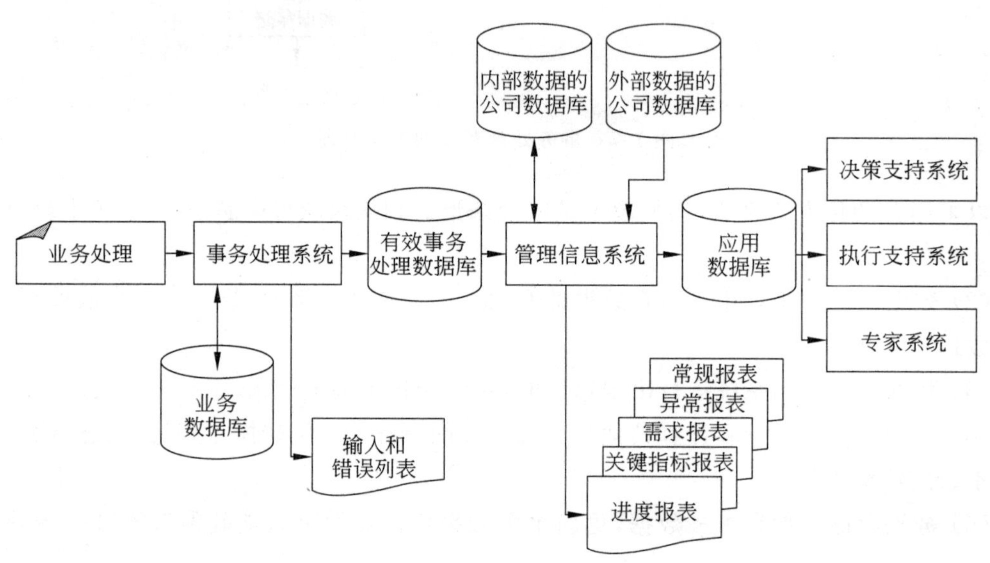

图 1.8 管理信息系统的工作原理

管理信息系统的输入主要来自于组织内的各种事务处理系统,也有部分外部信息,例如来自客户、供应商和竞争对手等的数据。管理信息系统运用获取的数据,并按照预先设定的报表格式对它们进行处理,以便管理者使用。例如,管理信息系统为销售部经理提供每周销售报表,涵盖过去一周的销售状况,以及不同地区、不同销售代表和不同产品的销售活动等,以便销售部经理进行分析比较。

经过处理产生的输出主要包括定期报表,指按照固定的时间间隔生成的报表;需求报表,是按管理人员的要求来提供的报表;异常报表,当出现异常情况或需要管理人员特别注意时,由系统自动生成的那些报表;详细报表,即就某一情况为管理人员提供更为详尽的数据的报表。这些报表筛选和分析事务处理数据库中高度细化的数据,然后采用有意义的方式将结果呈送给管理者。这些报表通过简单易用的界面支持管理者决策,向他们提供所需的数据和信息。

管理信息系统具有如下特点:

- 管理信息系统支持操作层和管理控制层的结构化决策;
- 管理信息系统一般是面向报表和控制的,提供对业务工作的日常控制;
- 管理信息系统提供的报表缺乏灵活性,不能任意定义报表的内容和格式;
- 管理信息系统是针对内部的而不是外部的;

- 信息需求是已知和稳定的。

管理信息系统与事务处理系统的区别如表 1-2 所示。

表 1-2　管理信息系统与事务处理系统的区别

事务处理系统	管理信息系统
面向数据、以处理数据为核心	面向信息、以生成有用信息为核心
针对某一职能制成一个独立系统(如计价、库存)	包括各职能子系统，还包括上层系统
处理详尽的数据	处理综合性的指标、趋势性的信息

3. 办公自动化系统

办公自动化系统(OAS)涵盖了企业日常行政事务的方方面面，包括请假、出差、报销、会议室预定、派车预定、订餐、办公用品申领等各种事务与流程。办公自动化系统旨在提高信息工人工作效率。企业办公自动化系统(企业 OA)通常包括以下主要部分：工作流、协同工作、知识管理、公文处理、行政办公等。

工作流一般包括可以对流程进行配置的工具和能够自动运行的工作流引擎，通过工作流功能以电子化的方式实现企业的业务流程的网上运转。

协同工作：以工作流引擎为基础，为企业各部门员工提供了强有力的沟通手段。企业各部门可以电子化的方式协同完成完整的业务流程，各环节可以有机结合，无缝衔接。对于各职位之间的协同工作情况可以进行有效控制。

知识管理：对企业内部的文档进行有序管理，提供强有力的检索功能和权限控制。

公文处理：公文处理是办公自动化中非常重要的组成部分。传统的 OA 系统往往以 OA 为核心，在现代以工作流为核心的企业 OA 中，公文也仍然占据重要地位。公文处理一般包括收、发文的管理、文件修改、审批，流程查看等，其中比较先进的功能包括基于 Word 的文件处理和痕迹保留、进展短信通知等。

行政办公：一般在企业办公自动化系统中均包括企业日常行政办公的常用流程，如信息发布、会议管理、工作计划、会议室预定、出差申请、办公用品管理、财务报销、文件流程等，以帮助企业提高日常办公的效率。

4. 知识工作系统

知识工作系统(Knowledge Work Systems，KWS)是帮助组织中的知识工人建立和集成新的知识的信息系统。计算机辅助设计(Computer-Aided Design，CAD)系统是工作系统的一种，是利用计算机和能处理复杂图形的软件自动进行工程设计或修改工程设计的一种知识工作系统。虚拟现实系统(Virtual Reality System)也属于知识工作系统，它利用交互式的图形软件和硬件进行计算机模拟，来模拟现实世界的活动，使人们在感官上如置身于现实世界中一样。

知识工作系统特征如下：

- 支持知识工人方便地获取其所需的知识库。
- 支持合作工作的信息系统读取更多的外部数据和信息，提供方便、快捷的沟通方式。
- 提供更加有力的能对图形、分析模型、文档管理、通信处理等进行处理的软件。

- 有较强的运算能力。
- 有友好的用户接口。
- 知识工作系统常常需要使用工作站。

5. 决策支持系统

决策支持系统(Decision Support System,DSS)是辅助决策者通过数据、模型和知识,以人机交互方式进行半结构化或非结构化决策的计算机应用系统。它是管理信息系统(MIS)向更高一级发展而产生的先进信息管理系统。它为决策者提供分析问题、建立模型、模拟决策过程和方案的环境,调用各种信息资源和分析工具,帮助决策者提高决策水平和质量。

决策支持系统基本结构主要由3个部分组成,即数据部分、模型部分和人机交互部分,如图1.9所示。

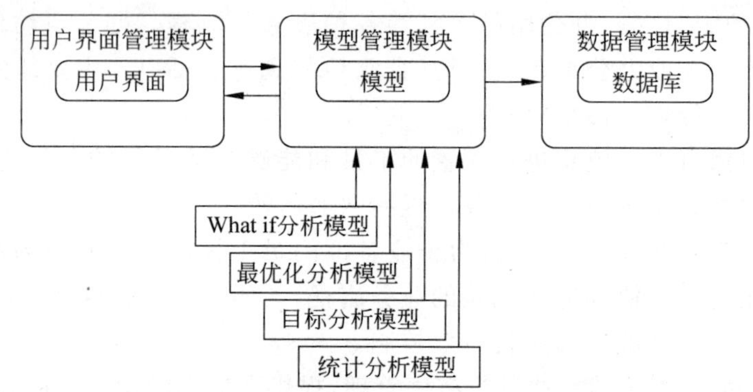

图 1.9 决策支持系统工作原理

数据部分是一个数据库系统;模型部分包括模型库(MB)及其管理系统(MBMS);人机交互部分是决策支持系统的人机交互界面,用以接收和检验用户请求,调用系统内部功能软件为决策服务,使模型运行、数据调用和知识推理达到有机的统一,有效地解决决策问题。

DSS具有如下特点:

- 支持决策者进行决策分析并做出决策,而不是代替决策者进行决策。
- 可用于各种结构化程度的问题,但重点在于半结构化问题。
- 可对各层管理进行支持,但重点在于较高层次,这个层次的问题结构性最差。
- 主要应用数据和模型进行决策分析,对结果进行优化和评价。
- 人机交互。

6. 经理信息系统

经理信息系统(Executive Information System,EIS)以企业主管(经理)为服务对象,集中于满足经理战略信息需求,基于DSS和MIS系统,其目的在于提高经理的工作效率,帮助经理们识别并提出问题和机会。

经理需进行的决策主要包括战略规划,即研究长期的、总的发展方向;战术规划,即研究如何实现战略规划;紧急处置,即对重大异常事件或事故、突然变故等的处置;对于影响长远与全局的、当前的、局部的问题也应关注。

经理所获取和利用的信息具有如下特点:信息的不确定性很大;一般是综合而不详尽

的、笼统而不精确的信息。经理信息系统的数据主要来自于TPS或MIS、组织内部的计划或预测信息、外部信息。

经理信息系统具有如下特征：

- 使用数据仓库支持决策制定，数据仓库信息来自于不同操作型的数据库。
- 向下挖掘能力，允许管理人员针对汇总信息进行向下挖掘，得到详细信息。
- 灵活的数据表达形式，可以根据经理需要选择不同的报表形式。

7. 各类信息系统之间联系与区别

组织中的各类信息系统不是独立工作的，它们之间存在相互依赖关系，通过系统集成可以将可利用的资源有效组织起来。组织中的各个系统服务于不同的管理层，实现不同的目的。不同类型信息系统之间的联系如图1.10所示。

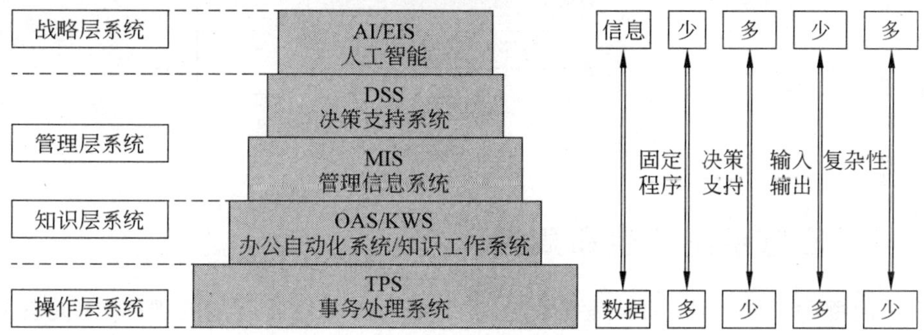

图1.10　不同类型信息系统之间的联系

各类信息系统之间的区别如表1-3所示。

表1-3　各类信息系统之间的区别

系统类型	输入信息	处　理	输　出	用　户
EIS	外部和内部汇总信息	图形、模拟、交互式	规划、询问的回答	高层管理者
DSS	优化的数据和分析模型	交互式模拟分析	特殊报告、决策分析与回答	专业人员和管理者
MIS	综合的事务数据、大量数据	例行报告、简单模型、低级分析	总结和例外报告	中层管理者
KWS	设计说明，知识库	模拟、模型	模型、图形	专业人员、技术人员
OAS	文件、日程、工作流	文件管理、日程安排、通信	文件、日程、邮件	职员
TPS	事务、事件	分类、列表、合并、更新	详细报告、列表、总结	操作员、监督

8. 信息系统在企业中的集成应用

企业并非仅靠单个信息系统提供服务，而是由一群支持不同功能的信息系统共同提供服务的。在企业的实际运营中，既有支持延伸到客户的业务功能的前端信息系统；也有支持内部业务运行并与供应商交互的后端信息系统。这些前端和后端信息系统将数据提供给管理信息系统和决策支持系统，以满足企业的管理需求。现代的信息系统使用电子商务技术、客户关系管理、供应链管理系统与客户和供应商连接。许多公司都有内联网，以支持员工和信息系统之间的通信。企业中信息系统功能应用如图 1.11 所示。

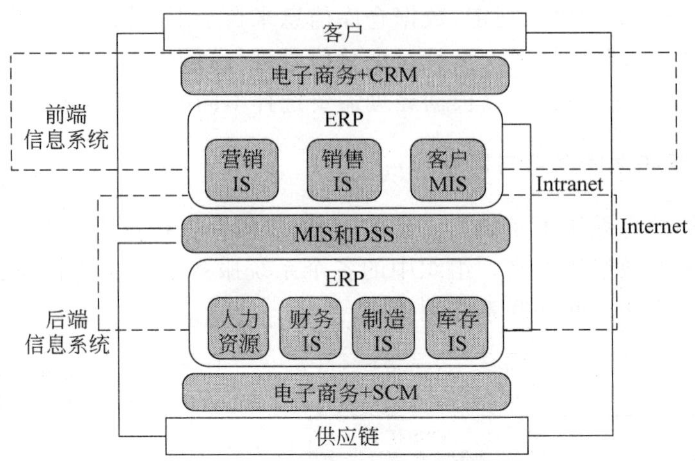

图 1.11　企业信息系统的集成

1.1.4　信息系统的生命周期

无论采用哪种开发方法，所开发的信息系统都会遵循生命周期的规律，因此首先需要了解信息系统的生命周期。信息系统的生命周期大致可以划分为 3 个阶段：开发阶段、实施阶段与运行和维护阶段。

开发阶段的主要任务是构造系统，主要进行系统的规划、分析、设计与实现，需要在开发环境下完成。当信息系统开发完成后，需要在用户环境下进行安装和实施，通过验收后正式移交给用户。系统便从开发环境转换到生产环境中，并进入运行与维护的生命周期。在信息系统的生命周期中，有 20%的时间是进行系统开发和系统实施，而有 80%的时间却在做系统维护和服务的工作，一个服务从开发到上线实施可能只需要一年或者更短的时间，却需要 4～6 年甚至更长的时间来运行，如图 1.12 所示。从生命周期投入的成本来看，系统开发成本为一次性投入成本，当系统运营开始后，系统每年的预算当中大部分都在运行与维护上，典型的比例分配为：运行和维护投入占 IT 总投入 80%；系统建设投入占 IT 总投入 20%。

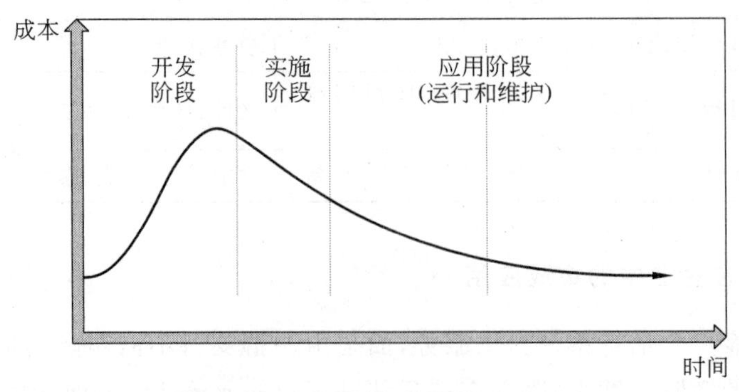

图 1.12　信息系统生命周期图

1.2　信息系统开发过程

虽然不同教科书对信息系统开发阶段划分的结果有所不同，但都大同小异，本书将信息系统生命周期划分为5个阶段，分别是系统规划、系统分析、系统设计、系统实施、系统运行与维护。如图1.13所示。

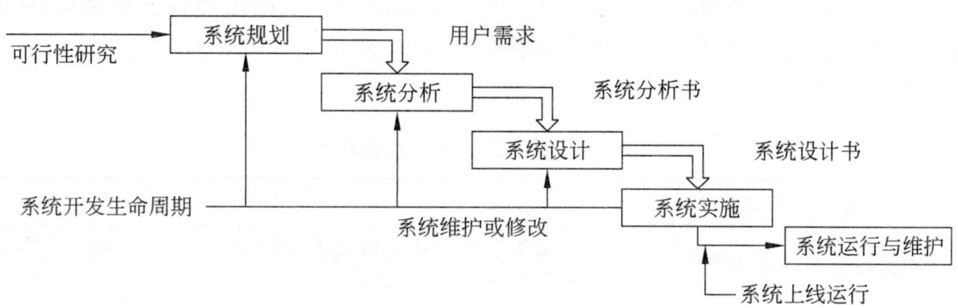

图1.13　信息系统生命周期划分

1.2.1　系统规划

信息系统规划是系统开发的起始阶段，也是组织战略规划的组成部分。信息系统规划应以组织战略为导向，正确定位信息系统在整个组织中的作用，保证信息系统的目标能够和组织发展目标相协调。信息系统规划的主要目标是：明确系统整个生命周期内的发展方向、系统规模和开发计划。信息系统规划的主要任务包括4个方面。

1. 确定信息系统及项目的优先顺序

根据组织的业务发展需要判断开发信息系统能否满足业务发展的需求。组织的信息系统需求可能源自现有业务系统中存在的问题，如执行附加任务的需要；也可能源自特定的发展机遇，如业务拓展需要；或者来自于行政指令等，例如集团范围内的系统重建等。

根据用户的系统开发请求，进行环境评价和初步调查，明确要开发的信息系统目标，然后根据业务愿景确定信息系统开发的优先级，之后确定满足这些需求的信息系统项目的范围，制定特定的项目计划，包括开发新系统的进度安排和资源分配等，使得项目团队可以遵循该计划执行后续步骤。

2. 组建信息系统项目团队

信息系统项目团队划分为两个层面：一是指导委员会（信息化领导小组），来自IT部门、用户部门等，是各部门的高层管理者，代表组织中所有业务领域，主要负责项目的决策与协调，确保信息系统目标与组织的业务目标和使命保持一致；批准和监督主要项目，建立信息系统项目优先顺序；审查和批准主要的软硬件获取及外包计划；对项目的标准、流程等进行审批，监督整个系统的绩效；协调IT部门和用户部门之间的关系；调度和配置人员、设备等资源；控制主要系统项目的开发进度。二是项目开发小组，由项目经理领导，系统分析、设计与实施人员参与，其任务是根据系统目标按照预期进度、质量和成本完成项目，同时选择适当的开发方法，进行需求调研，系统设计，编程和实施，制定新旧系统的交接方案，监控系统的运行；如果需要，协助组织进行新的组织机构变革和新的管理规章制度。

3. 确定信息系统项目范围

确定所提议的信息系统的范围，为项目的实施提供一个牢固的前提和框架，为项目制定一个特殊计划。所有项目活动的开展，包括项目成本、质量和时间的控制也应该在此范围内进行。需要考虑的因素如表 1-4 所示。

表 1-4 项目范围分析问题列表

项目范围控制因素	问 题 分 析
是否对关键业务构成重要影响	业务需求是否在关键业务描述中已经涵盖，或这个需求是否对关键业务构成充足影响
实现难度分析	目前系统功能是否可以解决这个需求 难度怎样
项目成本分析	内部资源分配是否足够 时间是否允许 是否能够保证项目质量

4. 启动项目

项目启动大会是一次非常重要的会议，通过项目启动大会，可以让系统相关的组织领导、项目团队、客户清楚地理解系统的主要目标，并对系统如何开发、如何分工，系统交付成果等有清楚的认识。项目启动会议的主要议题如表 1-5 所示。

表 1-5 项目启动会议的主要议题

内 容	解 释
项目的背景	我们为什么要做这个项目
目标和远景	清晰分解的重要目标，领导和客户的关注点是什么
项目组织结构、角色及其职责	组织结构图以及每个人在系统中的角色 每个角色的职责是什么
沟通计划	什么时候开什么会 以什么频度进行项目状态报告 项目周会有哪些内容
项目范围	将项目的范围结构化，让每个人脑子里面都有一个结构化的项目的全景图，以及主要业务过程的描述
项目计划	里程碑、关键路径、每个重点阶段所从事的内容
项目定义的软件过程	采用什么方法论，哪些管理过程会实施，每个阶段交付件是什么
风险和问题管理办法	划分哪些风险，对哪类风险如何规避

1.2.2 系统分析

系统分析的目标是根据系统规划书所确定的范围，明确用户的需求及其解决方案并建立用户认可的逻辑模型。主要任务是明确“做什么”，具体包括：分析组织结构与功能，理清系统相关的业务流程和数据流，明确新系统的逻辑需求，并建立新系统的逻辑方案。系统分析主要包括两个阶段：需求理解和需求表达。

1. 需求理解

对现行系统进行详细调查，对组织内部整体管理状况和信息处理过程进行分析。分析的主要内容是：业务和数据的流程是否通畅，是否合理；数据、业务流程和实现管理功能之间的关系。通过了解当前系统的组织结构与业务流程，可以发现现行系统的局限性和有待改进之处，例如，哪些业务流程可以精简、哪些管理功能和管理数据指标体系可以改进、用户对信息系统功能有哪些期望等，在此基础上确定新系统的基本目标和逻辑功能要求。采取的方法包括：初步调查（调查现行系统的组织概况、业务概况、信息管理概况、资源情况）、可行性分析、详细调查（包括绘制组织结构图、业务流程图、数据流图 DFD、基本数据项属性表、数据流属性表、数据存储属性表、数据处理功能分析表）。该阶段系统分析员必须与用户紧密沟通，尽管用户了解他们所面临的问题，但是通常不能完整准确地表达出他们的要求，更不知道怎样用计算机解决他们的问题，因此，深入沟通，清楚领会用户的意图，挖掘用户的真正需求极为重要。

2. 需求表达

需求明确之后，需要采用规范化的、结构化的模型将其描述清楚。主要是借助一些逻辑模型，例如用例模型、数据模型、过程模型等，该过程也称为“逻辑设计”过程。系统逻辑模型通常用特定的工具如 IDEF、DFD、数据字典等表示。结构化的系统需求最后以“需求说明书”的形式展现，需求说明书相当于开发者和用户之间的合同文档，它列出了系统必须满足的所有需求。

1.2.3 系统设计

设计阶段的目标是根据系统分析说明书的要求设计新系统的技术蓝图，从而为系统的实现奠定基础，该过程也称为“物理设计”过程。该阶段起到承上启下的作用，既要满足业务的需求，同时也要保证该设计方案在技术上是可实现的。

该阶段的主要任务包括：进行系统总体设计，确定系统所需采用的体系架构，划分信息系统功能结构、配置信息系统环境；进行系统详细设计，包括数据库设计、代码设计、输入输出以及用户界面设计等。

该阶段的主要交付成果是系统设计说明书，描述了新系统的体系结构以及详细的技术实现方案，可以移交给系统编程人员，进行具体的部署。

设计的主要内容包括：

(1) 体系架构设计。主要任务是确定系统的总体设计方案，选择应用体系模式，划分子系统功能，确定共享数据的组织。体系设计包括系统客户端和服务器端的解决方案。体系设计关系到解决策略的选择和系统的模块化，该解决策略需要解决客户端、服务器端以及中间件的问题。基本的模块相对独立于解决策略，但是模块的详细设计必须要兼容所选择的解决策略。

(2) 详细设计。与每个模块相关的设计称为详细设计，详细设计为每个模块开发详细算法和数据结构。算法和数据结构需要适应基础实施平台的约束。

(3) 数据库设计。数据结构设计包括数据的各种属性、具体数据结构的格式、内容定义以及传递过程，数据库中数据的使用对象、主要用途、安全性和精确性等。

(4) 输入和输出界面设计。

(5) 代码设计。代码设计的主要目的是确保变量的唯一化、规范化和系统化。

1.2.4 系统实施

系统实施阶段的主要目标是将设计阶段和结果在计算机和网络上具体实现，将设计文档变成能在计算机上运行的软件系统。由于系统实施阶段是对以前全部工作的检验，因此用户的参与特别重要。如果说在系统设计阶段以前，用户处于辅助地位，那么到了系统实施阶段以后，用户逐步变为系统的主导者。该阶段的主要交付成果是可以运行的系统。

该阶段的主要任务包括：配置系统运行的软硬件环境，选择适合的开发环境及工具，软件编程与测试，网络、数据库的建立与测试，进行用户培训、数据转换、系统交接，向用户移交物理系统和文档资料等。

(1) 编程与测试。编码是将设计转换为机器可识别的形式，例如可以用计算机提供的C语言、C++语言或数据库语言来编码。测试过程主要考虑软件的内部逻辑，每当程序编码产生，程序的测试便已开始。测试就是要保证给定输入产生与期望结果一致的输出。在编码阶段，程序员书写信息系统的程序。在测试阶段，程序员和分析员测试单个程序以及整个信息系统，目的是发现并改正错误。

(2) 系统转换。在最初的系统试运行阶段和新老系统切换时，必须是用户与开发商结合，共同完成。在系统运行正常后，应逐步由用户方独立承担系统的维护工作，完成系统的全面移交工作。用户方软件开发管理者要参与系统移交的管理工作，选派人员进行应用系统的接管。移交应包括产品、技术、文档的全面移交。

(3) 用户培训。对用户进行必要的操作与管理培训，以便适应新的系统环境。

1.2.5 系统运行与维护

当系统试运行结束后，即进入系统的运行与维护阶段。它是系统建设的收获阶段。本阶段的工作任务是新系统的日常维护、新需求的满足、系统的技术支持等。新系统正常运行后，必须要了解其运行情况，及时解决运行中发现的问题，并完成应用系统日常的维护工作；针对新的业务需求，设计或完善原有系统，以满足业务的变化。用户方软件开发管理者要制订一套系统日常维护制度，规范系统日常维护工作；使系统维护人员全面了解系统的设计思想、数据结构、体系结构，力求新业务需求的实现与原设计思想的统一；定期收集系统的运行报告，及时了解和掌握业务政策和操作办法的变化，了解系统对业务的满足程度，据此得出系统改进与完善的目标与计划，并负责组织实施。

各阶段的主要任务以及交付成果概括如表 1-6 所示，后续章节将详细阐述每个阶段的主要任务以及交付成果。

表 1-6 SDLC 各阶段的交付成果

阶 段	主 要 任 务	交 付 成 果
规划	确定信息系统和项目的优先顺序 组建信息系统项目团队 确定信息系统范围 启动项目	信息系统项目规划书
分析	分析、理解并确定需求 需求结构化	信息系统需求说明书
设计	体系结构设计 详细设计 应用架构设计 功能模块设计 数据库设计 输入输出和用户界面设计 代码设计	信息系统设计说明书
实施	网络组建与测试 数据库建立与测试 编程与测试 系统切换 用户培训	可以运行的系统 程序代码及文档 培训文档 用户使用说明书
运行维护	技术支持 系统维护 软件升级	新版本或者软件的发布 变更的程序代码和文档 维护说明书

1.3 信息系统的相关角色

关于信息系统开发过程的角色划分，大致可以划分成两类：开发方和用户，如果我们再对角色进行细分的话，可以划分成以下 6 种角色：信息系统所有者、信息系统用户、信息系统分析员、信息系统设计员、信息系统构造人员和项目经理。

1.3.1 信息系统所有者

信息系统所有者是信息系统的发起人和主要倡导者，他们通常负责投资项目以进行开发、运行和维护信息系统。通常情况下，系统所有者主要来自于管理阶层，大中型系统的所有者角色一般是组织的中高层经理，小型系统的所有者角色一般是中层经理或者主管。他们主要关注信息系统是否能够带来业务价值，并在成本与收益之间进行权衡，例如信息系统开发能否增加企业收益、优化决策、减少错误、提高安全性、改善客户关系、增加市场份额。

1.3.2 信息系统用户

信息系统用户是那些使用信息系统或者受到信息系统影响的人——如收集、验证、录入、响应、存储、交换数据和信息的人。信息系统用户可分为内部信息系统用户和外部信息系统用户两大类。内部用户主要包括办事员和服务人员、技术人员和专业人员、主管、中层经理和高层经理。外部用户主要包括顾客、供应商、合作伙伴、雇员、远程和移动用户。办事员和服务人员的关注点是事务处理速度和正确性;技术人员和专业人员注重数据分析和为解决问题产生及时信息;主管和中高层经理关注点为信息获取能力。

1.3.3 信息系统设计员

信息系统设计员主要将信息系统用户的业务需求和约束条件转换成技术方案,即设计满足信息系统用户需求的计算机文件、数据库、输入输出、屏幕界面、网络和程序等。常见的系统设计人员职位包括数据库管理员、网络架构师、Web 架构师、图形艺术师、安全专家、技术专家等。

1.3.4 信息系统构造人员

信息系统构造人员主要根据设计说明构造信息系统构件,包括搭建网络、安装数据库、安装软件、编写程序等。常见的系统构造人员主要包括应用程序员、系统程序员、数据库程序员、网络管理员、安全管理员、Web 站点管理员、软件集成员等。

1.3.5 信息系统分析员

信息系统分析员研究组织存在的问题和需求,确定人员、数据、过程和信息技术如何最大化地为企业做出贡献,他们是信息系统的所有者、用户、设计人员和构造人员间沟通的桥梁。信息系统分析员要既懂业务又懂计算机技术,要研究业务问题,然后把业务和信息需求转换成基于计算机信息系统的规格说明。信息系统分析员所需的技能主要包括:

(1) 分析技能:理解组织及其职能,识别机会和问题,分析和解决问题,系统地看待组织和信息系统,明白信息系统间的关系、信息系统所在的组织和组织所在的环境。

(2) 技术技能:理解技术的潜力和局限,能够使用多种程序语言、不同的操作系统和硬件平台来工作。

(3) 管理技能:管理项目、资源、风险和变更。

(4) 人际关系技能:与最终用户、其他分析师和程序员一起工作,发挥用户、程序员和系统专家的联络员的作用。

1.3.6 项目经理

项目经理是经验丰富的从业人员。项目经理作为项目组织的管理者,要负责项目团队的组建、任务分派、团队成员管理的工作，使项目相关的资源得到合理的配置，从而保证高效完成项目目标所规定的各项任务。为了成功地、和谐地完成复杂信息系统的构造，项目经理必须拥有人际沟通、领导才能以及技术技能。表 1-7 列出了项目经理的职责与技能。注意，许多技能是和人员以及一般管理有关，而不仅仅是技术技能。表 1-7 不但显示了高效的项目经理应具有的各种技能，而且它也表明项目经理是成功完成任何项目最起作用的人。

表 1-7 项目经理的职责与技能

职责	描 述	技 能
领导团队	通过智力、人格和能力影响其他人的活动向共同目标努力	沟通；与管理者、用户、开发者的联系；分派活动；监督进展
管理资源	通过有效利用资源使项目完成	定义并排序活动；沟通期望；为活动指派资源；监督成果
客户沟通	与客户密切合作确保项目交付品满足期望	解释系统请求和说明；地点准备和用户培训；与客户联络
解决技术问题	设计并排序活动以实现项目目标	解释系统请求和说明；定义活动及其顺序；在候选方案中权衡利弊；设计问题的解决方案
管理冲突	管理项目团队内部的冲突	协调个人冲突；妥协；设定目标
管理团队	管理项目团队以实现有效的团队绩效	团队内和团队间的沟通；对等评估；冲突解决；团队建设；自我管理
管理风险和变更	识别、评估和管理风险以及在项目过程中发生的日常变更	环境审查；风险和机遇识别与评估；预测；资源部署

1.3.7 信息系统各种角色比较

信息系统各种角色的比较如表 1-8 所示。

表 1-8 信息系统各种角色的比较

角色	作 用	关 注 点
信息系统所有者	信息系统的发起人和主要倡导者，他们通常负责投资项目以进行开发、运行和维护信息系统	关注信息系统的费用，信息系统的效果和价值
信息系统用户	使用信息系统	关注功能，易学易用性，业务需求。办事员：事务处理的正确性和速度。主管和经理：关注数据分析，解决问题的能力
信息系统设计员	将信息系统用户的业务需求和约束条件转换成技术方案	关注对 IT 的选择，使用 IT 设计信息系统
信息系统构造人员	根据信息系统设计人员的设计说明构造信息系统构件	关注信息系统实现的技术问题
信息系统分析员	理解组织及其职能，解决信息系统开发过程中的各种问题	关注组织存在的问题和需求，协调与管理
项目经理	领导项目组成员完成信息系统开发任务	关注进度安排、预算、客户满意度、技术标准、信息系统质量，计划、监视、控制项目

1.4 案例分析——校园二手书交易平台的设计与实现[①]

1.4.1 系统需求分析

二手书店是以经营旧书、次销书为主的书店，旧书一般分为三大类：藏书、教辅书、过期期刊。辅教书类的二手书店多聚集在高校周边，面向高校学生和教师，书籍类型以计算机操作类、大学外语、考研升博和过期的畅销书为主。过期期刊以休闲杂志、时尚书籍及行业专刊为主。经营此类期刊的店多在居民小区内或商业圈内。目前高校的二手书资源的利用率还非常低，买卖双方存在巨大的供需市场，但难以找到较好的平台进行交易。由上海财经大学师生共同创办的"淘来淘趣"二手书店采用了适应大学校园的独特的"C2B2C寄卖业务模式"，以一个中介商的身份促成交易的产生，最大程度地节约了买卖双方的交易成本。"淘来淘趣"的业务模式如图1.14所示。

图1.14 "淘来淘趣"C2B2C业务模式示意图

"上财淘淘"二手书交易平台依托于"淘来淘趣"二手书店的C2B2C业务模式，应用电子商务和Web开发技术，对"淘来淘趣"进行信息化的业务流程重组，利用电子商务平台扩大其业务范围和影响力。

"上财淘淘"前台的主要功能是提供给用户一个检索平台，便于用户进行书籍或商品的检索。前台弱化了普通购物网站中的购物车的功能，通过关键字搜索，分类索引和首页推荐列表的方式强化网站的检索能力，使得广大用户在任何可以上网的地方都能方便查看"淘来淘趣"实体店内陈列书籍的明细和库存情况。由于校园二手书交易网站不同于一般购物网站，用户使用校园二手书交易网站通常具有明确的搜索目标，而非泛泛的浏览，前台强大的检索功能可以最大程度地方便用户，迅速满足他们的需求。考虑到校园二手书交易的买卖双方对信息真实性的要求，前台仅提供登录而不提供注册页面，用户只有在实体店内填写个人真实信息后，才能取得前台登录的用户名和密码。这样保证了所有交易流程的真实性和安全性，使得二手书交易具备极强的信誉。由于"淘来淘趣"的业务具有高流动性，前台的预订功能的设计不同于普通购物网站的购物车，预订操作独立于订单操作，不改变商品实体的状态和信息，不进入整套的销售流程。预订仅仅起到告知和存档的作用，用户在后台下预约单后，后台的管理员能查看到预约信息，从而对商品实体进行预留，在系统设定的时间内，如果用户没来实体店提货，预约单将自动失效，商品也将重新上架。

① 本案例引自：基于C2B2C业务模式的校园二手书交易平台的设计与实现，作者：王晓苗，2009，网站参见http://www.shufetaotao.cn。

"上财淘淘"的后台模块是整套系统的核心,供"淘来淘趣"员工登录使用。后台模块分为两大类别,一类是管理类模块,另一类是流程类模块。管理类模块实现对主要实体的查询、查看、添加、更新和删除等基础操作,能够对系统基本参数进行管理和控制。流程类模块实现整套购买流程。用于实现在线注册、添加订单、添加商品实体、退还实体和退还寄卖所得款等模块。流程类模块是整套信息系统的核心模块,涉及的操作较为复杂。流程类模块主要包括添加商品、添加订单和退还寄卖款(商品)操作,分别实现整套业务流程的不同环节。

通过在线系统,用户可以方便地在网上检索所需的信息,有效降低了信息搜索成本。而在后台,管理员通过系统可以方便地进行业务操作和基本管理,一方面提高了业务流程的效率和准确度,另一方面加强了整个书店的内控力度,现金进出更加透明。

1. 业务流程分析

"上财淘淘"的主要业务分为添加寄卖图书、添加订单、退还未售出寄卖图书(或售出寄卖图书款)。业务流程在本文中通过 UML 图中的活动图(Activity Diagrams)体现,活动图描述系统中各种活动的执行顺序,通常用于描述一个操作中所要进行的各项活动的执行流程。

在系统业务流程设计的过程中充分考虑到执行业务的效率。

在添加寄卖图书流程中,需要判断该图书的信息是否已经存在于数据库中,直接输入书名费时费力,故本系统采用直接输入 ISBN[①] 检索的方法,由于 ISBN 具有全球唯一性,能够很好地对书本进行区分,更关键的 ISBN 全部由数字组成,只需小键盘输入即可完成,大大减少了整套流程的时间。另外考虑到有些书可能丢失 ISBN 的情况,也提供了通过书名等信息辅助查找的功能,使得整套检索流程更加合理和完善。

由于涉及现金往来,主要业务都需要与某一用户绑定(添加订单例外,可以使用统一的匿名账号)。由于数据库中用户表的属性较多,如果完整填写需要大量时间,为节约业务流程时间,系统提供了快速添加新用户功能,只需填写姓名、学号和联系方式这三个基本信息就可以快速注册,其他个人信息用户可以在登录后自行修改和添加。这一设计也大大提高了系统的效率,在不影响关键信息的前提下,简化了流程,减少了操作时间。

主要业务的活动图如图 1.15、图 1.16 和图 1.17 所示。

2. 系统前台功能分析

本文系统开发代号 ShufeBuy,中文名"上财淘淘"。

"上财淘淘"前台的主要功能是提供给广大用户一个平台,便于用户进行书籍或商品的检索。前台弱化了普通购物网站中的购物车的功能,通过关键字搜索,分类索引和首页推荐列表的方式强化网站的检索能力,使得广大用户在任何可以上网的地方能方便查看"淘来淘趣"实体店内陈列书籍的明细和库存情况。

---

① ISBN 是"国际标准书号"之意,英文全称为 International Standard Book Number,简称 ISBN。出版社可以通过国际标准书号清晰地辨认所有非期刊书籍。一个国际标准书号只有一个或一份相应的出版物与之对应。

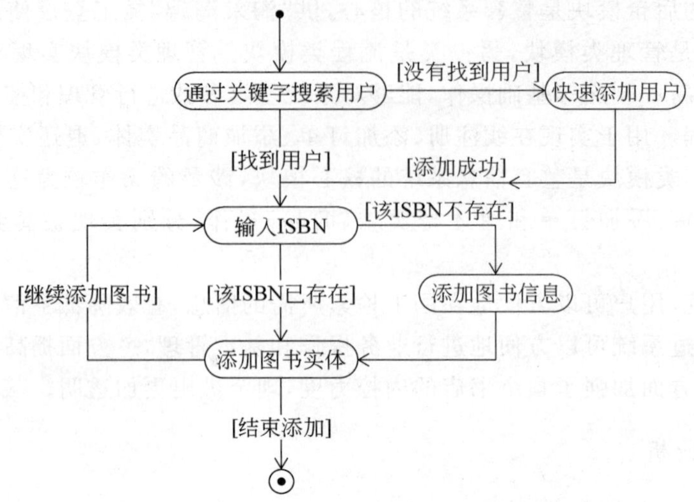

图 1.15 添加寄卖图书业务活动图

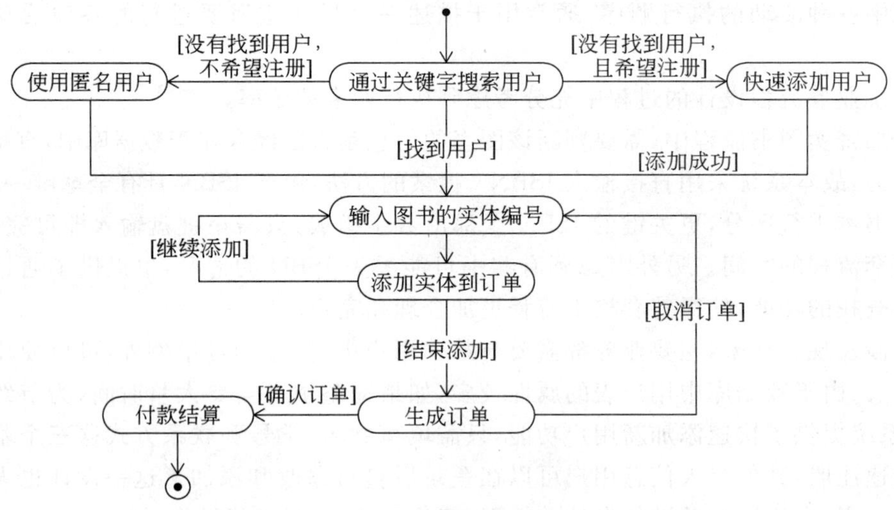

图 1.16 添加订单业务活动图

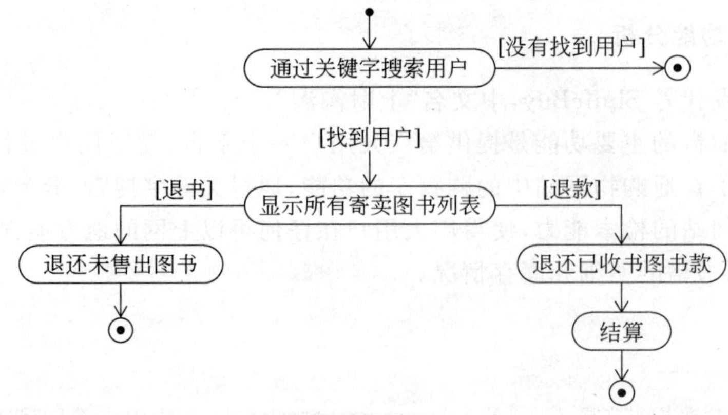

图 1.17 退还未售出寄卖图书(或售出寄卖图书款)业务活动图

由于校园二手书交易网站不同于一般购物网站，用户使用校园二手书交易网站通常具有明确的搜索目标，而非泛泛的浏览，前台强大检索功能可以最大程度地方便用户，迅速满足他们的需求。

考虑到校园二手书交易的买卖双方信息真实性的要求，前台仅提供登录而不提供注册页面。用户只有在实体店内填写个人真实信息后，才能取得前台登录的用户名和密码。这样保证了所有交易流程的真实性和安全性，使得二手书交易具备极强的信誉。

由于“淘来淘趣”的业务具有高流动性，前台的预订功能的设计不同于普通购物网站的购物车，预订操作独立于订单操作，不改变商品实体的状态和信息，不进入整套的销售流程。预订仅仅起到告知和存档的作用，用户在后台下预约单后，后台的管理员能查看到预约信息，从而对商品实体进行预留，在系统设定的时间内，如果用户没来实体店提货，预约单将自动失效，商品也将重新上架。

在成功登录后，通过“我的淘淘”模块可以实现用户对个人信息的更新，并可直观地查看该用户的预约记录、购买记录和寄售记录，了解寄卖商品的状态和最新的系统通知。

前台主要模块CRUD矩阵如表1-9所示，用例图如图1.18所示。

表1-9 前台主要模块CRUD矩阵①

活　　动	商品信息	商品实体	类别	用户	订单	预约	预约详细
搜索商品	R	R					
按分类索引	R	R	R				
注册用户登录				R			
修改个人信息				RU			
查看寄卖记录					R		
查看预约记录						R	R
查看购买记录					R		
添加预约单						C	C
查看商品明细	R	R					

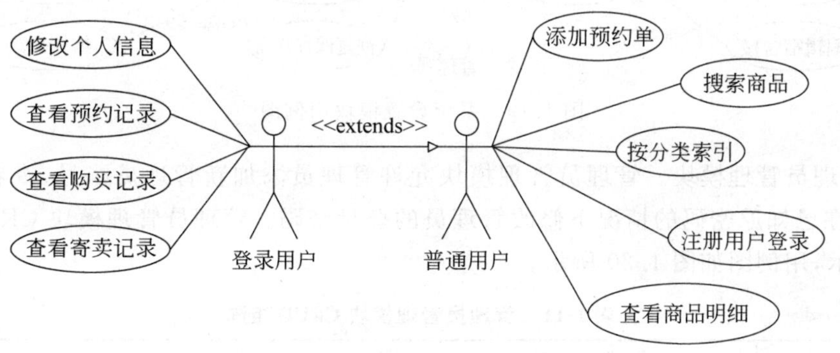

图1.18 前台主要模块用例图②

① CRUD是指在做计算处理时的增加(Create)、查询(Read)、更新(Update)和删除(Delete)几个单词的首字母简写。主要被用在描述软件系统中数据库或者持久层的基本操作功能。

② 本文所有用例图都是用Microsoft Visio 2007绘制的。

3. 系统后台功能分析

“上财淘淘”的后台模块是整套系统的核心，供“淘来淘趣”员工登录使用。后台模块分为两大类，一类是管理类模块，另一类是流程类模块。

1）管理类模块

管理类模块实现对主要实体的查询、查看、添加、更新和删除等基础操作，能够对系统基本参数进行管理和控制。

（1）系统设置模块。系统设置模块分为参数设置、宿舍管理和学院管理3个子模块。参数设置模块允许管理员修改系统的关键参数和基本信息，例如二手折扣率，在添加商品实体时，输入书本标价后，系统会根据设定的默认二手折扣率计算出二手商品的价格。除此之外，该模块还具备数据恢复功能，能恢复上一次保存的信息。宿舍管理和学院管理模块可以方便地完成最基本的查看、新建、编辑和删除功能，系统还会自动计算出归属于某一学院（或宿舍楼）的注册用户数。系统设置模块CRUD矩阵如表1-10所示，用例图如图1.19所示。

表1-10 系统设置模块CRUD矩阵

活　动	系统信息	学院	宿舍楼	活　动	系统信息	学院	宿舍楼
基本参数设置	RU			查看学院		R	
恢复保存设置	R			添加宿舍楼			C
添加学院		C		编辑宿舍楼			RU
编辑学院		RU		删除宿舍楼			D
删除学院		D		查看宿舍楼			R

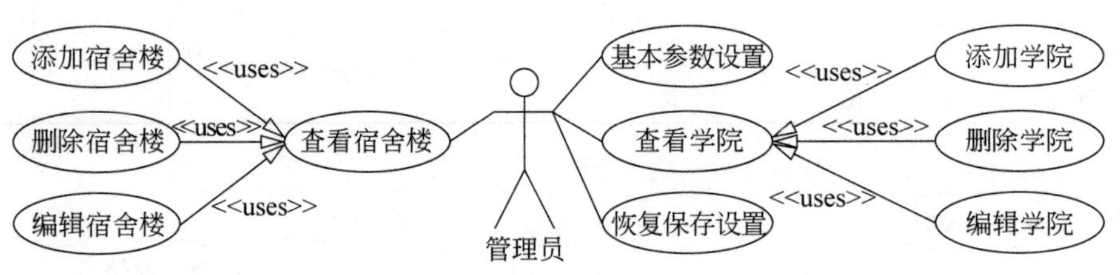

图1.19　系统设置模块用例图

（2）管理员管理模块。管理员管理模块允许管理员添加新管理员账号、查看所有管理员列表，并在已知原密码的情况下修改管理员的登录密码。管理员管理模块CRUD矩阵如表1-11所示，用例图如图1.20所示。

表1-11 管理员管理模块CRUD矩阵

活　动	管理员	活　动	管理员	活　动	管理员
添加管理员	C	查看管理员列表	R	修改管理员密码	RU

（3）用户管理模块。用户管理模块是整个后台系统的核心模块之一，可以在后台添加新用户，还可以根据关键字信息（真实姓名、用户编号、学号）等对用户进行查询，查看并修改用户明细、查看此用户的商品实体列表和查看此用户的订单列表，通过查看列表明细，转向

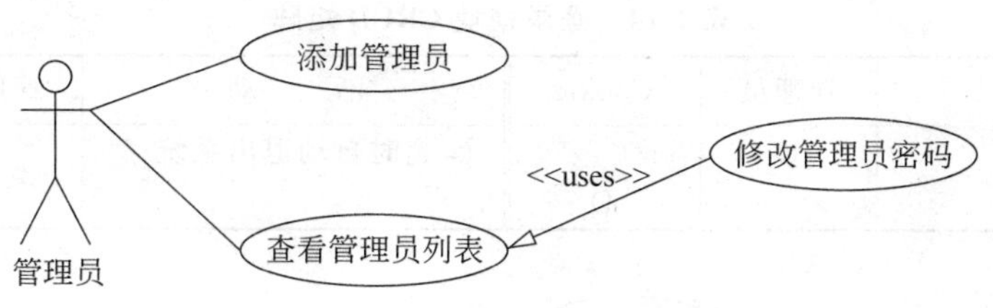

图 1.20 管理员管理模块用例图

商品实体管理模块和订单管理模块。用户管理模块 CRUD 矩阵如表 1-12 所示，用例图如图 1.21 所示。

表 1-12 用户管理模块 CRUD 矩阵

活　　动	商品实体	用户	订单	活　　动	商品实体	用户	订单
添加用户		C		查看用户商品实体列表	R		
按关键字搜索用户		R		查看用户订单列表			R
修改用户信息		RU					

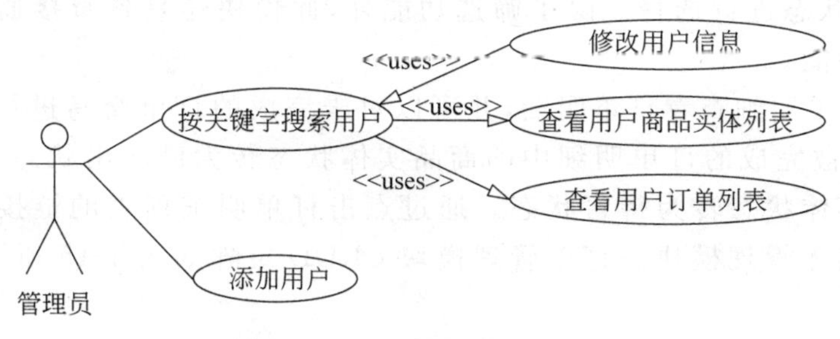

图 1.21 用户管理模块用例图

(4) 分类管理模块。分类管理模块可以添加或删除类别，方便管理员对商品明细进行分类和搜索。采用数据结构中树的遍历算法进行树状读取，支持无限级树状分类，拥有商品信息的分类不能被删除，拥有子类的分类不能被删除。分类管理模块 CRUD 矩阵如表 1-13 所示，用例图如图 1.22 所示。

表 1-13 分类管理模块 CRUD 矩阵

活　　动	分类
查看树状分类列表	R
添加类别	C
编辑类别	RU
删除类别	D

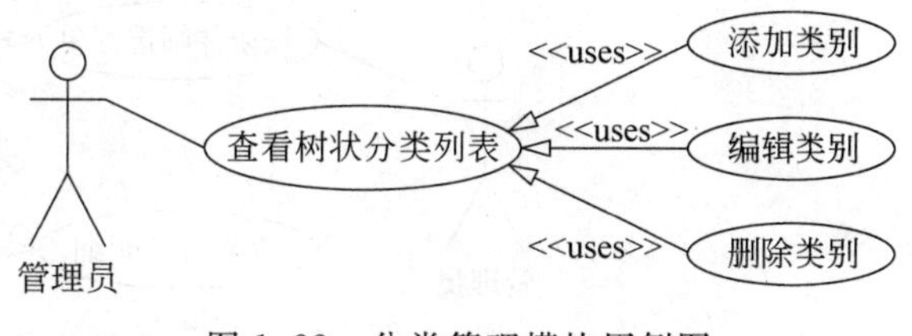

图 1.22 分类管理模块用例图

(5) 登录模块。登录模块是其他所有模块都必须包含的模块，访问所有后台页面都需要先验证管理员是否登录及管理员权限。在首次登录后，系统将在管理员的客户端写入一个 2 小时的 Cookie，2 小时到期或用户单击“退出”按钮后将清除 Cookie 信息，并返回登录页面。管理员每次登录后都在数据库中更新最后登录 IP 和最后登录时间的信息。登录模块 CRUD 矩阵如表 1-14 所示，用例图如图 1.23 所示。

表 1-14 登录模块 CRUD 矩阵

活　动	管理员	Cookie	活　动	管理员	Cookie
管理员登录	R		超时自动退出系统		D
退出登录		D			

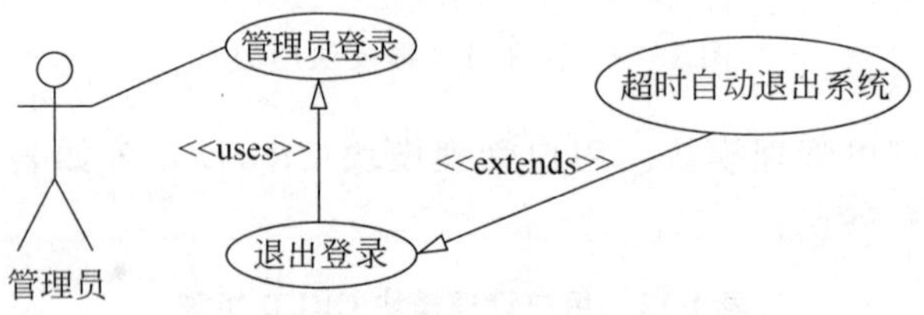

图 1.23 登录模块用例图

(6) 订单管理模块。订单管理模块是后台系统的核心模块之一。有两个筛选器，可以方便地将时间跨度和订单状态作为筛选条件进行查询。时间跨度筛选利用日历控件，选择相关的日期、星期、月份，显示在此期间的所有订单列表。也可以忽略时间筛选，根据订单状态进行选择。除了筛选功能外，此模块还具备直接通过订单编号进行订单查询的功能。

通过点击订单明细查看订单明细，并可以对未完成的订单交易进行完成订单和取消订单的操作，被完成的订单明细中的商品实体状态转为已卖出状态，被取消的订单明细中的商品实体状态转为待售状态。通过点击订单明细列表的链接可转向商品明细管理及商品实体管理模块。订单管理模块 CRUD 矩阵如表 1-15 所示，用例图如图 1.24 所示。

表 1-15 订单管理模块 CRUD 矩阵

活　动	商品信息	商品实体	用户	订单	活　动	商品信息	商品实体	用户	订单
按条件筛选订单				R	完成订单		U		U
查看订单列表				R	取消订单		U		U
查看订单明细	R	R	R	R					

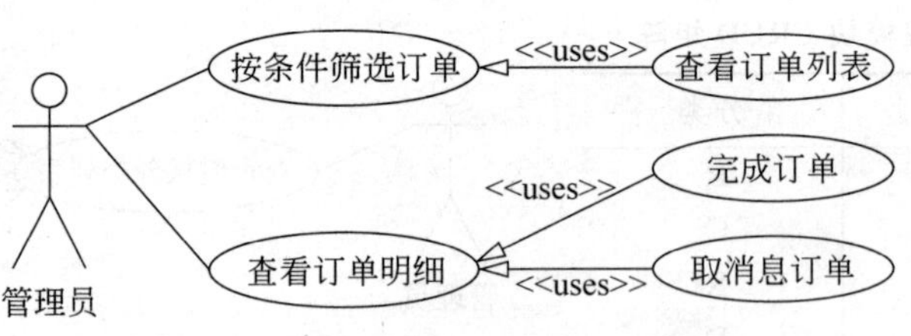

图 1.24 订单管理模块用例图

(7) 商品管理模块。商品管理模块具备添加商品明细、搜索商品实体、查看商品实体明细等功能。商品管理模块 CRUD 矩阵如表 1-16 所示，用例图如图 1.25 所示。

(8) 预约管理模块。预约管理模块实现管理预约单的任务，实现查看预约单、处理预约单的功能。预约管理模块 CRUD 矩阵如表 1-17 所示，用例图如图 1.26 所示。

表 1-16 商品管理模块 CRUD 矩阵

活　　动	商品信息	商品实体	类别	用户
查询商品实体		R		
查看商品实体明细	R	R		R
按关键字查询商品明细	R			
按分类查询商品明细	R		R	
添加商品实体	C			
编辑商品明细	U			
查看商品信息的商品实体列表	R	R		

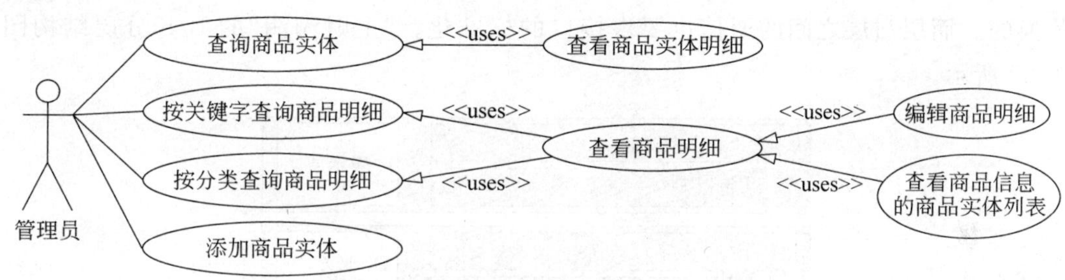

图 1.25 商品管理模块用例图

表 1-17 预约管理模块 CRUD 矩阵

活　动	商品信息	用户	预约	预约明细
查看预约单	R	R	R	R
处理预约单			RU	

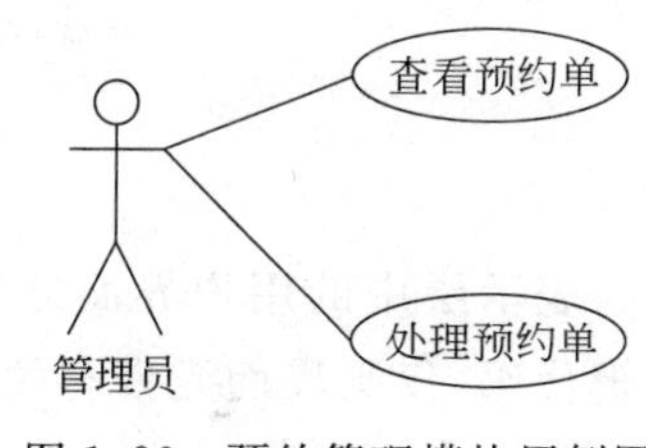

图 1.26 预约管理模块用例图

2）流程类模块

流程类模块实现整套购买流程。用于实现在线注册、添加订单、添加商品实体、退还实体和退还寄卖所得款等模块。流程类模块是整套信息系统的核心模块，涉及操作较为复杂。

流程类模块主要包括添加商品、添加订单和退还寄卖款(商品)操作，分别实现整套业务流程的不同环节。

添加商品环节完成收书的任务，管理员在“淘来淘趣”实体店内对卖家寄卖的商品进行登记和确认。添加订单环节完成买书的任务，顾客可以实现在网上预订或者直接在实体店内选购图书，然后交由管理员生成订单，完成整个订单的生命周期；退还环节完成了退还寄卖商品或退还售出寄卖商品款的任务，完成了整个商品实体的生命周期。流程管理模块CRUD 矩阵如表 1-18 所示，用例图如图 1.27 所示。

表 1-18 流程管理模块 CRUD 矩阵

活动	商品信息	商品实体	类别	用户	订单
添加商品	R/C	C	R	R/C	
添加订单	R	RU		R/C	C
退还	R	RU		R	RU

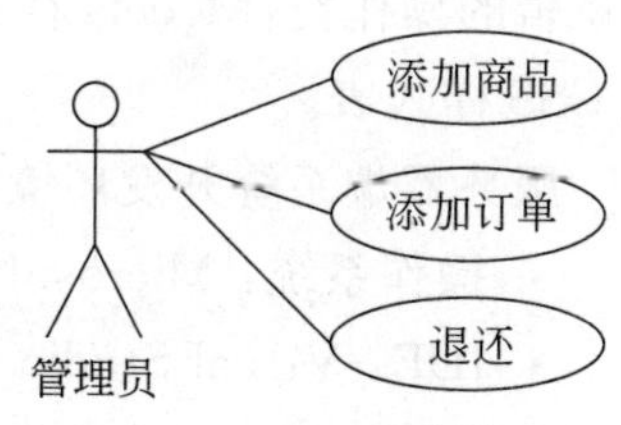

图 1.27 流程类模块用例图

1.4.2 系统设计

1. 架构和主要技术设计

"上财淘淘"系统采用经典的三层架构，分别为表示层、业务逻辑层和数据访问层。通过良好的分层，可以使得开发人员明确分工，在项目的不同阶段关注不同的层。此外层与层之间的独立性保证未来可扩展，在复用性上也有明显优势。每个功能模块一旦定义好统一的接口，就可以被各个模块所调用，而不用为相同的功能进行重复的开发。进行好的分层式结构设计，标准也是必不可少的。只有在一定程度的标准化基础上，这个系统才是可扩展的，可替换的。而层与层之间的通信也要求接口的标准化。"上财淘淘"的 B/S 分层结构图如图 1.28 所示。

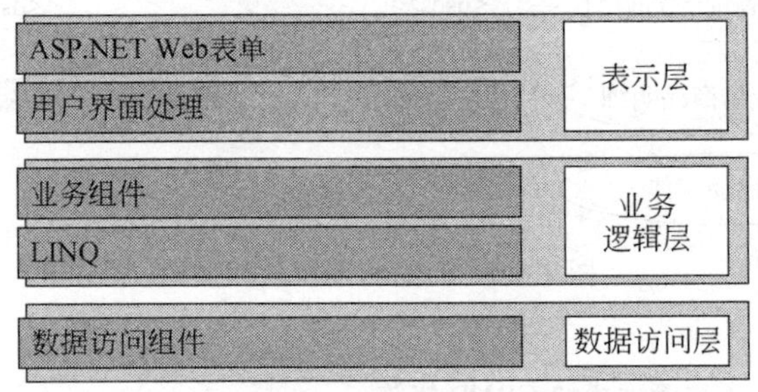

图 1.28 "上财淘淘"三层架构示意图

表示层中的用户界面处理层(User Interface Processing)是系统的 UI 部分，该层中的逻辑代码，仅与界面元素有关，主要通过 CSS 来实现。用户界面的结构和内容部分由 ASP. NET 表单(ASP. NET Web Form)生成，在这一层中，理想的状态是不应包括系统的业务逻辑。

业务逻辑层是整个系统的核心，它与整个系统的业务领域有关，主要采用 C# 语言进行编程，以实现系统的各个模块功能。例如添加商品、下订单等操作均在业务逻辑层中实现，如需对数据库进行操作，则通过 LINQ 调用数据访问层。

数据访问层也称为是持久层，其功能主要是负责数据库的访问。传统三层架构的数据访问层主要采用 ADO. NET 进行访问，但本文所设计的系统采用了 ASP. NET 3.5 中全新的 LINQ 技术，所有数据库操作和访问都通过 LINQ 进行。

本文的网站结构图设计如图 1.29 所示。ShufeBuy 是整个网站的根文件夹，Admin 存放后台管理页面，TaoTao 存放前台管理页面，App_Data 存放数据库文件备份，BLL 存放业务逻辑的操作类，Models 存放枚举类型、数据库结构图等模型文件。Images 存放图片文件和 CSS 样式表。

服务器端系统开发环境如下：

- 操作系统：Microsoft Windows Vista Business/Windows XP Service Pack 3；
- IDE：Visual Studio 2008 Service Pack 1；
- 框架：.Net Framework 3.5；

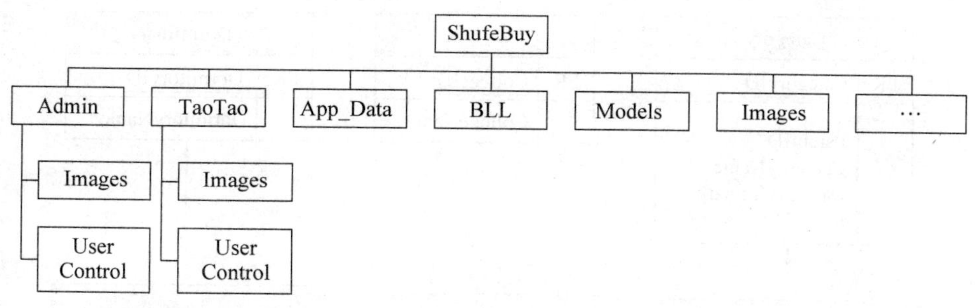

图 1.29 "上财淘淘"网站结构图

- 数据库：SQL Server 2005 Express(SQL Server 2005 Management Studio)；
- 浏览器：Microsoft Internet Explorer 7.0/8.0；
- 技术标准：CSS 2.0、ASP.NET 3.5、HTML 4.0 等；
- 应用服务器：IIS (Internet Information Server) 6.0。

客户端系统开发环境如下：

- 浏览器：Microsoft Internet Explorer 7.0 推荐(6.0 和 8.0 同样兼容)；
- 操作系统：Windows XP/Windows Vista。

2. 数据库设计

数据库是信息系统的心脏。数据库要实现最基本的存储功能，还需具备其他特性，例如维护数据的准确性和一致性；满足一定规范和约束，充分考虑到未来用户需求可能的变化，可以方便地不断改进，数据库的使用者可以方便地创建自己需要的数据视图，而不用关心数据到底是如何在底层存储的。

1) 实体关系图(ERD)设计

当今的系统设计者主要使用 E-R 图(实体关系图，Entity Relationship)来进行数据库设计。E-R 图的设计首先根据需求分析的内容，即不同模块和用例，进行局部关系设计，最后将这些关系进行整合，形成完整的全局实体关系图。E-R 图设计如图 1.30 所示。

2) 数据表设计

ItemInfo 表，即商品明细表(见表 1-19)，用于存储书本的详细信息，例如书名、出版社、售价、ISBN 等。考虑到 ISBN 的全球唯一性，在表设计的时候将 ISBN 作为 ItemInfo 表的候选键。Type 属性充分考虑了未来业务的可扩展性，不仅仅卖二手书，业务范围还可以方便地扩展到所有二手物品。此外个性化的属性 IsRecommanded 可以方便管理员对个别商品进行推荐和促销。

Item 表，即商品实体表(见表 1-20)，用于存储每个商品实体的信息，例如添加时间、处理时间、商品状态等。将 Item 与 ItemInfo 进行独立处理可以完善内控，达到精确控制的目的，用户可以方便地追踪到任何一个商品实体，了解某个时间节点该商品的状况。此外也方便了库存管理，可以便捷地对出库和入库量进行统计。

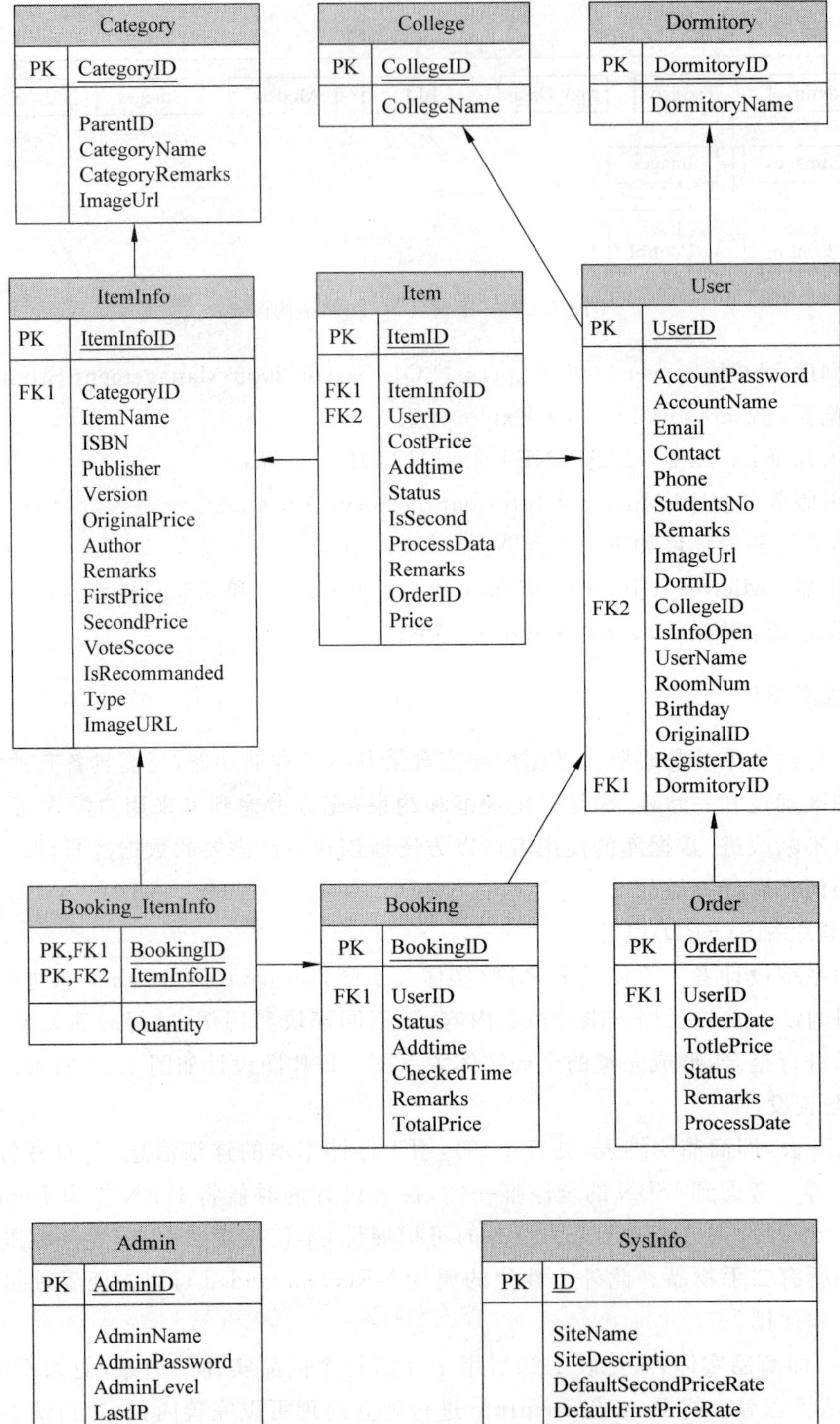

图 1.30 “上财淘淘”E-R 图设计(Miscorsot Visio 2007 绘制)

表 1-19　ItemInfo 表设计

属　性	约　束	备　注
ItemInfoID	int,PK	商品明细编号,主键
CategoryID	int,FK	分类编号,外键
ItemName	nvarchar(50)	书名(商品名)
ISBN	nvarchar(50)	书 ISBN,可作候选键
Publisher	nvarchar(50)	出版社
Version	nvarchar(50)	版本
OriginalPrice	money	原价
Author	nvarchar(50)	作者
Remarks	nvarchar(MAX)	备注
FirstPrice	money	新书价格
SecondPrice	money	二手书价格
VoteScoce	float	投票分数,用于扩展投票功能用
IsRecommanded	bit	是否作为推荐商品
Type	int	商品类型,用于扩展二手物品业务
ImageURL	nvarchar(MAX)	图片地址,用于扩展显示商品图片功能

表 1-20　Item 表设计

属　性	约　束	备　注
ItemID	int,PK	实例编号,主键
ItemInfoID	int,FK	商品明细编号,外键
UserID	int,FK	用户编号,外键
CostPrice	money	成本价,表示收二手书或者购入新书的成本价,便于计算业务收入和利润。此处不同于 ItemInfo 表的 SecondPrice 属性
Addtime	datetime	加入日期
Status	int	状态,在应用设计中采用枚举类型,包含的状态类型有待售和已卖出。待售：已经在订单的流程内,无法对此 Item 进行任何操作;已卖出：但未还款给书主;已还款;商品已退还给原主
IsSecond	bit	是否是二手
ProcessDate	datetime	处理日期
Remarks	nvarchar(MAX)	备注
OrderID	int,FK	订单编号,外键
Price	money	卖出价格

User 表,即用户表(见表 1-21),用于存放注册用户的详细信息,包括用户登录用的用户名、密码,以及真实姓名、学号、联系方式等重要信息。用户表不存放管理员信息。用户表是整套系统内控的关键所在,需要保证用户录入信息的真实性,特别是学号信息,以达到交易真实诚信的目的,学号全局唯一,可作为候选键。

表 1-21 User 表设计

属性	约束	备注
UserID	int,PK	用户编号,主键
AccountPassword	nvarchar(50)	登录密码
AccountName	nvarchar(50)	登录用户名
Email	nvarchar(50)	电子邮箱
Contact	nvarchar(MAX)	联系地址
Phone	nvarchar(50)	联系电话
StudentsNo	nvarchar(20)	学号,候选键
Remarks	nvarchar(MAX)	备注
ImageUrl	nvarchar(MAX)	头像图片地址
DormID	int,FK	寝室楼编号,外键
CollegeID	int,FK	学院编号,外键
IsInfoOpen	bit	是否信息公开
UserName	nvarchar(50)	用户真实姓名
RoomNum	int	寝室号
Birthday	datetime	生日
OriginalID	nchar(10)	旧系统的用户编号,在旧系统数据向新系统迁移时使用
RegisterDate	datetime	注册时间

Category 表,即类别表(见表 1-22),用于存放商品的分类信息,通过设置 ParentID 属性实现无限级的树状分类,此处设计参考数据结构中的树状存储结构设计,可方便采用树的遍历算法实现分类列表的读取和展示,如表 1-22 所示。

表 1-22 Category 表设计

属性	约束	备注
CategoryID	int,PK	分类编号,主键
ParentID	int,FK	父分类编号,外键
CategoryName	nvarchar(50)	分类名称
CategoryRemarks	nvarchar(MAX)	分类备注
ImageUrl	nvarchar(MAX)	分类图标地址,供后续使用预留

Order 表,即订单表(见表 1-23),是整个系统的业务核心表,存储订单的属性,例如订单添加时间、处理时间、订单状态、订单总价等。不存储订单的详细数据,由于考虑到每个商品实体的全局唯一性,故不再单独设计订单明细表,而采用在 Item 表中添加 OrderID 属性的办法实现。此外,虽然可以通过数据库计算得到订单总价,但是考虑到数据库的性能,单独将订单总价设置为属性,永久存储,如表 1-23 所示。

Booking 表,即预约表(见表 1-24),供前台用户进行二手物品的预约,不进入整个系统的订单流程,不改变任何商品实体的状态,不涉及 Order 表的任何操作。表设计类似 Order 表,同样添加了 TotlePrice 属性,如表 1-24 所示。

Booking_ItemInfo 表,即预约单明细表(见表 1-25),此表不同于 Order 表设计,由于订单操作涉及具体某件商品,故无须专门设计单独的订单明细表,而预约操作只是针对某个商品明细,不涉及具体的商品实体,故需要单独设计预约明细表,存储预约单的中间过程。如表 1-25 所示。

表 1-23 Order 表设计

属　　性	约　　束	备　　注
OrderID	int,PK	订单编号,主键
UserID	int,FK	用户编号,外键
OrderDate	datetime	添加订单时间
TotlePrice	money	总价
Status	int	状态,在应用设计中采用枚举类型,包含如下类型:未付款未处理、管理员已检查过、已发送、交易已完成和已作废
Remarks	nvarchar(MAX)	备注
ProcessDate	datetime	处理日期

表 1-24 Booking 表设计

属　　性	约　　束	备　　注
BookingID	int,PK	预约单编号,主键
UserID	int,FK	用户编号,外键
Status	int	预约单状态,在应用设计中采用枚举类型,包含如下类型:未处理新预约、审核过、已作废、审核后过期、用户作废和系统作废
Addtime	datetime	添加预约单时间
CheckedTime	datetime	管理员检查预约单时间
Remarks	nvarchar(100)	备注
TotalPrice	money	总价

表 1-25 Booking_ItemInfo 表设计

属　　性	约　　束	备　　注
BookingID	int,PK,FK	预约单编号,联合主键,外键
ItemInfoID	int,PK,FK	商品明细,联合主键,外键
Quantity	int	商品数量

Admin 表,即管理员表(见表 1-26),用于存储管理员登录用户名、登录密码、登录 IP 和登录时间等信息。专门用于管理员的后台登录,密码可在后台进行修改,如表 1-26 所示。

表 1-26 Admin 表设计

属　　性	约　　束	备　　注
AdminID	Int,PK	管理员编号,主键
AdminName	nvarchar(50)	管理员登录名
AdminPassword	nvarchar(50)	管理员密码
AdminLevel	int	管理员等级,预留字段,在未来可扩展管理员权限,进行不同等级管理员不同权限的授予
LastIP	nvarchar(50)	最后登录 IP
LastTime	datetime	最后登录时间

College 表,即学院表(见表 1-27),用于存储用户所属的学院信息,方便统计和核算。不单独设置学院人数字段,而采用根据数据库自动计算显示,如表 1-27 所示。

表 1-27 College 表设计

属 性	约束	备 注	属 性	约束	备 注
CollegeID	int,PK	学院编号,主键	CollegeName	nvarchar(50)	学院名称

Dormitory 表,即宿舍表(见表 1-28),用于存储用户的宿舍信息,作用同 College 表,如表 1-28 所示。

表 1-28 Dormitory 表设计

属 性	约束	备 注	属 性	约束	备 注
DormitoryID	int,PK	宿舍编号,主键	Dormitory Name	nvarchar(50)	宿舍名称

SysInfo 表,即系统信息表(见表 1-29),用于存放全系统的全局变量和基本信息,包括网站名称、站点描述、默认二手折扣率等重要系统变量信息。此表充分考虑到未来业务的灵活性,通过参数的改变可以方便地将业务模式在营利性和非营利性组织间转换,例如将 DefaultPaidBackPriceRate 设置为 0.3,而将 DefaultSecondPriceRate 设置为 0.5,则之间 2 折的差价就是组织的毛利润,如果将两个属性设置为相同值,则组织转变为非营利性组织。

表 1-29 SysInfo 表设计

属 性	约 束	备 注
ID	int,PK	编号,主键
SiteName	nvarchar(20)	站点名称
SiteDescription	nvarchar(MAX)	站点描述
DefaultSecondPriceRate	decimal(18,2)	默认二手价
DefaultFirstPriceRate	decimal(18,2)	默认新书价
DefaultPaidBackPriceRate	decimal(18,2)	默认退还折扣率

3. 用户界面设计

用户界面(UI)设计在系统设计中起着重要的作用,因为用户界面设计得是否友好,是否能让用户接受直接影响到一个网站的运行成败。对于用户界面设计来说,除了要设计得美观、赏心悦目之外,还要注重用户体验,使得界面对用户更加友好,更加符合前期设计的业务流程,网站的设计者需要在美观与功能之间取得平衡。

对于普通用户来说,他无须知道整个网站采用了何种技术背景,无须知道整个网站的数据库和数据结构是怎么样的,他关心的只是是否能满足他的需求,是否能方便地在网站中找到自己需要的信息,是否能够达到自己的期望。

根据相关标准对网站系统进行设计和制作有着重要意义。Web 标准将网页分为三个独立的组成部分:结构、表现和行为。结构是网页的基本内容,主要采用 HTML、XHTML 和 XML 技术。表现采用 CSS 技术。表现和结构的分离,使得改变一部分而不影响其他部分。而行为则是一个标准的对象模型,例如 ECMAScript、DOM 等。

本文系统采用 CSS 2.0 技术进行页面布局和风格维护。W3C 把 CSS 定义为"一种对 Web 文档添加样式的简单机制"[①]。使用 CSS 的优点在于：首先，CSS 实现了表现与内容的分离，将设计部分剥离出来放在一个独立的样式文件中，HTML 文件中只存放文本信息。这样的页面对搜索引擎更加友好；其次，易于维护和改版，只需要更改 CSS 文件就可以对整个网站的布局和样式进行重构；最后，提高页面浏览速度，使用 DIV+CSS 制作的网站对比传统的 TABLE 布局的网站，编码的页面文件容量要小得多，前者一般只有后者的 1/2 大小。浏览器就不用去编译大量冗长的标签，同时还节约了带宽，提高了用户的访问速度。

在本系统中，CSS 起到的作用不仅仅是传统理解上的定义文字显示的颜色与格式，而是充分发挥 DIV+CSS 组合的优势。此外还利用 CSS 实现了非 JS、非 Flash 的导航条下拉列表效果，节约了代码量，提高了浏览器编译效率。

整个项目无论前台还是后台都采用 AJAX 技术，利用 Visual Studio 2008 中的 AJAX Framework 和 JavaScript+CSS 的组合（以下 JavaScript 简写为 JS），实现了所有操作无刷新，一方面使得用户有更好的体验，另一方面也使得整个网站显得更加美观。

1.4.3 系统实现

1. 纯 CSS 实现下拉列表功能

传统上实现下拉列表的方法主要有 JS+层、Flash、JS+CSS。对于 JS+层的方法，需要对层进行绝对定位，不同的屏幕分辨率和不同浏览器类型都可能导致下拉列表的错位，所以这个方法很快被淘汰了。而 Flash 方法做出来的下拉菜单虽然很漂亮，但如果要对列表内容进行调整，就需要重新编辑 flv 源文件，再导出为 swf 的动画格式，而且并非所有浏览器都支持 Flash 插件。而 JS+CSS 技术，不但可以做出 Flash 般的效果，而且具备在任何浏览器下都能很好实现的特点，但它的缺点是 JS 脚本编写起来较为复杂，上手较慢。

但实际上仅利用 CSS 就可以做出下拉列表，CSS 的优点是代码书写便捷，修改方便，代码量更小。这里主要利用了 CSS 中的：hover 动态伪类选择器，代码片段如下：

代码片段 1 Admin/Admin.Master 页面前台代码片段

```
<div id="Shortcut">
    <ul id="navigation">
    <li id="ListTitle"><div class="RedTitle">业务流程</div>
        <ul>
          <li class="first"><a href="UserDetail.aspx">添加用户</a></li>
          <li><a href="ProcessAddItem.aspx">添加商品</a></li>
          <li><a href="ProcessAddOrder.aspx">添加订单</a></li>
          <li><a href="OrderList.aspx">提货</a></li>
          <li class="last"><a href="ProcessReturnItem.aspx">退还</a></li>
          </ul>
```

① 源自 http://www.w3.org/style/css，原文：Cascading Style Sheets (CSS) is a simple mechanism for adding style (e.g. fonts, colors, spacing) to Web documents.

```
        </li>
        </ul>
</div>
```

代码片段 2 Admin/Images/Admin.css 代码片段

```
#Shortcut {float:right; margin-right:-1px; margin-top:10px;}
#navigation, #navigation ul {padding:0; margin:0; list-style: none;}
#navigation li {float:left; text-align:left; position:relative;}
#navigation li a, .RedTitle {display:block; text-decoration:none; width:120px;
height:30px; background:#ffffcc; padding-left:10px; line-height:30px;}
#navigation li ul {display: none;}
#navigation li:hover a {background:#ffffcc;}
#navigation li:hover ul {display:block; position:absolute; top:29px; left:0;
width:120px;}
#navigation li:hover ul li a {display:block; height:20px; line-height:20px;
padding:5px 10px; width:110px; border-color:#A62A1E; border-style:solid; border-
width:0px 1px 0px 1px; margin-left:-1px;}
#navigation li:hover ul li a:hover {background:#ffff99;}
#ListTitle {border-color:#A62A1E; border-style:solid; border-width:1px 1px
3px 1px;}
.RedTitle {background:#ffffcc url(more.png) no-repeat center right; width:120px;
color:#A62A1E;}
#navigation .first {border-top:dashed 1px #A62A1E;}
#navigation .last {border-color:#A62A1E; border-style:solid; border-width:0px
0px 3px 1px; margin-left:-1px;}
```

代码运行结果如图 1.31 所示。

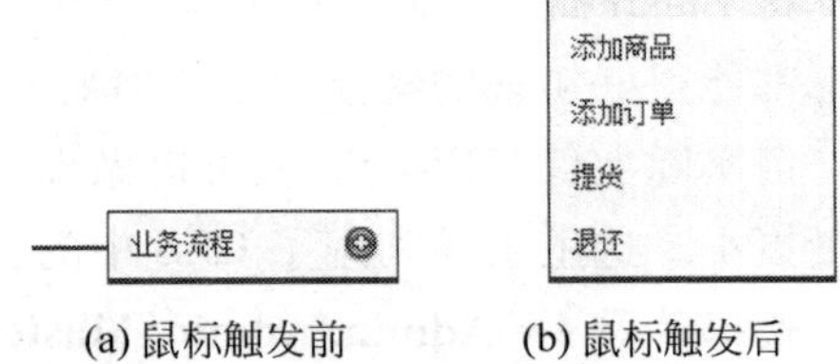

(a) 鼠标触发前　(b) 鼠标触发后

图 1.31　纯 CSS 代码实现下拉列表

2. 分类的树状递归输出

数据库中 Category 表可以实现无限级分类，如何将分类按照树状图直观显示，并且还要将其绑定到控件中是一个难题。本文参考了数据结构中经典的树的遍历算法，结合数据库设计和业务需求，对 CategoryHandler 类的方法进行设计，代码片段如下：

代码片段 3 BLL/CategoryHandler.cs 实现分类树状显示代码片段

```
///<summary>
///递归实现输出 List
///</summary>
///<param name="cate">入口 Cate</param>
///<param name="list">要处理的 List</param>
///<param name="level">入口 Cate 的级数</param>
///<returns></returns>
private void GetCateTree(Category cate, List<Category>list, int level)
{
```

```
        //int index=list.IndexOf(cate)+1;
        foreach (Category childCate in GetChildCategoryList(cate))
        {
            childCate.CategoryName=RenameForList(childCate.CategoryName, level);
            list.Add(childCate);
            //list.Insert(index++, childCate);
            if (GetChildCategoryList(childCate).Count() >0)
                GetCateTree(childCate, list, level+1);
        }
    }

    ///<summary>
    ///重命名 CateName,实现树状显示样式
    ///</summary>
    ///<param name="name"></param>
    ///<param name="level"></param>
    ///<returns></returns>
    private string RenameForList(string name, int level)
    {
        string space="";
        if (level!=0)
            space="|--";
        for (int i=0; i <level; i++)
        {
            space="　"+space    ;//全角空格  若用半角绑定到 ListControl 会被自动 Trim
        }
        return space+name;
    }
```

分类树实现的效果如图 1.32 所示。

```
二手书籍
  |--经济学院
    |--西方经济学
    |--政治经济学
  |--信息管理与工程学院
    |--程序设计
    |--计算机网络
    |--Excel
  |--会计学院
```

图 1.32 分类树状递归显示效果图（绑定 ListBox 效果）

3. LINQ 实现数据库操作

LINQ(Language INtegrated Query,语言集成查询)是 Visual Studio 2008 和.NET Framework 3.5 版中一项突破性的创新,它在对象领域和数据领域之间架起了一座桥梁。LINQ 在 ADO.NET 层之上。对比 SQL 语句,LINQ 具有更好地面向对象的特性,无须在 SQL 中使用繁杂的表间连接语句;它一方面在业务逻辑层与操作逻辑类有更友善的接口,另一方面在数据访问层具备 ADO.NET 一样便捷的查询和访问方式。以下仅以一个 LINQ 语句的片段举例说明以上特点:

代码片段 4 BLL/OrderHandler.cs 中 LINQ 应用代码片段

```
    /// <summary>
    /// 获取订单内的商品实体列表
    /// </summary>
    /// <param name="orderID"></param>
```

```
/// <returns></returns>
public IQueryable GetItemsInOrder(int orderID)
{

    var items=
        from iteminfo in db.ItemInfos
        from item in iteminfo.Items
        where item.OrderID==orderID
        where iteminfo.ItemInfoID==item.ItemInfoID
        select new
        {
            ItemID=item.ItemID,
            UserID=item.UserID,
            Status=ItemHandler.GetStatusName(item.Status),
            Price=item.Price,
            CategoryName=iteminfo.Category.CategoryName,
            ItemInfoID=iteminfo.ItemInfoID,
            ItemName=iteminfo.ItemName,
            OriginalPrice=iteminfo.OriginalPrice
        };
    return items;
}
```

1.4.4 案例思考

认真阅读本章案例，并结合本章所学内容，思考以下6个问题：

(1) 该信息系统开发之前需要开展怎样的工作？

(2) 根据你的理解谈谈系统每个阶段的主要任务是什么？

(3) 在该信息系统开发过程中用到了哪些方法与工具？

(4) 该信息系统在分析阶段和设计阶段分别做了哪些工作？

(5) 该系统在分析和设计环节还有哪些地方有待改进？

(6) 该系统在开发过程中遗漏了哪些环节？

本章小结

本章旨在主要帮助读者提纲挈领，建立起信息系统开发的整体框架，该框架涵盖信息系统开发的主要过程、项目管理过程、信息系统开发涉及的主要角色，以及开发中的工具方法与技术。

本章介绍信息系统分析与设计，复杂的组织过程通过计算机支持的信息系统进行开发与维护，使读者了解信息系统的基本概念、功能、结构，以及组织中不同种类的信息系统，从事务处理信息系统到管理信息系统，再到决策支持信息系统，开发技术根据信息系统类型的变化。本章还介绍指导信息系统分析与设计的基本框架——信息系统开发生命周期

(SDLC),分为5个主要阶段：规划、分析、设计、实施和运行与维护。在各个阶段,不同角色的人员所关注的重点不同,分别发挥不同的作用,他们共同工作以完成整个信息系统的开发与运行和维护。

思考与练习

1. 理解信息技术与信息系统的区别。

2. 信息系统按照不同划分方式可以有哪些不同的结构?

3. 简述系统开发的主要阶段以及各阶段的主要任务。

4. 结合你所接触或熟悉的系统,分别列举一至两个事务处理系统、管理信息系统、办公自动化系统、决策支持系统、经理信息系统和知识管理系统。

5. 请结合下列系统,选择其一,分析与系统相关的各类人员分别扮演何种角色? 其关注的主要焦点是什么?

(1) 综合教务管理：包含基本信息管理、注册系统、收费系统、学籍管理、教学计划、成绩管理、毕业审查等子系统。

(2) 排课系统：根据教学计划和本学校的教室资源,制定每学期的课程/教室/时间的计划。

(3) 选课系统：支持学生选课平台功能,根据学生的教学计划来预置选课时学生的选课信息及课程的选课情况。在每学期,根据教学计划和排课系统,由学生在网上制定个人的学期学习计划。选课分为三个阶段：预选,正选,补退选,以最大的程度解决教学资源有限的问题。

(4) 教材管理：教材管理系统是学校信息系统中的一个重要部分,其中包括教材信息、教材征订、库房管理、统计报表等几个功能模块。

(5) 教学评估：以网上填写评估问卷的方式完成学生评教、专家评教和教师互评,可以动态形成评价体系和问卷。同时,充分利用教务系统基础数据和其他功能,采用令人信服的统计学算法,最终生成多种表现形式的评价结果,报表丰富多样。

(6) 师资管理：师资管理系统主要功能模块包括编码维护、教师查询、教师统计等。

(7) 四六级网上报名：可以实现英语等级考试的网上报名,网上发放准考证、发布考试信息和通知。方便地设置各种考试等级和报名限制,同时适用于计算机等级考试报名的要求。

(8) 二级选课：实验课二级选课系统是在已有的一级选课系统(即现有综合教务选课系统)基础上建立网络管理信息系统,由实验室管理人员上网发布实验分组课表,学生根据自己的培养方案和选课情况,自主选择实验课的时间、地点和项目。

第2章 信息系统开发路线、方法与工具

学习目标

本章从方法学的角度，介绍信息系统开发主要遵循的路线，各种开发路线下的开发方式和具体的开发方法，以及开发的工具与技术等。

通过本章学习，要求掌握：

- 几种典型的信息系统开发路线。
- 合适的开发路线与方法。
- 自动化工具与技术。

2.1 信息系统开发路线概述

信息系统的开发是一个庞大的系统工程，它涉及组织结构、管理模式、生产加工、经营管理过程、数据的收集与处理过程、计算机硬件系统的管理与应用、软件系统的开发、人力资源之间的协同等多个方面。系统开发的庞大增加了开发信息系统的工程规模和难度，因而需要研究出科学的开发方法和过程化的开发步骤，以确保整个开发过程能够顺利进行。Gartner Group 建议："坚持使用现代的严格的方法学可以在两年内使70%的系统开发组织的生产率至少提高30%"。[①] 信息系统开发方法学(Development Methodology)研究的主要对象是信息系统开发的规律、开发过程的认知体系、分析设计的一般理论以及具体的开发工具和技术等。

信息系统开发的路线并不唯一，正如条条大路通罗马，要达到目的地既可以走航空路线，也可以走高速公路或走水路，既可以乘飞机，也可以乘火车或乘船。走哪条路线主要取决于目的地和事情的轻重缓急，想快点到达还是欣赏风景？愿意花多少钱？对旅行方式是否感到舒适？信息系统开发路线选择与此类似，需要考虑信息系统开发路线的选择，而具体选择哪条开发路线，主要取决于系统开发的目标、资源和成本等限制条件。目前主要有几种

---

① Richard Hunter. "AD Project Portfolio Management". Proceedings of the Gartner Group IT98 Symposium Expo.

较为典型的开发路线(如图 2.1 所示),以适应不同的项目类型、技术目标、开发策略等。

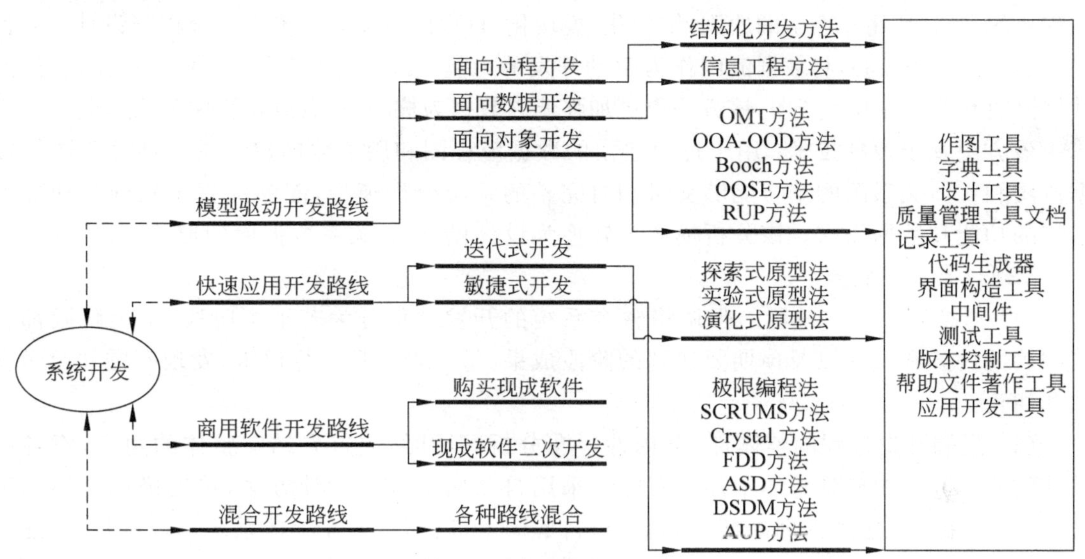

图 2.1　各种开发路线与方法

2.2 模型驱动开发路线

模型驱动的开发路线主要强调采用模型对系统进行可视化的分析与设计。模型为业务与 IT 提供了一个通用的工作流程,使其相互间能以一种双方都能理解的方式进行交流,通过模型可导出相应的代码。按照系统的分析要素,可以把开发方法分为三类:

面向过程方法(Process Oriented,PO):面向过程的开发方法是以数据处理为核心,通过了解数据在系统中如何流动来建立数据流图和实体关系图。

面向数据方法(Data Oriented,DO):面向数据的开发方法首先分析企业的信息需求,建立企业的信息模型,然后建立全企业共享的数据库。

面向对象方法(Object Oriented,OO):面向对象的开发方法是先分析企业的一些对象,把描述对象的数据和对对象的操作放在一起,如果多个对象共享某些数据和操作,共享的数据和操作就构成了对象类。

2.2.1 面向过程方法

面向过程的开发方法是以数据在系统中的处理过程为核心,其重点在于搞清系统要进行怎样的处理。面向过程的方法包含两种形式:一种形式是面向业务过程,即由企业运营流程出发,划分成一些过程来进行处理分析,对每个业务过程进行描述。另一种形式是面向数据处理过程,将系统分解为功能过程,功能过程再进一步分解成若干活动,每个活动下再细分成若干任务,对于每个任务,再详细说明系统必须如何响应的事件过程。

结构化系统分析设计开发方法(Structured System Analysis and Design,SSAD)简称结构化方法,是面向过程方法中最具有代表性的方法。

结构化方法是20世纪90年代较为流行的开发方法。基本思想是:用系统工程的思想和工程化的方法,按用户至上的原则,结构化、模块化、自顶向下地对系统进行分析与设计。结构化方法以功能为核心,将数据流图作为驱动开发的力量。最近,随着关系数据库模型的盛行,数据流图的重要性开始减弱,该方法也更加强调以数据为核心,重点放在实体关系图上。

该方法基于两种技术:用于过程建模的数据流程图和用于数据建模的实体关系图。数据流图和实体关系图的结合能够交付相对完整的系统分析模型,能够独立于软硬件捕捉到系统的功能和数据需求。该分析模型再转换为设计模型,以关系数据库的形式表示出来。

SSAD有如下特点:

(1) 严格区分工作阶段。强调将整个系统的开发过程分为若干个阶段,每个阶段都有其明确的任务和目标以及预期要达到的阶段成果,每一阶段都进行评审,发现问题并及时反馈和纠正。

(2) 强调开发过程的整体性、全局性。在分析问题时,应首先站在整体的角度,将各项具体的业务和组织放到整体中加以考察。采用自顶向下分析设计方法,首先确保全局的正确,再层层深入考虑和处理局部的问题;再自底向上进行开发,在具体系统实现过程中,逐个模块进行开发,调试,然后再由几个模块联调(子系统联调),最后是整个系统联调。

(3) 充分预料可能发生的变化。在系统的分析、设计和实现过程中,都要充分地考虑可能变化的因素。一般可能发生的变化来自于周围环境的变化;来自外部的影响,如上级主管部门需要的信息发生变化等;来自系统内部处理模式的变化,如系统内部的组织结构和鼓励体制发生的变化,工艺流程发生变化,系统内部管理形式发生变化等;还来自用户要求发生变化,如用户对系统的认识程度不断深化,又提出更高的要求。

(4) 工作文件的标准化和文档化。在系统研制的每一阶段、每一步骤都要有详细的文字资料记载,需要记载的信息是:系统分析过程中的调研材料、同用户交流的情况。设计的每一步方案(甚至包括经分析后淘汰掉的信息和资料)资料要有专人保管,要建立一整套文档的管理、查询制度。

随着应用的日趋复杂和多变,结构化开发方法也逐渐暴露出很多缺点和不足,具体表现在:

(1) 系统开发周期长。整个系统只有在所有模块都完成以后才能提交用户使用,在系统开发过程中,用户无法了解到将要使用的系统的概貌,无法及时反馈意见来控制系统目标。因此,采用SSAD方法开发出来的系统在某种程度上均未能完全满足用户的要求。

(2) 方法是线性而非迭代或者递增的。该方法不能通过迭代式精化和渐进式软件交付实现系统开发过程的无缝衔接。

(3) 开发出来的系统其总体结构和用户现实的业务运作过程存在着较大的差异,即客观世界的问题领域系统的可理解性差。由于SSAD强调的是功能的聚集,因此数据和处理相互独立。而用户的业务运作过程是数据导向的,因此问题领域结构与软件系统结构之间存在着不一致的矛盾。

(4) 系统的可维护性和稳定性差。系统完全按照预先提出的解决方案进行开发,不够灵活,很难升级和扩展。

2.2.2　面向数据方法

面向数据方法强调完整详尽地分析数据和数据之间的关系。数据导向的方法侧重于业务数据、数据库的逻辑设计和物理设计以及数据的索引和访问路径等。信息工程方法就是一种比较典型的面向数据方法。

信息工程方法是在企业中进行规划、分析、设计和实施应用的体系化方法。它是一套集成的、演化的任务和技术，用于改善企业的业务通信以及资源管理，包括资金、人员和信息系统以实现其商业愿景。信息工程发展遵循两条主要分支，即数据驱动及业务驱动。James Martin 和 Clive Finkelstein 于 1981 年在文献中首次提出基于数据驱动的信息工程，帮助数据库管理员和系统分析员使用数据分析和数据库设计技术，根据操作处理需求开发数据库设计和系统。Martin 聚焦于开发过程的自动化，利用相关技术描述业务并建立数据字典及代码生成。该方法为计算机辅助软件工程（Computer-Aided Software Engineering，CASE）奠定了基础，目前大多数 CASE 工具支持数据驱动的方法。在 20 世纪 80 年代末和 90 年代初，Martin 将快速应用开发（Rapid Application Development，RAD）和企业流程重组（Business Process Reengineering，BPR）融合起来。Finkelstein 提出了基于业务驱动的信息工程业务驱动方法，将信息工程扩展到战略业务规划中，主要用于满足 20 世纪 90 年代以来的客户/服务器环境以及面向对象的业务驱动环境，用于应对迅速变化的商业环境。

信息工程方法的主要思想是：

(1) 所有信息系统的开发建设都应该以数据为中心，不应该以处理为中心。

(2) 数据结构是稳定的，而业务流程是多变的。

(3) 最终用户必须真正参加信息系统的开发。

基于前述的基本原理和前提，马丁阐述了一整套自顶向下规划（Top-Down Planning）和自底向上设计（Bottom-Up Design）的信息系统建设的方法论，系统开发基本步骤如图 2.2 所示。

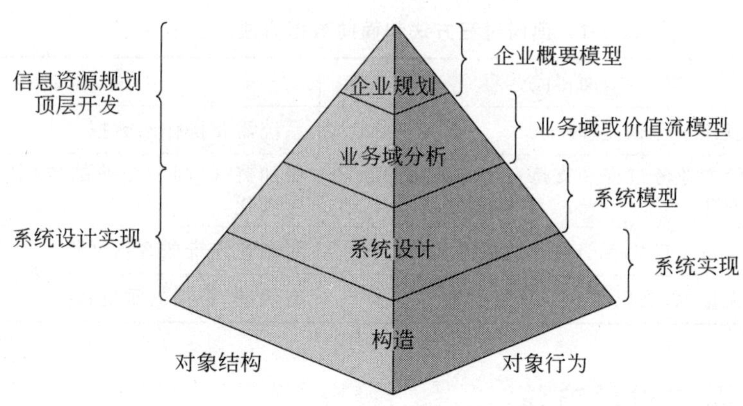

图 2.2　系统开发基本步骤

(1) 企业规划：信息战略规划 ISP 的目的是制定实施商业系统的计划，用于支持业务需求，通过企业规划，形成企业概要模型。

(2) 业务域分析：回答与业务域实施相关的一系列问题，为某个项目选择特定的任务用来为商业决策和目标提供支持。为所需要的业务域指定特定信息需求和优先级，形成业务域或价值流模型。

(3) 系统设计：商业系统设计项目的目标是指定与系统用户相关的所有方面，为技术设计、构造和安装一个或者多个相关的数据库以及系统做准备。关键任务是产生非歧义的一致性的需求，并提供必要的细节以进行规划和技术设计决策，形成系统模型。

(4) 构造：该阶段目标是按照技术说明在合理的预算和进度下构造系统，并满足用户验收的质量标准。

面向过程的系统开发方法，侧重于信息系统中数据的流动、使用和转换。这种方法要创建一些图形，例如数据流图或者图表。根据这种方法的技术和表示方法，对数据从它们的源，通过中间处理步骤，直到最终目的地的传输过程进行跟踪。因为信息系统各个部分按照不同的调度计划和不同的速度运行，所以面向过程方法还要表明数据在使用前临时存储在哪里。该方法侧重于数据如何以及何时传输和改变。

面向数据的信息系统开发方法描述了数据的理想组织，与系统在何处使用和怎样使用数据无关。面向数据所采用的技术产生了数据模型，数据模型描述系统所需的各种数据和数据之间的业务关系。数据模型描述企业的规则与政策。企业规则是指一个在影响或规范企业行为的指令(Ron Ross，2003 年定义)。图 2.3 和表 2-1 给出了面向过程和面向数据方法的主要区别。

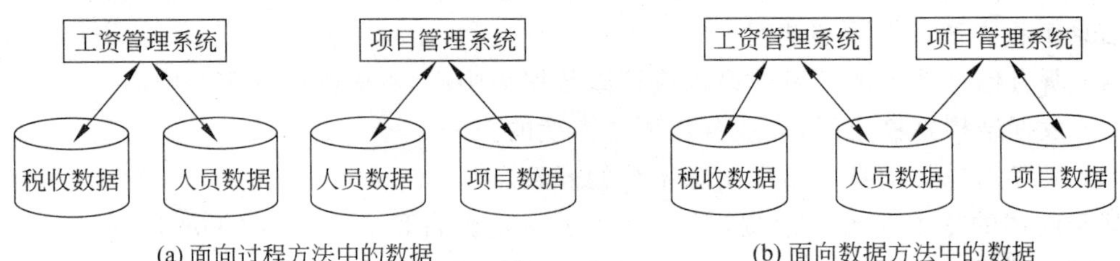

图 2.3 面向过程和面向数据方法的主要区别

表 2-1 面向过程方法和面向数据方法的主要区别

特　征	面 向 过 程	面 向 数 据
系统重点	应该干什么，何时干	系统需要操作的数据
设计稳定性	随着业务过程和支持它们的应用而经常变化	更加持久，因为企业的数据需求不会很快发生变化
数据的组织	为每个应用专门设计的数据文件	为企业设计的数据文件
数据状态	大量的、难以管理的重复数据	有限的、可控的重复数据

2.2.3 面向对象方法

面向对象方法于 2000 年后盛行起来，并由于统一建模语言(UML)标准的制定而广泛应用。面向对象方法更加贴近人们认识现实世界的正常方法，便于开发人员利用面向对象方法的基本概念去描述复杂的问题。面向对象方法将客观世界看成是由各种对象组成的，每种对象都有各自的内部状态和运动规律，不同对象间相互联系和作用构成系统。对象是面向对象方法的主体，具有以下特征：

(1) 封装性。将对象作为一个独立存在的实体，从外部可以了解其功能，但内部细节是隐蔽的，不受外界干扰。对象之间相互依赖性很小，因此可以独立被其他各系统所选用。

(2) 继承性。对象和类之间的层次结构具有继承关系，即子类继承父类的属性。

(3) 多态性。各种对象之间具有统一、方便、动态的消息传递机制。

面向对象开发方法具有以下优点：

(1) 无缝衔接。面向对象方法遵循迭代和递增式过程。一个单独的模型(一个单独的设计文档)可以通过分析、设计和实施过程进行细化，即细节在后续迭代、变更和精化过程中根据需要而引入，递增式地发布，选择的模块也可以提升用户满意度，并为其他模块的开发提供反馈，这种方式解决了传统方法中客观世界描述工具和软件结构不一致的问题，缩短了开发周期。

(2) 开发效率高。面向对象的方法中的继承机制，支持了模型与代码在一个系统中的重用，大大降低了软件系统的复杂性，提高了开发效率。

(3) 容易维护。面向对象的封装性使得对象的属性数据与操作方法封装在一起，对每个对象及其方法的实现可以分别的，甚至独立的进行而不必考虑其他对象是如何编码的，有利于大型复杂系统开发时系统开发人员的分组独立工作。即使改变需求，维护也只是在局部模块，所以维护起来是非常方便的。

(4) 容易扩展。由于继承、封装等特性，自然设计出高内聚、低耦合的系统结构，多态性也支持在一般情况下无须对系统进行修改，减少了错误和开发工作量，使得系统更灵活、更容易扩展，而且对环境变化的适应性更强。

尽管面向对象方法弥补了结构化方法的不足之处，但也存在一些新的问题：

(1) 由于面向更高的逻辑抽象层，使得在实现的时候，不得不做出性能上的牺牲。

(2) 如果实施服务器采用的是关系数据库，则概念和实施之间的语义鸿沟会非常明显。尽管分析和设计可以采用迭代和渐增式方式，最终开发还是要进入到实施阶段，需要将关系数据库进行转换。如果实施平台是对象数据库或者是对象-关系数据库，则从设计进行转换相对容易得多。

(3) 项目管理十分困难。管理者通常通过工作分解结构、交付成果或者里程碑来度量项目进度。面向对象的开发过程是逐步细化的，各阶段之间没有明显的边界，项目文档也是持续演化的。克服该困难的解决方法是将项目划分成小的模块，并通过持续地发布这些可执行的模块来管理进度(这种发布可以是内部的或者是交付的)。

面向过程方法与面向对象方法的比较如表2-2所示。

表2-2　面向过程方法与面向对象方法的比较

	面向过程方法	面向对象方法
思维方法	面向过程：以算法为核心，数据和过程分离；让现实向计算机靠拢	面向对象：数据与操作封装；让计算机世界向现实世界靠拢
稳定性	开发过程基于功能分析和功能分解，软件结构依赖于功能，需求发生变化引起软件结构的整体修改，系统不稳定	基于构造问题领域的对象模型，软件结构是根据问题领域的模型构造的，当需求变化时不会引起软件结构的整体变化，稳定性好

续表

	面向过程方法	面向对象方法
可重用性	利用标准函数库进行重用，标准函数缺乏柔性，不能适应各种场合的不同需要	可以通过创建类实例重复使用一个对象类，继承机制也使得子类可以重用父类代码和数据结构，而且可以在父类代码基础上修改扩充
可维护性	修改所涉及的部分分散，解空间和问题空间不一致，增加了理解原有软件的工作量和难度	修改一个类很少会影响其他类，易于测试和调试

2.3 快速应用开发路线

快速应用开发路线(Rapid Application Development，RAD)是一种系统开发策略，该策略强调用户深入参与到一系列系统工作原型的快速进化和构造过程中，以加速系统开发过程，系统工作原型最终将成为目标系统(或者系统应用的一个版本)。快速应用开发路线的基本思想为：将系统开发组织成一系列重点突出的研讨会，研讨会要让系统所有者、用户、分析员、设计人员和构造人员一同参与。通过一种迭代的构造方法加速需求分析和设计过程，让系统用户更主动地参与到分析、设计和构造活动中来，让用户可以提前看到可以工作的系统，进而提出改进意见，不断优化。

绝大多数快速应用开发方法推荐系统分析员采用特定的技术和计算机工具来加速分析、设计、实施过程，例如采用CASE工具、JAD会议、可视化编程语言，简化并加速编程和代码产生过程。快速应用开发路线下主要有两种开发方式：迭代式开发和敏捷式开发。

快速应用开发具有如下优点：

(1) 它鼓励用户和管理层主动参与(相对于不可工作的系统模型的被动响应)，这增加了最终用户对项目的热情。

(2) 项目具有较高的可视性和支持度，因为用户深入地参加到整个开发过程中，用户和管理层看到可工作的基于软件的方案比模型驱动开发要快得多。

(3) 在原型中错误和遗漏往往在比在系统模型中更早地被发现。

(4) 测试和培训是基本原型方法的一个自然副产品。

快速应用开发存在如下缺点：

(1) RAD鼓励“编码、实现和修改”，可能会增加运行、支持和维护系统所需的费用。

(2) 省略或者简化了问题分析，有可能导致错误的问题。

(3) RAD原型容易导致“先入为主”，可能不会鼓励分析员考虑其他更有价值的技术方案。

(4) RAD对速度的重视会对质量造成伤害，因为这种方法中充斥着大量不明智的捷径。

快速应用开发比较适用于用户需求不确定或不明确，同时规模不算太大的项目，因此，RAD在小型和中型系统项目中最流行。

2.3.1　迭代式开发

迭代式开发的重点是通过各阶段的迭代设计缩短开发应用软件和系统的时间，在循环的每次迭代中，都要构造和测试"一些设计原型或部分功能系统"。在信息系统开发中，用"原型"来形象地表示系统的一个早期可运行版本，它能反映新系统的部分重要功能和特征。原型方法要求在获得一组基本的用户需求后，快速地实现新系统的一个"原型"，在每个设计原型或部分功能系统被构造和测试后，系统用户有机会"试用"原型，从而为下一轮循环迭代澄清需求、确定新的需求，并提供关于设计的业务反馈。在每个设计原型或部分功能系统被构造和测试后，系统分析员和设计人员将检查应用体系结构和设计，通过反复评价和反复修改原型系统，为下一轮循环迭代提供"技术反馈"和指导，最终形成实际系统。

由于软件项目的特点，运用原型的目的和开发策略的不同，原型方法可表现为不同的运用方式，一般可分为以下三种类型：

(1) 探索型(Exploratory Prototyping)：主要是针对开发目标模糊、用户和开发人员对项目都缺乏经验的情况，其目的是弄清对目标系统的要求，确定所期望的特性并探讨多种方案的可行性。

(2) 实验型(Experimental Prototyping)：用于大规模开发和实现之前考核、验证方案是否合适，规格说明是否可靠。

(3) 演化型(Evolutionary Prototyping)：其目的不在于改进规格说明和用户需求，而是将系统改造得易于变化，在改进原型的过程中将原型演化成最终系统。它将原型方法的思想贯穿到系统开发全过程，对满足需求的改动较为适合。

原型设计和开发的具体步骤如图2.4所示。

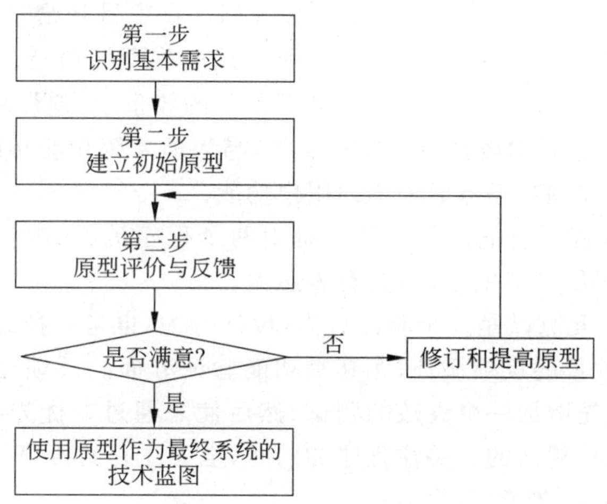

图2.4　原型设计和开发的具体步骤

(1) 识别基本需求：收集对目标系统的基本需求，包括输入输出信息，可能还有一些简单的过程。但基本不涉及编辑规则、安全问题或期末的处理。

(2) 建立初始原型：在获得基本需求的基础上，着手建立一个初始原型。通常初始原型只包括用户界面，如数据输入屏幕和报表。本步骤的目标是：建立一个能运行的交互式应用系统来满足用户的基本信息需求。

(3) 原型评价与反馈：真正的循环过程。当知识工作者首次进入该阶段时，他们要对原型进行评价，并提出修改或添加意见。在返回第三阶段时，他们将对原型进行再次评价。

(4) 修订和提高原型：在原型法的最后一个阶段中，要按照知识工作者提出的意见修订和提高原型。在该阶段中，可对已有的原型进行修改并增加各种新要求。然后，再转到第三阶段，并由知识工作者对新原型进行评审。

2.3.2 敏捷式开发

敏捷式开发主要是以编程为核心的方法，目的是根据迅速变化的需求快速开发软件。敏捷式方法和传统方法学的本质的不同之处在于它更强调可适应性而不是可预测性，是一种更加主动的模式。为获取这种敏捷性，使用一些提供的必要的纪律和反馈的实践，遵循使软件保持灵活、可维护的设计原则和设计模式。敏捷的核心是实践。

敏捷式开发方法包括极限编程（Extreme Programming，XP）、SCRUM、水晶方法（Crystal Methods）、特征驱动软件开发（Feature Driven Development，FDD）、自适应软件开发（Adaptive Software Development，ASD），动态系统开发方法（Dynamic Systems Development Method，DSDM）等。敏捷式方法也经常与面向对象方法配合使用。

极限编程方法是用持续的测试、简单的编码、成对编程以及和终端用户的迅速交互等方式快速构建系统的。极限编程式开发的主要过程如下：首先进行一个简单的规划过程，项目就开始反复执行设计、编程和测试过程。系统功能随着时间推移而逐步递增。如图 2.5 所示。

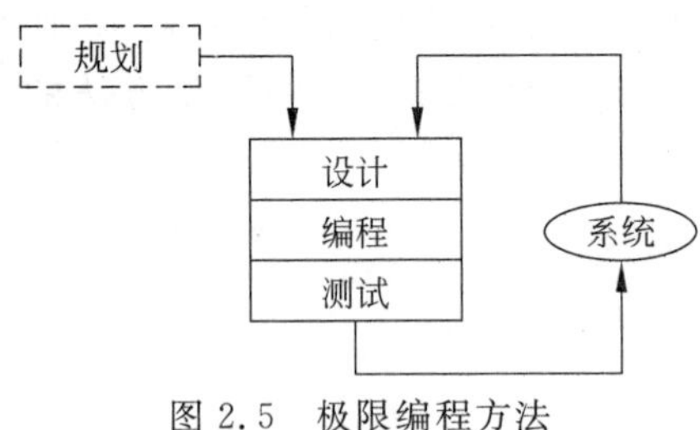

图 2.5 极限编程方法

(1) 规划。在项目开始时，开发人员和客户尽量确定出所有真正重要的功能，随着项目的进展，用户会不断编写新的故事卡，追加新的用户功能。

(2) 设计。团队使他们的设计尽可能地简单，与当前系统功能相匹配，仅仅关注于计划在本次迭代中要完成的功能，不考虑未来的用户功能。

(3) 编程。成对编程所有的产品软件都是由两个程序员、并排坐在一起在同一台计算机上构建的。保持代码尽可能的干净，具有表达力。

(4) 测试。编写单元测试是一个验证行为，设计行为，也是一种编写文档的行为。编写单元测试避免了相当数量的反馈循环，尤其是功能验证方面的反馈循环。程序员以非常短的循环周期工作，他们先增加一个失败的测试，然后使之通过。优先编写测试，迫使自己把程序设计为可测试的、易测试的。关注程序的同时，也关注它的接口，降低软件中的耦合。

极限编程方法的特点在于：

测试和高效编程是 XP 方法的核心。每天的代码都被测试并纳入到集成测试环境中。如果存在故障，则代码被退回，直到完全避免错误为止。XP 方法高度依赖于重新分解（refactoring），这是重构代码并使其保持简洁的规范化方法。

XP 项目采用故事卡描述系统需要做哪些事情。然后程序员编写小的简单模块并进行测试，以满足系统需求。用户需要澄清问题。标准对于减少困惑也十分重要，所以 XP 团队采用通用的名称、描述和编码实践。

XP项目比RAD方法的交付时间更短，它很少真正收集系统需求。当需求XP迅速变化时，它可以和面向对象配合使用。这种方法比较适合于项目时间短而且进度是关键要素的情况。

然而，XP方法需要一系列的原则。否则，项目就不聚焦，发生混乱。因此，一般不超过12人的小型开发团队比较适合，不适合大的应用。此外，该方法也需要现场进行用户输入。

2.4 商用软件开发路线

商用软件包(Commercial Application Package)是一种可以购买并定制(在一定限度内)的软件应用，以满足大量组织或特定行业的业务需求。有时，购买一个信息系统比内部开发系统更有意义。事实上，许多组织只有在能够获得竞争优势的情况下才在内部开发软件。而且，对于许多核心应用软件，如人力资源、财务、采购、生产和分销来说，构造的系统不能带来什么竞争价值，因而购买商用应用软件包。

商用应用软件包开发路线的基本思想是：为了实现业务需要，必须仔细地选择套装软件方案，即"你得到你想要的，然后付费"。通常有两种方式可以选择：一种方式是购买现成的商用软件，并直接应用于企业；另一种方式是购买的软件包不能适用于企业的实际应用环境，因此需要在此基础上进行二次开发，满足软件包未能实现的内部需求。另外，软件包通常需要重新设计现有业务过程以适应该软件，软件包通常必须定制并集成到企业中。

2.4.1 购买现成商用软件

购买现成商用软件的步骤如下：

(1) 在信息系统需求分析阶段进行一些初步的"技术市场调研"，确定存在着哪些软件包方案，这些软件有什么特征，以及用来评价这些应用软件的准则，确定是否需要采纳购买方案。

(2) 定义了业务需求之后，必须同提供候选的软件包的供应商进行交流，供应商提交他们的软件方案的建议或报价。这些建议方案按照需求方案说明书中确定的业务和技术需求进行评价。

(3) 与最终选择的供应商协商软件合同和订单，以及安装和维护软件可能需要的服务合同。供应商提供基本软件和文档，软件的安装和实现服务通常由供应商提供，或由软件的服务提供商提供。

(4) 当购买了应用软件包后，组织几乎都需要改变它的业务过程，以便更有效地利用该软件。由于很少有应用软件包能够在安装时满足所有的业务需求，需要进行差距分析来确定软件包的功能和特征不能满足哪些业务需求。对于不能满足的需求，可以要求软件供应商在可以接受的范围内对软件包进行定制；定义"附加软件需求"；定义"新增软件需求"。所谓差距分析是将商用软件包的业务和技术需求与特定的商用软件包的功能和特征进行比较，以定义不能满足的需求。

(5) 安装并测试基本软件，根据自己的偏好进行选择，并对参数进行设定，同时完成测试。设计并构造了所有的附加软件以满足附加的业务需求，系统最终经过测试并投入运行。

购买现成商用软件包的主要优点包括：

(1) 可以更好地实现新系统，因为不需要大量的编程工作。

(2) 应用软件供应商将他们的开发费用平摊到购买软件的所有客户身上。这样，他们可以不断地投资以改进软件的特点，功能和可用性，这往往是单个企业无法做到的。

(3) 应用软件供应商对重大的系统改进和错误修改负有责任。

(4) 在一个行业内部，许多企业的功能相似性多于差异性。每个组织自己"重打鼓另开张"没有什么意义，因此，购买软件也可以减少组织的重复建设与开发。

商用软件包路线的主要缺点包括：

(1) 成功的商用软件实现依赖于软件供应商的长期成功和生存能力，如果供应商不工作，企业就会失去技术支持和未来的改进。

(2) 购买的系统很少能反映理想方案，而企业可以通过内部开发实现理想方案。

(3) 改变业务过程以适应软件几乎总是会遇到一些阻力，一些用户将不得不被解雇或者分配新工作；而有些人的地位会发生变化，他们认为这些变化是技术驱动的，而非业务驱动的。

目前的现实证明，无论如何，购买商用软件的趋势不能被忽视。

2.4.2 现成软件包二次开发

应用软件包是预先编制好的、能完成一定功能的、供出售或出租的成套软件系统。它可以小到只有一项单一的功能(比如打邮签)，也可以是有 50 万行代码的、400 多个模块组成的复杂的运行在主机上的大系统。

现在市场各种专用的软件包日益增多，利用软件包进行二次开发从而实现组织的信息系统已经成为一种可行的开发策略。因为软件包已经完成了设计、编码和测试工作，又有完整的文档供培训和维护使用，所以用它来开发信息系统，时间会大大缩短。大多数软件包都能完成许多组织都会用到的一些公共的通用功能，销售量的增加使软件包的购买(或租用)费用下降，一般都低于自行开发的费用。

在下列 3 种情况下可以优先考虑选择使用软件包开发系统的策略：

(1) 需要开发的系统功能是多数组织都要用到的一些通用功能，比如，工资管理、人力资源管理、会计财务管理、应收应付账款管理等。因为这类软件包很多，有比较宽的选择余地，成本也不会很高。

(2) 缺少组织内部的开发人员。不是每个组织都有足够的内部信息技术专业人员可以承担系统开发任务的，这时就可以考虑全部或部分地选用软件包来开发自己的信息系统。

(3) 开发的系统属于微机系统。因为目前市售的绝大多数应用软件包都是运行在微机环境下的。

1. 软件包开发的优点

利用现成软件包开发信息系统主要有以下优点：

(1) 缩短开发时间。系统设计与测试的工作量一般会占系统开发全过程的 50%以上。软件包的供应商在提供软件包的时候已经把设计说明书、文件结构、处理关系、事务定义和报告输出等的设计问题解决了。软件包在上市以前都经过了充分的测试，已经消除了绝大多数的技术问题。稍微复杂的软件包(如小型机上的 MRPII 系统)供应商还会负责协助用户进行安装。安装后的测试,因为有供应商的协助也会变得相对简单和快捷。所以用户能在较短的时间内迅速地将系统投入运行。

(2) 可以得到比较好的维护。供应商不仅提供长期的系统维护,还提供优惠的定期更新和系统升级服务。这可以减轻组织的维护负担,同时也能使维护更专业、更有效,也更节约。

(3) 能减轻组织内部对系统开发的阻力。系统开发过程是一个组织变革的过程。改变组织中人们的工作管理,改变部门之间的制约关系都会遇到阻力。在传统的系统设计过程中,设计人员为了说服用户接受新系统的运行模式,常常会同用户发生矛盾,有时还不得不做出一些让步和折中,这都会增加系统的阻力,降低系统的效能。如果利用软件包来开发,情况就会有所不同。软件包是由供应商在总结了大多数同类业务以后,站在较高的位置上设计出来的,有较大的普遍性和适应性。组织的管理层在做出开发决策的时候,由于软件包的成本相对比较明确,开发过程的管理也比较简单,所以很容易被组织的决策层所接受。开发阻力的减少意味着成功率的提高。

2. 利用软件包开发的缺点

尽管软件包的采用已经很普遍,但是这种方法仍有不可忽视的缺点:

(1) 功能较为简单。市售的软件包主要是为满足某一特定功能为主设计的。每个组织在开发系统时常常有多个功能目标要实现,软件包不具备的功能就需要用其他方法另外开发,将不同方法联合使用。例如,买到的财会软件包可能只满足用户记账和报表的功能,用户不得不自行开发成本核算和财务分析的功能。

(2) 难以满足特殊要求。软件包能够满足不同组织的共同的通用要求,但难以满足各自的特殊要求。为解决此矛盾,软件包的开发商不得不根据用户的具体情况提供修改软件包的手段和方法。为适应用户特殊需求而对软件包做必要的修改和补充称作软件包的客户化。少数开发商可以向用户提供部分源代码,允许用户根据自己的需要对软件包的部分功能进行修改。显然这会破坏原来软件包的功能完整性,所以开发商一般不再提供对改后软件的技术服务和支持,这使用户处于两难的境地。更多的软件商会提供多种可选的功能,以尽可能地满足用户的特殊需求。例如,有些 MRP 软件包就提供 2～7 种作业调度模型和多种库存模型由用户选用。另一种做法是在软件包中留出一些“用户接口”,也许用户利用这些接口自行开发处理程序,对软件包处理的时间进行干预。如果软件包没有留接口,就只能采用最传统的方法——加前端和后端程序来完成客户化。例如,在工资处理的软件包前可以开发一套前端处理程序,完成员工特定的分类以后再转给软件包处理。处理的结果还可能要再开发一个后端处理程序完成工资向银行账户的划转工作。

(3) 实施的费用随客户化工作量的增大而急剧上升。最基本的安装及客户化都是十分耗资耗时的,当客户化工作量较大时,所耗费的成本将大大超过购买软件包的成本,使原来的预算被突破。

3. 利用软件包开发系统的步骤

利用软件包开发系统时也要经历与生命周期法类似的步骤,只是每个阶段的工作内容稍有一些不同。最大的不同是系统设计的指导思想,不能像传统的设计那样尽量把系统设计得与组织相匹配，相反，通常是要重新设计组织的业务流程，让它们尽量与软件包的要求相吻合。下面列出各步骤的一般内容。

(1) 系统分析。明确原系统的问题和需求，提出解决方案，比较不同的开发策略，确定是否应该利用软件包开发，选择软件包的供应商，评价并选择软件包。

(2) 系统设计。裁剪用户的需求，以适应软件包的功能；培训技术人员，完成客户化设计和新业务的流程设计。

(3) 编程、调试、转换、安装、修改、设计程序接口、做文档、切换、测试、培训用户。

(4) 运行与维护，改错与升级。

2.5 选择合适的开发路线与方法

每种开发方法都有各自的优缺点和适用范围，在进行具体开发时，选择适当的开发方法尤为重要，与此同时，团队的经验也十分重要。许多 RAD 方法需要使用新的工具和技术，这些工具增加项目的复杂性的同时也需要额外的时间进行学习，但是一旦掌握了这些工具并积累了经验，就可以加快系统开发的速度。在选择开发方法时，可以参照以下原则：

(1) 用户需求的明确性。当用户对系统的需求不确定而且可能会经常变动的时候，难以通过交谈或者是书面报告理解其需求。用户通常需要与技术人员交互，从而真正理解新系统可以做什么，如何应用系统以满足他们的需要。快速应用开发中的原型、XP 等方法更加适合这种需求不确定和不稳定的情况，因为可以通过提供原型和测试版本在 SDLC 早期和用户交互。

(2) 对技术的熟悉程度。当系统即将使用系统分析员和程序员不熟悉的新技术时(例如，首次使用 Java 进行 Web 开发)，新技术在 SDLC 的早期应用会降低成功几率。如果在设计系统时不熟悉基本技术，就会增加很多风险。采用抛弃式原型方法更适合不熟悉新技术的情况。抛弃式原型鼓励开发人员在高风险的领域从事原型设计。

(3) 系统复杂性。复杂系统需要详细的、全面的分析与设计。抛弃式原型尤其适合与这种详细分析设计的情况，而原型则不适合。传统结构化方法可以处理复杂系统，但是没有能力使系统尽早和用户接触，所以可能会忽略一些重要的问题环节。

(4) 系统可靠性。系统可靠性是系统开发的一个重要因素。对于某些应用而言，可靠性十分关键(如医疗系统、卫星控制系统)，当系统的可靠性优先级很高时，采用抛弃式原型最为适合，因为它可以让项目团队通过设计原型检验各种不同的方法。原型方法对于可靠性较高的情况也不太适合，它缺少可靠性系统所要求的详细分析与设计阶段。

(5) 项目进度。具有较短项目进度的系统开发项目比较适合采用 RAD 和敏捷方法，这些方法可以增加开发速度，并可以保证在特定交付时间内调节功能，如果进度很紧，可以从原型或者版本中删去一些功能。这种情况下，结构化是最糟糕的选择，因为不允许时间进度的随意变动。

(6) 进度可视性。系统能够开发最大的挑战之一就是难以判断项目是否按预期进度执行。结构化方法尤其如此，因为只有在项目结束时才能够看到交付成果。而 RAD 方法将许多关键设计决策提前，有助于项目经理认识并处理相关的风险因素，从而满足预期。

2.6 自动化工具与技术

2.6.1 CASE 定义

CASE(Computer Aided Software Engineering)是一种自动化或半自动化的方法,目的是减少重复工作量,它能够全面支持除系统调查外的每一个开发步骤,通过将许多常规化的开发工作自动化和强化设计的各项规则,使开发者解脱出来,将精力集中到更需要创造力的工作中。

狭义地讲,CASE 是一组工具和方法的集合,可以辅助软件生存周期各阶段的开发工作。

广义地讲,CASE 是辅助软件开发的计算机技术,它包括两个含义:一是在软件开发和维护过程中提供计算机辅助支持,二是在软件开发和维护过程中引入工程化方法。

2.6.2 CASE 工具分类

CASE 工具主要包括需求分析工具、软件设计工具、数据库设计工具、项目管理工具、程序设计和代码生成工具、测试工具,几乎涵盖了信息系统开发的整个生命周期的各个环节,工具描述和应用如表 2-3 所示。

表 2-3 CASE 工具的简要描述与应用

工具	简要描述	应用
需求分析工具	绘制业务流程图、数据流图、实体关系图或者与某种特定方法相关的其他图标工具	国产系列:playCASE 国外系列:Bpwin、RationalRose
软件设计工具	采用各类生成器允许分析员设计出个人喜好的界面、菜单和报表等	MicrosoftVisio、 PowerDesigner、RationalRose
数据库设计工具	支持概念数据模型和物理数据模型的生成	数据库设计工具:Erwin、ER/Studio 数据库开发工具:Oracle/Form、Oracle/Developer、ObjectBrowserforOracle
项目管理工具	用于项目规划和资源估算	项目管理工具:MicrosoftProject 配置管理工具:VisualSourceSafe、WinCVS、RationalClearCase
程序设计和代码生成工具	根据高层规格说明生成可执行的代码模块	MS 系列:VisualStudio. NET Borland 系列:Jbuilder、C++ Builder、Delphi 其他系列:PowerBuilder、Macromedia
测试工具	根据某种特定的结构化方法设计规则,对系统的信息准确性和完整性进行检测	自动化系列:Panorama 非自动化系列 SoftIce、Junit

2.6.3 基于 CASE 的系统开发过程

系统开发的主要过程就是从现实世界到可运行系统的生成过程,采用 CASE 方法和工具进行系统开发可以使系统的开发更规范、更有效,也能使系统更容易维护,基于 CASE 的开发和传统的系统开发在侧重点上也有所不同，区别如表 2-4 所示。

表 2-4 传统的系统开发与基于 CASE 的开发

传统的系统开发	基于 CASE 的开发	传统的系统开发	基于 CASE 的开发
强调编码和测试	强调分析和设计	手工文档	自动化的文档生成
基于书面的规范	快速交互的原型技术	密集的软件测试	自动化的设计检测
人工编码	自动化的编码生成	维护代码和文档	维护设计规范

基于 CASE 的系统开发过程主要分为数据生成和应用生成两大部分，数据生成是从信息建模到数据库设计，再根据 CASE 中的数据定义生成最终的数据库定义；应用生成是从功能建模到应用定义，再根据 CASE 中的应用定义生成应用程序的代码，生成的数据库和应用程序代码经优化和测试就可生成最终的系统。在用 CASE 开发系统的过程中，还用到数据流程图、矩阵图等方法来反映应用与数据之间的关系，并达到检验的目的。

基于 CASE 的系统开发过程如图 2.6 所示。

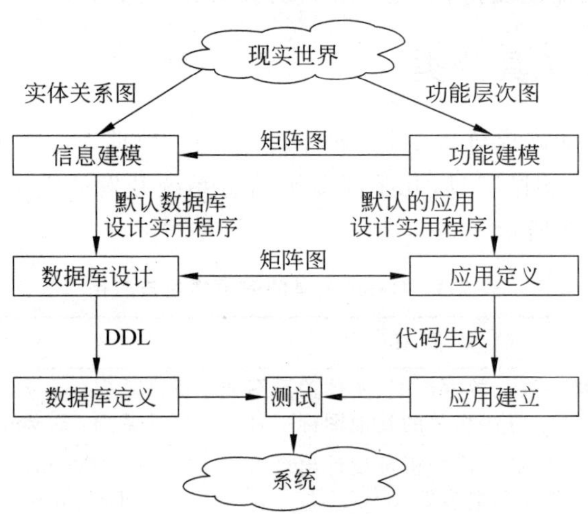

图 2.6 基于 CASE 的系统开发过程

CASE 工具在系统开发的各个环节中的应用如表 2-5 所示。

表 2-5 CASE 工具在系统开发的各个环节中的应用

SDLC 阶段	关 键 活 动	CASE 工具使用
项目的确认和选择	显示和结构化高层组织信息	用图表和矩阵工具来创建和结构化信息
项目的启动和规划	开发项目的范围和可行性	用知识库和文档生成器来开发项目计划
分析	确定和结构化系统需求	用图来表示流程、逻辑及数据模型
逻辑和物理设计	创建新的系统设计	利用窗体和报告生成器进行原型设计；利用分析和文档生成器定义规范
实施	设计转化为信息系统	利用代码生成器来分析；利用窗体和报告生成器来开发系统；利用文档生成器来开发用户文档
维护	信息系统的发展、演化	所有的工具都被使用(生命周期的重复)

2.6.4　CASE 工具的特点

CASE 工具的优点在于：

(1) 使得系统开发过程中的许多手工作业得以自动化，为前期设计和分析提供了帮助，使错误大大减少。

(2) 工具具有合法性检测功能，可以完成数据流图的自动平衡，校核数据流图及其说明的数据完整性和一致性。

(3) CASE 工具包括原型法的功能，可以帮助分析员迅速绘制人机界面或报表布局供用户审核。

(4) CASE 工具包的一个核心部分是信息储存库，它存储了系统分析员在项目开发中定义的所有信息。

(5) CASE 工具加快了软件开发速度，CASE 工具简化了软件开发的管理和维护。

CASE 工具的局限性在于：

(1) CASE 只是一种辅助的开发工具，在实际开发一个系统中，CASE 环境的应用必须依赖于一种具体的开发方法。

(2) CASE 无法自动生成具有特定功能的系统，无法实现与数据库和第四代语言之间的接口。

(3) CASE 不能自动进行系统分析，因此也不可能彻底改变系统分析和设计过程。

因此，在系统开发过程中应当扬长避短，合理利用 CASE 技术来规范信息系统的开发过程，可以有效地避免因需求不清或设计不合理而造成的程序反复修改，使开发出的系统更符合用户的需要。但在使用 CASE 工具定义分析和设计对象时，一定要做到严格且完整，才能生成高质量的应用程序。

2.7　案例分析——CASE 工具在系统开发中的应用

较为典型的信息系统开发过程通常需要经过范围定义、问题分析、需求分析、逻辑设计、决策分析、物理设计和集成、构造和测试、安装和发布、运行和维护等几个阶段，期间还贯穿着调查研究、记录文档和演示汇报、可行性分析、项目管理和过程管理等跨生命周期的活动。显而易见，这是一个浩大且重要的工程，有效性、准确性、时间节点等的要求使得信息系统开发必须保持良好的一致性和规范性。CASE 工具的出现令信息技术应用于信息系统开发本身成为可能。

CASE 被定义为计算机辅助软件工程，指使用支持系统模型的绘制和分析的自动化工具。

有三类自动化工具可以用于系统开发[14]，分别是计算机辅助系统建模，代表性产品如 Computer Associates 的 Erwin、Popkin 公司的 System Architect、Rational 公司的 ROSE；应用开发环境，如 IBM 公司的 Websphere、Inprise 公司的 JBuilder、Microsoft 公司的 Visual Studio. net、Sybase 公司的 PowerBuilder；以及项目和过程管理器，如 Microsoft 公司的 Project。

其中，Sybase公司的一款产品PowerDesigner也属于CASE工具之一。PowerDesigner系列产品提供了一个完整的建模解决方案，业务或系统分析人员、设计人员、数据库管理员DBA和开发人员可以对其裁剪以满足他们的特定的需要；而其模块化的结构为购买和扩展提供了极大的灵活性，从而使开发单位可以根据其项目的规模和范围来使用他们所需要的工具。PowerDesigner灵活的分析和设计特性允许使用一种结构化的方法有效地创建数据库或数据仓库，还提供了直观的符号表示使数据库的创建更加容易，并使项目组内的交流和通信标准化，同时能更加简单地向非技术人员展示数据库和应用的设计。

2.7.1 采用PowerDesigner进行过程建模

过程建模是一种组织和记录数据的结构和流向的技术，它记录系统的“过程”和由系统的“过程”实现的逻辑、策略和程序[14]。在这一部分主要使用PowerDesigner进行业务过程建模。

应该说，PowerDesigner的BPM(Business Process Modeling，业务过程建模)模块中的对象还是相当完整清晰的。Process(过程)、Flow(流程)、Decision(决策点)、Synchronization(并发与同步)、Resource(资源)、Message Format(过程间数据的交互)等对象均有明确的工具和符号与其对应。绘制的业务流程图中，各对象也有色差、大小等的区别。一旦经过分析，业务流程的框架得以确定，PowerDesigner事实上仅起到了描述和展示的作用。而其操作的简便性和明晰性的确使建模过程轻松不少。图2.7就是采用PowerDesigner进行业务过程建模的一个实例。

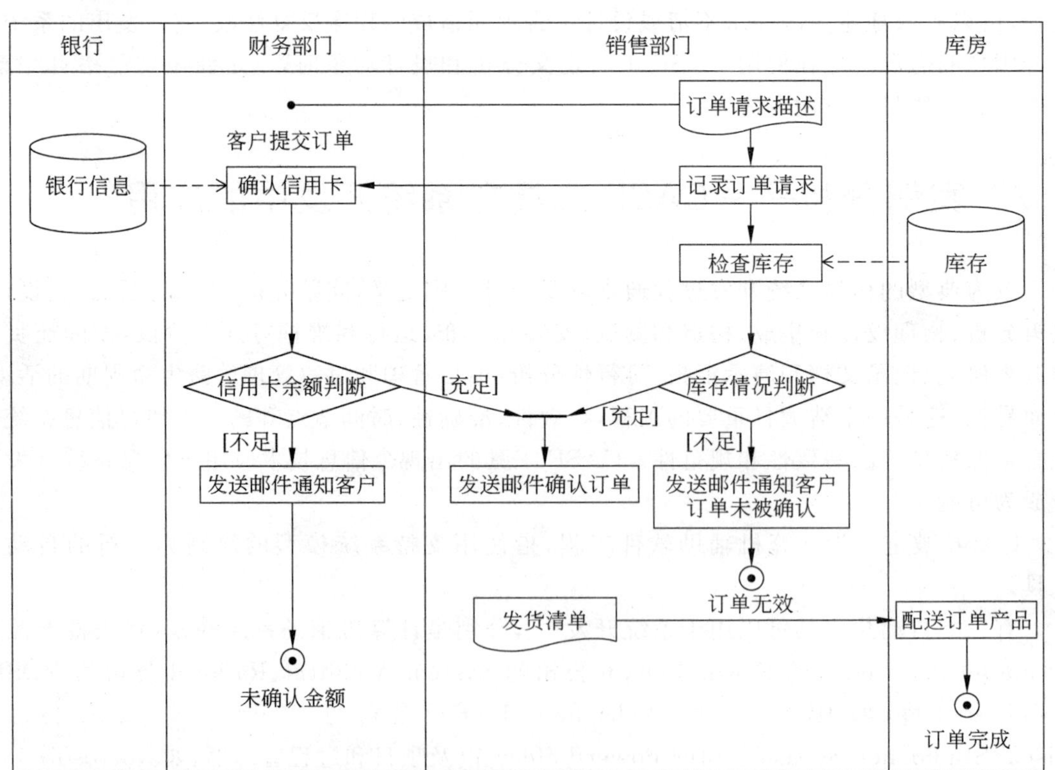

图2.7 电子订单处理流程建模

2.7.2 采用 PowerDesigner 进行数据建模

数据建模是一种组织和记录系统的数据的技术，也即为数据库定义业务需求的技术[14]。在明确业务流程的基础上，PowerDesigner 可以根据需要存储的信息，如实体、实体关系等，辅助建立概念数据模型和物理数据模型。

在 PowerDesigner 中建立 CDM(Conceptual Data Model，概念数据模型)时，用户可以快捷地为其中的实体添加属性、设置主键和数据类型。值得一提的是，当使用者建立了初步的模型之后，PowerDesigner 提供了 check model 功能用以检查模型的正确性，包括名称和代码是否唯一、精度设置是否合理、数据类型是否有效、实体间关系是否为多重或冗余、主键和标识符是否存在等，其余检查项目还可以自行设置。提供 check model 功能在很大程度上保证了模型的正确，并能促使使用者对照 result list 中的提示发现问题，对所建模型有更深入的理解。图 2.8 就是采用 PowerDesigner 建立的一个售票系统概念数据模型。

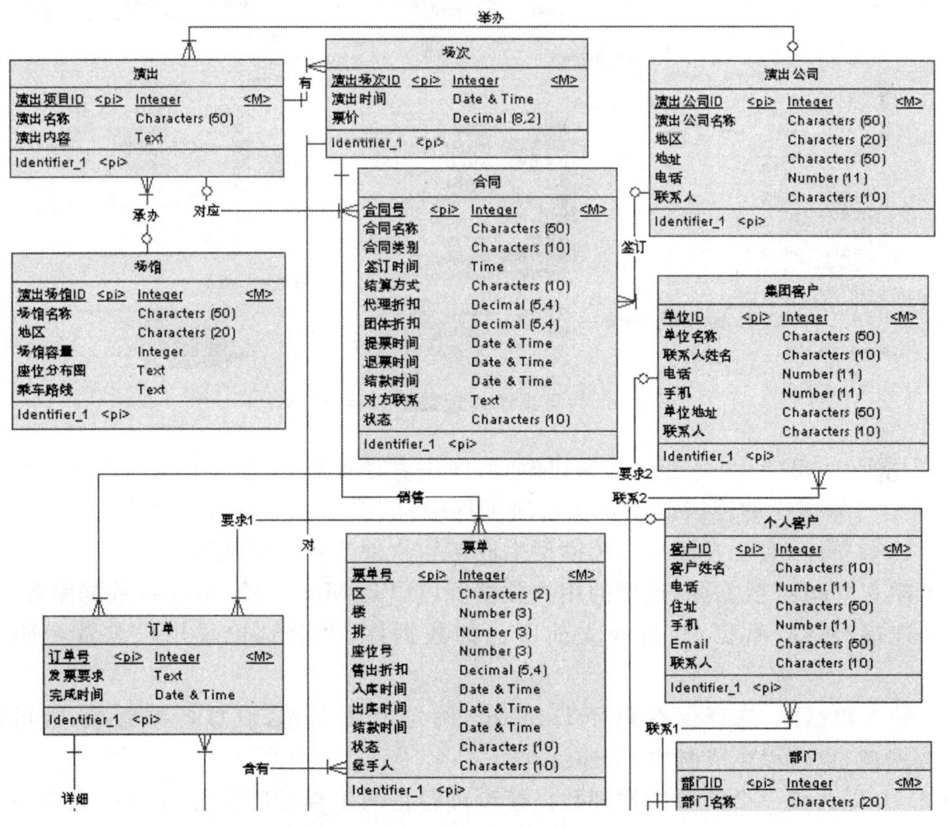

图 2.8 售票系统概念数据模型(CDM)

另外，在 PowerDesigner 中建立 PDM(Physical Data Model，物理数据模型)时，若已建立了同一系统的 CDM，则可以直接通过 PowerDesigner 提供的工具生成 PDM(相反也同样成立，即 CDM 与 PDM 可以相互转化，甚至还能生成面向对象的模型，这在下文中有提及)。

对比转化前后的两个模型，使用者能够对 CDM 和 PDM 两者的关系有进一步的了解(尤其对初学者大有裨益)。之前 check model 这一步骤可以保证生成的模型仍然正确，因而使用者无须对新模型进行重复检查的工作，从而令建模效率有了很大的提高。如图 2.9 所示，这是由上例转化而来的售票系统物理数据模型。

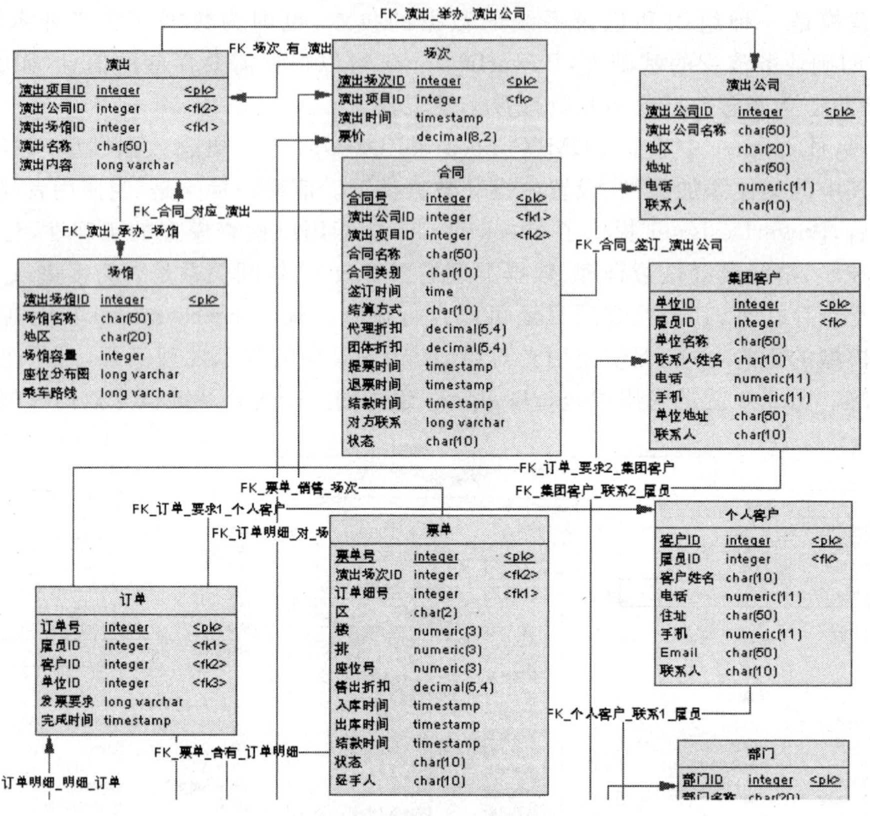

图 2.9 售票系统物理数据模型(PDM)

在利用 PowerDesigner 进行数据建模时，使用者还能通过正向工程和逆向工程两种途径实现模型与数据库的连接。例如在正向工程中，以下三个步骤可以将 PowerDesigner 中的模型导入数据库，实现直接从系统模型生成初始软件或数据库代码：

(1) 建立 ODBC 数据源；这里的用户数据源可以是 Microsoft Access 数据库等。

(2) 连接 ODBC 数据源；选择先前所建的数据库，并分别记录用户名及密码等相关信息。

(3) 导入数据库；选择保存路径 Director，确定 File 名称，设置各类参数，既可以生成 ODBC 数据源，也可以生成脚本 Script。

图 2.10 即为由一个简单的物理数据模型进行正向工程后所得的 Access 数据库表示。

而逆向工程则可以实现将特定数据库或数据库脚本导入 PowerDesigner 中的模型，即直接从软件或数据库代码生成初始的系统模型。同样也分三个步骤：

(1) 导入准备。PowerDesigner 默认新建一个物理数据模型以接收导入数据。

(2) 连接数据源。这一步要求使用者选择数据来源(脚本文件或 ODBC 数据源)，并设定相关参数。

(3) 生成 PowerDesigner 模型。只须单击 Reverse Engineering，就可以轻松地生成物理数据模型。

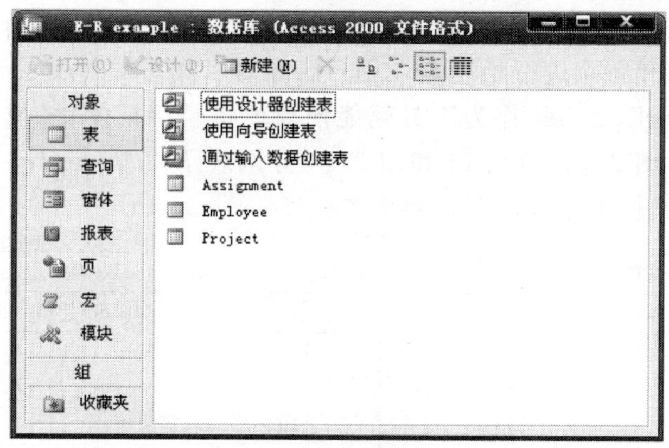

图 2.10　将模型正向工程导入 Access 数据库

图 2.11 展示了由上例 Access 数据库进行逆向工程后所得的物理数据模型。

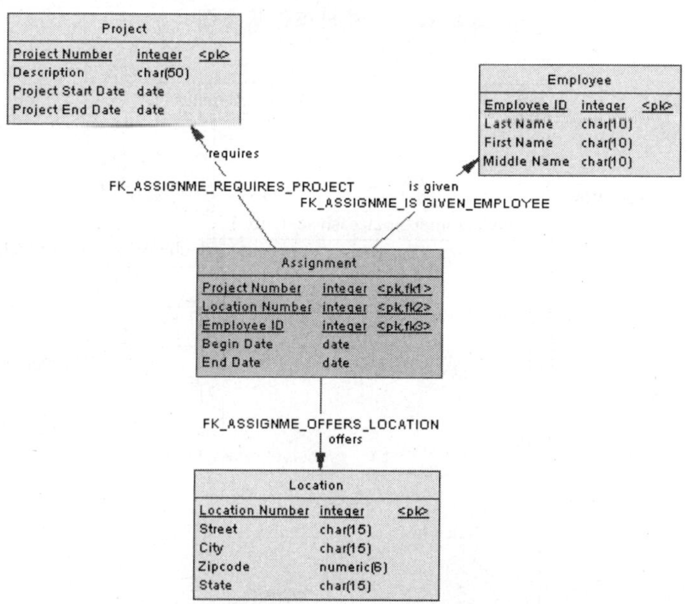

图 2.11　将 Access 数据库逆向工程导入物理数据模型(PDM)

以上就是关于 PowerDesigner 中正逆向工程的简要步骤。模型与数据库的导入导出相互转化使得信息系统模型开发有了两种不同方式的自动化建模方法。正向工程好比从流程图直接产生程序;逆向工程则可被视为从一个现有程序生成一张流程图。CASE 工具的这一双向应用使建模过程更为自如。

2.7.3　采用 PowerDesigner 进行对象建模

对象建模是一种用于辨识系统环境中的对象和这些对象之间关系的技术[14]。PowerDesigner 中提供了相当多的面向对象模型(Object-Oriented Model),如用例图(Use Case Diagram)、类图(Class Diagram)、状态图(Statechart Diagram)、顺序图(Sequence Diagram)、协作图(Collaboration Diagram)等。

在建立不同面向对象模型时，使用者可以根据简洁明了的图标和符号选择恰当的对象，按照各类模型的规则和特点进行绘制。在用户已经对目标系统开展了深入的面向对象的分析之后，再使用 PowerDesigner 作为工具就能便捷地将模型具体化、规范化，清晰地表达面向对象建模的思想。图 2.12、图 2.13 和图 2.14 分别表示由 PowerDesigner 建立的计算机工作状态图、饮料贩卖机工作顺序图及协作图。

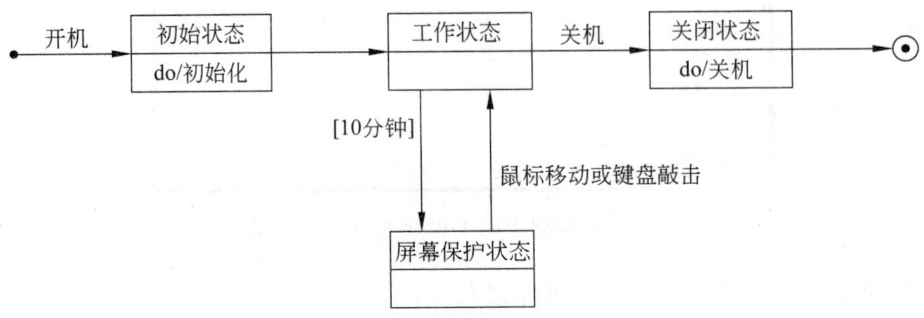

图 2.12 计算机工作状态图

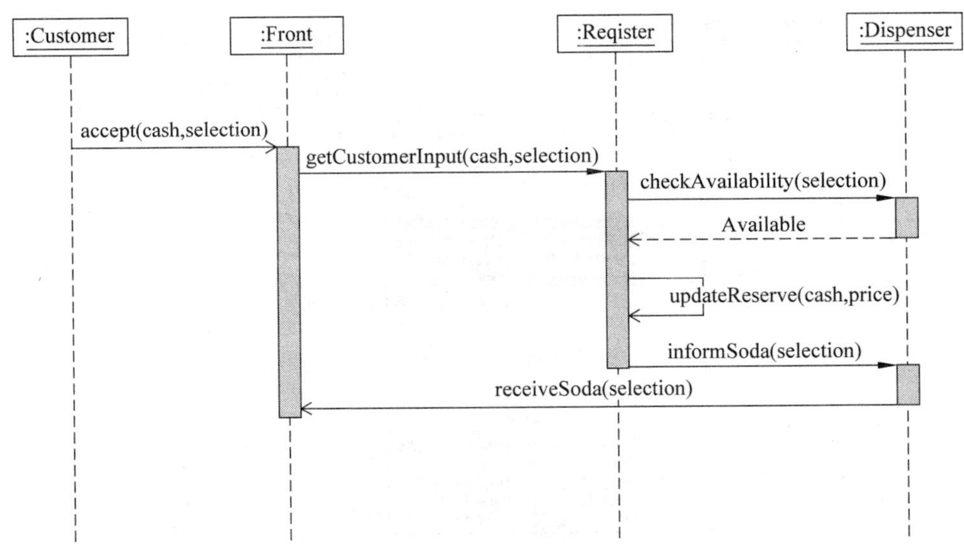

图 2.13 饮料贩卖机工作顺序图

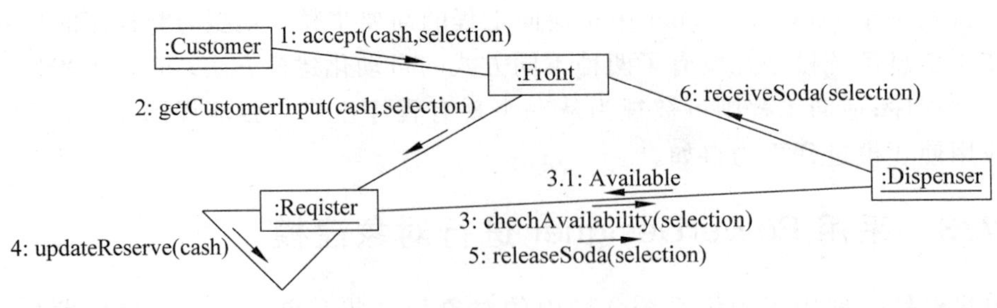

图 2.14 饮料贩卖机工作协作图

在用 PowerDesigner 建立面向对象模型时，顺序图和协作图之间能够实现相互转化，这将更有利于使用者检验模型和加深对模型的理解。

2.7.4 使用 PowerDesigner 生成信息系统开发报告

PowerDesigner 提供了丰富的报告生成工具及模板，使用者可以自由定义报告的语言、字体、模板形式（完全、列表、标准等）、显示项目等。与此同时，用户还能选择报告生成的格式，如 RTF、HTML 等。通过 PowerDesigner 提供的报告工具，使用者可以十分快捷地生成信息系统模型开发报告，这也是其优点之一。

如图 2.15 所示，为某系统物理数据模型在由 PowerDesigner 生成 HTML 版本的报告中的表现形式。左侧的树型结构则代表了该报告的整体框架。

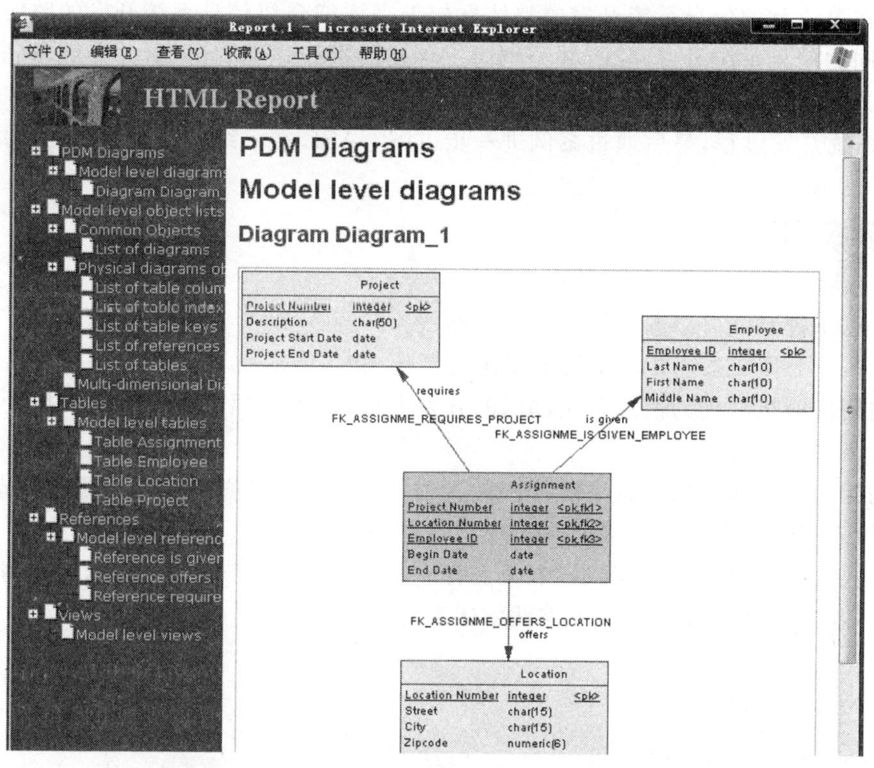

图 2.15 信息系统开发报告——HTML 版本

总体来说，PowerDesigner 不失为一款出色的支持信息系统模型开发的 CASE 工具。当然，它本身仍存在需要改进的地方。比如 PowerDesigner Trial 11 版本中，在进行正向工程时，虽然先前已经明确选择了 Access 作为导出数据库，但在执行生成 Script 的过程中，还是会出现部分语句与 Microsoft Access Driver 所要求的语句格式不符的情况，以致无法确保最后生成的 Access 数据库中的表格包含模型中所有的实体。再如，报告中标注支持中文显示，但实际仍存在乱码。此外，该版本的稳定性还有待提高，以保证建模过程的顺利进行。

2.7.5 案例思考

(1) 了解市面上流行的 CASE 工具及其主要功能，以及在实际开发中的哪些环节得以应用。

(2) 比较 PowerDesigner 和 Rational Rose 在系统分析与设计方面各自的优缺点。

(3) 试采用 PowerDesigner 连接 SQL Server 数据库，尝试将 SQL Server 中的库表导入 PowerDesigner 中。

(4) 采用 PowerDesigner 建立数据模型生成数据库表文件，然后反向工程，看能否得出正确的关联关系。

本章小结

本章在第 1 章的信息系统开发的整体框架上来详细介绍信息系统开发的路线问题。介绍三种不同的信息系统开发路线，并分别对三种路线进行详细的讲解，并在此基础上来进行路线的选择。还介绍各种路线的优缺点以及其适用的情况，CASE 工具的概述以及基于 CASE 的系统开发过程，最后通过案例进一步讲解 CASE 在系统开发过程中的应用。

思考与练习

1. 信息系统开发可以遵循哪些不同的路线？

2. CASE 工具在系统开发中的主要作用是什么？

3. 访问你所接触到的信息系统部门的开发人员，了解其项目的特点及采用的主要开发方法，并分析该方法是否合理。

4. 访问你所接触到的信息系统部门的开发人员，了解其项目使用了哪些自动化工具，并将每种工具按照功能进行分类。

5. 某公司希望实施 ERP 项目，市面上有一些现成的 ERP 软件可供选择。请结合你的理解分析该公司应该采用哪种开发路线？需要注意哪些问题？

第3章 信息系统项目管理

学习目标

通过本章学习，要求掌握：

- 信息系统项目的管理过程。
- 作为高效的项目经理所需要的技能。
- 项目发起、项目规划、项目执行和项目终结各阶段的主要任务及活动。
- 关键路径规划的含义，描述甘特(Gantt)图和网络图的创建过程。
- 项目管理软件如何应用于支持项目进度的表示和管理。

项目是一个(临时的)唯一的、复杂的和关联的具有同一目标或者目的并且必须在特定时间里、在预算内、按照规格说明要求完成的活动序列。项目是唯一的，体现在每个项目都不相同，即使开发相同的系统，由于时间和资源有所不同，项目也不同。

信息系统项目也具有上述这些特征。信息系统项目管理是指在指定时间内用最少的费用开发可接受的系统的管理过程，具体内容包括确定范围、计划、人员安排、组织、指导和控制。项目管理的实质是在系统质量、项目完成时间、项目成本这三个要素之间进行权衡。它们之间相互影响，任何一方发生变动都会对另外两个要素产生影响。有效的项目管理有助于确保系统开发项目满足客户期望，并在规定的预算和时间内交付系统。

3.1 信息系统项目管理生命周期

信息系统项目管理过程贯穿于整个系统开发过程，按照项目进展可以大致划分为4个阶段：项目发起、项目规划、项目执行和项目终结。在这4个阶段中的每个阶段都必须执行一些活动。项目发起的核心是评估项目的大小、范围和复杂性，以及建立支持后续项目活动的规程。项目规划的核心是定义清楚的、离散的活动以及完成每个活动需要做的工作。项目执行的核心是将项目发起阶段和规划阶段的计划付诸行动。项目终结的核心是把项目带到结束。遵循正式的项目管理过程能够大幅度增加项目成功的可能性。

3.1.1 项目发起

在项目发起阶段，项目经理要执行一些活动来评估项目的规模、范围和复杂性，并建立支持后续活动的规程。在发起阶段要执行的活动主要包括几方面，如表 3-1 所示。

表 3-1 项目发起的主要任务和活动

主要任务	活　动
成立项目发起团队	组织项目组核心成员去辅助完成项目发起活动，包括用户代表和项目经理
建立与客户之间的关系	全面了解客户，构建更强的伙伴关系，以及更高级别的信任，任命特定人员到每个业务单元的策略有助于保证在项目发起之前可以和谐地工作在一起
制定项目发起计划	定义项目目标和范围，将其业务需求转换成系统服务请求书(System Service Request，SSR)
建立管理规程	在建立规程时，关注开发团队通信以及汇报规程，工作任务和角色，项目变更规程，决定如何筹集项目资金和处理票据
建立项目管理环境和项目工作手册	项目工作手册作为所有项目函件、输入、输出、交付、规程以及标准的资料库，由项目组建立，可以是纸质文档，也可以联机电子文档形式存储。项目工作手册主要包括： • 项目概述 • 发起计划和 SSR • 项目范围和风险 • 管理规程 • 数据描述 • 过程描述 • 团队函件 • 工作声明 • 项目进度

一旦这 5 项活动都已完成，则项目发起阶段结束。在移至项目的下个阶段前，项目发起阶段所执行的工作要在会议上进行审查，会议由管理人员、客户和项目组成员参加，由信息系统指导委员会作出是继续修改还是放弃项目的决定。如果项目范围需要修改，则有必要返回至项目发起阶段活动并收集更多的信息。如果作出继续开展项目的决定，则需要在项目规划阶段制定一个更为详细的项目计划。

3.1.2 项目规划

项目发起之后有必要建立有效的项目规划。研究发现，有效的项目规划和有益的项目结果之间存在正向关系(Guinan 等，1998；Kirsch，2000)。项目规划需要弄清楚定义项目的各项活动。具体如表 3-2 所示。

表 3-2 项目规划主要内容

任　务	主要活动
描述项目范围、候选方案、可行性	项目范围主要界定项目的问题或机会，项目的量化结果，项目需要完成的任务，验收标准，项目进度等
将项目分解为可管理的任务	采用工作分解结构(Work Breakdown Structure)将项目划分成可以管理的任务单元，分析任务之间的顺序和依赖关系
估算资源并创建资源规划	此项活动的目的是估计每项活动的资源要求，并利用这些信息制定项目资源计划

续表

任　　务	主要活动
制定初步进度	利用任务以及可用资源等信息为工作分解结构中的每个活动指派时间估量，从而建立项目的预期开始和结束日期。采用网络图或者甘特图表示
制定通信计划	此项活动的目标是概括出管理层、项目组成员以及客户之间的通信规程。通信计划包括：项目组何时提供书面和口头报告，成员之间如何协调工作，发送什么消息给利益相关的各方，哪类信息与参与项目的供应商和外部签约者共享
确定项目标准和规程	确定项目组即将使用的各种工具、开发方法、文档类型、汇报形式、术语、技术规范等
识别和评估风险	识别风险及其可能产生的后果。包括采用新技术、用户对新系统的抵触、关键资源、系统构建产生的管理变革、项目组的经验缺乏等风险因素
创建初步的预算	建立初步预算，概括与项目有关费用和收入预算
开发工作陈述	主要是面向客户阐述所要进行的工作以及预期的交付成果。工作陈述十分有益于保证客户以及其他项目组成员对所计划的项目大小、期限以及成果有清楚的认识
建立基线项目计划	基线计划提供对项目任务和资源需求的评估，并为项目执行提供依据

3.1.3　项目执行

项目执行阶段主要任务是使基线项目计划付诸于行动。在SDLC环境中，项目执行主要出现在系统分析、设计和实现阶段。项目执行阶段的任务和主要活动如表3-3所示。

表3-3　项目执行阶段的任务和主要活动

任　　务	主要活动
执行基线项目计划	确保项目按照基线计划执行，包括配置资源、培训项目组成员等；确保项目跟上进度，保证交付质量
按照基线项目计划监督项目进展	根据监控项目进展是否落后或提前于进度，调整资源、活动和预算
管理基线项目计划的变更	项目需进行审批才能进行变更，所有的变更都必须反映在基线计划以及项目工作手册中。变更请求必须解释为什么要求变更，并描述对之前或者后续活动、资源、整个项目进度可能造成的所有影响。变更后重新修正计划
维护项目工作手册	需要保留所有项目事件的完整记录，作为新项目组成员的学习文档，也作为项目报告的主要信息源
沟通项目状况	项目经理需确保系统开发人员、管理者、客户等项目组成员及时了解项目状况，从而达成共识，协调工作

在项目执行过程中容易出现一种现象——过度分配，即在项目的给定时间分配了超过可以提供的资源。为了防止这个现象的出现，采用资源调配技术，即采用延迟任务或者分解任务改正资源过度分配的问题。延迟任务涉及关键路径和富余时间。

项目组常见的沟通方式如表3-4所示。

3.1.4　项目终结

项目终结阶段的核心是把项目进行到底。当项目需求已经满足，项目已经完成并且是

表 3-4 项目组常见的沟通方式

进程	正式性	应用	进程	正式性	应用
项目工作手册	高	通知 永久记录	文档说明书	高	通知 永久记录
会议	中到高	解决问题	会议记录	高	通知 永久记录
讨论组和工作组	低到中	通知	公告板	低	通知
项目新闻	中到高	通知	备忘录	中到高	通知
状况报告	高	通知	门厅讨论	低	解决问题

成功的,则可以自然终止。项目也可能由于下列因素而导致非自然终止：系统性能或开发组的性能不够,或者需求在客户的业务环境中不再相关或者失效;超时或者超支等。不管项目终止结果如何,必须执行一些活动：结束项目,项目评估,终止项目合同等,如表 3-5 所示。

表 3-5 项目终结的任务和主要活动

任务	主要活动
结束项目	完成对项目组成员的绩效和薪资的鉴定;通知各利益相关方;完成所有项目文档和财务记录等
项目评估	项目结束后需要由管理者和客户进行项目的最后评估。审查的目的是确定项目交付品、用于创建交付品的过程,以及项目管理过程中存在的优点和缺点
终止项目合同	保证项目的各项合同条款已经满足,只有当合同双方都书面同意之后,项目才算完成

3.2 项目组织

对于信息系统项目而言,常见的项目组织形式有三种：单纯型项目组织、职能型项目组织和矩阵型项目组织。

3.2.1 单纯型项目组织

单纯型项目组织特点如下：小组成员全职投入项目。

优点是：

- 项目经理对项目拥有完全的自主权；
- 成员只需要面对一个老板；
- 沟通层级短,决策形成快；
- 荣誉感和使命感高。

缺点是：

- 人员与设备无法共用,资源浪费；
- 组织的目标和策略容易被忽略；
- 职能部门与新科技脱节；
- 项目小组成员完成项目即解散,容易导致项目延误。

3.2.2 职能型项目组织

职能型组织形式如图 3.1 所示。

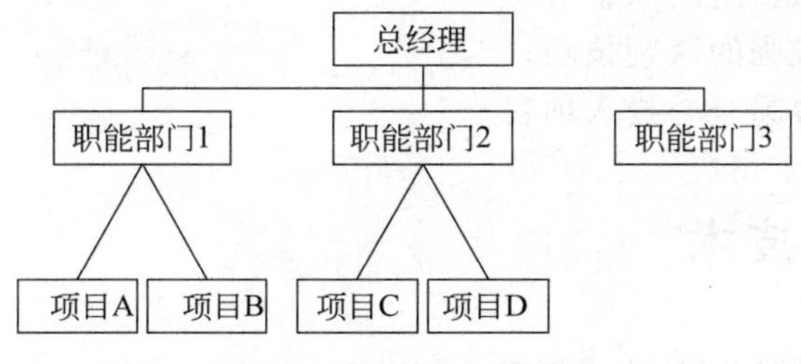

图 3.1 职能型项目形式

这种项目组织形式为：项目建立在职能部门中，具有如下优点：

- 成员可以同时参与多个项目；
- 专业技能不会因为人员离开而遗失；
- 成员有机会升迁；
- 职能部门中有大量专业人员处理技术问题。

这种组织形式具有的缺点如下：

- 项目中与职能部门的需要无直接相关性的地方容易被忽略；
- 客户的需求容易被忽略。

3.2.3 矩阵型项目组织

矩阵型项目组织形式如图 3.2 所示。

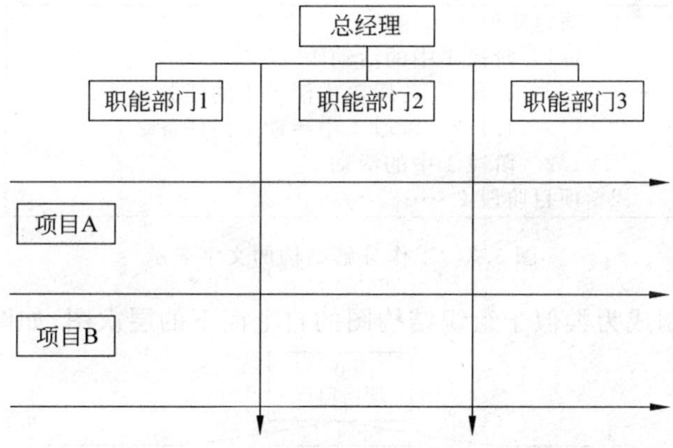

图 3.2 矩阵型项目组织形式

矩阵型项目组织特点如下：项目组成员由不同职能部门提供，项目经理决定工作内容和完成时间，职能部门经理控制人员和技术。

优点是：

- 强化与职能部门的沟通；
- 项目经理对项目负成败的责任；
- 降低资源重复；

- 可以执行上级组织的政策；
- 项目可获得较多的支持。

缺点是：

- 受职能部门和项目组的双重管理；
- 项目经理需要较强的谈判技巧；
- 项目组成员不容易全心投入项目。

3.3 项目管理技术

3.3.1 工作分解结构

确定项目范围后，需要进一步确定项目任务，需要将开发阶段分解成若干开发活动和任务，直到每个任务可以表示一个可调度、分配、管理的工作量为止。工作分解结构（Work Breakdown Structure，WBS）可以将项目层次化地分解成开发阶段、开发活动和开发任务。

WBS 的分解可以采用多种方式进行，例如：

- 按照功能模块分解；
- 按照系统开发过程的不同阶段分解；
- 按照项目地域或部门分解；
- 按照项目目标或职能分解。

根据项目特点，选择合适的方式将项目总体工作范围逐步分解为合适的粒度。分解的过程也是需求分析和定义的过程，项目计划往往和需求分析、定义同步进行。工作分解结构也可以采用开发活动和开发任务的缩排形式，表示项目的层次分解，如图 3.3 所示。

1 项目阶段 1
  1.1 阶段 1 中的活动 1
    1.1.1 阶段 1 中活动 1 的任务 1
    1.1.2 阶段 1 中活动 1 的任务 2
  1.2 阶段 1 中的活动 2
2 项目阶段 2……

图 3.3 工作分解结构的文字表示

WBS 还可以绘制成为类似于组织结构图的自上而下的层次图，如图 3.4 所示。

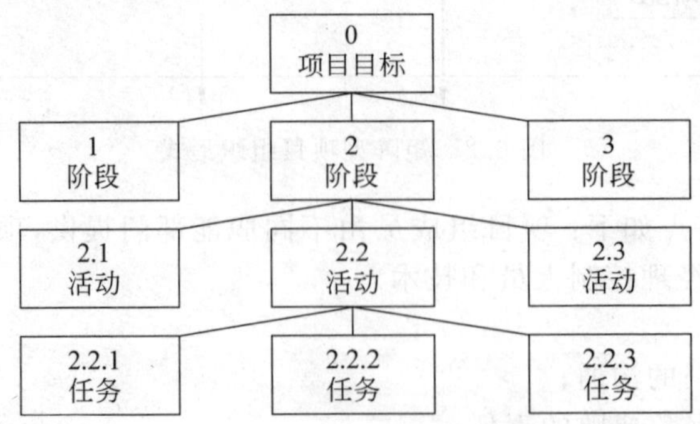

图 3.4 WBS 的图形化表示方式

WBS 最低层次的项目交付成果称为工作包，工作包的定义应考虑 80 小时法则或者两周法则，即任何工作包的完成时间应该不超过 80 小时，即不超过两周。这样，每两周对所有工作包进行一次检查，可以控制项目的变化。在分解时，尽量做到以下几点：

- 某项具体任务只能在一个工作包出现。
- 一个工作包只能由一人负责，虽然可以有多人参与，但责任人只能是一个，这样才会责任清楚，不相互推卸。
- 任务分解应与实际执行方式保持一致。
- WBS 不仅要合理，而且要具有一定的适应性，能够应付无法避免的需求变更。
- 鼓励项目团队积极参与创建 WBS，提高 WBS 的合理性和有效性。
- 所有成果需要文档化。

制定 WBS 之后，就可以定义各项活动之间的依赖关系。活动之间的依赖关系决定了活动的优先级，也确定了每项活动所需的输入输出关系，是完成项目关键路径的必要条件。然后根据所分解的任务和依赖关系，确定各项任务所需要的时间和资源。

3.3.2 甘特图

甘特图(Gantt Chart)也称横道图，是一种最直观的进度计划方法，可以采用直线线条在时间坐标上标示出单项工程内容进度，线段的起点和终点分别对应子任务的开工时间和完成时间，线段的长度表示完成任务所需的时间，从图上可以很清楚地看出各子任务在时间上的对比关系。如图 3.5 所示。

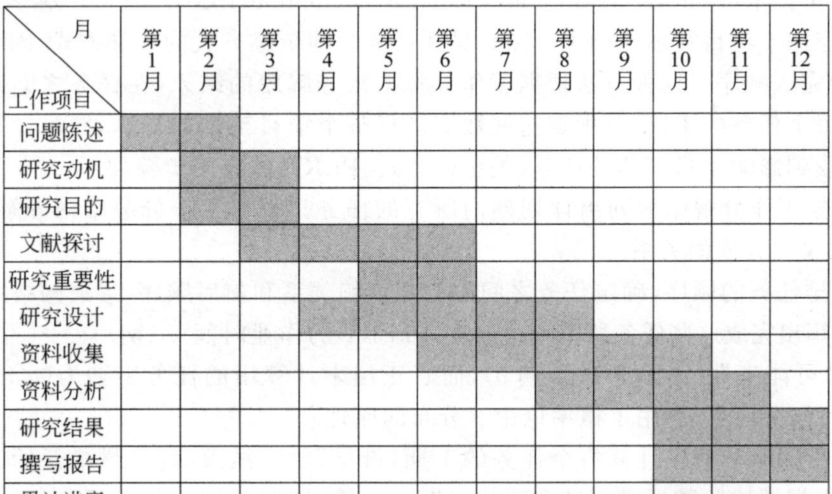

月 工作项目	第1月	第2月	第3月	第4月	第5月	第6月	第7月	第8月	第9月	第10月	第11月	第12月
问题陈述												
研究动机												
研究目的												
文献探讨												
研究重要性												
研究设计												
资料收集												
资料分析												
研究结果												
撰写报告												
累计进度百分比	10%	30%	30%	40%	50%	50%	60%	80%	80%	90%	90%	100%

图 3.5 甘特图示例

甘特图的优点有：

- 能够清楚地表达活动的开始时间、结束时间和持续时间，易于理解，并能为各层次的人员所掌握和运用。
- 使用方便，制作简单，应用广泛。

- 不仅能安排时间，而且能与劳动计划、资源计划、资金计划相结合。

主要缺点有：

- 很难表达工程活动之间的逻辑关系，看不出各项工作之间的相互依赖和相互制约的关系。
- 工程活动之间的前后顺序及搭接关系不能确定。不能确定某项工作是否提前或推迟，以及延长持续时间会对哪些活动造成负面影响，以及对整个工期的影响程度。
- 不能表示活动的重要性，如哪些活动是关键的或非关键的，哪些活动有推迟或拖延的余地，及余地的大小。
- 不能用计算机处理，即对一个复杂的工程不能进行工期计算。

鉴于甘特图的以上这些特点，决定了它既有广泛的应用范围，同时又有局限性，它所适用的主要领域有：

- 可直接用于一些小项目，由于活动较少，可以直接用它来排工期计划。
- 项目初期由于复杂的工程活动尚未揭示出来，一般人们都用甘特图作总体计划。
- 上层管理者一般仅需了解总体计划，故都用甘特图表示。
- 作为网络分析的输出结果。现在几乎所有的网络分析程序都有工期计划甘特图输出功能，而且它被广泛使用。

3.3.3 计划评审技术

项目评审技术(Plan Evaluation and Review Technique，PERT)是一种科学的计划管理技术，广泛应用于项目管理。PERT 图是描述任务之间依赖方式的最佳方式，因为它显示了任务之间的完成顺序。这种方法根据工作分解结构分解后的结果，在任务之间建立起依赖关系，估计每个任务的工期，再根据这些数据进行整个项目工期的计算，同时计算出每个任务的时差，找到影响项目工期的任务(关键任务)。PERT 的应用步骤如下：

(1) 根据工作分解结构列出计划期内所有的任务。根据工作分解结构分解后的结果，在任务之间建立起依赖关系。

(2) 安排任务的顺序，确定任务之间的相互依赖关系和前后顺序，形成网络图。

(3) 估算出完成这些任务所需要的时间。PERT 的作业时间(工期)有三个估计值(最乐观工期 a，最可能工期 m，最悲观工期 b)，而真正用来计算用的任务工期为$(a+4m+b)/6$。(注：这种加权平均法，套用了概率论中 β 分布的原理)。

(4) 进行网络计算。计算每个任务的工期，最早开始、结束时间，最晚开始、结束时间，富余时间，再根据这些数据进行整个项目工期的计算，同时计算出每个任务的时差，找到影响项目工期的任务(关键任务)。

网络计算的具体方法如下：

$$EF = ES + OD \tag{3-1}$$

$$LS = LF - OD \tag{3-2}$$

$$TF = LF - EF = LS - ES \tag{3-3}$$

其中，ES 表示最早开始时间，EF 表示最早结束时间，LS 表示最晚开始时间，LF 表示最晚结束时间，TF 表示总的浮动时间。

在推算网络时间参数时，可以采用前推法(Forward Pass)计算每个任务的最早时间(ES、EF)，采用逆推法(Backward Pass)确定工程完工日期，以及在不推迟工程完工日期的前提下，任务完成的最晚时间(LS、LF)。

(1) 用前推法计算最早开始时间(ES)、最早结束时间(EF)。从没有前置活动的活动开始评估，令该活动最早开始时间 ES=0，令该活动最早完成时间 EF=ES+活动时间。当所有前置活动确定后，确定 ES 值，ES 为所有紧前活动的 EF 值之最大值。EF=ES+该活动的时间。重复此过程直到所有活动都计算完为止。最后活动的 EF 值为该项目的最早完成时间。

(2) 用逆推法计算最晚开始时间(LS)、最晚结束时间(LF)。从没有后置活动的所有活动开始评估，令该活动最晚完成时间 LF=项目最早完成时间，该活动最晚开始时间 LS=LF－活动时间。在计算某活动的 LF 值时，若该活动的所有后置活动的 LS 值已经确定，则使 LF 取值为所有后置活动的 LS 值之最小值，LS=LF－活动时间。重复该过程，直到所有活动都已经被评估为止。

(3) 计算总浮动时间。浮动时间是一个任务的开始时间和结束时间之间可以忍受的延迟量，这个延迟量不会引起整个项目完成时间上的延误。

关键路径由一组浮动时间为 0 的任务组成，此路径贯穿开始和结束活动。关键路径上的任务称为关键任务。在进行资源配置时，应首先保证关键任务的资源得到充分满足。

项目完成过程中，计划中的或者不可预见的延迟会导致活动的开始和完成时间发生变动，有些活动延迟会影响整体活动的完成时间。为了了解延迟产生的影响，需要计算浮动时间(Slack Time)，计算关键路径。

例如：PERT 的计算。

下面以某系统开发组制定的项目计划为例，对 PERT 的计算方法进行简单说明。该项目组首先进行了工作结构分解，并分析了任务之间的依赖关系，初步估算了任务的进度，形成网络图如图 3.6 所示。

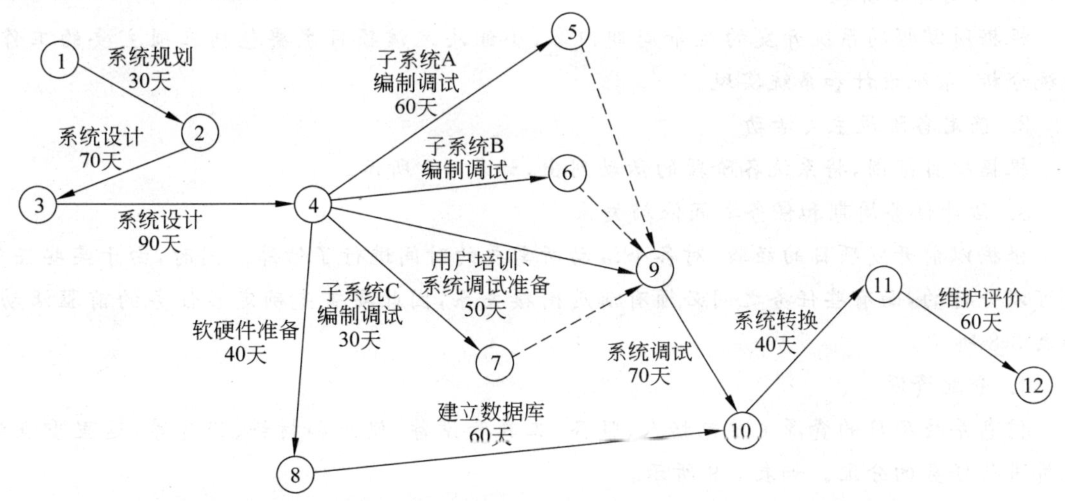

图 3.6　PERT 图的网络表示形式

根据前面介绍的网络计算方法进行计算，并填写表 3-6。

表 3-6 网络计算表

活动名	活动时间	最早开始时间	最早结束时间	最晚开始时间	最晚结束时间	总时差	关键路线
1-2	30	0	30	0	30	0	1-2
2-3	70	30	100	30	100	0	2-3
3-4	90	100	180	100	180	0	3-4
4-5	60	180	250	180	250	0	4-5
4-6	40	180	230	210	250	20	
4-7	30	180	220	220	250	30	
4-8	40	180	230	220	260	30	
4-9	50	180	240	200	250	10	
5-9	0	250	250	250	250	0	5-9
6-9	0	230	230	250	250	20	
7-9	0	220	220	250	250	30	
8-10	60	230	290	260	320	30	
9-10	70	250	320	250	320	0	9-10
10-11	40	320	360	320	360	0	10-11
11-12	60	360	420	360	420	0	11-12

将各节点之间的关键路线相连，即可计算全图的关键路线，即项目的关键路线。项目的关键路线即整个项目所需最长时间。本例为 1-2-3-4-5-9-10-11-12，共需要 420 天。

下面举例说明项目管理的过程中需要执行的主要任务。

某课程设计小组拟开发一个小型网上订餐系统，该项目组共有 4 名成员，为保证项目顺利开展，小组成员将项目划分成为如下几个阶段：①

1. 协商范围阶段

根据所掌握的系统开发的生命周期内容，小组决定该项目主要包括三项主要的工作：系统分析、系统设计和系统实现。

2. 确定各阶段主要活动

根据项目范围，将系统各阶段的活动列出，如表 3-7 所示。

3. 估计任务周期和任务之间依赖关系

根据以前开发项目的经验，对各个活动所需要的时间进行了估算。同时，由于某些任务是可以并行的，而有些任务之间必须有前后衔接关系，因此要首先确定各任务的前驱活动，如表 3-8 所示。

4. 分配资源

信息系统项目的资源主要包括人、服务、工具和设备、供应和材料、经费等，这里重点对人员进行任务的分配。如表 3-9 所示。

---

① 本案例引自 2005 年 11 月份信息系统项目管理师试题，略有改动。

表 3-7 各阶段活动

阶 段	活动	活动序号	活动名称	周数	前驱活动
系统分析	1	1	收集需求	2	—
	2	2	分析过程	3	1
	3	3	分析数据	3	2
系统设计	4	4	设计过程	7	2
	5	5	设计数据	6	2
	6	6	设计屏幕	1	3,4
	7	7	设计报告	5	4,5
系统实现	8	8	程序	4	6,7
	9	9	测试和文档	8	7
	10	10	安装	2	8,9

表 3-8 任务之间依赖关系

活动	直接活动	周数	前驱活动	活动	直接活动	周数	前驱活动
1	收集需求	2	—	6	设计屏幕	1	3,4
2	分析过程	3	1	7	设计报告	5	4,5
3	分析数据	3	2	8	程序	4	6,7
4	设计过程	7	2	9	测试和文档	8	7
5	设计数据	6	2	10	安装	2	8,9

表 3-9 项目资源分配情况

活动	直接活动	周数	人员	活动	直接活动	周数	人员
1	收集需求	2		6	设计屏幕	1	
2	分析过程	3		7	设计报告	5	
3	分析数据	3		8	程序	4	
4	设计过程	7		9	测试和文档	8	
5	设计数据	6		10	安装	2	

5. 监督和控制项目进展

项目监控的方式主要包括项目的定期汇报，如项目小组的每周例会，可以从中及时发现项目进度是否跟上。项目的变更管理，采用规范化的项目变更管理流程。

3.4 案例分析——某系统开发项目管理失败原因分析

某系统集成公司现有员工 50 多人，业务部门分为销售部、软件开发部和系统网络部等。经过近半年的酝酿，在今年一月份，公司的销售部直接与某银行签订了一个银行前置机的软件系统的项目。合同规定，6 月 28 日之前系统必须投入试运行。在合同签订后，销售部将此合同移交给了软件开发部，进行项目的实施。

项目经理小丁做过5年的系统分析和设计工作，但这是他第一次担任项目经理。小丁兼任系统分析工作，此外项目还有2名有1年工作经验的程序员，1名测试人员，2名负责组网和布线的系统工程师。项目组成员均全程参加项目。

在承担项目之后，小丁组织大家制定了项目的WBS，并依照以往经验制订了本项目的进度计划，如下：

1. 应用子系统

(1)1月5日—2月5日：需求分析。
(2) 2月6日—3月26日：系统设计和软件设计。
(3) 3月27日—5月10日：编码。
(4) 5月11日—5月30日：系统内部测试。

2. 综合布线

2月20日—4月20日：完成调研和布线。

3. 网络子系统

4月21日—5月21日：设备安装、联调。

4. 系统内部调试、验收

(1) 6月1日—6月20日：试运行。
(2) 6月28日：系统验收。

春节后，2月17日小丁发现系统设计刚刚开始，由此推测3月26日很可能完不成系统设计。

请分析问题发生的可能原因，并给小丁提出合理的建议，如何做以保证项目整体进度不拖延。

分析思路

可以将本项目问题发生原因归结为以下2个方面：

(1) 项目计划问题

- 项目计划不切合实际，如对困难估计不足。作为项目经理在接受项目时就应该充分考虑项目可能遇到的这样或那样的风险，并作出详细的风险评估。案例中的小丁显然没有足够的经验。如果预计到进度滞后风险，则应在项目中预留准备资源，如预留额外的设计人员，这样在风险真正发生时，可以避免整个项目进度滞后。
- 项目计划太粗，存在较大水分。WBS编织过于简单，分解过粗。如果WBS不够详细，后续的项目控制、风险分析等都会出现问题。要做好计划，计划就要尽量的细致，否则就无法采用项目管理的方法保证项目进度，资源也无法加载到工作任务上去，项目的质量也无法控制到点。从该WBS上面可以看出，在最底层的任务的工期至少也在半个月左右，很难进行及时监控。
- 有些明显可以并行的子过程，没有安排为并发执行，如详细设计、网络安装等，再如，综合布线计划可以提前到需求分析结束后开始，因为这样安排不会造成资源和工期的冲突。

建议：重新考虑 WBS 结构，明确任务之间的依赖关系，绘制 PERT 图，细化目标，尽量符合“可分配、可实现”的原则。

(2) 沟通、管理与控制问题

- 各阶段目标及具体工作不明确。各阶段没有设置里程碑，也没有指定明确的责任人，这会导致责权不清，行事混乱。
- 团队成员缺乏明确的项目计划指引，工作执行情况没有及时汇报。在本案例中，项目从 1 月 5 日开始，直到 2 月 17 日才发现比原来计划晚了并且原计划可能无法按期完成。
- 项目进度处于失控状态，没有及时调整项目计划。进度计划确定后，应定期进行核对和调整，春节之后小丁才发现有问题，可见第一阶段和第二阶段的计划是失控的。

建议：

① 明确目标，争得团队认同，建立良好的团队精神。

② 调整、明确人员职责，在不同阶段应该有具体直接的责任人，责任人应直接对项目负责，如小丁需要保持与直接责任人的沟通，了解进度、发现问题。

③ 应全程监督和控制项日。每天都要监控项目的进度，加强沟通。如果开发人员的水平存在问题，那么可以向高层申请高水平的开发人员。

本章小结

本章的重点是讲述管理信息系统项目以及运用到的主要工具与方法。为了管理项目，项目管理必须执行四项主要活动：项目发起、项目规划、项目执行和项目终结。

甘特图和网络图是用于规划和控制项目的十分有力的图形化技术。甘特图采用横道来表示活动的开始、工期和结束。网络图则是一项关键路径规划技术，显示活动之间的相互关系。网络图采用概率方法估计关键路径和期限，这种能力使其成为在十分复杂的项目管理中广泛应用的技术。

思考与练习

1. 请根据下表计算关键路径，计算最早开始、结束，最晚开始、结束时间，浮动时间。

活动	编号	前置活动	周数
设计	A	—	21
原型制造	B	A	5
设备评估	C	A	7
原型测试	D	B	2
记录设备报告	E	C,D	5
记录方式报告	F	C,D	8
记录最终报告	G	E,F	2

2. 计算下列活动的期望时间。

活动	乐观时间	最可能时间	悲观时间	期望时间
A	3	7	11	
B	5	9	13	
C	1	2	9	
D	2	3	16	
E	2	4	18	
F	3	4	11	
G	1	4	7	
H	3	4	5	
I	2	4	12	
J	4	7	9	

3. 假设你有一个包含7个活动的项目，采用A-G标记(如下图所示)。推导出最早结束时间(或早完成时间——EF)，最晚结束时间(或者晚结束时间——LF)，以及下列每个任务的松弛时间(开始时间=0)。哪些任务在关键路径上？为这些任务绘制甘特图。

活动	前驱事件	期望工期	EF	LF	松弛时间	关键路径
A	—	5				
B	A	3				
C	A	4				
D	C	6				
E	B,C	4				
F	D	1				
G	D,E,F	5				

4. 假设你有包含标有A-J 10个活动的项目(如下图所示)。推导出最早结束时间(或早完成时间——EF)，最晚结束时间(或者晚结束时间——LF)，以及下列每个任务的松弛时间(开始时间=0)。哪些任务在关键路径上？为这些任务绘制甘特图。

活动	前驱事件	期望工期	EF	LF	松弛时间	关键路径
A	—	4				
B	A	5				
C	A	6				
D	A	7				
E	A,D	6				
F	C,E	5				
G	D,E	4				
H	E	3				
I	F,G	4				
J	H,I	5				

5. 假设你有包含标有A-K等活动的项目(如下图所示)。推导出最早结束时间(或早完成时间——EF)，最晚结束时间(或者晚结束时间——LF)，以及下列每个任务的松弛时

间(开始时间=0)。哪些任务在关键路径上?为这些任务绘制甘特图和网络图,并在你的网络图上突出显示关键路径。

活动	前驱事件	期望工期	EF	LF	松弛时间	关键路径
A	—	2				
B	A	3				
C	B	4				
D	C	5				
E	C	4				
F	D,E	3				
G	F	4				
H	F	6				
I	G,H	5				
J	G	2				
K	I,J	4				

6. 结合本学期的课程安排,绘制你要执行的任务列表。表格应显示每个任务,它的工期、前驱事件、期望工期。为这些任务绘制网络图,并在网络图上突出显示关键路径。

第4章 需求获取

学习目标

通过本章学习，要求掌握：

- 设计并执行访谈的选择，以及制订访谈计划以确定系统需求。
- 观察工作者方式和分析业务文档方式以确定系统需求的优缺点。
- 计算如何为需求获取提供支持。
- 计划一个联合应用设计会议。
- 在需求获取过程中使用原型。
- 确定需求的现代化方法。
- 需求获取技术如何应用于网络应用的开发。

系统分析是系统开发生命周期的一个组成部分，通过它可以确定现有信息系统的功能并评估用户期望在新系统中看到什么。系统分析由两个子阶段构成：需求获取和需求结构化。

需求获取涉及的主要技能是管理和沟通技能，是在整个系统开发过程中技术含量最少的阶段。但是，如果需求获取执行得不好，造成的后果却比其他阶段严重。

4.1 系统需求概述

4.1.1 需求获取的重要性

需求获取是在问题及其最终解决方案之间架设桥梁的第一步，其实质是理解项目中描述的客户需求。一旦理解了需求，分析者、开发者和客户就能探索出描述这些需求的多种解决方案。需求获取主要涉及系统分析员，他们同系统用户和所有者一起工作，在系统开发的早期阶段确定对信息系统的业务需求的详细理解。

只有在全面确定了需求之后才能开始设计系统，否则，对需求定义的任何改进，设计上都必须进行大量的返工。对于信息系统而言，需求获取是确定和理解不同用户类需要和限制的过程，它描述了用户利用系统需要完成的任务。从这些任务中，分析者能获得用于描述系统活动的特定的系统功能需求，这些系统活动有助于用户执行他们的任务。如果仅仅将需求分析阶段的工作归结为编写需求规格说明书，将导致项目后期的问题层出不穷。

需求获取是一个需要高度合作的活动，只有通过有效的客户-开发者的合作才能成功。作为系统分析员，必须通过客户所提出的表面需求理解他们的真正需求，而不是对客户所说需求的简单誊写。

对于客户而言，他们在需求分析过程中可能会因为以下原因而影响需求的顺利确定：

- 客户不明白他自己需要什么；
- 客户会不断更新所提出的需求；
- 客户与分析员之间缺乏有效沟通；
- 客户缺乏技术上的知识；
- 客户缺乏对软件开发的知识。

对于信息系统开发者而言，他们习惯使用技术术语，而且在问题理解上与客户有偏差，有时他们以为互相之间完全达成协议，但是在展示最终结果时却发现并非如此。此外，系统开发者往往喜欢将客户的需要改变，以使它们符合一个已存在的系统或模式，而不愿按照客户的需要来开发一个新的系统。有些情况下，需求分析往往是由程序员而不是系统分析员完成的。由于程序员往往缺乏对实际事物的运行过程和商业过程的理解，从而会导致需求获取存在问题。

4.1.2 系统需求分类

系统需求可以从两方面理解[①]，即用户角度（系统的外部行为）和开发者角度（系统内部特性）。从用户视角来看，系统需求是指解决用户问题或者达到用户目标所需的条件和能力。从开发者视角来看，系统需求是指满足合同、标准、规范或其他正式文档所需具有的条件或者能力。

需求包含三个层次：业务需求、用户需求、功能需求（及非功能需求）。业务需求反映了组织机构或客户对系统、产品的高层次目标要求，可以在项目视图和范围文档中进行说明。用户需求文档描述了用户使用产品必须完成的任务，在用例文档或者应用场景中予以说明。功能需求定义了系统必须实现的软件功能，使得用户可以完成他们的任务，从而满足业务需求。

功能需求是指系统能够实现的基本功能和完成的任务。以图书管理系统为例，系统需要提供的基本功能包括检验用户合法身份；用户注册和登记；图书借阅、归还功能；书库管理；读者管理等功能。

非功能需求是指衡量系统能否良好运行的定性指标。因此，非功能需求也是非常重要的。但是在实际收集需求信息时，开发人员往往注重于功能性需求。而容易忽略非功能需求。这是因为非功能需求很难定义，也很含糊，如可靠性、易使用性、用户界面友好等。问题是软件系统应具备什么样的可靠性？易使用到什么程度？什么样的用户界面才算是友好的？这些问题由于缺乏定量指标，因此很难根据这些需求来评价软件系统，这也是开发出来的软件系统与用户所要的软件系统之间存在差异的主要原因。表4-1列举了常见的非功能

① 参考IEEE软件工程标准。

需求。

表 4-1　非功能需求及说明

可靠性	指在给定的时间内以及规定的环境条件下，软件系统能完成所要求功能的概率。其定量指标通常用平均无故障时间和平均修复时间来衡量
可扩充性	指软件系统能方便和容易地增加新功能，通常用增加新功能时所需工作量的大小来衡量
安全性	主要涉及防止非法访问系统，防止数据丢失，防止病毒入侵和防止私人数据进入系统等。例如身份验证、用户权限、访问控制等都是与安全性相关的具体需求
互操作性	指软件系统与其他系统交换数据和服务的难易程度
健壮性	指软件系统或是组成部分遇到非法输入数据以及在异常情况和非法操作下，软件系统能继续运行的程度
易使用性	指用户学习和使用软件系统功能的简易程度，也包括对系统的输出结果易于理解的程度
可维护性	指在软件系统中发现并纠正一个故障或进行一次更改的简易程度。可维护性取决于理解、更改和测试软件的简易程度
可移植性	指把一个软件系统从一种运行环境移植到另一种运行环境所花费的工作量的度量
可重用性	指组成软件系统中的某个部件除了在最初开发的系统中能使用外，还可以在其他应用系统中使用的程度

以上是在实际开发中，用户可能提出的一些非功能需求。当然，由于软件系统的目标和应用领域的不同，用户提出的非功能需求可能是上述的一部分，也可能超出上述的需求。

在收集需求信息时，必须根据用户对系统的期望来确定非功能需求。如果能定量地确定非功能需求，将有助于清晰地理解用户的期望，有助于开发人员提出较合理的解决方案。然而，大多数用户并不可能提出具体的和量化的非功能需求，以及回答诸如“软件系统应该具备什么样的可靠性”或“互操作性是否重要”等问题。因此，开发人员在收集非功能需求信息时，要注意使用一些方法，例如：

(1) 将不同用户类代表提出的可能很重要的非功能需求进行综合，并根据其中的每个需求设计出许多方法，然后根据用户的回答，使这些需求更明确化。

(2) 开发人员与用户一起对每一个非功能需求制定可测试和可验证的具体标准。如果这些需求缺乏评价标准的话，就无法说明开发出的软件系统是否已满足这些需求。

(3) 设计与非功能需求相冲突的假设示例，利用反例来提示用户。

需求分析故事①

(一)

小满当上项目经理后不久，参与了一个大项目。当项目签下来的时候，公司里面是欢天喜地的。项目做了一年多。到了交付的时候，用户却很不满意，认为当初说好的东西，好多都变了卦。

① 引自(美)Donald C Gause，Gerald M Weinberg. 你的灯亮着吗：发现问题的真正所在. 章柏幸，刘敏译. 北京：清华大学出版社，2003.

用户是上帝，最关键的是如果收不到后面的钱，那就算白干了。公司要求项目组加班加点地修改。搞得大家怨声载道的。做市场的和做开发的相互指责，然后，大家又一起骂客户刻薄。公司里面弥漫着灰心丧气的气氛。

小满觉得郁闷得很，就跑去跟老鸟聊，看他有什么主意。

老鸟听了小满的抱怨，说："很正常。以前我们也经常遇到这样的情况。很多案例说明，失败是一开始就注定了的。"

（二）

老鸟说："你们怎么跟客户谈论或确定需求？"

小满想也不想就说："他们市场先谈单，估计人家需要做什么。然后，我们这边就派一个技术人员过去了解需求，拿一些对方的表格和笔记回来。好像都差不多。"

老鸟说："然后呢？"

小满说："我们做好一个需求文档，罗列出开发功能要点。附在合同的后面。大体上就是这样。"

老鸟说："看起来没啥问题。好像还很严密。"

小满说："你的意思是有问题？"

老鸟没说话，从旁边拿了一张纸，用铅笔在纸上画了两个圆。问小满："你说，这是啥？"

小满说："两个圆。"

老鸟摇摇头："是两个鸡蛋。"

小满觉得老鸟很无聊，不耐烦地说："好吧，就算两个鸡蛋。"

老鸟摇摇头："不是，这不是鸡蛋。这是两个乒乓球。"

小满不知老鸟在暗示什么。

老鸟说："我看到的东西，和你看到的东西，不一样。但是，在纸上，画的是同样的两个圈。"

小满说："哦。"

老鸟说："你们去询问需求，然后做了一个文档。你们头脑里的东西，跟客户要的东西，其实是不一样的。但是，大家都认为这样白纸黑字，基本上是一样的。这里面其实有差异。这种差异，有时影响不大，但有时，是致命的。毕竟文档，不是最终的实物。"

老鸟说："客户永远认为，他是把需求给你讲清楚了的。如果你做不到，不是他的责任。而且，你要记住一点，用户只有在见到或使用过实物的时候，他才知道他其实要的是什么东西。"

小满点头："最后这句话，我完全同意。可是，要按你的说法，那用户和我们就永远不可能真正存在沟通一样？那不成了虚无主义了吗？"

老鸟说："我说的是这样一种情况：你不了解客户的业务，或者真正熟悉它的行业规则。你需要以一种更严谨的方式来询问和确定需求。否则，那些落在纸上的文字和文字之间，埋藏着数也数不完的陷阱。"

小满说："那你们一般怎么做？"

老鸟说："开始一样，还是会有一个初步的文档。但是在合同签下来后，会有一个相对时间较长的需求再确认过程，我们会和客户一起来走一个流程。然后，我们会把大家讨论的结果转换成最终的设计，用PPT把它的操作界面和业务流程都模拟出来，让用户有身临其境的感觉。在正式开工以前，向客户汇报。到此为止，我们并不做任何真正的编码工作。”

小满说：“这样做，还是很花时间，效果如何呢？”

老鸟说：“相对于搞错了需求，重新开发，这是最合算的了。很多人都不愿意这样做，最后，项目没完成，人都跑光了。这种事情，也是不少啊。”

小满说：“这样看来，我们的需求是比较简单了。如果遇到理解偏差，就会出大问题。”

老鸟说：“需求阶段过于匆忙，也会出问题。比如说，客户忙，随便给你找一个表格，就跟你说，我要的就是这个。或者有些用户就直接告诉你，他要怎样怎样。”

小满疑惑了：“客户不都是这样吗？有什么问题呢？”

老鸟说：“客户没有问题。而是去问的人要格外的小心了。他要注意一下客户的立场：客户关注自己要的结果，但是每个人关注的东西不同。比如说领导不关心过程，关注结果；实际做事的人希望不要给他们增加过多的工作任务，越傻瓜越省事越好；部门级的人关心新系统是否剥夺了他们的权力，如果是这样的话，他们一般会给你找各种理由搪塞；而系统管理员，关心技术和安全。总之，每个人都各怀心事。需求是多种多样的。还有一些人，他就像一个设计者一样，跟你说，让你跟着他的思路走。所以，都需要仔细记录，认真掂量。”

小满说：“如何掂量？”

老鸟说：“多问自己几个问题。他们的问题来自于哪些方面？真正的问题是什么？是谁的问题？哪些问题是简单的，哪些是比较复杂的。”

老鸟说：“我遇到很多次了，很多人去做需求获取，以为拿着本子记下来就好了。其实，很多时候，都没那么简单。觉得简单，是因为很多人认为从技术上设计这类软件，简直是小菜一碟。但是，他没有想到的是，很多问题是不可能光靠软件就能解决的。有一次，有位客户气急败坏地来找我，他说他要设计一套软件，加强管理。我问他起因。他说他下属店的经理，因为山高皇帝远，经常想方设法隐藏收入。我说：这种管理的软件多得很，不需要单独开发。你需要的不是一套软件，而是一套相应的监督机制。结果，他就是坚持要做，他觉得要把所有的店控制起来。他不想买现成的。现成的有些特别的功能满足不了。”

小满插了一句：“客户都希望自己的东西是独一无二的。”

老鸟说：“你猜后来的结果如何？我们做了一个非常简单的设计，报了一个天价。他自己再没吭气了。”

小满说：“你们损失了一个客户，不觉得可惜吗？”

老鸟说：“我们经过了仔细的询问和调查。一是他的需求很奇怪，贪大贪全。而且要求的时间比较紧。但是他的价格，我们做不出来。”

小满说：“他为何不找其他的帮他做呢？”

老鸟说：“太大的公司，人家没空做你这些。太小的，他又不放心，当然，还有一个重要的原因,也是我们最后打算放弃的真正原因。他找我们做软件,解决下属公司的问题,并不是他真正的需求。我们有一次讨论的时候,他说高兴了,自己说漏嘴了。他说他正在跟香港某公司谈融资的问题,对方对管理要求很高。当时,我就想:哦,这是一锤子的买卖。如果要做的话,我们要不吃亏才好。所以,我们就说了一个价格,把他吓跑了。”

小满笑了。

老鸟说:“你看,我们白谈了20多天。结果就这样完了。所以,尊重客户,也要尊重自己。不要把客户当傻瓜,也不要让自己做傻瓜。”

小满说:“你从哪儿学到这一套的?”

老鸟说:“告诉你,所有的秘密都在这里”

他递过来一本书。书名叫《你的灯亮着吗?》。

老鸟说:“这是要学习思考问题的人的必读书,也是项目经理的必读书之一。”

(三)

小满向老鸟借书。老鸟坚决不肯。小满知道老鸟其他都很慷慨,除了书以外。他自己买了一本,并做了一些摘要。小满是这样写的:怎么去寻找一个问题的解决方案?

(1) 首先要确定问题从哪儿来?

(2) 然后确定是谁的问题?

(3) 发现真正的问题所在。

(4) 在特定的层面上理解问题,并寻求合理的解决方案。

(5) 有时,人们真的需要去解决他们所认为的问题吗?

小满还写下了自己对专业的理解:

什么是真正的专业呢?过去,我一直以为有了专业技术,就算专业了。现在,看来还远远不够。有技术的人,容易犯一个错误,就是把专业当一个万用的榔头,看见什么问题,都想用榔头把它敲下去。但是,很多问题,不是光用榔头就能解决的。

所以,并不是一开始就把榔头亮出来,而是多问自己几个相关的问题。有时,思考比榔头好用得多。多样化的思考,会让你以简洁有效的方式去思考问题,而不是迷失在快速搞定事情的方向上。

指责客户是没用的。但是,你可以思考,发现问题的真正所在,用内心的灯去照亮前进中的道路。

4.2 需求获取过程

需求获取阶段可以通过各种途径收集所需的信息,如访谈手稿;观察和分析文档的笔记;表格、报告、工作描述和其他文档的集合;计算机产生的输出,如系统原型等。简言之,分析团队收集的作为确定系统需求的任何事情都包含在交付成果中。

需求获取的途径主要有以下3点:

(1) 通过与用户对话或者观察用户收集的信息,如访谈手稿、观察和分析文档的笔记、会议纪要等。

(2) 现有的书面信息：业务使命和战略陈述、业务表格、报告和计算机演示范例、规程手册、工作描述、培训手册、流程图和现有系统的文档、咨询报告。

(3) 基于计算机的信息：来自于联合应用设计会议的结果、组群支持系统会议的手稿或者文件、现有系统的CASE资料库内容和报告、来自系统原型的显示和报告。

需求获取主要包括以下活动：

(1) 了解用户需求。即通过与客户访谈或调研确定一些基本需求信息。

(2) 分析用户需求。将客户需求与可能的系统功能或非功能需求相关联。

(3) 编写需求文档。使客户需求信息结构化，编写成文档或者示意图。

(4) 评审需求文档。选择客户代表评审文档并纠正存在的误解或者错误。

(5) 需求管理。主要指需求变更以及需求跟踪。

上述的需求了解、分析、需求文档编写、评审、需求管理等环节并不遵循线性的顺序，这些活动可以并行而且可以循环迭代。

4.2.1 了解用户需求

前期在项目计划阶段已经界定了项目范围，在此基础上再进行需求的获取。如果前期未能就产品功能达成清晰共识，则很可能导致项目范围的逐步蔓延。系统需求来自多方面，取决于系统的性质和开发环境。需求获取以相互交流为核心，需从不同用户代表和来源收集需求。

需求获取的首要步骤是了解用户需求，通过与客户的交互了解客户对系统功能和性能的期望。系统分析员主要通过以下方式了解系统需求：

(1) 识别系统用户。了解客户方的所有用户类型以及潜在的类型。然后，根据他们的要求来确定系统的整体目标和工作范围。系统用户在很多方面存在差异，例如，使用系统的频率、计算机系统知识、所从事的业务等都有不同，每类用户都有自己的功能和非功能要求。可以把这些不同的用户分成小组，例如有的是偶尔使用系统的用户，因此菜单、提示符和向导很重要，有的是使用频率高的专业用户，他们更关心系统的易用性和高效性。所以，需要为系统寻找不同的用户类，并且需要挑选合适的用户代表来反映各类用户的需求。用户代表必须参加整个生命周期的系统开发，而不仅仅是开始的需求阶段。

(2) 用户调研与访谈。交流的方式可以是会议、电话、电子邮件、小组讨论、模拟演示等不同形式。需要注意的是，每一次交流一定要有记录，对于交流的结果还可以进行分类，便于后续的分析活动。例如，可以将需求细分为功能需求、非功能需求(如响应时间、平均无故障工作时间、自动恢复时间等)、环境限制、设计约束等类型。

(3) 访谈结果整理。需求分析人员对收集到的用户需求做进一步的分析和整理。下面是几条常见的准则：

- 对于用户提出的每个需求都要知道“为什么”，并判断用户对提出的需求是否有充足的理由。
- 分析由用户需求衍生出的隐含需求，用户没有明确提出来的隐含需求，或者有可能是实现用户需求的前提条件。这一点往往容易忽略掉，经常因为对隐含需求考虑得不够充分而引起需求变更。

(4) 访谈结果呈现。需求分析人员将调研的用户需求以适当的方式呈交给用户方和开发方的相关人员。大家共同确认需求分析人员所提交的结果是否真实地反映了用户的意图。需求分析人员在这个任务中需要执行下述活动：

- 明确标识出那些未确定的需求项(在需求分析初期往往有很多这样的待定项)；
- 使需求符合系统的整体目标；
- 保证需求项之间的一致性，解决需求项之间可能存在的冲突。

4.2.2 分析用户需求

需求分析包括提炼、分析和仔细审查已经收集到的需求，以确保所有相关方都明白其中的含义，并找出其中的错误、遗漏或不足之处。因为需求有许多不同来源，不同角色和职位的人员对同样的系统关注焦点不同，每个人对新系统功能和特征都有自己的观点和期望，因此前期确定的需求通常会产生相互矛盾的需求。需求分析的目标就是为了发现和解决需求中的这些问题，并对需求进行修改达成一致意见，使各类关联人员都能够对系统达成共识。这个过程主要排查以下方面的问题：

- 是否遗漏了重要的需求；
- 是否存在矛盾的需求；
- 是否存在不可行的需求；
- 是否存在重复的需求；
- 是否存在模棱两可的需求。

上述需求错误较为常见，应重点分析并进一步核实或明确。如果不同的用户类有不一致的需求，那么必须决定出满足哪一类用户的需求更为重要。如果不清楚谁有权并且有责任来作出决策，或者授权的个人不愿意或不能作出决策，那么决策者的角色将自然而然地落在开发者身上。但是开发者通常没有足够多的信息和观点来作出业务上的决策，从而可能导致需求定位出现错误。

4.2.3 编写需求文档

需求文档是需求获取阶段的主要成果。系统需求需要以正式的方式记录，以便与主要关联人员沟通。需求文档作为开发团队和系统所有者与用户之间的约定，应当阐明系统提供的内容，包括用户的功能性需求和非功能性需求，通常称为需求规格说明。多数组织都是根据预先定义的模板产生需求文档的，模板指明了文档的结构内容以及风格。需求规格说明可以使用自然语言或形式化的语言来描述，还可以以添加图形的表述方式和模型表征的方式呈现。

需求规格说明的主体由需求陈述构成，主要包含如下内容：

- 系统应该提供的功能和服务；
- 系统的非功能需求，包括系统的特征、性能、属性等；
- 系统开发或者运行必须遵守的约束条件；
- 系统与其他系统之间的接口。

需求文档可能是项目文档中被阅读和引用得最多的文档。系统所有者和用户用它来说明需求以及任何可能产生的需求变化，管理者用它来准备项目计划并做出估计，开发人员用它来理解系统功能并以此为依据进行系统的测试。

4.2.4 评审需求文档

需求文档完成后，需要经过正式评审才能作为下一阶段工作的基础。一般地，评审分为用户评审和同行评审两类。用户和开发方对于软件项目内容的描述，是以需求规格说明书作为基础的；用户验收的标准则是依据需求规格说明书中的内容来制订，所以评审需求文档须重点考虑用户的意见。同行评审的目的是在软件项目初期发现那些潜在的缺陷或错误，避免这些错误和缺陷遗漏到项目的后续阶段。通过评审的需求文档称为需求基线(baseline)，这说明这些需求已经确定下来，添加新的需求和修改原有的需求都必须通过需求变更流程来操作。

4.2.5 需求管理

在项目的生命周期内，即使需求文档已经被批准，新需求的出现以及现在需求的变更也非常频繁。在系统投入运行之前，有50%甚至更多的需求可能发生变化。为了缓解可能引发的诸多问题，需要有严格规范的需求管理过程。需求的变更是不可避免的，如何以可控的方式管理软件的需求，对于项目的顺利进行有着重要的意义。如果匆匆忙忙地完成用户调研与分析、需求文档的编写和评审，往往意味着需求的不稳定性。需求管理要保证需求分析各个活动都得到了充分的执行。需求管理主要涉及两方面的内容：需求变更以及需求跟踪。

1. 需求变更

需求变更的基本流程如下：

(1) 提出变更请求。对于影响需求基线的变更，例如业务规则的变化，用户需求的变化，或者技术条件的变化等，都需要采用书面的形式提出正式的需求变更请求。需求变更请求可能由用户发起，比如业务流程发生变化，增加需求或者改变需求等，也有可能是开发人员发起，例如由于开发技术限制需要变更业务规则等。

(2) 变更影响分析。由项目组有关人员汇同客户一起进行变更的合理性分析，变更替换方案分析，工作量的估算以及涉及模块、影响模块等分析。

(3) 变更批准。根据变更影响分析的综合评估，确定是否执行变更。可能的变更决策有三方面：一是全部批准；二是部分批准，在这种情况下可以对同意批准的部分进行变更；三是拒绝变更，未通过批准则无法进行变更，需要重新提交变更申请。

(4) 变更执行。根据经过审批的变更内容对系统进行相应的变更。

(5) 变更测试。对变更进行验证测试，这时候特别要注意的是记录该变更的修改是否引起了该模块或其他模块产生缺陷。通常，测试人员根据系统分析员在变更控制系统中标注的影响模块，逐一进行回归测试，以确保在不影响原有模块的前提下变更已正确实施；内部测试完毕后，如系统已上线，则由客户相关负责人在模拟生产环境中进行验收测试。通过测试后，可以发布相应的版本。

(6) 变更结束。变更验证后，测试人员关闭变更(状态：已关闭)，项目经理告知客户已测试完毕，沟通发布时间并说明对哪些模块可能有影响以及发现问题的反馈途径和方式。

组织通常会制定需求变更流程，以便进行变更管理，主要使用的需求变更流程如图 4.1 所示。

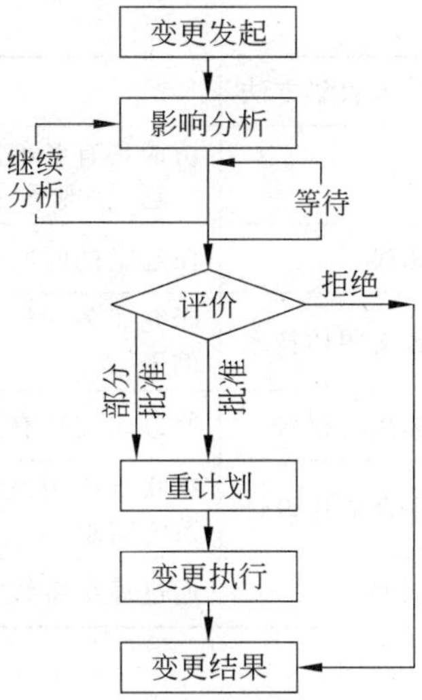

图 4.1 需求变更流程

2. 需求跟踪

需求跟踪(Requirements Tracing)是指跟踪一个需求使用期限的全过程，需求跟踪包括编制每个需求同系统元素之间的联系文档，这些元素包括其他类型的需求，体系结构，其他设计部件，源代码模块，测试，帮助文件等。需求跟踪提供了由需求到产品实现整个过程范围的明确查阅的能力。需求跟踪的目的是建立与维护"需求—设计—编程—测试"之间的一致性，确保所有的工作成果符合用户需求①。

以需求和设计之间的跟踪为例，目标主要有三个：

- 进行设计时，保证需求没有遗漏地被实现。
- 需求变更时，能找到设计中需要变更的地方。
- 设计变更时，能找到受影响的需求。

需求跟踪一般采用需求跟踪矩阵的形式进行管理，如图 4.2 所示。

测试用例 / 需求项	AT001	AT002	AT003	…	AT394
R-001	×	×	×		
R-002			×		×
R-003	×				
R-004			×		×
⋮					
R-181		×			
R-182					×

图 4.2 需求跟踪矩阵

4.3 需求获取的方法

需求分析在一个项目中有可能成为一个漫长、艰巨的工作。需求分析专家与客户交谈、记录交谈结果、分析收集的信息，从中提取互相矛盾的地方，总结出一个总体观念，然后再与客户讨论他们发现的问题。这个过程可以不断重复，在有些项目中这个过程可能伴随着项目的整个生命周期。

分析员可以使用不同的技术来从客户手中获得需求。比较传统的方式包括访谈客户，实地调研，或者与客户一起开座谈会，列举客户的需求等。比较新的技术包括名义团体技

① 引自 wiki.mbalib.com.

术、使用原型、构建用例等,如表 4-2 所示。

表 4-2 收集系统需求的传统方法

需求收集方法	描述
访谈	访谈具有各种需求的单个人员或者团体,了解关于现有系统和未来系统需求的运行和问题,发现系统需求之间的关联与区别
观察	在选定的时间观察工作者如何处理数据,工作人员需要哪些信息
名义团体技术	研究业务文档,发现报告的问题、策略和方向,以及在组织中使用数据和信息的具体例子
文档与报告	通过研究现有文档、表和文件建立对系统的感性认识
联合应用设计	在联合应用设计(JAD)会议中把用户、发起人、分析员和其他人集中到一起讨论并审查系统需求
原型	通过显示系统工作原型等具体形式提炼对系统需求的理解

4.3.1 访谈

访谈重要的信息持有者是分析员收集系统需求所需信息的主要方式之一。在项目早期,分析员可能花大量时间访谈客户的有关工作,他们工作所需的有关信息,支持他们工作的信息处理类型。还要访谈其他的关联人员,了解组织的方向、策略,组织对他们监督的业务单元的期望,以及其他组织运行的非常规方面。在访谈中,收集事实、意见和规章,观察肢体语言、感情、访谈对象想法以及他们如何评估现有系统的其他信号。

访谈的前提是确定关键的信息持有者,这也是需求分析的关键。关键的信息持有者一般包括主要用户、高级经理人员等,成功地确认关键信息持有者是完整地完成需求分析的基础。为确保访谈的有效性,需要注意如下事项:

(1) 进行用户访谈和调研需要有充分的准备。首先,访谈的大体情况需要提前向被访谈者进行解释,可以要求被访谈者思考特定的问题和事宜。其次,确定便于进行访谈的约见时间,提前查看一些背景资料,列出访谈目的和提纲,如表 4-3 所示的样例指南。

在设计访谈问题时,主要包括两类:开放式问题(open-ended questions)通常用于探索不能够预料所有答案的信息,或者不知道怎样提出精确问题的那些询问。鼓励被访谈的人员在问题的大致边界内探讨其感兴趣的话题。开放式问题有助于发现一些预先不知道的信息,同时使被访谈者变得随意,因为他们能够采用自己的方式和自己的语言来回答问题;开放式问题给了被访谈者更多的参与意识和对访谈的控制。开放式问题的主要缺点是回答问题的时间长度难以把握。此外,开放式问题很难归纳总结。封闭式问题(closed-ended questions)提供了被访谈者可以选择的问题序列。基于封闭式问题的访谈不一定需要大量的时间——更多的话题都可以涵盖。封闭式问题是开始访谈的一种更为容易的方式,而且有助于确定沿着哪条线路提出开放式问题。封闭式问题的主要缺点是,有用的信息不一定能够符合所定义的答案,由于被访谈者的回答局限于选择,因此其持有的真正有用信息容易被忽略。

表 4-3 访谈提纲示例

<table>
<tr><th colspan="2">访 谈 提 纲</th></tr>
<tr><td>被访谈人：
被访谈人姓名</td><td>访谈人：
领导访谈的人员姓名</td></tr>
<tr><td>地点/媒介：
办公室,会议室,或者电话号码</td><td>约定日期：
开始时间：
结束时间：</td></tr>
<tr><td>目标：
收集哪方面的什么数据,就与哪些开发领域达成一致</td><td>提示：
被访谈人的背景/经历
被访谈者的众所周知的看法</td></tr>
<tr><td>日程：
简介
项目背景
被访谈者意见概述
涵盖的主题
是否允许录音
话题 1 的问题
话题 2 的问题
⋮
要点总结
来自被访谈者的意见
结束</td><td>大致时间：
1 分钟
2 分钟
1 分钟
5 分钟
7 分钟
⋮
2 分钟
5 分钟
1 分钟</td></tr>
<tr><td colspan="2">一般观察：
被访谈人看起来十分忙碌——可能需要几天之后才能就后面的问题打电话,因为他只给了十分简短的回答。PC 也关掉了——可能不是一个经常的 PC 用户。</td></tr>
<tr><td colspan="2">没有解决的问题,没有涵盖的话题：
需要进一步确认销售数字。提到了如何处理退货的问题,但是没有时间讨论。</td></tr>
<tr><td>被访谈人：</td><td>日期：</td></tr>
<tr><td>问题：</td><td>注：</td></tr>
<tr><td>什么时间提问题,如果有条件的话
问题：1
是否已经使用了现在的销售追踪系统？如果是,多长时间一次？
如果是,进入问题 2</td><td>回答
是,我要求每周接受我的产品线报告
观察
看上去很急切——可能过高估计了使用频率</td></tr>
</table>

(2) 仔细聆听并记录笔记。仔细倾听别人的谈话,认真进行笔记,访谈结束后应尽快整理访谈纪要。记下可能从笔记中或者从模糊的信息中引发的额外问题,把事实型问题和意见或者解释分离,将需要澄清的尚不清楚的观点建立列表,通过电话确认或者将访谈纪要发给被访谈者进行书面确认。

(3) 寻求不同观点并保持中立。分析系统的潜在用户可能受到哪些外部因素影响,思考现有问题和机会以及那些新的信息服务能否更好地服务于组织,理解不同关联人员对系统的不同视角。在访谈中要注意,不要为新系统或者替代系统设定期望,不要被个别访谈者的意见所左右。

4.3.2 名义团体技术

名义团体技术(Nominal Group Technique,NGT),顾名思义就是工作在一起解决问题的个人是名义上的团体,用于在团队成员中产生想法,是群组访谈的一种方式。具体方式是:团体成员聚集在同一个房间,首先单独工作,书面写下各自的想法。想法产生结束后,在推动者指导下,汇合每个人的想法。当所有的想法都被记录之后,推动者再让团体成员公开探讨每一个观点,主要是为了澄清问题。一旦所有这些观点都被所有参与者理解之后,推动者会归纳观点,让团体成员继续进行补充,最后对观点进行排序。这种方法往往用于发现现有系统问题或者对新系统的功能进行定位等方面。

证据表明,NGT 的使用有助于汇集和荟萃团体的工作,和一般没有推动的团体会议相比,源于 NGT 的观点的数量和质量都要高。NGT 练习可以和通常的群组访谈形成互补,或者作为联合应用设计工作的一部分。

4.3.3 直接观察用户

为了获得对系统的理解,观察是一种有效的数据收集技术。直接观察要求系统分析员成为人员和活动的观察者,以便了解系统。当通过其他方法收集的数据的有效性值得怀疑时,或者系统某方面的复杂度妨碍用户作出清晰的解释时,就经常使用这项技术。表 4-4 显示了采用观察方法来解决系统问题的途径。

表 4-4 送货路线系统观察案例

饮 料 销 售
某家饮料公司安装了新的送货车路线系统,以通过更加有效的送货路线减少站点库存,提高效率。但是安装一段时间后,饮料产品的销售量不但没有提高,反而下降。公司管理者对此结果十分困惑,要求分析员重新改造系统。 系统分析员于是跟着送货车的派遣员一起送饮料到各家门店。分析员发现该路线本身是十分有效率的,所以看不出销售量减少的原因。于是,分析员来到某个门店,盘问门店人员销量减少的原因。但是却给出了看似不相关的观察,即新的路线上的司机在商店的逗留时间太短。他对产品在哪陈列并不感兴趣,也不要求显示促销标记,而过去不是这样。 通过观察,系统分析员知道新的送货车路线系统将送货员的时间进度卡得太紧,导致送货员没有机会去营销。因此,重新提出产品的送货配置时间,并留出必要的营销时间,产品销售量立即回升而且超过引进新系统之前的水平。

观察的优点在于可能会发现一些潜在的真实问题,缺点在于可能会改变被观察者的行为,另外观察是在有限的时间和地点进行的,只是从大量数据源中得到一小部分数据,有可能具有片面性。

4.3.4 文档、文件、表格抽样

研究现有系统时,系统分析员可以通过研究现有文档、表、文件等建立对系统的认识,通过分析与系统有关的书面文档深入理解系统需求。此外,组织的使命陈述、业务计划、组织结构图、业务策略手册、工作描述、内部和外部信函以及从以前组织研究中得到的报告都能够提供有价值的信息。

第一种有用的文档是书面工作规程。规程描述了某项特殊工作或任务如何执行，包括在执行工作过程中使用和创建的数据及信息，借此可以了解什么数据必须保留，信息必须发送给谁，以及控制有效表格的规则等。

第二种对系统分析员有用的文档是业务表格。业务表格明确指示了什么数据流入或流出系统，对于理解系统功能十分重要。例如，票据表格里显示的数据包括客户名、客户发送和运输地点、项目号、数量，以及计算数据，如税收、货运和总量等。

第三种有用的文档是现有系统产生的报告。报告作为某些类型系统的主要输出，可以进行回溯性工作，即从报告上的信息到产生它们的数据。如果现有系统是基于计算机的，则哪些描述现有信息系统的文档十分有用，如流程图、数据字典、CASE 工具报告、用户手册等。

4.3.5 联合应用设计

联合应用设计(JAD)的主要思想是把主要用户、管理者、参与项目的系统分析员聚集在一起，类似于群组访谈；但 JAD 遵循一个特殊的角色和日程结构。使用 JAD 在分析阶段的主要目的是通过紧凑的、结构化的、非常高效的过程，从参与系统的关键人员那里同步收集系统需求，也使于系统分析员看到哪些领域存在一致性，哪些领域存在冲突。JAD 会议通常在异地召开，通常可持续长达一周，使参与者远离干扰以便集中精力进行系统分析。

JAD 中典型的参与者如下：

- JAD 会议经理。JAD 会议经理必须接受过团队管理和系统分析方面的专业培训，负责组织并运行 JAD，确定会议日程并按照日程执行。JAD 会议经理在问题上保持中立，也不表达观点和意见，而是集中精力于保证会议按照日程进行，解决冲突和歧义，并征集所有观点。
- 用户。系统关键用户是 JAD 的关键参与者，了解系统日常使用状况。
- 管理者。管理者为新的组织方向、JAD 确定需求提供见解。
- 发起人。由于费用较高，JAD 作为一项主要的任务，必须由公司内相对高层的人员发起。如果发起人参加会议，通常只是在会议开始或者结束时。
- 系统分析员。系统分析团队成员参加 JAD，参与程度十分有限，主要是从用户和管理员那里了解情况，而不是主导整个会议。
- 抄写员。抄写员在 JAD 会议中作笔记，通常在计算机或者笔记本上记录，也可以使用字处理软件进行记录，或者把笔记和图形直接输入到 CASE 工具里。
- IS 人员。除了系统分析员外，其他 IS 成员，例如编程人员、数据库分析员、IS 规划者、数据中心人员等，也可以参与并从讨论中学习，而且可能针对现有系统的观点或者技术限制贡献他们的观点。

4.3.6 在需求获取中使用原型

从 20 世纪 80 年代中期开始，原型法作为需求分析的主要方法日益普遍应用。原型模拟最终软件的屏幕显示，用户可以看到最终软件的呈现形式。原型法是分析员和用户参与的迭代过程，从而构造信息系统的初始版本，并根据用户的反馈进行重构。采用原型法需求获取的步骤如下：

（1）需求调查分析。主要是由开发单位的系统分析人员到用户单位进行业务调研。系统分析人员与用户单位安排的业务主管共同讨论业务调查表和系统简化原型，并不断修改完善系统简化原型和文档原型，最终形成共识，并要求业务主管在需求分析说明书上签字。最终系统简化原型和源代码留在用户现场，便于系统的操作员进一步理解分析，直到最终掌握；而且有利于提出进一步的改进意见。改进意见可以随时通过邮件或传真直接发到开发单位，或由用户单位的系统维护人员修改简化原型后，随时发到开发单位，便于开发人员及时修改系统的设计和编码。

（2）需求原型设计。根据技术协议的要求，系统的简化模型仿照相似系统设计。简化模型一般采用应用开发人员熟悉的可视化的编程语言设计。简化模型的主要设计要求有：①充分考虑系统的设计与实现，不得与实际系统脱节；②尽量仿真实际系统的操作界面，与实际系统的操作过程完全相同；③可以单机安装运行，不与实际数据库连接；④演示数据的存储可以通过文本文件、单机的数据库或外部数据源的数据窗口等；⑤对于界面中容易误解或难以理解的操作，在功能帮助按钮中给出说明；⑥界面中难以实现或工作量很大的功能，以标注方式详细说明；⑦运行稳定，并比实际系统对硬件要求低。

（3）进行需求评审。需求评审一般由用户单位组织，评审团成员由同行专家、系统分析、设计和测试人员组成。评审的依据不仅有需求分析说明书，还有系统简化原型；同时在评审过程中，系统简化原型不断进行优化。评审的目标是要求需求分析说明书具有正确性、可行性、必要性、具有优先级属性、可验证性和无二义性。需求评审报告作为对需求分析的补充和修正，由双方负责人签字，以需求分析说明书附件的形式存在，同样指导下一步的系统设计工作。

采用原型法进行需求获取主要适用于以下情况：

- 用户需求不清楚或者不理解时，例如开发全新系统；
- 开发复杂系统或者具体的系统呈现形式需要探讨；
- 系统开发涉及多个关联方的参与；
- 已经有现成的工具（例如表格和报告产生器）和数据来快速构造工作系统。

原型作为需求获取工具也有一些缺点，包括：

- 原型法趋向于避免创建正式的系统需求文档，这使得系统更加难于开发成为全面工作的系统；
- 原型法特殊针对最初的用户，难于传播并适应于其他潜在用户；
- 用户通常是独立的系统，因而忽略了与现有的其他系统的共享数据和交互，以及按比例增加应用等问题；
- 绕过了 SDLC 中的检查，使得某些更加细致的但是十分重要的系统需求被遗忘（例如，安全、某些数据输入控制、跨系统的数据标准化等）。

4.4 案例分析——客户关系管理系统的需求获取

假设上海某家大型音像连锁店在本地区设有 20 个门店，主要开展销售和租赁视频、音乐和游戏给客户。现存和新出现的竞争者促使竞争加剧，要求经常要考虑更好满足客户需求的方式。客户越来越多地希望得到信息服务，希望公司创建通信社区，与用户交换信息。由于业务发展需要，希望开发一个基于Web的客户关系管理系统。希望所提议的系统提供下列信息服务，例如：

(1) 允许客户就他们所购买或者租赁的视频、音乐和游戏发表结构化或非结构化的评论；

(2) 提交要销售和租赁的新产品请求；

(3) 检查客户的租赁到期时间；

(4) 商品项归还之后，在没有违章的情况下，可以付少量费用续借；

(5) 检查门店中的商品项的库存；

(6) 父母可以监视(看列表)孩子所购买或者租赁的商品项。该项目可以进行客户所期望这类信息服务的详细分析，设计基于Web的系统来提供这个服务，并实施和检查该系统的原型。

请列出一份需求获取的方案，包括针对不同客户群的调查研究策略以及调研的目标和主要问题，确保能够收集到与系统相关的有效需求。

本例根据不同对象，采用不同调研方法设置调查方案。

1. 系统所有者——该大型音像连锁店管理层

采取面谈的形式。

主要问题设置如下：

① 客户关系管理系统是否是公司整体发展战略的一部分？

② 对该系统的预期效果是什么？

③ 项目的大致预算是多少？

④ 项目的工期为多长时间？

⑤ 该系统的预期使用寿命有效(是否存在后续升级的可能)？

⑥ 该系统的预期使用人数有多少(关系到系统处理能力问题)？

⑦ 公司内哪些部门或人员使用这个系统？权限如何分配？需要与公司其他系统有接口吗？关系如何？

⑧ 哪些信息允许完全公开？

⑨ 是否欢迎客户反馈？将会如何对待收集到的反馈信息？

⑩ 收到有关新产品的请求，多久能够响应？收到库存的反馈，多久能够发布？

2. 系统用户——客户和门店经理

(1) 门店经理

采取面谈的形式。

主要问题设置如下：

① 目前能够提供哪些客户服务？

② 各种音像制品的租赁期限各是多长时间？

③ 是否需要对客户提出的新产品请求统一集中收集、处理？

(2) 客户

采取调查表的形式。

主要问题设置如下：

① 你是否愿意对所购买或租赁的音像制品给予评价？希望得到怎样的反馈？

② 倘若有对新产品的需求，你会采取怎样的方式告知商家？条件允许的话，是否会通过网络？

③ 你是否希望通过查询得到租赁到期信息？

④ 你是否希望在网络上开通优惠续借？

⑤ 你是否希望了解门店内的库存量？

⑥ 你的子女是否是该店的会员？是的话，你是否希望得到有关你子女购买或租赁的商品的相关信息？可否举例说明？

3. 库存管理员

采取实地访问和面谈相结合的形式。

主要问题设置如下：

① 库存策略是什么？

② 库存信息如何流动（接口设计，如接收信息、发送信息、是否需要给供应商预留接口）？

③ 各门店之间库存是否存在差异？

④ 各类音像制品的最低订购点各是多少？

⑤ 从收到订购需求到发货的平均周期有多久？

本章小结

本章的内容核心是需求获取，即收集关于现有系统的信息和新系统的需求。具体过程包括了解、分析用户需求，编写、评审需求文档以及需求管理。在需求获取过程中，系统分析员将通过用户访谈、现场调研、收集报告、表格和规程等多种途径收集关于系统做什么的信息。

思考与练习

1. 请结合你所参与的课程设计项目，谈谈你是如何进行需求获取的。

2. 假设你被任命为某公司开发一个人事档案系统。公司人事部门主管希望对人事档案和人事变动等进行管理，提高管理效率，并节约管理成本。为了了解更详细的需求，你需要和人事经理进行一次访谈，请设计一份访谈提纲，确保能够使你获取到相关信息。

3. 你需要对某公司当前的账单系统进行调研，张先生是应收账部门经理，你需要从他下属处求证事实。张先生虽然愿意支持你的调研工作，但他的下属特别忙，必须先完成他们各自的工作。给张先生写一份调研提纲，可以按照该提纲使你的调研效果最大化，同时尽量减少对他下属时间的占用。

4. 某公司是国内一家大型的电信设备供应商，涉及6个机构，如图4.3所示。

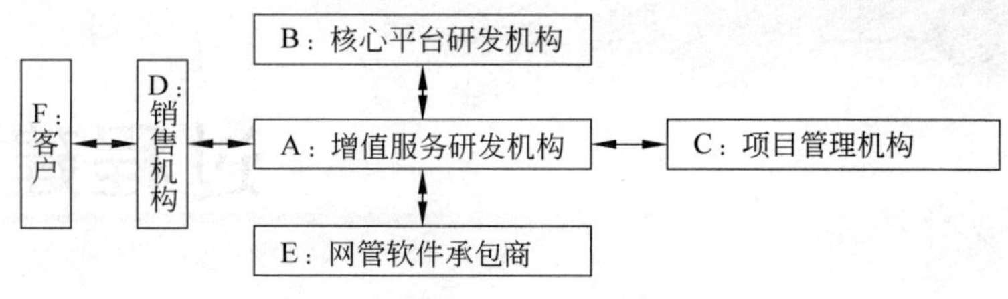

图4.3 机构设置

B研制了一种数据接入服务器的原型，B要A开发网管软件，D承诺负责卖。A向C申请立项。A把项目外包给专门做网管软件的公司E，期望半年内完成。A和E派开发人员到B处搞需求分析。由于B的接入服务器不成熟，三方沟通不畅，E最终用一年时间做出软件，交给A。A付清开发费，并交给D。D卖给F，F认为这不是他们要的，要求改好后再付钱。D要A修改，A气愤，C又要A结项。

请根据上述案例分析在需求获取中存在哪些问题？通过哪些方式可以改进？

第5章 过程建模

学习目标

通过本章学习，要求掌握：

- 逻辑过程建模。
- 按照特定的规则绘制数据流图，形成准确的、结构良好的过程模型。
- 将数据流图分解为低层次的图形。
- 平衡高层和低层数据流图。
- 4种类型的数据流图之间的区别，即当前的物理流程图、当前的逻辑流程图、新的物理流程图、新的逻辑流程图。
- 使用数据流图作为工具，支持信息系统的分析。

第4章介绍系统分析员收集必要信息的各种方法和怎样确定信息系统需求，本章的核心是描述如何对信息系统需求采用规范化方法进行表达。数据流图对数据如何流过系统、数据流之间的关系、数据如何储存等内容进行建模。数据流图也显示了变更或者转换数据的过程。因为数据流图关注的是过程之间的数据流动，所以被称为过程模型。

5.1 过程建模概述

逻辑模型是描述系统是什么和做什么的非技术性的图形化表示，也称为概念模型或者业务模型。逻辑模型消除了由于实现方式而导致的偏见，降低了由于过于关注细节而丢失业务需求的风险，使得我们可以用非技术性的或较少技术性的语言与最终用户进行沟通。过程(Process)也称为处理，加工，变换等。过程建模是围绕数据的处理建立模型的一种技术，它记录系统的“过程”和由系统的“过程”实现的逻辑、策略和程序。

5.2 数据流图

5.2.1 数据流程图的概念和作用

数据流图(Data Flow Diagram，DFD)是过程建模的一种工具，用于分析、描述信息系统的数据转换和流动状况，显示系统内所有的基本成分及其相互联系的概况和细节。数据流图概括描述系统的内部逻辑，是理解表达用户需求、与用户沟通交流的工具，是新系统逻辑模型的最重要组成部分。

5.2.2　数据流程图的基本符号

数据流程图由4个部分组成：外部实体、处理过程、数据存储、系统中的数据流。如图5.1所示。

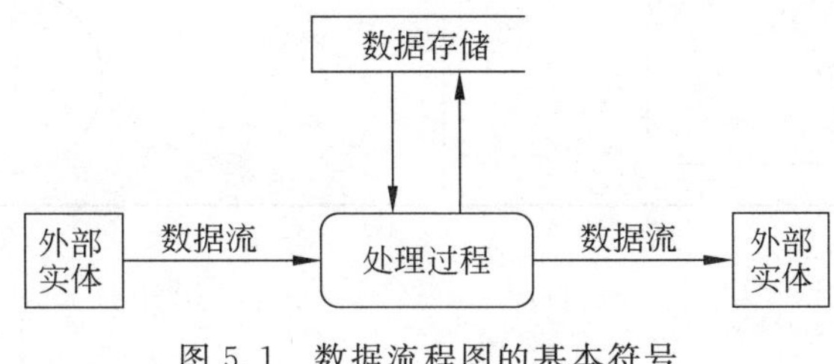

图5.1　数据流程图的基本符号

1. 外部实体

外部实体是与系统交互的外部的人员、组织部门、其他系统或者其他组织，也称为源点/终点。外部实体中支持系统数据输入的实体称为源点，支持系统数据输出的实体称为终点。它说明了外部数据的来源和去处，指明了系统的边界。

外部实体通常是以下几种形式：办公室，部门；外部组织；另一个企业或者信息系统；系统的最终用户或者管理人员等。

外部实体的表示方法如表5-1所示，通常外部实体在数据流程图中用方形框表示，框中写上外部实体名称。为了避免在数据流图上出现数据流的线条交叉，同一个外部实体允许在一张图上出现多次。

表5-1　外部实体表示方法

Gane and Sarson 表示法	DeMarco/Yourdon 表示法
外部实体	外部实体

2. 过程

在信息系统中，过程是指对输入数据流或条件做出响应的工作，即对数据进行处理或者变换，因此也称为处理或者转换。系统中的过程大致可以划分为三类：一是功能过程，是一套和企业相关活动和正在进行的活动，功能没有开始和结束。二是事件过程，功能由响应事件的过程组成，事件必须作为一个完整的逻辑单位工作，也被称为事务，接受输入而触发其执行，对输入作出响应后，事件结束。三是基本过程，是指为了完成一个事件的响应所需要的离散的、详细的活动或任务。每一种过程又包括数据输入、数据处理和数据输出三个部分。系统本身也可以看做是一个过程。

在数据流程图中过程用带圆角的长方形表示，有时也采用圆形进行表示，如表 5-2 所示。

表 5-2 过程表示方法

Gane and Sarson 记法	DeMarco/Yourdon 记法
过程	过程

3. 数据流

数据流是一个过程的数据输入或数据输出，是流动中的数据。数据流是模拟数据在系统中传递过程的工具。数据流也用于表示在文件或数据库中创建、读取、删除或修改数据。

数据流可以汇合，组合数据流是由其他数据流构成的数据流。数据流也可以分叉，分支的数据流是分成多个数据流的数据流，指示了一个数据流的所有或者部分到不同的目的地的路径。数据流用来表示数据流值，但不能用来改变数据值。

在数据流程图中用一个水平箭头或垂直箭头表示，箭头指出数据的流动方向，箭线旁注明数据流名。数据流图中有时也会出现控制流，控制流表示触发一个过程的条件或非数据事件，用虚线箭头表示。如表 5-3 所示。

表 5-3 数据流和控制流表示方法

数据流	控制流
数据流名	控制流名

4. 数据存储

数据存储是表示数据保存的地方，用来存储数据。系统过程从数据存储中提取数据，也将处理后的数据返回数据存储。与数据流不同的是数据存储本身不产生任何操作，它仅仅响应了存储和访问数据的要求。

如果数据流是运动中的数据，数据存储就是静止的数据，存储的数据一般以文件和数据库形式存在于系统中，它存储了所有实体的实例。数据存储一般是以下内容之一：个人或小组、地点、对象、事件、概念等。

在数据流程图中数据存储用右边开口的长方条表示，在长方条内写上数据存储名字，或者采用两条平行线表示，如表 5-4 所示。为了区别和引用方便，左端加一小格，再标上一个标识，用字母 D 和数字组成。为避免数据流交叉，允许在一张数据流图中重复出现相同的数据存储。

表 5-4 数据存储表示方法

Gane and Sarson 记法	DeMarco/Yourdon 记法
D 数据存储	数据存储

5.2.3 数据流图的绘制

在对复杂软件系统进行描述时，难以在一张图中描述所有的细节，导致绘图工作庞大而复杂，而且也难以理解。通常采用分层的方法将一个流程图分解成几个流程图来分别表示。数据流程图的构造方法和指导思想是：自上而下，逐步细化；直观清晰，简单明了。

如图 5.2 所示，一套分层的数据流图由顶层、0 层、中间层和底层的数据流图所组成。顶图说明了系统的边界，即系统的输入和输出的数据流，顶图只有一个处理，即被开发的系统。0 层图将顶层图的系统分解为若干子系统。画系统内部时，一般将层号从 0 开始编号。中间层流图则表示对上层父图的细化。它的每一处理都可以继续细化，形成子图。底图由一些不必再分解的处理组成，这些处理称为基本处理。在顶图和底图之间是中间层。上层图称为下层图的“父”图，下层图称为上层图的“子”图。

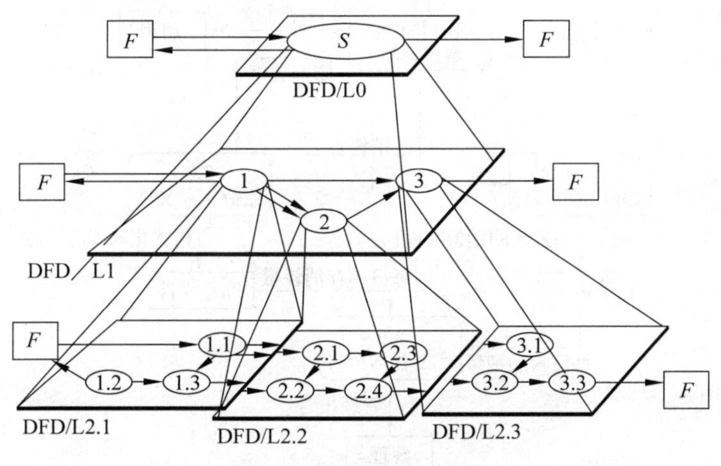

图 5.2 分层数据流程图

1. 顶层图

下面以某食品订单系统为例，进行说明[25]。饭店使用信息系统取得客户订单，并把订单输入到厨房，监控所出售的食品和库存，并为经理生成报告。据此可以确定该信息系统的高层视图，称为顶层图，也称为环境图(context diagram)，如图 5.3 所示。

由于环境图重点描述系统与外部环境的边界，因此在该图中只包含一个过程，4 个数据流和 3 个外部实体，没有数据存储。这个唯一的过程标志为 0，代表整个系统；所有环境图都只有一个过程，外部实体代表了系统的环境边界。因为系统的数据存储概念上是属于过程内部的，所以数据存储不出现在环境图中。

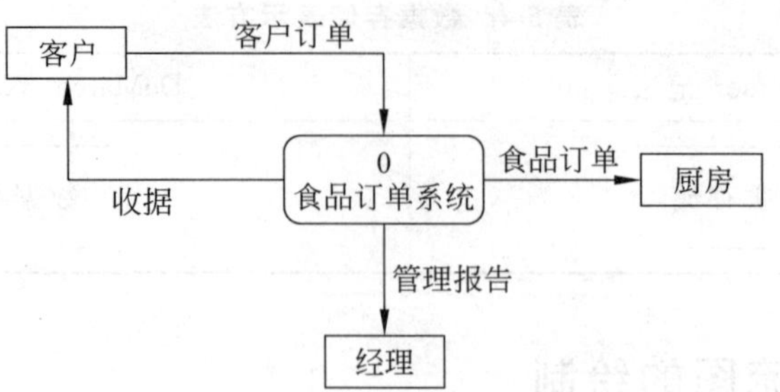

图 5.3 食品订餐系统的环境图

2. 0 层数据流图

接下来对食品订单系统进行分解，可以分解为 4 个主要过程，如图 5.4 所示。该图称为 0 层数据流图(level-0 diagram)，它代表了系统中最高层的主要过程。每个过程都有一个号码，其末尾是 0(主要对 DFD 的高层号码进行响应)。注意外部实体在环境图和在该图中是相同的，如客户、厨房、经理。

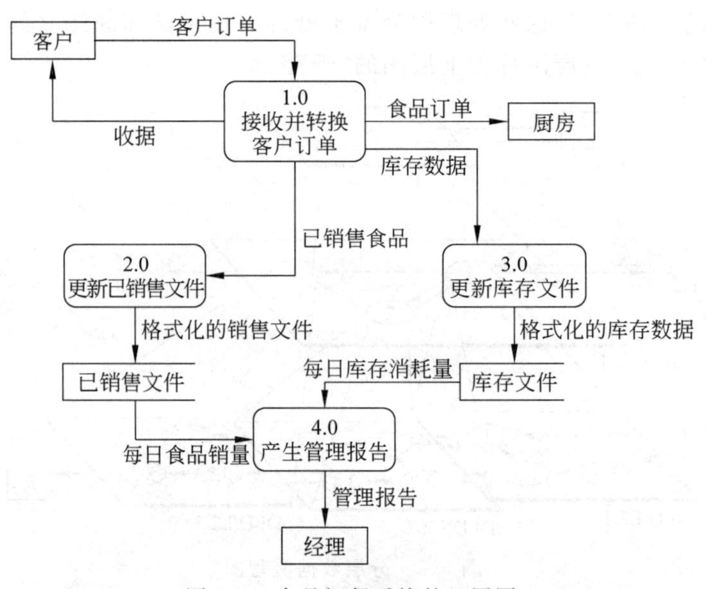

图 5.4 食品订餐系统的 0 层图

第一个过程是“接收并转换客户订单”，标记为 1.0，其结果是产生 4 个数据流：(1)食品订单传送给厨房；(2)客户订单转换成一系列销售的产品；(3)客户订单转换成库存数据；(4)为客户产生收据。其中数据流(1)和(4)分别流向外部实体，不再细化。而其他两个数据流则需要跟踪。数据流“已销售食品”流入到过程 2.0“更新已销售文件”，该过程的输出标记为“格式化的销售文件”，该输出更新了标记为“已销售文件”的数据存储。“每日食品销量”作为过程 4.0“产生管理报告”的输入。过程 1.0 产生的另一个数据流“库存数据”，作为过程 3.0“更新库存文件”的输入，该过程更新了“库存文件”存储。“每日库存消耗量”再作为过程 4.0 的输入。流出过程 4.0 的数据流“管理报告”，进入到外部实体“经理”。

图 5.4 也显示了数据流的一些特点。以数据流“库存数据”为例，从图中可知，过程 1.0

产生这个数据流，过程 3.0 对其进行接收。然而，该图并未显示数据流是何时产生的，它产生的频率又如何，或者传输的数据量是多少。因此，DFD 隐藏了许多描述系统的物理特征。然而，我们知道是过程 3.0 需要这个数据流且过程 1.0 产生该数据流。此外，数据流“库存数据”也意味着无论何时过程 1.0 产生该数据流，过程 3.0 都必须准备接收它。因此，过程 1.0 和过程 3.0 是相互绑定的。相比之下，考虑过程 2.0 和过程 4.0 之间的关联。从过程 2.0 的输出“格式化的销售文件”，放置在数据存储“已销售文件”中，当后来过程 4.0 需要这些数据时，它从该存储那里读取“每日食品销量”。在这种情况下，过程 2.0 和过程 4.0 通过在它们之间设置缓冲(buffer)进行解耦，缓冲也是一种数据存储。现在，这两个过程可以根据它们自己的节奏进行，过程 4.0 不需要在任何时候都接收输入。而且，“已销售文件”成为其他过程可以调用数据的数据存储。

5.2.4 数据流图规则

在绘制数据流图时，需要遵循如下规则，如表 5-5 所示。

表 5-5 控制数据流图的规则

命名规则：

- 数据流程图中每一个元素都要命名，恰当的命名有助于数据流程图的阅读与理解。
- 每个元素所取的名字要能反映该元素的属性，避免用空洞的名字，要具体的含义。
- 每个元素的名字都能唯一地标识该元素。
- 如果发现难以为某个数据流或过程命名时，这往往是因为数据流图分解不当，可重新分解。

过程：

- 没有过程只有输出：不可能凭空产生数据。如果一个对象只有输出，那么它一定是外部实体。
- 没有过程只有输入：如果一个对象只有输入，那么它一定是外部实体。
- 过程的输入要足以产生相应的输出，不允许输入与输出之间毫无关联。
- 过程的输入应有别于输出。即输入过程的数据流应在过程中发生变换，产生新的数据流，而不是简单的数据传送。
- 一个过程采用动词短语标记。

在数据流图中常见的过程错误如图 5.5 所示。

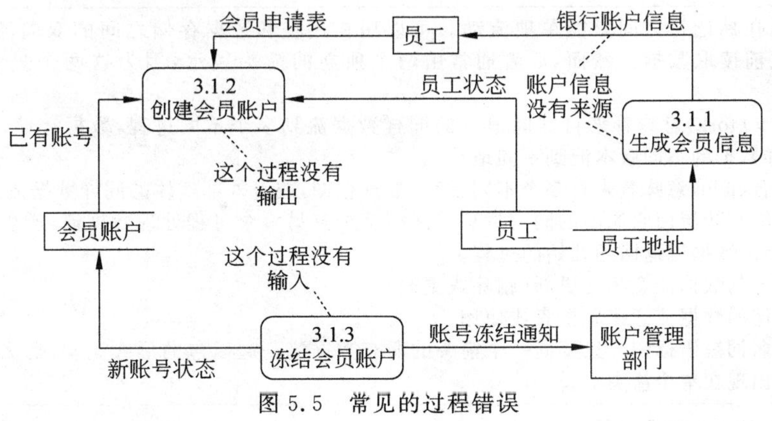

图 5.5 常见的过程错误

续表

数据存储:
• 数据不能直接从一个数据存储流入到另一个数据存储。数据必须由过程移动。 • 数据不能直接从一个外部实体流到一个数据存储。来自外部实体数据必须由过程接收,由该过程移动数据并存放到数据存储中。 • 数据不能直接从一个数据存储流到一个外部实体。数据必须由过程移动。 • 数据存储采用名词短语标记。
常见的数据存储错误如图 5.6 所示。 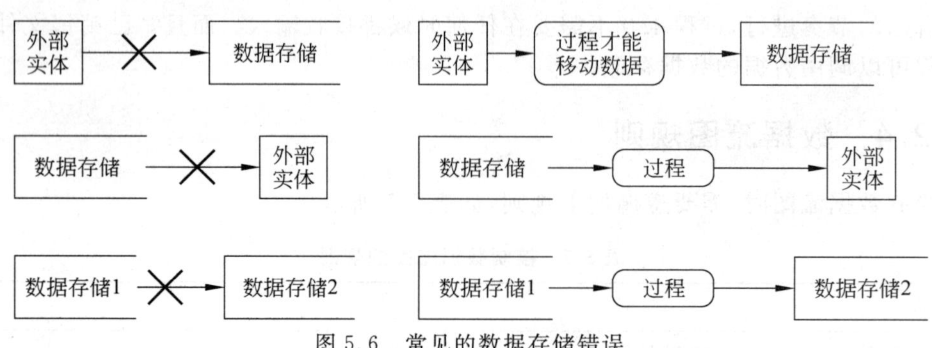 图 5.6 常见的数据存储错误
外部实体:
• 数据不能直接从外部实体到外部实体。如果数据与系统相关的话,数据必须由过程移动,否则数据流不显示在 DFD 上。 • 外部实体采用名词短语标记。
常见的外部实体错误如图 5.7 所示。 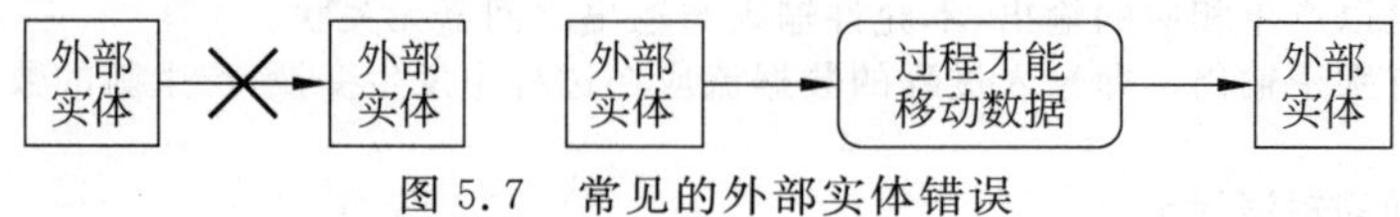 图 5.7 常见的外部实体错误
数据流:
• 一个数据流在标记符之间只能单项流动。可以用在过程和数据存储之间的双向流动来表示,在数据更新之前读取数据。然而,后者通常由两个独立的箭头表示,因为这两个过程发生在不同的时间。 • 数据流的分支(fork)意味着来自共同地点的同样数据流到多个不同过程,数据存储,或者外部实体(通常指同样数据的不同版本流到不同地点)。 • 数据流的汇合(join)意味着来自多个不同过程、数据存储,或者外部实体的同样数据流到共同地点。 • 数据流不能够直接流回它流出的同一过程。必须至少有另一个过程处理数据流,产生一些其他数据流,并将原始的数据流返回到开始的过程。 • 流入数据存储的数据流意味着更新(删除或更改)。 • 流出数据存储的数据流意味着检索或使用。 • 数据流采用名词短语标记。只要同一个箭头的所有数据流一起以包的形式流动,那么多个数据流名词短语可以出现在单个箭头上。
常见的数据流图错误如图 5.8 所示。

续表

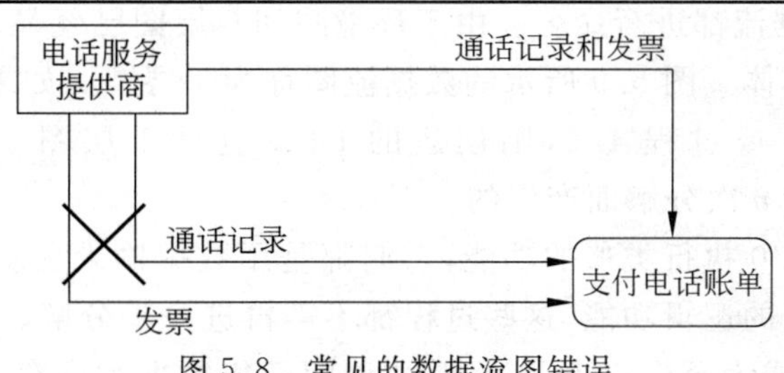

图 5.8 常见的数据流图错误

（来源：改自 Celko，1987）

5.2.5 数据流图的分解

从一个系统到 4 个组成过程的行动称为功能分解。功能分解(functional decomposition)是将系统描述或视角分解成为越来越细化的详细过程。在食品订单系统中，首先从高层环境图开始，经过更多思考之后，可以将这个大系统划分为 4 个过程。每个过程可以包括几个子过程，每个子过程还可以继续分解成为更小的单元。分解一直进行到子过程已经无法再进一步分解为止，最低层次的 DFD 称为基本 DFD(primitive DFD)。

以食品订单系统为例，对 0 层数据流图做进一步分解。图 5.4 所示的第一个过程，称为“接收并转换客户订单”，该过程需要执行以下任务：

(1) 接收客户订单。

(2) 将输入的订单转换成为对厨房系统有用的形式。

(3) 将订单转换成为一个客户的打印收据。

(4) 将订单转换成为产品销售数据。

(5) 将订单转换成为库存数据。

因此，将该过程分解成为 5 个逻辑上独立的功能，如图 5.9 所示。

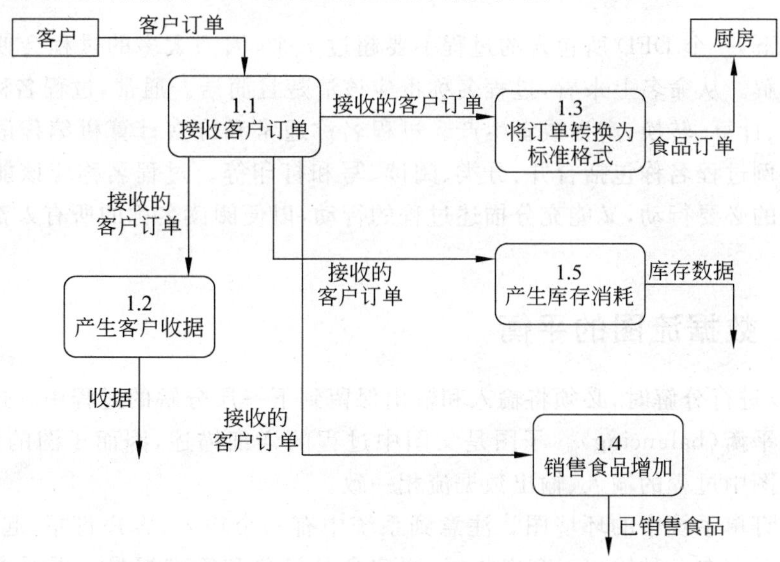

图 5.9 食品订单系统的过程 1.0 的分解

注意,图 5.9 中 5 个过程的每一个都被标记成为过程 1.0 的子过程,如过程 1.1、过程 1.2 等,每个过程和数据流都进行命名。由于环境图和 0 层图已经显示了外部实体,所以这里可以不再显示外部实体。图 5.9 所示的数据流图称为 1 层图。如果以同样的方式决定分解过程 2.0、过程 3.0 或过程 4.0,则创建的 DFD 也是 1 层图。总之,n 层图(level-n diagram)是从 0 层图经 n 次分解而产生的。

过程 2.0 和过程 3.0 执行类似的功能,它们都是用数据输入更新数据存储的。因为更新数据存储是一个单个的逻辑功能,这些过程都不需再进一步分解。然而,可以将过程 4.0 "产生管理报告",分解成为至少三个子过程:"访问已售数据和库存数据"、"累计销售食品和库存数据"、"准备管理报告"。过程 4.0 的分解如图 5.10 所示。

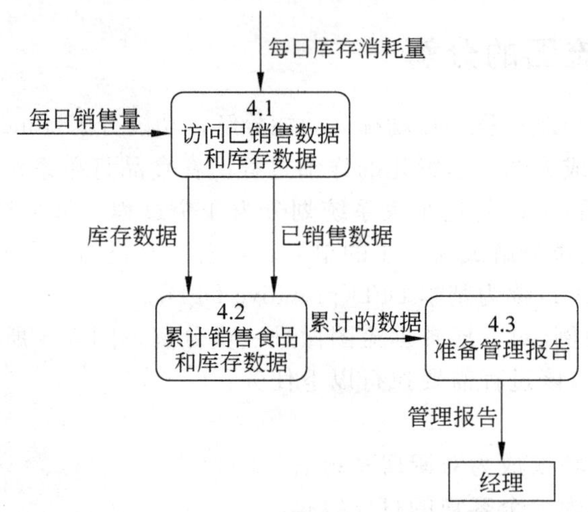

图 5.10 食品订单系统过程 4.0 的分解

每个 1 层、2 层或 n 层 DFD 代表了 $n-1$ 层 DFD 中的一个过程;每个 DFD 应该是独立的一页。

一般情况下,一个 DFD 所包含的过程不要超过 7 个,因为太多的过程会使图形变得拥挤并且难于理解。从命名上来看,过程名称也应该清楚且简洁。通常,过程名称采用行为动词,例如,接收、计算、转换、产生或者生产。过程名称通常和许多计算机编程语言中使用的动词相同。示例过程名称包括合并、分类、阅读、写和打印等。过程名称应该能够以简单的词汇捕获过程的必要行动,又能充分描述过程的行动,以便阅读名称的所有人都能很好理解该过程做什么。

5.2.6 数据流图的平衡

在对 DFD 进行分解时,必须将输入和输出保留到下一层分解的过程中。这种输入和输出的保留称为平衡(balancing)。子图是父图中过程的详细描述,因而子图的输入、输出数据流应该与父图中过程的输入、输出数据流相一致。

回顾食品订单系统中的环境图。注意到系统中有一个输入,客户订单,起于外部实体-客户。注意这里存在三种输出:客户收据、厨房食品订单和管理报告。再看食品订单系统的 0 层图,注意到系统环境图中显示的同一个输入以及同样的三个输出也出现在 0 层图中。

而且，没有来自系统外部新的输入和输出，所有数据存储和流入和流出它们的数据流都在系统内部。因此，可以认为环境图和0层DFD是平衡的。观察过程1.0和过程4.0的分解，也保留了同样的输入和输出。

根据平衡原则和尽可能保持DFD简洁的目标，可以衍生以下4项规则，归纳如表5-6所示。

表5-6　管理和控制数据流图的高级规则

规则
• 某一层的组合数据流可以在下一层分解成为子数据流，但是要确保没有添加新的数据，并且组合数据流的所有数据都要在子流程中考虑到
• 某个过程的输入必须足以产生过程的输出(包括放在数据存储中的数据)。因此，所有输出必须都是由过程产生的，而且输入中的所有数据都要移动到另一个过程或者到过程外的一个数据存储，或者到显示该过程分解的更加详细的DFD
• 在最底层的DFD中，为了表示在例外情况下传输的数据，可以添加新的数据流；这些数据流通常代表了错误信息(例如，"客户不知道；你想创建一个新的客户吗？")或者确认通知(例如，"你要删除该记录吗？")
• 为了避免让数据流线相互交叉，可以在DFD上重复数据存储或者外部实体。可以使用额外的符号来表明重复的符号，例如把数据存储的中间垂直线绘制成双线，或者在外部实体/外部实体方框的角落绘制斜线等

(来源：改自Celko，1987)

5.3 过程逻辑

数据流图是确定过程很有效的工具，它直观地描述了系统中数据的流动和数据的变化。但是它不能够显示过程内部的逻辑。最终需要在一个数据流图上说明基本过程的详细指令。需要注意的是数据流图和程序设计中的程序流程图(Flow Chat)是不同的，数据流图关心的是企业业务系统中的数据处理过程的客观过程，并不关心未来电子化处理的过程；数据流图中流动的只是数据，并没有控制过程，但在程序流程图当中，必须有控制逻辑。

由于程序代码对于用户而言不易理解，而通常的自然语言描述不精确而不利于程序员使用，因此，需要结合自然英语和编程逻辑工具。

过程逻辑的表述方法主要有以下三种：结构化语言、决策表和决策树。

5.3.1 结构化语言

结构化语言是一种语言语法，用于说明过程逻辑，它是在自然语言基础上发展起来的一种规范化的语言表达方式，用于阐明DFD中过程的内容，可以看做是自然英语语言和结构化程序设计语法的结合。

结构化语言是在自然语言基础上加了一些限定，使用有限的词汇和语句来描述处理逻辑。其结构分内外两层，外层用来描述控制结构，采用顺序、选择、循环三种基本结构；内层一般采用祈使语句的自然语言短语。结构化语言使用数据字典中的名词和有限的自定义词，动词含义要具体。还可使用一些简单的算术运算和逻辑运算符号。

用结构化语言任何过程逻辑都可以表达为顺序、选择、循环三种结构。

(1) 顺序结构中的祈使语句应包含一个动词及一个宾语,表示要进行的处理(包括输入、输出及运算等)。

(2) 判断结构有两种表示形式,可与决策树、决策表的表达方式相对应。

(3) 循环结构是指在条件成立时,重复执行某处理,直到条件不成立时为止。

结构化语言的表示方法如表 5-7 所示。

表 5-7 结构化语言的表示方法

结构	举 例	结构	举 例
顺序	[ ] [ ]	Do-Until 循环	DO 读取库存记录 BEGIN IF IF 库存数量＜最低订货量 THEN 产生新订单 ELSE 不执行 END IF UNTIL End-of-file
选择	BEGIN IF IF 库存数量＜最低订购数量 THEN 产生新订单 ELSE 不执行 END IF		

多重选择	READ 库存数量
	SELECT CASE
	CASE 1(库存数量＞最低订货量)
	不执行
	CASE 2(库存数量＝最低订货量)
	不执行
	CASE 3(库存数量＜最低订货量)
	产生新订单
	CASE 4(库存短缺)
	产生紧急订单
	END CASE
		Do-While
		循环
			读取库存记录
			WHILE NOT End-of-file DO
			BEGIN IF
			IF 库存数量＜最低订货量
			THEN 产生新订单
			ELSE 不执行
			END IF
			END DO

结构化语言过程描述的格式模仿了程序语言中使用的格式,尤其是识别过程。这是结构化语言的“结构化部分”,使其更容易将过程描述转换成程序语言。同时它也保留了英语中的动词和名词短语,使得对计算机程序一无所知的人也能了解执行各种过程所包含的步骤。结构化语言可作为分析员与用户的沟通技术。

5.3.2 决策表

结构化语言可用于表示信息系统过程中包含的逻辑,但有时过程逻辑十分复杂。如果包含各种不同条件,这些条件的组合表明要采取哪些行动,那么结构化语言就不足以表示这样一个复杂选择背后的逻辑。并不是结构化语言不能够表示复杂逻辑,而是当逻辑越发复杂时,结构化语言将变得难以理解和证实。当逻辑复杂时,图形比结构化语句更加清楚。

决策表(decision table)又称判断表,是一种表格状的图形工具,适用于描述处理判断条件较多,各条件又相互组合,有多种决策方案的情况。所有可能的选择以及选择所依赖的条件都采用表格的形式,如表 5-8 所示。

上述决策表对一个一般工资系统的逻辑进行建模。决策表有三个部分:条件段(condition stubs)、行动段(action stubs)和规则(rules)。条件段包含所建模的各种条件。在表 5-8 中有两个条件段,分别是“雇员类型”和“工作时间”。“雇员类型”有两个值:“S”,代表薪金制

表 5-8 工资系统完整的决策表

	条件/行动路线	规则					
条件段		1	2	3	4	5	6
	雇员类型	S	H	S	H	S	H
	工作时间	<40	<40	40	40	>40	>40
行动段	支付基本工资	X		X		X	
	计算小时工资		X		X		X
	计算加班时间						X
	产生缺席报告		X				

雇员,“H”代表小时。“工作时间”有三个值,“小于 40”,“正好 40”,“大于 40”。行动段包含条件段中值的组合产生的所有行动路线。表中 4 种可能的行动路线有“支付基本工资”、“计算小时工资”、“计算加班时间”和“产生缺席报告”。不是所有的行动都由所有条件的组合驱动,而是特定的条件组合驱动特定的行动。将条件与行动联系起来的部分就是规则。

1. 规则合并

决策表能把什么条件下系统应做什么动作准确地表示出来,同时能发现需求不完整的地方,如某些条件组合下缺少应采取的动作。也能发现冗余的动作,可将条件合并。合并方法如图 5.11 所示。

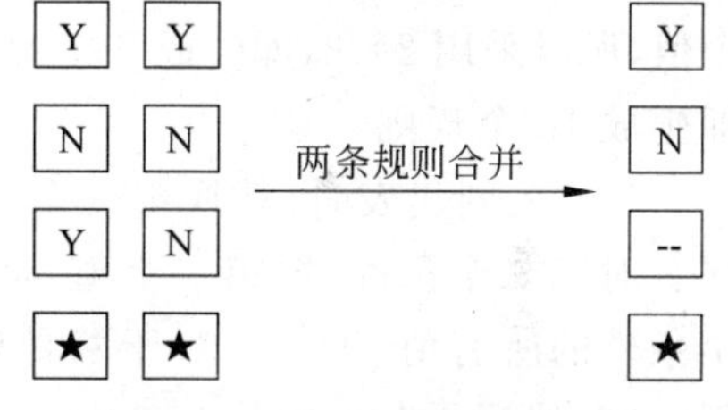

图 5.11 规则合并的方法

以表 5-8 为例,从第一列所指的条件值开始阅读,雇员类型是“S”或薪金制雇员,工作小时数小于 40。当这两个条件同时出现时,工资系统按照基本工资支付。下一列值为“H”并且“< 40”,意味着小时工的工作小于 40 小时。在这种情况下,工资系统计算每小时工资并在缺席报告中产生一个条目。规则 3 处理当薪金制雇员恰好工作 40 小时的情况,系统支付基本工资,和规则 1 一样。对于恰好工作 40 小时的小时工,规则 4 计算小时工资。规则 5 为超过 40 小时的薪金制雇员支付基本工资,规则 5 与规则 1、规则 3 采取同样的行动,并且控制薪金制雇员的行为。工作时间不影响规则 1、3、5 的输出。对于这些规则,工作时间是无关条件(indifferent condition),表现在它的值并不影响所采取的行动。规则 6 计算每小时支付以及工作超过 40 小时的小时工人的超时数。

由于规则 1、3、5 是无关条件,可以通过将规则 1、3、5 浓缩成为一个规则,来减少规则的数量,如表 5-9 所示。无关条件用“—”表示。开始时用 6 个规则建立决策表,现在可以用更简单的表格采用 4 个规则传递同样的信息。

2. 构造决策表的基本步骤

构造决策表的基本步骤归纳如下:

表 5-9 工资系统削减后的决策表

	条件/行动路线	规则			
		1	2	4	6
条件段	雇员类型	S	H	H	H
	工作时间	—	＜40	40	＞40
行动段	支付基本工资	X			
	计算小时工资		X	X	X
	计算加班时间				X
	产生缺席报告		X		

(1) 命名条件以及每个条件所取的值。确定与问题相关的所有条件，然后确定每个条件所采用的值。在某些条件下，值是简单的“是”或“否”(称作有限的条目)。对于其他条件，例如表 5-9 的条件，条件可以有更多的值(称作扩展条目)。

(2) 命名所有可能出现的行动。创建决策表的目的是，确定给定的条件下适合的行动路线。

(3) 列出所有可能的规则。创建决策表之初应该考虑所有的规则。每个可能的条件组合都要进行表示，以防忽略了某种可能。虽然有些规则是冗余的或者是无意义的，但这些决定在列出所有规则之后才能确定。为确定规则的数目，采用某个条件的值的数目乘以其他每个条件值的数目。在表 5-8 所示案例中有两个条件，一个条件有两个值，另一个条件有三个值，所以采用 2×3，即生成 6 个规则。如果添加第三个包含 3 个值的条件，则需要 2×3×3，即生成 18 个规则。

(4) 在创建表时，替换第一个条件的值，正如对表 5-9 所示的雇员类型所采取的措施一样。对第二个条件，取第一个值，重复第一个条件的所有值，然后取第二个值，仍然重复第一个条件的所有值，等等。对于两种雇员类型的两个值“S”和“H”，分别重复“＜ 40”，然后重复“40”，然后再“＞ 40”。

(5) 为每个规则定义行动。既然已经识别了所有可能的规则，要为每个规则提供一个行动。在本例中，可以推测每个行动应该是什么，这些行动是否具有意义。如果行动无意义的话，在表中的行动段创建一个“不可能”的行动，以便跟踪不可能的行动。如果不能够识别在哪种情况下系统应该做什么，那么要为特殊规则的行动段标注问题标记。

(6) 简化决策表。制作决策表应尽可能简单，要删除产生不可能行动的规则。对于系统行动尚不明确之处应咨询客户，或决定采取某个行动，或删除该行动。查看规则的模式，合并无关条件。在本例中将规则数由 6 个缩减为 4 个。

决策表能够采用表的形式传达信息，而不是以线性的、顺序的格式，因此可用于建模相对复杂的过程逻辑。决策表也有助于检查逻辑的完整性、一致性和冗余性。

5.3.3 决策树

决策树又称做判定树，是一种树状的图形工具，适合描述处理中有多种策略，要根据若干条件的判定来确定所采用策略的情况。左端方框为树根表示决策结点；由决策结点引出的直线，形似树枝，称为条件枝，每条树枝代表一个条件；中间的圆圈称为条件结点；右端的实心椭圆表示决策结果。决策树中条件结点以及每个结点所引出条件的数量依具体问题而定。

下面将上述反映工资系统逻辑的决策表改用决策树进行表示，如图 5.12 所示。

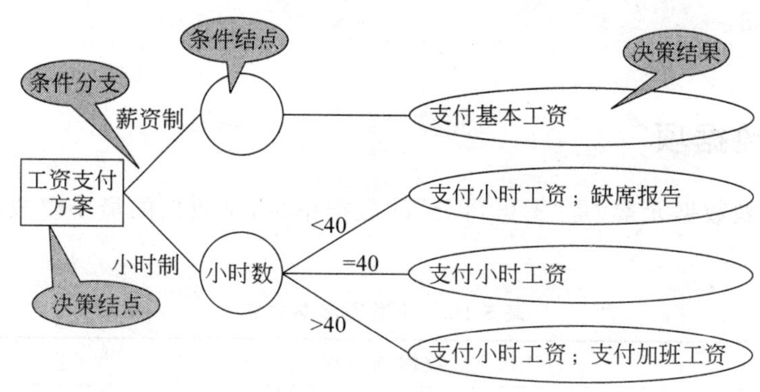

图 5.12　决策树示例

图 5.12 采用决策树表示表 5-9 中的决策逻辑。

5.3.4　结构化语言、决策表和决策树的选择

结构化语言、决策表和决策树各有优缺点，在建模过程逻辑时，根据用户偏好和逻辑建模的实际情况进行分析和选择。三种描述工具各自适用性如下：

(1) 顺序和循环动作，适于结构化语言。

(2) 多个条件复杂组合，适于决策表和决策树。

(3) 决策树比决策表直观；决策表进行逻辑验证更加严格。一般用决策表作底稿，在它基础上产生决策树。

5.4　数据字典

数据分析的任务，是将数据流程图中所出现的各组成部分的内容、特征用数据字典的形式做出明确的定义和说明。数据字典是定义和说明数据流程图中每个成分的工具。

数据字典的作用是对数据流程图中的所有成分，包括数据项、数据结构、数据流、数据存储、处理功能、外部项等的逻辑内容与特征予以详细说明。数据字典是以后系统设计、系统实施与维护的重要依据。

生成数据字典的方法有两种：由手工方式生成和由计算机辅助生成。手工编写的优点是具有较大灵活性与适应性，但手工编写效率低，且编辑困难、容易出现疏漏和错误，对数据字典的检验、维护、查询、统计、分析都不方便。计算机辅助编写数据字典是将数据字典有关的数据输入计算机，存储在数据字典库中。计算机辅助生成的数据字典具有查询、维护、统计、分析等功能。

数据字典中的数据主要包括两类，一类是动态数据(可在系统内外流动的数据)，另一类是静态数据(不参与流动的数据存储)的数据结构和相互之间的关系。数据字典中主要对以下数据内容创建字典：

(1) 数据项。

(2) 数据结构。

(3) 数据流。

(4) 数据存储。

(5) 过程。

5.4.1 数据项

数据项也称做数据元素,是“不可再分”的数据单位,是数据的最小组成单位。数据项的字典如表 5-10 所示。

表 5-10 数据项字典内容

<table>
<tr><th colspan="2">数据项字典</th></tr>
<tr><td colspan="2">数据项名称、别名及简述:给数据项取名时,按“顾名思义”的原则,反映该数据项的含义,易于他人理解、记忆
数据项的类型
数据项的长度:指数据项所包含的字符或数字的位数
取值的范围和取值的含义</td></tr>
<tr><td colspan="2">数据项举例:</td></tr>
<tr><td>数据项名称</td><td>货物编号</td></tr>
<tr><td>别名</td><td>G_No,Goods_No</td></tr>
<tr><td>简述</td><td>本公司的所有货物的编号</td></tr>
<tr><td>类型</td><td>字符串</td></tr>
<tr><td>长度</td><td>10</td></tr>
<tr><td>取值/含义</td><td>第 1 位:进口/国产
2～4 位:类别
5～7 位:规格
8～10 位:品名编号</td></tr>
</table>

5.4.2 数据结构

描述数据项之间的关系可由数据与数据结构组成。构成一个数据流的数据属性被组织成数据结构。数据结构是数据属性的特定排列,它定义了一个数据流的一个实例。

数据流可以描述为以下几种类型的数据结构:一个序列或者一组依次出现的数据属性;从一组属性中选择一个或多个属性;一个或多个属性的重复。

数据结构的表示符号如表 5-11 所示。

数据结构举例:

F1:航班信息文件={航空公司名称+航班号+起点+终点+日期+起飞时间+降落时间}

航空公司名称=2{字母}4

航班号=3{十进制数字}3

表 5-11 数据结构的表示符号

符 号	含 义	举例及说明
=	被定义为	
+	与	X=a+b 表示 X 由 a 和 b 组成
[… | …]	或	X=[a|b]表示 X 由 a 或 b 组成
{…}	重复	X={a}表示 X 由 0 个或多个 a 组成
m {…}n 或{…} nm	重复	X=2{a}5 或 X {a} 52 表示 X 中最少出现 2 次 a,最多出现 5 次 a,5、2 为重复次数的上下限
(…)	可选	X=(a)表示 a 可在 X 中出现,也可不出现
"…"	基本数据元素	X="a",表示 X 是取值为字符 a 的数据元素
..	连接符	X=1..9,表示 X 可取 1～9 中任意一个值

字母="A".."Z"

十进制数字="0".."9"

起点=终点=1{汉字}10

起飞时间=降落时间=时+分

时="00".."23"

分="00".."59"

日期=年+月+日

年=[2000|2001|2002|2004]

月="01".."12"

日="01".."31"

数据属性的值用数据类型和域来定义。

Data type 数据类型：是可以存储在一个属性中的一类数据。例如 Character,integers,real numbers,dates,pictures 等。

Domain 域：是属性的合法值。

5.4.3 数据流

数据流是由一个或一组固定的数据项组成的。在数据流图中,数据以数据流的形式进行传输。数据流字典内容如表 5-12 所示。

5.4.4 过程字典

过程字典针对数据流程图中最底层的过程逻辑,用来说明 DFD 中基本过程的过程逻辑。过程数据字典内容如表 5-13 所示。

5.4.5 数据存储

数据存储是数据结构停留或保存的场所。数据存储字典的内容如表 5-14 所示。

表 5-12 数据流字典的内容

<table>
<tr><th colspan="2">数据流字典</th></tr>
<tr><td colspan="2">数据流名称、别名以及简述
数据流的来源：可能是外部实体、过程或者是数据存储
数据流的去向：可能是外部实体、过程或者是数据存储
数据流的组成：若干个数据结构
数据流的流通量：单位时间内的传输次数</td></tr>
<tr><td colspan="2">数据流字典举例：</td></tr>
<tr><td>数据流编号</td><td>F03-23</td></tr>
<tr><td>数据流名称</td><td>领料单</td></tr>
<tr><td>简述</td><td>车间/科室开出的领取物料的表格</td></tr>
<tr><td>数据流来源</td><td>车间/科室</td></tr>
<tr><td>数据流去向</td><td>发料部门(仓库)</td></tr>
<tr><td>数据流组成</td><td>日期＋领料部门＋物料编号＋物料名称＋领取数量＋单价＋金额＋领料人＋审批人＋发料人</td></tr>
<tr><td>数据流量</td><td>10 份/小时</td></tr>
<tr><td>高峰流量</td><td>20 份/小时(9:00—11:00)</td></tr>
</table>

表 5-13 过程数据字典的内容

<table>
<tr><th colspan="2">过程数据字典</th></tr>
<tr><td colspan="2">过程名
编号
简述：对过程逻辑的简明描述，使人了解这个过程逻辑是做什么用的
触发条件
优先级
输入、输出
过程逻辑：描述该过程“做什么”，即描述如何把输入数据流变换为输出数据流的过程规则，常用的描述方法是结构化语言、判定表及判定树</td></tr>
<tr><td colspan="2">过程字典举例：</td></tr>
<tr><td>过程名</td><td>确定能否供货</td></tr>
<tr><td>过程编号</td><td>1.2</td></tr>
<tr><td>简述</td><td></td></tr>
<tr><td>触发条件</td><td>接收到合格订单时</td></tr>
<tr><td>优先级</td><td>普通</td></tr>
<tr><td>输入</td><td>合格订单</td></tr>
<tr><td>输出</td><td>可供货订单、缺货订单</td></tr>
<tr><td>过程逻辑</td><td>READ 库存记录
    IF 订单项目的数量<该项目库存量的临界值
    THEN 可供货处理
    ELSE 此订单缺货，登记，待进货后再处理
ENDIF</td></tr>
</table>

表 5-14 数据存储字典内容

数据存储字典	
数据存储的名称、别名及其简述 流入、流出的数据流：流入的数据流指出其来源，流出的数据流指出其去向 数据存储的组成：包含的数据项或数据结构 组织方式 查询要求等	
数据存储举例：	
数据存储名称	销售历史
别名	无
简述	公司从月初到目前为止所有配件的销售量
流入的数据流	"顾客的发货单"，来源是"产生发货单"过程逻辑
流出的数据流	"销售量"，去向是"产生销售报表"过程逻辑
数据存储的组成	配件编号＋日期＋销售量
组织方式	以配件编号为关键字建立索引
查询要求	能立即查询

5.5 案例分析——百货商店业务管理信息系统过程建模[①]

某百货商店是一个商业销售组织，该商店的主要业务是从批发商或制造厂商处进货，然后再向顾客销售。按照有关规定，该百货商店在每月需向税务机关交纳一定的税款。该百货商店的全部数据处理都由人工操作。由于经营的商品品种丰富，每天营业额很大，因此业务人员的工作量十分艰巨。

最近，因百货商店大楼翻建后，营业面积扩大，从而经营品种、范围和数据处理的工作量大大增加，需要建立一个计算机管理信息系统，以减轻工作人员的劳动强度，提高业务管理水平，适应新的发展。

现行系统在商店经理的领导下，设有销售科、采购科和财务科。销售科的任务是，接收顾客的订货单，并进行校验，将不符合要求的订货单退还给顾客。如果是合格的订货单且仓库有存货，那么就给顾客开发货票，通知顾客到财务科交货款，并修改因顾客购买而改变的库存数据。如果是合格的订货单但是缺货，那么先留底，然后向采购科发出缺货单。当采购科购买到货后，核对到货单和缺货单，再给顾客开出发货票。

采购科的任务是，将销售科提供的缺货单进行汇总，根据汇总情况和各厂商供货情况，向有关厂商发出订购单。当供货厂商发来供货单时，对照留底的订购单加以核对。如果正确则建立进货账和应付款账，向销售科发到货通知单并修改库存记录；如果供货单与留底订购单不符，则把供货单退还给供货厂商。

财务科(会计科)的任务是，接到顾客的货款时，给顾客开出收据及发票，通知销售科付

① 引自 http://wenku.baidu.com.

货；根据税务局发来的税单建立付款账，并付税款；根据供货厂商发来的付款通知单和采购科记录的应付款明细账，建立付款明细账，同时向供货厂商付购货款。无论是收款还是付款之后，都要修改商店的财务总账。财务科在完成以上日常账务工作的同时，还要定期编制各种报表向经理汇报，以供经理了解有关情况并据此制定下阶段的业务计划。

该商场管理层希望通过开发一个管理信息系统实现整个百货商店业务信息流程的计算机管理。销售子系统的订货单处理、缺货处理全部由计算机完成，增加自动登记新顾客数据的功能；货物售出后，自动建立售货历史记录和修改库存记录。采购子系统的缺货单汇总、缺货货物统计和编发订货单由计算机完成，核对订货单和修改库存也用计算机进行。会计子系统的全部数据汇总计算工作由计算机自动完成，报表的编制、打印也由计算机完成。

1. 信息系统需求分析

根据管理层的业务规划对信息系统的需求进行归纳，确定信息系统的主要功能如下：

(1) 实现登记、整理数据，处理核对顾客订货单。

(2) 向经理提供各种业务统计报表。

(3) 提供各级查询。

(4) 销售、采购、会计各部门的业务数据处理实现自动化。

2. 信息系统需求结构化

百货商店业务管理系统的顶层数据流程图如图 5.13 所示，该图表示了百货商店业务信息处理系统与外部实体之间的信息输入、输出关系，即标定了系统与外界的界面。顶层数据流程图的第一级分解如图 5.14 所示，该图实际上是把图 5.13 中“百货商店业务处理”框进

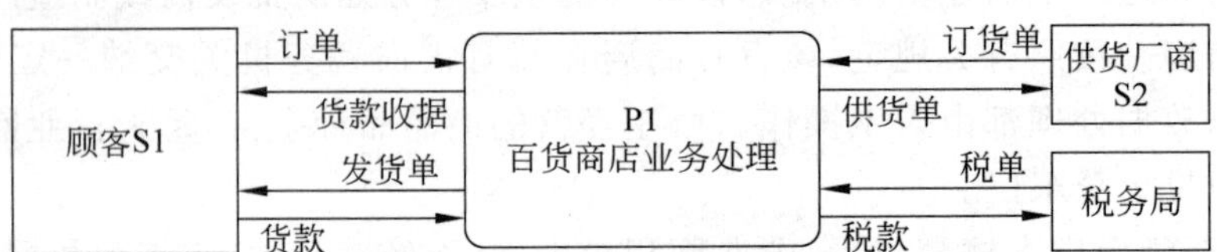

图 5.13 新系统顶层数据流

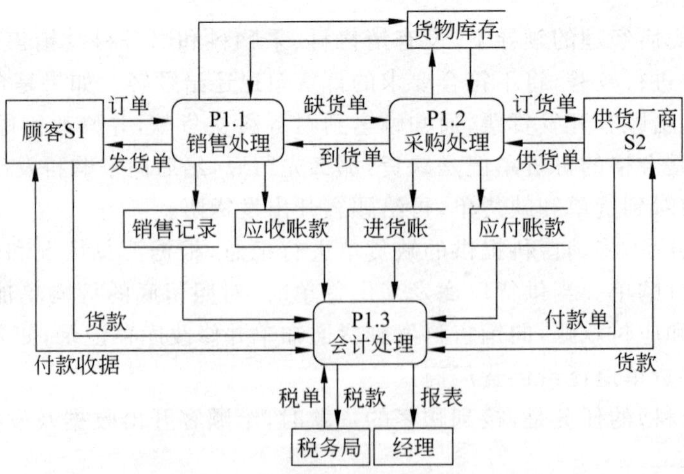

图 5.14 系统数据流程图一级分解

行细化，初步分解为销售处理、采购处理和会计处理三个子系统。在功能分解的同时，得到了相应的数据存储(如销售记录、应收款、货物库存、进货账、应付款账)和数据流(订单、发货单、缺货单、付款单等)。上述三个子系统的数据流程图(即二级分解)分别如图 5.15、图 5.16 和图 5.17 所示。

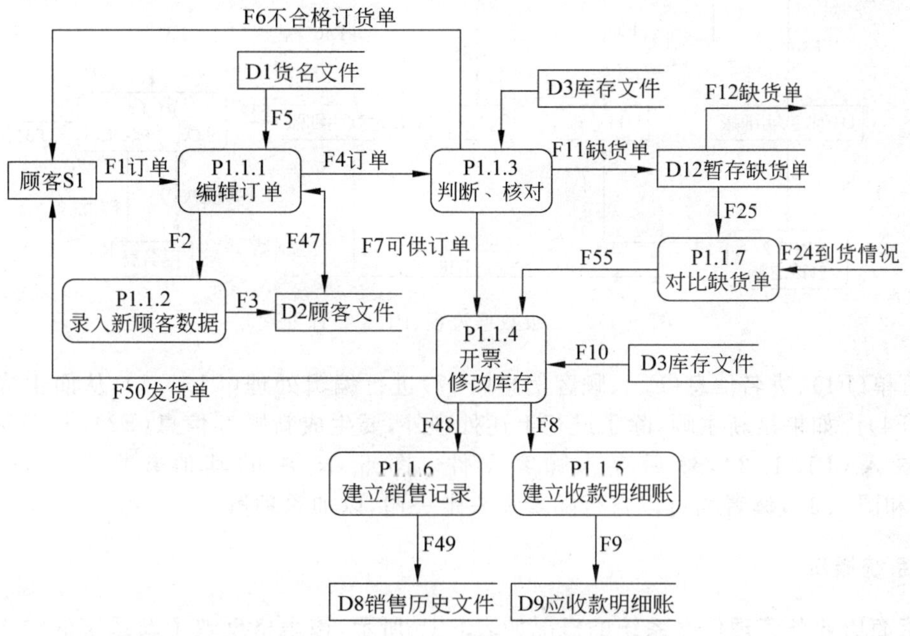

图 5.15 二级数据流程(P1.1 销售处理)

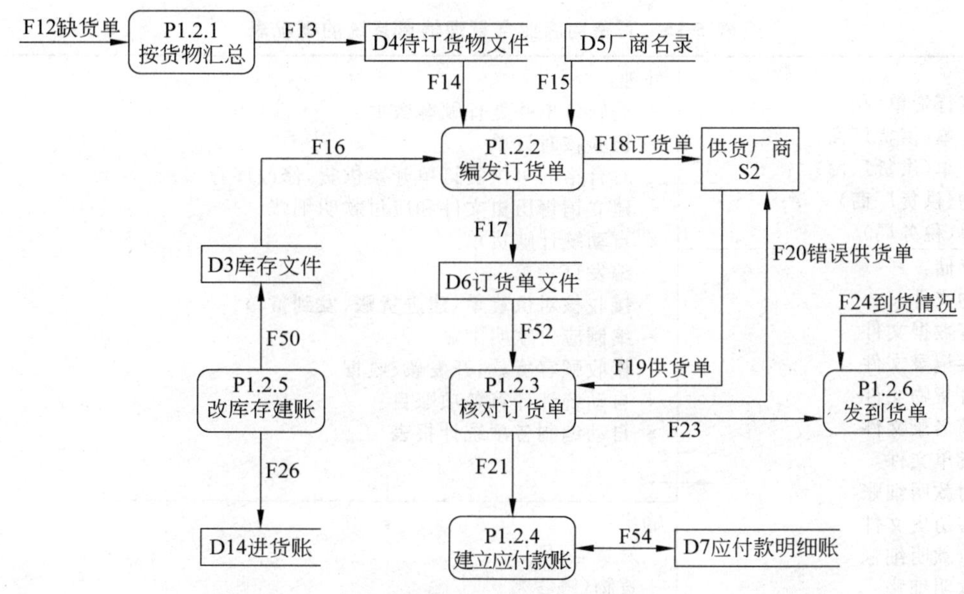

图 5.16 二级数据流程(P1.2 采购处理)

图 5.15 是销售处理流程，实际上是把“销售处理”(图 5.14 中的 P1.1 框)进行细化。从图 5.15 中知道系统的外部环境是“顾客”。首先，由顾客(S1)提出订货单(F1)，然后商店从货名文件中得到货名信息(F5)，从顾客文件中得到顾客信息(F47)。如果顾客是老主顾，则

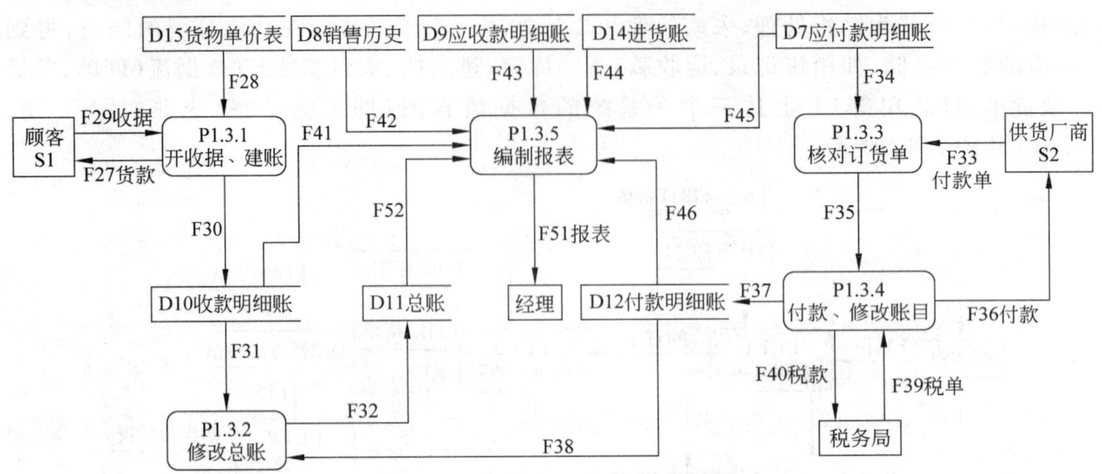

图 5.17 二级数据流程(P1.3 会计处理)

商店对订单(F1)、货名信息(F5)、顾客信息(F47)进行编辑处理(P1.1.1),从而生成编辑后的订单(F4)。如果是新主顾,除了进行上述处理外,要生成新顾客信息(F2),并将新顾客信息进行录入(P1.1.2),然后存入顾客文件。图 5.15 中的其他数据流和处理以及图 5.16 和图 5.17,读者均可以自行随着箭头走一遍,以加深理解。

3. 系统概况

百货商店业务管理信息系统的概况如表 5-15 所示,该表格反映了新系统的输入、处理、数据存储和输出的概况。其中带"*"号的表示由计算机处理的项目,其余处理由人工进行。

表 5-15 百货商店业务管理信息系统的概况表

输入/数据存储	处理/输出
输入: 顾客订货单(顾客) 供货单(供货厂商) 付款单(供货厂商) 货物(供货厂商) 税单(税务局)	处理: * 编辑订单并处理顾客数据 检验核对订单 对合格的可供货订单开票供货,修改库存 * 建立销售历史文件和应付款明细账 * 自动统计缺货单 编发订货单 接收核对供货单,建进货账,发到货单 * 编制应付款明细账 接收顾客货款,开发票、收据 * 自动统计计算各项账目 * 自动编制各项统计报表
数据存储: 货物文件 顾客数据文件 库存记录文件 待订货物文件 厂商名录文件 订货单文件 应付款明细账 销售历史文件 应收款明细账 收款明细账 总账文件 付款明细账 暂存缺货单文件 进货账目文件 货物单价文件	输出: 发货票(顾客) 货物(顾客) 采购订单(供货厂商) 货款(供货厂商) 税款(税务局) 各种统计报表(经理) 不合格订单(顾客)

4. 数据字典

数据字典用于进一步定义和描述所有数据项，包括数据流字典(见表 5-16)、数据存储字典(见表 5-17)、数据处理字典(见表 5-18)三类。

表 5-16 数据流字典清单(部分)

编号	名称	来源	去 向	所含数据结构	说 明
F1	订单	S1 顾客	P1.1.1 编辑处理	订单标识、顾客细节、货物细节	
F2	顾客数据	P1.1.1 编辑订单	P1.1.2 登录新顾客数据	订单标识、顾客细节	用于登录顾客数据
F3	顾客数据	P1.1.2	D2: 顾客文件	订单标识、顾客细节	用于建立顾客数据
F4	订单	P1.1.1	P1.1.3 判断、核对	订单标识、顾客细节、货物细节	用于判断核对
F5	货物情况	D1 货名文件	P1.1.1 编辑订货单	标识、顾客细节、货物细节	用于编辑订单
F6	不合格订单	P1.1.3 判断、核对	S1 顾客	订单标识、顾客细节、货物细节、不合格原因	退还顾客
F7	可供订单	P1.1.3	P1.1.3 开票、修改库存	标识、顾客细节、货物细节	用于供货

表 5-17 数据存储字典清单(部分)

编号	名 称	输入数据流	输出数据流	内 容	说 明
D1	货名文件		F5	货物名称、标识	用于编辑订货
D2	顾客文件	F3	F47	标识、顾客细节	用于编辑订货
D3	库存文件	F50	P1.1.3 F10	标识、货物细节、库存量	用于记录货物数量和发订单
D4	待订货物文件	F13	F14	标识、顾客细节、缺货总量	用于编发订单、记录缺货
D5	厂商名录		F15	标识、厂商细节、厂商供货细节	用于编发订货单
D6	订货单文件	F17	F52	标识、货物细节、数量、厂商名、日期	留底的订货单
D7	应付款明细账	F54	F34 F45	标识、货名、数量、厂商、应付款、日期	供货单账留底
D8	销售历史文件	F49	F42	标识、货名、数量、日期	记录销售科工作情况
D9	应收款明细账	F9	F43	标识、货名、数量、顾客名、应收款、日期	记录销售科应收款情况

表 5-18 数据处理字典清单(部分)

编号	名 称	输 入	处理逻辑概况	输 出	说 明
P1.1.1	编辑顾客订单	F1 订单 F47 顾客情况 货名文件	根据订单和顾客情况,判断新老客户,并编辑成合适的订单	F4 订单 F2 新客户数据	
P1.1.2	登录新顾客数据	F2 新顾客数据	读入新客户的细节写入顾客文件中去	F3 新顾客情况	登记
P1.1.3	判断、核对	F4 订单	检验顾客订单,分成不合格、可供、缺货三种情况处理	F6 不合格订单 F7 可供订单 F11 缺货订单	检验订单属于哪一类,便于以后分别处理
P1.1.4	开票、修改库存	F7 可供订单 F55 到货缺货订单	给顾客开发货票,通知其付款,修改库存记录	F33 发货单 F48 销售情况 F8 应收款情况	销售处理
P1.1.5	应收款明细账	F8 应收款	根据 F8 建应收账款	F43 应收账款	

表 5-16 为数据流字典清单,此处仅对 F1 作如下解释,数据流 F1(见图 5.15)是顾客 S1 提出的订单,它的去向是编辑处理 P1.1.1,在 F1 中包含如下信息:订单标识、顾客细节(如顾客姓名、顾客地址、电话、电传等)、货物细节(如货物名称、货物产地、货物数量等)。F2,F3,…,F7 均代表数据流名,其来源、去向以及该数据流所含内容见表 5-16。

表 5-17 为数据存储字典清单,均以 D 表示。此处仅对 D9 进行解释,其余类推。D9(见图 5.15)为应账款明细账,它是用来记录销售收入(应收款)的库文件。通过 P1.1.5(建立收款明细账)的处理将数据流 F9 写入 D9(应收款明细账)。D9 包含如下信息:标识货名、数量、顾客名、应收款、日期。从图 5.17 中 D9 的输出数据流为 F43 到 P1.3.5(编制报表处理),其内容包含标识、货名、数量、顾客、应收款、日期。

表 5-18 为数据处理字典清单,它对数据流图中的所有处理功能作出说明。此处仅以 P1.1.1(编辑订单)为例(见图 5.15),商店根据订单(F1)、顾客情况(F47),判断是新老主顾编辑成合适的订单(F4),同时对于新主顾,从 P1.1.1 输出新顾客数据(F2),再登记新顾客数据处理(P1.1.2)。凡是图 5.15 中方框都代表处理,以 P 为代表。在数据字典处理清单中(见表 5-18)均有详细说明,表 5-18 只是一部分。依此类推。

表 5-19 列出的数据字典中的部分条目,并给出数据描述的部分内容。它是对数据流图中各个存储文件中记录的字段予以逐个定义,规定其类型、长度和各个字段的作用。例如订单数据,它由订单号、顾客号、顾客名、顾客电话、货物编号、货物名、货物数量、订单标志、厂商编号等(见表 5-19)均给以定义(类型、长度、说明),这里列出的只是各数据元素的一部分。

表 5-19 订单数据描述(部分)

数据编号	名 称	类型	长度	说 明	备 注
F-01	订单号	整型	6	订单编号	
F-02	顾客号	整型	6		
F-03	顾客名	字符型	4	顾客姓名	
F-04	顾客电话	整型	8	用于缺货到货时通知	
F-05	货物编号	整型	4		

续表

数据编号	名　称	类型	长度	说　　明	备　　注
F-06	货物名	字符型	8		
F-07	货物数量	整型	3	记录货物数量	
F-08	订单标志	字符型	1	标志是可供、不合格、缺货	
F-09	厂商名	整型	12	记录供货厂商姓名	
F-10	厂商编号	整型	6		

本章小结

结构化分析是面向数据流开展需求分析工作的一种有效方法。结构化分析采用的主要工具是数据流图，一般采用自顶向下，逐层分解的演绎分析法来定义系统的需求，即先把分析对象抽象成一个系统，然后自顶向下的逐层分解，将复杂的系统分解成简单的、能够清楚地被理解和表达的若干个子系统。过程逻辑可以采用结构化语言、判定树、判定表等工具来表示。采用数据字典对流程图中的各要素进行说明，包括数据流字典、数据存储字典、数据处理字典、数据项字典等。

思考与练习

1. 请根据下列陈述的处理逻辑分别用结构化语言、决策表和决策树表示。

邮寄包裹收费标准如下：若收件地点在1000公里以内，普通件每公斤2元，挂号件每公斤3元。若收件地点在1000公里以外，普通件每公斤2.5元，挂号件每公斤3.5元；若重量大于30公斤，超重部分每公斤加收0.5元。请绘制确定收费决策表、决策树（重量用W表示）。

2. 请根据下列陈述绘制数据流图，并建立数据流、数据存储、数据项的数据字典。

工资管理系统的数据处理过程如下：首先是“填制工资表”：根据人事变动单、考勤表两个输入单据，经过处理输出形成工资卡片文件；然后是“汇总工资”：从工资卡片输入数据，按部门汇总后形成工资汇总表文件；最后“发放工资”：过程单元从工资卡片文件打印出工资条。

3. 以下数据流图包含大学课程注册系统的环境图和0层DFD（见图5.18和图5.19）。识别并解释在这些图中存在的违反规则和指南的情况。

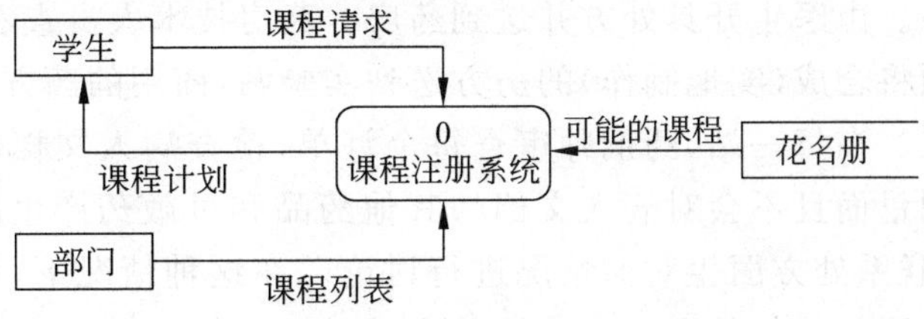

图5.18　大学课程注册系统环境图

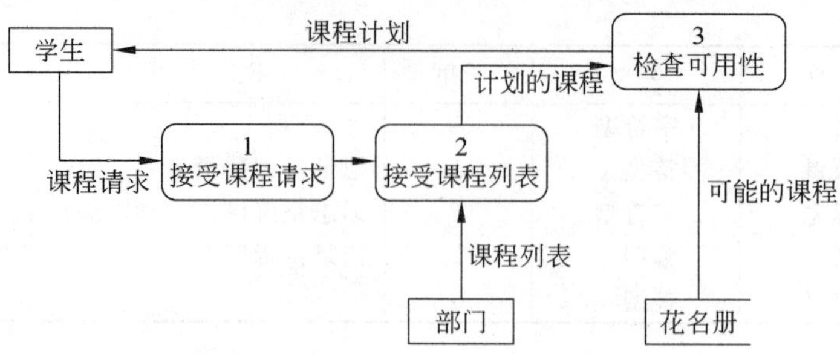

图 5.19 大学课程注册系统 0 层图

4. 某图书馆外文采购室有两个组：订书组和验收、登记组，分别负责书籍订购和进书验收业务。订书组的主要业务是根据供书单位的订书目录选择要订的图书，且以前订过的图书不再订购，最后打印订单，每月将订书情况进行统计，统计结果交图书馆领导。验收、登记组的业务是根据供书单位提供的发票和图书及订单验收已到图书，并进行进书的查重检查，如果某些图书已进，就转让出去或做别的处理，对不重的书登图书总账，将书转到编目室，每月进行进书统计，报馆领导。请根据上述描述，画出数据流程图、数据字典。

5. 请画出某学院购置设备的数据流程图。流程如下：由需购置设备的部门填写申购表格，将此表格送交设备科，设备科填写预算表格送财务处，财务处核对后，将资金返回设备科，设备科利用资金购买设备，购得设备送需购设备的部门，将收据送财务处。

6. 根据下列所述员工招聘系统，从顶层图开始，分层绘制 DFD，并尽可能详尽地描述必要的细节，对陈述不完整部分可以提供补充解释。

某家工程公司拥有大约 500 名各类工程师。公司保留所有员工的记录，包括他们的技能、分派的项目、工作的部门等。新员工的招聘主要依据应用表格中的数据以及招聘经理面试时的评估意见。有意向的人员可以在任何时候提交求职申请。工程经理通知人事经理什么时候某个职位开放，并列出胜任该职位的必要特征。人事经理把开放职位的特征和大批申请者的资格进行比较，然后安排主管开放职位的经理与三个最佳候选人进行面谈。在接收到经理对每个人面谈的评估之后，人事经理根据候选人求职申请的评估以及该职位的特征作出招聘决定，并将决定向应聘者和经理通报。被拒绝的申请人的求职申请保留 1 年，之后对求职申请进行清理。当工程师被雇用之后要签署不泄密协议，该协议和其他有关该员工的信息一起存档。

7. 根据下列有关医院药房系统的陈述，绘制顶层图和 0 层图，对陈述不完整部分可以提供补充解释。

某医院的药房系统负责完成为医院的所有患者开医学处方，并把这些药发到负责患者看护的护理站的任务。由医生开具处方并送到药房。药房技术人员查看每个处方并将其送到合适的药站。必须将合成(实地制作)的药方送到实验站，商用的药方送到安全站点，麻醉药处方送到安全站点。在每一站，药剂师审查每个订单，检查病人文档确定药方的适合性，如果处方属于安全剂量而且不会对病人文档的其他药品和过敏药产生副作用，则填单。如果药剂师不填单，要联系处方医生对该情况进行讨论。在这种情况下，可能最后会填单，或者医生根据讨论结果开具其他处方。一旦填单之后，处方标签产生，列出病人的姓名、药品类型和剂量、到期时间、任何特殊的医嘱。标签贴在药的容器上，订单送到合适的护理站。

病人的许可号、药品类型和分发量、处方成本等发送到收款部门。

8. 根据下列有关政府采购的陈述，绘制环境图和0层图，对陈述不完整部分可以提供补充解释。

某公司ABC向政府机构出售计算机设备。每当政府机构需要从ABC购买设备时，它就依照以前和公司商议过的标准合同发布购买订单。ABC针对不同的政府机构持有几种标准合同。当ABC的签约办公室接收订单后，在采购订单上的合同号就被输入到合同数据库中。使用数据库中的信息，签约办公室审查合同条款和条件，并确定购买订单是否有效。如果合同没有到期，订购的设备类型列在最初的合同上，而且设备总成本没有超过预先确定的期限，则采购订单是有效的。如果采购订单无效，签约办公室就把采购订单发回至请求机构，并附信声明为什么不能够填单，然后将该信存档。如果采购订单是有效的，签约办公室就将采购订单号输入到合同数据库中，并突出标记该订单。然后采购订单被送至订单履行部门。这里要检查所订购的每个货品的库存情况。如果有任何一种产品缺货，则订单履行部门创建一份报告，列出没有货的产品，并将其附在采购订单上。所有采购订单都转到仓库，在那里有货的物品从架上取出来并运输给客户。仓库在采购订单上附上运输账单。列出所运的货品，并将其送到签约办公室。如果所有货品都运输了，签约办公室关闭数据库中采购订单记录的突出标记。采购订单、运输账单、异常报告(如果附上的话)在签约办公室存档。

9. 根据下列有关保险索赔财务系统的陈述，绘制数据流图，对陈述不完整部分可以提供补充解释。

某健康保险公司的索赔条件如下：当投保人用完基本的保险金，公司雇员将通过另一个保单偿付索赔。投保人必须提交一份"健康保险赔偿说明"(EOHCB)和一份主要健康保险赔付已支付的证明。所有"索赔"请求均邮寄到处理索赔的相关部门。

首先，由进行筛选索赔工作的办事员对"索赔"进行排序，该办事员退回所有不包含在EOHCB中的索赔请求。这些退回的"索赔"作为"未决索赔"而被创建、预约和按日期存储。每周这位办事员删除一次所有超过45天的索赔请求，并致信投保人，通知这件事情已经结束。对包含EOHCB的索赔请求按照索赔类型进行排序，对包含一个"EOHCB索引号"的请求与一个从"预约索赔"文件中去除的表格相匹配。在每天结束前，所有这些索赔均被传送到预约处理部门。

在预约处理部门，办事员筛选出有错漏数据的EOHCB。如果可能就完成表格，否则将索赔复制一份退回给投保人，并附上一封所要漏掉的数据的信。原始的EOHCB被放在"预约索赔"文件中，一个"未决索赔"也被发送到进行筛选索赔工作的办事员那里。为了便于归档，每个完成的索赔都被分配一个索赔编号，并被微缩拍照以及进行分类整理。

另一位办事员检查"基本赔付"文件中是否包含"基本健康保险赔付证明"，如果不包含则向投保人发一封信索要证明文件。EOHCB被放到"未决证明文件"中，如果索赔在此文件中保存超过14天，就会被自动清除(发一封信给索赔已被清除的投保人)。

如果证明文件存在，另一位办事员从"保单"文件中提出保险客户的保单记录。在EOHCB中记录该保单和行动代码，并对保单重新归档。每天结束前，所有预处理的索赔均被传送到信息系统。

第6章 数据建模

学习目标

通过本章学习，要求掌握：

- 下列数据模型术语：实体类型、属性、多值属性、子集准则、联系、度、基数、业务规则、关联实体。
- 绘制实体-联系图（E-R 图）弱实体来描绘业务中的数据特性与关联。
- 概念数据建模在整个信息系统分析和设计中所起的作用。
- 区分一元联系、二元联系和多元联系并举例说明。
- 概念数据模型中的 4 种基本业务规则。
- 对比 E-R 图与类图在数据建模中的独特性能并说明。
- 将数据建模与过程建模、逻辑建模联系起来，作为描述信息系统的各种视图。

前面介绍过程模型的主要工具——数据流以及决策逻辑，学习了如何对数据流（运动中的数据）进行建模和分析，并介绍如何表示数据流图中的数据存储（静止的数据），但是，数据本身的定义、结构和数据之间的联系并没有显示出来。本章的数据模型将显示数据的特性以及数据之间的关联。

6.1 数据建模相关概念

数据模型是一种组织和记录系统数据的技术，用于为数据库定义业务需求，数据模型最终要转换为数据库，因此也称为数据库建模。在系统分析阶段展示的是系统数据的逻辑模型，在设计阶段，该模型被转换为物理数据模型，进而转换成物理的数据表。

6.1.1 E-R 图

数据概念模型的典型代表就是著名的“实体-关系模型”（Entity-Relationship Model），也称为实体-联系模型（E-R 模型）。E-R 模型是面向现实世界，而不是面向实现方法的；它用于描述现实信息世界中数据的静态特性，而不涉及数据的处理过程。它是企业或业务领域中实体、联系以及数据元素的详细的逻辑表述，表示业务环境中的实体、实体之间联系以及实体和联系的属性。E-R 模型是用户和数据库设计人员之间进行交流的工具，简单易学，因此在数据库系统应用的设计中得到广泛应用。

在设计数据库系统之前，需要使用 E-R 图将现实世界中的实体和实体之间的联系转换为概念模型。E-R 模型的基本元素是：实体、属性和联系，E-R 模型通常表示成实体-联系图（或 E-R 图）。E-R 图有多种符号记法，多数记法以发明者命名（例如，Chen，Martin，Bachman，Merise）。本书采用 Martin 记法，该记法得到 CASE 工具的支持，应用较为广泛。如图 6.1 所示。

图 6.1 E-R 图 Martin 记法

6.1.2 实体

1. 实体与实例

实体（entity）是用户环境中的数据对象，如人、地方、对象、事件或概念等，有它自己特有的特性，可以区别于其他实体。下面列举一些实体的例子：

人：员工、学生、病人。

地方：商店、仓库、校园。

对象：机器、部件、产品、原材料、软件包。

事件：注册、更新、奖励、开发票、下订单、预订、销售。

概念：账号、时间段、债券、课程、基金、股票。

实体与实例之间存在着很重要的区别。实例（instance）是指实体中的一个特例。例如，销售订单是一个实体，而编号为 6380 的订单就是实体中的一个实例。

2. 属性

属性用来描述实体的特征。在图书管理系统数据库中属性的例子包括图书名称、出版社、出版日期、价格和图书作者等。E-R 模型中假定实体集的所有实例具有相同的属性。

每个属性都有其自身特性。特性包括指定该属性在某些情况下是否必需、属性是否有默认值、属性的数据类型，属性的取值范围、是否为主码或候选码等。

候选码：候选码是唯一标识实体类型的每个实例的属性（或者属性组合）。有些实体可能拥有不止一个候选码。例如，雇员的第一个候选码是雇员号，第二个候选码是雇员姓名和地址的组合（假设不存在名字相同的两个员工住在相同的地址）。如果有不止一个候选码，设计师必须选出其中一个候选码作为标识符。

标识符（identifier）（主码）：标识符是被选出来作为实体类型的唯一标识的候选码。标识符应满足如下规则：

- 选择在实体类型的每个实例的生命期内都不会改变值的候选码。例如，作为雇员的标识符，雇员地址未必是好的选择，因为雇员地址在雇员受雇的周期内很容易改变。
- 对于实体的每个实例，候选码都要确保它的每个属性都拥有合法值而且非空。为了保证值的合法性,在日常的数据输入和维护中可能要包含特殊控制,以消除错误的可能性。如果候选码是两个或更多属性的组合,确保码的所有组成部分都有合法值。

- 避免所谓的智能标识符,其结构显示了分类、地址以及其他实体性质。例如,实体"零件"的码的前两位数字可能表示仓库位置。这种代码常常随着情况的变化而变化,这导致了主码值的无效。
- 考虑用简单属性作为码来替代大型组合属性的码。例如,用实体"比赛"的属性"比赛编号"来代替"主队"和"客队"的组合。

替代码:在有多个候选码的情况下,没有被选为主码的候选码即为替代码。

复合码:有时需要不止一个属性标识一个实体的实例。例如,一盘 VCD 有多份拷贝,需要一个 VCD 名,还需要同一个名字的每盘 VCD 都有一个拷贝号,这样由 VCD 名称和拷贝号共同作为一个复合主码。

外码:在一个实体内作为主码的属性在另一个实体内则称为外码。

下面以学生实体(如图 6.2 所示)为例对上述概念进行介绍。

学生	
学号(主码) 身份证号(副码) 姓名 • 姓 • 名 地址 • 国家 • 省市 • 街道 • 邮编 出生日期 性别(子集准则) 民族(子集准则) 专业(子集准则) 成绩	实体:"学生"是一个实体。 实例:是指某个具体的学生,如"张三"。 属性:学号、身份证号、姓名、地址、出生日期、性别、民族、专业、成绩等都是实体"学生"的属性。 组合属性:是唯一表示实体的一个实例的一组属性。"姓名"、"地址"都是组合属性。 码:(标识符)——学号、身份证号,或者一组属性,唯一表示一个实体实例。 候选码:"学号"和"身份证号"都是候选码,可以唯一标识某个具体学生实例。 主码:被选作标识符的码,此处"学号"被选作主码。 副码:也称"替代码",是没被选中作为主码的候选码。 子集准则Subsetting Criteria——是一个属性(或组合属性),其有限的取值范围把所有的实体实例分成了有用的子集。子集准则在数据库设计时可以作为索引。

图 6.2 实体相关的概念

多值属性:多值属性是指对于每个实体实例可以取多个值。假定"雇员住址"是雇员的一个属性,如果有的雇员可以有多处住址,则"雇员住址"是一个多值属性。再如,假设"技能"是员工的一个属性,如果每个员工能够拥有不止一项"技能",那么"技能"就是一个多值属性。在概念设计中,通常使用特殊符号或标记来突出多值属性,一般采用大括号,如图 6.3 所示。

雇员
雇员号 雇员姓名 {地址} {技能}

图 6.3 多值属性的表示

许多绘图工具如 Microsoft Visio 等,不支持一个实体内的多值属性。因此,还有一种方法就是将重复的数据独立成另一个实体,称为弱实体(weak entity 或 attributive),然后运用关系将弱实体和关联的正常实体联系起来。这种方法也容易处理几个共同重复的属性,即所谓的重复组,重复组是指逻辑上相关的两个或多个多值属性集。例如,雇员家属(配偶、孩子、父母)等都是雇员的多值属性(姓名、年龄、与雇员关系),并且这些属性共同重复。可以用家属和雇员之间的一条线来简单地表示它们之间的联系,同一个雇员可以有多个家属。有些 E-R 符号和 CASE 工具使用特殊的记号来表示弱实体。一般常用的符号是双线边框或联系连线上有一个标记。如图 6.4 所示。

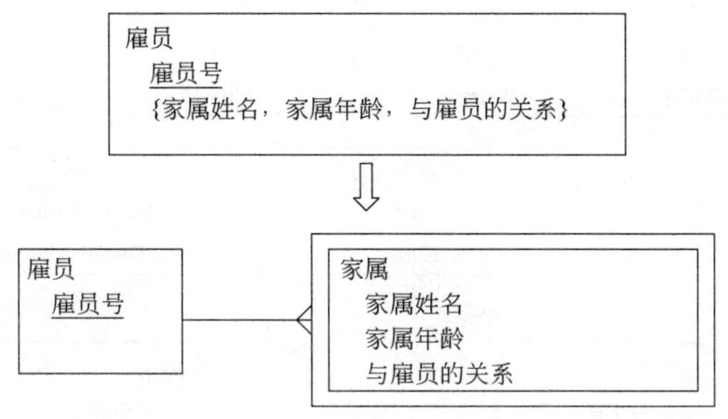

图 6.4 弱实体表示方法

6.1.3 关系

关系(relationship),也称为联系,是存在于一个或多个实体之间的业务联系。连接线表示了一个关系,动词短语描述了这个关系。所有的关系隐含地都是双向的,意味着它们可以从两个方向上解释。数据建模方法可能在关系的命名上会有所不同——有些包括两个动词,而另一些仅包括一个动词。如图 6.5 所示,就是用 E-R 图表示关系的一个实例。

学生 注册 课程

图 6.5 关系表示方法

外码(foreign key)是某一个实体的主码,它同时存在于另一个实体以确定一个关系实例。外码总是与另一个实体的主码匹配。获得外码的实体为子实体,贡献主码的实体是父实体。通常父实体对子实体的关系是一对多的,如图 6.6 所示。

基数定义了一个实体相对于另一个关联实体的某个最小和最大具体值数量。E-R 图中基数的表示方法如表 6-1 所示。

表 6-1 E-R 图中基数的表示方法

基 数	最小实例数	最大实例数	图 示
仅一个	1	1	
零或一	0	1	
一或多	1	>1	
零,一或多	0	>1	
多个	>1	>1	

联系的度(degree)是参与该联系的实体类型的数量。E-R 模型中最常见的三种联系是

学号	姓名	宿舍编号
20080001	Arnold	3105
20080005	Taylor	2208
20080009	Simmons	3105
20080010	Macy	2208
20080015	Leath	3105
20080018	Wrench	2208

外码

宿舍编号	宿舍管理员
3105	Andrea Fernandez
2208	Daniel Abidjan

主码

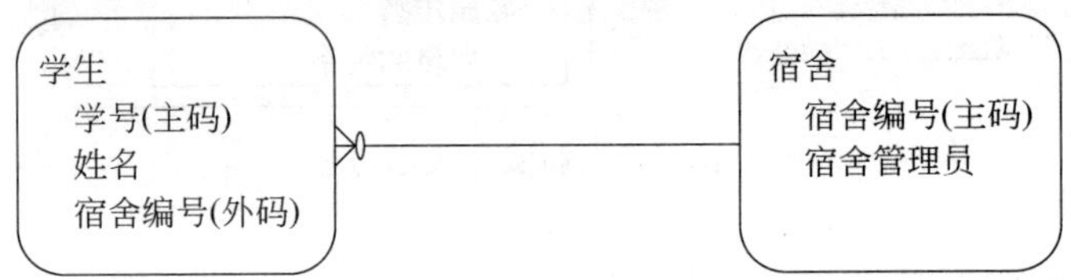

图 6.6 主键和外键

一元联系(度数为 1)、二元联系(度数为 2)和三元联系(度数为 3)。度数更高的联系也是可能的,但是它们在实际应用中很少出现,所以就讨论这三种情况。一元联系、二元联系和三元联系的表示方法如图 6.7 所示。

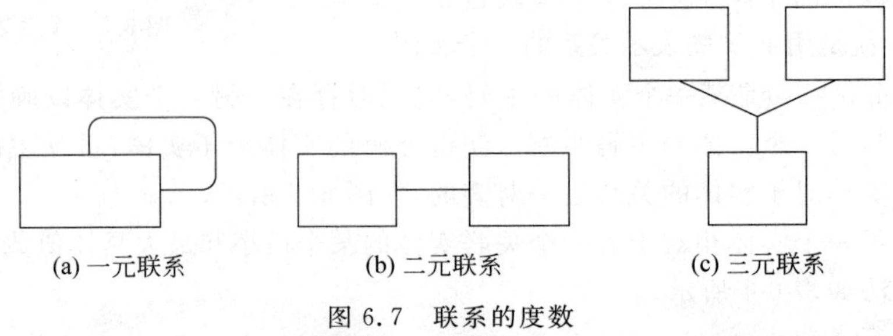

图 6.7 联系的度数

一元联系(unary relationship)也被称为递归联系(recursive relationship),是一个实体类型的实例之间的联系。图 6.8 中显示两个例子。在第一个例子中,“与……结婚”显示了实体类型“人”的实例之间的一对一的联系。也就是说,目前每个人可能已经和另一个人结婚。在第二个例子中,“管理”显示了实体类型“雇员”的实例之间的一对多的联系。可以使用这个联系来识别诸如向某个特定经理汇报的雇员,或者逆向了解某个特定雇员的经理是谁。

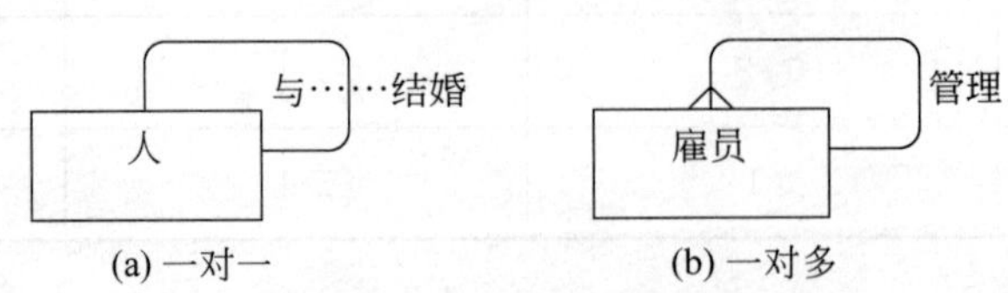

图 6.8 一元联系举例

二元联系(binary relationship)是两个实体类型的实例之间的联系,是数据建模中出现最多的联系类型。图6.9显示了二元联系的三个例子。第一个例子(一对一)显示了一个雇员分配到一个停车位置,且一个停车位置被分配给一个雇员。第二个例子(一对多)显示了一条产品线可能含有若干产品,而每个产品只能属于一条产品线。第三个例子(多对多)显示了一个学生可以注册不止一个课程,而且每个课程可以有许多学生注册。

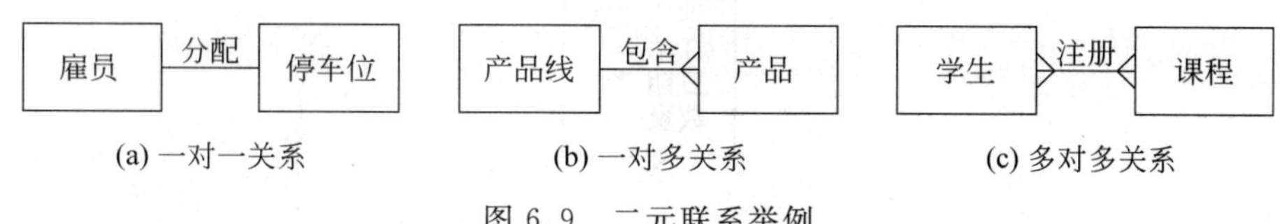

图6.9　二元联系举例

三元联系(ternary relationship)是三个实体类型的实例之间同时发生的联系。在图6.10所示的例子中,联系"运送"追踪一个特定的供应商运送到一个指定的仓库的一种特定零件的数量。数量在三元联系中每个实体都可能是一个或多个参与者(图6.10中,三个实体全部都是多个参与者)。

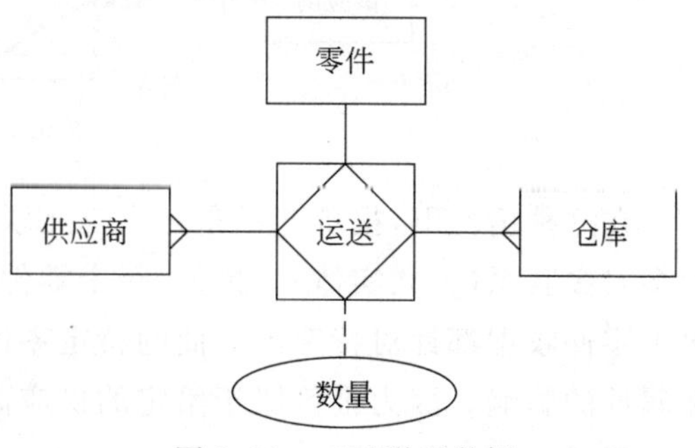

图6.10　三元联系举例

注意,三元联系和三个二元联系是不一样的。例如,在该图中,运送数量是运送给特定供应商的数量,作为联系运送的一个属性。但是不可能附属于任何两个二元联系。三元(以及更高元的)联系尽可能用关联实体来显示。

关联实体(associative entity):是与一个或多个实体类型关联的实体类型,并包含这些实体实例间的关系特有的属性。关联实体是数据建模人员选择的一种作为实体类型进行建模的关系,表示方法是采用实体矩形内包含菱形,表示该实体是由关系派生出来的。关联实体的主码是所关联的所有实体主码组成的复合码,其复合码的每个部分指向每个连接实体的一个且仅一个实例。以"运送"的三元联系为例,可以将此关系加入关联实体,如图6.11所示,该关联实体的主码是零件号、仓库号和供应商号构成的复合主码。

注意:关联实体是子实体,与父实体之间的关系是多对一的关系,即从子实体到父实体的基数总是一个且仅一个。例如,"运送"的每个实例代表真实世界中一次运输,指定的供应商将特定零件运送到选定的仓库。

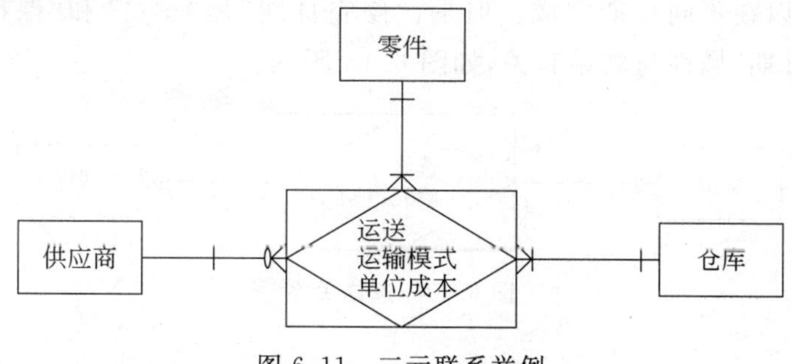

图6.11　三元联系举例

还有一种情况也必须将联系转化为关联实体，即在构成关联实体的联系之外，关联实体和实体还有其他联系。例如图 6.12 所示的 E-R 模型，显示了不同供应商提供的零件的报价。现在，假设我们也需要知道每次零件运输实际接收的报价，这个额外的数据需求使得报价联系必须转化成一个关联实体，如图 6.12 所示。

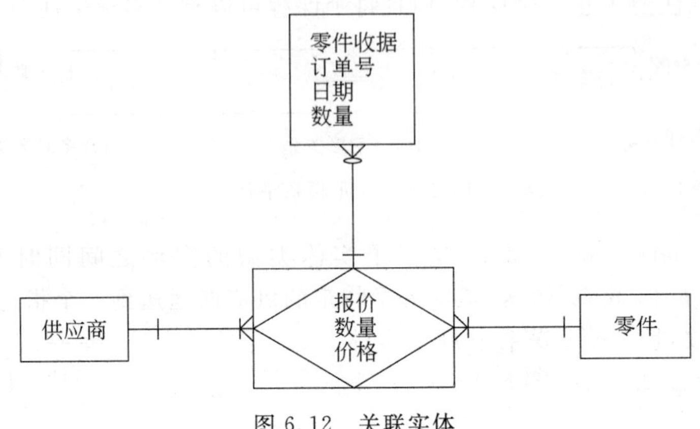

图 6.12 关联实体

在这种情况下，报价并不是一个三元联系。然而，报价却是供应商和零件之间的一个二元多对多联系(关联实体)。另外，每个零件收据都有一个合适的协商价格，以数量为基础。每个零件收据都针对特定供应商的特定零件，而且接收的数量显示交易价格受到对应的数量属性的影响。因为报价属于给定的供应商和零件，所以零件收据不需要直接和这两个实体相联系。

例如：假设组织希望记录学员学完每门课程的日期，一些样例数据如表 6-2 所示。请建立适当的实体-关系模型。

表 6-2 样例数据

学员 ID	课程名称	修完日期	学员 ID	课程名称	修完日期
200800005	线性代数	2009 年 5 月	201000045	系统分析与设计	2010 年 8 月
200900016	系统分析与设计	2010 年 3 月	200800005	数据库应用	2008 年 9 月

分析：通过这些数据可以得出结论，属性“修完日期”不是实体“学员”的属性，因为给定的雇员，在不同的日期完成课程。“修完日期”也不是“课程”的属性，因为特定的课程(如系统分析与设计)可以在不同日期完成。但是，“修完日期”是“学员”和“课程”之间联系的属性。所以，“修完日期”属性与联系有关，如图 6.13 所示。

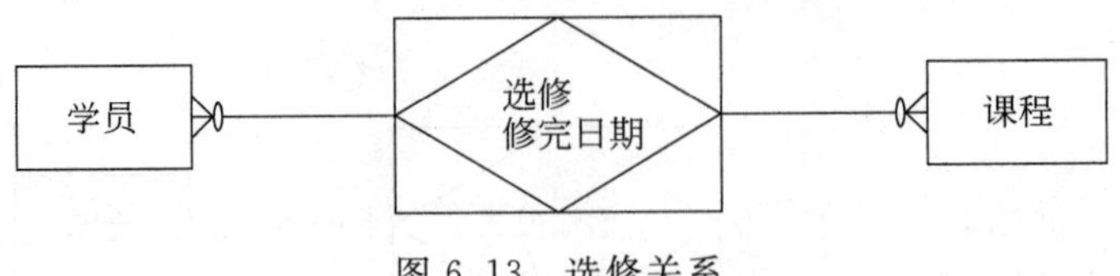

图 6.13 选修关系

6.2 逻辑数据建模过程

6.2.1 确定基本实体

系统中基本实体的确定主要是在了解数据需求的基础上进行的。数据获取主要通过调查和提问的方式进行，这些提问和调查主要集中在数据而不是过程和逻辑。表 6-3 所示了典型的问题，通过向系统用户询问这些问题可以得出数据建模所需要的业务规则（见 Aranow，1989；Gottesdiener，1999；Sandifer 和 Von Halle，1991a 和 1991b）。

表 6-3 确定基本实体考虑的问题

业务的主题/对象是什么？业务使用或交互哪些人、地方、东西、材料、事件等？这些数据必须被维护吗？每个对象存在多少个实例？——数据实体及其说明

每个对象有哪些区别于同类型其他对象的独特的特征？这些区别特征是随时间变化而变化的或者是持久不变的？如果我们知道该对象存在，它的这个特征可以缺失吗？——主码

有哪些特征可以描述对象？对象根据什么进行查询、选择、限制、排序、分类？为了运行业务我们必须了解每一个对象的哪些东西？——属性及副码

用户如何使用这些数据？用户需要查阅、修改、删除这些数据吗？谁是不被允许使用这些数据的？谁负责为这些数据建立合法的值？——安全控制以及了解谁真正知道数据的含义

哪段时间用户会对这些数据有兴趣？用户需要历史趋势、当前“快照”或预测估计吗？如果对象的某个特征随时间变化而变化，用户需要了解历史值吗？——基数与数据的时间维

对于每一个对象来说，所有的实例都一样吗？也就是说，有没有特殊的对象，企业的描述或处理是不一样的？哪些对象总结或组合了更多更详细的对象？——超类、子类、聚合

什么事件发生会引起对象之间的联系？业务的哪些活动或处理涉及同类或不同类对象的数据处理？——联系及其基数和度

每个活动或事件的处理方法总是相同的吗？或者有没有特殊情况？事件发生只涉及部分相关对象？或者是全部的对象？对象之间的联系随时间变化而变化吗（例如，雇员变换部门）？数据特性的值有哪些限制吗？——完整性控制、最大最小基数、数据的时间维

例如：某俱乐部会员系统，通过调研得到的基本实体如表 6-4 所示。

表 6-4 俱乐部会员系统的基本实体

实体名称	业务定义
合同	会员承诺在一定时间内购买一定数量产品的合同。履行这个合同后，会员有资格获得奖金，奖金可以兑换成免费或打折的产品
会员	属于一个或多个俱乐部的活跃会员
会员订单	作为每月促销商品的一部分为会员生成的一份订单，或者由会员发出的订单
事务	会员服务系统必须响应的一个业务事件
产品	可用于促销商品和销售给会员的库存产品
促销	每月举行一次促销活动，向会员提供特殊的产品价格

6.2.2 建立实体间的关联

识别基本的实体后，需要建立实体之间的联系，并确定实体实例的基数。联系反映了一

个或多个实体实例之间存在的某种自然联系，常见的有一对多、多对多、一对一的联系等。

例如，在上面的俱乐部会员系统中，各实体之间存在如表 6-5 所示的联系。

表 6-5 俱乐部会员系统之间的联系

实体之间关联的文字描述
• 会员服务系统中，一个合同绑定一个或多个会员，而一个会员只被绑定到一个合同
• 一个会员执行 0 次、1 次或者多次交易，一次交易只能被一个会员执行
• 一个会员订单是一次交易。事实上，一个给定的会员订单可以对应多次交易(例如，一个新会员订单、一个取消的会员订单、一个变更的会员订单等)，而一个给定的交易可能(也可能不)是一个会员订单
• 一个促销活动重点推荐一种或者多种产品。一个产品可以在多个促销活动中重点推荐(例如，一张 CD 可能既对乡村听众又对摇滚听众有吸引力，可以在二者的促销商品中重点推介。因为产品数量远多于促销商品数量，所以大多数产品从没有在促销商品中重点推介过)
• 一个促销活动产生多份会员订单。一个会员订单可以由 0 个、1 个或者多个促销活动产生
• 一个会员发出或者响应 0 个、1 个或者多个会员订单，这个关系支持了促销活动产生的订单
• 一个会员订单销售一个或者多个产品。一个产品在 0 个、1 个或者多个会员订单中销售

根据上述基本实体和实体之间联系的描述，可以构建概要数据模型，该模型反映了基本业务实体的实例之间的基数及其自然联系，如图 6.14 所示。

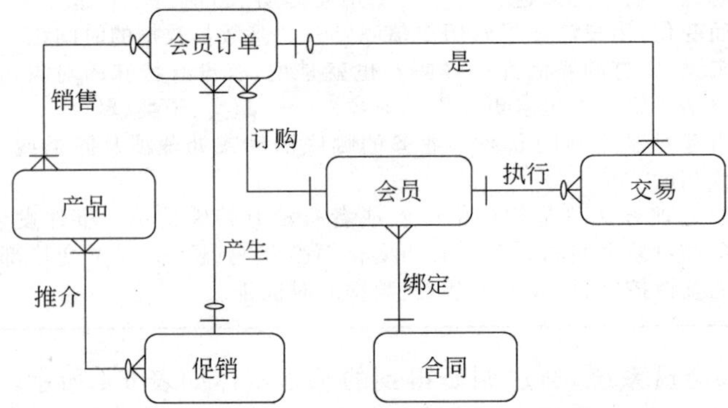

图 6.14 俱乐部会员系统概要数据模型

6.2.3 确定主码和属性

接下来的任务是确定每个实体的主码。在确定主码时一般需要遵循如下原则：

(1) 在每个实体实例的生命周期内，一个主码的值不会发生改变。例如，姓名不是一个很好的主键，因为有可能会由于更名等发生改变。

(2) 主码的值不能为空。

(3) 必须进行控制确保主码的值是有效值。这可以通过精确地定义域，并使用数据库管理系统的验证控制机制来实现。

(4) 尽量不使用智能码。智能码是一个业务编码，其架构表达了一个实体实例的数据(例如，它的分类、尺寸或其他属性)。一个编码是一组表示和描述业务系统中某个事物的字符或者数字。这些字符可能会发生变化，所以违反了第一条原则。

对于多对多的关系,需要通过引入关联实体等形式进行分解。图 6.15 所示是一个具有主码的俱乐部会员系统概要数据模型的实例。

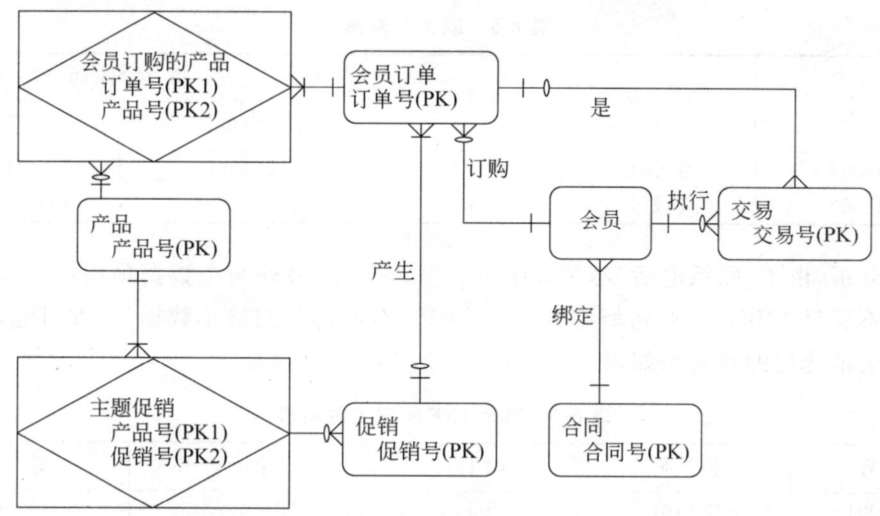

图 6.15 具有主码的俱乐部会员系统概要数据模型

在此基础上,再建立具有完整属性的数据模型,需要给出所有的描述性属性和子集准则。每个属性都用数据类型、域和默认值定义在资料库中。所有应用系统使用一致的数据类型、域和默认值。

6.3 规范化

数据模型的设计应当满足如下标准:

(1) 好的数据模型是简单的。描述任何给定实体的数据属性应该仅仅描述这个实体,一个实体实例的每个属性只能有一个值。

(2) 好的数据模型基本上是无冗余的。每个数据属性(除了外键)最多在一个实体中描述,相同的属性可能以不同的名称被多次记录。

(3) 好的数据模型应该是灵活的而且对未来的需求具有可适应性。

规范化理论为数据模型定义了规范化的关系模式,简称范式(Normal Forms,NF),它提供了判别关系模式设计的优劣标准,也为数据库设计提供了严格的理论基础。利用规范化技术,可以将数据组合起来形成无冗余的、稳定的、灵活的并具有适应性的实体。

关系数据库中的联系是要满足一定要求的,满足不同的要求就称为不同的范式。满足最低要求的称为第一范式,简称 1NF;在第一范式基础上有满足一定要求的称为第二范式,简称 2NF;依此类推,直到第五范式。下面重点介绍常用的第一范式、第二范式、第三范式的定义以及设计这些范式的基本方法。

6.3.1 第一范式

设 R 是一个关系模式,如果 R 的所有属性都是最基本的、不可再分的数据项,则称 R 满足第一范式,简记为 1NF。1NF 是最基本的范式要求,任何关系都必须遵守。

下面举例说明。如表 6-6 所示，在职工关系表中，判断该关系是否为第一范式，并规范职工关系。

表 6-6 职工关系表

工　号	姓　名	部门号	联系电话	
			固定电话	手机
20081001	张小哈	03	12345678	13100000001
20081002	王文文	05	23456789	13100000002

经过分析，由于“联系电话”不是最小数据项，它是由另外两个数据项组成的，所以判断职工关系不满足 1NF。只要将所有数据项分解为不可再分的最小数据项，即可完成关系的规范化。规范化后的新关系如表 6-7 所示。

表 6-7 满足 1NF 的职工关系表

工　号	姓　名	部门号	固定电话	手　机
20081001	张小哈	03	12345678	13100000001
20081002	王文文	05	23456789	13100000002

6.3.2 第二范式

如果关系 R 是第一范式，且非主属性都完全依赖于主码，则称 R 满足第二范式，简称 2NF。

例如，学生选课及成绩关系（学号，姓名，课程号，课程名称，学时，学分，成绩）如表 6-8 所示。判断该关系是否符合第二范式，并规范学生选课关系。

表 6-8 学生选课及成绩表

学　号	姓名	课程号	课程名称	周学时	学分	成绩
20090302	方芳	201	系统分析	4	4	85
20090305	袁圆	203	软件工程	3	3	92

在该关系中，学号和课程号共同组成主码，其中成绩完全依赖于主码，但姓名不完全依赖于主码，却完全依赖于学号。同理，课程名称、学时、学分完全依赖于课程号。因此，此关系不满足第二范式条件，不是 2NF。

这种关系结构存在很多问题，如数据冗余，插入异常或者删除异常等。所以，为消除这些异常，可对关系进行分解，分解后的关系满足 2NF。现将学生选课及成绩关系分解，如图 6.16 所示。

学生	选课及成绩	课程
学号(PK) 姓名	学号(PK1) 课程号(PK2) 成绩	课程号(PK) 课程名称 周学时 学分

图 6.16 满足 2NF 的关系

6.3.3 第三范式

如果关系模式 R 是第二范式，且所有非主属性对任何主码都不存在传递依赖，则称 R 满足第三范式，简记为 3NF。

例如，图 6.16 中学生选课及成绩关系经过分解后形成了三个新关系，判断这三个新关系是否符合第三范式，并对不符合第三范式的关系进行规范化。

经过分析可知，学生关系、选课及成绩关系中的所有属性与主码之间仅存在完全依赖关系，并不存在完全依赖关系，因此符合 2NF。但在课程关系（课程号、课程名称、周学时、学分）中，如果学分是根据周学时的多少决定的，那么学分就是通过学时传递依赖于课程编号的。

为消除其中的传递依赖，可以将课程关系再次分解为两个关系，如图 6.17 所示。

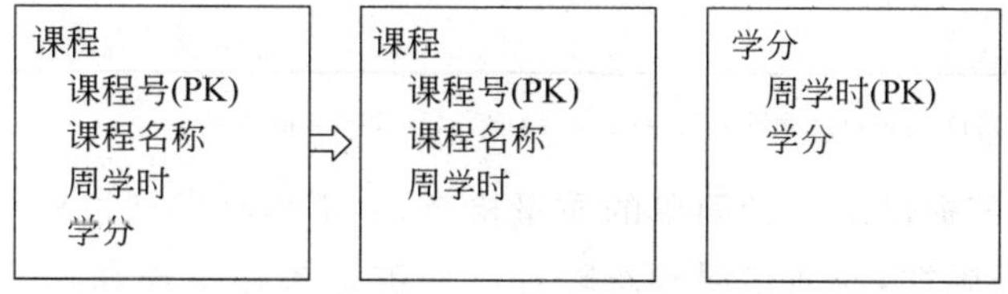

图 6.17 满足 3NF 的关系

如果觉得分解的关系太多，不利于用户的使用，还可以将不必要的属性删除。如课程关系中，周学时属性与学分属性取值相同，那么只保留学分属性即可。即将课程关系规范为：课程（课程号、课程名称、学分）。

关系设计得好坏直接影响数据库数据逻辑组织的合理性，而这又与数据的冗余度、一致性及数据库的维护等问题密切相关。在设计数据模型时，可以对关系模式进行合理分解以减少数据冗余，克服数据操作容易出现的异常等问题。但是规范化设计也会导致数据库操作的复杂度增高，系统在进行多个关系表操作时付出的开销也更大。因此，在设计数据库时需要综合进行考虑，并非规范化级别越高越好。

6.4 数据-过程模型映射

数据模型和过程模型代表了同一个系统的不同视图，但这些视图相互关联。对数据模型中的每个实体都应该在过程模型中有一个数据存储。采用数据-过程-CRUD 矩阵来进行数据模型与过程模型的同步质量检查。

同步质量检查规则如下：为保持系统完整性，每个实体至少应该有一个 C、一个 R、一个 U 和一个 D 条目，否则可能是忽略了一个或者多个事件过程。如表 6-9 所示。

如表 6-7 所示，由于该例仅显示了客户订单与产品的相关过程，没有显示系统的客户管理过程，因此，客户实体只有创建和读取该实体的过程，而没有对该实体进行更新和删除的过程。对于客户实体，还应有客户进行删除和更新的过程，这个过程可能包含在系统管理的过程中。

表 6-9 数据-过程-CRUD 矩阵

过程 \ 实体	客户	订单	订购的产品	产品
处理客户应用	C			
处理客户信用	C			
处理客户地址变更				
处理内部客户信用变更				
处理新客户订单		R	C	R
客户订单取消	R	R	D	R
处理客户订单的变更	R	R	CRUD	R
处理新产品添加	R	C		C
处理新产品退市	R	D	RU	D
处理产品价格变更		RU		RU
处理产品说明变更		RU		RU
处理产品库存调整		RU		RU

注：C=Create(创建)；D=Delete(删除)；R=Read(读取)；U=Update(更新)

综上所述，该矩阵提供了一种简单的质量检查，它更容易发现过程和数据模型中被遗漏的元素。为了确保正确性，任何错误和忽略都应该被记录在矩阵和相应的数据模型和过程模型中。用户和管理人员应该验证所有可能的创建、读取、更新和删除操作。

6.5 案例分析——某网上商店概念数据建模

6.5.1 确定基本实体

某网上商店开发概念数据模型时所遵循的过程如下：首先查阅相关信息和数据流图，从中识别网上商店需要获取、存储和处理的数据存储。数据流图中的数据存储可作为数据建模中的基本实体的候选对象。通过研究可以发现两个数据存储，即“库存”和“购物车”，两者都是非常有可能成为概念数据模型中实体的候选项。除此之外，还分析了可能作为存储的其他可能来源，包括以下几个信息：

- 客户
- 库存
- 订单
- 购物车临时用户/系统通知

网上商店的数据类、数据流及其说明的文字描述如表 6-10 所示。

识别上述信息后，需要具体分析每一项。“客户”、“库存”和“订单”都符合实体的标准，每项作为一个单独的实体。由于“临时用户/系统通知”数据并不是永久保留的项目，也不是一个人、地方或对象，因而不是概念数据模型中的实体。另外，虽然“购物车”也是一个临时存储的项，但是至少在客户访问网上商店的期间，它的内容是需要保存的，可以作为一个实体。因此，确定“购物车”(Shopping Cart)和“客户”、“库存”、“订单”一起作为 E-R 图的实体。

表 6-10 网上商店的数据类、数据流和数据流说明

数据类 数据流	说明
客户相关	
客户 ID	每个客户的唯一标识符(由客户跟踪系统生成)
客户信息	客户的详细信息(存储于客户跟踪系统中)
库存相关	
产品项目	每个产品项目的唯一标识符(存储于库存数据库中)
产品简介	产品的详细信息(存储于库存数据库中)
订单相关	
订单编号	每个订单的唯一标识符(由交易执行系统生成)
订单	订单的详细信息(存储于交易执行系统)
反馈码	客户反馈处理的唯一代码(由交易执行系统生成并保存)
发票	详细的订单概述声明(由存储于交易执行系统中的订单信息生成)
订单状态信息	关于订单状态的详细信息
购物车	
购物车 ID	购物车的唯一标识符
临时客户/系统通知	
产品项目需求	浏览项目信息的请求
购买需求	将项目移动到购物车的请求
浏览购物车	浏览购物车内容的请求
购物车中的项目	购物车所有项目的总结报告
删除项	从购物车中移除项目的请求
付账离开	付账及订单处理请求

6.5.2 确定实体间的关联

最后确定这 4 个实体之间的相互关系,经研究后可以大致确定:

(1) 每个客户“拥有”零个或多个购物车实例;每个购物车实例被一个以及只有一个客户“拥有”。

(2) 每个购物车实例“包含”一个以及只有一个库存项目;每个库存项目可以被零或多个购物车实例“包含”。

(3) 每个客户“订购”零至多个订单;每个订单被一个以及只有一个客户“订购”。

(4) 每个订单“包含”一个至多个购物车实体;每个购物车实体被一个以及只有一个订单“包含”。

根据上述联系绘制实体-关联图如图 6.18 所示。

6.5.3 确定主码和属性

仔细检查数据模型,发现有三类顾客:“企业客户”、“家庭办公客户”及“学生客户”。虽然它们都被当作“客户”看待,但是,由于每一类顾客都有其他顾客不具备的信息(属性),如表 6-11 所示。

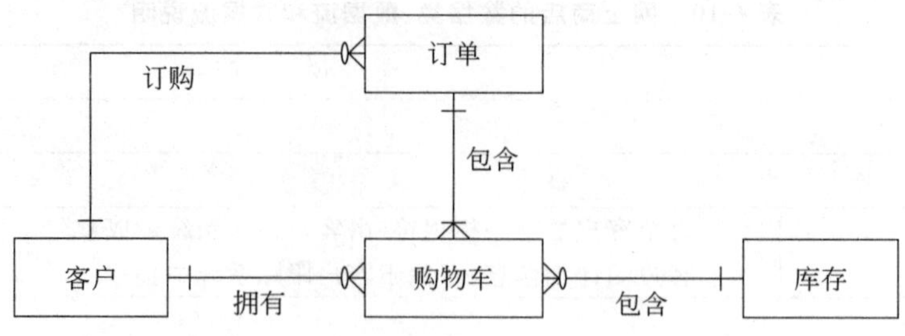

图 6.18 网上商店系统的实体-联系图

表 6-11 每个实体可能的属性

企业客户	家庭办公客户	学生客户	库存信息
公司名称	姓名	姓名	SKU
公司地址	业务(类似于公司名称)	学校	名称
公司电话	地址	地址	描述
公司传真	电话	电话	完成品尺寸
公司选择的送货方式	传真	电子邮件	完成品重量
采购员姓名	电子邮件		可获得的材料
采购员电话			可获得的颜色
采购员电子邮件			价格
			订货至交货的时间

因此,新建"客户"的三个实体类型或子类:"企业客户"、"家庭办公客户"及"学生客户","客户"实体用于捕捉共同属性,另外的关系用来捕捉每类顾客独特的信息。为了方便确定"客户"关系中的顾客类型,将"客户类型"属性增加到"客户"关系中。因此,"客户"关系的构成如下:

客户(客户 ID,地址,电话,E-mail,客户类型),如表 6-12 所示。

表 6-12 每一个顾客类型的共同信息与各自唯一的信息

	企业客户	家庭办公客户	学生客户
所有客户类型的共同信息	客户 ID	客户 ID	客户 ID
	名称	名称	名称
	地址	地址	地址
	电子邮件	电子邮件	电子邮件
每类客户的唯一信息	公司名称	客户姓名	客户姓名
	运输方式	公司姓名	学校
	采购者名称	传真	
	传真		

为了将“客户”关系关联到每一个单独的顾客类型——“企业客户”、“家庭办公客户”及“学生客户”，除了各自的属性之外，它们共用同一个主码“客户 ID”。因此，产生如下关系：

企业客户(客户 ID，公司名称，运输方式，采购者名称，传真)

家庭办公客户(客户 ID，客户姓名，公司姓名，传真)

学生客户(客户 ID，客户姓名，学校)

除了确定顾客的所有属性外，还确定了其他实体类型的属性，如表 6-13 所示。其中，“订单”关系并不需要跟踪订单中的所有细节，由系统生成一个详细发货单，包括订单的所有内容，如订单产品、所用材料、颜色、数量以及其他信息。为了获取这个发货单信息，在“订单”关系中加入了一个外码“发票 ID”。另外，为了方便确定每个订单属于哪个顾客，“订单”中还包括了“客户 ID”属性。“订单”中还包括了“退货码”和“订单状态”两个属性。“退货码”用于跟踪订单或者订单中某种产品的退货情况。而“订单状态”用于表示在整个购买实施过程中一个订单的状态。所以，“订单”关系如下：

订单(订单 ID，发票 ID，客户 ID，退货码，订单状态)

表 6-13 实体“订单”、“库存”和“购物车”的属性

订　单	库　存	购物车
订单 ID(PK)	库存 ID(PK)	购物车 ID(PK)
发票 ID(FK)	名称	客户 ID(FK)
客户 ID(FK)	描述	库存 ID(FK)
退货码	规模	材料
订单状态	重量	颜色
	材料	数量
	颜色	
	价格	
	提前期	

在“库存”实体中，“材料”和“颜色”两个属性可以被赋予多个值，但却只用一个属性来表示。例如，“材料”表示一个特定库存项目构建所用材料的范围。类似地，“颜色”表示可能的产品颜色变化范围。该系统采用代码集用来表示“材料”和“颜色”。这些复杂属性的每一个都被表达成一个单一属性。例如，“材料”字段的 A 表示胡桃木、橡树、松树，而 B 表示樱桃木。利用这种编码方法，可以用一个字母符号表示多个颜色组合。所以，“库存”关系写成：

库存(库存 ID，名称，描述，规模，重量，材料，颜色，价格，提前期)

最后，除了购物车 ID 外，每一个购物车还包括“客户 ID”与“库存 ID”属性。这样，一个购物车中的每个项目都可以关联到一个特定的库存项目和某一顾客。换言之，“客户 ID”和“库存 ID”属性在“购物车”关系中都是外码。“购物车”是临时性的，它只出现在顾客购买产品的时候。当一个顾客下达了一个订单，“订单”关系被创立，且订单中的产品项(购物车中的产品项)从订单履行系统中移去并存到发货单中。因为还需要知道“购物车”中所选择材料、颜色及每个项目的数量，这些属性都包括在这个关系中，即

购物车(购物车 ID，客户 ID，库存 ID，材料，颜色，数量)

综上所述，完成了网络商店的概念数据建模，可进一步进行数据库的设计。

本章小结

本章介绍构造信息系统数据需求模型所使用的过程和基本符号。通过实体-联系图和类图符号概述了概念数据模型的构建，并讨论了概念数据模型的组成部分与数据流、数据存储之间有怎样的关系。

思考与练习

1. 某公司若干员工分别从银行进行贷款，每名员工贷款金额有所不同，采取分期还款方式，不同员工贷款之间的还款号码可能会相同。请找出相应的强实体和弱实体。

强实体：贷款(贷款号、金额、贷款人 ID 号)；

弱实体：还款(还款号、贷款号、还款金额、日期)。

注意：强实体和弱实体之间是一对多的关系。

2.

(1) 某软件项目公司需要对所有工程项目分派相应的工作人员，并且指定特定的工作地点，请对此建立实体-联系模型。

(2) 客户订购产品，每个订单可以包含多项产品，而每个产品可以出现在多个订单里，请建立客户、订单、产品之间的实体-联系模型。

3. 假设某公司每个产品(由 Product No.、Description 和 Cost 描述)都由至少三个组件(由 Component No.、Description 和 Unit of Measure 描述)组成，而每个组件被用来组成一个或多个产品(例如，必须被用在至少一个产品中)。另外，假设组件可以用来组成其他部分，而且原材料也可以当作组件。在用组件生产产品和组件的两种情况下，需要保持记录有多少组件组成了其他东西。根据上述陈述绘制 E-R 图，并在图中标明最大最小基数。

4. 某工厂(包括厂名和厂长名)需建立一个管理数据库存储以下信息，绘制该系统的 E-R 图以及相应的关系模式。

(1) 一个厂内有多个车间每个车间有车间号、车间主任姓名、地址和电话。

(2) 一个车间有多个工人，每个工人有职工号、姓名、年龄、性别和工种。

(3) 一个车间生产多种产品，产品有产品号和价格。

(4) 一个车间生产多种零件，一个零件也可能为多个车间制造。零件有零件号、重量和价格。

(5) 一个产品由多种零件组成，一种零件也可装配出多种产品。

(6) 产品与零件均存仓库中。

(7) 厂内有多个仓库，仓库有仓库号、仓库主任姓名和电话。

5. 根据图 6.19 所示实体关系图，回答下列问题：

(1) 哪些实体是弱实体？哪些实体是关联实体？

(2) SHIPPED PRODUCT 实体的主码是什么？

(3) PRODUCT TEST 实体的主码是什么？

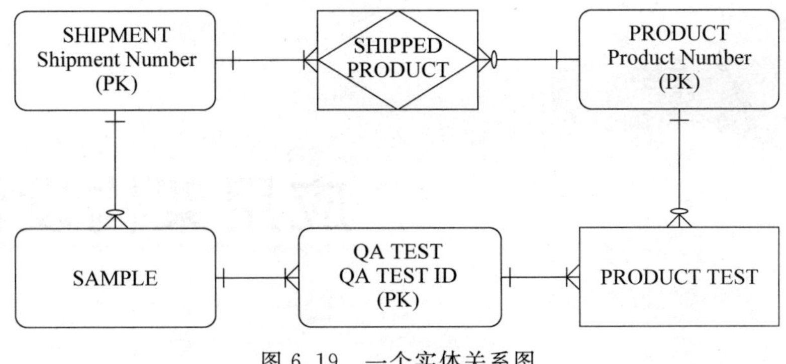

图 6.19 一个实体关系图

(4) SAMPLE 实体的主码是什么?

6. 一个软件培训项目被分解成了培训单元,每个培训单元由单元名称和大致训练时间表来描述。每个单元有时候有前提单元。用 E-R 图为该培训项目和培训单元建模。

7. 每个学期每个学生必须被分派一个指导老师。指导老师为学生的学位需求提供意见,并帮助学生注册班级。学生必须在指导老师的指导下注册班级,但是如果他们的指导老师没空,他们可以由任何指导老师帮助注册。我们需要跟踪学生、被指派给他们的指导老师以及本学期他们向谁注册。用 E-R 图来表示学生和指导老师的这种情况。

8. 在一家公司的采购部门里,每个采购请求都被指派给采购部门的一个员工。该员工遵循整个采购流程,并作为与购买产品或服务的人或单位的单独联系人。采购部门将购买产品和服务的雇员当作“客户”。采购流程如下:超过 1500 美元的采购请求必须由供应商竞标,而且这些巨大请求的相关投标请求必须经采购部批准。如果采购额低于 1500 美元,那么就可以简单地从被认可的供应商处购买产品或服务,但是采购仍然必须经采购部批准,而且他们必须发出采购订单。对于额度巨大的采购,在招标成功之后,采购部就可以发出采购订单。列出相关实体和属性,并为该业务流程绘制实体-联系图。列出为了定义标识符、获得基数等所必要的所有假设。

第7章 应用架构设计

学习目标

通过本章学习,要求掌握:

- 系统应用架构的定义。
- 系统应用架构与框架的异同。
- 典型的系统应用架构:基于主机的架构、文件服务器架构、客户/服务器架构、三层或N层客户/服务器架构、浏览器/服务器架构,及其特点。
- 根据特定情况,能够选择有效的应用架构设计方式。

7.1 架构概述

系统应用架构(Application Architecture)是一个用于实现信息系统的软硬件和网络的设计蓝图,用于确定应用软件及数据的哪些部分指定给哪些硬件和网络。

由于目前大多数系统都是分布式系统,信息系统构件被分布到计算机网络中的多个地点,为支持这些构件所需的处理负载也在网络上的多个计算机之间分布,因此,如何确定这些组件在哪些计算机上分布十分重要,这也是应用架构设计的主要出发点。

7.1.1 应用架构与框架

应用架构是一个逻辑性的框架描述,通常由一个设计思想,加上若干设计模式,再规定一系列的接口规范、传输协议、实现标准等文档组成。它主要设定系统结构组成的规划和职责,并无真正的可执行部分。类似于在进行建筑设计时,架构只是描述房间的间架结构、楼层之间如何分隔、上下水系统在哪里安装、线路如何布线等。这些只是设计思想,并没有实际的可执行的部分。

一个软件里有处理计算、界面、数据、业务规则、安全等组成部分。传统软件不区分这些,它们全部混合在一段程序里。软件架构的意义就是要将这些可逻辑划分的部分独立出来,用约定的接口和协议将它们有机地结合在一起,形成职责清晰、结构清楚的软件结构[①]。

---

① 引自谭云杰.大象——UML思考.北京:中国水利水电出版社,2009.

架构(architecture)不同于框架(framework),软件框架通常是商业化的半成品。当系统应用架构形成之后,厂商会开发出可执行的半成品,例如某设计模式的实现框架、接口的实现框架、传输协议的开发包等,这些就是软件框架。

例如,J2EE规范描述了一系列逻辑部件,如Session Bean、Entity Bean、Message Driven Bean、JDBC等,描述了这些部件的职责和它们的规范,约定了这些部件之间如何交互的接口、协议和标准,如SOAP、RMI、Webservice等,并规划出一个如何应用这些逻辑部件实现一个应用系统的蓝图。但J2EE本身不是一个可执行的软件,它是一个架构。根据这一设想,各厂商开发出各自的产品,包括开发工具和应用容器,开发者利用这些工具和容器可以开发出符合J2EE规范的应用程序,这些工具和容器就是软件框架。例如,Structs、JSF、WEBWork等开源项目提供了实现J2EE的应用程序,称为框架。

应用架构包括软件层次、每个层次的职责、层次之间的接口、传输协议及标准、每个层次上所采用的软件框架等,如图7.1所示。

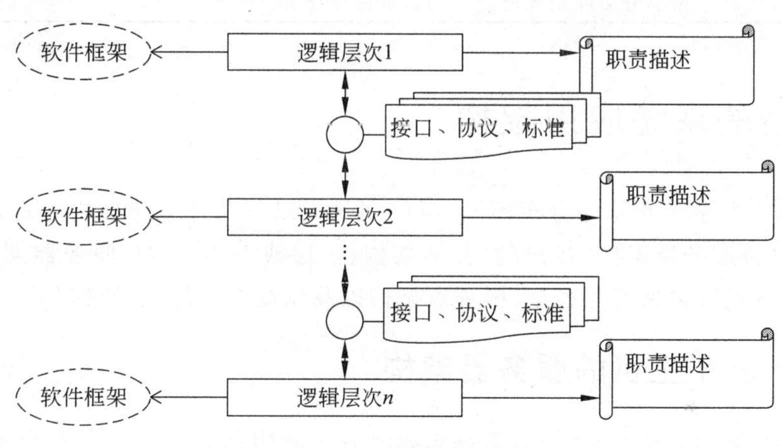

图7.1 应用架构示意图

7.1.2 架构的逻辑层次

Martin Fowler在《Patterns of Enterprise Application Architecture》一书中,将整个架构分为三个主要的层:表示层、领域层和数据源层。作为领域驱动设计的先驱Eric Evans,对业务逻辑层作了更细致地划分,细分为应用层与领域层,通过分层进一步将领域逻辑与领域逻辑的解决方案分离。本书将信息系统分为5层。

从概念上来讲,信息系统软件都可以划分为5个功能层次,如表7-1所示,这是构成信息系统软件的基本组成部分。

系统的三个硬件组成包括客户计算机、服务器和网络。客户计算机是用户采用的输入/输出设备,通常是计算机,也可以是手持设备,如手机、特殊终端等。服务器经常是较大计算机,可以用于存储软件的,也可以是被有权限的人所访问的硬件。服务器有主机小型机或者微机等。网络可以是有线通、DSL、异步传输模式(Asynchronous Transfer Mode,ATM)等各类网络。

表 7-1 系统的逻辑架构层次

逻辑分层	作　用
表现层	呈现给用户的界面
表现逻辑层	表现逻辑层主要是与用户行为进行交互的组件,即为了生成表现而必须进行的处理,如校验输入数据和格式化输出数据。它是提供给用户的可视化操作界面,是用户提出请求和接收回应的地方。用户的所有操作都通过表现层逻辑来支持,表现逻辑层将负责其他层与 UI 层之间的交互
应用逻辑层	应用逻辑层也称为业务逻辑层,包括支持实际业务应用和规则所需的所有逻辑和处理,主要实现 DFD 中、用例或者功能说明中阐述的逻辑,例如,信用检查、计算、数据分析等。该层次的工作通常通过程序设计语言的编程完成
数据处理层	数据处理层也称数据访问逻辑层,用来存储和访问往来于数据库的数据所需的所有命令和逻辑,通常指结构化查询语言 SQL 等
数据层	数据库中实际存储的数据。绝大多数系统都需要存储和检索数据,不管采用的是小型文件系统还是大型数据库系统

7.2 典型的系统应用架构

根据上述 5 个层次的软件分布不同,可以划分成以下几种主要架构形式:基于主机的服务器架构、文件服务器架构、客户/服务器架构、三层或 N 层客户/服务器架构浏览器/服务器架构。目前最为常见的是客户/服务器架构以及浏览器/服务器架构。

7.2.1 基于主机的服务器架构

最早的计算架构是基于主机的,主机完成所有的应用功能。用户在客户端(终端)发送和接收来自于服务器的消息。客户仅通过按键将其发送到服务器进行处理,接收来自服务器的指令。

这种架构的优点是:简单,运行性能良好。应用软件开发并存储在一台计算机上,所有数据也存放在同一台计算机上,由于所有的消息都流经一个中央服务器,所以只要进行单点控制。

主要缺点是:服务器必须执行所有消息,当应用请求越来越多时,服务器计算机开始超负荷工作,不能迅速处理所有的计算机请求。响应时间开始减慢,网络管理者需要更多的投资来升级服务器计算机,但是服务器的升级极为昂贵。

7.2.2 文件服务器架构

文件服务器架构是一种基于局域网的方案,服务器计算机仅装载了数据层。信息系统应用的所有其他层都在客户端实现,也称为基于客户端的架构,其工作原理如图 7.2 所示。

在文件服务器架构下,系统对用户请求响应的逻辑如下:

(1) 首先由客户向客户端的计算机发出请求,请求创建、增删改某条记录或者多条记录。

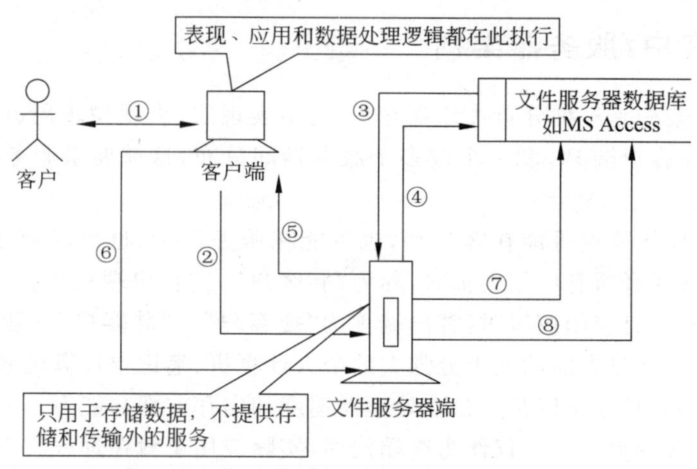

图 7.2 文件服务器架构原理

(2) 客户端将指令传到服务器端,服务器端的作用是存储和传输数据。

(3) 记录存放在服务器上的文件服务器数据库里。

(4) 在读取时需要将整个表加锁,直到客户端返回表为止。

(5) 文件服务器对客户端请求进行响应,返回整张表。

(6) 客户端对某条记录进行数据处理(创建、增删改等),并将包含修改记录的整个表返回到服务器端。

(7) 服务器端对文件服务器数据库进行修改。

(8) 文件服务器数据库完成修改后,对整个表进行解锁。

在文件服务器架构中,在客户端计算机上完成表现、表现逻辑、应用逻辑和数据处理逻辑,而服务器端仅执行存储的功能,不提供存储和传输以外的服务。如果应用仅仅是想检查数据库中的一个记录,比如读取某个客户的记录,那么含该记录的整个文件或表都必须下载到执行数据处理逻辑的客户端 PC 上,才能够读取想要的记录。因此,适用范围是共享数据相对较少的小型数据库应用。

对单用户系统而言,数据也存放在客户计算机上,不使用服务器。客户端和服务器之间需要移动大量不必要的数据,这样大的数据流量会明显地降低应用性能。此外,数据库的完整性可能会被破坏。如果要修改某些被下载的记录,整个文件必须被下载,而且必须防止其他用户对这个文件的其他任何记录进行修改(加锁)。那么如果同时访问的用户数量越大,加锁需求就会使得系统响应时间越长。当网络应用请求不断增长时,网络路由可能会超负荷。因为所有服务器上的数据必须运送到客户端进行处理。例如,假设客户希望显示公司寿险的所有雇员列表。那么所有存放在服务器数据库的数据必须经过网络到达客户端进行处理,然后客户端检查每一个记录看是否符合用户请求。这均会使网络和客户端的计算能力超负荷。

目前,文件服务器模式已经很少使用,仅作为个人或小型工作组构造原型时采用。

7.2.3 客户/服务器架构

客户/服务器架构是一种分布式计算方案，其中表现层、表现逻辑层、应用逻辑层、数据处理层和数据层在客户端PC和一个或多个服务器间分布，这就要求服务器比文件服务器的功能更加强大。

在该模式下，应用逻辑可能在客户端，也可能在服务器端，也可能两端各承担一部分。当客户承担大多数或者所有应用逻辑时，称为“胖客户”，当客户端只承担表现功能，而服务器承担大多数或者所有应用逻辑时，客户端称为“瘦客户”。“胖客户”一般需要一台在处理器速度、内存和存储容量方面功能十分强大的个人计算机、笔记本计算机或者工作站完成客户端的任务。“瘦客户”则可以是一台在处理器速度和内存方面功能不十分强大的个人计算机，仅给用户提供表现界面——仅作为终端使用，实际应用逻辑在远程应用服务器上执行。

一般而言，大型主机可以充当服务器的角色，但更典型的方式是运行具有客户/服务器能力的操作系统网络服务器。如UNIX、WIN2000、Linux等。这些服务器可以驻留在独立的物理服务器上，也可以合并到一台服务器上。

服务器主要划分为以下几种类型：

数据库服务器：运行一个或者多个共享的数据库，执行信息系统的所有数据库命令和服务，执行数据层和数据处理层的任务。如Oracle，SQL Server，IBM的DB2。

事务服务器：运行确保所有单个业务事务的数据库修改作为一个整体成功或者失败的服务，例如微软公司的Transaction Server，IBM公司的CICS，BEA公司的Tuxedo。

应用服务器：运行信息系统的应用逻辑和服务。必须同前台客户端通信，并同用于数据修改和访问的后台数据库服务器通信。通常应用服务器和实物服务器集成。多数应用服务器以CORBA、MS的COM+或者DNA标准为基础。

信息和组件服务器：运行电子邮件、日历或者其他工作组服务，这类功能实际可以集成到信息系统应用中。

服务器：运行因特网或者内联网站点，向客户返回文档和数据(XML)。

在该架构模式下，数据层和数据处理层放在服务器上，应用逻辑层、表现逻辑层和表现层放置在客户端，也称为两层客户/服务器计算，这是真正的客户/服务器计算的一种最简单形式，也是大家常说的C/S结构。该架构的应用原理如图7.3所示。

该架构模型的工作原理如下：

(1) 首先由客户向客户端的计算机发出请求，请求创建、增删改某条记录或者多条记录。

(2) 客户端将指令传到服务器端。

(3) 数据库服务器只从数据库表中读取请求的行和列。

(4) 在读取时只需要对请求的记录进行加锁，而不用对整个表加锁，直到客户端释放表为止。

(5) 数据库服务器对客户端请求进行响应，只返回需要的行和列。

(6) 客户端对某条记录进行数据处理(创建、增删改等)，并将修改的记录返回到服务器端。

(7) 数据库服务器端对数据库中的记录进行修改。

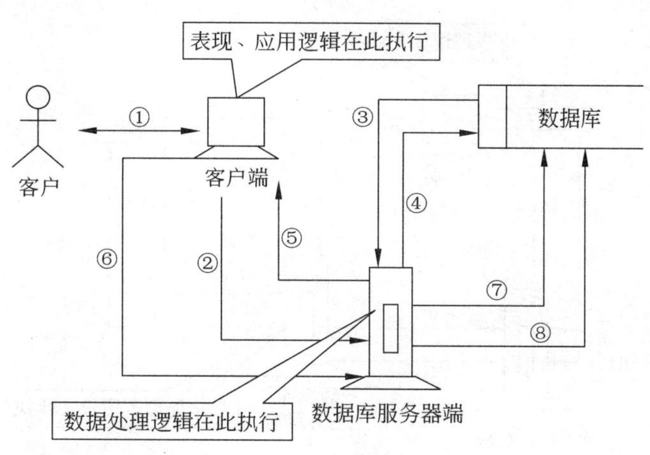

图 7.3　客户/服务器架构原理

(8) 数据库服务器数据库完成更新后，对记录进行解锁。

客户/服务器架构和文件服务器一样，数据都存放在服务器上。不同之处是，文件服务器架构是在客户端上实现所有数据处理命令，客户/服务器架构是在服务器上执行所有的数据处理命令(创建、读取、修改、删除记录的 SQL 指令都在服务器端)。

该架构模式的优点是：比文件服务器架构的网络流量少。只有数据库请求和需要的数据库记录实际在客户端工作站之间传递时才需要交互。此外，数据库完整性更容易维护。一般只需要加锁使用的记录，其他客户可以使用同一个表的其他记录。

客户/服务器架构的主要缺点如下：

(1) 应用逻辑必须在所有客户端上进行复制和维护，可能涉及成千上万个客户端的应用软件安装。

(2) 设计人员必须为版本升级做计划，提供控制以确保每个客户端都运行业务逻辑的最新发布版，并确保其他软件不会干扰业务逻辑。

(3) 应用逻辑分布在客户端，客户发出数据请求，服务器端返回结果。当客户数目激增时，大量的数据传输也会增加网络负载，导致服务器的性能因为无法进行负载平衡而下降。

7.2.4 三层或N层客户/服务器架构

三层架构使用了与两层客户/服务器架构同样的数据库服务器。它把客户端的应用逻辑和表现逻辑进一步划分，在客户端与服务器端加入中间层。应用服务器将应用的商业逻辑放在中间服务器上，这个服务器是一个应用或者事务服务器。应用逻辑放在服务器上维护，而不需要在所有客户端维护了。三层客户/服务器架构的原理如图 7.4 所示。

该架构模型的工作原理如下：

(1) 首先由客户向客户端的计算机发出信息或者服务请求，请求执行某个应用逻辑，或者是创建、增删改某条记录或者多条记录。

(2) 客户端将指令传到应用服务器端，如果仅涉及应用逻辑，不用读取数据，则在此执行，然后返回到客户端。

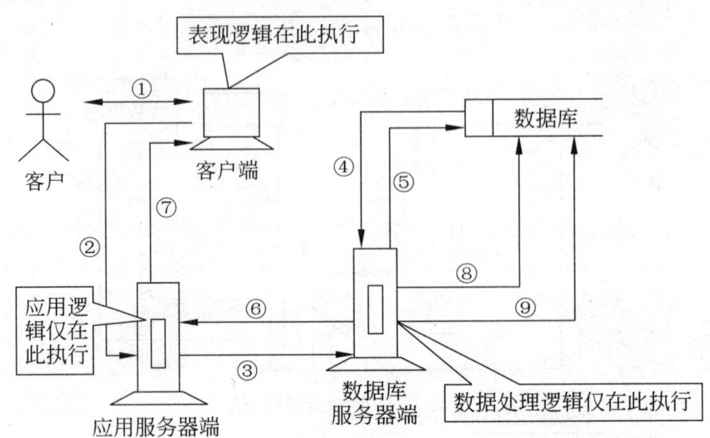

图 7.4　三层客户/服务器架构的原理

(3) 如果是请求创建、读取、修改或者删除一个或多个记录，则将请求传递给数据库服务器。

(4) 数据库服务器从数据库表中读取请求的行和列。

(5) 数据库服务器在读取时只需要对请求的记录进行加锁，而不用对整个表加锁，直到客户端释放表为止。

(6) 数据库服务器对数据处理请求的响应发送给应用服务器，只返回需要的行和列。

(7) 应用服务器执行应用逻辑，并响应客户的信息和服务，传送给客户端。

(8) 数据库服务器端对数据库里的记录进行修改。

(9) 数据库服务器数据库完成更新后，对记录进行解锁。

三层架构中，各层的职责分工为：表现层就是展现给用户的界面，即用户在使用一个系统时的所见所得。业务逻辑层是针对具体问题的操作，可能是简单计算，也可能是对数据层的操作，对数据业务逻辑的处理。数据访问层所做的事务直接操作数据库，包括针对数据的增添、删除、修改、更新和查找等。

业务逻辑层(Business Logic Layer)无疑是系统架构中体现核心价值的部分。它的关注点主要集中在业务规则的制定、业务流程的实现等与业务需求有关的系统设计，也就是说它与系统所应对的领域(Domain)逻辑有关，很多时候，也将业务逻辑层称为领域层。

业务逻辑层在体系架构中的位置很关键，它处于数据访问层与表示层中间，在数据交换中起到了承上启下的作用。由于层是一种弱耦合结构，层与层之间的依赖是向下的，底层对于上层而言是“无知”的，改变上层的设计对于其调用的底层而言没有任何影响。如果在分层设计时，遵循了面向接口设计的思想，那么这种向下的依赖也应该是一种弱依赖关系。因而在不改变接口定义的前提下，理想的分层式架构，应该是一个支持可抽取、可替换的“抽屉”式架构。正因为如此，业务逻辑层的设计对于支持一个可扩展的架构尤为关键，因为它扮演了两个不同的角色。对于数据访问层而言，它是调用者；对于表示层而言，它却是被调用者。依赖与被依赖的关系都集中在业务逻辑层上，如何实现依赖关系的解耦，则是除了实现业务逻辑之外留给设计师的任务。

数据访问层，有时也被称为持久层，其功能主要是负责数据库的访问，可以访问数据库系统、二进制文件、文本文档或是 XML 文档。

三层和两层架构相比，优点在于：客户端执行整个系统组件的最小部分，只有用户界面和相对稳定的个人应用逻辑在客户端执行，简化了客户端的配置与管理。如果需要修改应用程序代码，则可以在一处(应用服务器上)进行修改，而不用修改成千上万的客户端应用程序。这样可以使开发人员专注于应用核心的业务逻辑，简化系统开发、更新和升级的工作。

但是，与两层架构模式相比，三层或 N 层架构的设计非常复杂，软件编写较为复杂，因为所有应用都包含两部分，即在客户端的软件和在服务器端的软件，所以需要进行设计分割。设计分割是指如何在网络中最优地分布或复制应用构件的行为。

7.2.5 浏览器/服务器架构

浏览器/服务器架构主要用于网络计算和 Web 应用，表现层和表现逻辑层在客户端浏览器中使用从某个 Web 服务器下载的内容实现，然后表现逻辑层连到运行在应用服务器上的应用逻辑层，它最终连到后台数据库服务器。这种架构的工作原理如图 7.5 所示。

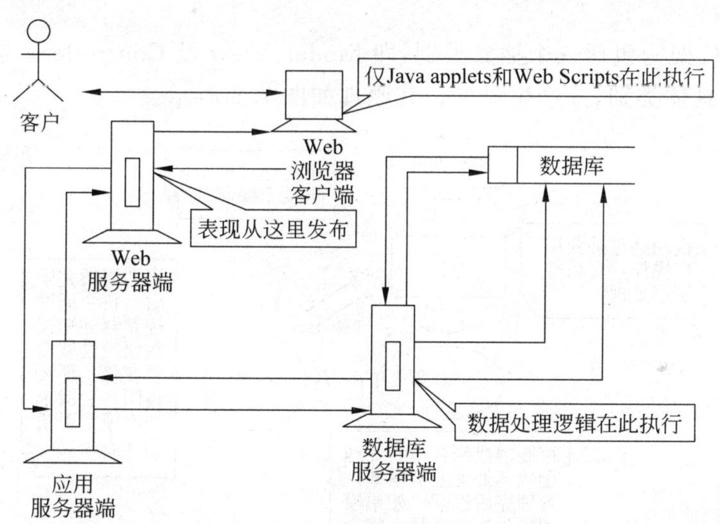

图 7.5 浏览器/服务器架构原理

在该技术下应用的相关网络技术如下：

Java 技术：主要用于服务器端的应用逻辑编程，称为 servlets，有时也用于客户端的应用逻辑编程，称为 applets。

超文本标记语言：HTML (HyperText Markup Language)，主要用于表现层的编程。

可扩展标记语言：XML (Extensible Markup Language)，主要用于可以在 Web 上进行转换的数据内容的编程。

基于 Web 的系统主要由 Web 浏览器执行表现逻辑和少量的应用逻辑，而 Web 服务器承担应用逻辑、数据访问逻辑和数据存储。

这种架构的优点是：对于使用 Internet 标准的客户/服务器架构，容易将表现逻辑、应用逻辑和数据访问逻辑进行分离，使其保持相互独立。例如，表现逻辑可以采用 HTML 或者 XML 进行设计，指定网页如何在屏幕上进行显示。采用简单的程序语句链接接口到特定的应用逻辑模块，以执行各种功能。这些定义接口的 HTML 或者 XML 文件可以在不影响应用逻辑的情况下进行改动。同样，也可以对应用逻辑进行修改，而不用对表现逻辑和数据访问逻辑进行改动。此外，由于所有系统都在浏览器上运行(例如，财务系统、人力系统、生产系统)，不用再担心存在多个不同的计算机架构，也不用担心存在不同的操作系统。这种方法可以重新设计传统信息系统在网络上运行的能力。

7.3 应用架构举例

7.3.1 MVC 架构

应用架构的起源中，大家最熟悉的是 Smalltalk-80 语言中的 MVC (Model-View-Controller)架构，该架构可以让 Smalltalk 程序员迅速建立程序的使用者接口(User Interface)。从 20 世纪 80 年代的 Smalltalk-80 到 90 年代的 Smalltalk-V，其使用者接口皆遵循这个著名的架构。

典型的 MVC 架构包括三个抽象类别，即 Model、View 及 Controller。应用程序从这些抽象类别衍生出具体类别，并产生对象。其原理如图 7.6 所示。

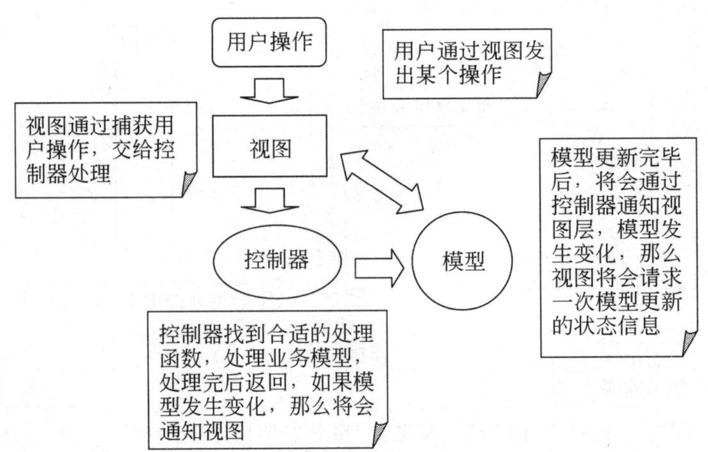

图 7.6 MVC 架构原理示意图

Model 对象负责管理资料或文件，它可以对应到数个 View 对象，每个 View 对象显示出 Model 对象的某一方面；每个 View 对象有一个相对应的 Controller 对象，它负责解释使用者输入的消息，如移动鼠标等。使用者输入消息时，Controller 根据消息要求 Model 处理文件资料，也会要求 View 对象更新画面。一旦 Model 对象中的资料发生改变，Model 对象会通知各 Controller 及 View 对象，各 View 对象会向 Model 取得新资料，然后更新画面。

MVC 架构使得应用程序的结构更加清晰，通过将代码按照层次划分为业务逻辑/数据、用户界面和应用流程控制这三个层次，增强了代码稳定性。View 的实现一般是由界面设计人员和界面程序员完成的；Model 是对业务数据/信息进行处理的模块，包括对业务数据的存取、加工、综合等，由业务逻辑程序员来完成；Controller 负责 View 和 Model 之间的流程控制，也就是完成两个方向的动作：将用户界面(View)的操作映射到具体的 Model，以完成具体的业务逻辑；将通过 Model 处理完的业务数据及时反应到用户界面上，一般由负责整体控制的程序员来完成。

Controller 部分的代码比较稳定，一般会使用一个通用的架构；Model 则跟随商务流程的变化而变化；View 的更改则是随着用户需求的更改而更改的。

这种模块功能的划分有利于在代码修改过程中进行模块的隔离，而不需要把具有不同功能的代码混杂在一起造成混乱。

对于项目开发而言，有利于在项目小组内按照小组成员各自的特点进行分工，有利于三个部分并行开发，加快项目进度。

7.3.2 架构组成

下面基于 MVC 架构提出了一个由 5 个层次组成的软件架构，描述了各层次的构成、职责、使用的框架、各层次的传输标准。其中 Web 层采用了 Structs 框架，Business Control 层和 Entity 层采用了自己开发的框架，而 DB Control 层采用了 Hibernate 框架，如图 7.7 所示。

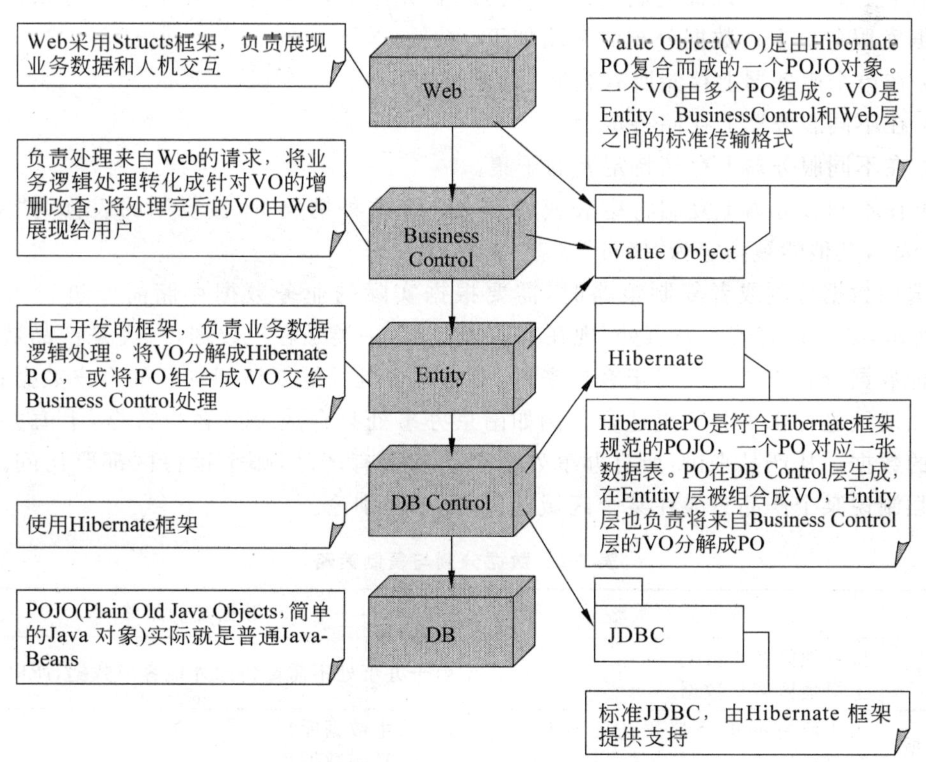

图 7.7 基于 MVC 的软件架构组成

对于使用了标准框架的部分，例如 Web 层和 DB Control 层，可以不必详细描述框架的内容，直接引用标准文档即可。对于自己开发的框架部分，需要详细描述框架的实现细节，并提供编程模型示例。

7.4 应用架构设计内容

在进行应用架构设计时,需要考虑以下3个方面的内容:

(1) 信息系统集中或者分布程度,即网络架构,可以采用网络拓扑图进行表示。

(2) 数据在网络处理器上如何分布,采用数据架构进行表示。

(3) 过程在网络处理器上如何分布,采用过程架构进行表示。

7.4.1 数据架构设计

数据架构设计主要解决数据分布到不同的数据库服务器的问题,主要采取数据分割和数据复制两种方式。数据分割是指将数据的行或列拆分到特定的数据库服务器上,服务器之间的数据很少或者没有重复。水平分割是拆分不同的行到不同的数据库服务器,垂直分割是拆分不同的列到不同的数据库服务器。数据复制是在多个数据库服务器上复制一些表或者所有表。整个表可以被复制到某些数据库服务器上,同时表中行的子集可以被复制到其他数据库服务器上。数据分布的策略如下:

(1) 在单个服务器上存储所有数据。

(2) 在不同服务器上存储特定表。

(3) 在不同服务器上存储特定表的子集。

(4) 在不同服务器上复制特定表或者子集。在这种情况下,被复制的表称为"主拷贝"或者"主表",其他的被指定为"拷贝"或者"副本"。

在选用数据分割或者复制策略时,需要根据实际的业务数据存储需要进行考虑。如表7-2所示,某公司有若干办事处,现在有两类数据,一类是客户数据,一类是产品数据。应采用哪种数据分布方式呢?对于客户来讲,南京办事处只需要访问本区的客户数据就可以,采用按照地址进行水平分割更适合。例如南京办事处只存放该区客户数据,上海办事处存放上海的数据。从产品来讲,所有办事处都要访问所有产品,哪个销售区都要访问。当然,如果有强制说某个产品只能在某个区域销售,则另当别论。

表7-2 数据分割与复制策略

	数据分割策略	数据复制策略
客户数据	南京地区客户数据 上海地区客户数据	由于办事处不需要访问外地客户数据,所以不采用
产品数据	由于所有办事处都要访问所有产品线,所以不采用	产品(主数据库) 产品(复制数据库)

7.4.2 过程架构设计

软件过程架构设计的主要内容是根据所选择的架构确定相应的软件开发环境(SDE)。软件开发环境主要是用于构造信息系统的语言和工具包。

适用于服务器架构的软件开发环境主要具备如下特征:

- 一个编辑器和一个编译器，用于编写程序；
- 一个事务监视器，用户管理联机事务和终端屏幕；
- 一个文件管理系统，或者数据库系统，用于管理存储的数据。

适用于两层服务器架构的软件开发环境主要有 PB、VB、Delphi 等。这些开发环境一般具有如下特征：

- 用于构建图形用户界面的 RAD 环境；
- 为 GUI 相关系统事件自动生成模块代码；
- 有编程语言；
- 有到各种关系数据库引擎的连接；
- 有客户端使用的复杂代码测试和调试环境；
- 系统测试环境；
- 创建最终用户报告；
- 有客户端帮助文件系统。

适用于多层服务器架构的软件开发环境除了具备两层软件开发环境的特征之外，还需要具备如下特征：

- 支持客户端和服务器异构计算平台；
- 同时用于客户端和服务器的代码生成和编程；
- 具有可复用性；
- 有 CASE 工具；
- 有客户端和服务器之间分割应用组件的工具；
- 有客户端和服务器上的支持工具；
- 具有自动调整应用到不同平台的能力；
- 能进行复杂的软件版本控制和应用管理。

为了支持浏览器/服务器架构的软件开发，快速应用开发工具正在兴起，大多数这类语言都围绕以下 4 个核心标准技术构建：

- HTML(超文本标记语言)，用于构造大多数因特网和内联网网页内容和超链接的语言。
- XML(可扩展标记语言)，用于通过 Web 传输数据和属性的可扩展语言。
- CGI(计算机网关接口)，用于发布图形化组件、结构和链接的标准。
- 网页编程语言，如 Java 等，用于创建与平台无关的程序、Servlet 和可以在浏览器的 Java 虚拟机内运行的 Applet。

7.4.3 网络架构设计

网络架构主要解决如何将客户端、服务器以及设备分配到网络中，客户端与服务器之间如何连接，用户在哪里与客户端交互等问题。网络架构(见图 7.8)包括以下内容：

- 服务器及其物理位置。
- 客户端及其物理位置。
- 处理器说明。处理器的资料库描述，可被用于定义处理器说明，如硬盘容量、显示器等。

• 传输协议。连接用传输协议和其他相关物理参数标记。

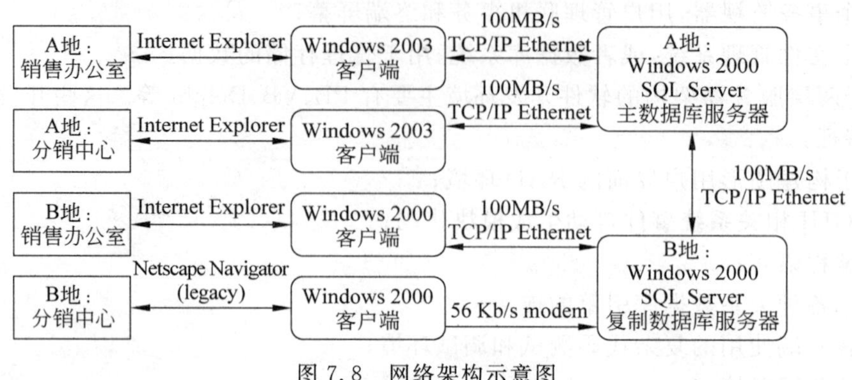

图 7.8 网络架构示意图

7.5 案例分析——某服务台系统架构设计①

1. 服务台系统性能需求分析

本服务台系统实现的目标对象是中型规模的企业，企业销售的商品主要为边际利润较高的高端产品与服务，售前与售后服务作为企业积累客户资源与培养客户忠诚度的重要渠道给企业创造关键竞争优势与利润来源，而其服务中心的建设为保证该渠道的畅通提供坚实的支持。根据需要，其服务中心的平均在线人数小于150人，但不低于50人，在线时间日均小于10小时。根据在线终端数量，系统开发预期采用B/S三层体系架构，系统运行于单数据库服务器非分布式部署环境，从而减轻系统维护与升级的成本消耗。在开发平台的选择上，结合性能考虑采用基于轻量级J2EE的企业技术平台进行开发。J2EE作为业内成熟的企业级开发平台，与在功能上与其相似的Dot Net平台相比，具有更多的成功范例，其稳定性与高性能更为突出，作为大型企业级项目的开发平台，具有无可争议的地位。在开发平台的架构规模上，采用轻量级的J2EE架构实现系统，相对于重量级的EJB架构，轻量级J2EE架构配置更为灵活简便，程序可移植性更佳，此外，由于重量级系统在处理非分布式服务器处理环境的时候性能不如轻量级系统的轻便与迅捷，所以轻量级的J2EE平台是目标企业系统需求分析得出的最佳选择。

2. 服务台系统开发平台选择

在对轻量级J2EE开发平台的具体选择上，采用目前业内流行的、以Spring为核心容器的架构，前端Web服务层使用基于Struts的经典MVC实现，后端持久层使用成熟的Hibernate技术框架完成系统开发。一方面，开源框架相对于闭源框架具有更高的可维护性与可更新性，另一方面，其技术的先进性也构成了系统开发平台选择的主要依据。具体来说，该系统开发所选用技术的先进性表现在以下几方面：

本系统采用目前Spring的最新版本2.02作为系统容器。Spring作为J2EE容器的轻

① 引自李轶嵘，中型服务台设计与开发，[D]，上海财经大学，2007.

量级实现，目前在业内的领先地位毋庸置疑。Spring 采用 IoC (Inverse of Control，控制反转)技术为系统的服务层(service level)与控制层 (controller level)提供支持，在使服务层与控制层业务开发独立于容器，提供高移植性的同时，提供自动装配(auto-wire/auto-weave)功能，使用配置文件完成复杂的服务与控制操作，降低错误发生率，缩短开发周期；采用 AOP (Aspect-oriented Programming，面向方面编程) 技术为服务层与控制层提供动态代理的支持，在处理复杂事务方面提供有力支持，结合配置式事务声明方式完成数据操作。

本系统采用目前 Hibernate 的 3.2.2 版本作为系统持久层(persistent level)的实现框架。Hibernate 是目前 ORM (Object Relationship Mapping，对象关系映射)理论技术实现的先驱之一(另一个著名的框架为 JDO)，ORM 采用基于对象的编程技术，便于面向对象开发人员使用面向对象语言操纵关系数据库，在提高系统开发效率的同时，提供了综合的系统管理功能，通过系统配置，自动完成复杂的数据库操作。

系统采用 Struts 1.2.8 版本，Struts 是业内最早的 MVC2(Model-View-Controller Ver. 2，第二代模型视图控制器)设计模式实现者，通过分离数据模型层、中央控制器层与视图呈现层，达到设计简洁、逻辑清晰的目的，降低后期系统升级维护成本。

3. 服务台系统开发环境与部署环境

1) 开发环境

操作系统与 JDK：Windows XP sp2＋JDK 5.0。

Web 服务器：嵌入式 Tomcat 5.5.9 (Tomcat embedded edition)。

数据库服务器：超音速数据库引擎 (HSQL DB 1.8.0.7)。

系统容器与开发框架：Spring 2.0.2＋Hibernate 3.2.2＋Struts 1.2.8。

IDE：Eclipse 3.2。

浏览器：IE 6.0，FireFox 2.0.2。

符合技术标准：HTML 4.0，CSS 2.0，JSP 2.0，Servlet 2.4。

2) 部署环境

软件环境如下：

操作系统与 JRE 环境：操作系统可为 JRE 支持的主流操作系统，推荐使用 Win2003＋，JRE 使用 JRE5.0(由于使用 JRE6.0 在测试时出现兼容性问题，所以不使用 JRE6.0)。

Web 服务器：与 Tomcat 5.5.9 兼容的其他类型 Web 容器，并要求符合 JSP 2.0、Servlet 2.4 标准。推荐使用 Tomcat 5.5.9＋(标准版)。

数据库服务器：Hibernate 3.2.2 支持的所有数据库服务器，根据企业性能需要，最低配置推荐使用 MySQL 5.0＋。

客户端浏览器：IE 6.0＋。

硬件环境如下：

服务器端推荐将数据库服务器与 Web 服务器分离。最低配置可以使用单服务器，内存不低于 512MB(终端数目不超过 20)，CPU 最低使用 Intcl P4。

客户端推荐配置 Intel P4 以上，内存 256MB 以上，操作系统使用 Win 2000 以上，IE 6.0，最低配置可使用 Intel P2，内存 64MB，Windows 98 操作系统，IE 6.0。

本章小结

本章的内容核心是应用架构，主要包括应用架构的定义、特点、逻辑层次、典型应用架构类型以及应用架构设计方法。在应用架构设计的过程中，程序员必须综合考虑各种系统需求，针对不同需求给出相应的设计方案。

思考与练习

1. 假设现在负责汽车零部件商店全国供应链的新订单输入和销售分析系统的设计。每个商店有一台 PC 支持办公功能。公司也有区域经理在各商店之间来回巡视，且与当地经理一起促进销售。区域经理有 4 个全国性办公室，他们每周有一天在办公室，4 天花在路上。各商店基于销售历史和库存水平以天为单位下达订单来补充库存。公司使用高速拨号线和调制解调器将各商店的 PC 连接到公司的主计算机。每个区域经理有一台配调制解调器的膝上型计算机，当他们在办公室时就不时地连接到网上。是否推荐该公司使用客户/服务器分布式系统，如果是，那么推荐使用哪种结构？为什么？

2. 访问已经安装 LAN 的一个组织。回答下列问题：

(1) 列出使用文件服务器结构发给客户 PC 的所有应用程序。每个应用有多少用户？它们具有什么专业和技术性技巧？支持哪些商业处理？在每个应用中生成、读取、更新或删除了什么数据？

(2) 列出使用客户/服务器结构发给客户 PC 的所有应用程序。每个应用有多少用户？它们具有什么专业和技术性技巧？支持哪些商业处理？在每个应用中生成、读取、更新或删除了什么数据？

3. 分布式处理环境需要每台客户 PC 上的应用软件必须共享以适应数据管理。但容易出现的问题是，在两台客户机上同时运行的应用可能在同一时间都要更新同一数据。如何管理这种潜在冲突？

4. 客户/服务器结构具有哪些优点？这种结构可能产生哪些操作和管理问题？哪些应用适合于采用这种架构？

5. 从互联网中找出几个浏览器/服务器模式的电子商务网站，比较其相比于客户/服务器结构具有哪些优点？哪些应用适合于采用这种架构？

6. 现有一种瘦客户技术朝无线移动计算发展的趋势。连接到网上并访问其中一些生产瘦客户产品(如上网本，WPA(无线应用协议)电话和个人数字助理)的计算机供应商。分析每类设备的特征并准备一份比较每类设备的报告，至少包含以下标准：屏幕尺寸，颜色，网络选项与速度，固定存储器，以及嵌入应用等。

第8章 软件过程设计

学习目标

通过本章学习，要求掌握：

- 软件过程设计的主要内容，包括总体设计和详细设计。
- 软件设计的基本原理，包括模块化、抽象与信息隐蔽、模块的独立性。
- 各种软件设计工具，如 HIPO 图、软件结构图以及详细设计工具，并比较其特点。
- 软件结构设计的各种方法，理解每种设计方法的适用情况。
- 软件详细设计的目标和方法。

在系统分析阶段，系统分析人员通过对系统的调查和分析，对系统过程进行描述，利用结构化系统分析方法产生数据流图、数据字典等系统分析资料。在设计阶段，可以采用一组标准的工具和准则在数据流图的基础上进行结构设计，根据系统分析工作所构造的系统逻辑结构模型，产生结构化系统设计资料。

8.1 过程设计主要内容

为了最终实现系统目标，必须设计组成这个系统的所有程序和数据库。数据库设计完成与数据相关的设计任务，而过程设计主要是针对程序进行设计。这部分通常分为两个阶段完成：首先进行结构设计，然后进行过程设计。结构设计确定程序由哪些模块组成，以及这些模块之间的关系；过程设计确定每个模块的处理过程。结构设计是总体设计阶段的任务，过程设计是详细设计阶段的任务。

为确定软件结构，首先需要从实现角度把复杂的功能进一步分解。分析员结合算法描述仔细分析数据流图中的每个处理，如果一个处理的功能过分复杂，必须把它的功能适当地分解成一系列比较简单的功能。一般来说，经过分解之后，每个功能对大多数程序员而言都是明显易懂的。功能分解导致数据流图的进一步细化，同时还应该用 IPO 图或其他适当的工具简要描述细化后每个处理的算法。

8.1.1 总体设计

通常程序中的一个模块完成一个适当的子功能。应该把模块组成良好的层次系统，顶层模块调用它的下层模块以实现程序的完整功能，每个下层模块再调用更下层的模块，从而完成程序的一个子功能，最下层的模块完成最具体的功能。软件结构（即由模块组成的层次系统）可以用层次图或结构图来描绘。如果数据流图已经细化到适当的层次，则可以直接从数据流图映射出软件结构。

8.1.2 详细设计

详细设计的目标是确定怎样具体实现软件结构图中每个模块的具体内容。通过详细设计可以得到每个具体模块的精确描述，从而在编码阶段将这个描述直接翻译成用某种程序设计语言书写的程序。

详细设计的任务还不是具体地编写程序，而是要设计出程序的“蓝图”，程序员可以根据这个蓝图编写实际的程序代码。因此，详细设计的结果基本上决定了最终的程序代码的质量。

8.2 软件设计的基本原理

为确保软件过程设计的质量，需要采用一定的标准对软件设计技术进行衡量。本节介绍几种基本原理。

8.2.1 模块化

模块在程序中是数据说明、可执行语句等程序对象的集合，或者是单独命名和编址的元素，如高级语言中的过程、函数、子程序等。模块是可组合、分解和更新的单元。模块有以下基本属性：

接口：指模块的输入与输出。

功能：指模块实现什么功能。

逻辑：描述内部如何实现要求的功能及所需的数据。

状态：该模块的运行环境，即模块的调用与被调用关系。

功能、状态与接口反映模块的外在特性，逻辑反映它的内在特性。

模块化是指解决一个复杂问题时自顶向下逐层把软件系统划分成若干模块的过程。模块完成一个特定的子功能，所有的模块按某种方法组装起来，成为一个整体，完成整个系统所要求的功能。

经验表明，由两个问题组合而成的一个问题的复杂度大于分别考虑每个问题的复杂度之和。因此，开发一个大而复杂的软件系统，将它进行适当的分解，不但可降低其复杂性，还可减少开发工作量，从而降低开发成本，提高软件生产率。但是，模块划分越多，虽然块内的工作量减少，但是模块之间接口的工作量却增加了。因此在划分模块时，应在模块数量和模块接口之间找到合适的平衡点，如图 8.1 所示。

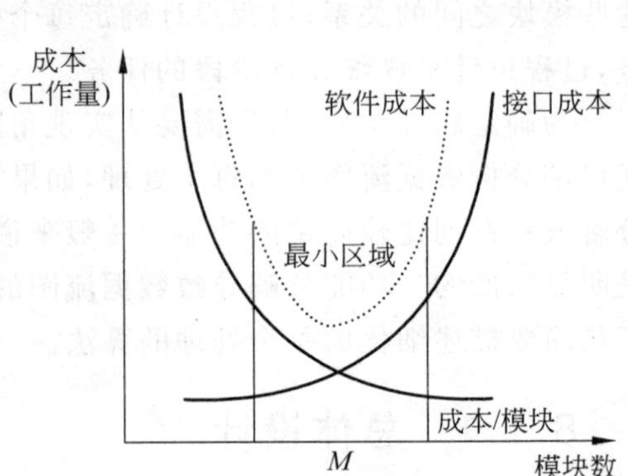

图 8.1 模块与软件开发成本

8.2.2 抽象与信息隐蔽

抽象是认识复杂现象过程中使用的思维工具，即抽出事物本质的共同性而暂不考虑它的细节，不考虑其他因素。抽象的概念被广泛应用于计算机软件领域，系统开发过程中的每一步都可以看作是对软件解决方法的抽象层次的一次细化。通过抽象，可以确定组成软件的过程实体。通过信息隐蔽，可以定义和实现对模块的过程细节和局部数据结构的存取限制。信息隐蔽指在设计和确定模块时，使得一个模块内包含的信息(过程或数据)，对于不需要这些信息的其他模块来说，是不能访问的。

8.2.3 模块独立性

为了降低软件系统的复杂性，提高可理解性、可维护性，必须把系统划分成为多个模块，模块不能任意划分，应尽量保持其独立性。模块独立性指每个模块只完成系统要求的独立的子功能，并且与其他模块的联系最少且接口简单。根据模块的外部特征和内部特征，采用两个衡量软件的独立性的度量标准，即耦合性和内聚性。

1. 耦合性

耦合性也称块间联系，指软件系统结构中各模块间相互联系紧密程度的一种度量。模块之间联系越紧密，其耦合性就越强，模块的独立性则越差。模块间耦合高低取决于模块间接口的复杂性、调用的方式及传递的信息。模块耦合性有以下几种类型，如表 8-1 所示。

表 8-1 模块耦合性的类型

<table>
<tr><th>耦合类型</th><th>耦合特点</th><th>耦合类型</th><th>耦合特点</th></tr>
<tr><td>无直接耦合</td><td>指两个模块之间没有直接的关系，它们分别从属于不同模块的控制与调用，它们之间不传递任何信息，因此模块间耦合性最弱，模块独立性最高</td><td rowspan="2">标记耦合</td><td rowspan="2">指两个模块传递的是数据结构，如高级语言中的数组名、记录名、文件名等这些名字即为标记，其传递的是这个数据结构的地址。例如，住户详情中包含“本月用电量”和“本月用水量” 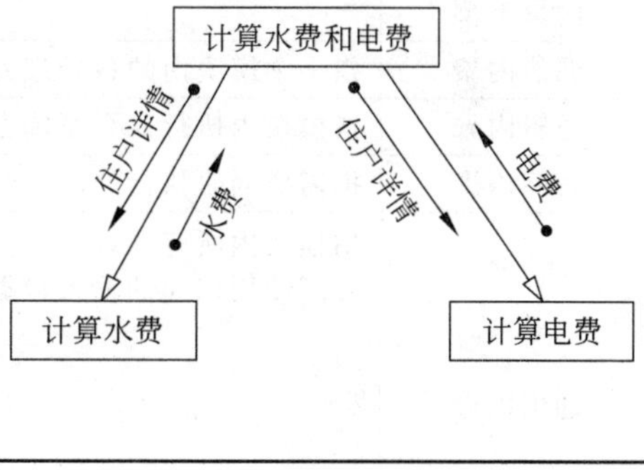
计算水费和电费
住户详情
水费
住户详情
电费
计算水费
计算电费</td></tr>
<tr><td>数据耦合</td><td>指两个模块之间有调用关系，传递的是简单的数据值，相当于高级语言中的值传递。例如： 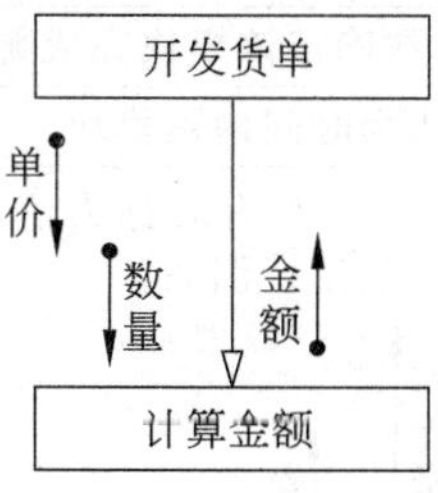
开发货单
单价
数量
金额
计算金额</td></tr>
</table>

续表

耦合类型	耦 合 特 点	耦合类型	耦 合 特 点
控制耦合	指一个模块调用另一个模块时，传递的是控制变量（如开关、标志等），被调用模块通过该控制变量的值有选择地执行块内某些功能。例如： 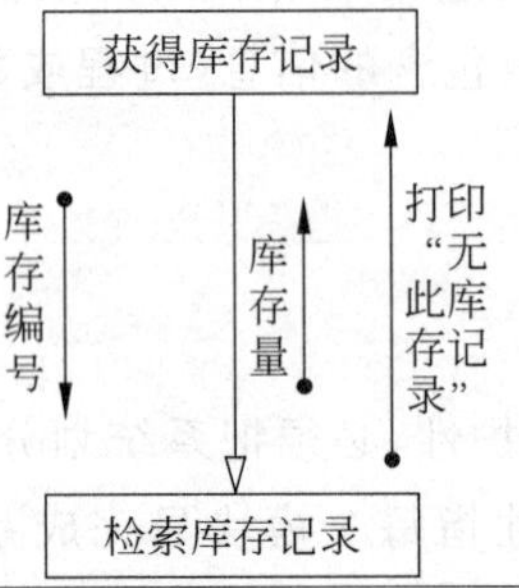 获得库存记录 库存编号　库存量　打印“无此库存记录” 检索库存记录	内容耦合	这是最高程度的耦合，也是最差的耦合。当一个模块直接使用另一个模块的内部数据，或通过非正常入口而转入另一个模块内部，这种模块之间的耦合为内容耦合，这种情况往往出现在汇编程序设计中。例如： 模块 A TRC：…… 模块 B GOTO TRC
公共耦合	指通过一个公共数据环境相互作用的那些模块间的耦合。公共数据环境可以是全程变量或数据结构、共享的通信区、内存的公共覆盖区及任何存储介质上的文件、物理设备等。例如： 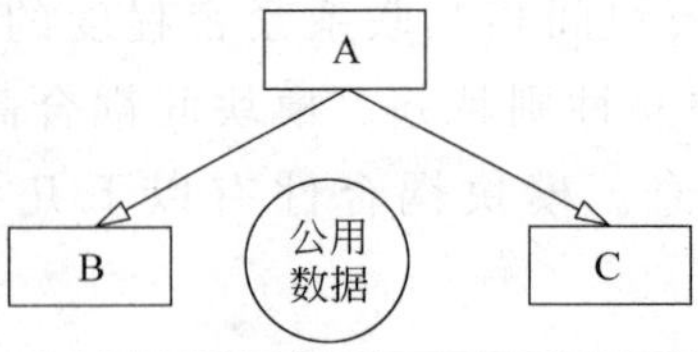 A B　公用数据　C		

注：耦合性从上到下逐渐增强。

2. 内聚性

内聚性又称做块内联系，指模块的功能强度的度量。若一个模块内各元素（语句之间、程序段之间）联系得越紧密，则它的内聚性就越高，内聚性有以下几种类型，如表 8-2 所示。

表 8-2　模块内聚性的类型

内聚类型	聚 合 特 点
偶然内聚	指一个模块内的各处理元素之间没有任何联系
逻辑内聚	指模块内执行几个逻辑上相似的功能，通过参数确定该模块完成哪一个功能
时间内聚	把需要同时执行的动作组合在一起形成的模块为时间内聚模块
通信内聚	指模块内所有处理元素都在同一个数据结构上操作（有时称为信息内聚），或者指各处理使用相同的输入数据或者产生相同的输出数据。例如： 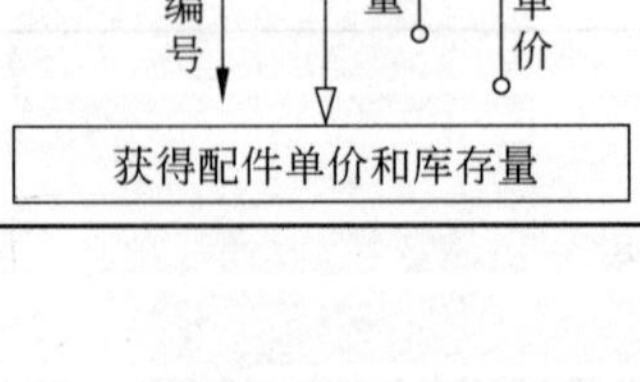 配件编号　库存量　单价 获得配件单价和库存量

续表

内聚类型	聚合特点
顺序内聚	指一个模块中各个处理元素都密切相关，且同一功能必须顺序执行，前一功能元素的输出就是下一功能元素的输入。例如： A → B → C（功能1，功能2）
功能内聚	这是最强的内聚，指模块内所有元素共同完成一个功能，缺一不可

注：内聚性从上到下逐渐增强。

耦合性与内聚性是模块独立性的两个定性标准，将软件系统划分模块时，尽量做到高内聚低耦合，提高模块的独立性，为设计高质量的软件结构奠定基础。

8.3 软件设计工具

8.3.1 HIPO 图

HIPO(Hierarchy Plus InPut/Process/OutPut)图由美国 IBM 公司于 20 世纪 70 年代发明，用图形方法表达一个系统的输入和输出功能，以及模块的层次。该技术包括两方面的内容：HIPO 分层图和 IPO 图。

HIPO 分层图用于表示自顶向下分解所得系统的模块层次结构。每个矩形框代表一个模块，连线表示"调用"而非"组成"。为了能使 HIPO 图具有可追踪性，在 H 图(层次图)里除了最顶层的方框之外，每个方框都可以加编号。编号规则和数据流图的编号规则相同。如图 8.2 所示。

IPO 图(输入—处理—输出图)用于描述分层图中一个模块的输入、输出和处理内容。与 H 图中每个方框相对应，应该有一张 IPO 图描绘这个方框代表的模块的处理过程。HIPO 图中的每张 IPO 图内都应该明显地标出它所描绘的模块在 H 图中的编号，以便追踪了解这个模块在软件结构中的位置，如图 8.3 所示。

HIPO 图适合于在自顶向下设计软件的过程中使用。应用 HIPO 技术可以进行系统设计、评价，在系统实施之前处理和修改已设计的系统。HIPO 图清晰易懂，可以使用户、管理人员和其他系统建设者很方便地理解系统的程序结构，也有利于程序的编写和系统的维护。

8.3.2 软件结构图

Yourdon 提出的结构图是进行软件结构设计的另一个有力工具。结构图和层次图类似，也是描绘软件结构的图形工具，结构图可以表达一个已经被分解为若干模块的系统结构，描述这些模块之间的接口，模块之间的联系可以用规定的图形符号表示，如图 8.4 所示。

(1) 模块：用方框表示，名字体现该模块的功能。按照惯例总是图中位于上方的方框代表的模块调用下方的模块。

销售管理系统
1订货处理
2进货处理
3销售统计
4缺货处理
1.1 输入检验订单
1.2 读库存记录
1.3 确定能否供货
2.1 输入进货单
2.2 增加库存量
2.3 读缺货记录
2.4 缺货订单记录
3.1 读订单记录
3.2 分类统计
4.1 读缺货记录
4.2 统计各项缺货单
4.3 打印缺货单
可供货处理
缺货订单留底
可供货处理
修改缺货记录
打印统计表
减少库存量
订单留底
打印备货单

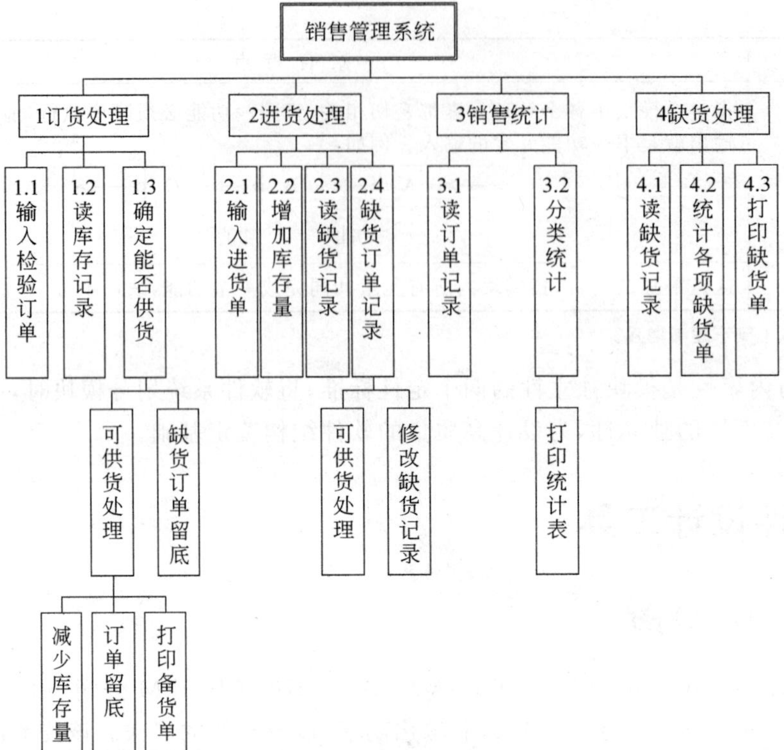

图 8.2 销售管理系统的 HIPO 图

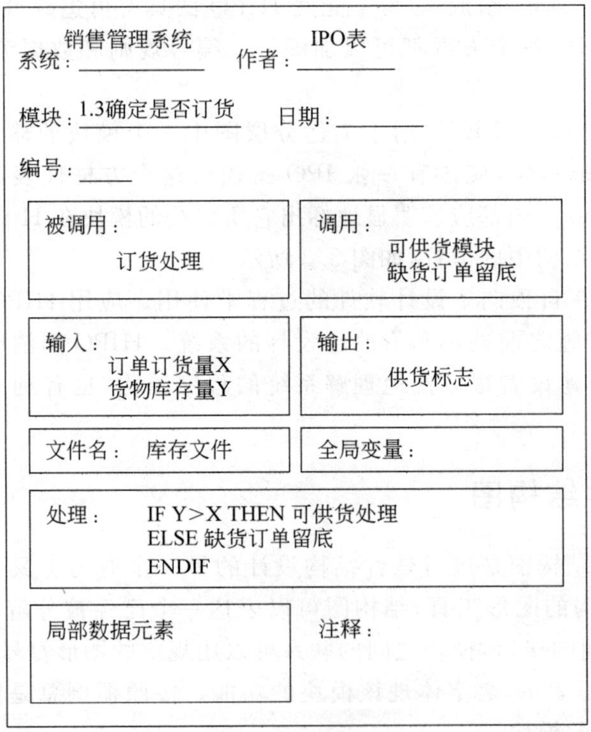

系统：销售管理系统
作者：IPO表
模块：1.3确定是否订货
日期：
编号：
被调用：
订货处理
调用：
可供货模块
缺货订单留底
输入：
订单订货量X
货物库存量Y
输出：
供货标志
文件名： 库存文件
全局变量：
处理：
IF Y>X THEN 可供货处理
ELSE 缺货订单留底
ENDIF
局部数据元素
注释：

图 8.3 IPO 图

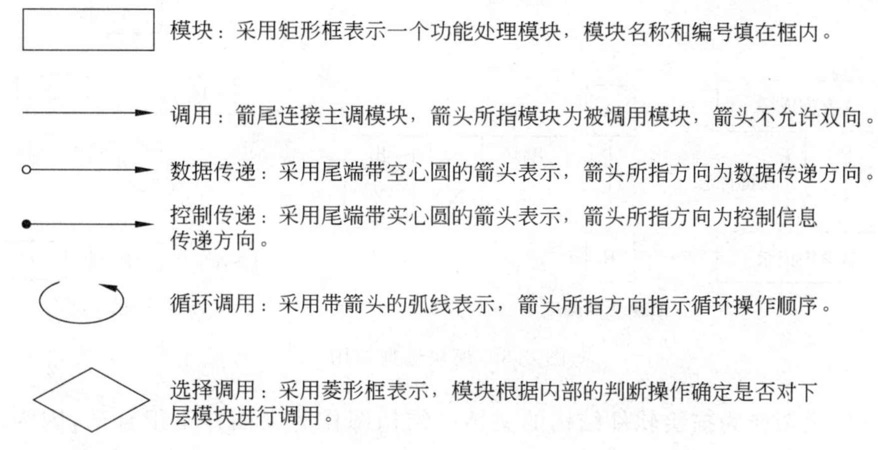

图 8.4 软件结构图表示符号

(2) 模块间的控制关系：方框之间的箭头(或直线)表示模块的调用关系。上层模块调用下层模块，但调用次序不严格。

(3) 模块间的信息传递：在结构图中通常还用带注释的箭头表示模块调用过程中来回传递的信息。如果希望进一步标明传递的信息是数据还是控制信息，则可以利用注释箭头尾部的形状来区分：尾部是空心圆表示传递的是数据，实心圆表示传递的是控制信息。图 8.5 通过产生最佳解的示例显示了结构图的表示方法。

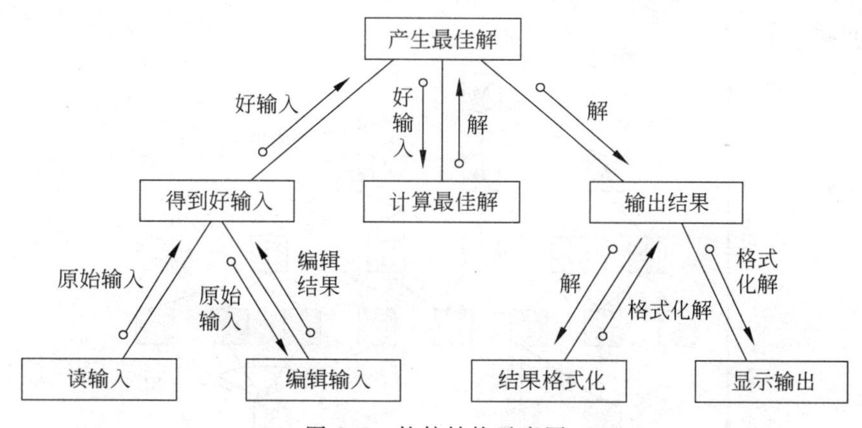

图 8.5 软件结构示意图

(4) 两个附加符号：模块选择调用或循环调用。在图 8.6 中，图(a)表示当模块 A 中某个判定为真时调用模块 B，为假时调用模块 C。图(b)表示模块 M 循环调用模块 A、B 和 C。

注意，层次图和结构图并不严格表示模块的调用次序。虽然多数人习惯于按调用次序从左到右画模块，但并没有这种规定，出于其他方面的考虑(例如为了减少交叉线)，也完全可以不按这种次序画。此外，层次图和结构图并不指明什么时候调用下层模块。通常上层模块中除了调用下层模块的语句之外还有其他语句，究竟是先执行调用下层模块的语句还是先执行其他语句，在图中丝毫没有指明。事实上，层次图和结构图只表明一个模块调用哪些模块，至于模块内还有没有其他成分则完全没有表示。

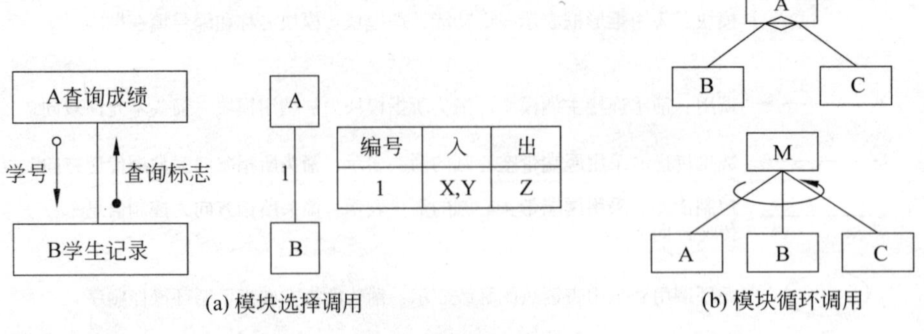

图 8.6 模块选择调用

通常用层次图作为描绘软件结构的文档。结构图作为文档并不很合适,因为图上包含的信息太多有时反而降低了清晰程度。但是,利用 IPO 图或数据字典中的信息得到模块调用时传递的信息,从而由层次图导出结构图的过程,却可以作为检查设计正确性和评价模块独立性的好方法。传送的每个数据元素是否都是完成模块功能所必须的,反之,完成模块功能必须的每个数据元素是否都传送来了,所有数据元素是否都只和单一的功能有关?如果发现结构图上模块间的联系不容易解释,则应该考虑是否设计上有问题。

软件结构图形态特征有如下四个指标,分别是:深度,指结构图控制的层次,即模块的层数;宽度,指一层中最大的模块个数;扇入,指一个模块直接上属模块的个数,扇出,指一个模块直接下属模块的个数。如图 8.7 所示,该软件图深度为 5,宽度为 8;模块 M 的扇出为 3,模块 T 的扇入为 4。

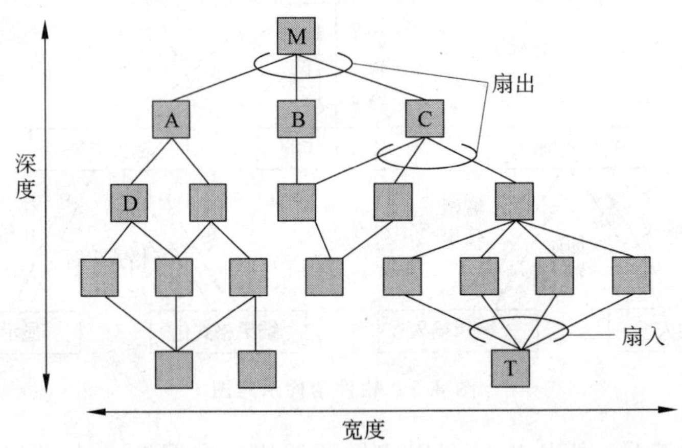

图 8.7 结构图形态特征

表示软件结构图时需要注意:

(1) 同一名字的模块在结构图中仅能出现一次。

(2) 调用关系只能从上到下。

(3) 不严格表示模块的调用次序,习惯上从左到右,有时为了减少连线的交叉,适当地调整同一层模块的左右位置,以保证结构图的清晰。

(4) 结构图并不指明什么时候调用下层模块,只表明一个模块调用哪些模块,至于模块内还有没有其他成分则完全没有表示。

8.3.3 详细设计工具

详细设计的主要任务是设计每个模块的实现算法、所需的局部数据结构。详细设计的目标有两个：实现模块功能的算法要逻辑上正确和算法描述要简明易懂。详细设计常用的工具有以下 3 种。

1. 程序流程图

程序流程图(PFC)，又称程序框图，是描述程序逻辑结构的工具。它使用的符号与系统流程图的符号很多相同，但是，箭头符号代表控制流而不是数据流。

程序流程图有 5 种基本控制结构，如图 8.8 所示。

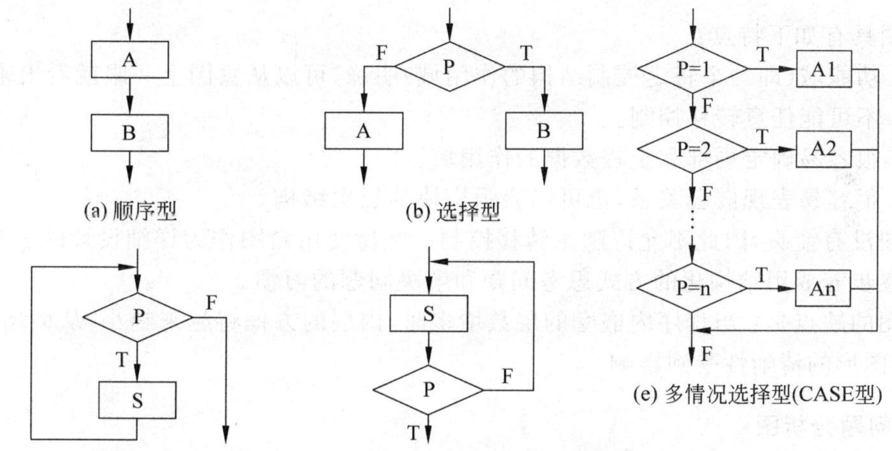

图 8.8 程序流程图的基本控制结构

这 5 种基本的控制结构是：

(1) 顺序型：几个连续的处理步骤依次排列构成。

(2) 选择型：由某个逻辑判断式的取值决定选择两个处理中的一个。

(3) 先判定型循环：在循环控制条件成立时，重复执行特定的处理。

(4) 后判定型循环：重复执行某些特定的处理，直到控制条件成立。

(5) 多情况选择型：列举多种处理情况，根据控制变量的取值，选择其一执行。

程序结构图的优点是直观清晰、易于使用。

缺点是：

(1) 易造成非结构化的程序结构，编码时不加限制地使用 GOTO 语句，导致基本控制块多入口多出口，与软件设计的原则相违背。

(2) 程序流程图本质上不是逐步求精的好工具，会诱使过早考虑程序的控制流程，而不去考虑程序的全局结构。

(3) 程序流程图不易表示数据结构。

2. 盒图

根据结构程序设计思想，Nassi 和 Shneiderman 提出了盒图，又称为 N-S 图。

图 8.9 给出了结构化控制结构的盒图表示，也给出了调用子程序的盒图表示方法。

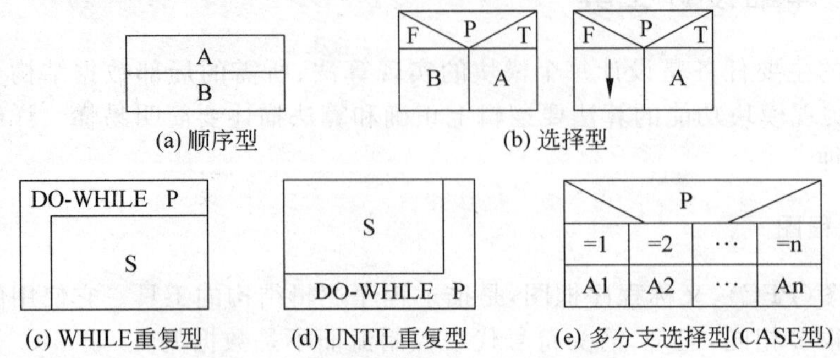

图 8.9 结构化控制结构的盒图表示

盒图具有如下特点：

(1) 功能域(即一个特定控制结构的作用域)明确，可以从盒图上一眼就看出来。

(2) 不可能任意转移控制。

(3) 很容易确定局部和全程数据的作用域。

(4) 很容易表现嵌套关系，也可以表示模块的层次结构。

盒图没有箭头，因此不允许随意转移控制。坚持使用盒图作为详细设计的工具，可以使程序员逐步养成用结构化的方式思考问题和解决问题的习惯。

盒图的缺点是：当程序内嵌套的层数增多时，内层的方框将越来越小，从而增加绘图的难度，使图形的清晰性受到影响。

3. 问题分析图

问题分析图的英文缩写是 PAD(Problem Analysis Diagram)，自 1973 年由日本日立公司发明以后，已得到一定程度的推广。它用二维树形结构的图来表示程序的控制流(如图 8.10 所示)，图中最左面的竖线是程序的主线，即第一层结构。随着程序层次的增加，PAD 图逐渐向右延伸，每增加一个层次，图形向右扩展一条竖线。PAD 图中竖线的总条数

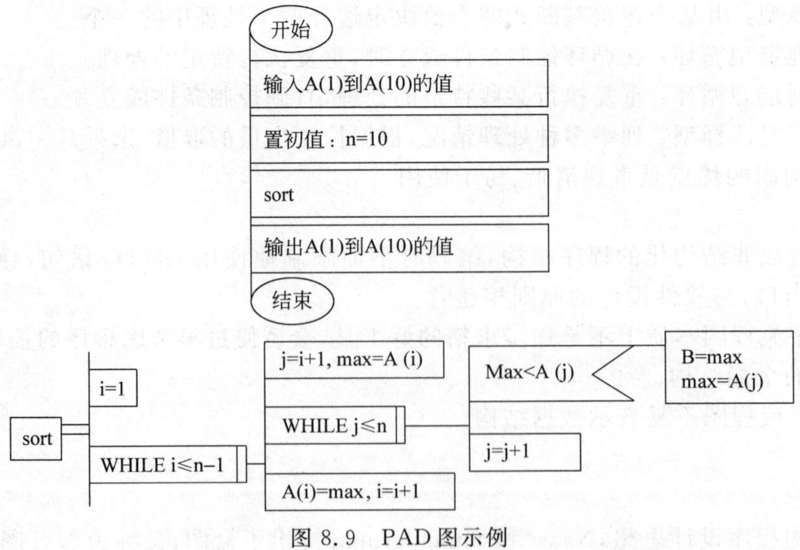

图 8.9 PAD 图示例

就是程序的层次数。

PAD 图的主要优点如下：

(1) 支持结构化的程序设计原理，使用表示结构化控制结构的 PAD 符号所设计出来的程序必然是结构化程序。

(2) 支持自顶向下、逐步求精的设计方法。开始时设计者可以定义一个抽象的程序，随着设计工作的深入而逐步增加细节，直至完成详细设计。

(3) 用 PAD 图表现程序逻辑，易读、易懂、易记。PAD 图是二维树形结构的图形，程序从图中最左竖线上端的结点开始执行，自上而下，从左向右顺序执行，遍历所有结点。

(4) 支持程序自动生成。容易将 PAD 图转换成高级语言源程序，这种转换可用软件工具自动完成，从而可省去人工编码的工作，有利于提高软件可靠性和软件生产率。

PAD 图是面向高级程序设计语言的，为 FORTRAN、COBOL 和 Pascal 等每种常用的高级程序设计语言都提供了一整套相应的图形符号。由于每种控制语句都有一个图形符号与之对应，显然将 PAD 图转换成与之对应的高级语言程序比较容易。

8.4 软件结构设计方法[6]

面向数据流的设计方法的目标是给出设计软件结构的一个系统化的途径。在系统需求分析阶段，信息流是一个关键考虑，通常用数据流图描绘信息在系统中处理和流动的情况。面向数据流的设计方法定义了一些不同的“映射”，利用这些映射可以把数据流图变换成软件结构。因为任何软件系统都可以用数据流图表示，所以面向数据流的设计方法理论上可以设计任何软件的结构。通常所说的结构化设计方法(简称 SD 方法)，也就是基于数据流的设计方法。

结构化设计以结构化分析产生的数据流图为基础，按一定的步骤映射成软件结构。面向数据流的设计方法把信息流映射成软件结构，信息流的类型决定了映射的方法。信息流有下述两种类型：变换流和事务流，因此设计方法也相应地划分成两类：变换分析设计以及事务分析设计。

8.4.1 变换分析设计

变换流的形式如图 8.10 所示，信息沿输入通路进入系统，同时由外部形式变换成内部形式，进入系统的信息通过变换中心，经处理以后再沿输出通路变换成外部形式离开软件系统。当数据流图具有这些特征时，这种信息流就叫做变换流。

变换型数据流的设计主要包含以下步骤：

(1) 确定输入流和输出流的边界，从而孤立出变换中心。

① 检查“输入流”的边界。

从输入的数据源开始，沿着每一个由数据源传入的数据流的移动方向进行跟踪分析，逐个分析它所经过的处理逻辑功能。如果仅是传入的数据流作形式上的转换，逻辑上没有进行实际的数据处理功能，则这些处理逻辑属于系统的“输入处理部分”。延着传入的数据流的移动方向，一直跟踪到它被真正处理为止。

② 检查“输出流”的边界。

从输出结果的地方开始，逆着每一个传递出去的数据流，由外向里反方向跟踪，逐个分析它的处理逻辑功能，一直反方向跟踪到它被真正产生出来为止。

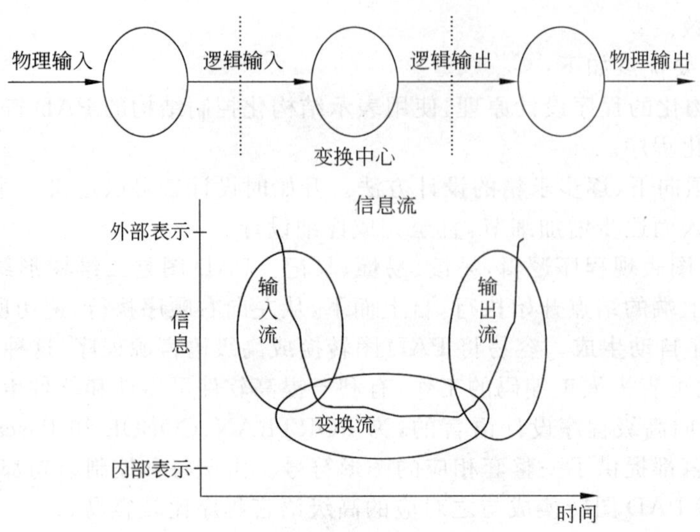

图 8.10 变换流的形式

③ 得到变换中心。

根据前两步的分析结果,画出一个闭环界线,在界线以内的就是变换中心。

(2) 设计软件结构的顶层和第一层——变换结构,如图 8.11 所示。

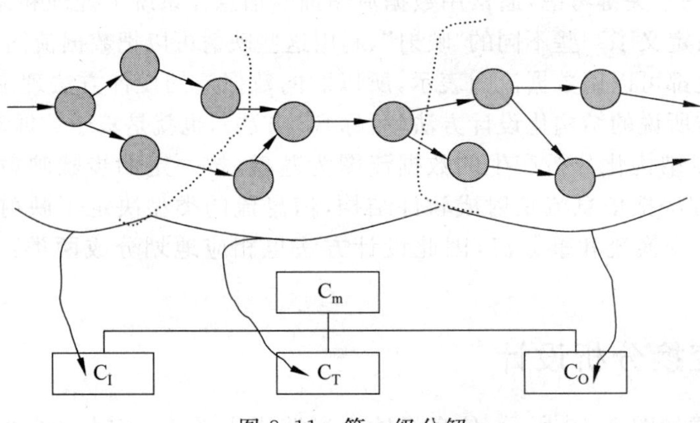

图 8.11 第一级分解

① 顶层主模块 C_m 是抽象出来的,以系统的名字命名,协调控制下属模块,完成系统各项功能。

② 第一层的模块设计方法:为每一个逻辑输入设计一个输入模块,用于为主模块提供数据输入;为每一个逻辑输出设计一个输出模块,用于为主模块提供数据输出;为中心变换设计一个变换模块,用于将逻辑输入转换成逻辑输出。

(3) 设计中、下层模块。

在第一层的模块基础上自顶向下,逐层分解。输入模块的下属模块设计:为每个输入模块设计两个下层模块,一个用于接收数据,另一个用于将这些数据转换为所要求的数据。重复这两个步骤直到物理输入为止,如图 8.12 所示。

输出模块的下属模块设计:为每个输出模块设计两个下层模块,一个将用于调用模块提供的数据转换为所需的数据形式,另一个用于发送数据,重复这两个步骤直到物理输出为止。如图 8.13 所示。

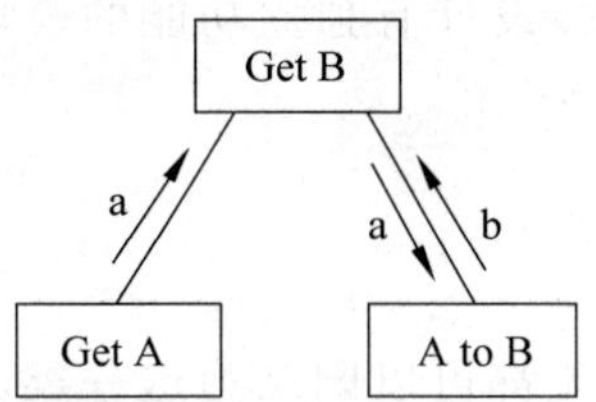

图 8.12 输入模块的下属模块设计

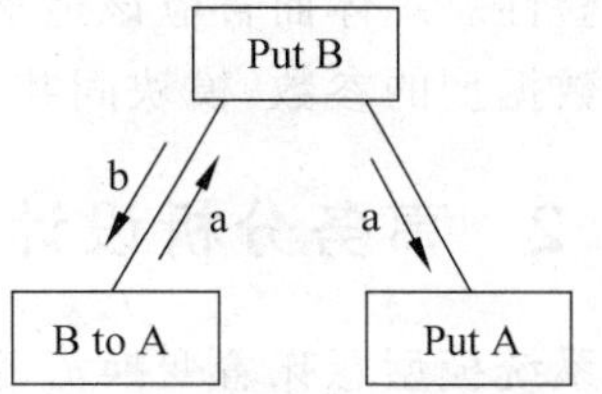

图 8.13 输出模块的下属模块设计

变换模块的下属模块设计：按照模块独立性的原则来组织其结构，一般每个基本处理设计一个功能模块，如图 8.14 所示。

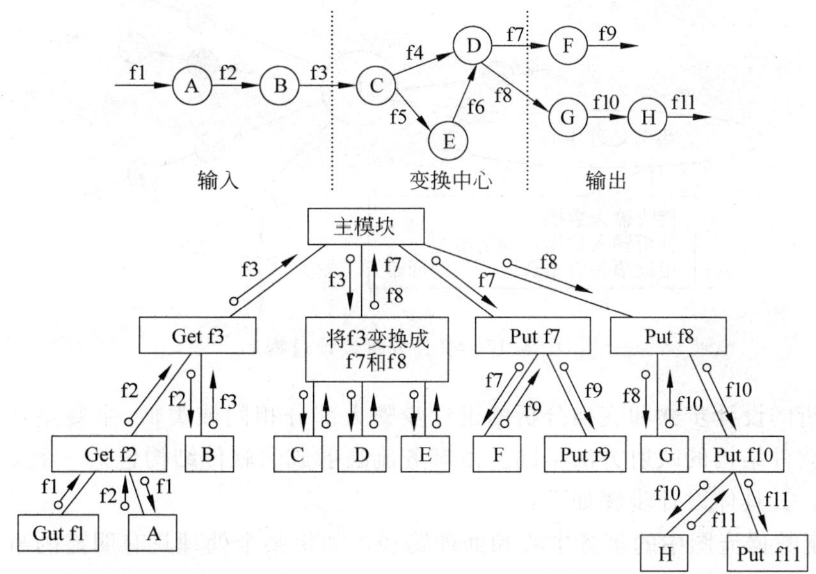

图 8.14 变换模块初始结构图

(4) 根据设计准则进行设计优化。

① 输入部分的求精。对每个物理输入设置专门模块，以体现系统的外部接口；其他输入模块并非真正输入，当它与转换数据的模块都很简单时，可将它们合并成一个模块。如图 8.15 所示。

② 输出部分的求精。为每个物理输出设置专门模块，同时注意把相同或类似的物理输出模块合并在一起，以降低耦合度，如图 8.16 所示。

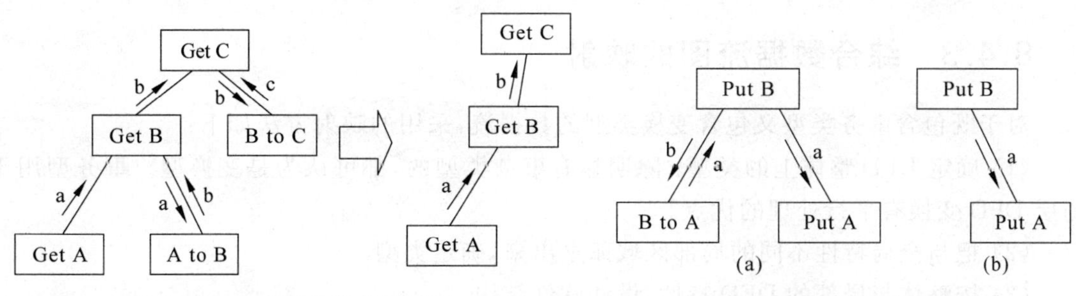

图 8.15 输入部分的求精示意

图 8.16 输出部分的求精示意

③ 变换部分的求精：根据设计准则，对模块进行合并和调整。软件结构的求精，具有很大的经验性。总体而言应该追求“高内聚，低耦合”方法，设计有独立功能的模块，模块间尽量传递数据型的参数，模块间共享信息尽量少。

8.4.2 事务分析设计

基本系统模型意味着变换流，因此，原则上所有信息流都可以归结为这一类。但是，当数据沿输入通路到达一个处理 T，这个处理根据输入数据的类型分解成一串发散数据流，形成许多活动路径，并根据输入数据的类型在若干动作序列中选出一个来执行。这类数据流应该划分为一类特殊的数据流，称为事务流，是以事务为中心的，如图 8.17 所示。

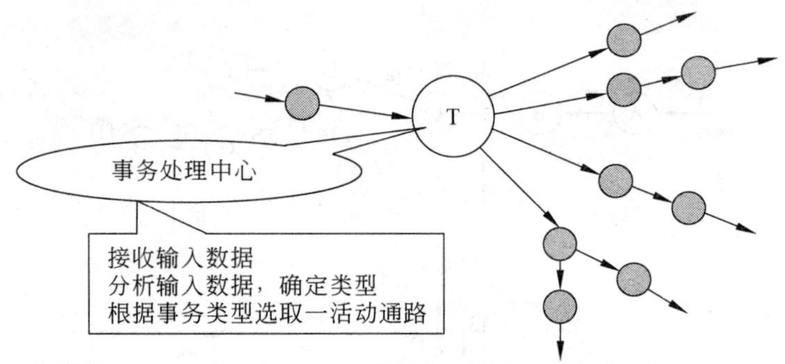

图 8.17 事务分析设计过程

事务分析的设计步骤和变换分析的设计步骤大部分相同或类似，主要差别仅在于由数据流程图到软件结构的映射方法不同。由事务流映射成的软件结构包括一个接收分支和一个发送分支。其具体设计步骤如下：

(1) 确定数据流图中的事务中心和处理路径。如果某个处理具有明显的事务中心特性时，将其视为事务中心。

(2) 设计软件结构的顶层和第一层——事务结构。顶层为主模块，有两个功能：接收数据和根据事务类型调度相应的处理模块。因此，第一层有两个模块：一是接收模块，负责接收数据，映射出接收分支结构的方法和变换分析映射出输入结构的方法相似，即从事务中心的边界开始，把沿着接收流通路的处理逻辑映射成模块。二是发送分支，发送分支的结构包含一个调度模块，它控制下层的所有活动模块。

(3) 把数据流程图中的每一个活动流通路映射成与它的特征相对应的结构。事务结构中、下层模块的设计、优化等工作和变换型分析设计相同，如图 8.18 所示。

8.4.3 综合数据流图的映射

对于既包含事务类型又包含变换类型的数据流，采用的映射方法如下：

(1) 确定 DFD 整体上的类型：除明显有事务类型的，都可认为是变换型。事务型用于高层 DFD 变换有平行处理的优点。

(2) 把与全局特性不同的局部区域孤立出来，确定类型。

(3) 按整体与局部的 DFD 特性，设计软件结构。

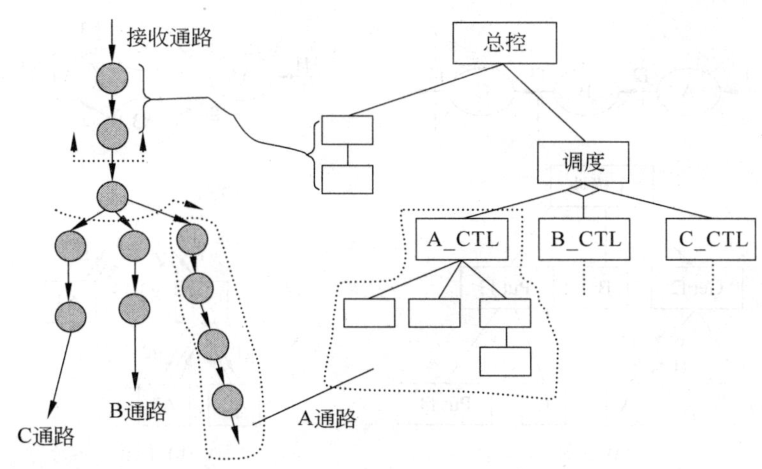

图 8.18 活动流通路映射

图 8.19 显示了混合数据流图的设计思路，从总体结构上来看，该流程图可以看成是变换型数据流图，而局部属于事务型数据流。因此，首先按照变换型数据流图的软件结构设计思路，添加主模块，将总体结构分为输入部分、处理部分和输出部分。B 可以看成是事务中心，因此，根据事务型数据流的设计思路，将 C 分别作为 B 的三个下层模块。

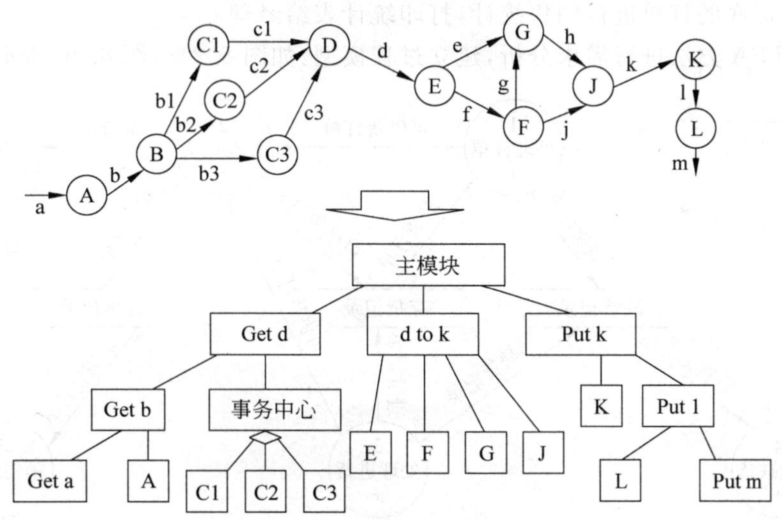

图 8.19 综合数据流图的软件结构设计

8.4.4 分层数据流图的映射

由于数据流图往往是分层的，映射的软件结构图也可以采用分层策略，这样便于设计和修改。数据流图的顶层反映的是系统与外部的接口，所以相应的软件结构图中物理输入和输出都应该在对应的主图中，便于同顶层图进行对照检查，如图 8.20 所示。

以某企业的销售管理系统为例，该企业销售管理的描述如下：

(1) 接收顾客的订单，检验订单。若库存有货，则进行供货处理，即修改库存，给仓库开

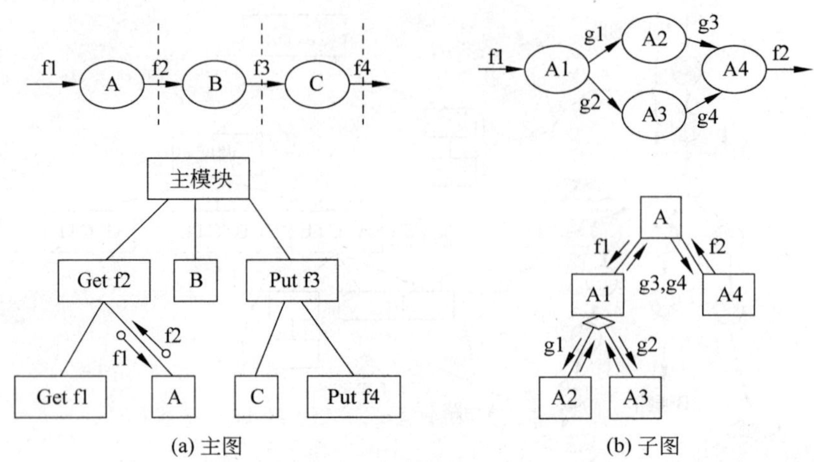

(a) 主图 (b) 子图

图 8.20 分层数据流图的映射

备货单，并将订单留底；若库存量不足，则将缺货订单登入缺货记录。

（2）根据缺货记录进行缺货处理，将缺货通知单发给采购部门，以便采购。

（3）根据采购部门发来的进货通知单处理进货，即修改库存，并从缺货记录中取出缺货订单进行供货处理。

（4）根据留底的订单进行销售统计，打印统计表给经理。

首先采用 SA 方法进行需求分析，建立过程模型，如图 8.21～图 8.26 所示。

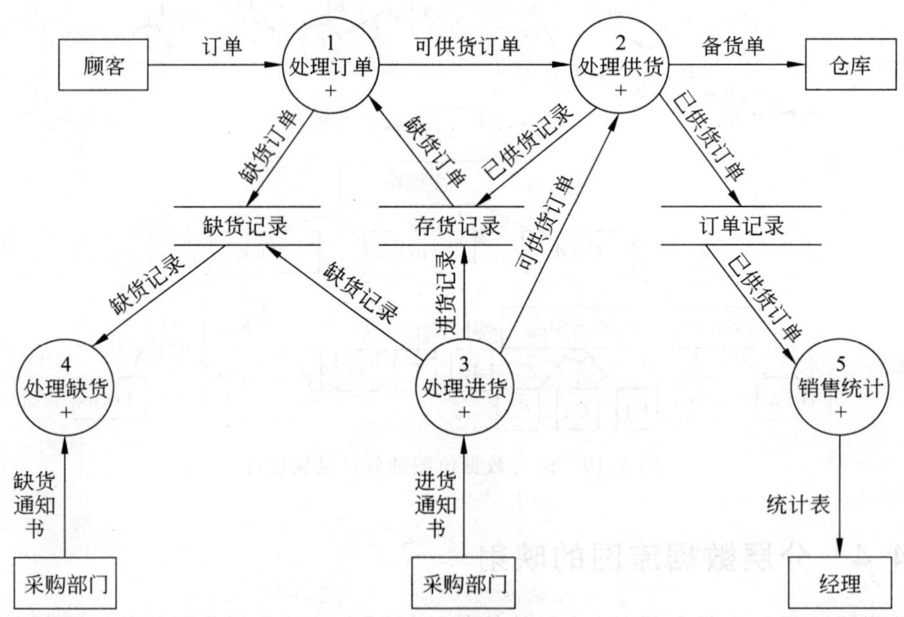

图 8.21 销售管理系统 0 层图

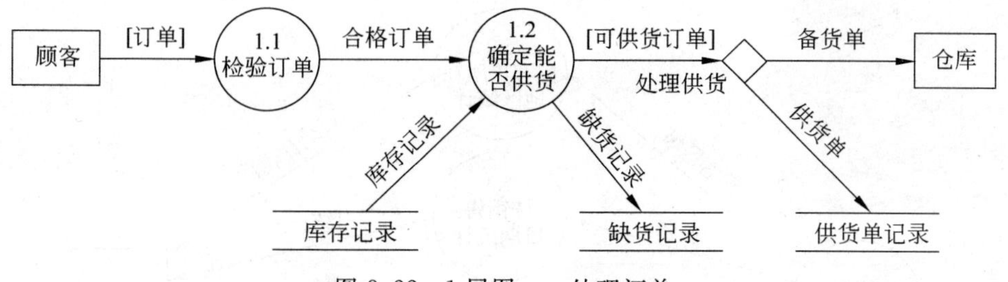

图 8.22 1层图——处理订单

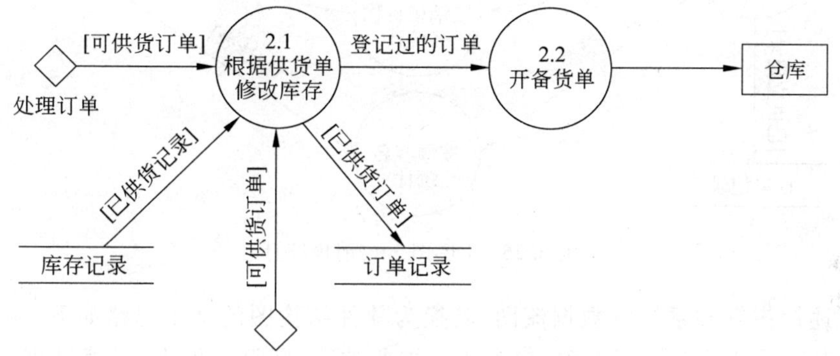

图 8.23 1层图——处理供货

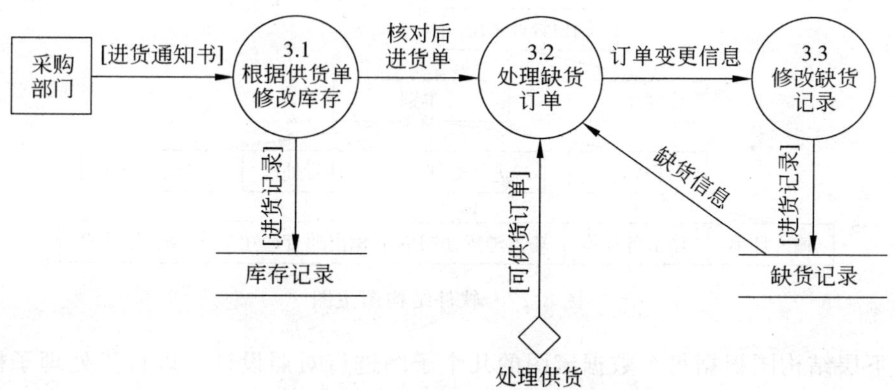

图 8.24 1层图——处理进货

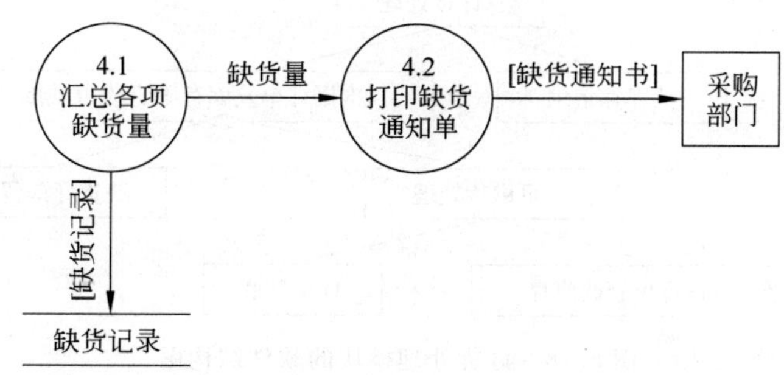

图 8.25 1层图——处理缺货

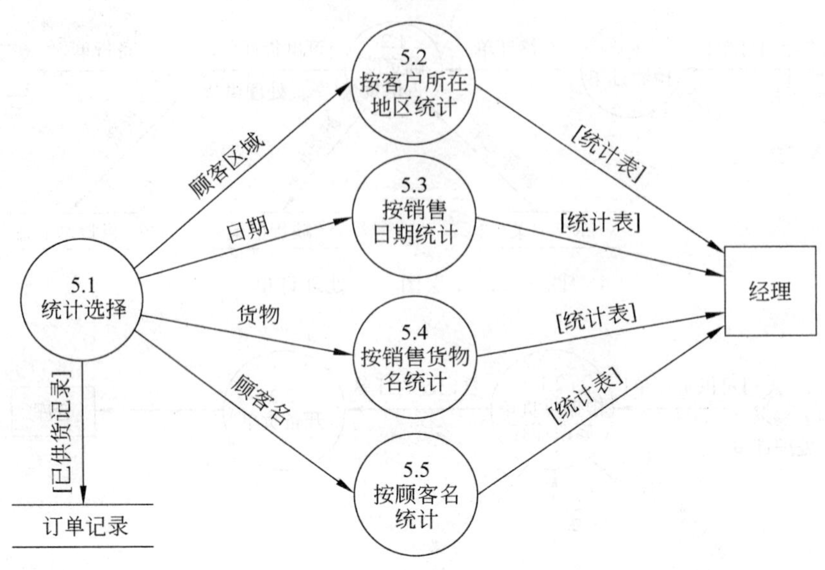

图 8.26 1 层图——销售统计

根据上述销售管理系统的数据流图,转换为软件结构图的基本思路如下:

(1) 检查该系统的 0 层图发现,包含 4 个主要功能,即订货处理、进货处理、缺货处理和销售统计,因此,从整体上可以按照事务性流程图设计。如图 8.27 所示。

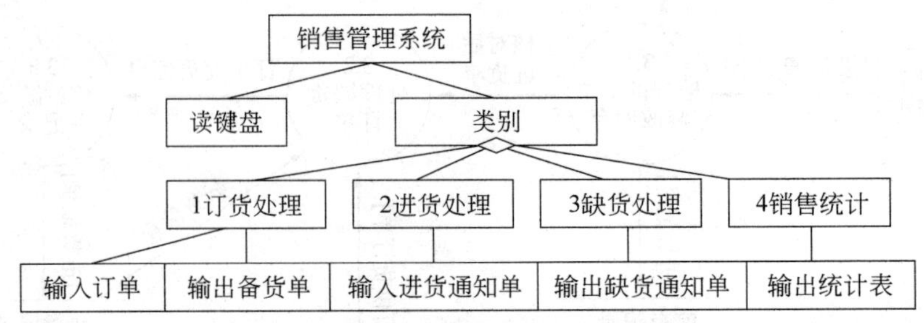

图 8.27 软件结构图主图

(2) 下层结构图根据每个数据流图的几个子图进行对照设计。以订货处理子模块为例进行说明,如图 8.28 所示。

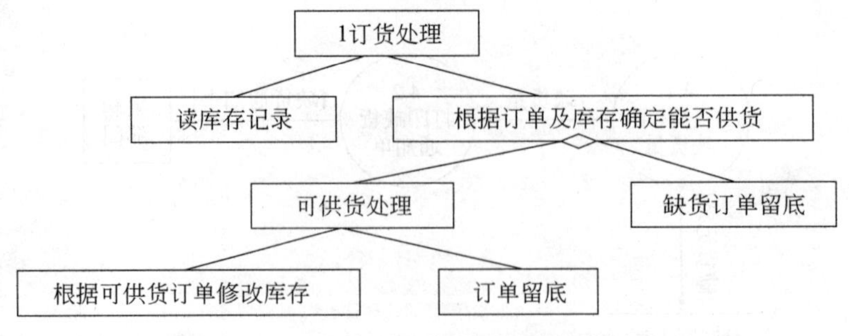

图 8.28 订货处理模块的软件结构图

8.5 软件详细设计

详细设计结果基本上决定了最终程序代码的质量。不仅要逻辑正确,性能满足,还要简明易懂。

8.5.1 结构化程序设计

结构化程序设计的概念首先是从以往编程过程中无限制地使用转移语句而提出的。转移语句可以使程序的控制流程强制性地转向程序的任一处,在传统流程图中,用“很随意”的流程线来描述转移功能。如果一个程序中多处出现这种转移情况,将会导致程序流程无序可循,程序结构杂乱无章,这样的程序是令人难以理解和接受的,并且容易出错。1996 年,计算机科学家 Bohm 和 Jacopini 证明了这样的事实:任何简单或复杂的算法都可以由顺序结构、选择结构和循环结构这三种基本结构组合而成。所以,这三种结构就被称为程序设计的三种基本结构,也是结构化程序设计必须采用的结构。

结构化程序设计的基本思想是,在构造任何算法时,仅采用顺序结构、选择(分支)结构和循环结构作为基本单元,同时规定基本结构之间可以并列和互相包含,不允许交叉和从一个结构直接转到另一个结构的内部去。结构化程序具有唯一入口和唯一出口,并且不会出现死循环。程序的静态形式与动态执行流程之间具有良好的对应关系。

8.5.2 程序设计目标

采用结构化程序设计方法要使程序具有以下特性:

(1) 可维护性。可以对程序进行补充或修改。由于信息系统需求的不确定性,系统需求可能会随着环境的变化而不断变化,因此,就必须对系统功能进行完善和调整,为此,就要对程序进行补充或修改。此外,由于计算机软硬件的更新换代也需要对程序进行相应的升级。

MIS 的寿命一般是 3～8 年的时间,因此程序的维护工作量相当大。一个不易维护的程序,用不了多久就会因为不能满足应用需要而被淘汰,因此,可维护性是对程序设计的一项重要要求。

(2) 可靠性。程序应具有较好的容错能力,即在正常情况下能正确工作,在意外情况下应便于处理,不致产生意外的操作,从而造成严重损失。

(3) 可理解性。程序不仅要求逻辑正确,计算机能够执行,而且应当层次清楚,便于阅读。

(4) 效率。效率指程序能否有效地利用计算机资源。程序效率的地位已不像以前那样举足轻重了,因为硬件价格大幅度下降,且其性能不断完善和提高。

程序设计人员工作效率的地位日益重要。程序设计人员工作效率高不仅能降低软件开发成本,而且可明显降低程序的出错率,进而减轻维护人员的工作负担。为了提高程序设计效率,应充分利用各种软件开发工具,如 MIS 生成器等。

程序效率与可维护性、可理解性的关系通常是矛盾的。实际编程过程中,人们往往宁可牺牲一定的时间和空间,也要尽量提高系统的可理解性和可维护性,片面地追求程序的运行效率反而不利于程序设计质量的全面提高。因为,随着计算机应用水平的提高,软件越来越复杂，同时硬件价格不断下降，软件费用在整个应用系统中所占的比重急剧上升，从而使人们对程序设计的要求发生了变化。

在过去的小程序设计中，主要强调程序的正确和效率。对于大型程序，人们则倾向于首先强调程序的可维护性、可靠性和可理解性，然后才是效率。

8.5.3 程序设计方法

应用软件的编程工作量极大，而且要经常维护、修改，如果编写程序不遵守正确的规律，就会给系统的开发、维护带来不可逾越的障碍。一般情况下，程序的编写遵循软件工程思想，即利用工程化的方法进行软件开发，采用自顶向下的模块化程序设计，通过建立软件工程环境来提高软件开发效率。

自顶向下的结构化程序方法基本思想是，首先从总体上理解和把握整个系统，然后对于组成系统的各功能模块逐步求精，将整个系统分解为由功能模块构成的层次结构。底层的模块一般规模较小，功能较简单，完成系统某一方面的处理功能。自顶向下模块化程序设计中应注意：

(1) 模块应该具有独立性。在系统中模块之间应尽可能地相互独立，减少模块间的耦合，即信息交叉，以便于将模块作为一个独立子系统进行开发。

(2) 模块大小划分要适当。模块中包含的子模块数要合适，既便于模块的单独开发，又便于系统重构。

(3) 模块功能要简单。底层模块一般应完成一项独立的处理任务。

(4) 共享的功能模块应集中。对于可供各模块共享的处理功能，应集中在一个上层模块中，供各模块引用。

8.6 案例分析——百货商店业务管理信息系统过程设计

1. 软件结构设计

第 5 章案例分析介绍了百货商店业务管理信息系统的过程建模，本章在过程建模基础上进行过程设计，根据系统功能划分，共分成销售、采购、会计三个子系统，其功能模块结构如图 8.29 所示。

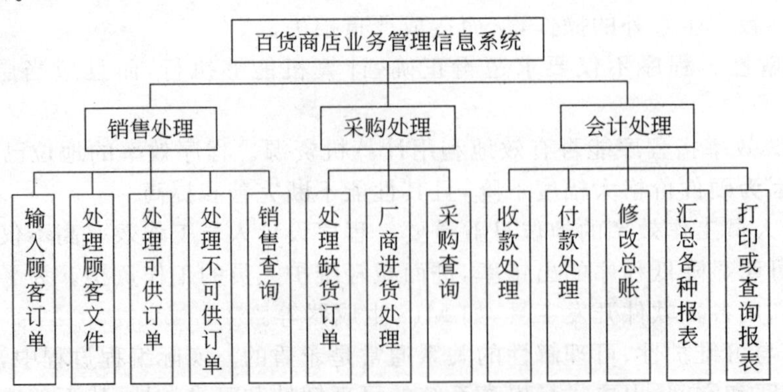

图 8.29 百货商店业务管理信息系统功能模块结构

销售子系统、采购子系统和会计子系统的控制结构分别如图 8.30、图 8.31、图 8.32 所示。这里仅对图 8.30 进行部分解释，图 8.31 和图 8.33 两图与此类似。

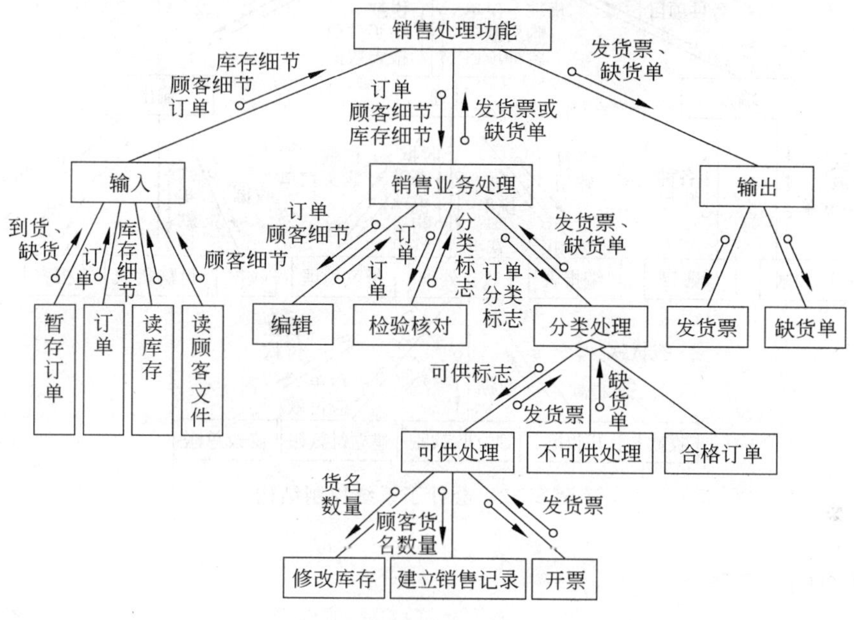

图 8.30 销售子系统控制结构

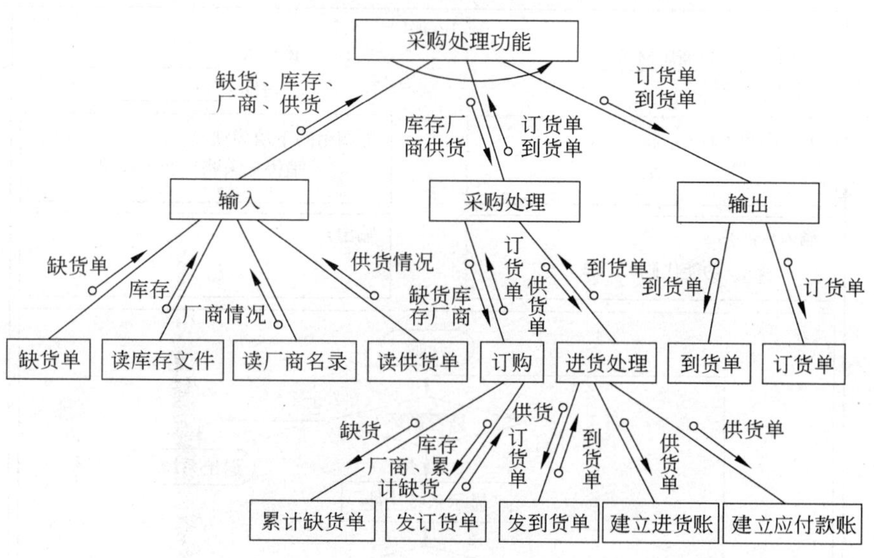

图 8.31 采购子系统控制结构

在图 8.30 中，通过输入功能模块得到订单、顾客细节和库存细节信息，然后进行销售处理。在销售业务处理中，首先对订单、顾客细节进行编辑，并反馈出编辑后的订单，然后对编辑过的订单再进行检验核对并且加载分类标志。订单、顾客细节、库存细节经过编辑、检验核对后进行分类处理。根据订单加载的分类标志，将订单划分为不可供处理(反馈出缺货单)和不合格订单，对于可供货的订单，要根据货名和数量修改库存，根据顾客细节、货名和数量建销售记录，并为顾客开发货票。

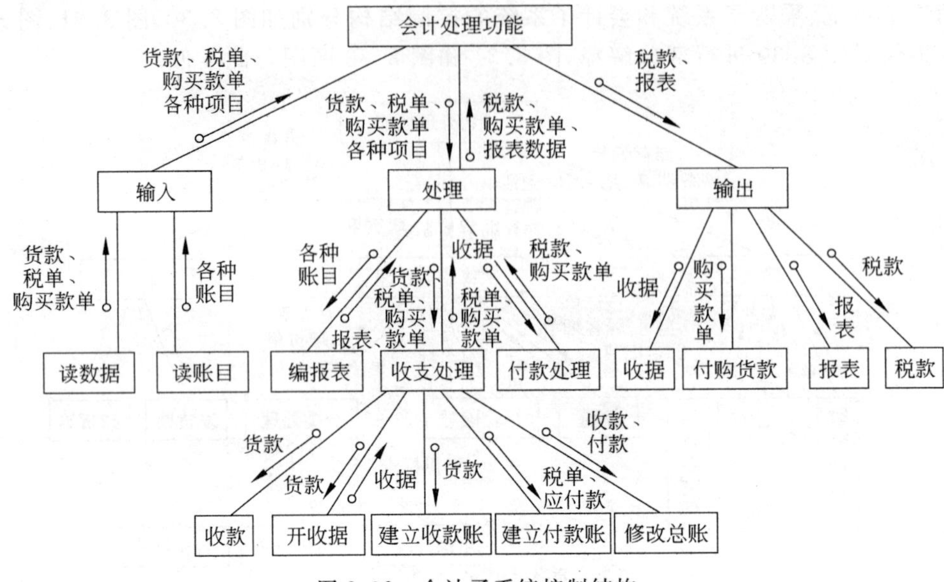

图 8.32 会计子系统控制结构

2. 系统的 IPO 图

图 8.33 和图 8.34～图 8.38 给出了系统的部分 IPO 图,其中图 8.33 是主控模块的 IPO 图。

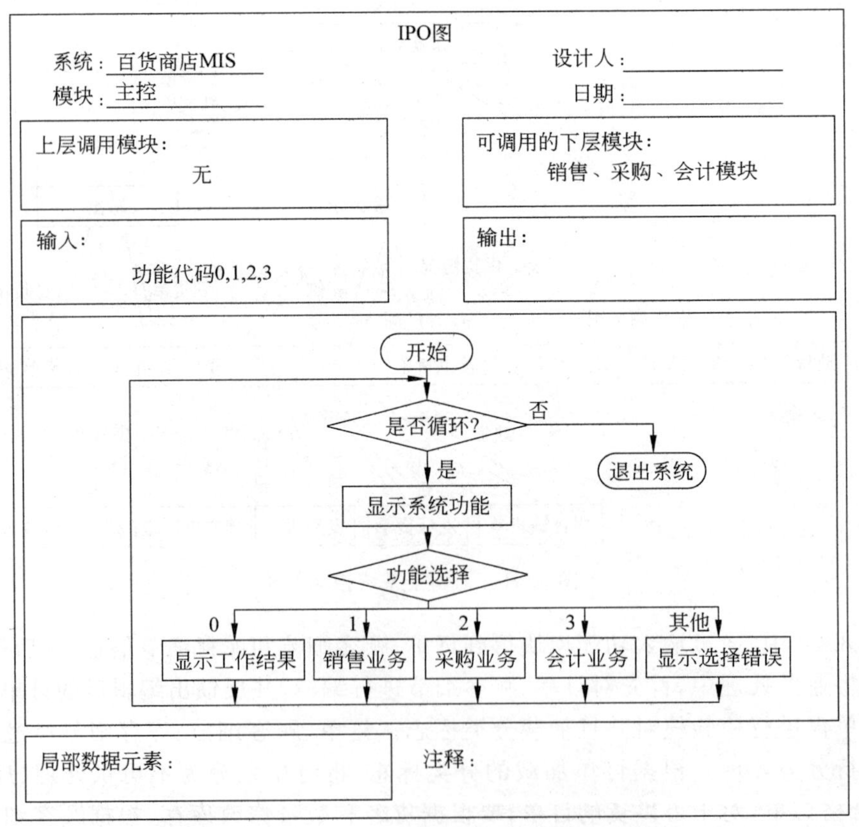

图 8.33 系统的 IPO 图(主控模块)

IPO图

系统名称：销售处理　　设计人：刘力

模块名称：处理可供订单　　日期：89.10

上层调用模块：
处理模块

可调用的下层模块：
无

输入：
供货类型I

输出：
发货票，已修改库存KCWJ中库存Y，
销售历史文件XSWJ，销售账XSZWJ

处理：
PRINT 发货票P
Y IN KCWJ=Y-X AND WRITE KCWJ
WRITE XSWJ
WRITE XSZWJ

备注：

图 8.34 系统的 IPO(1)

IPO图

系统名称：销售处理　　设计人：刘力

模块名称：处理不可供订单　　日期：89.10

上层调用模块：
处理模块

可调用的下层模块：
无

输入：
缺货信息Z

输出：
缺货通知单Q
暂存订单文件ZCDDWJ

处理：
PRINT O
WRITE 暂存订单文件 ZCDDWJ

备注：

图 8.35 系统的 IPO(2)

IPO图

系统名称：采购处理　　　　设计人：刘力

模块名称：进货处理　　　　日期：89.10

上层调用模块：
采购处理

可调用的下层模块：
无

输入：
供货单G
库存文件KCWJ中库存Y

输出：到货单DH
进货账文件JHWJ
应付款文件YFKWJ

处理：
```
READ G
PRINT 到货单
Y IN KCWJ=Y IN KCWJ+G WRITE KCWJ
WRITE JHWJ
WRITE YFKWJ
```

备注：

图 8.36　系统的 IPO(3)

IPO图

系统名称：会计处理　　　　设计人：刘力

模块名称：修改总账　　　　日期：89.10

上层调用模块：
处理模块

可调用的下层模块：
无

输入：
收款账文件SKWJ
付款账文件FKWJ

输出：
修改后的总账文件ZZWJ

处理：
```
结余 OF ZZWJ=结余 OF ZZWJ+收款 OF SKWJ-付款 OF FKWJ
WRITE ZZWJ
```

备注：

图 8.37　系统的 IPO(4)

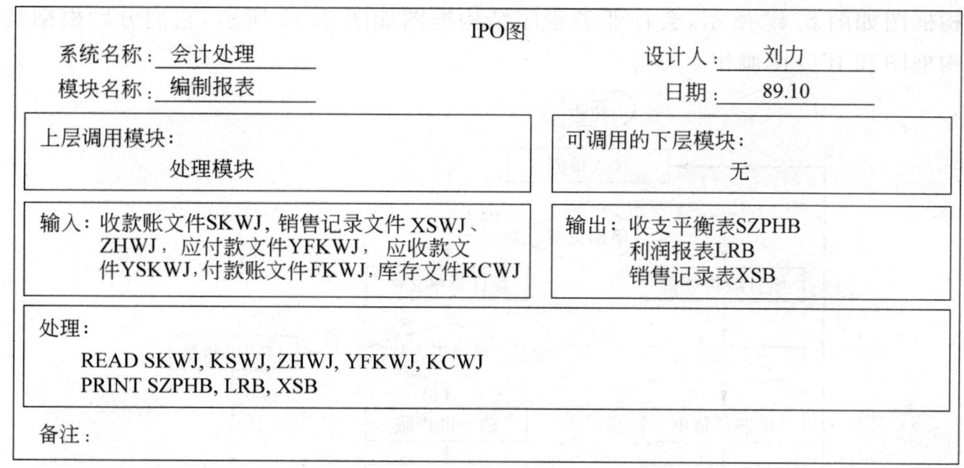

IPO图

系统名称：会计处理　　　　设计人：刘力

模块名称：编制报表　　　　日期：89.10

上层调用模块：处理模块	可调用的下层模块：无
输入：收款账文件SKWJ，销售记录文件 XSWJ、ZHWJ，应付款文件YFKWJ，应收款文件YSKWJ，付款账文件FKWJ，库存文件KCWJ	输出：收支平衡表SZPHB 利润报表LRB 销售记录表XSB

处理：

READ SKWJ, KSWJ, ZHWJ, YFKWJ, KCWJ

PRINT SZPHB, LRB, XSB

备注：

图 8.38　系统的 IPO(5)

3. 系统程序结构框图

根据销售子系统控制结构图(见图 8.30)、采购子系统控制结构图(见图 8.31)和会计子系统控制结构图(见图 8.32)分别画出系统各模块的 IPO 图。画法同图 8.33 所示(主控模块),此处不再一一画出。为了更具体和直观,也可以再进一步画出程序结构控制框图(通常称作框图),百货商店业务管理信息系统的销售业务程序结构框图如图 8.39 所示,采购业务

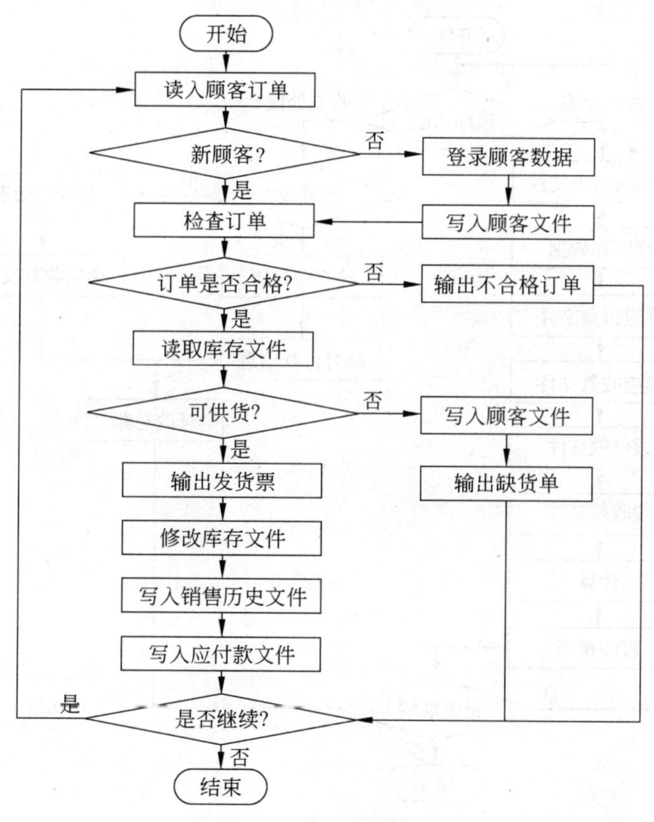

图 8.39　销售业务程序框图

程序结构框图如图 8.40 所示，会计业务程序结构框图如图 8.41 所示，它们分别根据其系统控制结构框图和 IPO 图画出。

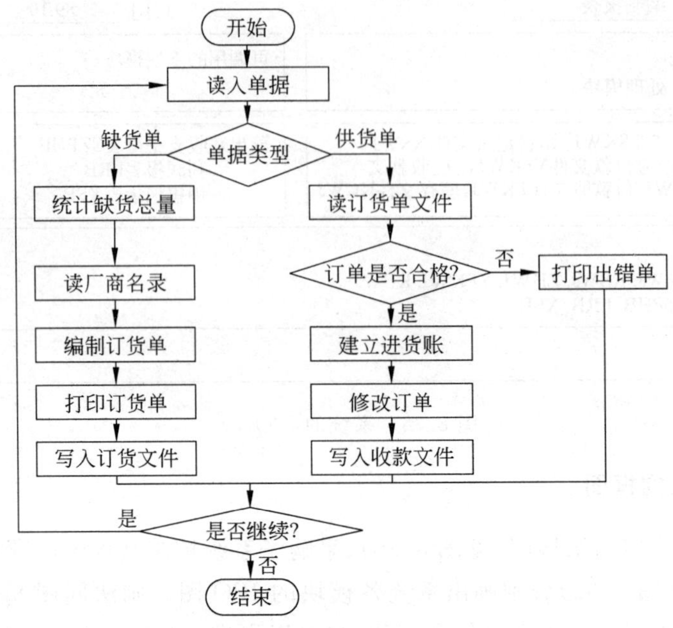

图 8.40　采购业务程序流程图

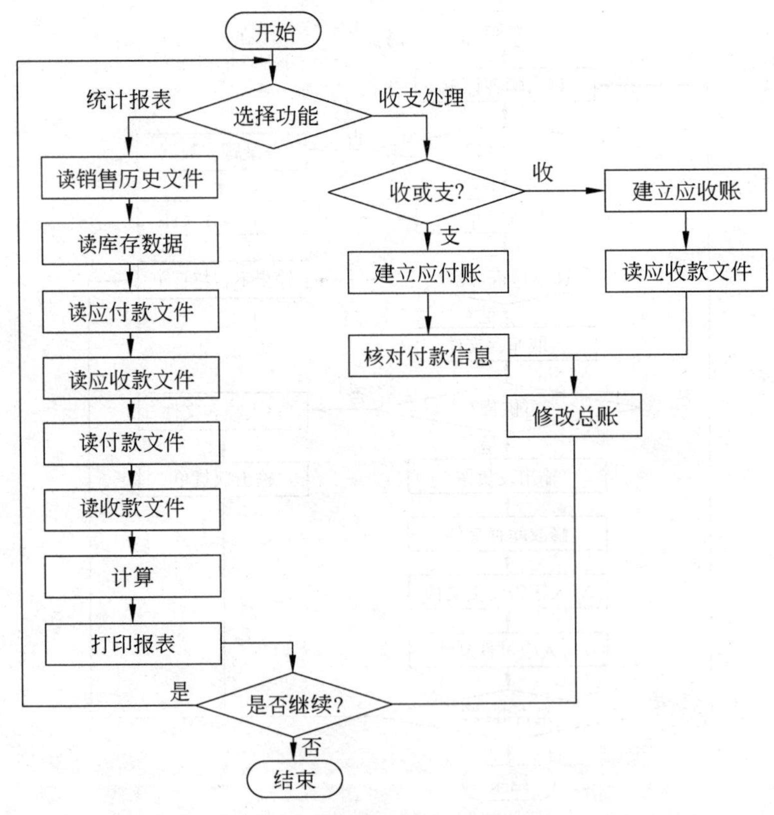

图 8.41　会计业务程序流程图

以上完成的是百货商店业务结构管理信息系统的系统分析和系统设计工作。接着还要进行系统实施，即根据程序结构图和设计阶段的其他图表，编写计算机程序，并进行程序调试，系统分调、总调和新旧系统的切换。最后需要进行系统评价，提交系统评价文档和系统操作手册等文档。

本章小结

本章主要介绍软件过程设计的相关内容，包括软件过程设计的基本原理(典型的有模块化、抽象与信息隐蔽、模块的独立性)、使用的软件设计工具(HIPO图、软件结构图以及详细设计工具)以及各种设计方法(变换分析设计、事务分析设计、综合数据流图的映射以及分层数据流图的映射)。

思考与练习

1. 画出下列伪码程序的程序流程图和盒图。

```
start
if p then
while q do
f
end do
else
block
g
n
end block
end if
stop
```

2. 将8.4.4节中的其他几个数据流图的1层图转换为软件结构图。

3. 有一用于商业上的销售事务处理的统计软件包，其功能要求如下。

根据顾客的订单记录(系统文件)进行各种统计分类：

(1) 根据销售日期分类。

(2) 根据顾客区域分类。

(3) 根据货物品种分类。

(4) 根据顾客名字分类最后生成分类的统计报表。

试根据要求画出该问题的数据流程图，并把其转换为软件结构图。

4. 假设某数据流图的上层和下层流程图如图8.42所示，请将其转换为软件结构图。

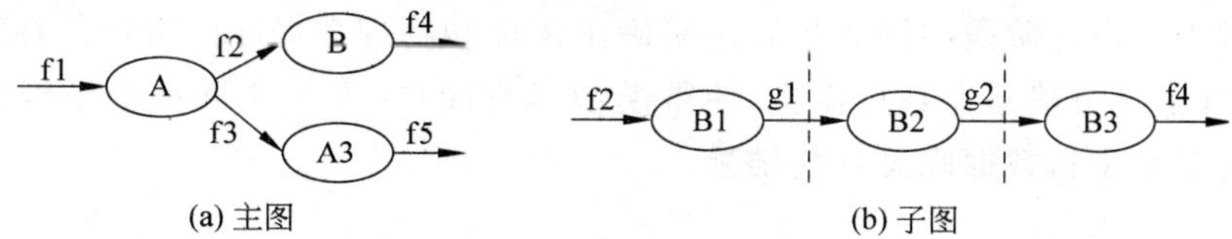

图8.42 数据流图

第9章 数据库设计

学习目标

通过本章学习,要求掌握:

- 逻辑模型与物理模型的区别和逻辑模型转换成物理模型的规则。
- 将 E-R 图转换为关系并合并冗余的关系。
- 为关系设计字段并选择合适的数据类型。
- 合理设计字段以保证数据完整性的要求。
- 代码的含义及其作用,并能在实际模型中设计合理的代码。

前面介绍了如何创建信息系统的逻辑数据模型,在数据库的物理设计阶段必须在此基础上进行详细的后台设计,只有将逻辑数据模型转换成物理数据模型才能完成这个阶段的设计工作。

数据库设计通常与系统界面设计同步进行。要设计数据库,系统分析员必须理解实际应用中的概念数据设计,它通常是由具体的 E-R 或类图和各系统界面的数据要求(报告、表、屏幕等)来表示的。因此,数据库设计中包括了从上到下(由 E-R 或类图驱动)和从下到上(由系统界面中的特定信息要求驱动)两种方法。除了这些数据要求外,系统分析员还必须知道物理数据特征(如长度、格式)、系统界面的使用频率以及数据库技术性能。

9.1 逻辑数据模型和物理数据模型

数据库的设计主要包含两个步骤。首先是开发逻辑数据库模型,最常见的类型是关系数据库模型。然后通过数据库物理设计定义用于存储数据的计算机文档和数据库的技术规范。通常,逻辑与物理数据库设计可以和其他系统设计同步进行,如输入输出设计等。因此,当设计系统的输入和输出时,可以收集逻辑数据库设计所需要数据的具体规范。数据库建模和设计活动存在于整个系统开发过程中,如图 9.1 所示。

本章将讨论在设计阶段中用哪些方法来确定逻辑和物理数据库的设计。在逻辑数据库设计中,使用规范化方法建立数据模型,使得模型具有简单、无冗余性和最小维护成本等特性。规范化关系是逻辑数据库设计的结果。

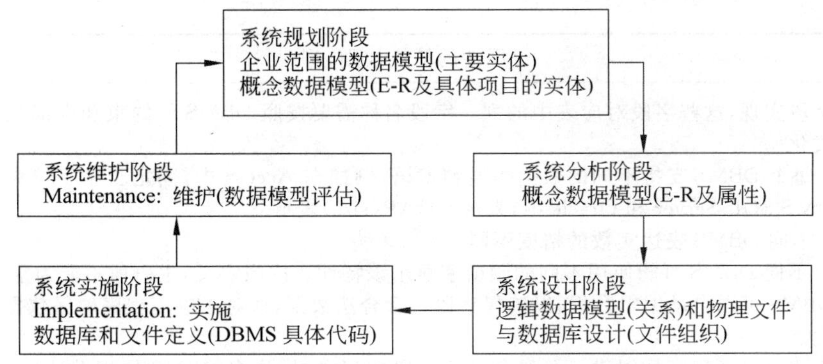

图 9.1　数据库建模和系统开发生命周期之间的关系

9.1.1　数据库设计前提

在逻辑模型基础上进行物理数据库设计，包括每个属性的物理字段设计，数据量规划等。设计物理文件和数据库要利用此前 SDLC 阶段所收集并产生的信息。这些信息包括：

- 规范化关系，包括数据量的估计。
- 每一个属性的定义。
- 何时、何处利用数据的描述：输入、查询、删除和更新(包括频次)。
- 反应时间和数据完整性的预期或要求。
- 用于操作文件和数据库的技术描述，用于掌握策略需求和技术选择的范围。

当然，在系统分析确定需求时需要收集每张表中有多少行和以上的信息。如果系统分析阶段没有收集到，在数据库设计过程中就需要去收集这些信息。

9.1.2　逻辑数据模型到物理数据模型的转换规则

逻辑数据模型到物理数据模型的转换有一些通用规则可以参照，这些规则总结如表 9-1 所示。如果逻辑数据模型是采用 CASE 工具开发的，则 CASE 工具就可以将数据模型自动翻译成为所选数据库技术的物理语言。

表 9-1　逻辑数据模型到物理数据模型的转换规则①

实体的转换规则
• 每个基本实体、关联实体和弱实体都被实现成一个独立表，表名可能按照 DBMS 的命名规则和大小限制进行格式化。例如，命名为 MEMBER ORDERED PRODUCT 的逻辑实体可能被变换为名为 tblMemberOrdProd 的物理表 • 标识主码，并且实现为表中的一个索引 • 每个副码实现为表中的索引 • 对于任何被确定为子集准则的非主属性，应该建立索引 • 标识外键，这些外键实现了数据模型的关系，并使得表可以在 SQL 和应用程序中被连接

① 引自 Jeffery L Whitten 等. 系统分析与设计方法. 第 6 版. 2004。

续表

属性的转换规则
• 属性采用字段实现，这些字段对应表中的列。字段名称需要按照 DBMS 的约束和内部规则被缩短或者重新格式化
• 数据类型：每个 DBMS 支持不同的数据类型和术语，例如在 Access 中，固定长度字符数据用 TEXT 表示，而在 MS SQL Server 和 Oracle 中，采用 CHAR(size)表示
• 字段大小：不同 DBMS 表达实数的精度不同
• 空或非空。不同 DBMS 可能使用不同的预留字显示该特性。按照定义，主码值不能为空
• 域：许多 DBMS 可以自动编辑数据，以确保字段包含合法数据，这对于应用程序确保数据完整性是一个很大的优点
• 默认值。但用户或者程序员创建一个包含空值字段的记录时，许多 DBMS 使用默认值自动设置值。有些情况下，空值可以作为默认值

9.2 关系数据库模型

数据库模型是数据库技术的基础。以前曾流行的层次和网络模型现在已很少用于新信息系统，面向对象的数据库模型已经产生，但还未普及。目前，大多数信息系统使用的是关系数据库模型。关系数据库模型(Codd，1970)采用相关联的表或者关系对关系进行描述。一个关系就是一张有命名的二维数据表。每个关系(或表)由几个列与任意多行组成。表中每一列对应于关系的一个属性，而每一行对应于一条记录。一条记录对所有属性都有一个值。

例如，以表 9-2 为例，表中列出了 5 行数据样例，对应于 5 个员工的记录。

表 9-2　员工表 1

员工号	姓名	部门	工资	员工号	姓名	部门	工资
100	王华	营销部	4200	103	赵强	财务部	5000
101	张建	IT 部	4500	104	周丽	市场部	4900
102	李明	审计部	4800				

表 9-2 中的信息可以采用关系来表示，该关系的名称为员工，包括以下几个属性来描述员工：员工号、姓名、部门和工资。关系的结构可以采用速记符号进行表示，即关系名后面跟着用圆括号括起来的属性名称。其中，标识符属性(即关系中的主码)在其下方画横线以作标记。例如，将关系员工 1 表示如下：

员工 1(<u>员工号</u>，姓名，部门，工资)

并不是所有的表都是关系。关系与非关系表的区别在于关系具有如下 6 个特征：

(1) 单元中的条目(entries)很简单。每一行和每一列的交点是一个只有单个值的条目。

(2) 一个列中的条目来自同一个集合的值。

(3) 每一行都是唯一确定的。其唯一性是由于关系中有一个非空的主码值。

(4) 列的顺序可以先后对换而不会改变在关系中的使用。

(5) 行能够以任意顺序对换或者存储。

(6) 关系结构良好。结构良好的关系具有以下特点：最小的冗余度和允许用户插入、修改和删除表中的行而不会出现错误或者不一致性。员工1(见表9-2)就是这样的一个关系。关系中每一行数据描述一个员工的资料，且修改某个员工资料的任何操作(比如，变动工资)都只限于表中的某一行。

与上面的关系不同，员工表2(见表9-3)不仅包括员工资料，还包括他们已完成的课程。员工号和课程两个属性就可唯一确定表中的每一行，这两个属性是表的主码。然而，这个表的结构并不好。查看表中的样例行就可以发现很多的冗余。比如，员工号为100、102的员工都有两行的员工号、姓名、部门和工资资料。因此，如果员工号为100的员工变动工资就必须对相应的两行资料都要进行修改(对有的员工来讲这可能意味着要修改更多行的资料)。

表9-3 具有冗余关系的表 员工表2

员工号	姓名	部 门	工资	课 程	完成时间
100	王华	营销部	4200	SPSS	01/02/2010
100	王华	营销部	4200	系统分析	03/04/2010
102	李明	审计部	4800	税收审计	05/01/2010
102	李明	审计部	4800	投资学	03/30/2010
104	周丽	市场部	4900	质量管理	03/30/2010

上述这个表的问题在于它包含两个实体：员工和课程。前面学习过规范化技术，就是将复杂数据结构转化为简单、稳定数据结构的一种方法。利用规范化方法将关系员工表分成两个关系：其中一个关系就是员工表1(见表9-2)，而另一个关系称为员工-课程关系。在表9-4给出了关系EMP课程及其几个数据样例，它的主码是员工号和课程。

表9-4 关系EMP课程

员工号	课 程	完成时间	员工号	课 程	完成时间
100	SPSS	01/02/2010	102	投资学	03/30/2010
100	系统分析	03/04/2010	104	质量管理	03/30/2010
102	税收审计	05/01/2010			

9.3 将E-R图转化成关系

规范化的结果是生成了许多结构良好的关系，这些关系包含人机界面设计中所有输入和输出的数据。由于这些特定信息要求不一定能代表将来的信息需求，因此，在建立概念数据模型时所开发出的那些E-R图或类图，就成为识别未来新增系统应用模块时新数据需求的另一种资源。为了比较概念数据模型和所开发的规范化关系，必须将E-R图或类图转化为用关系表示，将其规范化后结合到已经存在的规范化关系中。

将一个E-R图转化到规范化关系且与已经存在的规范化关系结合成一个最终的、统一的关系集，可采用如下4个步骤完成：

(1) 表示实体。E-R 图中的每一个实体类型都转变成为一个关系。实体类型的标识符成为关系的主码,而实体类型的其他属性成为关系中的非主码属性。

(2) 表示关系。在设计关系数据库时必须体现出 E-R 图中的每一种关系。要表达一种关系取决于它的内在性质。例如,有时通过将一个属性在一个关系中设为主码,而在另一个关系中设为外码来表达关系;而在另一些时候,用新建一个单独的关系来表示出这种联系。

(3) 规范化关系。在前面两个步骤中建立的关系可能存在不必要的冗余,所以需要进行规范化使其结构完善。

(4) 合并关系。到此为止,在数据库设计中已经建立了各种关系,既有从用户角度自下而上建立的关系,也有从一个或多个 E-R 图中转化而来的关系。在这些关系中可能存在冗余关系(多个关系描述同一个实体类型),它们必须被合并、重新规范化并消除冗余。

9.3.1 实体转换

E-R 图中每一个常规的实体类型都被转成了一个关系。实体类型的标识符成为对应关系的主码,而实体类型的其他属性成为了关系中的非主码属性。需要对主码进行检验以确保其满足如下两条性质:

- 主码的值必须唯一地确定关系中的每一行。
- 主码应该是无冗余的,即在不破坏唯一性的前提下码中任何一个属性都不能删除。

有些实体中的码可能包含了其他实体的主码。例如,员工家属可能对每一个家属都有一个名,但是,为了形成这个实体的主码,必须把相关的员工实体中的"员工号"属性包括进来。如果一个实体的主码依赖于另一个实体的主码,则称前一种实体为弱实体(weak entity)。可以直接把一个实体用一个关系表达,如图 9.2 所示。相应的客户关系表示如下:

客户(客户号,姓名,地址,城市,折扣)

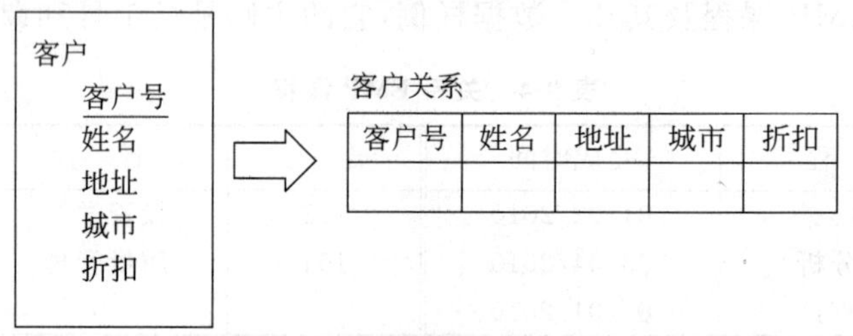

图 9.2 实体转换为关系

9.3.2 关系转换

关系的表示方法既依赖于关系层次(一元、二元、三元的),也依赖于关系数量。

在 E-R 图中实现二元一对多(1∶N)关系的方法如下:通过将 1∶N 关系中 1 这边的实体的主码属性作为外码添加到关系中 N 这边的关系中。以客户配置订单的关系为例,配置关系连接客户和订单两个实体,客户和订单分别是两个独立的实体类转化而来的关系(见图 9.3)。关系 CUSTOMER 中的主码客户号(关系中 1 的这边)作为外码加到了关系 ORDER 中(关系中 N 的这边)。

注意,上述方法中存在一个特例。如果关系中 N 这边的实体需要关系中 1 这边的属性

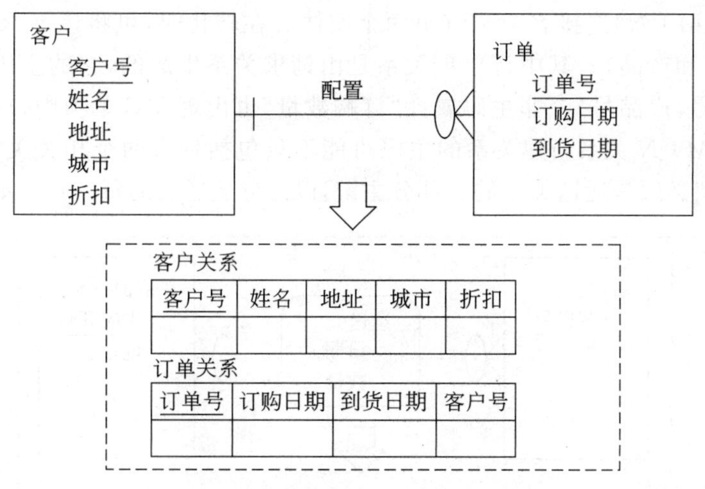

客户号	姓名	地址	城市	折扣

订单号	订购日期	到货日期	客户号

图 9.3 一对多客户配置订单关系

作为它的部分主码(称为弱实体),则被选择的属性不再作为非主码,而是作为主码的一部分加入到关系 N 这边。

对于两个实体 A 和 B 之间二元、一元的 1∶1 关系(对于一元关系,A 和 B 将是相同实体类),则可以用如下三种选择之一表示该关系:

(1) 将 A 中的主码作为外码加到 B 中。

(2) 将 B 中的主码作为外码加到 A 中。

(3) 兼有上述二者。

对于二元和更多元的 M∶N 关系,即假设在两个实体类 A 和 B 之间有一个二元的多对多(M∶N)关系(或联合实体)。对于这样一种关系,新建一个独立关系 C,其主码是由该关系中两个实体的主码组成,而 M∶N 关系中的所有非主码属性都要包含在关系 C 中。如图 9.4 所

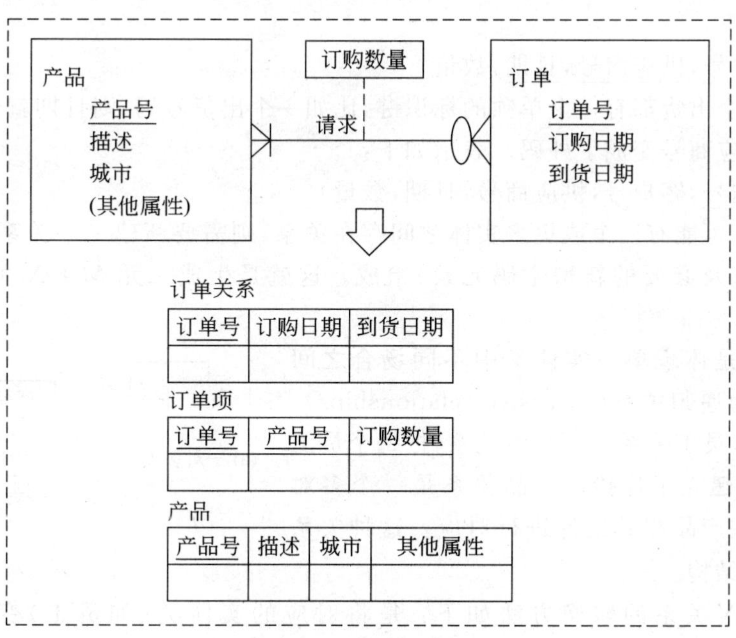

订单号	订购日期	到货日期

订单号	产品号	订购数量

产品号	描述	城市	其他属性

图 9.4 多对多请求关系

示，该请求关系(M∶N)连接客户和订单两个实体。在转化时，可将该E-R图转换为三个关系(订单，订单项和产品)。其中订单项关系是由请求关系生成的，它的主码由订单和产品的主码组成(订单号，产品号)。非主码属性“订购数量”也出现在订单项中。

有时，根据M∶N关系新建关系的主码可能不只包括现有两个相关关系的所有主码，在这种情况下，日期必须是运送关系的一部分主键，以区分运送表的每一行。如图9.5所示。

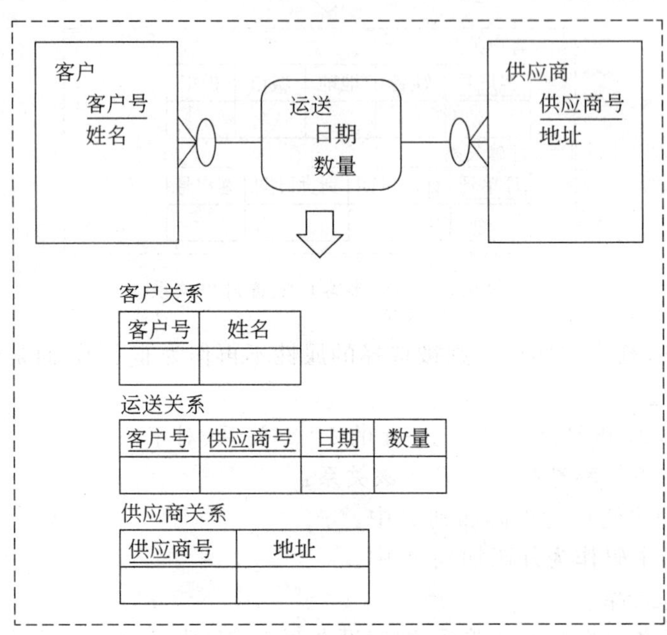

图9.5 多对多运送关系

在这个例子中，运送关系中的日期属性必须作为部分主码来唯一地确定运送表中的每一行。表示如下：

运送(客户号，供应商号，日期，数量)

如果每一个出货都有一个单独的标识键，比如一个出货号码，则日期就变成非主码属性且客户号和供应商号变成了外码。表示如下：

运送(运送号，客户号，供应商号，日期，数量)

在上例中，可能有三个或更多实体之间存在关系，则需要新建一个关系，其主码由所有实体的主码(以及必要的新增主码元素)组成。这就是生成二元M∶N关系方法的简单概括。

一元关系是体现单一实体类中不同场合之间的关系，也称为递归关系(recursive relationships)。以图9.6为例，员工关系为一对多关系，把每个员工同其经理之间建立了连接。产品关系是一个多对多关系，将一些产品与其组件进行对应。这种关系称为物料清单结构。

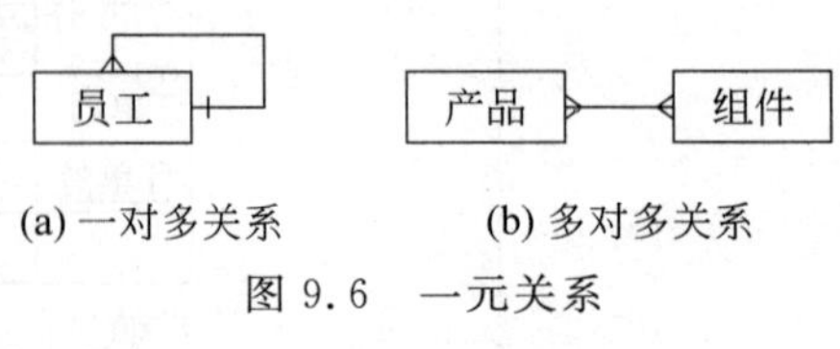

图9.6 一元关系

一元1∶N关系的转换方法如下：是将对应的实体类(如员工)变成关系而得到的，其主码与实体的主码相同。然后在该关系中加入一个需要参照该关系中主码值的外码。递归外码就是在关系中参照同一个关系中主码值的一个外码。将图中的关系表示如下：

员工(员工号,姓名,出生日期,管理者号)

在该关系中,管理者号是一个递归外码,它与员工号的值都来自同一个员工身份号集合。

对于一个一元 $M:N$ 关系,先把实体类模型化成一个关系,然后,通过新建一个关系来表示 $M:N$ 映射关系。新建关系的主码是两个属性的组合键,这两个属性(不需要同名)取值于同一个主码。关系中的其他属性(如图 9.6(b)所示的数量)在这个新关系中是非主码。图 9.6(b)的转换结果表示如下：

物料(物料编号,名称,成本)

物料单(产品号,组件号,数量)

前面已经讲述如何将 E-R 图转化为关系。表 9-5 列出了将实体关系图转化为等价关系的原则。进行转化之后,需要检验所生成关系是否满足第三范式,如果必要还需重新进行规范化操作。

表 9-5 E-R 图到关系的转化原则[25]

E-R 结构	关系描述
常规实体	创建一个带有主码和非主码属性的关系
弱实体	创建带有组合主码(包括该弱实体所依赖实体的主码)和非主码属性的关系
二元或一元 1:1 关系	在任意一个实体对应的关系中放置另一个实体的主码。或者对两个实体都做同样的操作
二元 1:N 关系	将 1 这边的实体的主码作为 N 这边实体对应关系的一个外码
二元或一元 $M:N$ 关系或关联实体	使用相关实体的主码以及联系或联合实体的非码属性来创建带有组合主码的关系
二元或一元 $M:N$ 关系或自己有码的关联实体	创建带有主码的关系,该主码与关系或联合实体相关,外加关系或联合实体的非主码和相关实体的主码(作为外码属性)
父类/子类关系	为父类创建关系,该关系包含主码和与子类共同的所有非码属性,此外为每个子类创建只包括相同主码(用相同的或局部名字)和只在各子类中出现的非码属性的独立关系

9.3.3 关系合并

作为逻辑数据库设计的一部分,可能已经从许多独立的 E-R 图或者用户界面中生成了一些规范化关系。部分关系可能有冗余——对应相同的实体。因此,需要将这些关系合并以消除冗余。本节将讲述如何合并关系或整合视图,这一步在物理文件和数据库设计之前,是逻辑数据库设计的最后一步。

下面举例说明如何进行关系的合并。假设建立一个用户界面模型或者转化 E-R 图时产生如下一个 3NF 关系：

员工 1(员工号,姓名,地址,电话)

而建立另一个用户界面模型可能产生如下关系：

员工 2(员工号,姓名,地址,工作编码,工作年限)

由于这两个关系有相同的主码(员工号)并且描述同一个实体,因此,它们需要合并成一个关系。合并后的结果为:

员工 2(员工号,姓名,地址,电话,工作编码,工作年限)

注意,在两个关系中同时出现的属性(比如上述例子中的姓名),在合并后的新关系中只出现一次。

当进行关系合并时,必须理解数据的含义,并且要准备好解决整合过程中出现的任何问题。视图整合时可能出现 4 个问题:同义属性、异义属性、非主码间的依赖,以及类/子类关系。

1. 同义属性

有些情况下,多个名称不同的属性描述了一个实体的同一个特征。这种属性称为同义属性(synonyms)。例如,员工号和员工_Number 可能就是同义属性。

当合并那些存在同义属性的关系时,应该尽可能地征询用户的同意,为该属性选择一个规范化的名称,消去其他名称。另一个代替方案是为那些同义属性重新命名。例如,考虑下面的两个关系:

学生 1(学号,姓名)

学生 2(录取号,姓名,地址)

在上例中,分析员发现,学号和录取号都表示一个人的身份,表示同一个属性。一种解决方法就是规范化为其中一个属性的名称,如学号。另一种解决方法就是启用一个新的名称,如身份证号来代替前两个属性。如果用后一种方法,则合并后的关系如下:

学生(身份证号,姓名,地址)

2. 异义属性

还有一种情况存在,即一个属性名称可能有多个含义或者描述了多个特征,称为异义属性(homonym)。例如,账户这个词可以指支票账户、储蓄账户、贷款账户等。因此,它的含义取决于它的使用情形。当合并关系时要留意是否有异义属性。例如:

学生 1(学号,姓名,地址)

学生 2(学号,姓名,电话号码,地址)

系统分析员在与用户讨论时发现,学生 1 中的地址表示的是学生的学校住址,而学生 2 中的地址却表示学生的家庭住址。要解决这个矛盾,在合并的关系中需要启用新的属性名称。

学生(学号,姓名,电话号码,校园地址,家庭住址)

3. 非主码间的依赖

当两个 3NF 关系合并成一个时可能产生非主码间的依赖。举例如下:

学生 1(学号,专业)

学生 2(学号,辅导员)

由于学生 1 和学生 2 主码相同,所以两个关系合并后的关系为:

学生(学号,专业,辅导员)

但是,假如每一个专业只有一个辅导员,则辅导员就是函数依赖于专业,即:专业→辅导员。

如果这种依赖存在,因为包含非主码间的函数依赖,学生就满足 2NF 而不是 3NF。分析员可以通过生成两个关系,并将专业作为学生中的一个外码来实现 3NF。具体如下:

学生(学号,专业)

专业辅导员(专业,辅导员)

4. 类/子类

在用户的视图或者关系中可能隐含存在着类/子类关系。假设有下面两个关系:

病人 1(病人编号,姓名,地址,治疗日期)

病人 2(病人编号,病房号)

表面上这两个关系可以合并成一个病人关系。但是,如果有两种不同的病人:住院和出院病人。病人 1 实际上包含的属性是对所有病人,而病人 2 中却包含一个针对住院病人的属性(病房号)。此时,需要为这些实体新建一个类/子类关系:

病人(病人编号,姓名,地址)

住院病人(病人编号,病房号)

出院病人(病人编号,治疗日期)

9.4 设计字段

字段(field)是系统软件,如一个程序语言或数据库管理系统所识别的应用数据的最小单位。逻辑数据库模型的一个属性可能用几个字段进行表示。例如,一个学生的名字属性在规范化学生关系中可能用三个字段表示:last 姓名、first 姓名和 middle initial。一般地,用一个或多个字段表示规范化关系中的每一个属性。在指定每一个字段时基本上要确定表示该字段的数据类型(存储类型)以及数据完整性控制。

9.4.1 选择数据类型

1. 选择数据类型

一种数据类型(data type)是在表示组织数据时被系统软件认可的编码方式,其比特模式对于物理文件和数据库设计中的数据存储空间和存取数据的速度通常有很大影响。在系统中特定的文件或数据库管理软件将影响编码选择。表 9-6 列出了 Oracle 9i 中最常用的数据类型。

表 9-6 Oracle 9i 数据类型

数据类型	描述
长字符串(VARCHAR2)	最大长度可达 4000 字符的长度字符串数据,必须输入最大字段长度(如,VARCHAR2(30)表示字段最长为 30 个字符)。小于 30 个字符的值只会使用实际需求的空间
字符串(CHAR)	最大长度可达 255 字符的固定长度字符串;默认长度是一个字符(例如,CHAR(5)表示一个具有 5 个字符固定长度的字段,可以表示出 0～5 个字符长度的字段值)
长整型(LONG)	可以存储最多 2GB 的字符数据字段。例如,可以做医药使用说明或顾客评论
数字(NUMBER)	变化范围从 10～130 到 10126 之间的正负数字;可以指定精度(小数点之前和之后的数字总长度)和测量(小数点之后的数字长度)。例如,NUMBER(5)指定一个最多 5 位数字的整型字段,而 NUMBER(5,2)是指定一个最多 5 位数字以及小数点之后确定 2 位数的字段
日期	从公元前 4712 年 1 月 1 日到公元 4712 年 12 月 31 日之间的任何日期;数据包括世纪、年、月、日、小时、分钟和秒
二进制大对象(BLOB)	二进制大对象,可以存储最多 4GB 的二进制数据。例如,一张图片或声音片段

选择一个数据类型需要在以下 4 个目标之间进行权衡,这些目标对于不同的应用有不同的重要程度:

- 最小化存储空间;
- 能够表示一个字段所有可能的值;
- 改进字段的数据完整性;
- 支持字段的所有数据操作。

为字段选择数据类型时,应最小化存储空间,能够表示出对应属性所有可能的合法值,以及允许所需要的数据操作。例如,假如一个销售数量字段用数值数据类型进行表示,需要选择字段的长度使得能够表示出最大值,并考虑为其将来的可能发展预留空间。同时,数值数据类型会防止用户输入错误值(文字),但它允许输入负值(如果不允许输入负值,应用编码或表设计可以要求限于正数)。

注意,数据类型必须适用于整个应用周期,否则就需要额外的维护操作。所以,选择数据类型时要预计将来可能的需求。另外,注意日期参数可以进行算术计算,通过加上或减去一个日期来获得一个时间段。

2. 运算字段

一个属性经常与其他数据存在数据相关性。例如,发票可以包含一个总应付款字段,它表示发票上每个项目的应付金额总和。如果一个字段是从其他数据库字段中派生出来的,则称为一个运算(或派生)字段(注意,属性之间的函数依赖并不表示隐含着一个运算字段)。如果把一个字段定义为运算字段,通常会提示我们输入计算公式,该公式可能包括同一条记录中的其他字段,或者是其他相关文件记录中的一些字段。数据库技术既可以存储运算结果,也可以根据请求对结果进行运算。

3. 编码与压缩技术

有些属性在很大的取值范围内只取少数几个值。例如，虽然一个 6 位字段(5 个数字位加上一个符号位)能够表示－99 999～99 999 之间的数，但可能会用到这个数值范围内 100 个正数值。因此，number 数据类型不能充分限制数据完整性允许的值，并且 5 位数字加上 1 个符号位的存储空间也很浪费。为了更加有效地利用空间(更少的空间意味着更快的访问速度，因为所有的数据更加紧密地集中在一起)，可以为属性定义这样一个字段，使可能的属性值不是完全表示的，而是缩写的。例如，假设某家具公司的每种产品都有一个饰面属性，其取值可能是胡桃木、橡树木、桦树木等。如果将属性存储成 Text 形式，可能需要 12、15 或者甚至 20 个字节来表达最长的饰面值。假如该家具公司的饰面最多不超过 25 种，则可采用简单的字母表或者文字数字就足够用以表示所有取值。这样不但节省了存储空间，而且增强了完整性(将输入限制于少数的几个值)，从而实现数据库设计的两个目标。但是，编码的缺点是难于记忆，因此，在程序中必须编写程序对字段进行解码。

9.4.2 控制数据完整性

前面已经解释了如何限制字段取值范围，数据类型有助于控制数据完整性。还有一些物理文件和数据库设计的备选策略，用于保证高质量的数据。虽然这些控制备选策略可以加入到应用程序中，但如果把它们作为文件和数据库定义的一个组成部分则更好，这样保证它们可以一样地用于所有的程序。有以下 4 个通用的数据完整性控制方法：

- 默认值。默认值(default value)是指一个字段没有输入赋值时的默认值。例如，一个零售店大多数顾客所在的城市或州与本店所在地相同。给字段赋一个默认值可以减少数据输入次数(输入数据时该字段可以跳过)与输入错误，比如把单词 Indiana 中的 IN 输成 IM。
- 范围控制。数值和字母数据都可能有一个有效值范围。比如，销售产品数量字段的最小值应该是零，而产品销售月份字段应当限于 JAN、FEB 等值。
- 参照完整性。参照完整性最常见的情况是关系间的参照。例如，在图 9.7(a)中的一对关系中，一个顾客订单中的客户号字段作为外码其取值限于客户关系中的客户号取值集合，因为不能接受一个不存在的或者未识别的顾客的订单。参照完整性还可用于其他情形。考虑图 9.7(b)中的员工关系例子。员工关系有一个字段“上司

客户(客户号，客户姓名，客户地址)
客户订单(订单号，客户号，订购日期)
客户号不能为空，因为每个订单必须为某个客户而存在

(a) 关系之间的参照完整性

员工(员工号，上司号，员工姓名)
上司号可以为空，因为不是所有的员工都必须有上司

(b) 一个关系内的参照完整性

图 9.7 参照完整性字段控制举例

号”,它是指一个员工的上司的员工号,所以,这个字段的取值应当对员工关系中的员工号具有参照完整性。需要注意,有的员工可能没有上司,其上司号是空值,所以这是一个弱参照完整性约束。

• 空值控制。空值(null value)是一个特殊的字段值,有别于零、空白或其他任意值,它是指字段的值缺少或者未知。在输入数据时经常碰到这样的情况,例如,对于一个新顾客没有其电话号码。问题是一个有效的顾客是否一定需要这个字段值?答案是否定的,因为即使没有电话号码,大多数的数据仍然可以操作。而后,当给这个顾客送货时却可能不允许电话号码为空。另一方面,对于客户号字段必须赋予一个值。由于参照完整性,如果不知道一个新顾客的客户号值,则不可能输入他的订单,而顾客姓名对于判断数据输入正确性是一个基本信息。当一个字段缺少值时,除了可以用一个空值来表示,也可以估计一个值,在表中缺少值的行里生成一个报告,或者明确是否缺少值会影响所需信息的运算。

9.4.3 设计文件的控制策略

前面提到物理表设计的其中两个目标是防止操作失败或数据丢失和防止未授权操作。实现这些目标主要是通过对每个文件附加上一些控制。其中一个主要类型就是前面提到过的数据完整性控制。另外两个重要的控制策略是文件备份和安全性。

由于软件问题或者人为失误,一个文件几乎不可避免地会被破坏或丢失。当一个文件被破坏时,它必须能够被恢复到正确、合理的当前状态。文件和数据库设计者有许多修复技术,包括:

• 周期性地备份文件;
• 将每次更新内容作为处理日志或审查记录存到一个文件中;
• 每一行记录在修改前后都进行保存。

例如,备份一个文件,以及将行修改后存成日志,这样可以由前面一个状态(备份的文件)重新生成当前状态的文件。如果当前文件被破坏而不能使用时就需要这种操作。如果当前文件可以操作但是不准确,则可以利用行日志来反向地恢复文件到准确状态。信息系统设计者需要提供备份、审查记录和行日志文件功能,使得数据文件出现错误或者破坏时可以重建文件,这一点十分重要。

一个信息系统设计者可以通过多种方法设立数据安全性,包括:

(1) 编码或者加密文件中的数据,因此读者如果不掌握解密方法,就无法读取文件。

(2) 要求数据文件用户输入用户名和密码,以及设置对不同用户、不同数据限定文件的部分操作功能(读取、添加、删除、修改)。

(3) 禁止用户直接操作文件中的数据,但允许将其中的数据拷贝(真实地或虚拟地)后进行操作。用户可以对拷贝的数据进行操作,而只有当拷贝数据的修改结果被完全核对确认有效时才对原始数据进行修改。

只有当有必要进行控制时,这些安全性措施才被加载到一个信息系统中。

9.5 代码设计

9.5.1 代码及其作用

代码是人为确定的代表客观事物(实体)名称、属性或状态的符号,或者是这些符号的组合。好的代码方案对于系统开发而言尤为重要,可以使许多机器处理(如某些统计、校对查询等)变得十分方便。在系统开发过程中设计代码的作用是:

(1) 唯一化。现实世界中的事物必须转换为机器可以识别和区分的符号语言,因此,现实事物必须采用唯一标识,这是编制代码的首要任务。以人事档案管理中的职工编号为例,由于姓名经常有重名现象,因此难以作为唯一标识,所以需要编制职工代码来对每位员工进行标识。

(2) 规范化。尽管已确保代码具有唯一性,但如果代码是杂乱无章的,使用起来也不方便。所以,除了保证标识唯一性之外,还需要使编制出的代码易于辨认,也就是按照一定的规范编制代码。例如,财政部关于会计科目编码的规定,以"1"开头的表示资产类科目;以"2"开头的表示负债类科目;以"3"开头的表示权益类科目;以"4"开头的表示成本类科目等。

(3) 系统化。系统所用代码应尽量标准化。在实际工作中,一般企业所用大部分码都有国家或行业标准。例如,会计领域中,一级会计科目由国家财政部进行标准分类,二级科目由各部委或者行业协会进行标准分类,企业则只能对会计业务中的明细账目,即三、四科目进行分类,而且这个分类必须参照一、二级科目的规律进行。

代码设计需要遵循如下原则:

(1) 必须保证有足够的容量。要足以包括规定范围内的所有对象。如果容量不够,不便于今后变化和扩充,随着环境的变化这种分类很快就失去了生命力。

(2) 按属性系统化。类不能是无原则的,必须遵循一定的规律。根据实际情况并结合具体管理的要求来划分是我们分类的基本方法。分类应按照处理对象的各种具体属性系统地进行。如在线分类方法中,哪一层次是按照什么属性来分类,哪一层次是标识一个什么类型的对象集合等都必须系统地进行,只有这样的分类才比较容易建立,比较容易为别人所接受。

(3) 分类要有一定的柔性。不至于在出现变更时破坏分类的结构。所谓柔性是指在一定情况下,分类结构对于增设或变更处理对象的可容纳程度。柔性好的系统一般情况下增加分类不会破坏其结构。但是柔性往往还会带来别的一些问题,如冗余度大等,这都是设计分类时必须考虑的问题。

(4) 注意本分类系统与外系统、已有系统的协调。任何一项工作都是从原有的基础上发展起来的,故分类时一定要注意新老分类的协调性,以便于系统的联系、移植、协作以及新老系统的平稳过渡。

9.5.2 代码种类

目前常用的代码种类如下:

1. 顺序码

以某种顺序形式编码。如各种票据的编号,都是顺序码。这种编码的优点是简单,易于追加,缺点是可识别性差。

2. 数字码

数字码是以纯数字形式编码,数字码是在各类管理中最常用的一类编码形式。

区间码:将顺序码分成若干区段,每一区段代表部分编码对象。

层次码:在代码结构中,为实体的每个属性确定一位或几位编码,并排成一定的层次关系。

例如,我国目前使用的居民身份证就是采用一个15位的数字码,前6位表示地区编码,中间6位表示出生年月日,最后3位表示顺序号和其他状态(性别等)。这种数字码属层次码。这种编码优点是易于校对,易于处理,缺点是不便于记忆。

3. 字符码

字符码即以纯字符形式编码(英文、汉语拼音等)。这类编码常见的有我们在程序设计中的字段名、变量名编码。

例如:开发一个成本管理信息系统,在进行数据库设计时,要求所有表名均以C-开始,视图名以C-V-开始。例如产生各种材料汇总的视图:材料成本表C-CLCB、C-V-CLHZ。这就是一个典型的纯字符码。这种编码优点是可辅助记忆,缺点是校对不易,不易反映分类的结构。

4. 混合码

混合码即以数字和字符混合形式编码。混合码是在各类管理中最常用的另一类编码形式。这种编码的优点是易于识别,易于表现对象的系列性,缺点是不易校对。

例如:GB ××××表示国家标准的某类编码,IEEE 802.X表示某类网络协议标准名称的IEEE编码。所有的汽车牌照编号,都是混合码。

9.5.3 代码设计方法

目前最常用的分类方法概括起来有两种,一种是线分类方法,另一种是面分类方法,在实际应用中根据具体情况各有其不同的用途。

1. 线分类方法

线分类方法是目前用得最多的一种方法,尤其是在手工处理的情况下它几乎成了唯一的方法。线分类方法的主要出发点是:首先给定母项,母项下分若干子项,由对象的母项分大集合,由大集合确定小集合……,最后落实到具体对象。

分类的结果造成了一层套一层的线性关系,如图9.8所示。

线分类划分时要掌握两个原则,即唯一性和不交叉性。否则分类后如果出现二义性,将会给后续工作带来诸多不便。

线分类法的特点如下:

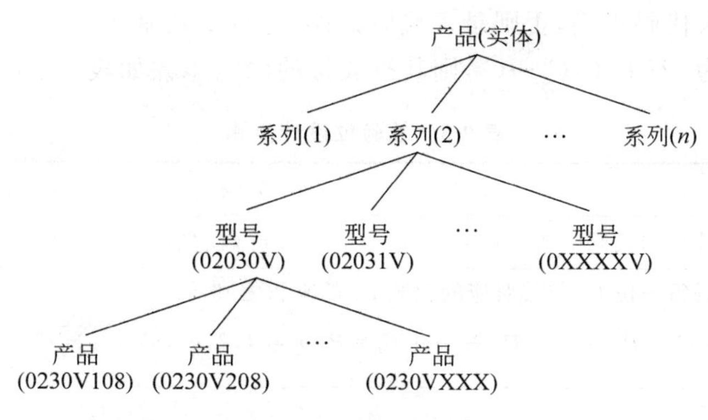

图 9.8 线分类法举例

(1) 结构清晰,容易识别和记忆,容易进行有规律的查找。

(2) 与传统方法相似,对手工系统有较好的适应性。

(3) 主要缺点是结构不灵活,柔性较差。

2. 面分类方法

面分类法主要从面角度来考虑分类。面分类方法的特点是:

(1) 柔性好,面的增加、删除、修改都很容易。

(2) 可实现按任意组配面的信息检索,对机器处理有良好的适应性。

(3) 缺点是不易直观识别,不便于记忆。

如表 9-7 所示,代码 3212 表示材料为钢的 Φ1.0mm 圆头的镀铬螺钉。

表 9-7 面分类法举例

材　料	螺钉直径	螺钉头形状	表面处理
1-不锈钢 2-黄铜 3-钢	1-0.5 2-1.0 3-1.5	1-圆头 2-平头 3-六角形状 4-方形头	1-未处理 2-镀铬 3-镀锌 4-上漆

9.5.4 代码校验

在进行代码录入时,容易出现以下错误:

识别错误:1/7,0/0,Z/2,D/0,S/5,…

易位错误:12345/13245,…

双易位错误:12345/13254,…

随机错误:上述两种或两种以上的错误同时出现。

避免代码录入出现错误的常用方法是:在设计好代码后,再增加一位,作为代码的组成部分,增加的这位即为校验位。

使用时,应录入包括校验位在内的完整代码,代码进入系统后,系统将取该代码校验位前的各位,按照确定代码校验位的算法进行计算,并与录入代码的最后一位(校验位)进行比较，如果相等，则录入代码正确，否则录入代码错误，进行重新录入。

设有一组代码为：$C_1C_2C_3C_4\cdots C_i$，则其校验位的确定步骤如表 9-8 所示。

表 9-8 校验位设计步骤

步骤	主要做法
1	为设计好的代码的每一位 C_i 确定一个权数 P_i（权数可为算术级数、几何级数或质数）
2	求代码每一位 C_i 与其对应的权数 P_i 的乘积之和 S： $S = C_1 * P_1 + C_2 * P_2 + \cdots + C_i * P_i (i = 1,2,\cdots,n) = \sum_{i=1}^{n} C_i * P_i$
3	确定模 M
4	取余 R=SMOD(M)
5	校验位 $C_{i+1} = R$
6	改写最终代码为：$C_1C_2C_3C_4\cdots C_iC_{i+1}$

举例：校验位的确定。

原设计的一组代码为 5 位，如 32456，确定权数为 7，6，5，4，3 求代码每一位 C_i 与其对应的权数 P_i 的乘积之和 S：

$$\begin{aligned} S &= C_1 * P_1 + C_2 * P_2 + \cdots + C_i * P_i \quad (i = 1,2,\cdots,n) \\ &= 3*7+2*6+4*5+5*4+6*3 \\ &= 21+12+20+20+18 = 91 \end{aligned}$$

确定模 M：$M=11$

取余 R：R=SMOD(M)= 91MOD(11)= 3

校验位 $C_{i+1}=R=3$

最终代码为：$C_1C_2C_3C_4\cdots C_iC_{i+1}$，即 324563

使用时为：324563

该组代码中的其他代码按此算法，分别求得校验位，构成新的代码。

本章小结

本章介绍数据库设计的基本思路和规则。主要是通过将逻辑模型向物理模型转化来建立关系，建立关系的时候要充分利用 E-R 图的信息来完成实体的确定、关系的转换和合并等工作。为关系设计字段的时候要注意：为了保证关系能够反映现实需求，要选择合理的数据类型并保证数据完整性。最后介绍代码的含义作用以及设计规则等。

思考与练习

1. 某企业 MIS 部门想构造一个数据库来跟踪所有的硬件和软件。企业拥有工作站、网络服务器和外设，而且 MIS 部门想跟踪软件包以及这些软件包的许可证。有些软件是针对单机的，可以把软件安装在网络服务器上，但只能允许与许可证授权的用户数同样多的网络用户使用该软件。企业还拥有网络许可证，单个网络许可证授权了一定数量的用户。非网络许可证可以被安装在工作站或者服务器上，而网络许可证只能安装在服务器上。企业希望跟踪软件许可证安装在哪里。某些许可证可以在某个时间被安装在任何地方。必须能够证明安装软件的合法性。每个许可证必须被跟踪到一个购买订单、赠品或者一次租借。企业也可以订购一些软件。订购软件包，同时收到许可证。

请构造数据模型和属性，并进行数据库设计。

2. 给图 9.9 所示的实体关系图设计关系数据库模式。

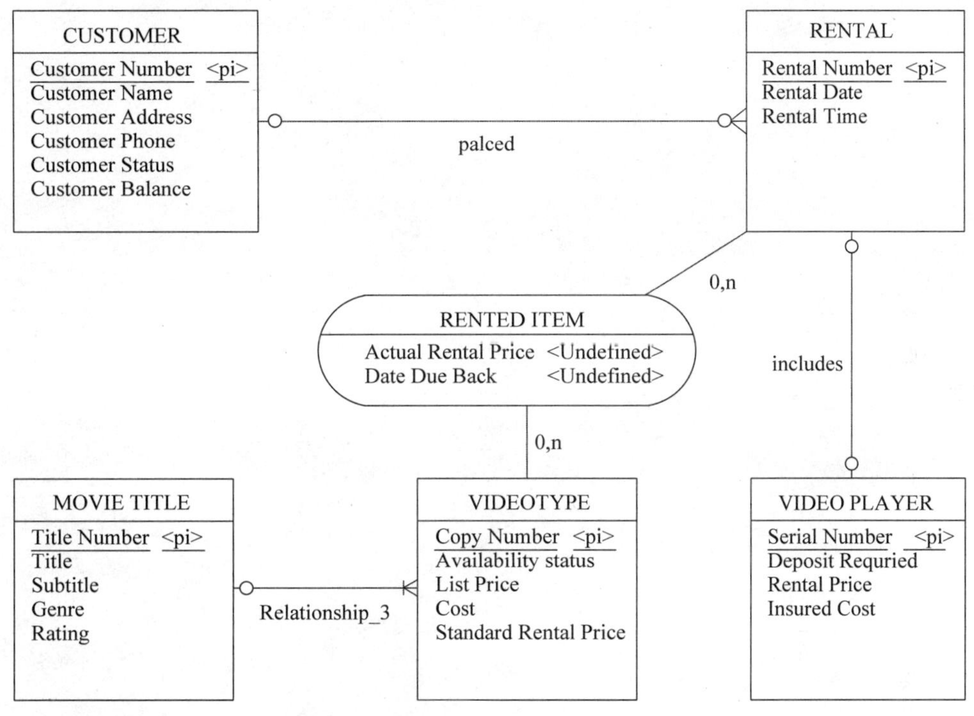

图 9.9 实体关系图

3. 根据下列陈述进行数据库设计。

一家公司有许多雇员。雇员(Employee)的属性包括雇员 ID(employeeID)(主码)、姓名(name)、地址(address)以及出生日期(birth date)。该公司也有一些项目。项目(Project)的属性包括项目名称(projectName)和开始日期(startDate)。每个雇员可以被指派到一个或多个项目中，或者没被指派到项目中。一个项目必须至少被分配到一个雇员，而且一个项目可以被分配到任何数目的雇员。一个雇员的工资率根据项目而不同，而公司希望记录每个雇员指派到某个特定项目是所应用的工资率。每月月底，公司邮寄支票给当月在项目中工作的雇员。支票额是以指派项目的工资率和记录小时为基础的。

4. 根据下列陈述进行数据库设计。

一个学校拥有大量的课程。课程(Course)的属性包括 courseNumber(主码)、courseName 和 units。每个课程可以有一个或多个前提课程，或者没有前提课程。类似地，某个特定课程可以是任何数量课程的前提课程，或者不是任何其他课程的前提课程。只有当课程主管提出正式请求的时候，学校才会增加或删除课程的前提课程。

5. 根据下列陈述进行数据库设计。

一家医院有大量的注册医师。医师(Physician)的属性包括 physicianID(主码)和 specialty。医师让病人进入医院。病人(Patient)的属性包括 patientID(主码)和 patientName。任何被接纳的病人都必须有一个接纳的医师。一个医师可以选择地接纳任何数量的病人。一旦被接纳,给定的病人必须被至少一个医师治疗。一个特定的医师可以治疗任何数量的病人,或者可以不治疗任何病人。无论何时病人被医师治疗,医院都希望记录治疗的详细情况,包括日期、时间和治疗结果。

第10章 输入输出与用户界面设计

学习目标

通过本章学习,要求掌握:

- 输出与输入的基本目的、设计原则、方式选择、格式设计、设计过程及设计说明等。
- 用户界面设计时遵循的原则、交互方式及设计步骤。
- 通过案例加深对本章内容的理解。

系统输入输出设计是整个系统开发过程中最容易被忽视而又十分重要的环节。因为输入和输出是用户与系统的接口,是用户与系统关系最密切的两部分。输入输出设计得好坏直接影响到用户日后能否方便使用系统,它也是一个组织系统形象的具体体现,因此输入输出设计在信息系统设计中占据重要地位。好的输入系统设计可以为用户和系统双方带来良好的工作环境,好的输出设计可以为管理者提供简捷明了、有效实用的管理和控制信息。

10.1 输出设计

10.1.1 输出设计目的

信息系统的输出用于向系统用户呈现信息,用户所需要的各种管理业务和经营决策等方面的信息都是由系统的输出部分完成的。同时,输出是信息系统中最可见的部分,用户往往通过输出来了解系统的面貌,因此,输出通常作为管理层和用户最终评估系统价值的基础。

信息系统输出设计的目的是使系统能够正确及时地输出用户需要的各种有用信息,保证系统输出的信息能够方便地为用户所使用,能够为用户的管理活动提供有效的信息服务。信息能否满足用户需要,直接关系到系统的使用效果和系统的成功与否。

系统输出分为中间输出和最终输出两类。中间输出是指子系统对主系统或另一个子系统之间的数据传送,而最终输出则是指通过终端设备(如显示器屏幕、打印机等)向管理者输出的一类信息。

10.1.2 输出设计原则

在进行信息系统的输出设计时,通常遵循以下原则:

原则 1：输出应该易于阅读和理解。

- 每个输出应该有一个标题。
- 每个输出应该有日期和时间戳，有助于读者掌握信息的时效性。
- 报告或屏幕应该包括分段信息的节和标题。
- 基于表格的输出，所有字段清晰标上标签。
- 有时由于空间限制需要对节标题、字段名称和列标题采用缩写形式，最好能够提供这些标题的图例。
- 只打印或显示需要的信息。
- 在报告或者显示屏上，信息应该均匀分布，同时整个输出应该留有充分的边缘与空格，提高可读性。
- 信息应该易于导航和查找，使用户能够方便地找到输出，方便地在报告中前移或者后移，以及输出报告。
- 避免计算机行话和错误消息。

原则 2：按时提供输出。

由于输出信息具有时效性，因此输出信息必须在事务或者决策需要信息时到达接受者。

原则 3：制作对用户有意义的输出。

输出信息需要采用用户可以接受的方式呈现，同时，输出应该具有明确的目的，为用户输出有意义的信息。如果输出对于用户而言没有用处，就不应该创建这一输出，因为系统的所有输出都有相关的时间和资源的代价。因此，在信息需求确定阶段就应该查明信息系统的用途是什么，然后根据这些需求设计输出。

原则 4：选择有效的输出方法。

信息系统输出设计就是从信息输出角度，通过对输出内容、输出格式、输出设备与介质等方面的分析研究，确定可行的输出设计方案。按照输出设备划分为屏幕输出和打印输出两种形式，屏幕输出通过屏幕界面的方式来组织。按照输出格式划分可分为文本输出、图表输出、图形图像输出和音频输出等形式。

10.1.3 输出方式选择

信息系统的输出方式有屏幕显示输出、打印机打印输出、文件输出、绘图输出等，使用最为广泛的输出方式是屏幕显示和打印机打印。通常在功能选择、查询、检索信息时，采用屏幕显示输出方式。

1. 屏幕显示输出

用界面对话的方式在显示屏上输出信息，这种方式常常用在查询和检索系统中。屏幕显示输出具有速度快、无噪音等特点，用户可通过单击功能按钮、输入组合条件等方式让系统显示信息。这种输出方式的优点是实时性强，但输出的信息不能保存。

在屏幕输出中，除可以使用系统的条件查询程序对要查询的记录数据内容进行限定外，还可以在输出前对显示格式内容进行描述，即对输出数据的栏目、栏目排列顺序、输出宽度、表头及栏目标题等进行预先定义。这时，系统输出中显示内容和打印内容就不一定相同。

当用户没有对以上内容重新定义时，系统按照默认定义，即程序设计中定义好的格式向外输出。

2. 打印机打印输出

当输出信息需要长期保存或在较广泛的范围内传递时，一般将信息打印输出，例如报表、发票的输出等。常用输出设备有显示终端、打印机、磁带机、绘图仪、多媒体设备等，常见输出介质有纸张、磁盘、磁带、光盘、多媒体介质等。设计时应考虑这些设备和介质的特点，结合用户的要求及资金等情况进行选择。

在打印输出时，报告纸有专用纸和通用白纸两种。专用纸上事先已印有表头和文字说明等格式，使用时可直接套打，通用白纸则需打印表头、格式及说明信息。

10.1.4 输出格式设计

输出格式常用的主要有两种：一种是报表输出，另一种是图形输出。究竟采用哪种输出形式，应根据系统分析和管理业务的要求而定。一般来说，对于基层或具体事务的管理者，应用报表方式给出详细的记录数据为宜，而对于高层领导或宏观、综合管理部门，则应该使用图形方式给出比例或综合发展趋势的信息。

1. 报表生成器设计

报表是一般系统中用得最多的信息输出工具。通常，企业范围内的信息系统中报表种类多达上百种。为了便于开发，在实际工作时常常是在确定了报表的种类和格式之后，开发出一个报表模块，并由它来产生和打印所有的报表，即报表生成器。用户可以使用报表生成器工具创建报表，根据在模型设计器中所创建的报表模型创建自己的报表。报表生成器的原理如图 10.1 所示。该图分两部分，左边是定义报表格式部分，定义完后将其格式以一个记录的方式存于报表格式文件中；右边是打印报表部分，它首先打开文件读出已定义的报表各列于菜单中，供用户选择，当用户选中某个报表后，系统读出该报表的格式和数据进行打印。

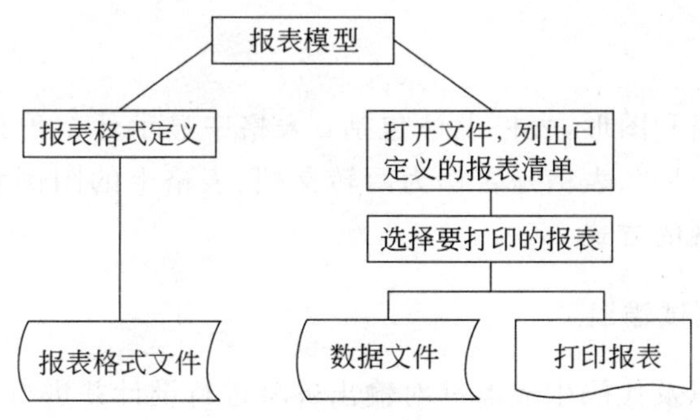

图 10.1 报表生成器工作原理

2. 图形方式

图形方式输出主要是采用图片揭示信息，演示了表格中不容易看出的趋势和关系。随着计算机技术的发展，将系统的各类统计分析结果采用图形的方式进行输出更容易实现。

图形信息在表示事物的趋势、多方面的比较等方面有较大的优势，可以充分利用大量历史数据的综合信息，表示方式直观，常为决策用户所喜爱。大多数的软件编程工作都提供了作图工具或图形函数等。这些工具绘图要求开发者具有一定的技术基础，且开发工作量较大。Excel 功能比较强大，应用其中一些功能就能够自动生成一些报表。所以可以利用 Excel 的动态数据交换功能(Dynamic Data Exchange，DDE)来完成统计分析和图形输入的功能。也可以利用插件方式来进行图形生成，插件由软件开发商进行相应的软件功能开发，用户不需要编程，通过常规操作就可以完成报表的自动生成。

图标也属于图形的一种，图标也用来表示数据间的比例关系和比较情况。由于图标易于辨认，无须过多解释，在信息系统中的应用也日益广泛。

为了提高系统的规范化程度和编程效率，在输出设计上应尽量保持输出内容和格式的统一性，也就是说，同一内容的输出，对于显示器、打印机、文本文件和数据库文件应具有一致的形式。显示器输出用于查询或预览，打印机输出提供报表服务，文本文件格式用于为办公自动化系统提供剪辑素材，而数据库文件可满足数据交换的需要。

10.1.5 输出设计过程

输出设计的主要过程如下：

1. 确定系统输出的需求

输出需求应该在需求分析过程中定义，确定输出的类型及目的，输出是供内部使用还是外部使用，内部输出主要供企业内部使用；外部输出用于提交给组织外的相关方面使用，还有部分文档要返回作为系统输入，例如，送货单或者雇员福利报表等。

2. 输出方式设计和设备选择

根据输出需求确定采用什么实现方法最适用于输出，以及输出产生的频率，打印输出单份拷贝的页数，多少份拷贝，打印输出的分发控制，联机输出的访问控制。

3. 输出格式设计

按照需求设计表格和图形，表格设计包括：表格中显示什么预打印信息、是否邮寄、每天打印多少表格、表格尺寸、表格是否作为回转文档、表格上的图例和指令、表格的颜色等。图形设计考虑图形呈现的方式。

4. 设计、验证并测试输出

采用原型化工具以及代码生成器等对输出屏幕进行设计并进行测试。

10.1.6 输出设计说明

输出内容设计的结果可采用“输出设计说明书”进行呈现。一份完整的输出设计说明书应包含输出类型、内容、表格、介质和设备四方面的设计内容。输出设计说明书中通常包括如下信息：

- 输出信息使用情况。包括信息的使用者、使用目的、信息量、输出周期、有效期、保管方法和输出份数以及安全保密性要求。
- 输出信息内容。包括输出信息的数据结构、信息形式（文字、数字）、数据类型、精度、取值范围等。
- 输出格式。采用表格、报告、图形等形式输出。
- 输出设备和介质。设备如打印机、显示器等；介质如磁盘、磁带、纸张（普通、专用）等。

表 10-1 给出了输出设计说明书的一般内容。

表 10-1　输出设计说明书

编号：　　　　　　　　　　　　名称：

处理周期：　　　　　　　　处理形式：　　　　　　种类：

份数：　　　　　　　　　　　　报送单位：

输出项编号	输出项名称	输出格式	输出顺序	输出设备和介质

填表人：　　　　　　　　　　填表日期：

10.2　输入设计

10.2.1　输入设计目的

输入界面是管理信息系统与用户之间交互的纽带，设计的任务是根据具体业务要求，确定适当的输入形式，使管理信息系统获取管理工作中产生的正确的信息。

输入设计的目的是根据信息系统目标和用户的特点，确定出使用户满意的输入设计方案。体现在两方面：一是确保输入的正确性。为了防止"垃圾进，垃圾出"，需要充分重视输入设计，要避免不合法的、不完整的、不正确的数据进入系统，设法保证输入数据的正确性。二是确保输入的快速、高效。采用合理的输入设计确保数据快速、正确地输入系统。输入设计与输出设计有密切的联系，需要综合考虑。

10.2.2　输入设计原则

输入设计应遵循以下原则：

(1) 控制输入量。在输入设计中，应尽量控制输入数据总量。具体措施包括：

- 不能要求输入可以通过计算得到的数据。在输入时，只需输入基本的信息，而其他可通过计算、统计、检索得到的信息则由系统自动产生。例如，不需要用户输入当前日期和时间，因为这些值可以很容易地从计算机系统内部的日历和时钟里获得。利用系统的这些值，用户可以简单地确认系统日历和时钟是否工作正常。

- 不要输入已经在系统中存储的数据。例如,不要在订单表中输入用户资料,因为这些资料在数据库中可以获取,不要输入可以从销售数量和单价中计算得到的扩展价格。
- 对于一些信息比较固定的数据,可以采用列表选择的方式减少输入。例如,产品名称、产品代码、单位名称、单位代码、会计科目、会计科目代码等,可事先将其放在下拉列表或弹出式列表中,当输入到这些数据时,可让用户在列表中选择相应的项目输入,这样既可加快输入速度,又可提高输入数据的正确性。

(2) 减少输入延迟。输入数据的速度往往成为提高信息系统运行效率的瓶颈,一个良好、高效的输入界面对用户所有的输入和任务请求都能立即响应并作出反馈。这个反馈响应时间也称为系统延迟,它取决于系统软硬件的性能,响应时间在 1～2s 的延迟属正常对话方式;响应时间在 2～4s 属松散对话方式;响应时间在 4～15s 属中等规模延迟,一般用于需长时间探索与推理的过程;响应时间超过 15s,用户会感到空闲或疑问,应尽量避免,实在无法避免时,应给予提示等待或系统工作状态进展提示信息等辅助界面,以分散用户等待的焦急情绪。

(3) 避免额外步骤。在输入设计时,应尽量避免不必要的输入步骤,当步骤不能省略时,应仔细验证现有步骤是否完备、高效。

(4) 输入过程应尽量简化。输入设计在为用户提供纠错和输入校验的同时,必须保证输入过程简单易用,不能因为查错、纠错而使输入复杂化,增加用户负担。

(5) 减少输入错误。输入设计中应采用多种输入校验方法和有效性验证技术,减少输入错误。输入操作符号应尽可能简单、易记忆,提示应简单明了;设置容忍用户操作上的失误,并有容许用户改正的机制;给出运行状态提示,防止错误积累;检测用户错误,屏蔽输入错误。对于视频终端的数据输入,文本输入区域需要加亮,从而可以清晰地显示出每行的字符个数与行数。还可以使用复选框或者单选按钮让用户选择标准的文本答案。也可以使用数据输入控制来保证输入正确的数据类型(所要求的字母或者数字)。

在进行数据输入字段设计时应当遵照如表 10-2 所示的规范。

表 10-2 构建数据输入字段的规范[25]

默认值	尽量提供默认值用以提示用户。例如,假定一个新销售发货单是今天的日期,或者使用标准的产品价格
单位	明确要求输入的数据单位类型;例如,指明数量单位是吨、磅等
替换	适当的时候使用字符替换;例如,允许用户在表中查询某个值,或者一旦用户输入具有足够差异的字符,即通过输入的字符可以定位到一个值时,自动填写该值
标题	总是在字段附近给出一个标题
格式	适当的时候提供格式化例子,例如,自动显示标准嵌入字符、小数点、信用标识或美元符号
验证	自动验证数据输入;数字应当右对齐并根据小数点排列,文本应当左对齐
帮助	适当的时候提供上下文相关的帮助;例如提供一个热键,如 F1,取最靠近光标位置的字段作为输入,并在光标位置打开帮助系统中对应的内容

在进行输入设计时,需要明确提示所需的数据类型,即在每项数据字段旁边应该有一项说明来描述需要输入的数据,用户从中可以明确需要输入的数据类型。依据显示信息,表中

所有输入数据应当可以在标准格式中(例如,日期,时间,货币)进行自动验证。表 10-3 显示了文字输入时的选项。

表 10-3　文字输入的选项

选　　项	例　　子
画线标题	电话号码(　　)　—　—
下方标题	(　　)　—　—
	电话号码
加框标题	电话号码————————————
限定字符	( ) - - 电话号码
付款选择框	支付方式(选择其一)
	□ 支票
	□ 现金
	□ 信用卡：类型

10.2.3　输入方式选择

输入方式的设计主要是根据总体设计和数据库设计的要求来确定数据输入的具体形式的,也就是输入设备选择。随着计算机技术的不断发展,输入设备也在不断更新,先进的输入技术的采用无疑会提高系统效率,增强系统功能。但同时还要根据实际业务的具体情况,恰当地选择既经济适用又高效快捷的输入设备和输入方式。

按照输入信息的形式,可以把输入设备分为以下几种,如表 10-4 所示。

表 10-4　输入设备的分类

输入信息形式	输 入 设 备
键盘输入	键盘
数模转换设备	条形码、光电阅读器、扫描仪、传感器
网络通信输入设备	数字网络、电话网络
磁盘、光盘输入设备	软盘、U 盘、移动硬盘、光盘

(1) 键盘输入。键盘输入方式(key-in)包括联机键盘输入和脱机键盘输入(一种通过键到盘、键到带等设备,将数据输入到磁盘/带文件中然后再读入系统的设备)两种方式。它们主要适用于常规、少量的数据和控制信息的输入以及原始数据的录入。这种方式不大适合大批中间处理性质的数据的输入。由数据录入员通过工作站录入,经拼写检查和可靠性验证后存入磁记录介质(如磁带、磁盘等)。这种方法成本低、速度快,易于携带,适用于大量数据输入。

(2) 数模/模数转换方式。数模/模数转换方式(A/D,D/A)的输入是目前比较流行的基础数据输入方式。这是一种直接通过光电设备对实际数据进行采集并将其转换成数字信息的方法，是一种既省事，又安全可靠的数据输入方式。这种方法最常见的有如下几种：

- 条码(棒码)输入。即将标准的商品分类和统一规范化的条码贴在或者印在商品的包装上，然后通过光学符号阅读器(Optical Character Reader，OCR)(也称扫描仪)来采集和统计商品的流通信息。这种数据采集和输入方式现已普遍地被用于商业企业、工商、质检、海关等的信息系统中。
- 光标阅读器。采用光笔读入光学标记条形码或用扫描仪录入纸上文字。它大量地被使用在图形/图像的输入，文件、报纸的输入，标准考试试卷的自动阅卷，计票统计等方面。光符号读入器适用于自选商场、借书等少量数据录入的场合。而纸上文字的扫描录入读错率较高。另外，收、发料单，记账凭证通过扫描之后存入对应的表。例如，答题卡阅卷原理就是通过光学字符识别技术完成的，光标阅读机对黑色敏感，光线照到答题卡上，反射的光线被光敏元件接收，如果没有涂黑，反射光强一些，黑的地方反射光弱，这些信息被接收处理后送入计算机，由计算机完成评分工作。
- 传感器输入。即利用各类传感器和电子衡器接收和采集物理信息，然后再通过 A/D 转换板将其转换为数字信息。这也是一种用来采集和输入生产过程数据的方法。

(3) 网络传送数据。这既是一种输出信息的方式，又是一种输入信息的方式。对下级子系统它是输出，对上级主系统它是输入。使用网络传送数据既可安全、可靠、快捷地传输数据，又可避免下级忙于设计输出界面，上级忙于设计输入界面的盲目重复开发工作。网络传送有两种方式：一是利用数字网络直接传送数据；二是利用电话网络(通过 modem)传送数据，这需要数模转换过程。

(4) 磁盘传送数据。即数据输出和接收双方事先约定好待传送数据文件的标准格式，然后再通过软盘/光盘传送数据文件。这种方式不需要增加任何设备和投入，是一种非常方便的输入数据方式，它常被用在主-子系统之间的数据连接上。

10.2.4 输入格式设计

在实际设计数据输入时，特别是大批量的数据统计报表输入时，常常遇到统计报表结构与数据库文件结构不完全一致的情况。如有可能，应尽量改变统计报表或数据库关系表二者之一的结构并使其一致，以减少输入格式设计的难度。现在还可采用智能输入方式，由计算机自动将输入送至不同表格。包括两个部分：原始凭证格式设计以及输入介质的记录格式设计。

1. 原始凭证格式设计

凭证格式好坏直接影响数据质量。如果现行系统使用的凭证格式不能够满足计算机系统的使用要求，需要重新设计；原来没有的凭证，需要重新进行格式设计。设计时主要遵循以下原则：

- 便于填写。原始单据的设计要保证填写得迅速、正确、全面、简易和节约。具体地说应做到：填写量小，版面排列简明、易懂。
- 数据排列一般是从上到下、从左到右。
- 便于归档。单据大小要标准化、预留装订位置，标明传票的流动路径。
- 单据的格式应能保证输入精度。

- 为了容易填写，尽量使用选择式，或者表格式。
- 类型相同的数据尽量排在一起，如数字项目排在一起，文字项目排在一起。
- 不往计算机输入的数据应集中排在原始凭证最上端或者最下端。

在设计输入表单时，首先需要考虑内容的完整性，即应把本用例或本界面的输入数据全部包括在所设计的表单之中；其次，要保证数据的一致性，即在表单中不要出现冗余数据或派生数据的输入；最后，表单格式应该简单、规范，风格一致。图10.2是目前最常见的表单设计格式。

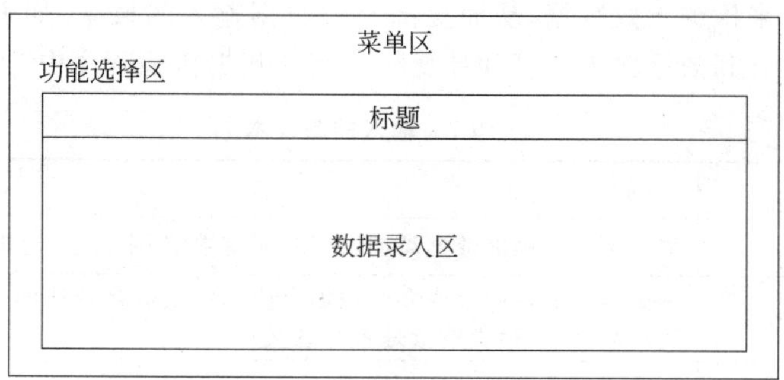

图10.2 表单设计格式示例

2. 输入介质记录格式设计

输入介质记录格式设计是指将原始凭证中的数据转录到存储介质上的格式。设计原则是：方便人员录入。尽量减少操作错误。与原始凭证的顺序尽可能一致，录入人员不至于跳跃式地在凭证上寻找数据，产生疲劳，使输入数据降低。表10-5是工资子系统中人事科送交工资组的人事变动通知单格式。当操作人员把表中数据输入计算机后，程序会自动对原工资主文件进行更新，表中第一人的备注项数据为0，表示此人已调离，第二人备注项为2，表示个别工资调整，第三人从本单位内部02部门调至01部门，工资也做了调整，第四人备注项为1，表示该人为新进人员。

表10-5 人事变动通知单

人事变动通知单________年____月____日

人员代码	姓　名	部　门	基本工资	附加工资	房　费	备　注
1002	周伦	01	400.00	40.00	90.00	0
1004	吴关兴	02	350.00	35.00	50.00	2
1005	赵子飞	01	450.00	45.00	90.00	2
1007	马亮	02	600.00	60.00	120.00	1

备注：　0——调离　1——新进　2——修改数据

10.2.5 输入控制与校验

界面设计的目标之一是减少数据输入错误。当数据输入到信息系统时，需要采取步骤来确认输入有效性。系统分析员必须考虑到用户可能产生的错误类型，并设计相应的系统界面特征来检测、避免和纠正输入错误。表 10-6 中总结了一些数据错误类型。

表 10-6 错误数据来源

错误数据	描 述	错误数据	描 述
误加	在字段中增加额外的字符	篡改	在字段中输入非法数据
删减	某字段丢失字符	颠倒	在字段中颠倒一个或多个字符

为了确保录入系统中的数据是有效的，需要进行输入控制，即在数据进入系统之前可以利用一些测试技术来检测无效数据，从而提高有效数据输入的概率，如表 10-7 所示。这些测试和技术经常结合到数据输入屏幕和计算机之间的数据传输程序中。

表 10-7 输入控制技术

输入测试	描 述
类或构成	测试保证正确的数据类型(例如，所有数字、字母、字母数字)
组合	测试判断是否两个或多个数据字段值的组合是合适的或者有意义(例如，给定产品类型，销售数量是否有意义)
期望值	测试判断数据是否是所期望的(例如，与现有顾客姓名、支付金额等匹配)
缺失数据	检查一个记录的所有字段中的数据项目的存在(例如，某个客户订单的每个产品项是否存在数量字段)
图片/模板	测试一个记录中所有字段数据项的存在性(例如，学生 ID 号码中的连字符是否在正确的位置)
范围	测试保证数据在正确的取值范围内(例如，一个学生的成绩分数平均值是否在 0～4.0 之间)
合理性	测试保证数据是合理的(例如，雇员的一个具体工资类型)
校验位	给字段中添加一个额外的数值，这个数值是使用标准公式计算而来的
尺寸	测试是否有太少或太多字符(例如，是否身份证的数字正好 11 位)
取值	测试确保取值来自标准取值集合中(例如，两个字母的省份代码)

在输入时校验方式的设计是非常重要的。特别是针对数字、金额数等字段，没有适当的校验措施作保证是很危险的。因为从理论上来说，操作员输入数据时所发生的随机错误在各个数位上都是等概率的。如果错误出现在财会记录的低位则尚可容忍，但如出现在高位，则势必酿成大事故。所以对一些重要的报表，输入设计一定要考虑适当的校验措施，以减少出错的可能性。但是保证绝对不出错的校验方式是没有的。

尽可能防止数据输入错误是输入设计必须考虑的内容，如果不能保证进入系统的数据是准确的，其他部分设计得再完善也于事无补，结果只能是“垃圾进，垃圾出”，因此系统设计人员在进行输入设计时，要对全部输入数据设想其可能发生的错误，对其进行校验。

校验方法有人工直接检查，由计算机用程序校验以及人与计算机两者分别处理后再相互查对校验等多种方法。常用的方法是以下 12 种，可以单独使用，也可以组合使用。

(1) 重复校验(二次输入校验)。这种方法将同一数据先后输入两次，由计算机程序自动予以对比校验；如果两次输入内容不一致，计算机显示或打印出错信息。它是目前数据录入中心、信息中心录入数据时常用的方法。该方法最大的好处是方便、快捷，而且可以用于任何类型的数据符号。尽管该方法中二次输入在同一个地方出错，并且错误一致的可能性是存在的，但是这种可能性出现的概率极小。

(2) 人工校验。输入数据后显示或打印出来，由人来进行校验。这种方法对于少量的数据或控制字符输入还可以，但对于大批量的数据输入就显得太麻烦。人工校验一般不可能查出所有的差错，其查错率为75%～85%。

(3) 校验位校验。主要用于代码数据项的校验，通过校验位的比较，判断输入是否正确。在数据输入或传输之前，将校验位添加到一个字段里。一旦数据被输入或传输，校验位算法再次应用到字段中"检测"所收到的校验位是否与计算结果一致。如果传输的值不等于计算得出的值，则可能就产生了某种错误。校验位的设置方法如表10-8所示。

表10-8　利用校验位来验证数据的正确性

描　　述	额外数字添加到字段中辅助验证字段准确性的技术
方法	(1) 数字字段每一位数乘以一个权重因子(例如，1，2，1，2，_) (2) 加总带权重的数字结果 (3) 用模数(例如，10)划分总和 (4) 将模数减去划分后的剩余数来确定校验位 (5) 添加校验位到字段中
例子	(1) 假设一个数字部分的数值是：12473 (2) 从右到左每个数字乘以权重因子，并加总带权重的数字 1　　2　　4　　7　　3 ×1　×2　×1　×2　×1 1 ＋ 4 ＋4 ＋14 ＋ 3 ＝26 (3) 用模数(例如，10)划分总和 26/10＝2 剩余 6 (4) 将模数减去划分后的剩余数来确定校验位 校验位＝10－6＝4 (5) 添加校验位到字段中 字段值及校验位＝124734

(4) 控制总数校验。采用控制总数校验时，工作人员先用手工求出数据的总值，然后在数据的输入过程中由计算机程序累计总值，将两者对比校验。

(5) 数据类型校验。这是指校验数据是数字型还是字符型，它是运用界限检查、逻辑检查等方法作合理性校验，结合数据输入控件设计校验程序。

(6) 格式校验。校验数据记录中各数据项的位数和位置，是否符合预先规定的格式。

(7) 逻辑校验。根据业务上各种数据的逻辑性，检查有无矛盾。例如：月份应是在1～12之间，日期应是1～31。对接受数据字段，若在数据库设计时已知取值区间(可允许取值的上、下限)或取值集(例如性别的取值集为男或女，产品的取值集为该单位所有产品集合)，可通过设置取值区间检验，或利用输入数据表的外键(取值集所在表的主键)进行一致性检验，对输入日期型数据，一定要进行合法性和时效性检验。

(8) 界限校验。界限校验是指检查某项输入数据是否在预先规定的范围之内。

(9) 记录计数校验。这是通过记录的个数来检查数据的记录有无遗漏和重复。除了使输入系统的数据值有效之外，还需要建立控制来验证所有输入记录被正确输入以及只被输入一次。常用的方法是对整个数据输入，处理和储存序列创建一个审计跟踪，用来增强输入成批数据记录的有效性。在这个审核跟踪中，当出现数据输入或处理错误事件时，实际顺序、计数、时间、资源位置、操作人员等信息都记录到一个独立的事务日志中。如果产生了错误，则可以通过查看日志内容来进行纠正。具体的数据输入日志不仅用于解决成批数据输入错误和系统审核，而且在发生系统灾难性错误时也是执行备份和恢复操作的一种强有力工具。

(10) 平衡校验。这是校验相关数据项之间是否平衡。例如，会计的借方与贷方科目合计是否一致。这种校验方法常用在对财务报表和统计报表等这类完全数字型报表的输入校验中。具体做法是在原始报表每行每列中增加一位数字小计字段，然后在设计新系统的输入时再另设一个累加值，先让计算机将输入的数据累加起来，然后再将累加的结果与原始报表中的小计自动比较。如果一致，则可认为输入正确，反之，则拒绝接受该数据记录，这是一种非常有效的方法。但该方法也不是十全十美的，当同一记录中几个数同时输错，而累加后结果仍正确时，就无法检测出错误之处，这种情况在实际中出现的可能性也是很小的。

根据输入数据之间的逻辑关系校验：利用会计恒等式，对输入的记账凭证进行借贷平衡的检验。输入物资的收、发料单，产品的入、出库单，均可采用先输入单子上的总计，然后逐项输入，计算机将逐项输入累计，用累计值与合计值比较，达到校验目的。

(11) 匹配校验。指核对业务文件的重要代码与主文件的代码。例如，为了检查销售数据中的用户代码是否正确，可将输入的用户代码与用户代码主文件相核对，当两者的代码不一致时，说明出错。

(12) 顺序校验。检查记录的顺序。例如，要求输入数据无缺号时，通过顺序校验可以发现被遗漏的记录。

10.2.6 输入设计过程

在进行输入设计时遵循的主要步骤如下：

(1) 输入数据内容的确定。输入数据内容取决于所需输出信息的内容，因此，输入数据内容的确定应根据输出设计来确定系统都需要哪些数据输入，包括数据项名称、数据类型、精度、取值范围等。为了减少输入数据的错误，避免数据重复输入，输入量应保持在满足处理要求的最低限度。

(2) 输入方式和设备选择。在现实工作和生活中，需要根据不同的应用需求，选择不同的数据输入方式。数据应用的需求主要强调数据输入的自动化程度和一次输入的数据量，即批量和自动化率。不同的应用需求，要求有不同的输入设备。一般在选择输入设备时主要应考虑下列因素：

- 输入数据量与额度；
- 输入信息的来源和形式；
- 输入信息的类型、格式及灵活程度要求；
- 输入速度和准确性的要求；
- 输入的校验方法、允许的错误率及纠正的难易程度；
- 数据收集的环境及对其他相关系统是否适应；
- 可选用的设备和费用等。

输入设备可选余地很大，在实践中采用什么样的信息输入设备来录入信息没有固定的准则，完全是根据实际应用的特点和需要来考虑和选择的。按照不同应用的特点，

图 10.3 列出了各种典型情况，具有代表性的输入设备。

例如：图书管理员办理借还书时，用扫描设备扫描借书证上的条形码，即能把证件输入计算机，再扫描贴在书上的条形码，就能登录所借的书或注销所还的书。公共信息的查询，如电信局、税务局、银行、电力等部门的业务查询，城市街头的信息查询，使用触摸屏作为信息输入设备。触摸屏在我国的应用范围非常广阔，此外它还应用于领导办公、工业控制、军事指挥、电子游戏、点歌、点菜、多媒体教学、房地产预售等方面。

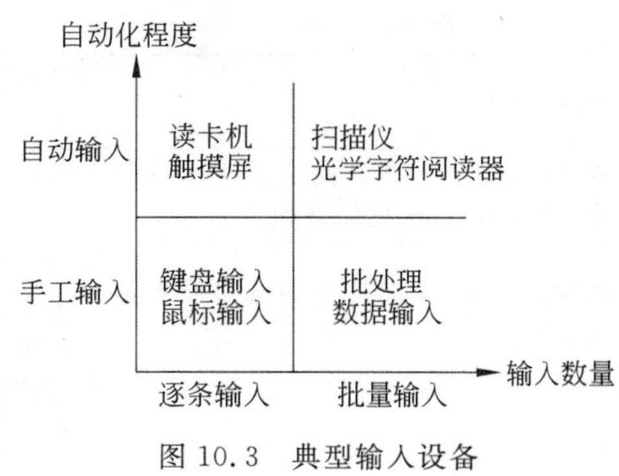

图 10.3 典型输入设备

(3) 输入数据的格式设计。包括两个部分：原始凭证格式设计以及输入介质的记录格式设计。

(4) 输入数据的正确性校验。可以针对输入数据的特征从 12 种常见的校验方法中选择合适的校验方法，可以单独使用，也可以组合使用。

(5) 采用原型化工具进行输入屏幕的设计，并进行验证。

10.3 用户界面设计

用户界面是系统与用户之间的接口，也是控制和选择信息输入输出的主要途径。界面介于用户和计算机之间，是人与计算机之间传递、交换信息的媒介，是用户使用计算机系统的综合操作环境。通过界面，用户向计算机系统提供命令、数据等输入信息。这些信息经计算机系统处理后，又通过界面，把产生的输出信息回送给用户。可知，界面的核心内容包括显示风格和用户操作方式。它集中体现了计算机系统的输入输出功能，以及用户对系统的各个部件进行操作的控制功能。

界面的开发过程不仅需要计算机科学的理论和知识，而且需要认知心理学以及界面工程学、语言学等学科的知识。只有综合考虑人的认知及行为特性等因素，合理组织分配计算机系统所完成的工作任务，充分发挥计算机硬件、软件资源的潜力，才能开发出一个功能性和使用性最优的计算机应用系统。

初学者在进行网站或系统的界面和对话时，经常容易犯如下错误，如表 10-9 所示。

表 10-9 设计网站界面和对话的常见错误

常见错误	正确做法
当用户点击某个链接时会自动打开新浏览窗口，而用户可能没有看到新窗口而执行后退操作，使操作复杂化	当用户点击一个链接时避免打开一个新浏览窗口，除非已经清晰标识新窗口将会被打开
用户单击“后退”按钮时，打开不期望的窗口或者无法返回原来的位置	当用户单击“回退”按钮时，不要打开新的窗口，确保用户可以使用“后退”按钮回退到前一个页面

续表

常见错误	正确做法
复杂的 URL	不要使用太长和太复杂的 URL，因为它使得用户理解自己所处位置变得更加复杂
孤立页面，即进入该页面后无法通过链接或者"后退"进入任何其他页面	用户应该可以使用"后退"按钮回退到"父"页面；或者用户可以通过某个链接回到此前页面
页面含滚动条，页面切换的按钮或者链接无法直接看到	不要将打开另一个页面的切换链接放置其中在需要移动滚动条才能看到的地方，因为许多用户可能错过这些重要的链接选择
缺少切换支持	通过提供常用的图标链接，如提供在顶端的网站标识或其他重要元素来确保页面符合用户的期望。而且，这些元素与整个页面的风格应保持一致
隐藏链接	确保含有链接的图像显著区分于其他图像，不要改变常规默认的链接颜色，且避免给很长的文字块添加链接
不提供足够信息的链接	不要关闭默认的链接标识功能，对已经点击和未点击的链接采用不同颜色进行区分。确保链接图像和文字提供了足够的信息给用户从而使他们理解链接的意义
按钮单击后没有任何反馈	如果使用图像按钮，在单击时不会明显变化，则尽量不要使用。可使用 Web GUI 工具包按钮、HTML 表单提交按钮，或简单的文本链接

10.3.1 用户界面设计原则

设计一个友好的用户界面应遵循的原则是可交互性原则与信息显示原则。

1. 可交互性原则

(1) 用户针对性原则。用户针对性原则指的是在明确用户类型的前提下有针对性地设计界面。明确用户类型是指界定使用系统的用户(最终用户)，它是界面设计的首要环节。根据用户经验、能力和要求的不同，可以将其分为偶然型用户、生疏型用户、熟练型用户和专家型用户等类型。对于前两类用户，要求系统给出更多的支持和帮助，指导用户完成其工作。而对于熟练型用户特别是专家型用户，要求系统有更高的运行效率，使用更灵活，而提示或帮助可以减少。

(2) 多种交互方式。为了完成界面间的灵活对话，要求系统提供对多种交互介质的支持，提供多种界面方式，用户可以根据任务需要及自己的特性，自由选择交互方式。保证信息显示和数据输入方式相对应，为所有的动作提供帮助信息，采取灵活多样的交互方式、允许用户自选输入方式。在人机交互设计时，需要遵照如表 10-10 所示的规范。

(3) 提供反馈。系统反馈是指用户从计算机方得到的信息，它表示计算机对用户的操作所做的反应。如果系统没有反馈，用户就无法判断其操作是否为计算机所接受、操作是否正确、操作的效果如何。系统反馈有三种类型：状态信息、弹出提示信息、错误或警告信息。

表 10-10 人机对话设计规范

规　范	解　释
一致性	在行动序列、击键和术语中对话应当具有一致性(例如,在所有屏幕中相同的操作应当使用相同的标签,相同的信息显示位置应当相同)
快捷方式和顺序	允许高级用户使用特殊键设置快捷方式(例如,用 Ctrl+C 键复制突出显示部分的文字)。应当遵循自然的步骤顺序(例如,如果适当的话,名字安排在姓的前面)
反馈	应对每一个用户行动提供反馈(例如,确定一个记录已经被添加,而不是简单地在屏幕中给出另一个空表)
关闭	对话应当被合理成组,有一个开始、中间和结束(例如,显示屏序列的最后应当指出已经没有更多的显示屏)
错误处理	应检测所有错误,以及应当给出如何继续的报告和建议(例如,建议为何发生此类错误,以及用户如何操作来纠正错误)。应当接受某些响应的同义字(例如,接受“t”、“T”或“TRUE”)
撤销	应允许用户撤销操作(例如,取消一个删除操作);没有经过确认,数据库里的数据应当不会被破坏(例如,显示用户将要删除的一个记录的所有数据)
控制	应使用户(尤其是高级用户)感觉在控制着系统(例如,以一个可接受的速度提供用户一致性的响应时间)
简易性	用户应当可以简单容易地输入信息及在显示屏之间切换(例如,提供方法往前移、后移,或者到确定的某个屏幕,比如第一个屏幕和最后一个屏幕)

(来源:改自 Shneiderman 和 Plaisant,2004)

- 状态信息。提供状态信息是一个简单的技术,来保持用户时刻被告知系统内部的运行情况。例如,相关状态信息,如显示当前用户名或时间,在菜单或屏幕中放置合适的标题,或者确定当前显示屏随后的屏显数量(例如,3 屏中的第 1 屏)都给用户提供了必需的反馈。如果某个操作用时超过 1 或 2 秒,则在处理操作时提供状态信息尤其重要。例如,当打开一个文件时显示“正在打开文件,请稍候”,或者在进行一次大量计算时弹出信息“工作中……”给用户。而且,除了处于处理状态外,告知用户系统已经接受用户的输入以及该输入格式正确等此类信息也很重要。有时很需要给用户获得更多反馈的一个机会。比如,一个功能键可以在“工作中……”显示信息和更具体的信息,如已经完成中间哪个步骤。提供状态信息使用户确信没有发生错误,并感觉自己是在系统的正常控制中。
- 弹出提示信息。第二个反馈方法是显示某些提示。当提示用户信息或操作时,给出详细请求将有所帮助。例如,假设系统给出用户如下提示:“输入就绪”,则设计者要确保用户明确所要输入的内容。更好的设计是给出更具体的请求,可能的话提供一个例子,默认值,或格式化信息。如上述请求可以改进如下:“输入顾客账号(123-456-7)”。
- 错误或警告信息。提供系统反馈的最后一个方法是使用错误和警告信息。实践经验表明,采用简单的引导可以提高系统可用性。例如,信息应该比较具体并且不包含错误代码和术语。信息应尽量引导用户找到解决方案。例如,一条信息可能显示“没有找到该顾客 ID 的顾客记录。请确认数字没有颠倒位置。”信息应该站在用户而不是计算机的角度。因此,像“文件结束”,“磁盘 I/O 错误”或者“写保护”等词语就过于技术化而对用户不会有什么帮助。多样的信息可能会有益,用户在需要的时候可以获得更具体的解释。而且，错误信息每一次应该以相同的格式出现在同一位置，从而可以被准确地认为是错误信息而不是其他信息。表 10-11 给出了错误提示信息的好和差的做法。

表 10-11　错误提示信息对比

差的错误提示信息	改进的错误提示信息
错误 56 打开文件	你所输入的文件名不存在。请按 F2 键列出合法的文件名
错误选择	请从菜单中输入一个选项
数据输入错误	前面的输入包含超出范围的值。按 F9 键列出可接受的取值
文件生成错误	你输入的文件名已经存在。如果想要覆盖它按 F10 键，如果要另存按 F2 键

(4) 提供帮助。帮助功能是系统应提供的重要功能之一，帮助信息应有助于用户学习使用系统，并在用户出现操作困难时随时提供。帮助信息可以是综合性的内容介绍，也可以是与系统当前状态相关的针对性信息。帮助信息设计需站在用户的角度，着眼于为用户提供有效的信息。在设计帮助时需要遵循表 10-12 所示的规范。

表 10-12　设计有效帮助的规范

规　范	解　　释
简练	使用简短、简单文字，常用拼音和完整的句子。只给用户他们所必须知道的，从而可以发现额外信息
组织	使用列表将信息划分成适于管理的多个部分
展示	提供正确使用的例子和此类应用的输出

许多商用系统提供详细的系统帮助。帮助可以以系统级别、屏幕或表级别，以及单个字段级别进行表示。提供字段级别的帮助经常称为“对上下文敏感”的帮助。对于某些应用，对所有系统选项提供“对上下文敏感”的帮助是一个巨大的工作，其本身实质上就是一个项目。如果决定设计具有不同详细级别的通用帮助系统，必须确保已经清楚地掌握用户需求，否则这些帮助信息可能会混淆用户而不是帮助他们。离开一个帮助显示屏时，用户应当退回到他们提出帮助请求之前的位置。如果能遵循这些简单原则，则就可能设计出一个很有用的帮助系统。表 10-13 给出了常见的帮助信息。

表 10-13　帮助信息类型

帮助类型	问题举例	帮助类型	问题举例
帮助的帮助	如何获取帮助	菜单的帮助	什么是“图形”
概念的帮助	什么是顾客记录	功能键的帮助	每个功能键的作用是什么
方法的帮助	如何更新记录	命令的帮助	如何使用“剪切”和“粘贴”命令
信息的帮助	什么是“非法文件名”	单词的帮助	什么是“合并”和“分类”

许多编程环境都应用菜单结构提供强有力的设计系统帮助工具。例如，利用 Microsoft HTML 帮助环境可以迅速地构造超文本帮助系统。在该环境中使用文本编辑器来构造帮助页面，它可以容易地链接到其他相关或更具体的页面。要创造链接，可以在文本文件中嵌入特殊字符使某些单词成为超文本按键，即直接链接到额外的信息。HTML 帮助将文本文

件转化成一个超文本文件。超文本帮助系统已经成为了大多数商业应用的一种标准。这主要有两个原因。其一，标准化应用中的系统帮助易于用户培训；其二，超文本可以让用户有选择地访问他们所需要的帮助级别，从而在同一个系统内更易于同时为新手和熟手提供有效帮助。例如，图 10.4 给出了 Microsoft 浏览器的一个超文本帮助显示屏。

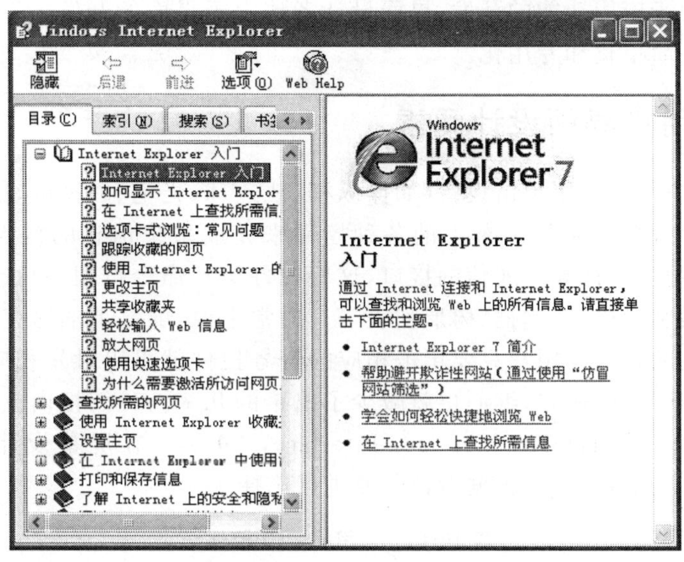

图 10.4 超文本帮助显示屏

(5) 出错处理功能。系统应该能够对可能出现的错误进行检测和处理。出错信息包含出错位置、出错原因及修改出错建议等方面的内容，出错信息应清楚、易理解。良好的系统还应能预防错误的发生，例如应该具备保护功能，防止因用户的误操作而破坏系统的运行状态和信息存储。

2. 信息显示原则

(1) 用户界面一致性。输入界面应简单明了、色彩适中、风格统一。界面的一致性主要是指输入和输出方面的一致性，具体是指在应用程序的不同部分，甚至是在不同应用程序之间，要具有相似的界面外观和布局，具有相似的界面交互方式及相似的信息显示格式，采用统一的标号、约定俗成的缩写和预定义的颜色等。一致性原则有助于用户学习和掌握系统操作，减少用户的学习量和记忆量。

(2) 仅显示与当前上下文有关的信息，尽量减少用户记忆。用户在操作计算机时，总需要一定量的存于大脑中的知识和经验即记忆的提取。界面良好的系统应该尽量减少用户的记忆要求。对话、多窗口显示、帮助等形式都可减少用户的记忆要求。

(3) 采用窗口分割不同种类的信息，保证各种类型的信息、指令和消息总是出现在通常的显示区域允许对可视环境进行维护，如放大、缩小窗口等。

(4) 界面上要安排足够的提示信息来引导操作，并使提示信息尽可能简单明了，用户容易理解输入要求，并能进行正确的输入操作。消息、指示或者信息的显示时间应该足够长，以便用户有时间阅读。

(5) 应用程序与界面相分离。应用程序与界面相分离的思想类似于数据库管理系统中数据和应用程序的分离。数据的存储、查询、管理可由专用软件即数据库管理系统完成，应用程序不再考虑系统中与数据管理相关的细节工作，而将精力集中于应用功能的实现上。在界面交互系统中，也同样可以把界面的功能，包括界面的布局、显示、用户操作等由专门的用户界面管理系统完成，应用程序不再管理界面交互功能，也不与界面编码混杂在一起。应用程序设计者致力于应用功能的开发，界面设计者致力于界面的开发。界面和应用程序的分离可使应用程序简单化和专用化。

10.3.2 用户界面设计元素

一般来说，用户都喜欢用单击设备(如操纵杆、轨迹球、光笔、触摸屏、鼠标等)来操作计算机系统。用户通过单击系统屏幕上的各种控件来完成系统信息的输入(包括指令和数据)。各种控件是用户与计算机通信的接口，这些控件包括命令按钮、单选按钮、复选框、文本框、列表框、表格和网格、滑动框、树形列表等。通常来说，屏幕上的这些控件都直观地表现为具有一定意义的符号。用户只要单击相应的符号控件就可以触发相应的事件，这样做的目的是可以减少键盘的输入，继而也就减少了出错的几率。我们把由上述多个控件组成的界面称为图形用户界面(Graphic User Interface, GUI)。在屏幕设计时，可供选择的GUI 控件如表 10-14 所示，可以根据设计需要进行选择。

表 10-14 常用的 GUI 控件

常用 GUI 控件	高级输入控件	常用 GUI 控件	高级输入控件
文本框 单选按钮 复选框 列表框	下拉式日历 滑动编辑日历 屏蔽编辑控件 省略控件	下拉式列表 组合框 滚动框 按钮	数字旋转器 组合复选框 树形复选框

下面将对几种图形用户界面设计中使用的标准控件及其使用注意事项加以介绍。

(1) 命令按钮。命令按钮是用户操作对话框中常用的控件，用户可通过观察命令按钮对话框中控件的名称和位置，了解下一步将要执行的操作。在设计用户界面时需要注意的是，按钮应按照从左到右、从上到下或底部居中等顺序进行排放。窗口不仅要考虑控件的位置，而且还要考虑控件的排放格式。垂直排放时按钮应放置在窗口的右上方，水平排放时按钮应放置在窗口的底部。

(2) 单选按钮。单选按钮适用于数据条目的多选一操作。如果用户需要从多个数据选项列表中只选出一个，那么使用单选按钮是十分方便的。每一个单选按钮上的文字标签说明要清楚明了。单选按钮一般垂直排放，另外按钮数量不宜超过 6 个。

(3) 复选框。复选框可以用来从多个待输入数据条目中同时选出多个进行输入，操作非常方便。另外它还能够增强显示效果，操作时只需打钩或去钩(是或否)即可。

设计时需要注意的是，每一个复选框的标签描述必须能非常清楚地表达本数据项，这样用户才能比较容易理解每一个复选框的含义。复选框一般也垂直排放，而且同一个复选框组中的复选框不宜超过 10 个。复选框可按下述的几个标准进行排序：

- 按使用频率排放。使用频率最高的数据项对应的复选框排放在最上方。
- 按任务摆放。用一个常用的顺序来表示完成某一任务的部分功能。

- 按合理的逻辑顺序排放。例如一个日期列表就自动隐含着一个按日期排放的顺序。
- 按字母顺序排放。只有在复选框的标签能够有效地表达每一数据项的情况下，才能够使用字母顺序排放复选框。

(4) 文本框。文本框是用户输入数据的主要接口，文本框要有明显的边界，这样可以让用户看清自己所输入的数据。此外，文本框还需要有一个标签说明。

(5) 列表框。列表框的功能与有较多选项的一组单选按钮列表的功能相同，它能够支持数据条目的多选功能，以保证数据取值的完整性。当一组数据选择项非常多时，列表框非常适合于取代单选按钮列表。列表框中可见的选项应多于3项，但不宜超过8项。

(6) 下拉列表框。如果用户只使用列表中的某一项数据，则可以使用下拉列表框。下拉列表框只给用户显示其中一项数据，如果用户要选择其他的数据项，就必须拖动下拉列表框的滚动条。注意，下拉列表框不适合于将所有数据同时展示给用户的情况。

(7) 表格和网格。表格和网格允许用户同时输入或浏览大量的信息。如果用户需要比较并选择数据，可以用表格显示数据。网格允许用户同时输入多个数据。另外表格和网格的每一行和每一列都有相应的标签说明，用于说明数据的特性。

此处只介绍了在图形用户界面中几个使用频率比较高的控件，有关控件的具体设计方法，可参考有关图形用户界面设计方面的权威教材。

10.3.3 用户界面交互方式

当设计用户界面时，大多数重要决策与系统交互的方式相关。对于人机交互，虽然有许多设计方法，这里只简单介绍最常用的几种。(有兴趣的读者可以参考 Johnson [2000]，Seffah 和 Javahery [2003]，以及 Shneiderman 和 Plaisant [2004]。)下面将介绍5类广泛使用的风格：指令语言、菜单、表单、对象与自然语言。对于一些交互设备主要描述它们在不同交互活动中的可用性。

1. 指令语言交互

在指令语言交互(Command Language Interaction)中，用户输入清晰的指令来唤起系统的操作。这类交互要求用户掌握指令语法和语义。例如，使用 Microsoft 公司的磁盘操作系统(DOS)从C盘复制 PAPER. DOC 文件到A盘，用户将输入：

```
COPY C: PAPER.DOC A: PAPER.DOC
```

指令语言交互基本上要求用户记住各种名字、语法和操作。许多最新的或大规模的系统不再完全依赖于指令语言交互界面。然而，对于熟练用户，指令语言具有有限指令集系统，以及快速与系统交互的优点。

2. 菜单交互

大量的界面设计研究已经说明了系统方便使用和易于理解的重要性。菜单交互(Menu Interaction)是许多设计者完成交互目标的一个方法。菜单是一个简单的选项列表。当用户选择某个选项时，就调用了具体的某个指令或者激活另一个菜单。用户需要理解简单路标和途径选项以便能有效地使用系统，菜单已经成为最广泛使用的界面方式。

菜单设计样式经常与开发环境、开发者技术以及系统规模和复杂性相关。对于规模和复杂性较小以及系统选项数量有限的系统，可以使用一个单级或者线形序列菜单。对于指令语言，单级菜单有明显的优点，但很少提供除了触发菜单以外的命令提示。

对于大规模较为复杂的系统，可以使用菜单层级进行菜单切换。这些层级可以是简单的树结构或者一个有多个父菜单的子菜单。有些时候系统允许跨越多级调用菜单。菜单的安排方式很大地影响了系统的可用性。

确定菜单位置有两种常用的方法。弹出式菜单（也称对话框）显示在当前光标位置附近，因此用户查阅系统选项时就不需要移动视线。弹出式菜单有很大的潜在用途。一个用途就是在当前光标位置列出相关指令（如删除、清除、复制或者检测当前字段合法性）。另一个用途是为当前字段列出可能的选择值（从查询表中）。例如，在顾客订单表中，在顾客号字段附近弹出当前顾客名单，用户只需选择正确的顾客名，而不需要记住相应的顾客号。下拉式菜单是从当前显示框的顶端线往下拉出一个菜单。由于在应用中具有菜单位置与操作的一致性，且可以有效地使用显示空间，下拉式菜单近年来变得很流行。大多数高级操作环境，比如 Microsoft Windows 或 Apple Macintosh，都同时使用弹出式菜单和下拉式菜单。

有关菜单设计的规范如表 10-15 所示。

表 10-15　菜单设计的规范

措辞	每个菜单应当有一个有意义的标题 指令词语应当清晰、详细地描述操作 菜单项目应当用大小写字母混合显示，并有一个清晰、非模糊的解释
组织	应当将一致性的组织原则应用于目标用户所执行的有关任务；例如，相关选项应当组合在一起，相同的选项每次出现时应当用相同的措辞和代码
长度	菜单选择长度应当不超过屏幕长度 对于过长的菜单应当分成几个子菜单
选择	选择和输入方法应当一致，并反映应用的大小和复杂的用户使用经验 用户如何选择每个选项以及每个选项产生的结果应当很清楚（例如，是否另一个菜单会出现）
突出显示	突出显示功能应尽量少用，并只用于转换所选择选项（例如，一个检验标志）或者不实用的选项（例如，淡化文字）

3. 表单交互

表单交互（Form Interaction）的假定是在操作系统时允许用户填充空白。表单交互对于输入和表达信息是有效的。一个有效设计的表单包括：可自释含义的标题与字段标题，将各字段按照逻辑归属编入边界鲜明的不同群，提供有实际意义的默认值，用合适的字段长度显示数据，以及最小化滚动窗口（Shneiderman 和 Plaisant，2004）。表单交互是商业系统中进行数据输入和撤销最常用的方法。例如，图 10.5 显示了 Google 高级搜索引擎采用的表单交互形式，借此可以搜索需要的各类信息。

4. 基于对象交互

基于对象交互（Object-Based Interaction）最常用的方法是使用图标。图标（Icons）一般代表了一个操作过程。用户单击相应的图标选择想要进行的操作。图标的主要优点是占用

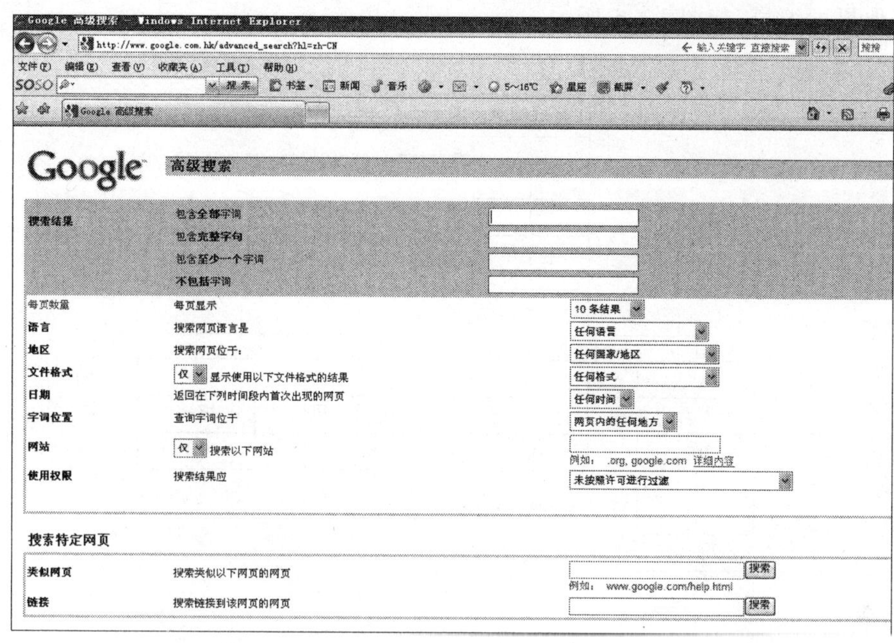

图 10.5　表单交互形式

屏幕空间小，而且容易被用户理解。一个图标也可以看作一个按键，当被选择或者按下时，就会调用系统启动表中相应的行动，如删除，保存，编辑记录或者请求帮助。

5. 自然语言交互

人工智能研究的一个分支是学习让系统使用自然语言如英语来接受输入和产生输出的技术。这种交互方式称为自然语言交互(Natural Language Interaction)。目前，自然语言交互作为一种交互类型其可行性不如其他方式。自然语言交互主要应用于键盘与语音输入系统。

10.3.4　用户界面设计步骤

用户界面设计并不复杂。掌握了用户界面设计的基本步骤，可以提高用户界面的设计质量和效率。设计用户界面的基本步骤如下：

(1) 设计用户界面之间的相互转换关系以及先后顺序，采用对话图的形式将所有界面联系起来。设计用户与信息系统进行交互的顺序的整个过程称为对话设计。一个对话(dialogue)是显示信息给用户以及从用户获取信息的一种顺序。在对话设计时，首先理解用户可能会如何与系统进行交互。这要求设计对话时必须明确用户、任务、技术和环境特征。例如，公司经理与信息系统交互的某个对话如下：请求查阅某个顾客的信息；详细说明顾客的兴趣；选择显示截至当日的年交易总结；浏览顾客信息；离开系统。

设计者一旦知道用户希望如何使用系统，就可以将这些活动转化成正式的对话规范。设计和表述对话的正式方式是对话图(dialogue diagramming)，对话图由多个对话框组合而成，每个对话框由三部分组成，顶部是界面编号，中部是界面的名称，底部是可以从该界面跳转到的其他界面编号，如图 10.6 所示。

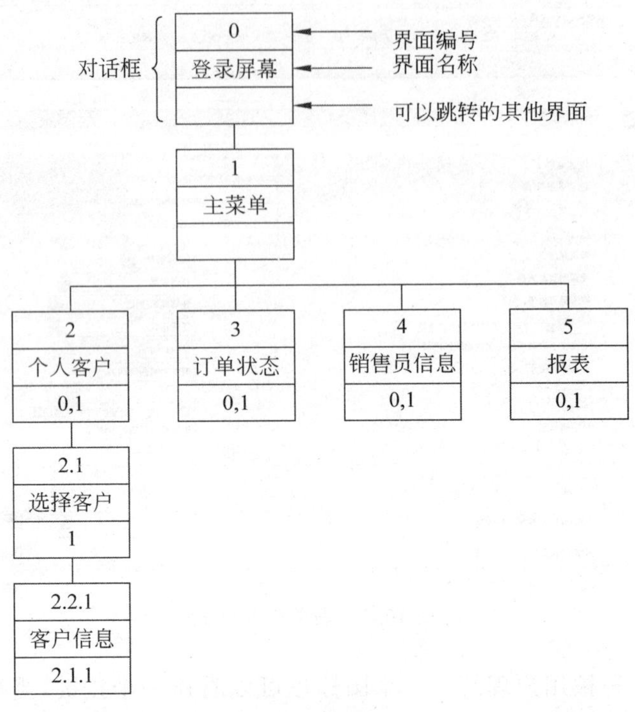

图 10.6 对话设计图

该图描述了进入系统查询客户信息的对话设计。用户必须首先通过登录程序(编号为“0”的界面)进入系统。如果登录成功，则显示主菜单(编号为“1”的界面)，它包含 4 个项目。一旦用户选择个人客户信息(编号为“2”的界面)，则将控制传递到选择客户的显示页(编号为“2.1”的界面)。选择一个客户之后，用户将进入一个用 4 种不同方式查看顾客信息的选择页(编号为“2.1.1”的界面)，且系统可以让用户退回到前一级页面选择另一个顾客(编号为“2.1”的界面)，退回到主菜单页(编号为“1”的界面)。

(2) 设计用户界面原型。窗体和消息框之间的先后顺序确定之后，选择相应的菜单样式，然后采用相应的软件工具实现用户界面，这样就形成了用户界面原型系统。许多开发环境提供了图形化的输入输出(表格，报表或窗口)设计工具，如 Visual Studio. NET 或 Borland 的 Enterprise Studio 等。原型系统允许用户像使用真实系统一样输入数据，并在显示页中进行切换。这种活动不仅可以用于展示界面的样式和如何使用，而且可以用于评价可用性，以及在真实系统完成之前及早进行用户培训。

(3) 从用户那里获取反馈信息。设计好的用户界面原型经过用户的使用之后，通过观察和聆听，可以得到用户对界面原型的评价。特别注意哪些地方需要修改，哪些地方需要调整内容的先后顺序，哪些地方需要删除内容，哪些地方需要增加内容。

(4) 迭代修改用户界面。先按照用户的意见修改用户界面原型，然后再送给用户修改。这个过程反复进行，直到用户界面设计得到用户的认可为止。

用户界面设计的结果是形成用户界面设计说明书，说明书的概要如表 10-16 所示。

表 10-16 用户界面和对话设计说明书概要

用户界面设计说明
1. 叙述总体概况 a. 界面/对话名称 b. 用户特征 c. 任务特征 d. 系统特征 e. 环境特征 2. 界面/对话设计 a. 表/报表设计 b. 对话顺序图和叙述总体概况 3. 测试和可用性评估 a. 测试对象 b. 测试方法 c. 测试结果 i. 学习时间 ii. 运行速度 iii. 错误频率 iv. 使用持续时间 v. 用户满意度和其他感觉

10.4 输入输出界面示例

以当当网为例，开发的部分用户界面如图 10.7～图 10.10 所示。

图 10.7 图书查询界面

图 10.8 图书明细界面

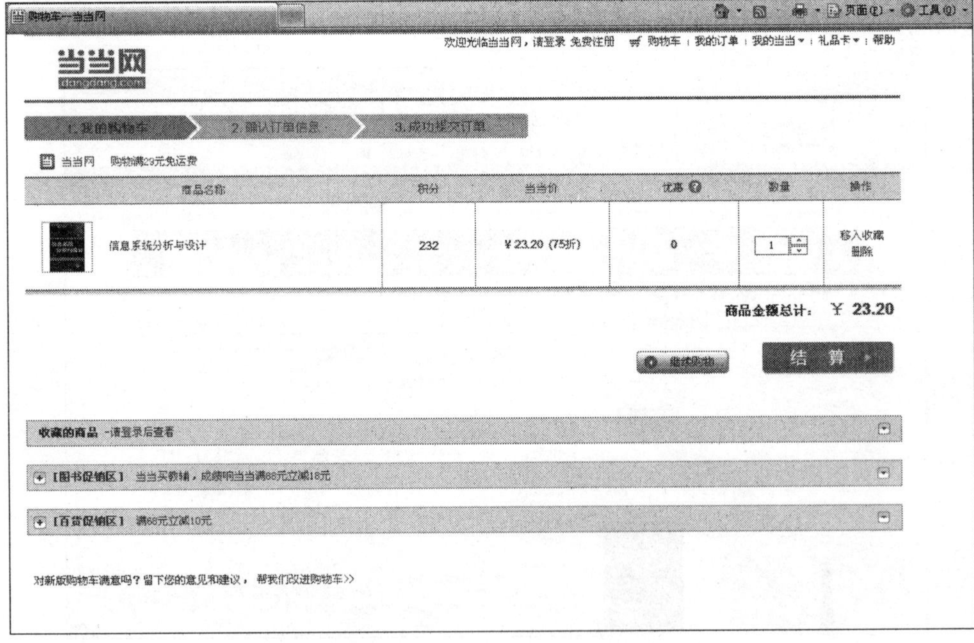

图 10.9 购物车界面

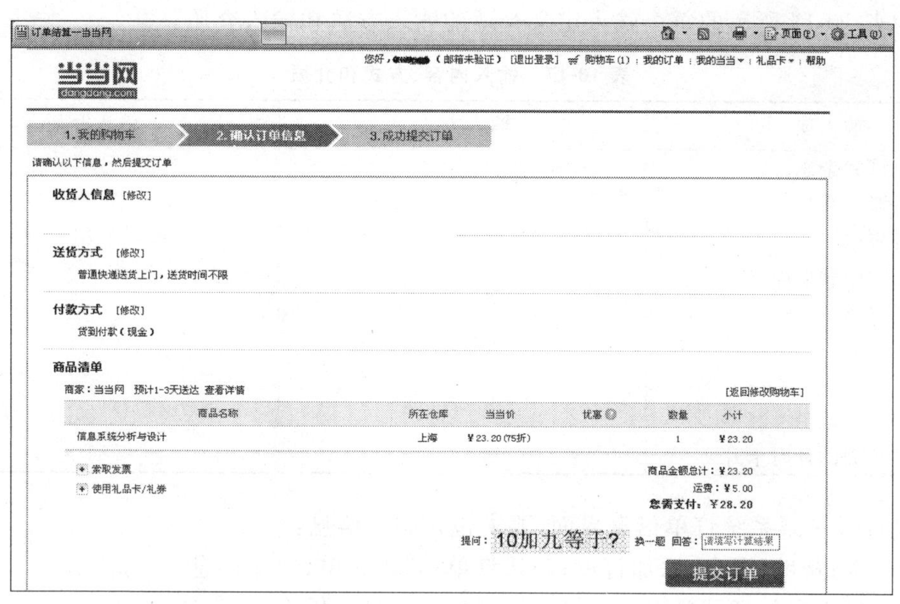

图 10.10　订单确认界面

本章小结

本章主要介绍输入输出的基本理论，如设计目的、设计原则、输入和输出方式选择等，为用户进行输入和输出设计提供了参考。并详细介绍用户界面设计的设计原则、设计元素、交互方式及设计的步骤。

思考与练习

1. 用户界面设计期间需要使用输入设计和输出设计期间的部分文档，输入和输出设计文档如何用于用户界面设计？

2. 查看几个电子商务网站，分析其用户界面设计的几种策略（风格），在这些策略之间进行选择时，你会考虑哪些标准？

3. 设计因特网中的一致性是建立顾客忠诚和信赖的一种方法。访问所喜欢的网站并分析其设计一致性，其中应该考虑一般布局、颜色、字体、标识、链接以及其他此类项目。

4. 到网上找一个提供个性化内容的网站和一个允许根据偏好客户化网站内容的网站。准备一份比较和对照个性化和客户化的报告。

5. 假设需要进行账务处理系统的输入设计，在账务处理系统中，操作量最大的就是凭证录入。凭证输入的速度取决于凭证数量的多少、每张凭证内容的多少以及操作员输入的速度和准确性。一个企业的输入凭证多少是由企业经营状况决定的，不可能随意增减。因此，要提高凭证输入的效率，你觉得应该遵循哪些原则？

6. 在 Internet 上选择一个网上商务网站，将所有的界面采用界面转换图表示出来。

7. 为表 10-17 所示的每个输入定义合适的输入方法和输入介质。

表 10-17　输入内容、方式和介质

输入项	输入方式	输入介质
客户订阅杂志		
银行账号交易		
预订旅馆		
在仓库中领取库存		
注册课程		
发送包裹		
邮件订单		
客户订单取消		
雇员每周的计时卡片		

8. 设计某售票系统订单信息界面，要求包含如下信息：

客户信息；帮助；退出；添加订单；确认订单；修改订单；票库信息。

订单信息来源包括订单中心；大客户；网站；加盟店；操作人；发票要求。

客户来源为散客或者单位；客户信息包括客户姓名；电话；手机；送票地址；可以对地址进行修改。

演出信息包括演出的时间范围；演出名称；演出类型；演出时间。

订单详细信息包括送票时间；票价；张数；折扣等。

第11章 系统实现与运行

学习目标

通过本章学习,要求掌握:

- 程序设计语言的选择以及编程的基本规范。
- 软件测试的基本步骤以及主要方法。
- 系统实现阶段要完成的主要任务。
- 系统运行阶段的主要工作。

系统实现阶段的主要工作是:进行系统组件的开发、安装与测试(包括程序的编写与测试(自行开发))、软件包的安装(外包软件)、数据库的建立与测试、合理选择计算机和网络设备,组建网络系统网络布线和施工等,并在实际工作环境下安装系统,将系统移交给客户,使其投入正常运营的过程。期间要进行旧系统到新系统的平稳转换,帮助用户应付常见的启动问题。

11.1 软件实现

11.1.1 软件编程

所谓编码就是把软件设计结果翻译成用某种程序设计语言书写的程序。作为软件工程过程的一个阶段,编码是对设计的进一步具体化,因此,程序的质量主要取决于软件设计的质量。但是,所选用的程序设计语言的特点及编码风格可能会对程序的可靠性、可读性、可测试性和可维护性产生深远的影响。

1. 选择程序设计语言

程序设计语言是人和计算机通信的最基本的工具,它的特点必然会影响人的思维和解题方式,会影响人和计算机通信的方式和质量,也会影响其他人阅读和理解程序的难易程度。因此,编码之前的一项重要工作就是选择一种适当的程序设计语言。

适宜的程序设计语言能使根据设计去完成编码时困难最少,可以减少需要的程序测试量,并且可以得出更容易阅读和更容易维护的程序。由于软件系统的绝大部分成本占用在生命周期的测试和维护阶段,所以容易测试和容易维护是极端重要的。

早期的汇编语言编码需要把软件设计翻译成机器操作的序列，目前较为少用，它一般应用在特殊的领域，例如，对程序执行时间和使用的空间都有很严格限制的情况；需要产生任意的甚至非法的指令序列；体系结构特殊不能实现高级语言编译程序的微处理机；或者大型系统中执行时间非常关键的或直接依赖于硬件的程序。汇编程序设计既难以应用又容易出差错。

目前较为广泛应用的是高级程序语言，一般都容许用户给程序变量和子程序赋予含义鲜明的名字，通过名字很容易把程序对象和它们所代表的实体联系起来；此外，高级语言使用的符号和概念更符合人的习惯。因此，用高级语言写的程序容易阅读，容易测试，容易调试，容易维护。用高级语言写程序比用汇编语言写程序生产率可以提高好几倍。

为了使程序容易测试和维护以减少软件的总成本，所选用的高级语言应该有理想的模块化机制，以及可读性好的控制结构和数据结构；为了便于调试和提高软件可靠性，语言特点应该使编译程序能够尽可能多地发现程序中的错误；为了降低软件开发和维护的成本，选用的高级语言应该有良好的独立编译机制。

上述这些要求是选择程序设计语言的理想标准，但是，在实际选择语言时不能仅仅使用理论上的标准，还必须同时考虑实用方面的各种限制。下面是主要的实用标准：

(1) 系统用户的要求。如果所开发的系统由用户负责维护，用户通常要求用他们熟悉的语言书写程序。

(2) 可以使用的编译程序。运行目标系统的环境中可以提供的编译程序往往限制了可以选用的语言的范围。

(3) 可以得到的软件工具。如果某种语言有支持程序开发的软件工具可以利用，则目标系统的实现和验证都变得比较容易。

(4) 工程规模。如果工程规模很庞大，现有的语言又不完全适用，那么设计并实现一种供这个工程项目专用的程序设计语言，可能是一个正确的选择。

(5) 程序员的知识。虽然对于有经验的程序员来说，学习一种新语言并不困难，但是要完全掌握一种新语言却需要更多的实践。如果和其他标准不矛盾，那么应该选择一种已经为程序员所熟悉的语言。

(6) 软件可移植性要求。如果目标系统将在几台不同的计算机上运行，或者预期的使用寿命很长，那么选择一种标准化程度高、程序可移植性好的语言就是很重要的。

(7) 软件的应用领域。所谓的通用程序设计语言实际上并不是对所有应用领域都同样适用。因此，选择语言时应该充分考虑目标系统的应用范围。

2. 编码风格

源程序代码的逻辑简明清晰、易读易懂是好程序的一个重要标准，为了做到这一点，应该遵循下述规则：

(1) 规范化程序内部的文档。所谓程序内部的文档包括恰当的标识符、适当的注解和程序的视觉组织等。选取含义鲜明的名字，使它能正确地提示程序对象所代表的实体，这对于帮助阅读者理解程序是很重要的。如果使用缩写，那么缩写规则应该一致，并且应该给每个名字加注解。注解是程序员和程序读者通信的重要途径，正确的注解非常有助于对程序的理解。通常在每个模块开始处有一段序言性的注解，简要描述模块的功能、主要算法、接口特点、重要数据以及开发简史。插在程序中间与一段程序代码有关的注解主要解释包含这段代码的必要性。对于用高级语言书写的源程序，不需要用注解的形式把每个语句翻译成自然语言，应该利用注解提供一些额外的信息。应该用空格或空行清楚地区分注解和程序。注解的内容一定要正确，错误的注解不仅对理解程序毫无帮助，反而会妨碍对程序的理解。

程序清单的布局对于程序的可读性也有很大影响，应该利用适当的阶梯形式使程序的层次结构清晰明显。

(2) 规范数据说明。虽然在设计期间已经确定了数据结构的组织和复杂程度，然而数据说明的风格却是在写程序时确定的。为了使数据更容易理解和维护，应该遵循一些比较简单的原则。数据说明的次序应该标准化。有次序就容易查阅，因此能够加速测试、调试和维护的过程。当有多个变量名在一个语句中说明时，应该按字母顺序排列这些变量。如果设计时使用了一个复杂的数据结构，则应该用注解说明用程序设计语言实现这个数据结构的方法和特点。

(3) 规范语句构造。设计期间确定了软件的逻辑结构，然而个别语句的构造却是编写程序的一个主要任务。构造语句时应该遵循的原则是，每个语句都应该简单而直接，不能为了提高效率而使程序变得过分复杂。下述规则有助于使语句简单明了：

- 不要为了节省空间而把多个语句写在同一行；
- 尽量避免复杂的条件测试；
- 尽量减少对“非”条件的测试；
- 避免大量使用循环嵌套和条件嵌套；
- 利用括号使逻辑表达式或算术表达式的运算次序清晰直观。

(4) 规范输入输出。在设计和编写程序时应该考虑下述有关输入输出风格的规则：

- 对所有输入数据都进行检验；
- 检查输入项重要组合的合法性；
- 保持输入格式简单；
- 使用数据结束标记，不应要求用户指定数据的数目；
- 明确提示交互式输入的请求，详细说明可用的选择或边界数值；
- 当程序设计语言对格式有严格要求时，应保持输入格式一致；
- 设计良好的输出报表；
- 给所有输出数据加标志。

(5) 最大化效率。效率主要指处理机时间和存储器容量两个方面。虽然值得提出提高效率的要求，但是在进一步讨论这个问题之前应该记住 3 条原则：第一，效率是性能要求，因此应该在需求分析阶段确定效率方面的要求。软件应该像对它要求的那样有效，而不一定如同人类可能做到的那样有效。第二，效率是靠好设计来提高的。第三，程序的效率和程序的简单程度是一致的，不要牺牲程序的清晰性和可读性来不必要地提高效率。下面从三个方面进一步讨论效率问题。

- 程序运行时间。源程序的效率直接由详细设计阶段确定的算法的效率决定，但是，写程序的风格也能对程序的执行速度和存储器要求产生影响。在把详细设计结果翻译成程序时，总可以应用下述规则：写程序之前先简化算术的和逻辑的表达式；

仔细研究嵌套的循环,以确定是否有语句可以从内层往外移;尽量避免使用多维数组;尽量避免使用指针和复杂的表;使用执行时间短的算术运算;不要混合使用不同的数据类型;尽量使用整数运算和布尔表达式。在效率是决定性因素的应用领域,尽量使用有良好优化特性的编译程序,以自动生成高效目标代码。

- 存储器效率。在大型计算机中必须考虑操作系统页式调度的特点,一般来说,使用能保持功能域的结构化控制结构,是提高效率的好方法。在微处理机中如果要求使用最少的存储单元,则应选用有紧缩存储器特性的编译程序,在非常必要时可以使用汇编语言。提高执行效率的技术通常也能提高存储器效率。提高存储器效率的关键同样是"简单"。
- 输入输出的效率。简单清晰同样是提高人机通信效率的关键。硬件之间的通信效率是很复杂的问题,但是,从编写程序的角度来看,却有些简单的原则可以提高输入输出的效率。例如:所有输入输出都应该有缓冲,以减少用于通信的额外开销;对二级存储器(如磁盘)应选用最简单的访问方法;二级存储器的输入输出应该以信息组为单位进行;如果"超高效的"输入输出很难被人理解,则不应采用这种方法。

11.1.2 软件包安装与测试

系统的某些部分可能采用购买现成软件包的形式,在安装时需要注意和现有系统的接口,并进行集成测试。对于大规模的系统而言,也有可以将部分非核心系统外包给提供外包服务的企业完成。

11.2 软件测试

如果在软件投入生产性运行之前,没有发现并纠正软件中的大部分差错,则这些差错迟早会在生产过程中暴露出来,那时不仅改正这些错误的代价更高,而且往往会造成很恶劣的后果。测试的目的就是在软件投入生产性运行之前,尽可能多地发现软件中的错误。目前软件测试仍然是保证软件质量的关键步骤,它是对软件规格说明、设计和编码的最后复审。

软件测试在软件生命周期中横跨两个阶段。通常在编写出每个模块之后就对它做必要的测试(称为单元测试),模块的编写者和测试者是同一个人,编码和单元测试属于软件生命周期的同一个阶段。在这个阶段结束之后,对软件系统还应该进行各种综合测试,这是软件生命周期中的另一个独立的阶段,通常由专门的测试人员承担这项工作。

大量统计资料表明,软件测试的工作量往往占软件开发总工作量的40%以上,在极端情况,测试那种关系到人的生命安全的软件所花费的成本,可能相当于软件工程其他开发步骤总成本的3~5倍。因此,必须高度重视软件测试工作,绝不要以为写出程序之后软件开发工作就接近完成了,实际上,大约还有同样多的开发工作量需要完成。

仅就测试而言,它的目标是发现软件中的错误,但是,发现错误并不是最终目的。软件工程的根本目标是开发出高质量的完全符合用户需要的软件,因此,通过测试发现错误之后还必须诊断并改正错误,这就是调试的目的。调试是测试阶段最困难的工作。

在对测试结果进行收集和评价的阶段,软件所达到的可靠性也开始明朗了。软件可靠性模型使用故障率数据，估计软件将来出现故障的情况并预测软件的可靠性。

1. 软件测试基础

表面看来，软件测试的目的与软件工程所有其他阶段的目的都相反。软件工程的其他阶段都是“建设性”的：软件工程师力图从抽象的概念出发，逐步设计出具体的软件系统，直到用一种适当的程序设计语言写出可以执行的程序代码。但是，在测试阶段测试人员努力设计出一系列测试方案，目的却是为了“破坏”已经构造好的软件系统——竭力证明程序中有错误不能按照预定要求正确工作。

当然，暴露问题并不是软件测试的最终目的，发现问题是为了解决问题，测试阶段的根本目标是尽可能多地发现并排除软件中潜藏的错误，最终把一个高质量的软件系统交给用户使用。

2. 软件测试的目标

G. Myers 给出了关于测试的一些规则，这些规则也可以看作是测试的目标或定义。

(1) 测试是为了发现程序中的错误而执行程序的过程。

(2) 好的测试方案是极可能发现迄今为止尚未发现的错误的测试方案。

(3) 成功的测试是发现了至今为止尚未发现的错误的测试。

从上述规则可以看出，测试的正确定义是“为了发现程序中的错误而执行程序的过程”。这和某些人通常想象的“测试是为了表明程序是正确的”，“成功的测试是没有发现错误的测试”等是完全相反的。正确认识测试的目标是十分重要的，测试目标决定了测试方案的设计。如果为了表明程序是正确的而进行测试，就会设计一些不易暴露错误的测试方案；相反，如果测试是为了发现程序中的错误，就会力求设计出最能暴露错误的测试方案。

由于测试的目标是暴露程序中的错误，从心理学角度来看，由程序的编写者自己进行测试是不恰当的。因此，在综合测试阶段通常由其他人员组成测试小组来完成测试工作。

此外，应该认识到测试决不能证明程序是正确的。即使经过了最严格的测试之后，仍然可能还有没被发现的错误潜藏在程序中。测试只能查找出程序中的错误，不能证明程序中没有错误。

11.2.1　软件测试准则与标准

为了能设计出有效的测试方案，软件工程师必须深入理解并正确运用指导软件测试的基本准则。下面讲述主要的测试准则。

(1) 所有测试都应该能追溯到用户需求。正如前文讲过的，软件测试的目标是发现错误。从用户的角度来看，最严重的错误是导致程序不能满足用户需求的那些错误。

(2) 应该远在测试开始之前就制定出测试计划。实际上，一旦完成了需求模型就可以着手制定测试计划，在建立了设计模型之后就可以立即开始设计详细的测试方案。因此，在编码之前就可以对所有测试工作进行计划和设计。

(3) 把 Pareto 原理应用到软件测试中。Pareto 原理说明，测试发现的错误中的 80%很可能是由程序中 20%的模块造成的。当然，问题是怎样找出这些可疑的模块并彻底地测试它们。

(4) 应该从“小规模”测试开始，并逐步进行“大规模”测试。通常，首先重点测试单个程序模块，然后把测试重点转向在集成的模块簇中寻找错误，最后在整个系统中寻找错误。

(5) 穷举测试是不可能的。所谓穷举测试就是把程序所有可能的执行路径都检查一遍的测试。即使是一个中等规模的程序，其执行路径的排列数也十分庞大，由于受时间、人力和资源的限制，在测试过程中不可能执行每个可能的路径。因此，测试只能证明程序中有错误，不能证明程序中没有错误。但是，精心地设计测试方案，有可能充分覆盖程序逻辑并使程序达到所要求的可靠性。

(6) 为了达到最佳的测试效果，即最大可能性发现错误，应该由独立的第三方从事测试工作。开发软件的软件工程师并不是完成全部测试工作的最佳人选，通常他们主要承担模块测试工作。

11.2.2 测试步骤

软件系统通常由若干个子系统组成，每个子系统又由许多模块组成，因此，软件系统的测试过程基本上由下述几个步骤组成：

1. 单元测试

单元测试也称为模块测试，在设计好的软件系统中，每个模块完成一个清晰定义的子功能，而且这个子功能和同级其他模块的功能之间没有相互依赖关系。因此，有可能把每个模块作为一个单独的实体来测试，模块测试的目的是保证每个模块作为一个单元能正确运行，在这个测试步骤中所发现的往往是编码和详细设计的错误。

通常，单元测试和编码属于软件过程的同一个阶段。在编写出源程序代码并通过了编译程序的语法检查之后，就可以用详细设计描述作指南，对重要的执行通路进行测试，以便发现模块内部的错误。可以应用人工测试和计算机测试这样两种不同类型的测试方法，完成单元测试工作。这两种测试方法各有所长，互相补充。通常，单元测试主要使用白盒测试技术，而且对多个模块的测试可以并行地进行。

2. 集成测试

集成测试也称为子系统测试，是把经过单元测试的模块放在一起形成一个子系统来测试。模块相互间的协调和通信是这个测试过程中的主要问题，因此，这个步骤着重测试模块的接口，发现与接口有关的问题(系统测试与此类似)。例如，数据穿过接口时可能丢失；一个模块对另一个模块可能由于疏忽而造成有害影响；把子功能组合起来可能不产生预期的主功能；个别看来是可以接受的误差可能积累到不能接受的程度；全程数据结构可能有问题等。

由模块组装成程序时有两种方法。一种方法是先分别测试每个模块，再把所有模块按设计要求放在一起结合成所要的程序，这种方法称为非渐增式测试方法；另一种方法是把下一个要测试的模块同已经测试好的那些模块结合起来进行测试，测试完以后再把下一个应该测试的模块结合进来测试。这种每次增加一个模块的方法称为渐增式测试，这种方法实际上同时完成单元测试和集成测试。

3. 系统测试

系统测试是把经过测试的子系统装配成一个完整的系统来测试。在这个过程中不仅应该发现设计和编码的错误，还应该验证系统确实能提供需求说明书中指定的功能，而且系统的动态特性也符合预定要求。在这个测试步骤中发现的往往是软件设计中的错误，也可能发现需求说明中的错误。

4. 回归测试

所谓回归测试是指重新执行已经做过的测试的某个子集，以保证上述这些变化没有带来非预期的副作用。

广义地来说，任何成功的测试都会发现错误，而且错误必须被改正。每当改正软件错误的时候，软件配置的某些成分(程序、文档或数据)也被修改了。回归测试就是用于保证由于调试或其他原因引起的变化，不会导致非预期的软件行为或额外错误的测试活动。回归测试可以通过重新执行全部测试用例的一个子集人工地进行，也可以使用自动化的捕获回放工具自动进行。利用捕获回放工具，软件工程师能够捕获测试用例和实际运行结果，然后可以回放(即重新执行测试用例)，并且比较软件变化前后所得到的运行结果。

回归测试集(已执行过的测试用例的子集)包括下述3类不同的测试用例：

(1) 检测软件全部功能的代表性测试用例。

(2) 专门针对可能受修改影响的软件功能的附加测试。

(3) 针对被修改过的软件成分的测试。

在集成测试过程中，回归测试用例的数量可能变得非常大。因此，应该把回归测试集设计成只包括可以检测程序每个主要功能中的一类或多类错误的那样一些测试用例。修改了软件之后就重新执行检测程序每个功能的全部测试用例，是低效而且不切实际的。

5. 确认测试

确认测试也称为验收测试，它的目标是验证软件的有效性。验收测试把软件系统作为单一的实体进行测试，测试内容与系统测试基本类似，但是它是在用户积极参与下进行的，而且可能主要使用实际数据(系统将来要处理的信息)进行测试。验收测试的目的是验证系统确实能够满足用户的需要，在这个测试步骤中发现的往往是系统需求说明书中的错误。

确认测试必须有用户的积极参与，或者是以用户为主进行。用户应该参与设计测试方案，使用用户界面输入测试数据并且分析评价测试的输出结果。为了使得用户能够积极主动地参与确认测试，特别是为了使用户能有效地使用这个系统，通常在验收之前由开发单位对用户进行培训。

确认测试通常使用黑盒测试法。应该仔细设计测试计划和测试过程，测试计划包括要进行测试的种类及进度安排，测试过程规定了用来检测软件是否与需求 致的测试方案。通过测试和调试要保证软件能满足所有功能要求，能达到每个性能要求，文档资料是准确而完整的，此外，还应该保证软件能满足其他预定的要求(例如，安全性、可移植性、兼容性和可维护性等)。

确认测试有下述两种可能的结果：

(1) 功能和性能与用户要求一致，软件是可以接受的。

(2) 功能和性能与用户要求有差距。软件有待改进。

在这个阶段发现的问题往往和需求分析阶段的差错有关，涉及的面通常比较广，因此解决起来也比较困难。为了制定解决确认测试过程中发现的软件缺陷或错误的策略，通常需要和用户充分协商。

如果软件是专为某个客户开发的，可以进行一系列验收测试，以便用户确认所有需求都得到满足了。验收测试是由最终用户而不是系统的开发者进行的。事实上，验收测试可以持续几个星期甚至几个月，因此能够发现随着时间流逝可能会降低系统质量的累积错误。验收测试中有两种重要的测试：Alpha 测试和 Beta 测试。

如果一个软件是为许多客户开发的(例如，向大众公开出售的套装软件产品)，那么，让每个客户都进行正式的验收测试是不现实的。在这种情况下，绝大多数软件开发商都使用被称为 Alpha 测试和 Beta 测试的过程，来发现那些看起来只有最终用户才能发现的错误。Alpha 测试由用户在开发者的场所进行，用户在开发者的"指导"下进行测试。开发者负责记录发现的错误和使用中遇到的问题。总之，Alpha 测试是在受控的环境中进行的。

Beta 测试由软件的最终用户在一个或多个客户场所进行。与 Alpha 测试不同，开发者通常不在 Beta 测试的现场，因此，Beta 测试是软件在开发者不能控制的环境中的"真实"应用。用户记录在 Beta 测试过程中遇到的一切问题(真实的或虚拟的)，并且定期把这些问题报告给开发者。接收到在 Beta 测试期间报告的问题之后，开发者对软件产品进行必要的修改，并准备向全体客户发布最终的软件产品。

11.3 白盒测试技术

测试任何产品都有两种方法：如果已经知道了产品应该具有的功能，可以通过测试来检验是否每个功能都能正常使用；如果知道产品的内部工作过程，可以通过测试来检验产品内部动作是否按照规格说明书的规定正常进行。前一种方法称为黑盒测试，后一种方法称为白盒测试。

白盒测试法把程序看成装在一个透明的白盒子里，测试者完全知道程序的结构和处理算法。这种方法按照程序内部的逻辑测试程序，检测程序中的主要执行通路是否都能按预定要求正确工作。白盒测试又称为结构测试。

采用白盒方法测试软件时设计测试数据主要应用到以下技术。

11.3.1 逻辑覆盖

有选择地执行程序中某些最有代表性的通路是对穷尽测试的唯一可行的替代办法。所谓逻辑覆盖是对一系列测试过程的总称，这组测试过程逐渐进行越来越完整的通路测试。从覆盖源程序语句的详尽程度分析，大致有以下一些不同的覆盖标准。下面以图 11.1 所示程序为例进行说明。

(1) 语句覆盖。为了暴露程序中的错误，每个语句至少应该执行一次。语句覆盖的含义是，选择足够多的测试数据，以使被测程序中每个语句至少执行一次。

为了使每个语句都能执行一次，只需要输入下面的测试数据(实际上 X 可以是任意实数)：$A=2,B=0,X=4$(TT 路径)，如图 11.2 所示。

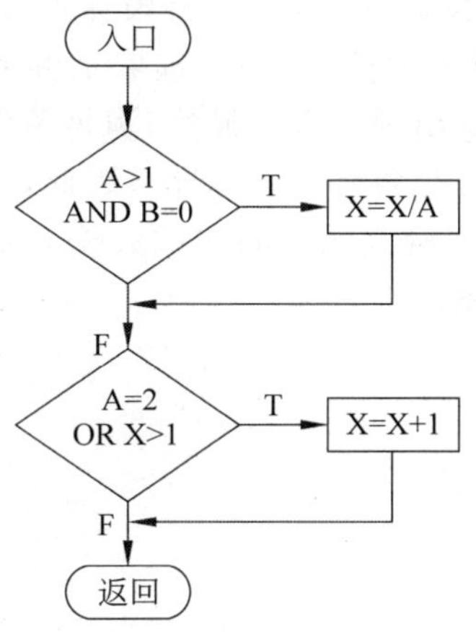

图 11.1 被测试的程序流程图

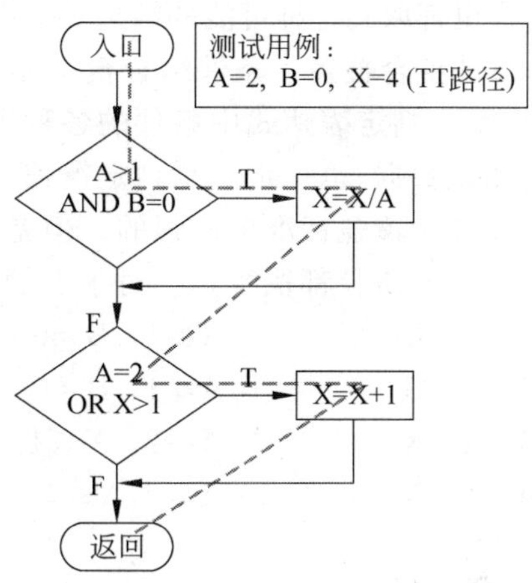

图 11.2 语句覆盖测试用例

上述测试用例的问题是：若 AND 错写为 OR，或 $X>1$ 错写为 $X<1$，则错误无法由上例测出。因此，可以看出语句覆盖对程序的逻辑覆盖很少。此外，语句覆盖只关心判定表达式的值，而没有分别测试判定表达式中每个条件取不同值时的情况。

综上所述，可以看出语句覆盖是很弱的逻辑覆盖标准，为了更充分地测试程序，可以采用下述的逻辑覆盖标准。

(2) 判定覆盖。判定覆盖又叫做分支覆盖，它的含义是，不仅每个语句必须至少执行一次，而且每个判定的每种可能的结果都应该至少执行一次，也就是每个判定的每个分支都至少执行一次。选用以下测试用例，如图 11.3 所示，可以达到判定覆盖标准。

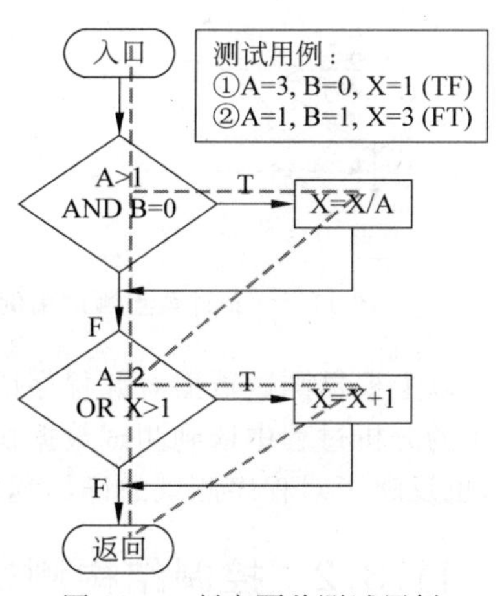

图 11.3 判定覆盖测试用例

判定覆盖比语句覆盖强，但是对程序逻辑的覆盖程度仍然不高，例如，上面的测试数据只覆盖了程序全部路径的一半。上述测试用例的问题在于：若 AND 错写为 OR，仍然无法被测出。

(3) 条件覆盖。条件覆盖的含义是，不仅每个语句至少执行一次，而且使判定表达式中的每个条件都取到各种可能的结果。条件覆盖通常比判定覆盖强，因为它使判定表达式中每个条件都取到了两个不同的结果，判定覆盖却只关心整个判定表达式的值。选用以下测试用例，可以达到条件覆盖标准。

满足判定覆盖不一定满足条件覆盖。例如，选取下列用例：

① $A=2$，$B=0$，$X=1$(TT)(满足 $A>1$，$B=0$；$A=2$，$X\leqslant1$)

② $A=1$，$B=1$，$X=4$(FT)(满足 $A\leqslant1$，$B\neq0$；$A\neq2$，$X>1$)

如图 11.4 所示。

(4) 判定/条件覆盖。既然判定覆盖不一定包含条件覆盖,条件覆盖也不一定包含判定覆盖,自然会提出一种能同时满足这两种覆盖标准的逻辑覆盖,这就是判定/条件覆盖。它的含义是,选取足够多的测试数据,使得判定表达式中的每个条件都取到各种可能的值,而且每个判定表达式也都取到各种可能的结果。但有时判定/条件覆盖也并不比条件覆盖更强。

(5) 条件组合覆盖。条件组合覆盖是更强的逻辑覆盖标准,它要求选取足够多的测试数据,使得每个判定表达式中条件的各种可能组合都至少出现一次。显然,满足条件组合覆盖标准的测试数据,也一定满足判定覆盖、条件覆盖和判定/条件覆盖标准。因此,条件组合覆盖是前述几种覆盖标准中最强的。但是,满足条件组合覆盖标准的测试数据并不一定能使程序中的每条路径都执行到。对于上例,全部可能的条件组合为:

① $A>1$, $B=0$　　② $A>1$, $B\neq 0$

③ $A\leqslant 1$, $B=0$　　④ $A\leqslant 1$, $B\neq 0$

⑤ $A=2$, $X>1$　　⑥ $A=2$, $X\leqslant 1$

⑦ $A\neq 2$, $X>1$　　⑧ $A\neq 2$, $X\leqslant 1$

如图 11.5 所示。

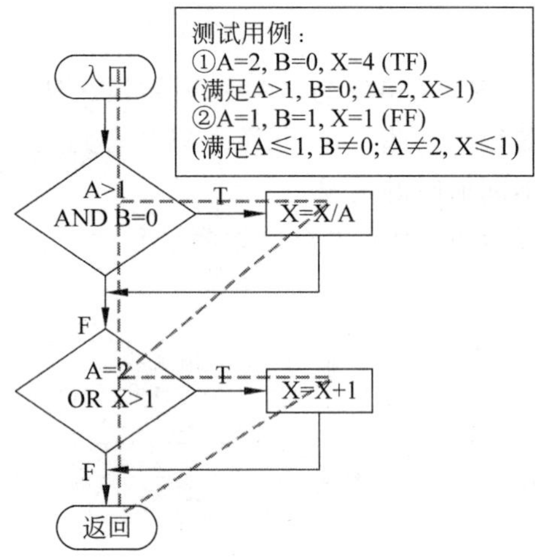

图 11.4　条件覆盖测试用例

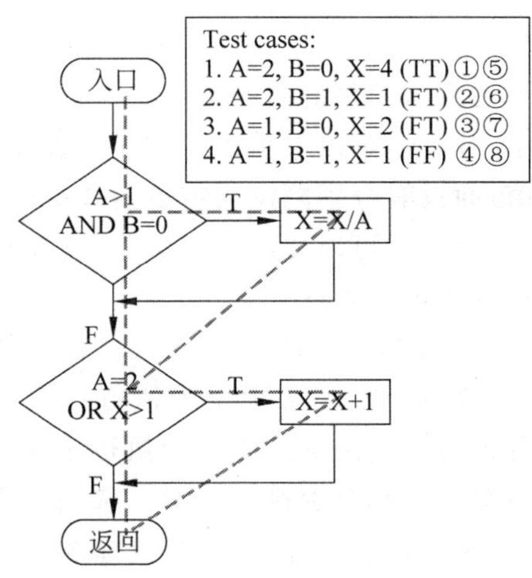

图 11.5　条件组合测试用例

以上根据测试数据对源程序语句检测的详尽程度,简单讨论了几种逻辑覆盖标准。在上面的分析过程中谈到测试数据执行的程序路径,显然,测试数据可以检测的程序路径的多少,也反映了对程序测试的详尽程度。

11.3.2 控制结构测试

基本路径测试是 TomMcCabe 提出的一种白盒测试技术。使用这种技术设计测试用例时,首先计算程序的环形复杂度,并以该复杂度为指南定义执行路径的基本集合,从该基本集合导出的测试用例可以保证程序中的每条语句至少执行一次,而且每个条件在执行时都将分别取真、假两种值。以下列程序为例,讲解基本路径测试方法。

基本路径测试是在程序流程图的基础上,绘制程序图,通过分析由控制构造的环路复杂性,导出基本路径集合,设计测试用例保证这些基本路径至少通过一次。

程序图也称为控制流图或流图，是反映控制流程的有向图，其小圆圈称为结点，代表流程图中的处理，有向箭头代表控制流向，称为边或路径。进行程序图转换时需要注意以下两点：

(1) 一个边必须终止于一个结点，在选择分支的汇合处即使没有语言也应该有汇聚点，如图 11.6 所示。

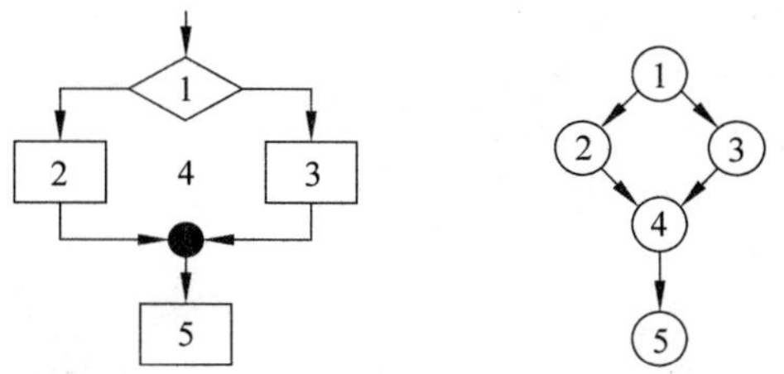

(a) 程序流程图中的汇聚点　(b) 汇聚点在流图中的表示

图 11.6　注意边的方向的流程图

(2) 如果判断中的条件表达式是由一个或多个逻辑运算符（OR、AND、NAND、NOR）连接的复合条件表达式，则需要改为一系列只有单个条件的嵌套的判断。如图 11.7 所示。

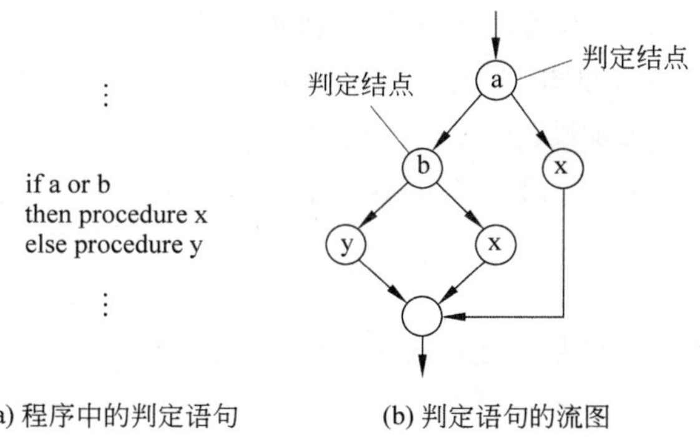

(a) 程序中的判定语句　(b) 判定语句的流图

图 11.7　判定结点的流图

```
PROCEDURE average;
/* 这个过程计算不超过 100 个在规定值域内的有效数字的平均值；同时计算有效数字的总和及个数 */
INTERFACE RETURNS average, total.input, total.valid;
INTERFACE ACCEPTS value, minimum, maximum;
TYPE value[1...100]IS SCALAR ARRAY;
TYPE average, total.input, total.valid;
        minimum, maximum, sum IS SCALAR;
TYPE I IS INTEGER;

1: i=1;
        total.input=total.valid=0;
        sum=0;
2: DO WHILE value[i]<>-999
3: AND total.input<100
```

```
4: increment total.input by 1;
5: IF value[i]>=minimum
6: AND value[i]<=maximum
7: THEN increment total.valid by 1;
       sum=sum+value[i];
8: ENDIF
       Increment I by 1;
9: ENDDO

10: IF total.valid>0
11: THEN average=sum/total.valid;
12: ELSE average=-999;
13: ENDIF
   END average
```

使用基本路径测试技术设计测试用例的步骤如下：

(1) 根据过程设计结果画出相应的流图。

例如，为了用基本路径测试技术测试上述用 PDL 描述的求平均值过程，首先把被映射为流图结点的 PDL 语句编了序号，然后再转换为流图，如图 11.8 所示。

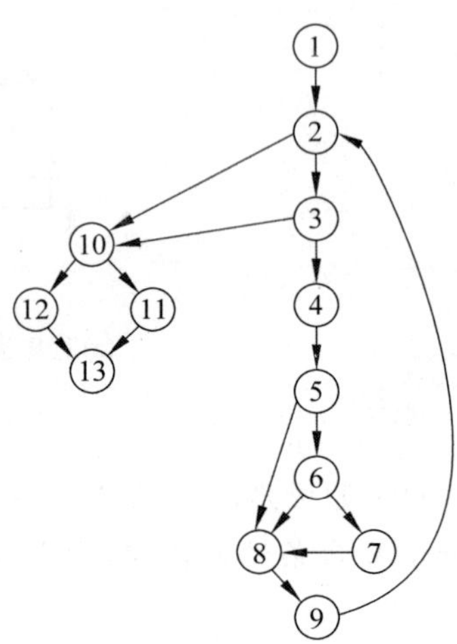

图 11.8 流图

(2) 计算流图的环形复杂度。

环形复杂度定量度量程序的逻辑复杂性。有了描绘程序控制流的流图之后，可以采用下列方法之一计算环形复杂度。

方法 1：

$$环形复杂度=流图中的封闭区域数+1$$

方法 2：

$$环形复杂度=E-N+2$$

其中，E 是流图中边的条数，N 是结点数。

方法 3：

$$环形复杂度=判定结点数+1$$

经计算，图 11.7 所示流图的环形复杂度为 6。

(3) 确定线性独立路径的基本集合。

由环路复杂性可以导出基本路径集合中的独立路径条数，这是确保程序中每个执行语句至少执行一次所必须的测试用例数目的上界。

所谓独立路径是指包括一组以前没有处理的语句或者条件的一条路径。用流图术语描述，独立路径至少包含一条在定义该路径之前不曾用过的边。基本路径不是唯一的，对于给定的流图，可以得到不同的基本路径集。

如图 11.8 中的一组独立路径是：

① 1—2—10—11—13

② 1—2—10—12—13

③ 1—2—3—10—11—13

④ 1—2—3—4—5—8—9—2—3—10—11—13

⑤ 1—2—3—4—5—6—8—9—2—3—10—11—13

⑥ 1—2—3—4—5—6—7—8—9—2—3—10—11—13

(4) 设计测试用例,确保每条基本路径至少执行一次。应该选取测试数据使得在测试每条路径时都适当地设置好了各个判定结点的条件。如表 11-1 所示。

表 11-1 测试用例设计

测试用例	预期结果	备 注
Value[k]=有效输入值,其中 $k<i$ Value[i]=−999,其中,$2\leqslant i\leqslant 100$	基于 k 的正确平均值和总数	路径①无法独立测试,必须作为路径④、⑤和⑥的一部分进行测试
Value[i]=−999	Average=−999,其他保持初始值	
Value[i]=有效输入值,其中 $i<100$ Value[k]<minimum,其中 $k<i$	基于 k 的正确平均值和总数	
Value[i]=有效输入值,其中 $i<100$ Value[k]>maximum,其中 $k<i$	基于 k 的正确平均值和总数	
Value[i]=有效输入值,其中 $i<100$	正确平均值和总数	

在测试过程中,执行每个测试用例并把实际输出结果与预期结果相比较。一旦执行完所有测试用例,就可以确保程序中所有语句都至少被执行了一次,而且每个条件都分别取过 true 值和 false 值。

应该注意,某些独立路径不能以独立的方式测试,也就是说,程序的正常流程不能形成独立执行该路径所需要的数据组合。在这种情况下,这些路径必须作为另一个路径的一部分来测试。

11.3.3 循环测试

循环是绝大多数软件算法的基础,但是,在测试软件时却往往未对循环结构进行足够的测试。

循环测试是一种白盒测试技术,它专注于测试循环结构的有效性。在结构化的程序中通常只有 3 种循环,即简单循环、串接循环和嵌套循环,如图 11.9 所示。下面分别讨论这 3 种循环的测试方法。

(1) 简单循环。应该使用下列测试集来测试简单循环,其中 n 是允许通过循环的最大次数。

- 跳过循环。
- 只通过循环一次。
- 通过循环两次。
- 通过循环 m 次,其中 $m<n-1$。
- 通过循环 $n-1,n,n+1$ 次。

(2) 嵌套循环。如果把简单循环的测试方法直接应用到嵌套循环,可能的测试数就会随嵌套层数的增加按几何级数增长,这会导致不切实际的测试数目。B. Beizer 提出了一种

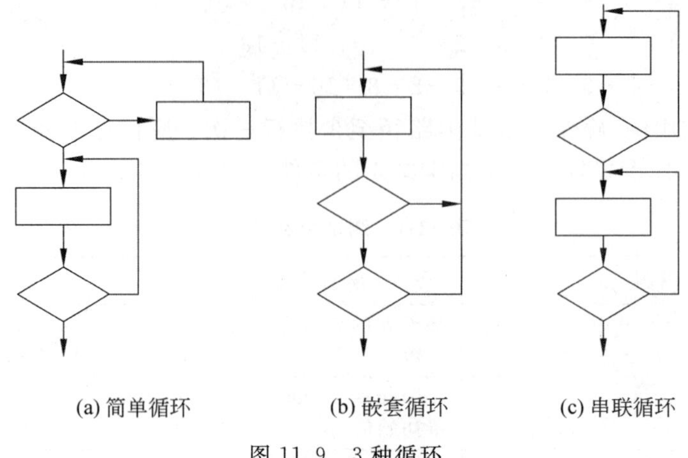

(a) 简单循环　(b) 嵌套循环　(c) 串联循环

图 11.9　3 种循环

能减少测试数的方法：

- 从最内层循环开始测试，把所有其他循环都设置为最小值。
- 对最内层循环使用简单循环测试方法，而使外层循环的迭代参数（例如，循环计数器）取最小值，并为越界值或非法值增加一些额外的测试。
- 由内向外，对下一个循环进行测试，但保持所有其他外层循环为最小值，其他嵌套循环为"典型"值。
- 继续进行下去，直到测试完所有循环。

（3）串接循环。如果串接循环的各个循环都彼此独立，则可以使用前述的测试简单循环的方法来测试串接循环。但是，如果两个循环串接，而且第一个循环的循环计数器值是第二个循环的初始值，则这两个循环并不是独立的。当循环不独立时，建议使用测试嵌套循环的方法来测试串接循环。

11.4　黑盒测试技术

对于软件测试而言，黑盒测试法把程序看作一个黑盒子，完全不考虑程序的内部结构和处理过程。也就是说，黑盒测试是在程序接口进行的测试，它只检查程序功能是否能按照规格说明书的规定正常使用，程序是否能适当地接收输入数据并产生正确的输出信息，程序运行过程中能否保持外部信息的完整性。黑盒测试又称为功能测试。

黑盒测试着重测试软件功能。黑盒测试并不能取代白盒测试，它是与白盒测试互补的测试方法，它很可能发现白盒测试不易发现的其他类型的错误。

黑盒测试力图发现下述类型的错误：①功能不正确或遗漏了功能；②界面错误；③数据结构错误或外部数据库访问错误；④性能错误；⑤初始化和终止错误。

白盒测试在测试过程的早期阶段进行，而黑盒测试主要用于测试过程的后期。设计黑盒测试方案时，应该考虑下述问题：

（1）怎样测试功能的有效性？

（2）哪些类型的输入可构成好测试用例？

(3) 系统是否对特定的输入值特别敏感？

(4) 怎样划定数据类的边界？

(5) 系统能够承受什么样的数据率和数据量？

(6) 数据的特定组合将对系统运行产生什么影响？

应用黑盒测试技术，能够设计出满足下述标准的测试用例集：

(1) 所设计出的测试用例能够减少为达到合理测试所需要设计的测试用例的总数。

(2) 所设计出的测试用例能够表明是否存在某些类型的错误，而不是仅仅指出与特定测试相关的错误是否存在。

11.4.1　等价类划分法

由于不可能进行穷举测试，因此只能选取少量最有代表性的输入数据作为测试数据，以期用较小的代价暴露出较多的程序错误。等价类划分法力图设计出能发现若干类程序错误的测试用例，从而减少必须设计的测试用例的数目。

等价类划分是一种黑盒测试技术，这种技术把程序的输入域划分成若干个数据类，据此导出测试用例。一个理想的测试用例能独自发现一类错误。

如果把所有可能的输入数据划分成若干个有效的和无效的等价类，则可以合理地做出下述假定：每类中的一个典型值在测试中的作用与这一类中所有其他值的作用相同。因此，可以从每个等价类中只取一组数据作为测试数据。这样选取的测试数据最有代表性，最可能发现程序中的错误。

划分等价类需要经验，有以下6条经验可参考：

(1) 如果规定了输入值的范围，则可以划分出一个合理的等价类(输入值在此范围内)，两个不合理的等价类(输入值小于最小值或大于最大值)。

(2) 如果规定了输入数据的个数，则类似地也可以划分出一个合理的等价类和两个不合理的等价类。

(3) 如果规定了输入数据的一组值，而且程序对不同输入值做不同处理，则每个允许的输入值是一个合理的等价类，此外还有一个不合理的等价类(任一个不允许的输入值)。

(4) 如果规定了输入数据必须遵循的规则，则可以划分出一个合理的等价类(符合规则)和若干个不合理的等价类(从各种不同角度违反规则)。

(5) 如果规定了输入数据为整型，则可以划分出正整数、零和负整数3个合理类。

(6) 如果程序的处理对象是表格，则应该使用空表，以及含一项或多项的表。

划分出等价类以后，根据等价类设计测试方案时主要使用下面两个步骤：

(1) 设计一个新的测试方案以尽可能多地覆盖尚未被覆盖的有效等价类，重复这一步骤直到所有有效等价类都被覆盖为止。

(2) 设计一个新的测试方案，使它覆盖一个而且只覆盖一个尚未被覆盖的无效等价类，重复这一步骤直到所有无效等价类都被覆盖为止。

注意，通常程序发现一类错误后就不再检查是否还有其他错误，因此，应该使每个测试方案只覆盖一个无效的等价类。

下面用等价划分法设计一个简单程序的测试方案。

例如：某一报表处理系统，要求输入处理报表的日期限制在 1958 年 1 月至 1980 年 12 月。年月由 6 位数字字符组成，前 4 位代表年，后 2 位表示月。用等价类划分法设计测试用例。

按照等价类划分方法进行测试的步骤如下：

(1) 划分等价类并编号，如表 11-2 所示。

表 11-2　划分等价类

输入条件	编号	合理等价类	备　　注	
报表日期的类型和长度	1	6 位数字字符	不合理的等价类及编号：2	有非数字字符
			不合理的等价类及编号：3	少于 6 个数字字符
			不合理的等价类及编号：4	多于 6 个数字字符
年份范围	5	在 1958～1980 年间	不合理的等价类及编号：6	小于 1958
			不合理的等价类及编号：7	大于 1980
月份范围	8	在 1～12 之间	不合理的等价类及编号：9	等于 0
			不合理的等价类及编号：10	大于 12

(2) 确定测试用例，设计一个测试用例尽可能多地覆盖合理等价类，而每个不合理的等价类分别设计一个新的测试用例，如表 11-3 所示。

表 11-3　确定测试用例

测试用例	覆盖等价类	备　注	测试用例	覆盖等价类	备　注
197505	覆盖 1,5,8	合理等价类	195712	覆盖 6	不合理等价类
1975kl	覆盖 2	不合理等价类	200501	覆盖 7	不合理等价类
19755	覆盖 3	不合理等价类	197500	覆盖 9	不合理等价类
1975005	覆盖 4	不合理等价类	197518	覆盖 10	不合理等价类

11.4.2　边界值分析法

经验表明，处理边界情况时程序最容易发生错误。例如，许多程序错误出现在下标、数据结构和循环等的边界附近。因此，设计使程序运行在边界情况附近的测试方案，暴露出程序错误的可能性更大一些。

使用边界值分析方法设计测试方案首先应该确定边界情况，这需要经验和创造性，通常输入等价类和输出等价类的边界，就是应该着重测试的程序边界情况。选取的测试数据应该刚好等于、刚刚小于和刚刚大于边界值。也就是说，按照边界值分析法，应该选取刚好等于、稍小于和稍大于等价类边界值的数据作为测试数据，而不是选取每个等价类内的典型值或任意值作为测试数据。如表 11-4 所示。

表 11-4　边界值分析测试用例

输入条件	测试用例说明	测试数据	期望结果	选取理由
出生年月的类型和长度	1 个数字字符 5 个数字字符 7 个数字字符 有 1 个非数字字符	(1)5 (2)19755 (3)1975005 (4)19755A	输入无效 输入无效 输入无效 输入无效	仅有一个合法字符 比有效长度少一个字符 比有效长度多一个字符 非法字符最少
年份对应数值	1958 1980 <1958 >1980	(7)195801 (8)198012 (9)195712 (10)198101	合格年份 合格年份 不合格年份 不合格年份	最小年份 最大年份 恰小于最小年份 恰大于最大年份
月份对应数值	1 12 <1 >12	(11)195801 (12)198012 (13)195800 (14)198013	合格月份 合格月份 不合格月份 不合格月份	最小月份 最大月份 恰小于最小月份 恰大于最大月份

通常设计测试方案时总是联合使用等价类划分和边界值分析两种技术。通常,边界值分析法比等价类划分法发现错误的能力更强。但是对边界的分析与确定比较复杂,要求测试人员具有更多的经验和创造性。

等价类划分法和边界值分析法都只孤立地考虑各个输入数据的测试功效,而没有考虑多个输入数据的组合效应,可能会遗漏了输入数据易于出错的组合情况。选择输入组合的一个有效途径是利用判定表或判定树为工具,列出输入数据各种组合与程序应作的动作(及相应的输出结果)之间的对应关系,然后为判定表的每一列至少设计一个测试用例。

11.4.3　错误推测法

使用边界值分析和等价划分技术,有助于设计出具有代表性的、因而也就容易暴露程序错误的测试方案。但是,不同类型不同特点的程序通常又有一些特殊的容易出错的情况。此外,有时分别使用每组测试数据时程序都能正常工作,这些输入数据的组合却可能检测出程序的错误。一般来说,即使是一个比较小的程序,可能的输入组合数也往往十分巨大,因此必须依靠测试人员的经验和直觉,从各种可能的测试方案中选出一些最可能引起程序出错的方案。对于程序中可能存在哪类错误的推测,是挑选测试方案时的一个重要因素。

错误推测法在很大程度上靠直觉和经验进行。它的基本想法是列举出程序中可能有的错误和容易发生错误的特殊情况,并且根据它们选择测试方案。例如,输入数据为零或输出数据为零往往容易发生错误;如果输入或输出的数目允许变化(例如,被检索的或生成的表的项数),则输入或输出的数目为 0 和 1 的情况(例如,表为空或只有一项)是容易出错的情况。还应该仔细分析程序规格说明书,注意找出其中遗漏或省略的部分,以便设计相应的测试方案,检测程序员对这些部分的处理是否正确。

此外,经验表明,在一段程序中已经发现的错误数目往往和尚未发现的错误数成正比。例如,在 IBMOS/370 操作系统中,用户发现的全部错误的 47%只与该系统 4%的模块有关。因此,在进一步测试时要着重测试那些已发现了较多错误的程序段。

11.5 网络实现

网络系统的实现主要是用通信线路把各种设备连接起来组成网络系统。其工作包括网络选型、布线、网络设备安装、服务器安装,整个网络系统的调试。

(1) 确定网络类型与结构。以太网是目前技术上最成熟,应用最广泛的网络结构,有很强的生命力和扩展能力。

(2) 网络设备和服务器的选型与安装。包括交换机,服务器型号和带宽的确定。

(3) 网络拓扑结构。确定局域网的拓扑结构,如采用星型或者环型布线系统。如某大型办公自动化系统布线采用结构化布线,办公大楼共三层,网络中心设在大楼的 2 层,信息点共计 100 多个。布线系统采用星型接法,其优点是提供互相独立、互不影响的信道,便于管理,易于维护,支持多种应用。

(4) 网络产品的选型,例如路由器设备和交换机设备等。通信线路的选择,如双绞线、同轴电缆、光纤电缆微波和卫星通信等。

11.6 数据库实现

数据库实施主要包括以下工作:

- 定义数据库结构;
- 组织数据入库;
- 数据库试运行。

11.6.1 定义数据库结构

确定了数据库的逻辑结构与物理结构后,就可以用所选用的 DBMS 提供的数据定义语言(DDL)来严格描述数据库结构。

11.6.2 数据装载

数据库结构建立好后,就可以向数据库中装载数据了。组织数据入库是数据库实施阶段最主要的工作。对于数据量不是很大的小型系统,可以用人工方法完成数据的入库,其步骤为:

(1) 筛选数据。需要装入数据库中的数据通常都分散在各个部门的数据文件或原始凭证中,所以首先必须把需要入库的数据筛选出来。

(2) 转换数据格式。筛选出来的需要入库的数据,其格式往往不符合数据库要求,还需要进行转换。这种转换有时可能很复杂。

(3) 输入数据。将转换好的数据输入计算机中。

(4) 校验数据。检查输入的数据是否有误。

对于中大型系统,由于数据量极大,用人工方式组织数据入库将会耗费大量人力物力,而且很难保证数据的正确性，因此应该设计一个数据输入子系统，由计算机辅助数据的入库工作。

11.6.3 数据库试运行

在数据库实现阶段，当数据库结构建立好后，就可以开始编制与调试数据库的应用程序，也就是说，编制与调试应用程序是与组织数据入库同步进行的。调试应用程序时由于数据入库尚未完成，可先使用模拟数据。应用程序调试完成，并且已有一小部分数据入库后，就可以开始数据库的试运行。数据库试运行也称为联合调试，其主要工作包括：

- 功能测试。即实际运行应用程序，执行对数据库的各种操作，测试应用程序的各种功能。
- 性能测试。即测量系统的性能指标，分析是否符合设计目标。

11.7 系统转换

准备转换计划——指由旧的、手工处理系统向新的计算机信息系统过渡。系统转换策略主要有以下几种：直接转换法、平行转换法、试点过渡法、分阶段转换法，如图 11.10 所示。

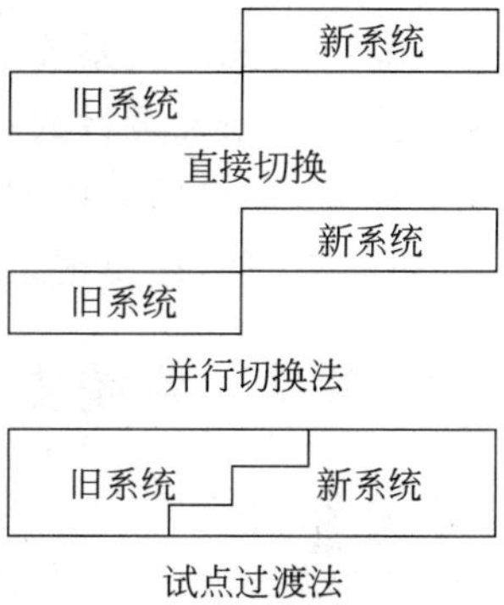

图 11.10 系统转换的主要方法

11.7.1 直接转换法

直接切换法也叫做突然切入，是指在某一确定的时刻，旧系统停止运行，新系统投入运行。新系统一般要经过较详细的测试和模拟运行才能投入运行。考虑到系统测试中试验样本的不彻底性，一般只有在老的系统已完全无法满足需要或新系统不太复杂的情况下采用这种方法。

11.7.2 并行转换法

新系统投入运行时，老系统并不停止运行，而是与新系统同时运行一段时间，对照两者的输出，利用老系统对新系统进行检验。一般可分两步进行：

(1) 以新系统为正式作业，原系统作校核用。

(2) 经过一段时间运行，在验证新系统处理准确可靠后，原系统停止运行。

并行处理的时间视业务内容而定，短则 2～3 个月，长则半年至一年。转换工作不应急于求成。

11.7.3 试点过渡法

位置转换也称为试点过渡法。先选用新系统的某一部分代替老系统，作为试点，逐步地代替整个老系统。

系统切换过程中，应注意以下问题，这些问题解决得好，将给系统的顺利切换创造条件。

- 新系统的投运需要大量的基础数据，这些数据的整理与录入工作量特别庞大，应及早准备、尽快完成。
- 系统切换不仅是机器的转换、程序的转换，更是人工的转换，应提前做好人员的培训工作。
- 系统运行时会出现一些局部性的问题，这是正常现象，系统工作人员对此应有足够的准备，并做好记录。
- 系统只出现局部性问题，说明系统是成功的，反之，如果出现整体的问题，则说明系统设计质量不好，整个系统甚至要重新设计。

11.8 系统运行与支持

11.8.1 系统运行

系统运行是指信息系统的业务过程和应用程序逐日、逐周、逐月和逐年的执行。MIS系统正式投入运行后，为了让系统长期高效的工作，必须加强对系统运行的日常管理。MIS运行的日常管理绝不仅仅是机房环境和设施的管理，更主要的是对系统每天运行状况、数据输入和输出情况以及系统的安全性与完备性及时如实的记录和处置。这些工作主要由系统管理员完成。系统运行的日常维护包括数据收集、数据整理、数据录入及处理结果的整理与分发。此外，还包括简单的硬件管理和设施管理。除了记录正常情况(如处理效率、文件存取率、更新率)外，还要记录意外情况发生的时间、原因与处理结果。

11.8.2 系统支持与维护

系统支持是指对用户不间断的技术支持以及改正错误、遗漏或可能产生的新需求所需的维护。系统维护是指在系统交付使用后，为了改正错误或满足新的需要而修改系统的过程。

1. 系统维护

系统刚建成时所编制的程序和数据时常发生变化。系统人员应根据MIS运行的外部环境的变更和业务量的改变，及时对系统进行维护。维护的内容包括：

(1) 程序的维护。程序的维护指根据需求变化或硬件环境的变化对程序进行部分或全部的修改。修改时应充分利用原程序，修改后要填写程序修改登记表。在程序变更通知书上写明新老程序的不同之处。

(2) 数据文件的维护。数据文件的维护包括主文件的定期更新，也有许多是不定期的，必须在现场要求的时间内维护好。维护时一般使用开发商提供的文件维护程序，也可自行编制专用的文件维护程序。

(3) 代码的维护。代码的维护包括订正、添加、删除至重新设计，应由代码管理小组(由业务人员和计算机技术人员组成)进行。变更代码应经过详细讨论，确定之后应由书面说明。代码维护的困难往往不在代码本身的变更，而在于新代码的实施。为此，除了成立专门的代码管理小组外，各业务部门要指定专人进行代码管理，通过它们使用新代码。这样做的目的是要明确管理职责，有助于防止和订正错误。

2. 系统恢复

有时，人为错误、硬件错误或者软件错误都有可能引起系统失效，从而导致程序“崩溃”或者数据损失。这种情况下，需要技术专家进行系统的文件和数据库恢复，并重新启动系统。系统恢复的工作可以有以下6种形式：

(1) 从用户终端恢复程序。有些情况下，相关人员可以在用户终端上通过特殊的按键或者重启计算机等形式进行系统恢复。

(2) 系统操作人员校正某些问题。当涉及服务器时，需要联系操作人员进行问题改正。通常网络管理员、数据库管理员或者网站站长监控这些服务器。

(3) 如果系统崩溃发生在事务过程中，需要数据库管理员恢复丢失或者破坏的数据，一般通过回滚机制来进行恢复。数据库管理系统和事务监视器提供用于事务回滚的工具，使得任何崩溃之前执行的对数据库的事务性修改必须重做。

(4) 如果是由于局域网、广域网或者互联问题而发生系统崩溃，则需要网络管理员修复LAN或WAN问题，一般通过登录特定账号进行程序的初始化。

(5) 技术专家或者供应商改正硬件问题。

(6) 修复软件故障。

3. 技术支持

另一个相对事务性的系统支持活动是技术支持。尽管用户接受了相关的培训，也为用户提供了相应的操作手册，但是用户仍然会要求额外帮助。因此，需要安排特定的人员帮助用户使用特定的应用。典型的技术支持活动包括：

- 例行监督系统的使用；
- 主持用户满意度调查和会议；
- 修改业务流程；
- 提供额外培训；
- 在资料库中记录改进想法和要求。

4. 系统改进

在系统运行期间，用户可能要求增加新的功能、建议修改已有功能或提出其他改进意见，以满足用户日益增长的各种需求。从而需要对软件进行改造以增加新的功能、修改已有的功能，包括数据库的重构、程序的重写等。

系统随着时间推移而老化，当支撑和维护不合算时，需要启动新开发项目来替代这个系统，此时该系统退役。

11.9 案例分析——某网站系统测试

本项目测试范围主要是对某电子商务网站进行测试，测试重点是网站应用系统，即所开发的Web应用程序，制作的HTML页面等。从技术分类上来讲，这部分测试对象主要包括以下几类对象：静态页面（*.html）、Web应用程序（*.jsp、javabean（*.class、*.java）、JavaScript（*.js）），以及数据库应用程序等。对这些对象进行测试的主要目的是为了保证网站应用系统能够顺利正常运转，实现客户所需的各项功能。

这部分测试对象是测试的重点所在，因为它关系到整个系统的功能实现是否完全，是否满足了客户的需求等。

11.9.1 测试内容概述

将测试范围按重要性由高向低排列，测试内容主要包含以下5个方面：

1. 功能测试（黑盒测试）

功能测试在本系统中是最重要的，根据需求说明书上所要求实现的功能，逐项检查功能是否完备，功能实现是否正确。包括：

(1) 页面格式检查。根据页面确认书来检查静态页面和动态页面的格式，特别是动态页面所加载的程序要完全符合静态页面的格式（不破坏静态页面的表格控制），不可以因为动态产生的结果集而影响页面的整体布局；测试所有的链接是否做成相对路径，是否有错链现象发生，页面整体是否符合测试条款要求。

(2) 功能实现完备性检查。根据需求分析书中业务流程以及功能描述，检查系统是否实现了需求分析中所要求的所有功能；同时也根据详细设计中的程序流程图，检查系统是否按照程序流程图实现。例如：页面之间的连接、跳转是否齐全；页面及程序的输入显示、输出显示项是否齐全；对不正确的输入输出，是否有出错处理；是否有浏览器端的页面检查。特别要根据需求分析书中的功能描述进行检查。

(3) 功能实现正确性检查。检查功能实现是否正确，主要包括输入、输出项的正确性检查；以及页面显示是否正常；后台数据库的操作是否被正确执行；对不正确的输入、输出，是否有出错处理；数据库程序是否运转正常。例如：有写/删除操作的程序，写/删除操作的结果正确，测试时应手工打开数据库表，以检查写/删除的效果（包括各字段的对应情况，数据的分配情况）。

2. 程序测试

根据系统中的设计，测试开发完毕的程序是否安全。主要包括：检查某些功能是否可以被非法访问；不正常的输入是否会导致不可预料的后果；是否有不正常页面代码产生；敏感数据的传输是否进行了加密；是否对数据库有非法操作；网站是否存在敏感的文字内容等各个方面。这部分测试没有完全可靠的标准，主要依靠测试人员的经验。

3. 代码检查（白盒测试）

对程序员在编码阶段产生的源代码、文档等进行检查，主要包括：检查代码是否符合编程规范；是否有足够的注释；在源程序中是否有出错处理；以及在功能测试中是否有查不出来的Bug等。

4. 效率测试

本项测试需分单用户及多用户进行。

(1) 页面操作效率测试：逐项测试每一项操作，打开页面，特别是读写数据库、翻页、滚屏等操作，记录延迟最长的操作及时间。

(2) 报表及查询效率测试：分别选择最小范围(非空)的数据及最大范围(根据实际情况定)的数据，记下机器型号及产生结果所花的时间。

(3) 评价程序效率是否合理(测试结果会因为软硬件环境不同而不同，所以此结果仅供参考)。

5. 多用户测试

随机测试：在两个或两个以上的终端同时多次进入和退出被测试程序，程序应正确无误并且不会明显降低执行效率。

共享测试：在两个或两个以上的终端同时调用被测试程序做同样的工作，程序正确无误。

11.9.2 程序测试

(1) 程序代码规范测试。

- JSP文件的命名：是否统一使用小写，是否使用了简写规则。如person用psn；company用cmp；message用msg。
- Java文件的命名：判断是否与类名保持一致。如类名为CCommon，则文件名为CCommon.java。
- 变量的命名：在变量名前是否加上表示变量类型的标志。例如：对于数组变量，是否在变量名前加上"arr_"，如arr_sName；在Java文件中，对于类成员变量是否加"m_"，如m_sName、m_bFlag；对于全局变量是否加"g_"，如g_sName、g_bFlag。
- 函数的命名：函数名的第一个字母是否大写，如Edit()、To_back()。
- 类的命名：是否加前缀"C"(大写的英文字母c)，如CMain(对象实例)。
- 提交表单中input框的命名是否和数据处理页面的变量名保持一致。

(2) 程序结构体规范测试。

程序结构体规范测试主要包括以下几方面的内容：注释规格检查；文件注释检查；程序的缩进与对齐；模块化检查；JavaScript代码的格式检查。

注释规格检查的内容如下：

- 在JSP标签之内，即在<%和%>之间的部分：对于单行注释，是否采用"//"来进行注释；对于多行注释，是否采用"/*被注释代码段*/"进行注释。
- 在JSP之外部分：是否采用<%--注释语句--%>的方式来进行注释。
- 函数注释检查：

在函数开头，是否使用如下格式的注释：

```
/****************************************************************/
/*函数描述:从一个String中删除另一个String*/
/*参数: strByDelete,strToDelete*/
```

```
/* strByDelete:被删除的字符串(原来的字符串)*/
/* strToDelete:要从上个字符串中删除的字符串 */
/* 返回: 找到并删除返回 0,否则返回-1 */
/************************************************************/
```

- 变量注释的检查：对于非通用的变量，是否在定义时加以注释说明；变量定义是否放在程序体的最开始处。
- 文件注释的检查：每个程序文件是否都包含添加文件一般信息(文件名、文件说明、公司、作者、完成日期、修改人、修改日期等)。例如：

```
<%--
* Title:login_check.jsp
* Descrition:登录检查
* Company:BBNT
* @Author:luobin
* Date:
* @Modifier:Zhaoliang
* Date:2001.03.22
--%>
```

(3) 程序的缩进与对齐：

- 正反大括号是否保持在同一列。
- 对于包含情况，两个相同方向的花括号是否错开一个 Tab 键。
- 不允许顶格写代码，应该空一个 Tab 键，并保持一致。
- 是否严格采用梯形层次对应好各层次。例如：

```
main()
{
    int i,j;
    for(i==0;i<100;i++)
        {
            ⋮
            if(i==0)
            {
        }
      ⋮
    }
⋮
}
```

(4) 模块化检查。某一功能，如果重复实现三遍以上，是否进行模块化处理，将它写成通用函数。并向小组成员发布。例如，JavaScript 代码的格式检查如下：位置，是否统一都放到 html 标记的＜head＞和＜/head＞之间，特殊情况下可根据情况而定。隐藏标记，是否统一添加对于低版本浏览器可进行忽略的标记＜!－－javascript 代码//－－＞。

(5) 变量、函数的声明的检查。变量、函数声明是否放到程序前部，是否在“＜%!%＞”标记内进行声明。

(6) 设定字符集的检查。检查是否在 JSP 文件开始处引入＜％@pagecontentType＝"text/html;charset＝ISO8859_1"％＞。

(7) JSP 中引入 Java 包的检查。主要检查是否在 JSP 文件开始处引入诸如＜％@pageimport＝"java. sql. * ,java. text. * ,java. util. * "％＞的类。

(8) 出错处理测试,主要进行 JSP 中设定错误页面的检查:是否在 JSP 文件开始处引入＜％@pageerrorPage＝"/system_f. jsp"％＞错误处理页面。出错处理是否正常等。

11.9.3 通用测试内容

通用测试内容指在各个模块都必须进行的测试内容,下面列出了通用测试内容的一些部分,其中包含:

1. 页面显示测试

页面显示测试包含以下几个方面:

- 页面文字显示是否正常,有无乱码出现;
- 页面图片显示是否正常,是否存在无法显示的图片;
- 页面超链接是否正常,可否正确打开相应的页面;
- 页面是否提示 JavaScript 语言语法错误;
- 页面涉及安全性的数据传输是否使用了 SSL 加密技术;
- 检查 Tab 键的切换顺序是否正常;
- 程序对出错、抛出异常是否进行了处理;
- 页面是否有编程过程中遗留的调试信息等不该客户看到的显示结果。

2. 程序输入功能测试

(1) 文字文本框的检查,例如姓名、公司名称、标题、举办单位、举办地点等,如表 11-5～表 11-7 所示。

表 11-5 单行文本框的检查测试用例

测试实例描述	测试实例输入	预期检查结果
1. 不输入任何项(如果为必填项)		提示输入数据
2. 输入的字数是否限制	输入多于边界值字数	提示数据超出范围
3. 是否中英文均可	王 job	可以提交数据

表 11-6 多行文本框的检查测试用例

测试实例描述	测试事件	预期检查结果
1. 是否可以自动换行	输入多行文本	可以自动换行
2. 是否有字数限制	输入多行文本	超出范围无法输入文本
3. 提交数据的完整性	数据提交	在数据库中查询数据的完整性
4. 对于必填项如果无数据是否判断	数据提交	提示应输入数据

表 11-7 数字文本框的输入检查测试用例

测试实例描述	测试用例	预期检查结果
1. 不输入任何字符		提示输入数据
2. 输入非数字字符	一百人	提示输入数字
3. 超出位数限制的数字	具体数值根据数据类型定义制定	提示数字越界
4. 输入负数	-1500	提示数字错误

(2) 身份证号码检查的测试用例。

身份证号码标准格式为:110101680321156(15 位)和 110101196803211561(18 位)。其中 15 位的身份证中第 7、8 位为生日年份,9、10 位为生日月份,11、12 位为出生日;18 位号码的 7~10 位为生日年份,11、12 位为生日月份,13、14 位为出生日。如表 11-8 所示。

表 11-8 身份证号码检查的测试用例

测试实例描述	测试实例输入	预期检查结果
1. 此项不输入任何内容		提示输入数据
2. 输入非数字字符	1243442@3323432	提示输入错误
3. 第 9、10 位的组合数字大于 12(15 位号码)	110101681321156	提示输入错误
4. 第 9、10 位的组合数字小于 1(15 位号码)	110101680021156	提示输入错误
5. 第 11、12 位的组合数字大于 31(15 位号码)	110101680332156	提示输入错误
6. 第 11、12 位的组合数字小于 01(15 位号码)	110101680300156	提示输入错误
7. 第 11、12 位的组合数字大于 12(18 位号码)	110101196813211561	提示输入错误
8. 第 11、12 位的组合数字小于 01(18 位号码)	110101196800211561	提示输入错误
9. 第 13、14 位的组合数字大于 31(18 位号码)	110101196811321561	提示输入错误
10. 第 13、14 位的组合数字小于 01(18 位号码)	110101196811001561	提示输入错误
11. 输入少于 15 位的数字	11010119681	提示输入错误
12. 输入多于 18 位的数字	1101011968110015612	提示输入错误
13. 输入介于 15~18 位之间的数字	1101011968002115	提示输入错误
14. 特殊年月日的组合是否判断	110102710229115	提示输入错误
15. 正常输入 15 位或 18 位数字	110101680321156	数据提交通过

(3) 在本案例中,电子邮件的标准格式为 m7yrice@sina.com、godw3t@public.gov.cn,如表 11-9 所示。

(4) 日期时间的输入:在整个系统中,日期输入采用统一的格式(1999-02-16),其他日期格式视为非法。测试用例如表 11-10 所示。

表 11-9 电子邮件输入检查的测试用例

测试实例描述	测试实例输入	预期检查结果
1. 输入标准的电子邮件地址	Mytest@sohu.com	通过
2. 不输入@符号是否报错	Mytest.sina.com.cn	不通过,提示格式有误
3. 不输入.是否报错	Mytest@tom	不通过,提示格式有误
4. 输入多个.符号是否报错	godw3t@public.gov.cn	通过

续表

测试实例描述	测试实例输入	预期检查结果
5. 不输入任何文字		如果此项为必填项，提示输入数据
6. 输入长字段字符是否有位数检查	1234567891234344@sina.com	超过数据库字段长度报错
7. @和.的顺序问题，先@后.	Myterst@g.new	不通过

表 11-10　日期时间输入的测试用例

测试实例描述	测试实例输入	预期检查结果
1. 不输入任何项(如果为必填项)		提示输入数据
2. 输入非数字字符	某年某月	提示输入错误
3. 输入未采用统一格式	1999-02-16	提示格式有误
4. 年份位数多于4位	19999-01-16	提示年份输入错误
5. 年份位数少于4位	00-11-26	提示年份输入错误
6. 月份数字大于12	1999-13-13	提示月份输入有误
7. 月份数字小于1	1999-00-13	提示月份输入有误
8. 日子数字大于31	1999-03-32	提示日子输入有误
9. 日子数字小于1	1999-01-00	提示日子输入有误
10. 特殊日期的正误判断	1971-02-29 或 1973-02-30	提示日期输入有误

(5) 单选按钮和复选框的检查如表11-11所示。

表 11-11　单选按钮和复选框的检查测试用例

单选按钮		
测试实例描述	测试事件	预期检查结果
1. 选中某一单选按钮是否仍旧可以选择同组其他单选按钮	单击选择	单选按钮选择唯一
2. 被选中的单选按钮是否提交入库	单击选择	通过查询语句确认提交成功
3. 不选择任何单选按钮	数据提交	提示选择选项
复选框		
1. 选中某一复选框是否仍旧可以选择同组其他复选框	单击选择	复选框选择不唯一
2. 被选中的复选框是否提交入库	单击选择	通过查询语句确认提交成功
3. 不选择任何复选框	数据提交	提示选择选项

(6) 菜单的检查。

如下拉式菜单的检查，如表11-12所示。

表 11-12　下拉菜单的检查测试用例

测试实例描述	预期检查结果
1. 下拉式菜单是否都有默认选项	有默认选项
2. 如果某一下拉式菜单与其他组建有关联，检查关联是否正确	正确的关联

(7) 按钮的检查如表 11-13 所示。

表 11-13　按钮的检查测试用例

测试实例描述	预期检查结果
1. 单击按钮页面是否响应	响应
2. 单击按钮页面所填写内容是否全部清空	清空信息填写区域
"删除"按钮的测试用例	
1. 不选中任何信息,直接单击"删除"按钮	出现提示:要求选中信息
2. 选中一条数据,单击"删除"按钮	删除数据
3. 选中多条数据,单击"删除"按钮	删除数据
4. 选中本页所有数据,单击"删除"按钮	删除数据,并显示下页数据
"全选"按钮的测试用例	
1. 单击"全选"按钮,该复选框中所有数据是否被选中	同时选中所有数据
2. 在已有几条数据被选中的情况下,单击"全选"按钮	同时选中所有数据

(8) 意见反馈的测试如表 11-14 所示。

表 11-14　意见反馈的测试用例

测试实例描述	测试实例输入			预期结果
	电子邮件	其他联系方式	内容	
1. 合法的输入信息	Scfc@263.net	63582398	我的问题	正常提交数据入库
2. 非法的电子邮件地址格式	122344			提示数据非法
3. 非法的电子邮件地址格式	Test@net			提示数据非法
4. 中文电子邮件地址	外@net.com			通过检查,正常提交
5. 输入 500 个中文的内容			500 字内容	正常提交数据
6. 其他联系方式不加输入限制		上海卢湾区		通过检查,正常提交
7. 输入 1000 个字符的内容			1000 个字符	正常提交数据
8. 输入 100 个字符的联系方式		100 个字符		正常提交数据
9. 不输入任何数据				提示相关项输入
10. 非法的电子邮件地址格式	Test.test.net			提示数据非法

(9) 程序输出功能的测试用例如表 11-15 所示。

11.9.4　模块功能测试

本案例中包括招应聘模块、雇员活动模块、权限管理模块、投诉与意见模块、通知模块等多个模块,在此仅以雇员活动模块为例予以说明。

1. 雇员活动测试功能

雇员活动需要测试功能包括:

- 雇员活动通知的提交和审核;

表 11-15 程序输出功能的测试用例

查询结果分页显示的测试	
测试实例描述	预期检查结果
1. 每次的分页显示数据条数是否统一(最后一页除外)	显示数目统一
2. 各个页面是否出现数据重复现象	不出现数据重复
3. 对于大数据量的处理(很多页)是否使用了分页显示	可以显示大量数据
4. 数据的总量和每页显示的条数乘以页数的积是否吻合	数据吻合
5. 单击各页面号码系统是否响应	系统响应并显示该页
6. 当前显示页页码是否有重点提示	重点提示当前页码
按姓名、身份证查询的测试	
测试实例描述	预期检查结果
1. 姓名、身份证项均不填写数据	提示必须输入查询数据
2. 仅在姓名一栏输入查询数据	显示查询结果
3. 仅在身份证一栏输入查询数据	显示查询结果
4. 同时在姓名和身份证栏目输入数据	按照姓名进行查询

注：具体的测试数据根据单元模块的不同而制定。

- 雇员网上预订和退订，查询状态信息；
- 管理员对无法进行网上预订和退订的雇员进行网下预订和退订；
- 管理员对预订申请和退订进行确认，向雇员发送通知，记录雇员的缺席信息；
- 对各类数据进行统计，提取相关信息，辅助工作人员进行雇员活动的组织和开展，包括“门票”分配统计、不良记录者统计、活动参加者统计、公司雇员年度参加活动统计，年度开展活动统计；
- 意见反馈，雇员就雇员活动提出意见和建议，主管部门负责雇员活动的工作人员接收反馈意见并进行回复。

具体功能的测试流程如下：

(1) 雇员活动通知发布提交流程测试

- 提交员身份验证，测试用例参见人员权限管理测试用例。
- 提交员点击“提交雇员活动通知”的链接，是否可以进入雇员活动通知发布页面。
- 提交员填写相关的通知内容，进行合法性的检查，各项的测试用例详见统一测试用例。
- 单击“提交”按钮提交数据，是否可以将数据插入数据库中(通过 sqlplus 确认)。
- 单击“重置”按钮是否可以清除页面所有数据(测试用例详见统一测试用例)。
- 保存成功后是否显示操作成功信息，否则是否显示操作失败信息。

(2) 雇员活动通知审核流程测试

- 用户登录是否具有审核权限(测试用例详见人员权限测试用例)。
- 单击“审核雇员活动通知”链接是否可以进入雇员活动审核。

- 雇员活动通知列表是否进行了分页显示。
- 雇员活动通知列表如果某项出现很多字符,是否会导致整个页面的布局混乱。
- 雇员活动通知列表显示的是否完全,通过 sql-plus 进行查询确认。
- 雇员活动通知的详细信息页面,各项的测试用例见测试用例。本页确认操作(审核、取消、删除)的测试用例如表 11-16 所示。

表 11-16 雇员活动测试用例

测试实例描述	预期结果
1. 不选任何操作(审核、取消、删除)单击确认	提示要求选中操作
2. 选中审核,是否可发布该信息	可以发布信息
3. 选中删除,是否将该信息删除	删除该信息
4. 选中取消,是否将该条信息从页面删除	信息不再显示

(3) 网上预订申请、退订申请和申请确认状态查询流程

- 在雇员活动通知的详细信息页面进行预订申请时,系统是否进行了申请、是否过了截止日期、申请人数是否已满的判断,如果不符合条件的雇员是否提示不能完成申请,申请成功是否在此页面上会显示申请成功的状态信息。
- 如果管理员核准了雇员提出的申请,是否在页面上显示确认后的信息。
- "退订"按钮的测试用例如表 11-17 所示。

表 11-17 "退订"按钮的测试用例

测试实例描述	预期结果
1. 在活动开始前的任何时候提出退订申请	页面上显示退订状态信息
2. 在退订截止日期后提出退订申请	会收到提示信息

(4) 预订申请确认功能流程

- 预订申请确认页面对于大数据量是否使用了分页显示。
- 点击"门票统计"链接是否可以打开门票统计页面。
- 确认时判断是否过了活动举办日期,如果过期,确认操作终止,否则继续执行。
- 判断是否预订申请确认的人数超过了人数限制。如果超过,确认操作终止,否则继续执行。
- 保存确认状态信息,向申请者发送确认通知。

(5) 退订确认功能流程

- 对管理员身份进行验证(测试用例见人员权限管理)。
- 管理员在通过相应的链接能否进入退订确认页面——测试链接的正确性。
- 页面显示测试详见统一测试用例。
- 对退订确认是否进行了超过活动时间的判断。如果超过,确认操作是否被终止。
- 查询数据库,测试确认状态信息的记录是否被保存。
- 向被确认的申请者发送通知,测试客户端是否可接收到确认信息。

(6) 缺席情况记录流程

- 管理员登录网站,进入缺席记录界面。(详见统一测试用例)

- 记录缺席情况，检查数据库相应字段是否标记为缺席。
- 页面的复选框测试用例和确认操作测试用例详见统一测试用例。

(7) 网下预订和退订流程

- 管理员登录网站，进入网下预订、退订页面。(详见统一测试用例)
- 填写申请者的身份证和雇员号和其他信息，执行预订或退订操作。信息填写的测试用例详见统一测试用例。
- 如果系统未找到申请者的身份证和雇员号，是否按照预定进行了处理。
- 如果申请人数已满或不符合申请操作，系统是否会做出提示。
- 申请成功后系统是否保存相关信息，通过 sql-plus 进行查询。

(8) 各类信息统计查询流程

- 管理员登录网站，进入统计信息区。测试用例参见人员权限管理测试用例。
- 单击各统计内容选择链接，测试每个链接是否可打开。
- 柱状统计图显示是否破坏页面格式(特别是某一项统计值偏高时)。
- 对页面显示的数据统计值要在数据库中进行核对，判断显示的统计值是否真实可靠。
- 公司代码查询测试用例见统一测试用例。

(9) 反馈信息流程

此部分测试与意见投诉测试流程相同，具体测试参见意见投诉测试计划。

2. 信息发布测试内容

该单元所需测试的功能包括：

- 信息的录入、编辑、审核、删除。
- 将录入的信息分栏目发布于网站上，外部网络上所有浏览者都可以浏览这些公开信息。
- 对录入、编辑、审核(审核、编辑权限包括删除权限)几种权限进行管理。
- 对这三类信息进行分栏目、分区域显示，同时可以分栏目进行录入、编辑、审核、删除。

具体功能的测试流程如下：

(1) 录入流程测试

- 身份验证：测试用例见人员权限管理测试用例。
- 单击个人工作区中的“信息管理”链接是否可以进入信息管理页面。
- 页面显示的所有栏目与网站现有的栏目是否吻合，是否出现多出栏目或者缺少栏目的现象。
- 如果录入人员没有编辑权限，那么单击“编辑”链接是否弹出窗口，告诉工作人员无编辑权限。
- 如果录入人员有编辑权限，那么单击“编辑”链接是否可以进入编辑页面。
- 单击“录入”链接是否可以进入录入页面。
- 录入信息主要包括标题、副标题、信息正文内容(测试用例见统一测试用例)。图片链接测试用例如表 11-18 所示。

表 11-18　图片链接测试用例

图片链接测试实例描述	预期结果
1. 不输入任何字符，是否有提示信息	提示输入字符
2. 超过标题字数范围，是否有提示信息	提示字数越界
3. 正常输入数据	提交数据入库
4. 输入的链接地址是否有效，是否确有该图片	对文件进行判断
5. 图片是否确实上传，数据提交后进行真实性判断	页面显示该图片

- 同时录入页面下方还包括预览、添加、重置等三个按钮。“添加”按钮测试用例如表 11-19 所示。

表 11-19　“添加”按钮测试用例

“添加”按钮测试实例描述	预期结果
1. 单击“添加”按钮，系统是否响应	响应鼠标事件
2. 通过 SQL 语句在数据库中查询此信息是否真实插入	真实完全
3. 是否处于待审核状态	处于待审核状态

“预览”按钮、“重置”按钮测试用例见统一测试用例。

- 录入结束后，是否有返回个人工作区的链接；是否有再次录入的链接。

(2) 审核流程测试

- 身份验证：测试用例见人员权限管理测试用例。
- 单击个人工作区中的“信息审核”链接是否可以进入信息管理页面。
- 按标题、按栏目、按工作人员进行的排序是否正常，是否符合数据库中的资料的查询。
- 各栏目显示是否正常，是否因为某一栏目出现多字现象而导致数据列表的混乱。
- 从数据库中提出的数据是否不包含已发布的数据。
- 单击“审核”链接，是否可以正确进入审核页面。
- 对“删除”按钮的测试用例见统一测试用例。
- 需要更改的数据：录入信息主要包括标题、副标题、信息正文内容、图片链接 4 个输入区。
- 审核意见测试用例见统一测试用例。

“同意”按钮测试用例如表 11-20 所示。

表 11-20　“同意”按钮测试用例

“同意”按钮测试实例描述	预期结果
1. 单击“同意”按钮是否有响应	响应
2. 单击“同意”按钮信息是否发布	信息发布

“不同意”按钮测试用例如表 11-21 所示。

表 11-21　“不同意”按钮测试用例

“不同意”按钮测试实例描述	预期结果
1. 单击“不同意”按钮是否有响应	响应
2. 单击“不同意”按钮信息是否返回编辑人员	信息返回
3. 单击“不同意”按钮信息是进入待编辑状态	信息进入待编辑状态

- “删除”按钮测试：见统一测试用例。
- “返回”按钮测试：单击“返回”按钮是否返回上一级审核页面。

(3) 信息管理流程测试

此部分的测试过程及测试用例与单元录入流程的测试基本一致，具体可参照本单元录入流程测试部分。重复之处在此不再赘述。

(4) 信息栏目管理流程测试

信息栏目管理指对信息的两级栏目进行管理，包括删除、修改、增加等内容。

- 身份验证：测试用例见人员权限管理测试用例。
- 单击个人工作区中的“信息栏目管理”链接是否可以进入信息栏目管理页面。
- 各栏目显示是否正常，是否因为某一栏目出现多字现象而导致数据列表的混乱。
- 标题测试用例：见统一测试用例。
- 栏目描述测试用例：见统一测试用例。
- “添加”按钮测试用例如表 11-22 所示。

表 11-22　“添加”按钮测试用例

“添加”按钮测试实例描述	预期结果
1. 单击按钮是否有响应	响应
2. 是否产生了新的栏目	产生新的栏目
3. 在数据库中确认，是否有新的数据插入	有新数据插入

- “更新”按钮测试用例如表 11-23 所示。

表 11-23　“更新”按钮测试用例

“更新”按钮测试实例描述	预期结果
1. 单击按钮是否有响应	响应
2. 对标题或栏目描述为空的时候，是否有信息提示	提示栏目不能为空
3. 在数据库中检查是否更新了数据	有数据更新

- “删除”按钮测试用例如表 11-24 所示。

表 11-24　“删除”按钮测试用例

“删除”按钮测试实例描述	预期结果
1. 单击按钮是否有响应	响应
2. 是否删除了栏目	删除栏目
3. 如果删除的为主栏目，是否有确认信息	有确认信息
4. 如果删除的为主栏目，是否同时删除了各子栏目	删除子栏目
5. 如果删除的为子栏目，是否有确认信息	有确认信息

• 链接测试：管理结束后，是否有返回个人工作区的链接；是否有再次维护的链接。

本章小结

系统实现包括编码和测试两个阶段。编码使用的语言，特别是编程风格会对程序质量有较大影响，此外，程序内部的文档资料、规范的数据说明和简洁清晰的语句都可改进程序的可维护性。测试作为保证系统质量的主要手段，主要任务是发现并改正软件中的错误。从测试方法上来看，主要包含白盒测试和黑盒测试两种方法。从测试步骤上来看，需要经过模块测试、集成测试、系统测试、回归测试、确认测试等系统。系统实现还包括数据库的安装，系统转换等。系统正式上线后，进入到运行和维护阶段，要进行系统的维护、恢复、技术支持等工作。

思考与练习

1. 结构化程序设计的一种基本方法是________。
   A. 筛选法　B. 递归法　C. 归纳法　D. 逐步求精法
2. 程序三种基本结构的共同特点是________。
   A. 不能嵌套使用　B. 只能用来写简单程序
   C. 已经用硬件实现　D. 只有一个入口和一个出口
3. 软件测试的目的是________。
   A. 试验性运行软件　B. 发现软件错误
   C. 证明软件正确　D. 找出软件中的全部错误
4. 调试应该由________完成。
   A. 与源程序无关的程序员　B. 编制该源程序的程序员
   C. 不了解软件设计的机构　D. 设计该软件的机构
5. 与设计测试用例无关的文档是________。
   A. 项目开发计划　B. 需求规格说明书　C. 设计说明书　D. 源程序
6. 软件测试用例主要由输入数据和________两部分组成。
   A. 测试计划　B. 测试规则
   C. 预期输出结果　D. 以往测试记录分析
7. 成功的测试是指运行测试用例后________。
   A. 未发现程序错误　B. 发现程序错误
   C. 证明程序正确性　D. 改正程序错误
8. 下列几种逻辑覆盖标准中，查错能力最强的是________。
   A. 语句覆盖　B. 判定覆盖
   C. 条件覆盖　D. 条件组合覆盖
9. 在黑盒测试中，着重检查输入条件组合的方法是________。
   A. 等价类划分法　B. 边界值分析法　C. 错误推测法　D. 因果图法

10. 单元测试主要针对模块的几个基本特征进行测试，该阶段不能完成的测试是________。

A. 系统功能　B. 局部数据结构　C. 重要的执行路径　D. 错误处理

11. 软件测试过程中的集成测试主要是为了发现________阶段的错误。

A. 需求分析　B. 概要设计　C. 详细设计　D. 编码

12. 不属于白盒测试的技术是________。

A. 路径覆盖　B. 判定覆盖　C. 循环覆盖　D. 边界值分析

13. 集成测试时，能较早发现高层模块接口错误的测试方法为________。

A. 自顶向下渐增式测试　B. 自底向上渐增式测试
C. 非渐增式测试　D. 系统测试

14. 确认测试以________文档作为测试的基础。

A. 需求规格说明书　B. 设计说明书　C. 源程序　D. 开发计划

15. 使用白盒测试方法时，确定测试数据应根据________和指定的覆盖标准。

A. 程序内部逻辑　B. 程序的复杂度　C. 使用说明书　D. 程序的功能

16. 程序的三种基本结构是________。

A. 过程、子程序、分程序　B. 顺序、选择、循环
C. 递归、堆栈、队列　D. 调用、返回、转移

17. 为了提高软件测试的效率，应该________。

A. 随机地选取测试数据
B. 取一切可能的输入数据作为测试数据
C. 在完成编码以后制定软件的测试计划
D. 选择发现错误可能性最大的数据作为测试用例

18. 软件测试中白盒法是通过分析程序的________来设计测试用例的。

A. 应用范围　B. 内部逻辑　C. 功能　D. 输入数据

19. 软件调试的目的是________。

A. 找出错误所在并改正　B. 排除存在错误的可能性
C. 对错误性质进行分类　D. 统计出错的次数

20. 黑盒法是根据程序的________来设计测试用例的。

A. 应用范围　B. 内部逻辑　C. 功能　D. 输入数据

21. 下面说法正确的是________。

A. 经过测试没有发现错误说明程序正确
B. 测试的目标是为了证明程序没有错误
C. 成功的测试是发现了迄今尚未发现的错误的测试
D. 成功的测试是没有发现错误的测试

22. 覆盖准则最强的是________。

A. 语句覆盖　B. 判定覆盖　C. 条件覆盖　D. 路径覆盖

23. 发现错误能力最弱的是________。

A. 语句覆盖　B. 判定覆盖　C. 条件覆盖　D. 路径覆盖

24. 实际的逻辑覆盖测试中，一般以________为主设计测试用例。

A. 条件覆盖　B. 判定覆盖　C. 条件组合覆盖　D. 路径覆盖

25. 下面________方法能够有效地检测输入条件的各种组合可能引起的错误。

A. 等价类划分　B. 边界值分析　C. 错误推测　D. 因果图

26. 与确认测试阶段有关的文档是________。

A. 需求规格说明书　B. 概要设计说明书

C. 详细设计说明书　D. 源程序

27. 超出软件工程范围的测试是________。

A. 单元测试　B. 集成测试　C. 确认测试　D. 系统测试

28. 软件测试不需要了解软件设计的________。

A. 功能　B. 内部结构　C. 处理过程　D. 条件

29. ________方法需要考察模块间的接口和各模块之间的联系。

A. 单元测试　B. 集成测试　C. 确认测试　D. 系统测试

第12章 面向对象开发概述

学习目标

通过本章学习，要求掌握：

- 面向对象的基本思想。
- 类与对象、消息、属性、操作以及封装、继承、多态等基本概念。
- 面向对象开发的几种主要方法。

12.1 面向对象相关概念

面向对象的基本思想是：客观世界由对象组成，任何事物都是对象，任何复杂对象都可以由简单对象以某种方式组合而成。把所有对象都划分成各种对象类，每个对象类定义了一组数据和方法。类中数据表示对象静态属性，是对象的状态信息；类中方法表示对象动态属性，是允许施加在该类对象上的操作；类中的方法是该类所有对象共享的，不需要为每个对象都复制操作代码。按照子类（派生类）和父类（基类）的关系，把若干对象组成一个层次结构的系统。对象间仅能通过传递消息互相联系。

12.1.1 实体与对象

从用户的角度来看，对象是一种具有某种属性和服务行为的事物。对象既可以是具体的物理实体的抽象，也可以是人为的概念，或是任何有明确边界和意义的东西。从软件开发人员角度来看，对象是一种将数据和处理这些数据的操作合并在一起的程序单元。如图 12.1 所示。

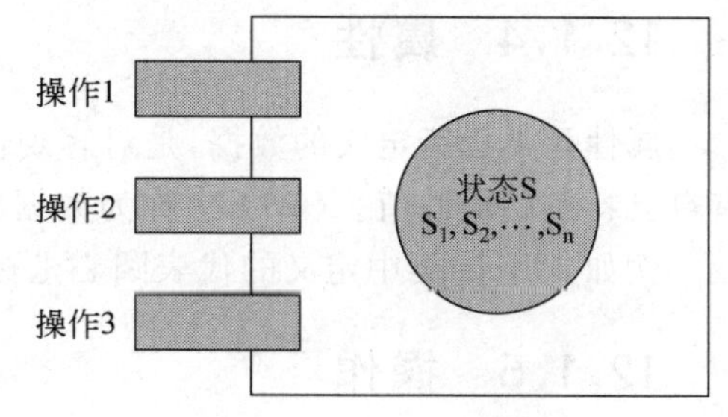

图 12.1 实体与对象

对象具有如下特点：

(1) 以数据为中心。操作围绕对其数据所需要的处理来设置，不设置与这些数据无关的操作，而且操作结果与当时所处状态（数据值）有关。

(2) 对象是主动的。对象是进行处理的主体，不能从外部直接处理对象的私有数据，而必须通过它的共有接口向对象发消息,请求它执行某个操作,处理它的私有数据。

(3) 实现了数据封装。对象的私有数据完全被封装,对外隐藏。对私有数据的访问只需要知道数据取值范围和可以施加的操作,而无法知道数据的具体结构和实现操作的算法。

(4) 本质上具有并行性。不同对象各自独立地处理自身数据,彼此通过发消息完成通信,本质上有并行工作的属性。

(5) 模块独立性好。对象以数据为中心,操作围绕对其数据所需的处理设置,没有无关操作,内聚性强;完成对象功能所需的数据和方法封装在对象内部,与外界联系少,耦合性松。

12.1.2 类与对象

类是某些对象共同特征的表示。类是创建对象的模板,对象是类的实例。类描述对象的属性名及类型、对象方法的实现途径,类的所有实例(对象)具有相同的属性名称及类型、相同的方法、相同的消息响应方式。

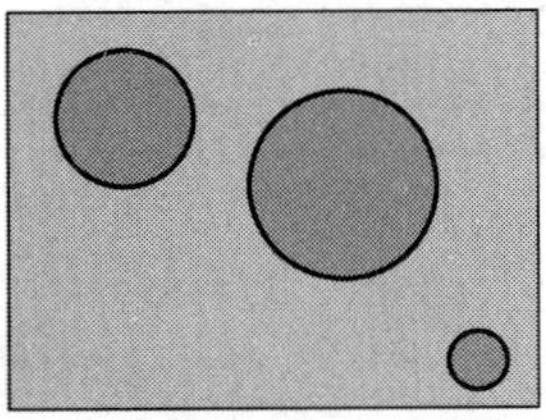

例如:三个圆心位置、半径大小和颜色不同的圆,是三个不同对象,但都有相同数据(圆心坐标、半径、颜色)和相同操作(显示自己、在屏幕上移动、放大缩小半径等),因此是同一类事物,可以定义为 Circle 类。如图 12.2 所示。

图 12.2 Circle 类示例

注意: 对象可以指某个具体对象,也可以泛指一般对象。当用到实例时,必然指一个具体对象。例如:圆心位于(1,1),半径为 3,颜色为粉色的圆就是 Circle 类中的某个对象。

12.1.3 消息

消息是要求某个对象执行类中所定义的某个操作的规格说明。消息由 3 个部分组成:接收消息的对象;消息选择符(消息名);零个或者多个参数。

例如:MyCircle 是一个半径 4 厘米,圆心位于(100,200)的 Circle 类的对象,也就是 Circle 类对象的一个实例。当要求它以绿色在屏幕上显示自己时,则应该发送下列消息:

```
MyCircle.Show(GREEN)
```

其中:MyCircle 是接收消息的对象名称;Show 是消息名;括号内的 GREEN 是消息的参数。

12.1.4 属性

属性是类中所定义的数据,是对客观世界实体所具有的性质的抽象。类的每个实例都有自己特有的属性值。(C++ 中称为数据成员)

例如,Circle 类中定义的代表圆心坐标、半径、颜色等的数据成员,就是圆的属性。

12.1.5 操作

操作(operation)是由类的所有实例提供的一个功能或服务。只有通过这些操作,其他对象才能够获得或处理存在一个对象中的信息。因此，操作为类提供了一个外部界面；该界面呈现了类的外部视图，而没有显示它的内部结构或其操作是怎样实施的。这种对外部视图隐藏对象内部实施细节的技术被称为封装(encapsulation)，或信息隐藏(Booch，1994；Rumbaugh 等，1991)。因此，当在界面中提供类的所有实例的共同行为的抽象时，将类的结构和渴望得到的内部行为封装在类里面。类中操作的实现过程叫做方法，一个方法有方法名、参数、方法体。方法描述了对象执行操作的算法(C++ 中称为成员函数)。

例如："学生"类有一个操作"绩点计算"，该操作为"学生"类提供了一个外部界面，而没有显示绩点操作是怎样计算的。

根据客户要求的服务种类，操作可以被分为三种类型：创建、查询和更新(UML Notation Guide，1997)。构造函数操作(constructor operation)创造类的一个新实例。例如，在"学生"中可能有一个操作叫做创建学生(create-student)，该操作创建一个新学生以及他的初始状态。所有的类都可以拥有这样的构造函数操作，因此并没有在类图中明确的显示。

查询操作(query operation)是一个没有副作用的操作；它访问对象的状态，但是并不改变状态(Fowler，2000；Rumbaugh 等，1991)。例如，"学生"类可以有一个叫做"获取年级"(get-year)的操作(没有显示)，该操作仅仅找回查询中"学生"对象的年级(大一、大二、大三或大四)。

更新操作(update operation)有副作用，它改变了对象的状态。例如，"学生"的一个叫做"学生进级"(promote-student)的操作(没有显示)。这个操作通过修改对象"学生"的状态(年级属性的值)，使学生进入一个新的年级，例如从大三到大四。另一个更新操作的例子是(课程)"注册(register-for)"。当调用这个操作的时候，它在"学生"对象和另一个特定"课程"(course)对象之间建立了一个连接。注意，在作为明确实参的目标对象"学生"之外，该操作还有一个明确的实参叫做"课程"，它指明了学生想要注册的课程是哪个。明确的实参显示于圆括号中。

范围操作(scope operation)是一个应用于类而不是对象实例的操作。例如，Student 类的"平均绩点(avg-gpa)"计算了所有学生绩点的均值(在这个操作的名称下面加下划线，以显示这是一个范围操作)。

12.2　面向对象的特性

12.2.1　封装

封装是指对象实现信息隐藏，对外界隐藏了对象的实现细节。使用对象时，只需要知道它向外界提供的接口形式，无法知道它的数据结构细节和实现操作的算法。

对象具有封装性的条件如下：有一个清晰边界，所有私有数据和实现操作的代码都封装在这个边界内，从外部看不见，也不能直接访问。有确定的接口(即协议)。这些接口就是对象可以接收的消息，只能通过向消息发送消息来使用它，在受保护的内部实现。实现对象功能的细节(私有数据和代码)不能够在定义该对象的类的范围外访问。

12.2.2 继承

继承是指能够直接获得已有的特征和性质，而不必重复定义它们。面向对象的软件技术中，继承是指子类自动地共享基类中定义的数据和方法的机制。属于某个类的对象除了具有该类所描述的性质外，还具有类等级中该类上层全部基类描述的一切性质。假设有 A，B 两个类，B 是 A 的子类；则 B 类创建实例 b1 时，b1 所能执行的操作既有 B 类中定义的方法，又有 A 类中定义的方法。举例说明如图 12.3 所示，“教职工”继承了“人员”的属性和方法，因此教职工既继承了“人员”的“进校”和“离校”方法，也能执行自身的“挣工资”方法。

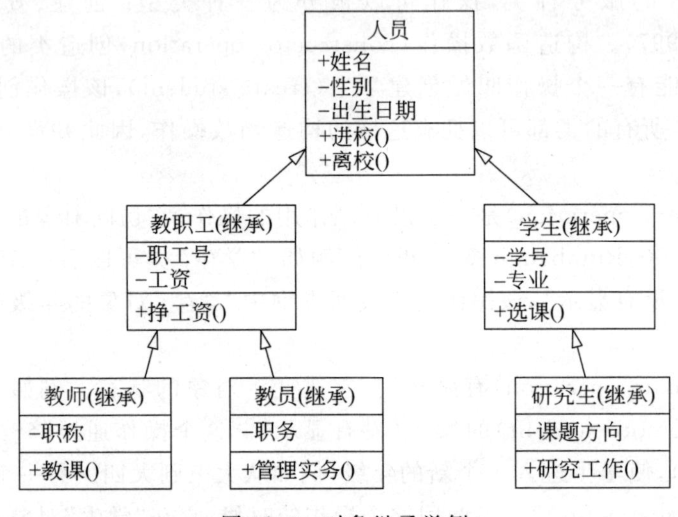

图 12.3 对象继承举例

继承性具有传递性。单继承是指一个类只有一个父类；多重继承是指一个类有多个父类。

12.2.3 多态性

在面向对象软件技术中，多态性指子类对象可以像父类对象那样使用，同样的消息既可以发送给父类对象也可以发送给子类对象。类等级的不同层次可以共享一个行为(方法)的名字，而不同层次的各个类按照自己的需要来实现这个行为。当对象接收到发给它的消息时，根据该对象所属于的类动态选用在该类中定义的实现算法。

12.3 面向对象开发的主要方法

12.3.1 Booch 的 OOD 方法

1986 年，Booch 最先描述了面向对象软件开发方法的基础问题，提出了面向对象开发是一种根本不同于传统的功能分解的设计方法。Booch 方法是以设计作为开发重点的代表性方法，把工作集中在开发过程的设计阶段。整个开发工作分为微观过程和宏观过程。微观过程用于建立一个反复递增的开发框架，宏观过程则用于对微观过程进行控制。

微观过程包括 4 个循环步骤：

(1) 确定类和对象。识别问题空间中关键的抽象以及产生动态行为的重要机制。

(2) 确定这些对象和类的语义，建立类和对象的含义。

(3) 确定这些类和对象之间的关系。确定类的行为(方法)，确定类和对象之间的相互作用(即行为的规范描述)，利用状态转移图描述对象状态(对象的时态约束)，利用对象图(对象间相互作用)描述行为模型。

(4) 实现类和对象。选择编程语言实现。

宏观过程包括 5 个步骤：

(1) 概念化、建立核心需求。

(2) 分析和建立理想的行为模型。

(3) 设计并创建体系结构。

(4) 细化并完善和实现模型。

(5) 维护、管理并提交模型。

Booch 方法的力量在于其丰富的图技术，包括：

- 类图(类结构-静态视图)
- 对象图(对象结构-静态视图)
- 状态转移图(类结构-动态视图)
- 时态图(对象结构-动态视图)
- 模块图(模块体系结构)
- 进程图(进程体系结构)

Booch 方法比较适合于系统的设计和构造。

12.3.2 Coad/Yourdon 的 OOA-OOD 方法

1990 年，Peter Coad 和 Edward Yourdon 提出了 OOA-OOD 方法，系统介绍 OOA 和 OOD 两个部分，Coad/Yourdon 方法严格区分了面向对象分析 OOA 和面向对象设计 OOD。利用 5 个层次和活动定义和记录系统行为，输入和输出。面向对象分析阶段需要建立问题域的五层模型，由类及对象图表示。如图 12.4 所示。

主题层
类和对象层
结构层
属性层
服务层

图 12.4 五层模型体系

建立五层模型的基本步骤如下：

(1) 确定类及对象，建立类和对象层。

(2) 确定继承与合成结构，建立结构层。

(3) 将相似的类和对象归纳为同一主题，建立主题层。

(4) 确定对象的属性，建立属性层。

(5) 定义服务(方法)，确定每个服务和消息连接，建立服务层。

面向对象设计阶段主要对 OOA 分析结果作进一步规范化整理，以便能够被 OOP 接收。主要任务如下：

(1) 对象定义规格的求精过程。根据面向对象的概念分析模型进行修改和删除；分类整理,便于数据库设计和程序处理模块设计的需要。

(2) 数据模型与数据库设计。需要确定类、对象属性的内容,消息连接方法,系统访问,数据模型方法等。最后每个对象实例的数据都必须落在面向对象的库结构模型中。

(3) 优化。对象和结构的优化、抽象和集成。

12.3.3 Rumbaugh 的 OMT 方法

1991 年,Jim Rumbaugh 等人提出了 OMT 方法。该方法在实体-关系模型基础上扩展了类、继承和行为,是以分析为重点的代表性方法。该方法强调对系统和相关问题的理解,从三个视角描述系统并建立模型:

(1) 对象模型(信息结构图),描述对象的静态结构和它们之间的关系,主要概念包括类、属性、操作、继承、关联、聚合。

(2) 动态模型(状态转换图),描述系统随时间变化的方面,主要概念包括状态、子状态和超状态、事件、行为、活动。

(3) 功能模型(数据流图),描述系统所有的计算方法——对象操作的含义,主要概念包括加工、数据存储、数据流、控制流、角色。

该方法将开发过程分为 4 个阶段:

(1) 系统分析。基于问题和用户需求的描述,建立现实世界的模型。问题描述主要采纳三个模型:

- 对象模型=信息结构图+数据词典
- 动态模型=状态转换图+全局事件流图
- 功能模型=数据流图+约束

(2) 系统设计。结合问题域的知识和目标系统的体系结构(求解域),将目标系统分解为子系统。

(3) 对象设计。基于分析模型和求解域中的体系结构等添加实现细节,完成系统设计。系统设计负责划分子系统,确定体系结构;对象设计将实现细节加入到设计模型中去。主要产物包括细化的对象模型、细化的动态模型和细化的功能模型。

(4) 实现。将设计转换为特定的编程语言或硬件,同时保持可追踪性、灵活性和可扩展性。

12.3.4 Jacoson 方法

1994 年,Jacobson 方法提出面向对象软件工程(OOSE)方法,该方法是以用例驱动为特点的面向对象软件工程方法,它涉及整个软件生命周期,包括需求分析、设计、实现和测试 4 个阶段。该方法首先从组成系统的实际操作入手,分析系统如何使用,强调系统使用时与各种不同类型的用户交互,建立用例模型;再以用例模型为核心构造其他模型,包括问题域模型、分析模型、设计模型、实现模型和测试模型。用例模型是从用户角度详细描述使用系统的每种方式,并作为主线贯穿于整个开发过程,在各阶段起主导作用。OOSE 方法比较适合支持商业工程设计和需求分析。

该方法将开发过程分为以下 4 个阶段:

（1）需求分析阶段主要确定问题域中的对象和关系，基于需求规范说明和角色的需要发现用例，详细描述用例。

（2）设计阶段从需求分析模型中发现设计对象，从用例描述中发现设计对象，并描述对象的属性、行为和关联，针对实现环境调整设计模型。

（3）实现阶段的模型依据具体化的设计来实现用例模型。

（4）测试阶段用来测试具体化的用例模型。

12.3.5　各种方法的集成

上述各种面向对象的开发方法都支持三种基本的活动：识别对象和类；描述对象和类之间的关系；通过描述每个类的功能定义对象的行为。只是每一种方法都有其应用背景和侧重点，它们按照各自的表示法系统，被引入到学术领域或者产品市场。

Coad/Yourdon 的 OOA-OOD 方法是在信息模型化、面向对象的程序设计语言和基于知识的系统的基础上建立的，主要工具是类与对象图、对象状态图和服务图。

Grady Booch 在 Rational 软件公司开发 Ada 系统时开发了许多构件(Component)，并以此由底向上构筑大型软件系统，即 Booch91 方法，Booch91 则在设计领域较强，在分析领域较弱。

Jacobson 的 OOSE 方法有很强的行为能力，适合于实时系统，但其他方面较弱。

Rumbaugh 的 OMT 方法，通过面向对象的三种模型：对象模型、动态模型和功能模型，从不同角度对系统进行描述。OMT 在分析方面较强，在设计领域较弱。

20 世纪 90 年代中期，为使自己的方法学更全面地支持 OO 软件开发，各种方法开始交叠。例如，Booch93 用了许多 Rumbaugh 和 Jacobson 等人提倡的分析技术；Rumbaugh 的 OMT-2 也采用了许多 Booch 好的设计技术；但它们仍沿用各自的表示法系统，众多不同的表示法的使用带来了市场的混乱。例如，一个实心圆在 OMT 是多态的标识，在 Booch 则是聚集的符号。不同对象建模技术也限制了模型重用性。开发人员需要学习不同的对象建模技术，阻碍了团队和用户之间的沟通。

1994 年任职于 Rational 公司的 Grady Booch，首先联合 Jim Rumbaugh 加盟 Rational 软件公司，开始了统一 OO 方法学和工具的历程。开始开发融合 Booch 和 OMT 方法的 UML。1995 年 10 月 UML0.8 发布。1995 年秋，Ivar Jacobson 加盟 Rational，UML 中加入了 OOSE 方法，使其有可能最集中地包容当今最适用的各种 OO 方法。1996 年，几家公司将 UML 作为他们的商业战略。Rational 与愿意共同努力完成 UML1.0 定义的公司，建立了 UML 加盟者协会。1997 年 1 月，它们的合作产生了 UML 1.0。这些关于模型交互的方法标准建议主要集中在元模型和可选择的表示法上。1997 年 9 月再次修订后为 UML1.1，并被批准成为面向对象开发的行业标准语言。

UML 是面向对象开发中一种通用的、统一的、图形模型语言，是近代软件工程环境上对象分析和设计的重要工具。用户采用 UML 提供的视图元素构件可以设计、表达出复杂的面向对象软件的体系结构。UML 采用面向对象机制表达其本身的语法和语义，统一的表示法体系可以支持任何基于 OO 的方法学。

本章小结

本章重点介绍面向对象开发的基本概念、特性和主要开发方法。面向对象开发方法比较自然地模拟了人类认识客观世界的思维方式，它所追求的目标就是使描述问题的问题空间和计算机中解决问题的解空间，在结构上尽可能一致。面向对象方法认为，客观世界由对象组成。系统中的每个对象属于特定的对象类，类是具有相同属性和行为的一组对象，具有继承、封装和多态性的特性。面向对象的主要开发方法包括：Grady Booch 的 Booch 方法，Coad/Yourdon 的 OOA-OOD 方法，Rumbaugh 的 OMT 方法，Ivar Jacobson 的 OOSE 方法，在实际系统开发的实践中，可以综合运用。

思考与练习

1. 面向对象方法有哪些主要特点？
2. OOA 主要遵循哪些原则？
3. 面向对象开发方法主要有几种？
4. 下列关于面向对象的分析与设计的描述，正确的是________。
   A. 面向对象设计描述软件要做什么
   B. 面向对象分析不需要考虑技术和实现层面的细节
   C. 面向对象分析的输入是面向对象设计的结果
   D. 面向对象设计的结果是简单的分析模型
5. 封装是把对象的________结合在一起，组成一个独立的对象。
   A. 属性和操作　B. 信息流　C. 消息和事件　D. 数据的集合
6. 面向对象方法中的________机制使子类可以自动拥有（复制）父类的全部属性和操作。
   A. 约束　B. 对象映射　C. 信息隐蔽　D. 继承
7. 使得在多个类中能够定义同一个操作或属性名，并在每一个类中有不同的实现的一种方法是________。
   A. 继承　B. 多态性　C. 约束　D. 接口
8. 通常对象有很多属性，但对于外部对象来说某些属性应该不能被直接访问，下面不是 UML 中的类成员访问限定性的是________。
   A. public　B. protected　C. private　D. friendly

第13章 UML

学习目标

通过本章学习，要求掌握：

- UML 的基本概念、特点及其构成。
- UML 中的各种图，熟悉各种图的含义、应用场合、表示方法等。

信息系统往往比较复杂，涉及系统的许多方面，单纯采用一幅图形很难完全反映出系统中需要的所有信息。要想完整地描述系统，通常的做法是用一组视图反映系统的各个方面，每个视图显示这个系统中的一个特定的方面，每个视图由一组图构成，图中包含强调系统中某一方面的信息。这样，既可以全面地描述系统，同时也利于就每个视图进行更为详细的理解和交流。

统一建模语言（Unified Modeling Language，UML）为人们提供了从不同的角度去观察和展示系统的各种特征的一种标准表达方式。在 UML 中，从任何一个角度对系统所作的抽象都可能需要用几种模型图来描述，而这些来自不同角度的模型图最终组成了系统的完整模型。

13.1 UML 概述

13.1.1 UML 的概念和特点

UML 是一种通用的建模语言，具有创建系统的静态结构和动态行为等多种结构模型的能力。它可以用于软件开发建模的各个阶段，也可以用于其他类型的系统。UML 语言本身并不复杂，也不很专业化，它具有可扩展性和通用性，适合为各种多变的系统建模。

UML 由 OMG 于 1997 年 11 月批准为标准建模语言。UML 建立在当今国际上最有代表性的三种面向对象方法（Booch 方法、OMT 方法和 OOSE 方法）的基础之上。

在理解 UML 时，需要注意以下几点：

- UML 不是可视化程序设计语言，而是标准的图形化建模语言；
- 不是工具或知识库的规格说明，而是建模语言规格说明；
- 不是过程，也不是方法；但允许任何一种过程或者方法使用它；
- 与具体实现无关，可应用于任何语言平台和工具平台；

• 与具体过程无关,可应用于任何软件开发过程。

13.1.2 UML的构成

UML由视图(View)、图(Diagrams)、模型元素(Model Elements)和通用机制(General Mechanism)等几个部分构成。

1. UML的视图[①]

视图用来表示被建模系统的各个方面,从不同的目的出发,为系统建立多个模型,这些模型都反映同一个系统,且具有一致性。表示如果要为系统建立一个完整的模型图,只需定义一定数量的视图,每个视图代表完整系统描述的一个抽象,显示系统一个特定方面,每个视图由一组图构成。UML提供5种视图来展示系统在开发过程的不同阶段的模型,这5种视图作为5个视角,从不同侧面展现软件,使人们对系统有一个全面的把握。UML视图如图13.1所示。

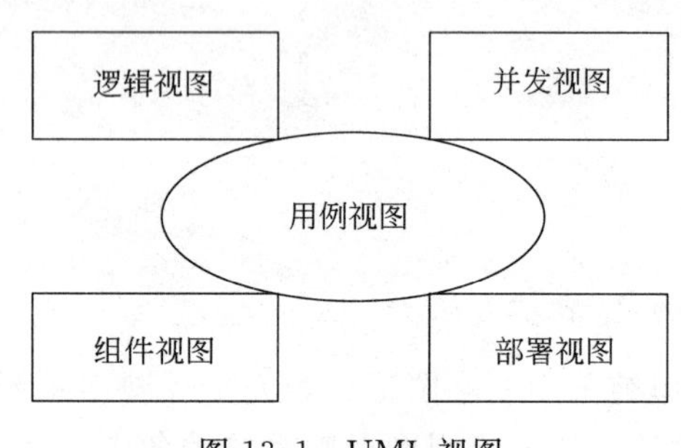

图13.1 UML视图

用例视图(Use Case View),强调从用户的角度看到的或需要的系统功能,是被称为参与者的外部用户所能观察到的系统功能的模型图。用例视图是系统中与实现无关的视图,关注系统的高层形状而非具体实现方法。

逻辑视图(Logical View),展现系统的静态或结构组成及特征,也称为结构模型视图(Structural Model View)或静态视图(Static View)。关注如何实现用例中提出的功能。它提供系统的详细图形,描述组件间如何关联。在这个视图中,要标示系统组件、检查系统的信息和功能,检查组件之间的关系,确定可以重复使用的类和包。主要包括包图、类图和对象图。

并发视图(Concurrent View),体现了系统的动态或行为特征,也称为行为模型视图(Behavioral Model View)、动态视图(Dynamic View)。其中,顺序图(Sequence Diagram)按时间顺序描述系统元素间的交互;协作图(Collaboration Diagram)按照时间和空间顺序;状态图(State Diagram)描述系统元素的状态条件和响应;活动图(Activity Diagram)描述系统元素活动。

组件视图(Component View),体现了系统实现的结构和行为特征,也称为实现模型视图(Implementation Model View)。包含模型代码库、执行文件、运行库和其他组件的信息。

部署视图(Deployment View),体现了系统实现环境的结构和行为特征,也称为环境模型视图(Environment Model View)或物理视图(Physical View)。关注系统的实际部署,处理容错、网络带宽、故障恢复与响应时间。

2. UML中的模型元素

UML语言定义多种不同的图的类型,把它们有机地结合起来就可以描述系统的所有

① 原文出处:http://www.wangchao.net.cn/bbsdetail_55332.html.

视图。模型元素代表面向对象中的类、对象、消息和关系等概念，是构成图的最基本的常用概念。一个模型元素可以用在多个不同的图中，无论怎样使用，它总是具有相同的含义和相同的符号表示。

UML 中的模型元素主要包括以下几种，如表 13-1 所示。模型元素也称为类元，拥有身份、状态、行为和关系。有些类元包括类、接口和数据类型。其他几种类元是行为概念、环境事务、执行结构的具体化。这些类元中包括用例、参与者、构件、节点和子系统。

表 13-1 类元功能及表示

类元	功　能	表 示 法
参与者	系统的外部用户	
类和对象	模型系统中的概念	类 / 属性 / 操作　　对象 / 属性 / 操作
状态	显示概念所处的状态	
构件	系统的一个物理组成单元	
接口	在没有给出对象实现状况下的行为描述，接口包含操作但不包含属性，并且没有对外界可见的关联。一个或多个类或构件可以实现一个接口，并且每个类都可以实现接口中的操作	
节点	计算资源	
子系统	作为具有规范、实现和身份的包	
用例	描述与外部参与者交互的实体行为	
注释	对属性和操作等进行的解释说明	

类元之间的关系有关联、泛化、依赖和使用等，如表 13-2 所示。

3. UML 中的图

UML 共定义了 5 类 10 种图(Diagram)，如表 13-3 所示。第一类是用例视图；第二类是逻辑视图，包括类图、对象图和包图。包图由包和类组成，描述系统的分层结构，不是一种独立的模型图。第三类是行为图，包括活动图和状态图；第四类是交互图，包括协作图和顺序图；第五类是实现图，包括组件图和部署图。

表 13-2 类元之间关系的功能及表示

关系	功能	表示法
关联	类实例之间连接的描述	———
依赖	将行为和实现与影响其他类的类联系起来。包括实现关系、跟踪关系、精化关系、绑定关系、使用关系等	- - - - ->
泛化	子类和父类之间的继承关系，允许不同的类元分享属性、操作和它们共有的关系，而不用重复说明	———▷
实现	将说明与实现联系起来	- - - - -▷
使用	一个元素需要别的元素提供适当功能的情况，通常表示具体实现关系，如代码层实现关系	- - - - ->
聚合		———◇

表 13-3 UML 中的各种图

视图	图形	视图	图形
用例视图	用例图	组件视图	组件图
逻辑视图	类图 对象图 包图	部署视图	部署图 活动图
并发视图	状态图 活动图	实现图	组件图 部署图

4. UML 中的通用机制

通用机制用于表示其他信息，比如注释模型元素的语义等。另外它还提供扩展机制使 UML 语言能够适应一个特殊的方法或过程或扩充至一个组织或用户。

UML 中有三个机制能够帮助用户对模型进行扩展。这就是构造型(sterotype)、约束和标签值。

(1) 构造型。构造型也称为版型，使用双尖括号括起来的字符串，用于扩展 UML 元素，扩展后的元素就变成一个新的元素。构造型增加了灵活性，它可以通过已有的 UML 元素建立新的 UML 元素，新建的 UML 元素能够捕捉自己的系统或领域的某方面特征，而使用标准 UML 元素无法表达这种特征。

除用户自己创建构造型之外，UML 提供了一组现成的构造型①，如表 13-4 所示。

(2) 约束。约束为 UML 模型元素提供条件和限制。可以采用任何格式说明约束，只需要把约束写入到一个大括号中就可以。例如，如果一个类拥有一个 velocity 的属性，可以使用约束{velocity cannot exceed the speed of light}。

(3) 标签值。标签值用来显示定义一个属性。也写在大括号中，由一个标记和一个值组成，标记代表着要定义的属性。例如，可以把{location＝nodeName}附加到一个构件上，其中，nodeName 表示构件所驻留的节点。

---

① 引自 Joseph Schmuller 著. UML 基础、案例与应用. 第 3 版. 李虎，赵龙刚译. 北京：人民邮电出版社. 2004.

表 13-4 UML 构造型

构 造 型	说 明
≪import≫	构造型向客户的命名空间中添加了供应者的内容
≪send≫	一个类向另一个类发送一个信号
≪instantiate≫	创建一个类的实例
≪type≫	通过属性、操作和关系来规范一组对象的类。≪type≫不包含方法，一个对象可以符合多个≪type≫
≪implementation class≫	表示一个类在一种编程语言中的实现
≪create≫≪destroy≫	表示操作或方法用于创建或者销毁实例的特性
≪utility≫	是属性和操作的一个集合，这些属性和操作不是该类的成员，它是一个没有实例的分类
≪framework≫	是一个构造型的包，包含了哪些可以使 UML 元素复用的模型和模板

13.2 用例图

用例图是描述参与者和用例之间关系的图形，还可以将类似的用例放在一个包中，构成子系统，如图 13.2 所示。

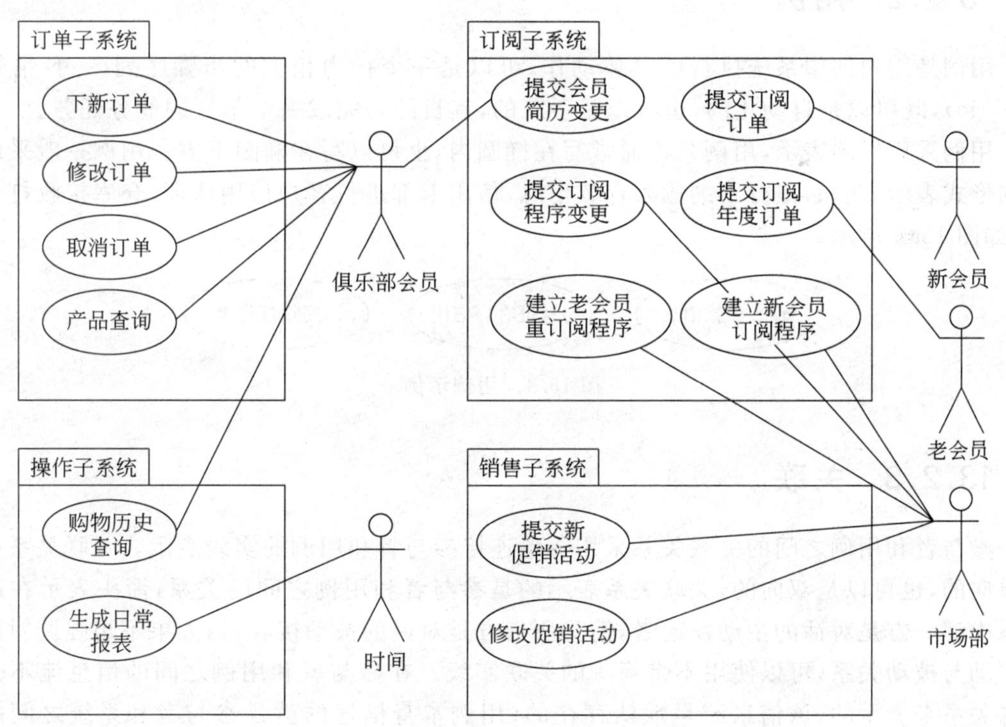

图 13.2 用例图

13.2.1 参与者

参与者也称为角色,是系统外部的实体,以某种方式参与用例的执行过程。参与者可以是人、组织或是另外一个信息系统,或者外部设备,或者是时间。参与者是启动用例的前提条件,可以分为主动角色和被动角色。主动角色主要是参与触发系统事件的参与者,例如,银行出纳输入存款信息。被动角色主要是对用例请求进行响应的参与者,例如信用卡部门对支付进行认证以及从用例接收信息的参与者,例如接收打包单的仓库。参与者采用固定的图形表示,并在图形下面列出参与者的角色名,如图 13.3 所示。

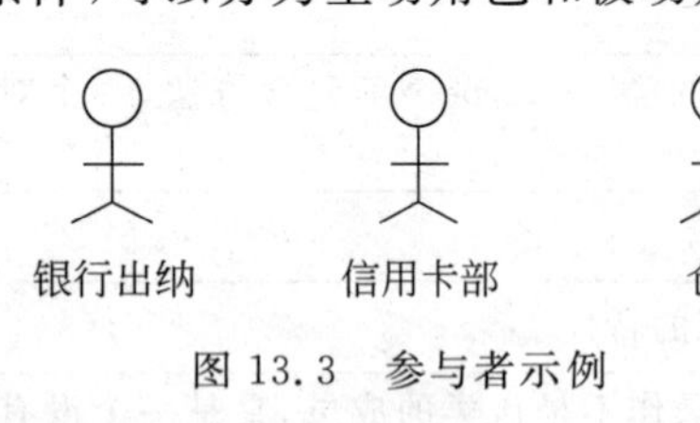

图 13.3 参与者示例

注意,参与者是指用户在系统中所扮演的角色。例如,在某些组织中很可能有许多营销人员,但就该系统而言,他们均起着同一种作用,扮演着相同的角色,所以用一个参与者表示。一个用户也可以扮演多种角色(参与者)。例如,一个高级营销人员既可以是贸易经理,也可以是普通的营销人员;一个营销人员也可以是售货员。在处理参与者时,应考虑其作用,而不是人或工作名称。参与者也可以是一个外界系统,该外界系统可能需要从当前系统中获取信息,与当前系统有进行交互。参与者还可以是触发事件发生的时间。

13.2.2 用例

用例是用户期望系统执行的具体动作,可以是一个行为相关的步骤序列(一种情景 a-scenario),既可以是自动化的,也可以是手工的,其目的是完成一个单一的业务任务。

用例采用椭圆表示,用例名称通常写在椭圆内,也可以写在椭圆下方。用例一般采用动名词形式表示,例如,银行出纳输入存款信息,信用卡部进行客户信用认证,仓库接收打包单等,如图 13.4 所示。

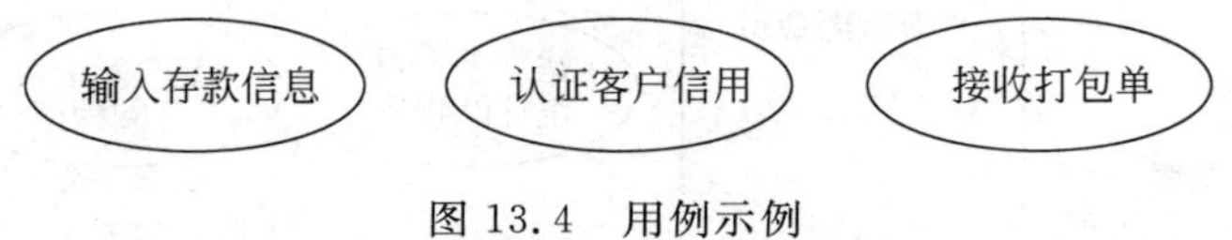

图 13.4 用例示例

13.2.3 关联

参与者和用例之间的关联关系采用一条连接参与者和用例的实线表示。关联关系可以是单向的,也可以是双向的,关联关系表示的是参与者和用例之间的关系,箭头表示在这一关系中哪一方是对话的主动发起者,箭头所指方是对话的被动接收者;如果不想强调对话中的主动与被动关系,可以使用不带箭头的关联实线。在参与者和用例之间的信息流不是由关联关系来表示的,该信息流是默认存在的(用例本身描述的就是参与者和系统之间的对话),并且信息流向是双向的,它与通信关联箭头所指的方向无关系。

例如,“下新订单”这一用例是由俱乐部会员主动发起的,因此,箭头由俱乐部会员指向用例,而分销中心则是该订单的外部接收者。如图 13.5 所示。

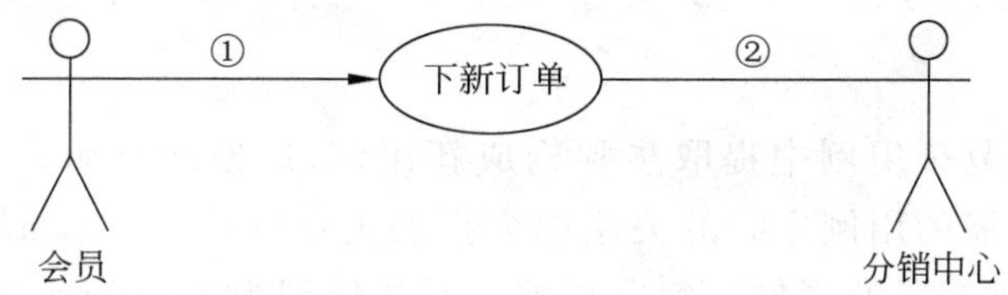

图 13.5 下新订单用例

13.2.4 用例之间关系

用例描述的是系统外部可见的行为，是系统为某一个或几个参与者提供的一段完整的服务。从原则上来讲，用例之间都是并列的，它们之间并不存在着包含从属关系。但是从保证用例模型的可维护性和一致性角度来看，可以在用例之间抽象出包含(include)、扩展(extend)和泛化(generalization)这几种关系。这几种关系都是从现有的用例中抽取出公共的那部分信息，然后通后过不同的方法来重用这部分公共信息，以减少模型维护的工作量。

1. 包含关系

如果几个用例执行了同样的功能步骤，可以把这些公共步骤提取成为独立的用例，称为抽象用例(abstract use case)。抽象用例可以被需要使用它的功能的其他用例访问。抽象用例及使用它的用例之间的关系称为“包含(include)”或者“使用(use)”关系(在 UML 1.1 中，抽象关系被描述为“使用”，在 UML 2.0 中，描述为“包含”)，箭头始于某个基础用例，指向它所使用的用例，即抽象用例或者被包含用例。如图 13.6 所示。

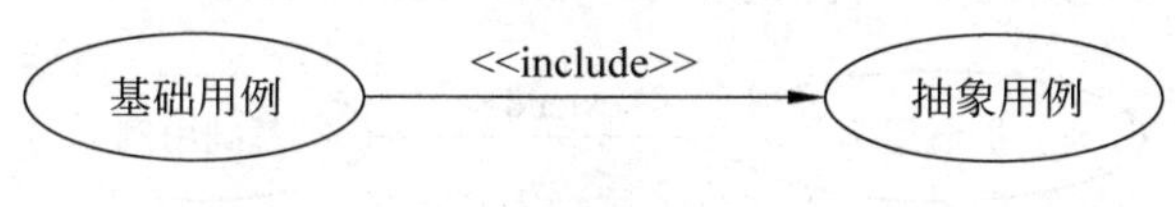

图 13.6 包含关系

例如，在 ATM 机中，如果查询、提款、转账这三个用例都需要打印一个回执给客户，就可以把打印回执这一部分内容提取出来，抽象成为一个单独的用例“打印回执”，而原有的查询、提款、转账三个例都会包含这个用例。每当以后要对打印回执部分的需求进行修改时，就只需要改动一个用例，而不用对每一个用例都作相应修改，这样就提高了用例模型的可维护性。如图 13.7 所示。

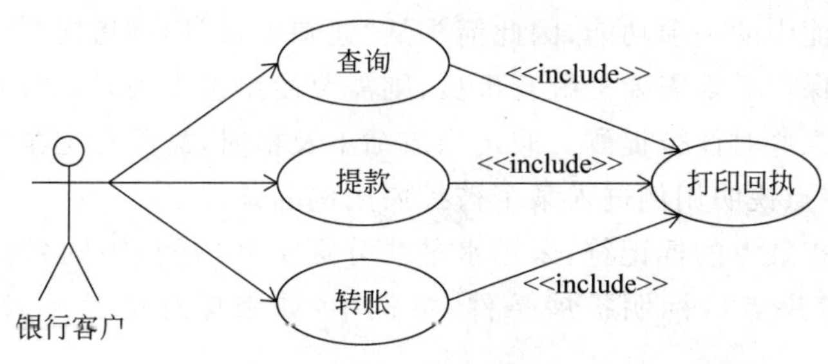

图 13.7 打印回执用例

2. 扩展关系

扩展关系用于从复杂用例中提取步骤构成新用例，以便简化原始用例并扩展其功能。扩展用例以及其所扩展的用例之间的关系称为扩展关系(extends relationship)。用箭头表示，从扩展用例指向被扩展的用例。每个扩展关系线标记为≪extends≫。

扩展关系如图 13.8 所示，基础用例(base case)中定义有一至多个已命名的扩展点，当满足扩展点的条件时，才进行扩展。扩展关系是指将扩展用例(extension)的事件流在一定的条件下按照相应的扩展点插入到基础用例中。在用例的基本路径中，当满足某个条件时，扩展执行一系列的动作，完成后回到扩展点继续基本路径的余下部分。如果条件不满足，就执行基本路径。

在扩展用例中，扩展发生在一个特定的点上，被称为扩展点(extension point)。可以把扩展看作是在某一特定情况下将额外的描述文本在扩展点上插入被扩展用例中。扩展主要用来简化复杂的事件流，以表示可选择的行为或处理例外情况。使用扩展建模可以使基本用例更易于理解，使用例模型更易于维护[①]。

对于包含关系而言，子用例中的事件流是一定要插入到基础用例中去的，并且插入点只有一个。而扩展关系可以根据一定的条件来决定是否将扩展用例的事件流插入基础用例事件流，并且插入点可以有多个。

在课程注册系统中，“注册课程”是一个基本的用例，如果学生进行正常的选课，则采用注册课程用例。而对于特殊课程，可能需要导师的批准，以及一些附加条件，因此，需要在正常注册课程环节上追加一些步骤，在这种情况下，可以将“注册课程”视为一个基础用例，而将“注册特殊课程”看成是对基础用例的扩展，如图 13.8 所示。

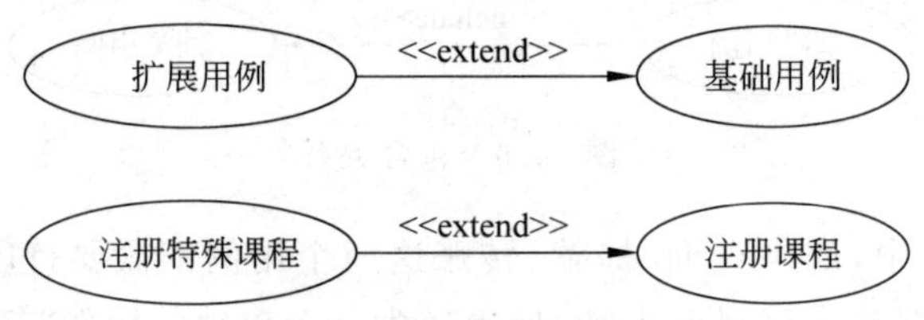

图 13.8 扩展用例示例

图 13.9 是关于扩展关系在评分系统中的应用。“保存成绩”由“通知家长”用例扩展。当教师记录成绩或者更新成绩时，成绩被保存，并且有时会提醒家长。“通知家长”用例是添加到“保存成绩”功能中的一项功能，因此箭头从“通知家长”用例指向“保存成绩”用例。

如果每次成绩保存后都需要提醒管理员，则需要使用包含关系，如图 13.10 所示。

扩展关系表示某些时候被提醒。假定当成绩不及格时，需要提醒学生家长，则可以使用扩展点完成，该扩展点说明用例进入某个被扩展用例的条件。

图 13.11 作为扩展点的标记符，采用水平线分隔扩展用例，用例名在水平线上方，水平线下方是扩展点，扩展点后标明扩展条件，本例中，如果保存的是不及格的成绩，则通知家长。

---

① 摘自《统一软件开发过程引论》

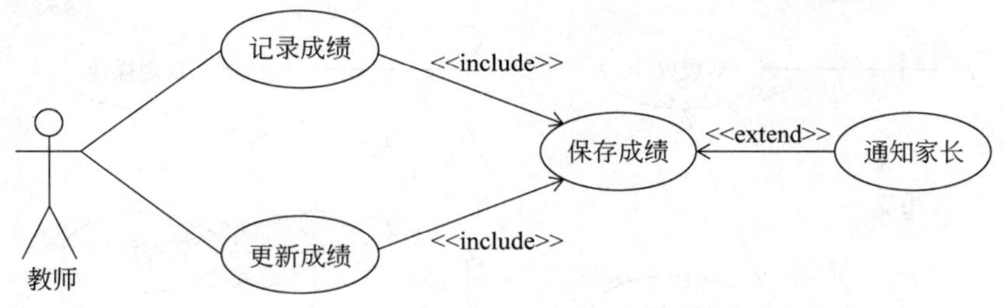

图 13.9 扩展关系在评分系统中的应用

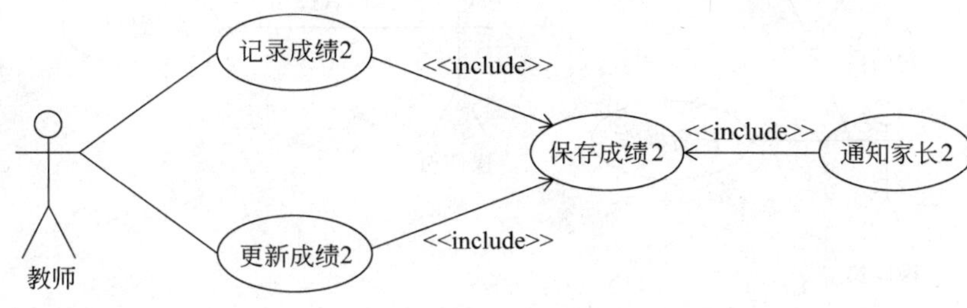

图 13.10 包含关系在评分系统中的应用

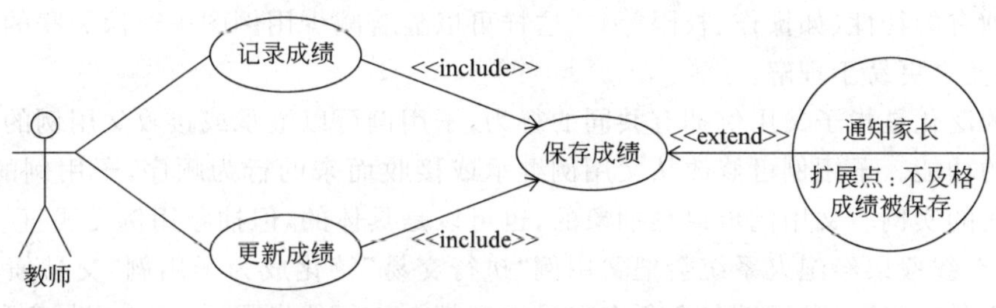

图 13.11 扩展点

需要注意的是，有一个扩展点就一定有一个扩展用例与之对应。备选事件流和扩展点都是用于表示可选择的行为或处理例外情况，在一些用例描述模板中此二者是放在一起的。如果分支动作路径中断了一个场景中的大量步骤时，创建一个扩展用例是合适的。

3. 泛化关系

泛化关系也称为继承关系，可以应用于参与者和用例来表示其子项从父项继承功能。

参与者泛化是指当两个参与者发起同一个用例，它们的公共行为可以分配给一个新的抽象参与者，以减少系统通信的冗余。抽象参与者可以不包含参与者实例。子项参与者继承或接收父项参与者与用例的关系，并可添加自己的功能；子项参与者实例可以代替双亲参与者实例。箭头始于某个用例，指向抽象参与者，前面的用例继承了参与者的关系。

例如在需求分析中常见的权限控制问题，一般的用户只可以使用一些常规的操作，而管理员除了常规操作之外还需要进行一些系统管理工作，操作员既可以进行常规操作还可以进行一些配置操作。如图 13.12 所示。

在该例中可以将管理员和操作员视为一种特殊的用户，他们拥有普通用户所拥有的全部权限，此外他们还有自己独有的权限，这样可进一步把普通用户和管理员、操作员之间的关系抽象成泛化关系，管理员和操作员可以继承普通用户的全部特性(包括权限)，他们又可

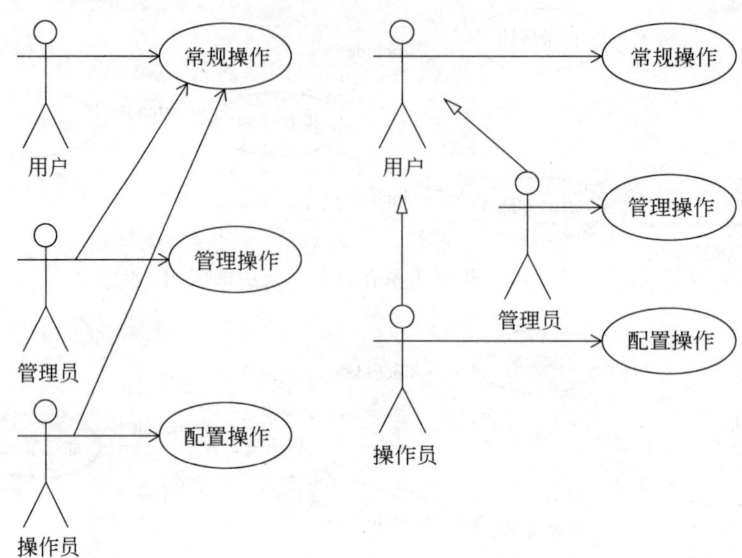

图 13.12 参与者泛化示例

以有自己独有的特性(如操作、权限等)。这样可以显著减少用例图中通信关联的个数,简化用例模型,使之更易于理解。

用例的泛化是指子父用例拥有共同的行为,子用例可以继承或接收父用例的特性,并可添加自己的功能。子用例可修改从父用例继承或接收而来的行为顺序,子用例的实例可以代替父用例的实例。父用例可以是抽象的,也可以是具体的,但抽象用例无法直接使用。

例如,在线股票经纪人系统会把父用例"执行交易"特化成为子用例"交易债券"、"交易股票"和"交易期权"。父用例包含所有交易类型都会执行的步骤,如输入交易密码。每个子用例都包含针对某种交易类型特别安排的额外步骤,例如,输入期权的行权日期。如图 13.13 所示。

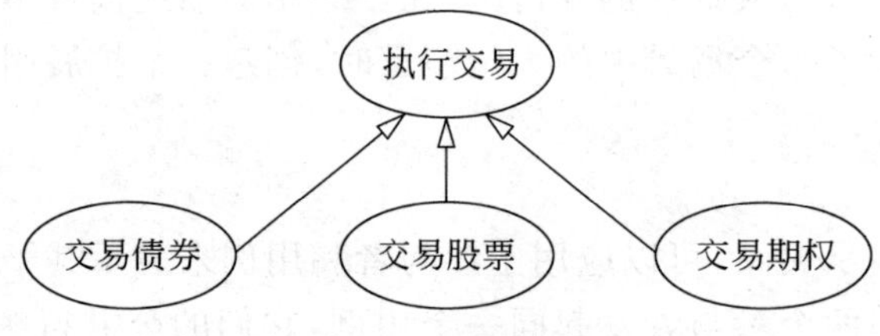

图 13.13 用例泛化示例

4. 用例关系的准则

用例的目的是澄清需求,因此,不要过度使用用例关系,更不要把用例关系用到编程中。在使用各种关系时,可以参考如下准则:

(1) 如果一个用例有几种变体,那么用抽象用例来建模公共行为,然后再特化每种变体。不要简单使用泛化来共享行为片段,要用包含关系共享行为片段。

(2) 如果一个用例包含一段定义良好且有可能用于其他场合的行为,则可以把该行为定义成一个用例,并把该用例包含在原始用例当中。

(3) 如果用可选特性来定义一个有意义的用例，那么要把常规行为定义成基础用例，用扩展关系来增加特性。这样可以在没有扩展的情况下测试和调试系统，可以在后面加入扩展。如果系统有可能会部署在不同配置环境中，要使用扩展关系，有些配置会有附加特性，而有些可能没有。

13.3 类图和对象图

在面向对象的建模技术中，类、对象和它们之间的关系是最基本的建模元素。类模型、对象模型以及它们之间的关系揭示了系统的结构。UML 类图描述了系统中的类及其相互之间的各种关系，其本质反映了系统中包含的各种对象的类型以及对象间的各种静态关系(关联，子类型)。

在 UML 中，类由三栏组成，其中第一栏是类的名，第二栏是类的属性，第三栏是类的操作，如图 13.14 所示。

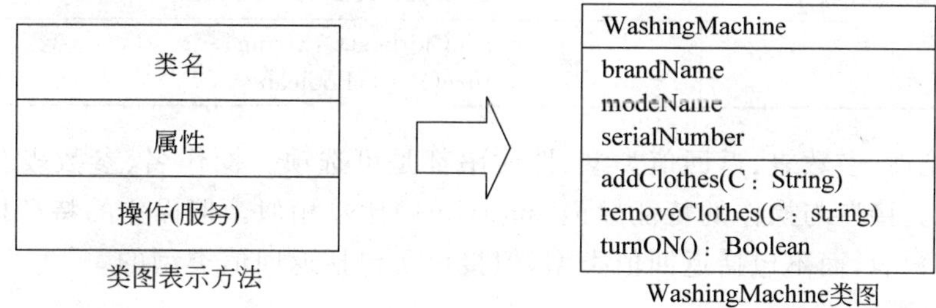

图 13.14 类图表示方法及示例

13.3.1 类的定义

1. 类的属性

属性是类的一个特性，它描述了类的对象(也就是类的实例)所具有的一系列特性值。一个类可以具有零个到多个属性。属性名列表放在类名之下，并且和类名之间用分隔号隔开。如表 13-5 所示。

表 13-5 UML 中属性的语法格式

属性语法格式	可见性 属性名：类型名＝初值{性质串}
示例	＋size：Area＝(100，100) ＃visibility：Boolean＝false ＋default－size：Rectangle Colors：Color[3] Name：String[0..1] xptr：XwindowPtr

其中，可见性(可访问性)包括三种：

公有的(＋)：表示该属性可以被其他外部对象访问。

私有的(－)：表示该属性不能被其他外部对象访问。

保护的(＃)：表示该属性仅能被本类以及所有子类的对象访问。

2. 类的操作

操作用于修改、检索类的属性或执行某些动作，是类能够做的事情。它们被约束在类的内部，只能作用到该类的对象上。在类图中，操作名列表要放在属性名列表之下，两者之间用分隔线隔开。如表 13-6 所示。

表 13-6 UML 中属性的语法格式

操作语法格式	可见性 操作名(参数表)：返回值类型{性质串}
示例	＋display()：Location ＋hide() ＃create() -attachXWindow(xwin：XwindowPtr)
参数表语法格式	参数名：类型名＝默认值
示例	addClothes(C：String) turnON()：Boolean

其中，可见性、参数表、返回值类型、性质串都是可选项。操作名、参数表和返回值类型组成操作接口。接口与操作的特征标记(signature)比较相似。但操作的特征标记一般只包括操作名和参数表，而不包括返回值类型，但接口是包括返回值类型的。

13.3.2 类之间的关联

关联是指类之间存在的相互通信的关系。在 UML 中，关联是对具有共同结构、关系和语义的不同模型元素中实例之间的链接描述。类与类之间的关系主要有 6 种：普通关联关系、聚合关联关系、泛化关联关系、依赖关系；精化关系和派生关联关系。

1. 普通关联关系

普通关联是最常见的关联关系，普通关联的图示符号是连接两个类之间的直线，如图 13.15 所示。通常，关联是双向的，可在一个方向上为关联起一个名字，在另一个方向上起另一个名字(也可不起名字)。为避免混淆，在名字前面(或后面)加一个表示关联方向的黑三角。

递归关联的表示方法如图 13.16 所示。例如，图 13.16 是一个递归关联(即一个类与它本身有关联关系)的例子。一个人与另一个人结婚，必然一个人扮演丈夫的角色，另一个人扮演妻子的角色。

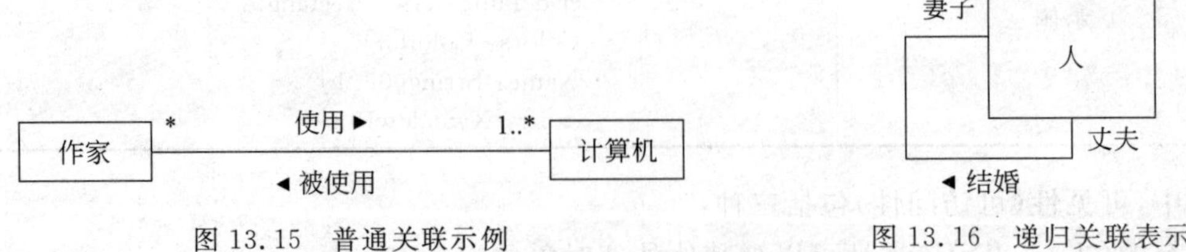

图 13.15 普通关联示例　　图 13.16 递归关联表示

在任何关联中都会涉及参与此关联的对象所扮演的角色(即起的作用),在某些情况下显式标明角色名有助于别人理解类图。关联两端的类可以按照某种角色参与关联,例如,公司可以以雇主角色参与关联,人员可以以雇员角色参与关联,如图 13.17 所示。如果关联上没有标出角色名,则隐含地用类的名称作为角色名。

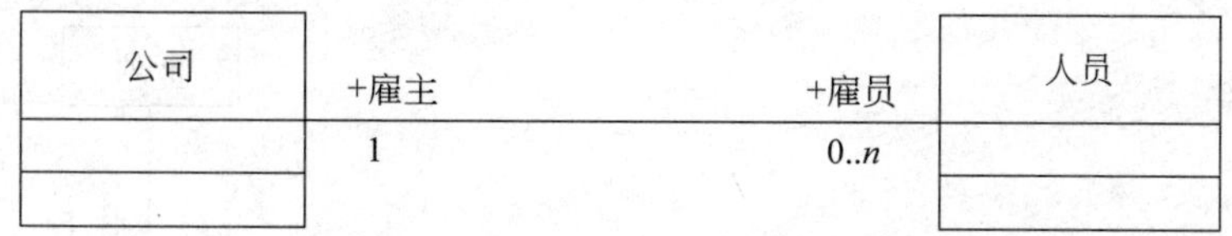

图 13.17 关联的角色

角色还可以具有多重性(multiplicity),表示可以有多少个对象参与该关联。重数定义了一个对象或类对应相关对象或类的一个实例关联可能出现的最小次数和最大次数。图 13.17 中,雇主可以拥有多个雇员,表示为 0..1;雇员只能被一个雇主雇佣,表示为 1。

在 UML 中,多重性可以用表 13-7 所示表格表示。

表 13-7 UML 中的多重性表示方法

重数	表示法	示 例	示例含义
正好一个	1 或空白	雇员 —工作1— 部门 雇员 —工作— 部门	一个雇员为一个且仅为一个部门工作
零个或者一个	0..1	雇员 —拥有 0..1— 配偶	一个雇员拥有一个配偶,或者没有配偶
零个或多个	0..*或*	客户 —进行 0..*— 支付 客户 —进行 *— 支付	一个客户可以没有进行支付,也可以进行多次支付
一个或多个	1..*	大学 —提供 1..*— 课程	一个大学至少提供一门课程,也可以提供多门课程
特定范围	7..9	团队 —安排 7..9— 比赛	一个团队安排 7~9 场比赛

限定关联(将关联中多的那一端的具体对象分成对象集)通常用在一对多或多对多的关联关系中,可以把模型中的重数从一对多变成一对一,或从多对多简化成多对一。在类图中把限定词放在关联关系末端的一个小方框内。

例如,某操作系统中一个目录下有许多文件,一个文件仅属于一个目录,在一个目录内文件名唯一确定了一个文件。图 13.18 利用限定词"文件名"表示了目录与文件之间的关系,可见,利用限定词把一对多关系简化成了一对一关系。

为了说明关联的性质,可能需要一些附加信息。可以引入一个关联类来记录这些信息。关联中的每个连接与关联类的一个对象相联系。关联类通过一条虚线与关联连接。

例如,图 13.19 是一个电梯系统的类模型,队列就是电梯控制器类与电梯类的关联关系上的关联类。从图中可以看出，一个电梯控制器控制着 4 台电梯，这样，控制器和电梯之间的实际连接就有 4 个，每个连接都对应一个队列(对象)，每个队列(对象)存储着来自控制器和电梯内部按钮的请求服务信息。电梯控制器通过读取队列信息，选择一个合适的电梯为乘客服务。关联类与一般的类一样，也有属性、操作和关联。

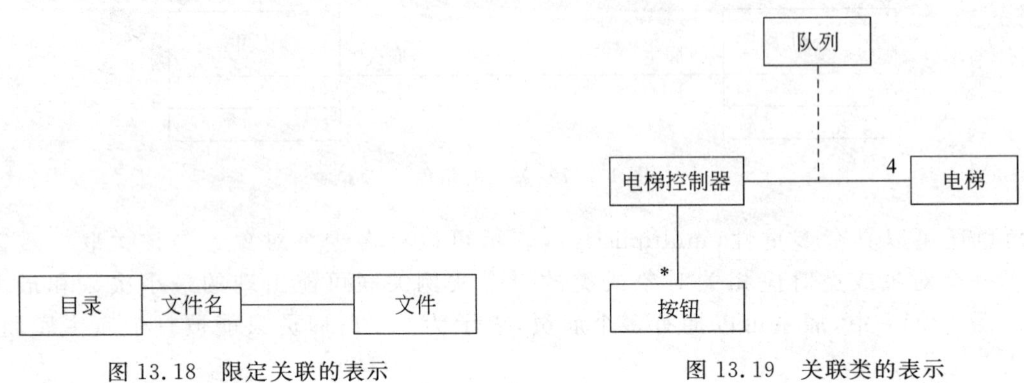

图 13.18 限定关联的表示

图 13.19 关联类的表示

2. 聚合关联关系

聚合关联主要有两种关联：组成聚合和共享聚合。

(1) 组成聚合。

组成聚合是指部分与整体共存，整体不存在了部分也会随之消失(或失去存在价值了)，采用直线在整体端增加实心菱形表示，如图 13.20 所示。

例如，在屏幕上打开一个窗口，它就由文本框、列表框、按钮和菜单组成，一旦关闭了窗口，各个组成部分也同时消失，窗口和它的组成部分之间存在着组合聚合关系。图 13.20 是窗口的组成，从图中可以看出，组成关系用实心菱形表示。

(2) 共享聚合。

共享聚合用于表示类的对象之间的关系是整体与部分的关系。共享聚合的图示符号，是在表示关联关系的直线末端紧挨着整体类的地方画一个空心菱形。例如，一个课题组包含许多成员，每个成员又可以是另一个课题组的成员，则课题组和成员之间是共享聚合关系，如图 13.21 所示。

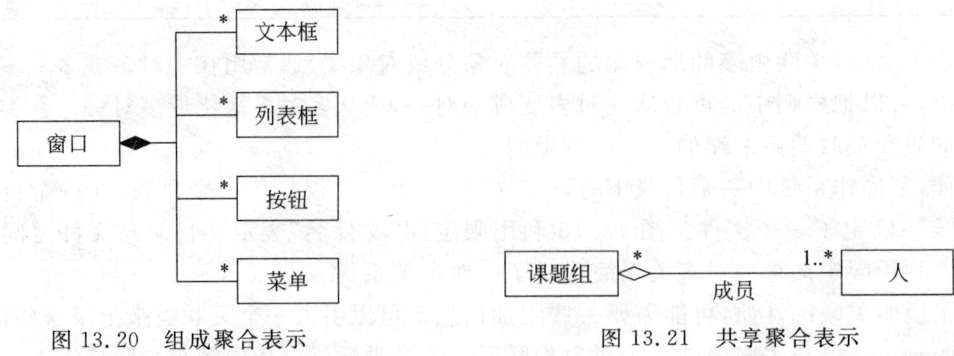

图 13.20 组成聚合表示

图 13.21 共享聚合表示

3. 泛化关联关系

泛化是指抽取事务的共性特征,形成超越特殊事物而具有普遍意义的一般事务的方法。泛化反映事务的一般和特殊关系。泛化的表示方法如图 13.22 所示,三角符号指向超类,表示对子类的泛化。

泛化关系涉及抽象类的概念,抽象类是指没有具体对象的类,如交通工具。因为抽象类中的方法往往只是一些声明,而没有具体的实现,因此不能对抽象类实例化。抽象类通常作为父类,用于描述其他子类的公共属性和行为。抽象类表示是在类名下方附加一个标记值{abstract}。抽象类通常都具有抽象操作。抽象操作仅用来指定该类的所有子类应具有哪些行为。抽象操作的表示是在操作标记后面跟随一个性质串{abstract}。如图 13.23 所示。

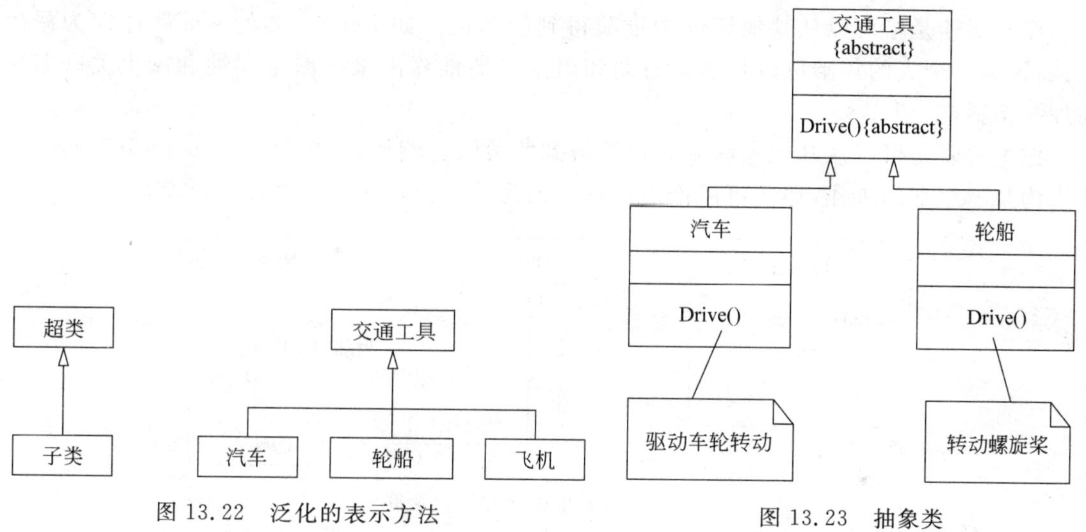

图 13.22 泛化的表示方法

图 13.23 抽象类

接口是类的≪interface≫版型,UML 中接口的概念与一般程序设计语言(如 Java)中接口概念稍有不同。例如,Java 接口可以包含属性,但 UML 的接口不包含属性,只包含方法的声明。

接口与抽象类很相似,但二者存在不同的地方:接口不能含有属性,而抽象类可以含有属性;接口声明中所有方法都没有实现部分,但抽象类中某些方法可以有具体的实现。

4. 依赖关系

依赖关系是两个模型元素之间语义上的连接关系。其中一个元素是独立的,而另一个是非独立的,图示为带箭头的虚线连接,指向独立的类,如图 13.24 所示。

在 UML 的类图中,用带箭头的虚线连接有依赖关系的两个类,箭头指向独立的类。在虚线上可以带一个构造型标签,具体说明依赖的种类,例如,图 13.25 表示一个友元依赖关系,该关系使得 B 类的操作可以使用 A 类中私有的或保护的成员。

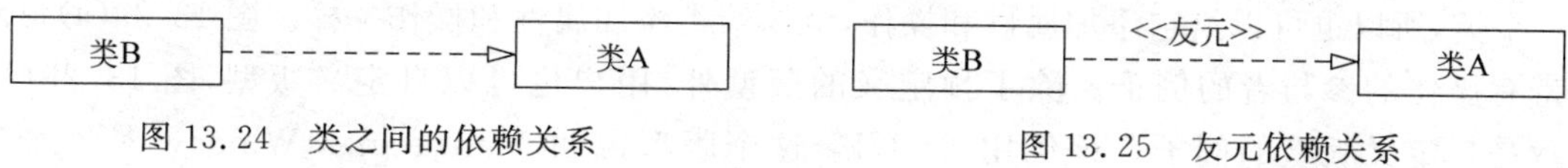

图 13.24 类之间的依赖关系

图 13.25 友元依赖关系

5. 精化关系

精化关系用于表示同一事务，建立在不同抽象层上的两种描述。图示用带有空心三角的虚线表示。细化的图示符号为由元素 B 指向元素 A 的、一端为空心三角形的虚线，如图 13.26 所示。表明设计类是在分析类基础上的进一步细化。

图 13.26 精化关系示例

6. 派生关联关系

派生属性是指可以从其他属性中推演得到的属性。如 Person 类的 age 属性即为派生属性，因为一个人的年龄可以从当前日期和出生日期推算出来。派生属性和派生关联名字前加一条斜杠“/”。

派生关联是可以从其他关联计算推演得到的关联。例如，一个公司由多个部门组成，一个人为某一个部门工作，那么可以推演出这个人为这个公司工作。如图 13.27 所示。

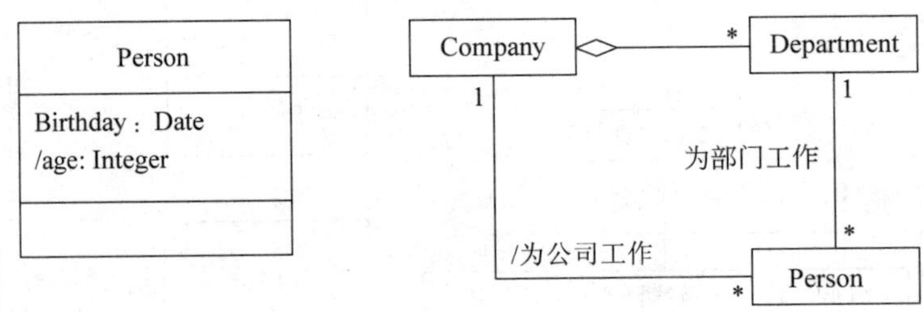

图 13.27 派生属性和派生关联

13.3.3 类的版型

版型(stereotype)也称为构造型，是 UML 的 3 种扩展机制之一，另外两种扩展机制分别是标记值(tagged value)和约束(constrain)。版型一词来源于印刷业，一般在正式印刷之前，需要进行制版，根据做好的版型进行批量印刷。

版型可以应用于所有类型的模型元素，包括类、节点、构件、注解、关系、包、操作等。UML 预定义了一些版型，如接口是类的版型、子系统是包的版型等。用户也可以自己定义版型。

图 13.28 为版型的示例，显示了参与者的 3 种表示方式。在 Rational Rose 中，一些常用的版型一般有 Icon、Label 和 Decoration 这 3 种表示形式。但如果版型是用户自己添加的，一般没有 Label 和 Decoration 这两种表示方式。

图 13.29 中，参与者实际是一个版型化的类，其版型为≪Actor≫。由于参与者事实上就是一个类，所以也可以给它添加属性和操作，就像给类添加属性和操作一样。图 13.29(a)显示了带有操作的参与者的例子。除了预定义的版型外，用户也可以自定义版型，图 13.29(b)所示是自定义版型的例子。该例用≪GUI≫这个版型说明 ManagementWindow 是一个专

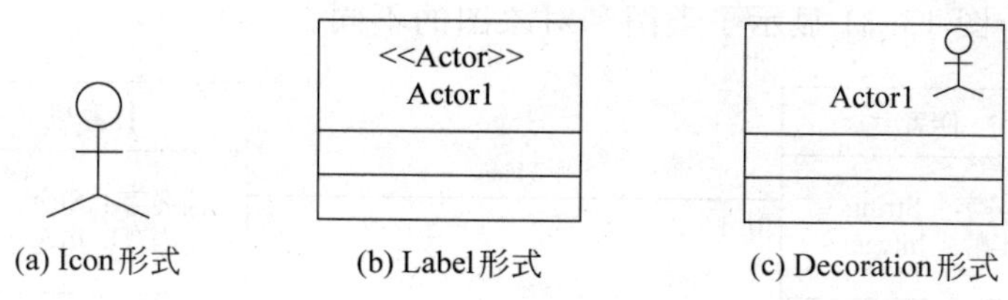

图 13.28 Actor 的三种表示方式

用于图形用户界面的类。这样不仅可以清楚表示这个类是用于处理GUI的，还便于在必要的时候用脚本语言进行某些操作，如检索出所有版型为≪GUI≫的类，并输出这些类的类名。

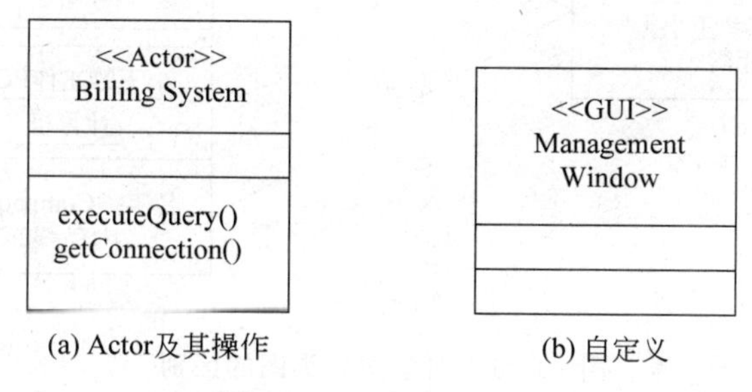

图 13.29 类中的版型

13.3.4 对象图

对象图是类图的一种实例化，一张对象图表示的是与其对应的类图的一个具体实例。对象图描述系统在某一时期或在某个时刻，类中具体对象实例以及它们相互之间的具体关系，相当于类图在某个时刻的快照。因为对象具有生命周期，不同时刻类图中的对象数目并不相同，因此，对应着同一个类图，在不同时间会有不同的对象图。在描述系统静态结构时，并不一定要绘制对象图，只有当需要反映某个时刻系统中对象之间的连接关系时，才需要画对象图。对象图还常常被用作协作图的一部分，用以展示一组对象实例之间的动态协作关系。

对象名首写字母小写，后面跟一个冒号，冒号后面是该对象所属的类名，并且整个名字要带下划线。例如，洗衣机类的具体某个对象的表示方法如图 13.30 所示。

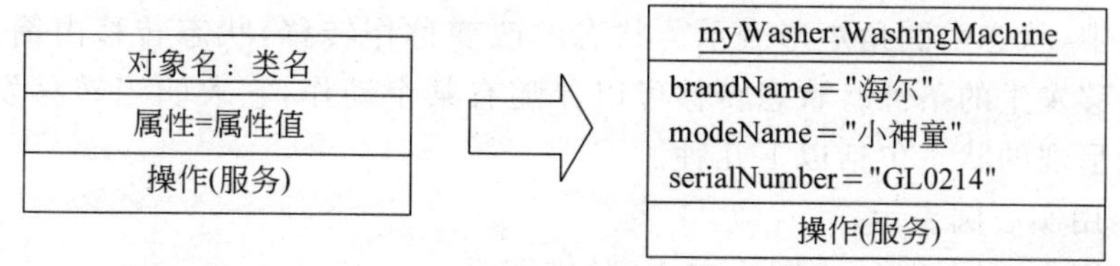

图 13.30 对象图的表示方法

对象图是类图的一种变形。除了在对象名下面要加下划线以外，对象图中所使用的符号与类图基本相同。类的属性在该类的每个对象中都有具体值。对象图并不像类图那样具有重要的地位，但是利用它可以帮助我们通过具体的实例分析，更具体直观地了解复杂系统类图的丰富内涵。图 13.31 显示了类图和对象图的不同。

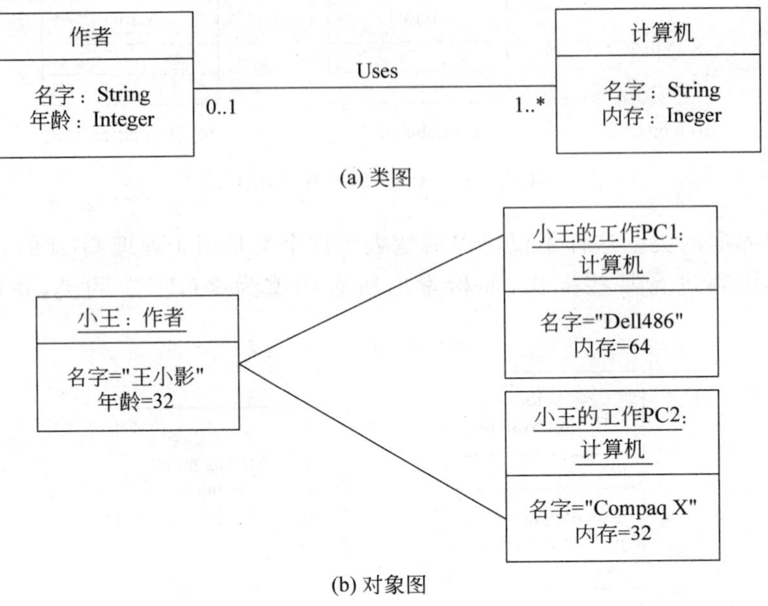

图 13.31　对象图和类图的区别

13.4　状态图

系统的动态建模主要描述系统的行为,包括状态图、活动图、顺序图、协作图。其中,状态图和活动图描述系统的动态行为。如果描述一个特定对象的复杂行为应采用状态图。如果是描述一个用例或者描述一个业务过程,采用活动图。顺序图和协作图能够体现交互性,包括一组对象和它们之间的关系,以及它们之间传送的消息。

状态图是对类的一种补充描述,它展示了此类对象所具有可能的状态以及某些事件发生时其状态的转移情况。状态图主要用来描述对象、子系统或者系统的生命周期。所有的类,只要有可标记的状态和复杂的行为,都应该有一个状态图。

13.4.1　状态

在状态图中,状态由圆角矩形表示。状态的改变称作转移,状态转移由箭头表示,箭头旁可以标出转移发生的条件。状态转移可以伴随有某个动作,它表明当转移发生时系统要做什么。对象呈现的状态包括以下几种。

- 初态:用实心圆表示;
- 终态:用一对同心圆(内圆为实心圆)表示;
- 中间状态:用圆角矩形表示。状态转移可以伴随有某个动作,它表明当转移发生时系统要做什么。

每个状态分成上、中、下 3 个部分。上面部分为状态的名称,这部分是必须有的;中间部分为状态变量的名字和值,这部分是可选的;下面部分是活动表,这部分也是可选的。如

图 13.32 所示。

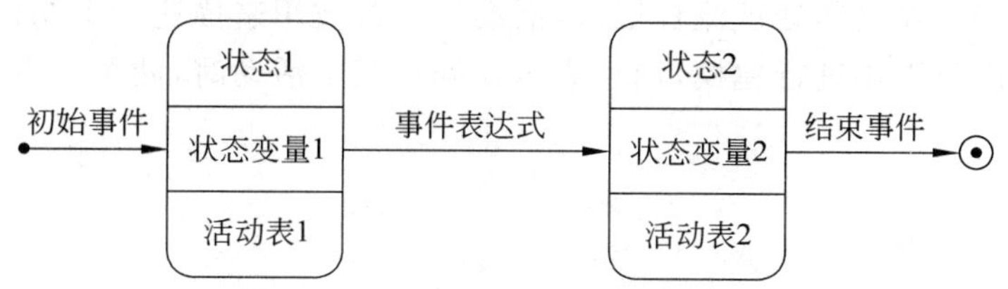

图 13.32 状态表示

状态图中两个状态之间带箭头的连线称为状态转换，箭头指明了转换方向。

活动表的语法格式如下：

事件名(参数表)/动作表达式

“事件名”可以是任何事件的名称。

在活动表中经常使用下述 3 种标准事件：entry、exit 和 do。

- entry 事件指定进入该状态的动作；
- exit 事件指定退出该状态的动作；
- do 事件则指定在该状态下的动作。

需要时可以为事件指定参数表。活动表中的动作表达式描述应做的具体动作。

13.4.2 事件

状态转换通常是由事件触发的，在这种情况下应在表示状态转换的箭头线上标出触发转换的事件表达式。如果在箭头线上未标明事件，则表示在源状态的内部活动执行完之后自动触发转换。事件表达式的语法如下：

事件说明[守卫条件]/动作表达式

事件说明的语法为：事件名(参数表)。

守卫条件是一个布尔表达式。如果同时使用事件说明和守卫条件，则当且仅当事件发生且布尔表达式为真时，状态转换才发生。如果只有守卫条件没有事件说明，则只要守卫条件为真，状态转换就发生。

动作表达式是一个过程表达式，当状态转换开始时执行该表达式。

13.5 活动图

活动图描述系统中各种活动的执行顺序，通常用于描述一个操作中所要进行的各项活动的执行流程。同时，它也常被用来描述一个用例的处理流程，或者某种交互流程。

活动图由一些活动组成，图中同时包括对这些活动的说明。当一个活动执行完毕之后，控制将沿着控制转移箭头转向下一个活动。活动图中还可以方便地描述控制转移的条件以及并行执行等要求。

活动图可以用于两个不同层次：在商务建模层次，活动图可用于在业务单元的级别上对更高级别的业务过程进行建模，比如公司当前在如何运作业务，或者业务如何运作等，显示主要的业务流程。在具体处理流程层次，活动图也常被用来描述一个用例的处理流程，或者对低级别的内部类操作进行建模，用于表示在处理某个活动时，两个或者更多类对象之间的过程控制流。

13.5.1 活动

活动状态表示成带有圆形边线的矩形，它含有活动的描述（普通的状态盒为直边圆角）。简单的完成转换用箭头表示。和状态图相似，活动图也有起点和终点符号，表示法和状态图一样。

活动，也称活动状态，圆角矩形表示，标识动作。

- 状态：活动状态表示成带有圆形边线的矩形，它含有活动的描述（普通的状态盒为直边圆角）；
- 特殊状态：开始和结束状态，表示法和状态图一样；
- 转移：显示从一种状态到另一种状态的控制流。可以显示从状态到活动、活动之间或者状态之间的控制流。转移的标记符是执行控制流方向的开放的箭头。

13.5.2 泳道

顶部是对象或者域的名字，对应的矩形框包含活动。如图 13.33 所示。

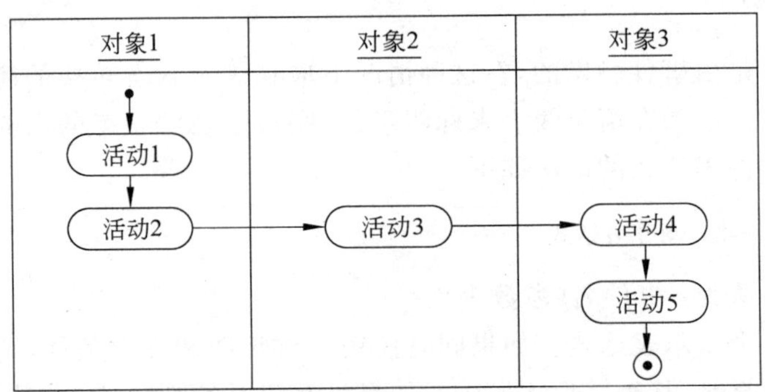

图 13.33 泳道

在该图中，对象 1 完成活动 1，2 后转交给对象 2，对象 2 完成活动 3 后，由对象 3 完成活动 4，5，整个活动流程结束。

13.5.3 判定点

一个活动序列往往要到达某个点，并在该点做出判定或者决策。一组条件引发一条执行路径，另一组条件则引发另一条执行路径，并且这两条执行路径是互斥的。

可以用两种方式表示判定点。一种方式是从一个活动直接引出可能的路径，如图 13.34 所示；另一种方式是将活动的转移引至一个小的菱形图标，然后从这个菱形图标中再引出可能的路径，如图 13.35 所示。相比而言，第二种方式更加清晰和简洁，尤其是对于带有大量不同条件的大型图。不管使用哪种方式，都必须在相关路径中指明引起这条路径执行的条件，条件表达式采用方括号括起来，称为守卫条件(Guard)。

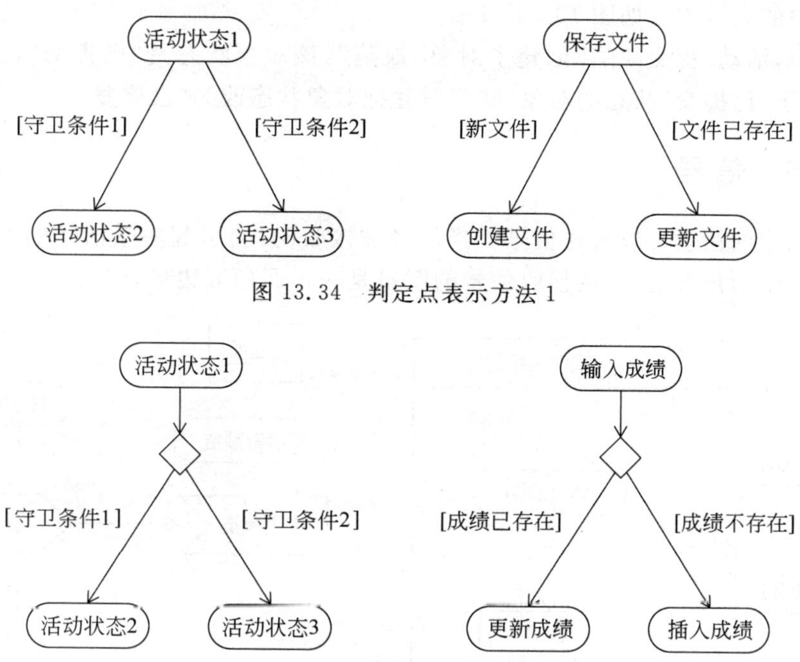

图 13.34 判定点表示方法 1

图 13.35 判定点表示方法 2

13.5.4 并发路径

在对活动建模时，往往需要将一个转移划分为两个单独的并发执行的路径，而后再将它们合并到一起。要表示这种活动路径的划分，可以用一个与路径垂直的黑色粗实线条表示，分叉的路径从这个实线条引出，而并发活动路径的汇合也使用另一条粗线条表示，如图 13.36 所示。

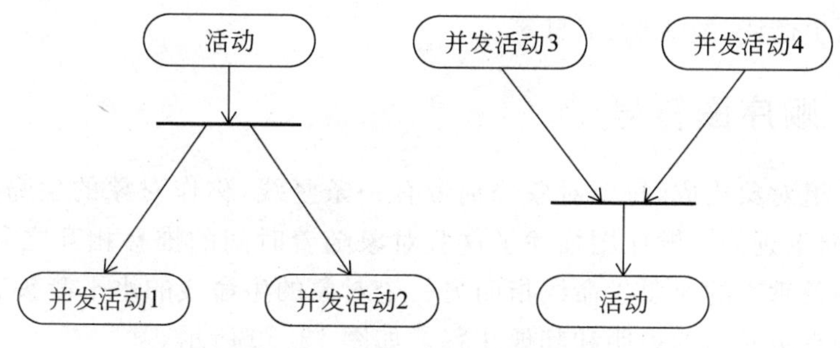

图 13.36 并发活动表示法

13.5.5 对象流

在活动图中可以出现对象。对象可以作为活动的输入或输出。活动图中的对象流表示活动和对象之间的关系，如一个活动创建对象(作为活动的输出)或使用对象(作为活动的输入)等。

对象流属于控制流。如果两个活动之间有对象流，则控制流就不必重复画出了。对象流在活动图中的表示方法如图 13.37 所示。

在该图中，活动“提交缺陷”创建了对象“缺陷”，该对象状态是“已提交”，活动“修复缺陷”使用了处于“已提交”状态的对象“缺陷”，并把对象状态改为“已修复”。

13.5.6 信号

活动序列中的活动可以发送信号。当信号被接收时，会引起一个活动的发生。发送信号的图符是一个凸角五边形，而接收信号的图符是一个凹角五边形，如图 13.38 所示。

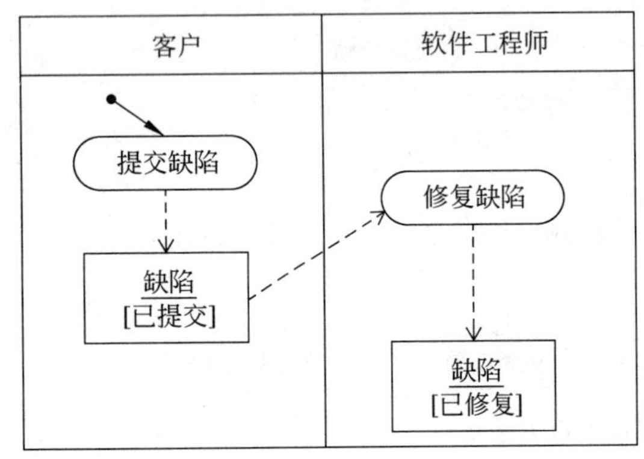

图 13.37 对象流的表示方法

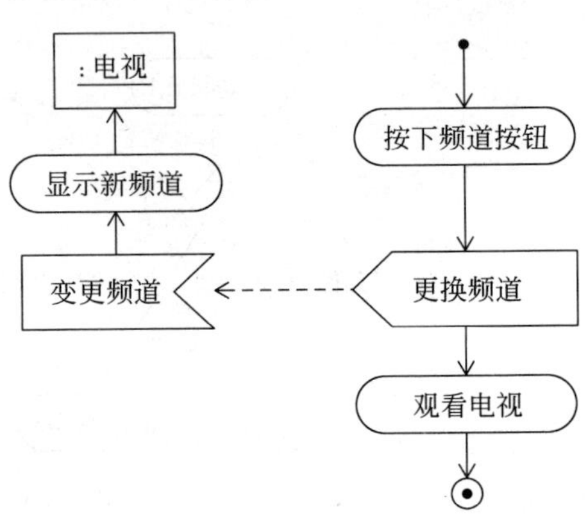

图 13.38 发送和接收事件

13.6 顺序图

顺序图也称为时序图，描述了对象之间的动态交互关系，即消息是如何在对象之间发送和接收的，着重体现对象间消息传递的时间顺序。顺序图中包括的建模元素有对象(参与者实例也是对象)、生命线、激活期、消息等。

13.6.1 顺序图符号

顺序图由一组对象构成，每个对象分别带有一条竖线，称作对象的生命线，它代表时间轴，时间沿竖线向下延伸。顺序图描述了这些对象随着时间的推移相互之间交换消息的过程。消息用从一条垂直的对象生命线指向另一个对象的生命线的水平箭头表示。图中还可以根据需要增加有关时间的说明和其他注释。如图 13.39 所示。

13.6.2 对象

顺序图中对象的命名方式主要有 3 种，如图 13.40 所示。

第一种命名方式表示对象名和类名。第二种命名方式只显示类名不显示对象名，即表示这是一个匿名对象。第三种命名方式只显示对象名不显示类名，即不管这个对象属于什么类。

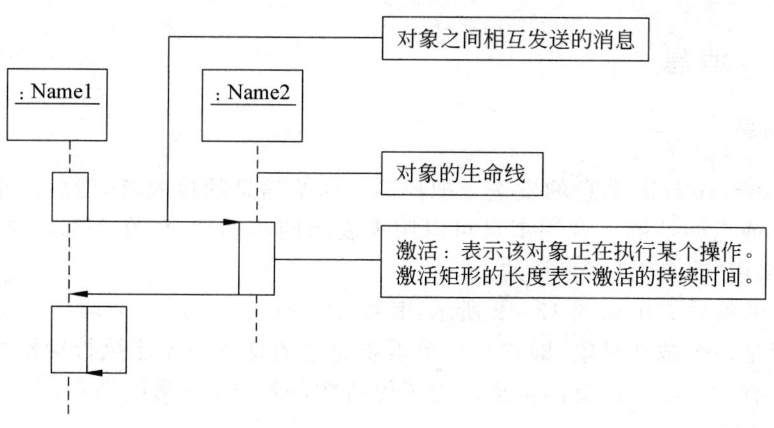

图 13.39 顺序图符号

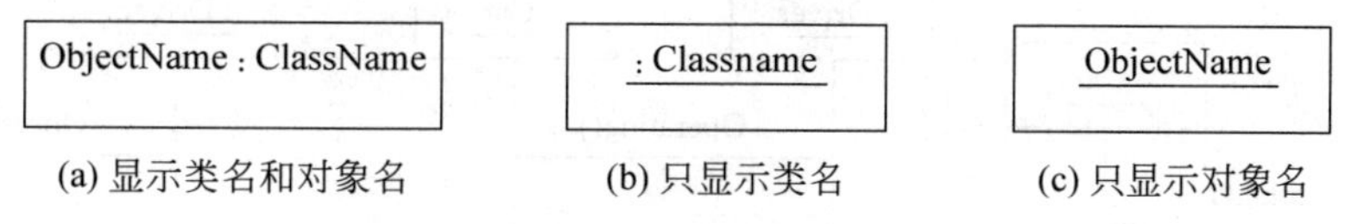

图 13.40 顺序图中对象的命名方式

顺序图中的对象有些是在创建顺序图时已经创建好的，而有些对象可以在创建顺序图的过程中进行创建。即时创建对象的标记符如图 13.41 所示。有一个主要步骤用来把"create"消息发送给对象实例。对象创建之后会有生命线，就像顺序图中任何其他对象一样。现在可以像顺序图中的其他对象那样来使用该对象发送和接收消息。在处理新创建的对象，或者顺序图中的任何其他对象时，都可以发送"destroys"消息来删除该对象。想要说明某个对象被销毁，需要在被销毁对象的生命线上放一个"×"字符。

在顺序图的控制流过程中创建对象时，常见的一种情况是为用户创建通知。在这种情况下，使用一个对象（如使用一个消息框）向用户显示一条错误，然后销毁该对象，如图 13.41 所示。

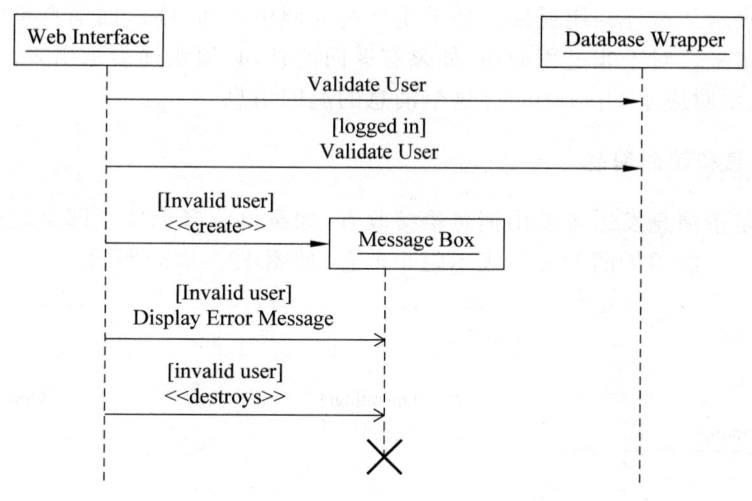

图 13.41 对象创建和销毁

13.6.3 消息

1. 调用消息

调用(procedure call)消息的发送者把控制传递给消息的接收者,然后停止活动,等待消息接收者放弃或返回控制。调用消息可以用来表示同步的意义,在UML规范说明的早期版本中,就是采用"同步消息"表示的。

调用消息的符号表示如图13.42所示,其中Operating()是一个调用消息。通常,调用消息的接收者是一个被动对象,即它是一个需要通过消息驱动才能执行动作的对象。另外,调用消息应该有一个配对的返回消息。为了保持图的简洁,与调用消息配对的返回消息可以不画出。

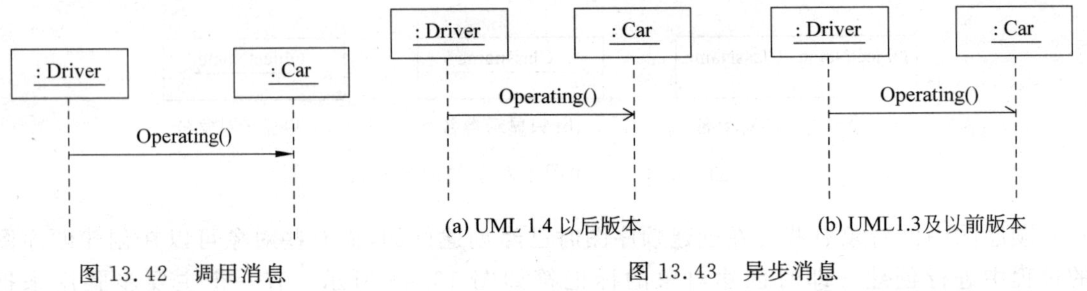

图13.42 调用消息　　图13.43 异步消息

2. 异步消息

异步(asynchronous)消息的发送者通过消息把信号传递给消息的接收者,然后继续自己的活动,不等待接收者返回消息或控制。异步消息的接收者和发送者是并发工作的。图13.43显示了异步消息的表示。

3. 返回消息

返回消息表示从过程调用返回。如果是从过程调用返回,则返回消息是隐含的,所以返回消息不用画出来。对于非过程调用,如果有返回消息,必须明确表示出来。如图13.44所示,虚线箭头表示对应于Operating()这个消息的返回消息。

4. 阻止消息和超时消息

阻止消息是指消息发送者发出消息给接收者,如果接收者无法立即接收消息,则发送者放弃这个消息。一般用折回的箭头表示阻止消息,如图13.45(a)所示。

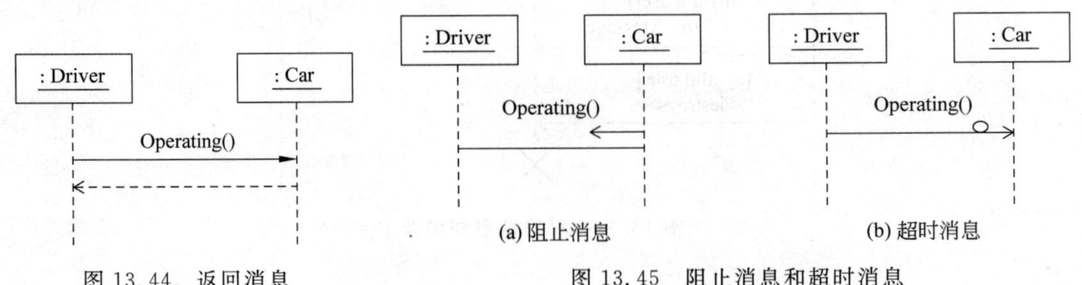

图13.44 返回消息　　图13.45 阻止消息和超时消息

超时消息是指消息发送者发出消息给接收者并按照指定时间等待。如果接收者无法在指定时间内接收消息，则发送者放弃这个消息，如图 13.45(b)所示。

13.7 协作图

协作图可以看作是类图和顺序图的交集。协作图建模对象或者角色，以及它们彼此之间的顺序。类的实例之间需要彼此通信和交互，即需要相互协作，因此协作图主要描述协作对象之间的交互和链接(一个链接是一个关联的实例化)。协作图的布局方法能更清楚地表示出交互对象的整体组织。

在协作图中，对象同样是用一个对象图符来表示，箭头表示消息发送的方向，而消息执行的顺序则由消息的编号来表明。协作图是对象的扩展，协作图除了展示出对象之间的关联，还显示出对象之间的消息传递。通常在协作图中省略掉关联的名字。

顺序图和协作图都用来描述系统中对象之间的动态协作关系，但顺序图强调时间，而协作图强调空间。协作图侧重于描述各个对象之间存在的消息收发关系(交互关系)，而不专门突出这些消息发送的时间顺序。顺序图可以转换成等价的协作图，反之亦然。

协作图的表示方法如图 13.46 所示。

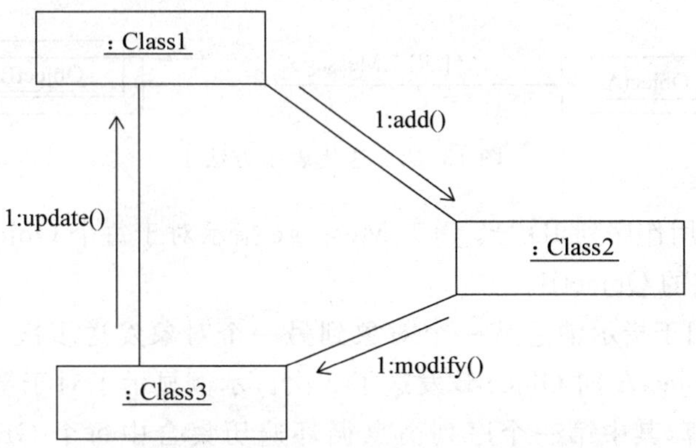

图 13.46 协作图的表示方法

在协作图中，在消息名前面加上消息的序号，它代表该消息在消息序列中的顺序。消息名和序号之间用冒号隔开。消息的一般含义是触发接收消息的对象执行它的一个操作。消息名称和消息序号附在箭头线附近。关联线附近的箭头线表示对象之间传递的消息，箭头指向消息接收对象。

13.7.1 序列化

要想对消息进行序列化，只需要在消息前添加序列 ID 号。最简单的方法就是把消息按照要执行的顺序排序。

有多个消息可以伴随单个角色或者链接，当这种情况发生时，只需要把它们加载到其他消息之前，如图 13.47 所示。

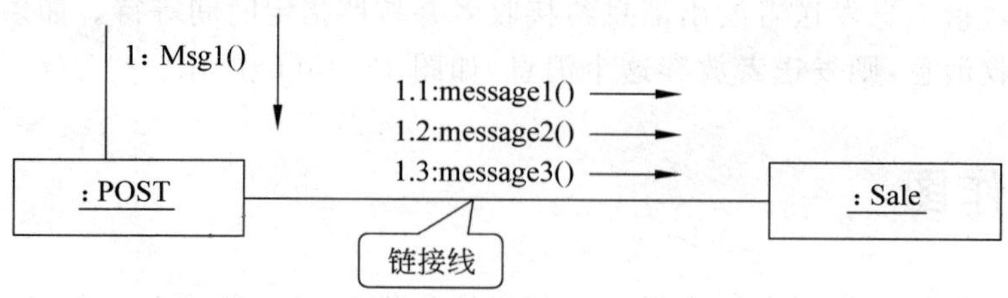

图 13.47 所有消息在同一个链上流动

13.7.2 迭代

迭代是一种非常基本和重要的控制流类型。迭代可以在协作图中方便地建模，用来指示重复的处理过程。

UML 中的迭代有两种标记符。第一种标记符用于单个对象发送消息到一组其他对象，如图 13.48 所示。ObjectB 显示的对象名带有重叠的矩形框，表示对象的集合，采用一组向后延伸的多个对象图标表示，对象的计数由多重性指定，多重性可以是任意数值。在多对象消息前可以加上用方括号括起来的条件，前面加一个星号，用来说明消息发送给多个对象。本例中，由 ObjectA 和 ObjectB 之间的链接和星号表示，如图 13.48 所示。

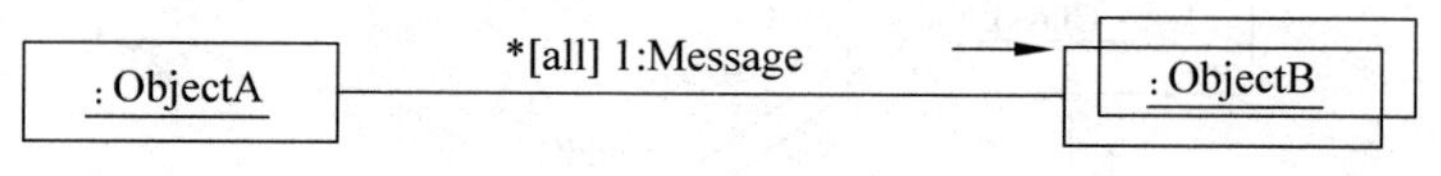

图 13.48 迭代表示方法 1

在该图中，星号用作序列 ID 号。 *1:Message 指示对于每个 ObjectB，Message 都会从 ObjectA 发送到对应的 ObjectB。

第二种标记符用于指示消息从一个对象到另一个对象发送多次，如图 13.49 所示，其中，Message 被从 ObjectA 向 ObjectB 发送了 5 次。示例显示了对于链接到 Grades 集合的 Student 的 GPA 计算，其中第一个序列消息循环遍历集合中每个 Grade 对象并累加各个值。第二个序列消息计算总成绩的平均值，方法是把总成绩除以成绩数，然后通过除以 25 得到 GPA。

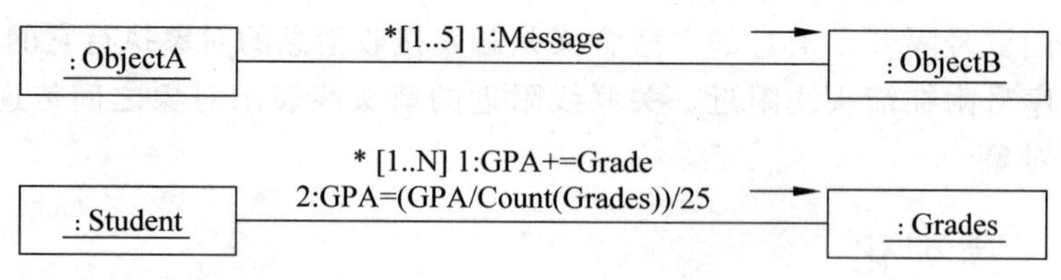

图 13.49 迭代表示方法 2 及示例

13.7.3 控制点条件

控制点条件用来根据控制消息的表达式的计算结果限制消息的发送。控制点包含在消息中,在序列 ID 号和消息文本之间。

图 13.50 所示的标记符示例演示了消息 1a、消息 1b 或者没有消息从 ObjectA 根据控制点条件被发送。如果 GuardA 计算结果为 True,则 ObjectA 把 Operation1 消息发送到 ObjectB。如果 GuardB 计算结果为 True,那么则 ObjectA 把 Operation2 消息发送到 ObjectC。如果 GuardA 和 GuardB 计算结果都不是 True,则不会发送任何消息。

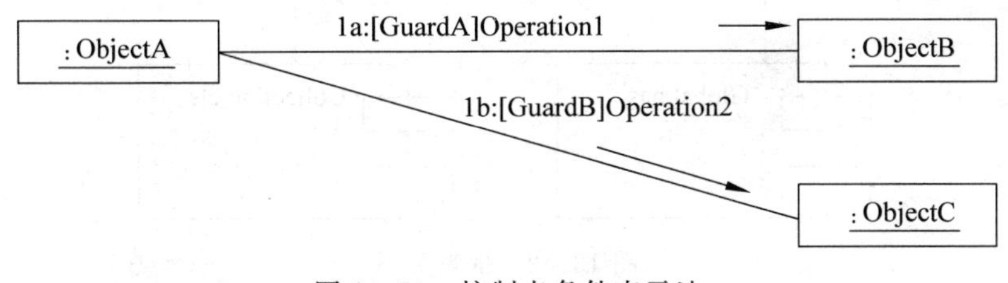

图 13.50 控制点条件表示法

13.8 组件图

组件图描述软件组件以及它们之间的依赖关系,从而便于人们分析和发现当修改某个组件时可能对哪些组件产生影响,以便对它们做相应的修改或更新。组件可以是源代码组件、二进制目标码组件、可执行组件或文档组件。

13.8.1 组件

组件用一边有两个小矩形的长方形表示,它可以用实线与代表组件接口的圆圈相连。每个组件实现(支持)一些接口,并使用另一些接口。如果组件间的依赖关系与接口有关,那么组件可以被具有同样接口的其他组件替代。组件表示方法如图 13.51 所示。

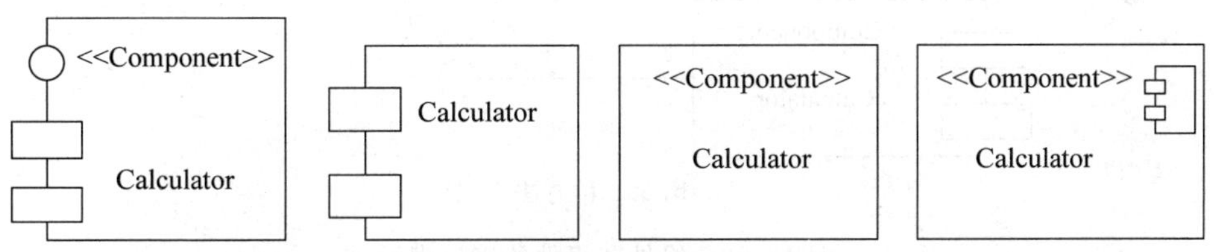

图 13.51 组件表示方法

13.8.2 依赖关系

依赖关系表示两个组件之间的关系,使用在一端带有开放箭头的短划线表示。箭头从依赖的对象指向被依赖的对象。依赖关系可以版型化,为关系提供某种意义。版型化组件依赖关系的标记符是把版型名称写在“≪≫”中,如图 13.52 所示。常用的版型是 includes,该例表示 Project. vbp 文件同时包含 Global. bas 以及 Collecion. cls 文件。还可以使用 import 和 implements 等版型建模组件之间的关系。

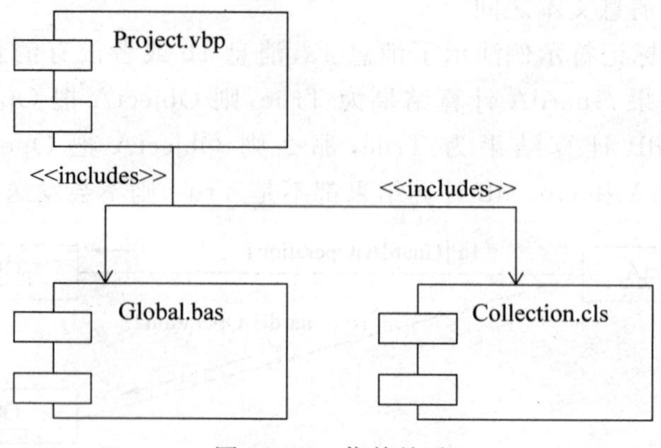

图 13.52 依赖关系

13.8.3 接口

组件和组件的接口可以采用两种表示法。第一种表示法是将接口用一个矩形来表示，矩形中包含了与接口有关的信息。接口与实现接口的构件之间用一条带有空心三角形箭头的虚线连接，箭头指向接口，如图 13.53(a)所示。

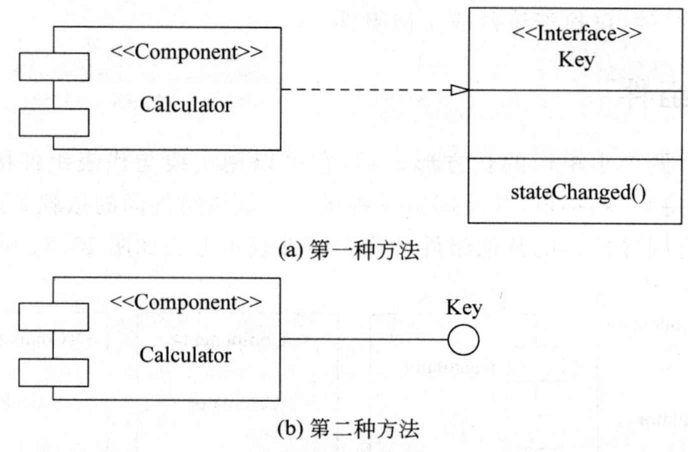

(a) 第一种方法

(b) 第二种方法

图 13.53 组件和组件的接口表示

第二种表示方法是使用一个小圆圈代表接口，用实线与组件连接起来。在这种语境中，实线代表的是实现关系，如图 13.53(b)所示。

13.9 部署图

部署图也称为配置图，描述系统中硬件和软件的物理配置情况及系统体系结构，展示各种组件如何在系统硬件上部署，以及各个硬件之间如何联系，它是系统拓扑的最终物理描述。如图 13.54 所示。

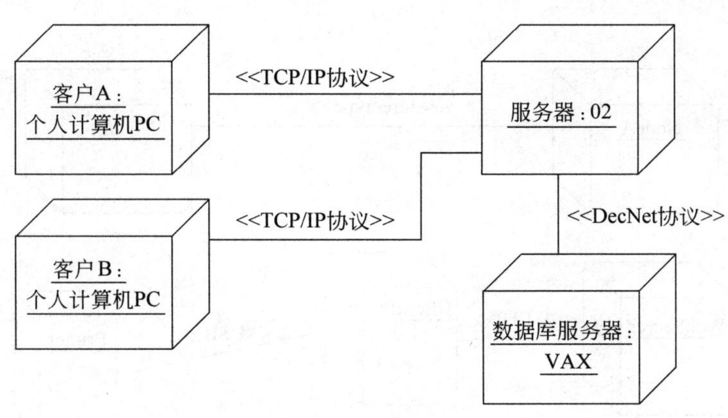

图 13.54 部署图

13.9.1 节点

节点(node)是指拥有某些计算机资源的物理对象，可以划分为两种类型：处理器是能够执行软件组件的节点；设备是不能执行软件组件的外围硬件，但它通常都具备某种形式的与外部的接口。节点用立方体表示。

连接是连接两个立方体的一条线，表示两个节点相连。一个连接不一定是物理的电线或电缆，也可以表示红外线或者通过卫星的无线连接等。

在部署图中，用节点表示实际的物理设备，如计算机和各种外部设备等，并根据它们之间的连接关系，将相应的节点连接起来，并说明其连接方式。在节点里面，说明分配给该节点上运行的可执行组件或对象，从而说明哪些软件单元被分配在哪些节点上运行，如图 13.55 所示。

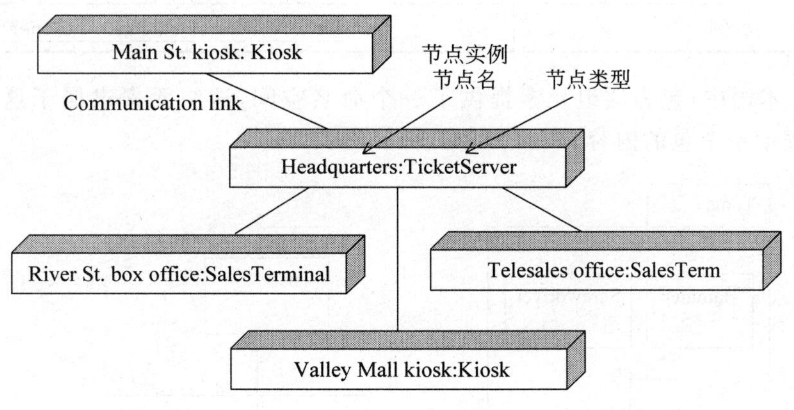

图 13.55 节点的表示

13.9.2 通信关联

节点通过通信彼此关联，从一个节点到另一个节点绘制实线表示关联。这种关系用来表示两种硬件通过某种方式彼此通信，通信方式使用与通信关联一起显示的版型表示，如

图 13.56 所示。

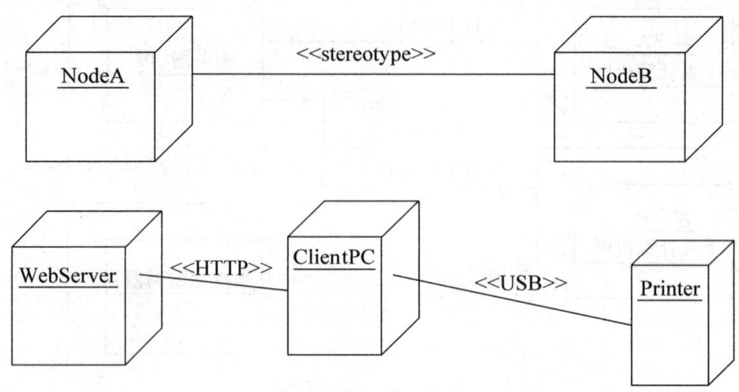

图 13.56 部署图及示例

通信关联的版型的标记符与组件依赖关系的版型的标记符非常相似，也使用≪≫表示。版型通常用来描述两种硬件之间的通信方法或者协议。

13.10 包图

包是一种把类进行分组的方式。把分组后的元素用一个带有标签的文件夹图标围起来，称为打包。如果给包起一个名字，就命名了一个组。包在对象或者类的情况下都通过在类名前追加名和双冒号(∷)的形式来表示，如表 13-8 所示。

表 13-8 UML 中包的语法格式

包语法格式	对象:包∷类
示例	MathTeacher:Grading∷Teacher

在 UML 术语中，包为这组元素提供了一个命名空间，这组元素隶属于这个包。UML 有两种方式表示一个包的内容，如图 13.57 所示。

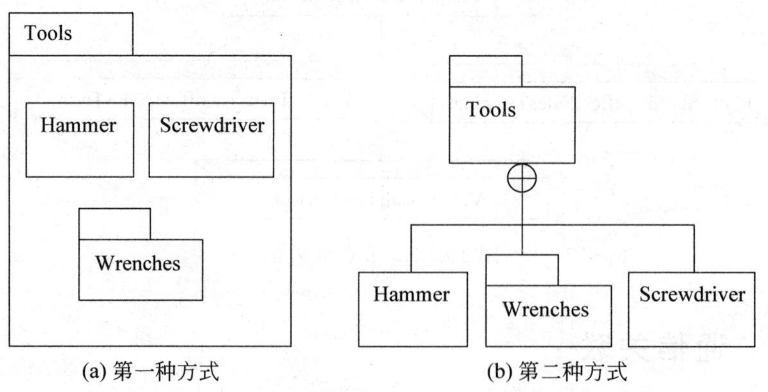

图 13.57 包的表示方法

13.10.1 包之间的关系

两个包之间可以有 3 种相关的方式：一个包可以泛化另一个包、依赖另一个包或者细化另一个包。图 13.58 所示了泛化关系和依赖关系。

当一个包包含和另一个包相同的元素，却带有更多细节的时候，前者是后者的细化。例如，当开始写一本书的时候，总是从提纲入手，该提纲概括了每章内容。假设每章概括都是一个名为 Proposal 的包中的元素，而 Completed Book 是另一个包含了所有完成章节的包。则 Completed Book 是包 Proposal 的细化。细化的两种表示方法如图 13.59 所示。

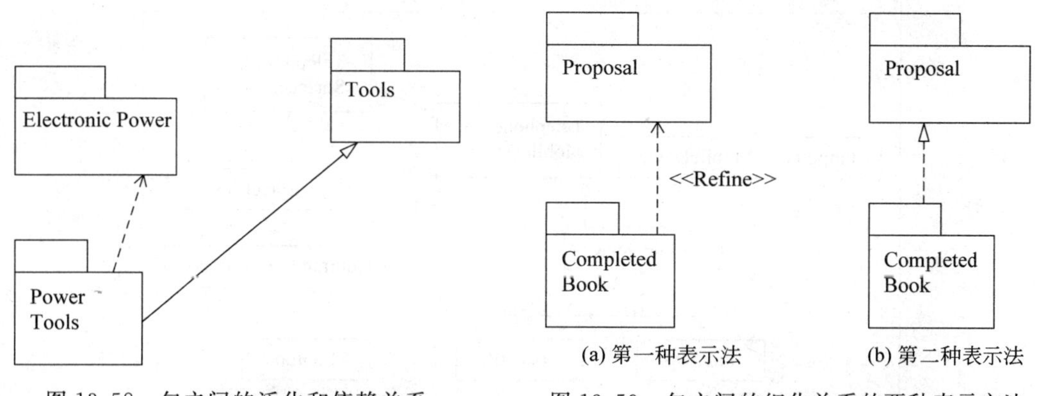

图 13.58 包之间的泛化和依赖关系　　图 13.59 包之间的细化关系的两种表示方法

13.10.2 合并包

一个包可以和另一个包合并。合并关系是进行合并的包（目标包）和获得合并操作的包（源包）之间的一种依赖关系，合并的结果是源包发生了变换。

例如，有两个分别名为 Computers 的包和名为 Telephones 的包。第三个包 Computer Telephone 分别和这两个包合并，如图 13.60 所示。注意，包 Computer Telephone 是空的。

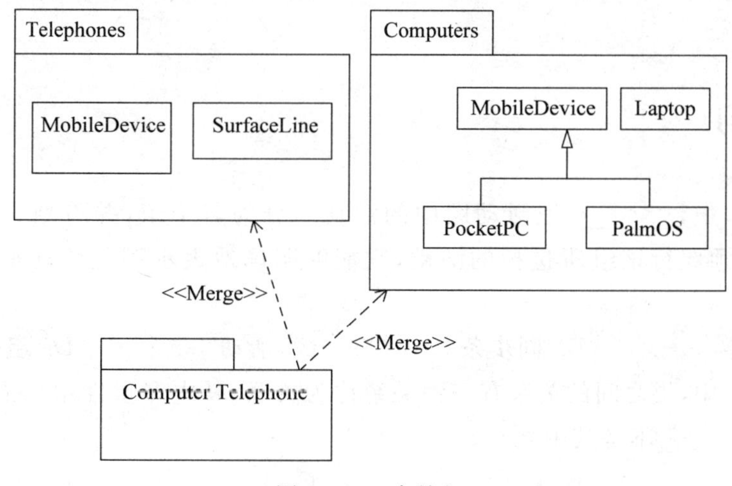

图 13.60 合并包

合并之后变换出如图 13.61 所示的 Computer Telephone 包。两个目标包中所有的类都被导入到这个包中。通过全限定名，Laptop 和 SurfaceLine 的继承关系表示出它们原来所在的包。当包之间进行合并时，若不同包中包含具有相同名字的类，则这个类在变换所得的包中，具有目标包中所有同名类的属性和操作，这是有关包合并的一个重要问题。Computer Telephone 包中的 MobileDevice 继承自每个目标包中的 MobileDevice 类。实际上，Computer Telephone::MobileDevice 是一个具有计算能力的智能手机，和 PocketPC 与 PalmOS 之间的继承关系表明智能手机可以在这两种操作系统中实现。

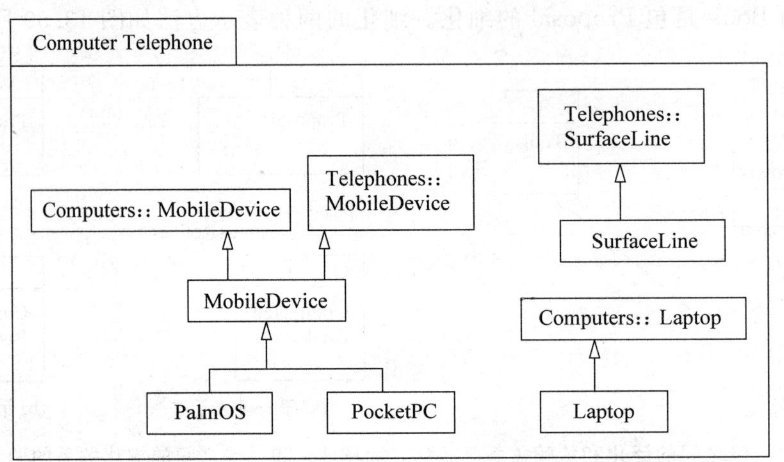

图 13.61 包合并后所得的变换结果

本章小结

本章主要介绍 UML 的基本理论，UML 的概念和特点，以及构成。同时介绍几种 UML 中的图，如用例图、类图、对象图、状态图、活动图等，还介绍各种不同类型的图的用处、画法和一些应用。

思考与练习

1. 在 UML 中，________把活动图中的活动划分为若干组，并将划分的组指定给对象，这些对象必须履行该组所包括的活动，它能够明确地表示哪些活动是由哪些对象完成的。

A. 泳道　　B. 同步条　　C. 活动　　D. 组合活动

2. 在 UML 中，类之间的关系有一种关系称为关联，其中多重性用来描述类之间的对应关系，下面________不是其中之一。

A. *..*　　B. 0..*　　C. 1..*　　D. 0..1

3. Use Case 用来描述系统在事件做出响应时所采取的行动。用例之间是具有相关性的。在一个“订单输入子系统”中，创建新订单和更新订单都需要检查用户账号是否正确。那么，用例“创建新订单”、“更新订单”与用例“检查用户账号”之间是________关系。

A. aggregation　B. extend　C. include　D. classification

4. 在 UML 中，用例可以使用________来描述。

A. 活动图　B. 类图　C. 状态图　D. 协作图

5. 下列关于 UML 叙述正确的是________。

A. UML 是一种语言，语言的使用者不能对其进行扩展

B. UML 是独立于软件开发过程的

C. UML 仅是一组图形的集合

D. UML 仅适用于系统的分析与设计阶段

6. UML 中，对象行为是通过交互来实现的，是对象间为完成某一目的而进行的一系列消息交换。消息序列可用两种类来表示，分别是________。

A. 状态图和时序图　B. 活动图和协作图

C. 时序图和协作图　D. 状态图和活动图

7. 当________时，用例是捕获系统需求最好的选择。

A. 系统有很多参与者　B. 系统具有很少的接口

C. 系统算法复杂，功能单一　D. 系统具有很少的用户

8. UML 的________模型图由类图、对象图、包图、构件图和配置图组成。

A. 用例　B. 静态　C. 动态　D. 系统

9. UML 的________模型图由活动图、顺序图、状态图和合作图组成。

A. 用例　B. 静态　C. 动态　D. 系统

10. UML 的最终产物就是最后提交的可执行的软件系统和________。

A. 用户手册　B. 类图

C. 动态图　D. 相应的软件文档资料

11. 在 UML 的需求分析建模中，________模型图必须与用户反复交流并加以确认。

A. 配置　B. 用例　C. 包　D. 动态

12. 活动图中的分叉和同步接合图符用来描述________。

A. 并发处理行为　B. 对象的时序

C. 类的关系　D. 系统体系结构框架

13. ________由节点和节点之间的联系组成，描述了处理器、设备和软件构件运行时的体系结构。

A. 构件图　B. 状态图　C. 顺序图　D. 配置图

14. 请对超市进销存系统进行 UML 建模。

系统需满足的基本需求如下：

(1) 销售：

售货员接收顾客订购，输入顾客购买的商品，计算总价；

顾客付款并接收清单；

售货员保存顾客购买的商品记录。

(2) 库存：

库存管理员每天进行盘点；

库存管理员每天发现库存商品有损坏时，及时到相关部门报损；

供应商的商品到货时，超市人员首先检查商品是否合格，并将合格商品入库处理；

经理、统计分析员根据需要进行相关商品的模糊查询或详细查询。

(3) 订货：

订货员用新商品供应商信息更新供应商数据库的信息；

订货员统计库存商品是否低于库存下限，然后制作订货单。

(4) 统计：

经理在促销期间或节日期间，注明相关商品的促销价格和手段；

经理按市场情况经常变动商品价格。

15. 分析下列用例图，思考扩展关系与包含关系的区别。

图 13.62 显示了一个金融贸易系统的用例图。其中，"风险分析"，"交易估价"，"进行交易"，"设置交易限额"，"更新账目"等都是用例的实例。营销人员在进行风险分析时，需要对交易状况进行评估，而在销售员进行交易估价时，也需要对交易状况进行同样的评估。此外，在进行交易过程中，有可能出现存在扰乱顺利进行交易的因素。其中之一便是超出某些边界值的情况。例如，贸易组织会对某个特定客户规定最大贸易量，当超过贸易限额时，需要进行一些额外的申请程序。请根据题意思考，在该用例图中，哪些可以使用包含关系，哪些可以使用扩展关系，并酌情对用例图进行修改。

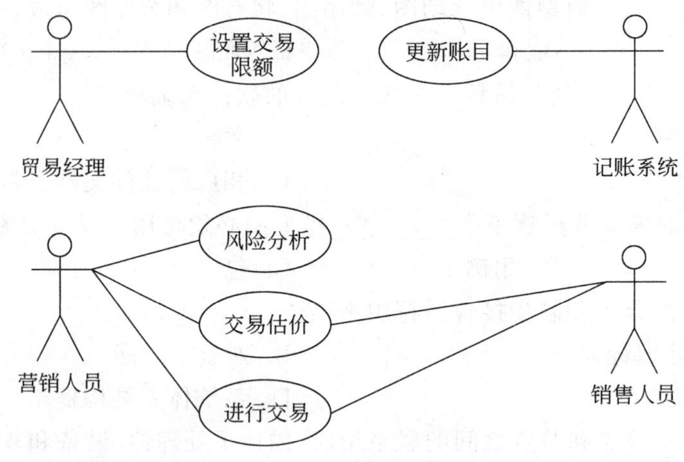

图 13.62　金融贸易系统的用例图

提示：请注意扩展与包含之间的相似点和不同点。它们两个都意味着从几个用例中抽取那些公共的行为并放入一个单独用例中，而这个用例被其他几个用例包含或扩展。但包含和扩展的目的是不同的。通常在描述一般行为的变化时采用扩展关系；在两个或多个用例中出现重复描述又想避免这种重复时，可以采用包含关系。

参考答案：当有一大块相似的动作存在于几个用例，又不想重复描述该动作时，就可以用到"包含关系"。为此可单独定义一个用例，即"评价贸易"，而"风险分析"和"交易估价"用例将使用它。扩展关系通常针对的是非常规情况。图 13.62 中，基本的用例是“进行交易”。交易中可能一切都进行得很顺利，但也可能出现超边界值的情况。例如，贸易组织会对某个特定客户规定最大贸易量，这时不能执行给定用例提供的常规动作，而要做些改动。我们可在“进行交易”用例中做改动。但是，这将把该用例与一大堆特殊的判断和逻辑混杂在一起，使正常的流程晦涩不堪。图 13.63 中将常规的动作放在“进行交易”用例中，而将非常规的动作放置于“超出限额的交易”用例中，这便是扩展关系的实质。

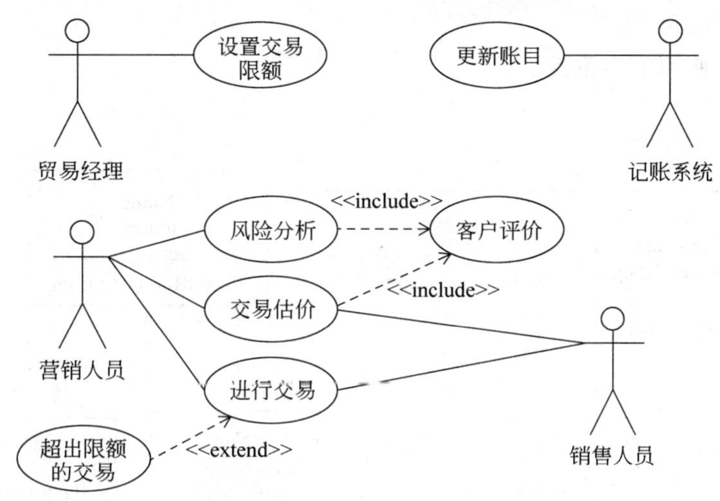

图 13.63 修改后的金融贸易系统用例图

16. 根据前面所学内容解释下面用例，确定参与者、用例以及它们之间如何建立关系。对图 13.64 执行如下步骤：

- 确定子系统。
- 确定参与者。
- 确定用例。
- 确定关系。

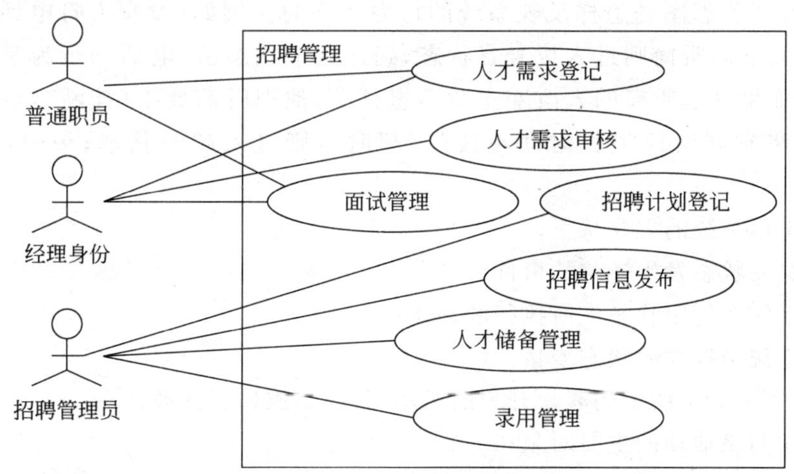

图 13.64 招聘管理用例图

17. 某开发人员进行类图建模，并采用 UML 展示了客户、订单、订单项、产品、客户之间的关系，请阅读图 13.65，并完成下列任务：

- 指出建模的类；
- 指出所有属性及其显示的数据类型；
- 指出所有显示的操作；
- 指出所有显示的关联；
- 指出建模的角色；
- 指出图中使用的多重性。

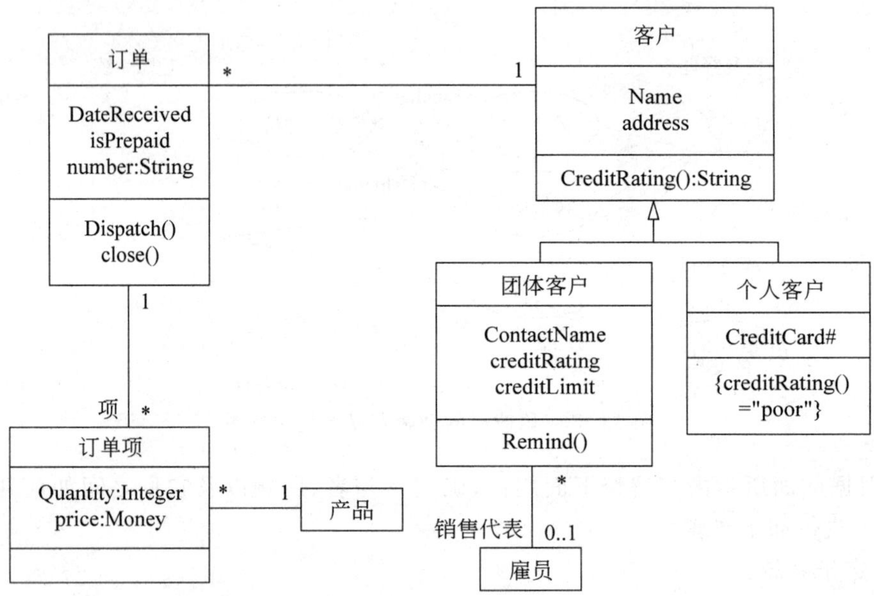

图 13.65 类图示例

18. 阅读图 13.66 所示的状态图，该状态图描述了人们非常熟悉的电话系统的状态图①，请具体说明状态图是怎样反映系统的行为变化的。例如，没有人打电话时电话处于闲置状态；有人拿起听筒则进入拨号音状态，到达这个状态后，电话的行为是响起拨号音并计时；这时如果拿起听筒的人改变主意不想打了，他把听筒放下（挂断），电话重又回到闲置状态；如果拿起听筒很长时间不拨号（超时），则进入超时状态；……，并完成如下任务：

- 指出电话系统的主要状态；
- 指出触发状态发生转移的事件；
- 指出系统在特定状态下所执行的动作；
- 指出系统中存在的状态变量。

19. 阅读图 13.67 所示的客户开户的活动图，并完成如下任务：

- 指出参与该活动的主要对象；

① 本例引自张海藩. 软件工程导论. 第 4 版. 北京：清华大学出版社，2004.

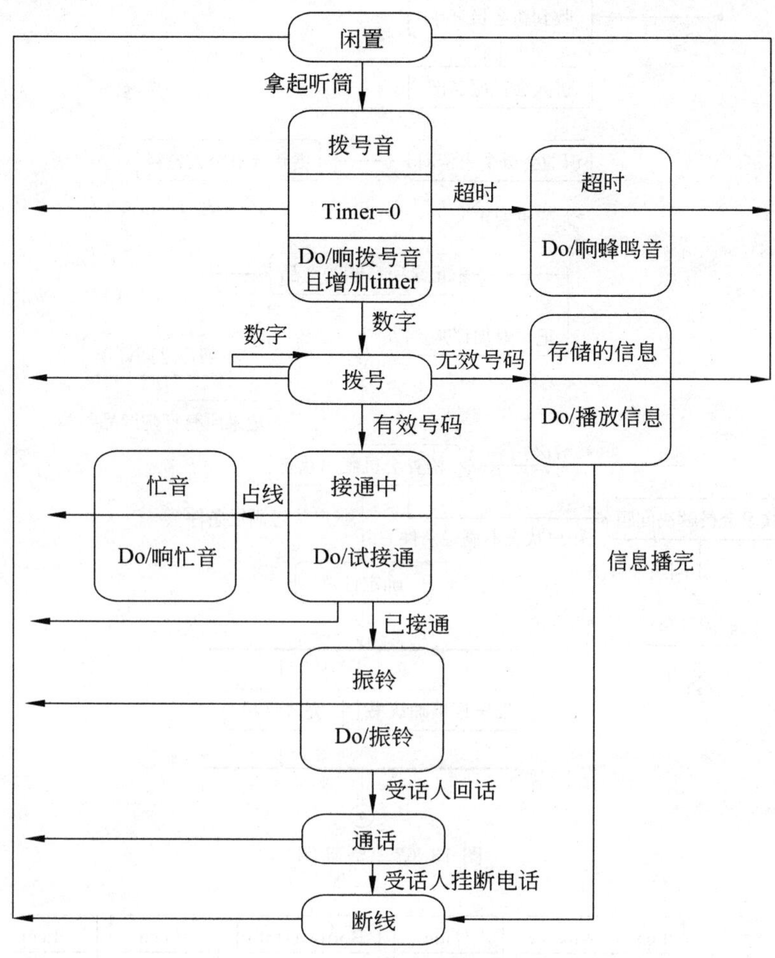

图 13.66 电话系统的状态图

- 指出活动图中涉及的主要活动；
- 指出活动图中涉及的对象的状态；
- 指出活动图中涉及的并发活动；
- 指出系统中存在的分叉与联合。

20. 阅读图 13.68 所示关于图书借阅的顺序图，在阅读顺序图时，指出已经学习过的标记符组件。

- 指出顺序图中的参与者和对象；
- 按照控制流的顺序指出各个消息。

21. 阅读图 13.69 所示的协作图，了解协作图建模的内容，并完成如下任务：

- 确定对象；
- 确定对象间消息传递的顺序；
- 概括协作图中的任务；
- 说明迭代的含义。

收到新会员订单
进入会员服务部
识别会员个人资料
更新会员个人资料
无变更要求
记录所订购的产品
记录附加订购产品
库存中缺少
所需产品
记录附加订购产品
创建过期订单
记录所有订购产品
问题解决
检查会员账户状态
联系会员解决问题
账户状态不满足条件
账户状态满足条件
问题未解决
确定订单
取消订单
发送订单确认书
完成订单

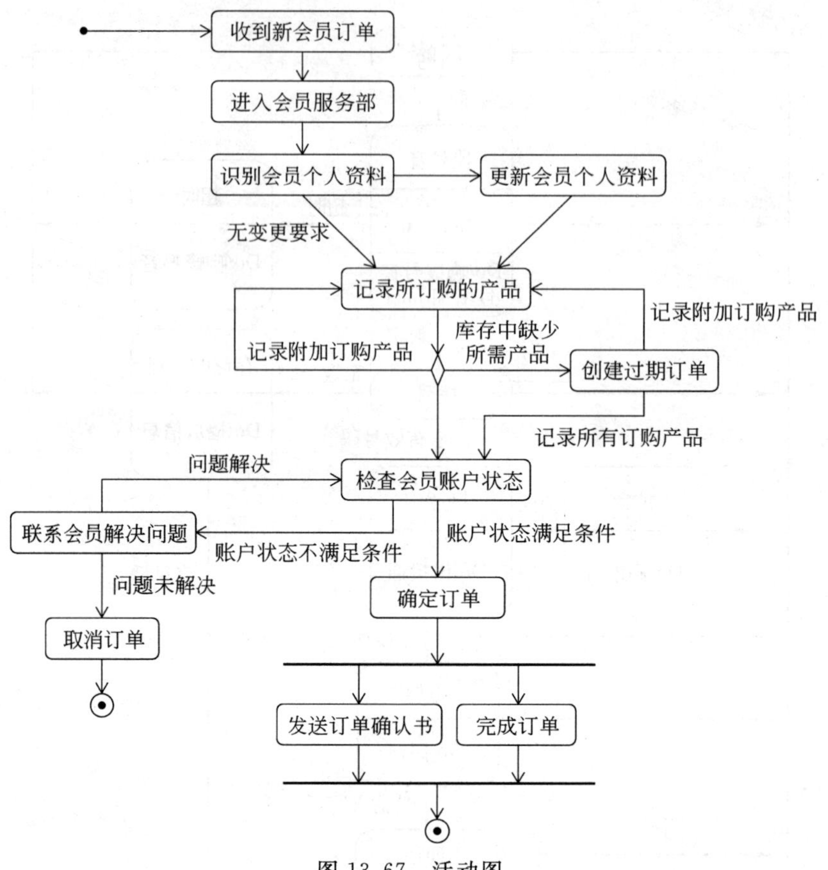

图 13.67 活动图

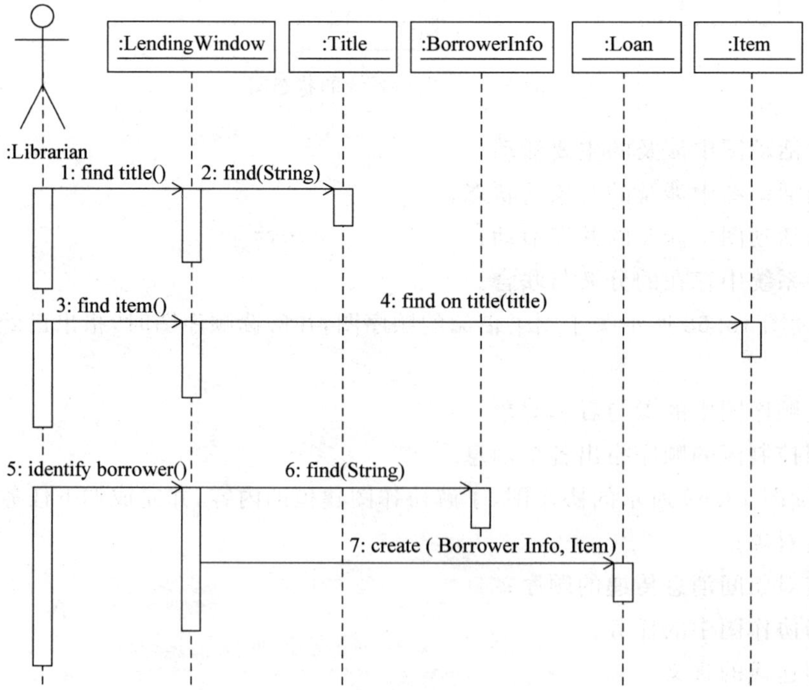

:LendingWindow
:Title
:BorrowerInfo
:Loan
:Item
:Librarian
1: find title()
2: find(String)
3: find item()
4: find on title(title)
5: identify borrower()
6: find(String)
7: create (Borrower Info, Item)

图 13.68 图书借阅的顺序图

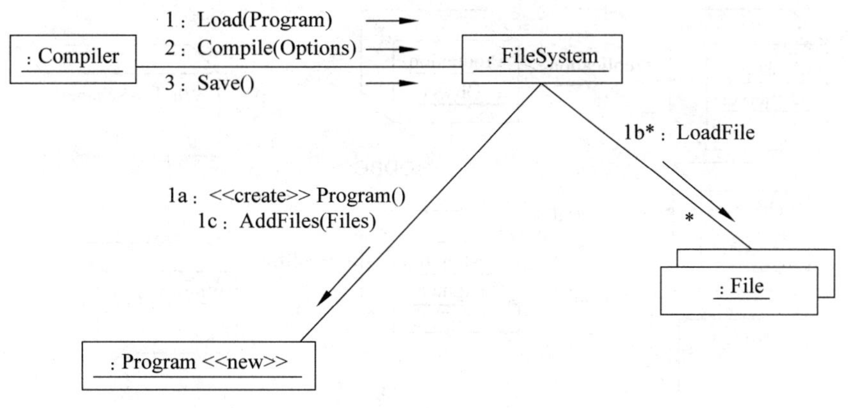

图 13.69　协作图

22. 阅读图 13.70 所示的组件图，识别组件图中的标记符，并完成如下任务：

- 标识出组件；
- 标识出包含组件；
- 标识出依赖关系；
- 标识出固化类型。

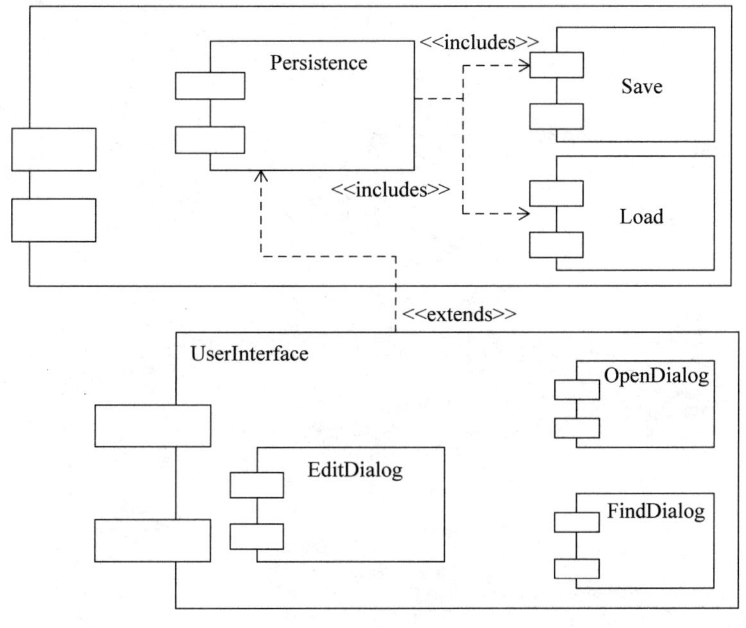

图 13.70　组件图

23. 阅读图 13.71 所示的部署图，识别所学习到的各种部署图的标记符，并完成以下任务：

- 标识出通用节点；
- 标识出实例化的节点；
- 标识出通信关联。

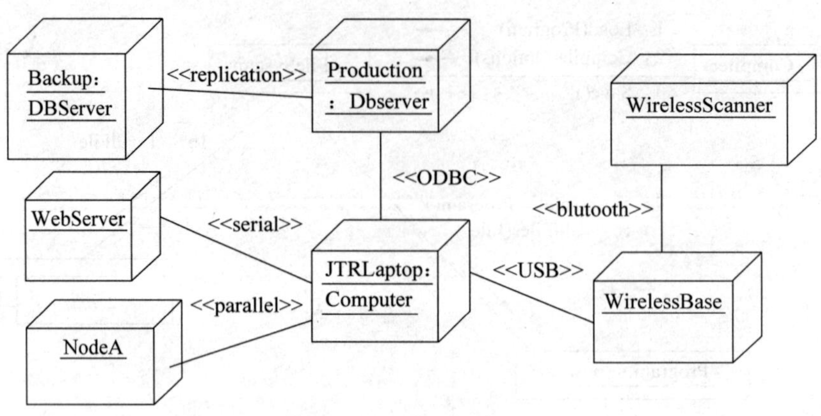

图 13.71 部署图

第14章 面向对象需求理解

学习目标

通过本章学习，要求掌握：

- 基于 UML 系统开发的步骤，包括需求理解、系统分析、系统设计和系统实现。
- 用例建模方法及其优缺点。
- 需求用例建模的过程，包括确定业务参与者、确定用例、构造用例图、用例说明及用例模型检查。
- 用例说明包含的要素以及各种类型的用例说明。
- 用例模型检查方法及过程。

14.1 基于 UML 的系统开发过程

面向对象的系统开发强调的是迭代开发和增量式开发，不要求一个阶段彻底完成。软件的某个部分经常会重复工作多次，相关功能在每次迭代中随之加入演进的系统。

迭代开发的生命周期基于对一个系统进行连续扩充和精化，这个过程要经历若干开发周期，每个周期都经历需求理解、分析、设计、构造和部署和实施阶段。如图 14.1 所示。

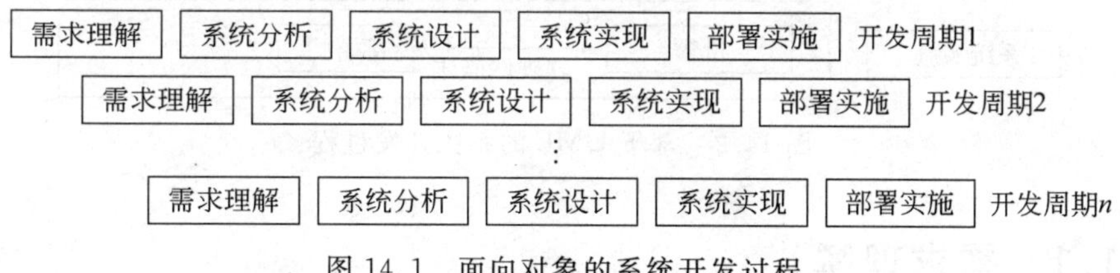

图 14.1 面向对象的系统开发过程

从方法学的角度来看，面向对象开发系统的过程是一种使用用例不断迭代的过程。每个开发周期只针对比较小的一部分需求，实现一个或者多个用例，或者用例的简化版本。每个开发周期中通过增加新的功能使系统得以扩充。系统的开发由用例驱动，它将需求转化为用例，然后反复选择最重要的用例，将用例的职责分配到类上，最后使用用例测试系统的可执行性。使用迭代的方法可减小风险，可清晰地度量进展情况。每次迭代完还要加强集成。进行系统建模时，必须综合考虑这些工作步骤。以体系结构为中心处理全局问题，始终要围绕建立解的体系结构展开工作，而体系结构的设计又必须在内部结构与功能之间做出权衡。

从应用的角度来看，采用面向对象技术设计系统是一个描述需求、建立系统的静态模型和动态模型的过程。在这个过程中，如何从不同应用层次、不同角度为系统分析、设计直到实现提供有力支持是十分复杂的，应视具体应用而定。

UML 为用户建模提供了强大的支持，并提供了很大的自由度。用户在遵循增量迭代开发的原则下，完全可以根据自己所开发系统的特点，在每次迭代的微过程（分析、设计、实现、测试和配置）中，灵活地选用 UML 所提供的各种图。

首先要把握的是如何使用用例技术正确描述系统需求。UML 中类图描述的是系统中类的静态关系，对象图有助于对复杂类的理解。在系统开发过程中，类图可应用于分析、设计和实现阶段。

UML 建模过程可以用图 14.2 来描述。

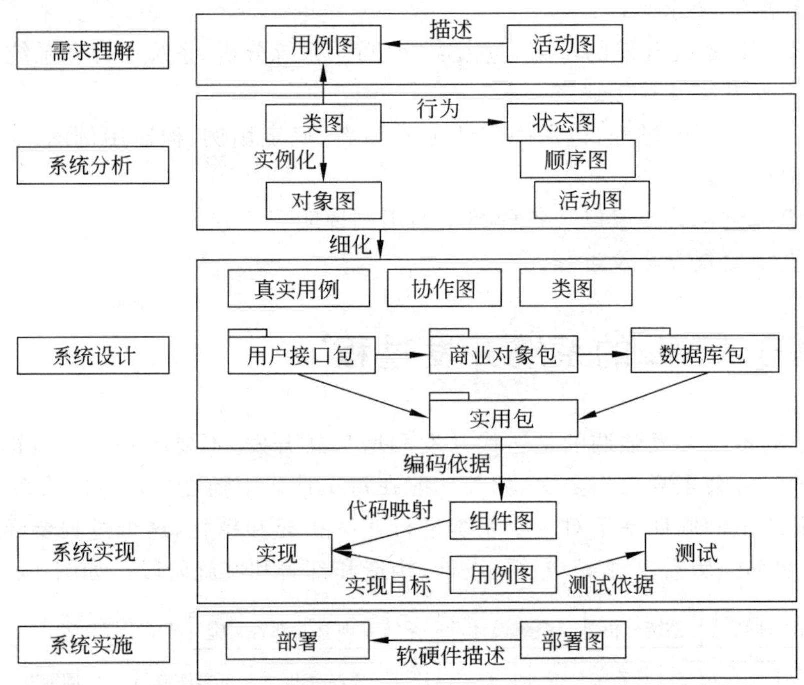

图 14.2 基于 UML 的系统开发过程

14.1.1 需求理解

面向对象系统开发的首要步骤是进行项目需求调研，了解系统所属单位的业务流程，以及系统涉及的各类人员。通过分析，确定系统边界，识别出系统中的所有用例和角色；接着分析系统中各角色和用例间的联系，再使用 UML 建模工具画出系统的用例图。这个过程具体包括：

- 了解业务过程，形成描述业务过程的活动图；
- 进行领域分析，了解客户领域中的主要实体，构造高层类图；

- 识别协作系统，建立初步的部署图；
- 发现系统需求，通过联合应用开发计划，细化类图。会议的工作产品是包图。包代表了一个系统功能的高层领域；
- 将结果提交给客户，得到客户认可后继续。

14.1.2 系统分析

系统分析的任务是找出系统中所有需求并加以描述，同时建立特定域模型。建立域模型有助于开发人员考察用例，从中抽取出类，并描述类之间的关系。整个过程如下：

- 理解系统用法，进行高层用例分析。工作产品是用例图，涵盖了用例与参与者和用例之间的包含、扩展关系。
- 充实用例，分析每个用例中的步骤序列。工作产品是对每个用例步骤的用例描述。
- 细化类图，在类图中加入关联名、抽象类、多重性、泛化和聚集。工作产品是一个细化的类图。
- 分析对象状态变化。进一步细化模型，展示对象状态的变化。工作产品是状态图。
- 定义对象之间的交互。工作产品是顺序图和协作图。
- 分析系统与其他协作系统的集成。包括通信类型、网络体系结构等。工作产品是详细的系统部署图和数据类型。

14.1.3 系统设计

系统设计阶段是进一步细化分析阶段的模型。涉及的任务包括：

- 开发和细化对象图，根据类图产生必要的对象图，检查每个操作并开发对应操作的活动图去充实对象图。工作产品是对象图和活动图。
- 开发构件图。可视化地描绘出构件与构件之间的关系。工作产品是构件图。
- 制定部署计划。编制系统的部署以及系统和其他协作系统集成的计划，表明每个节点中驻留哪些构件。工作产品是部署图。
- 设计和开发用户界面原型，包括与用户进行 JAD 会议。用户界面应该考虑到完成所有用例。分析员和用户共同开发用户界面原型（按钮、检查框、下拉列表、菜单等）。工作产品是屏幕界面原型。
- 类的包化有助于进行系统结构设计。包分为用户接口包、商业对象包、数据库包，它们之间的关系是前者依赖后者。
- 设计测试。用例是进行测试设计的依据，目的是开发的软件能够实现用例所描述的事情。工作产品是测试脚本。
- 编制文档。文档编制人员和开发人员共同编制文档，制定每个文档的高层结构。工作产品是文档结构。

14.1.4 系统实现

系统实现阶段的主要工作包括：

- 编制代码。程序员根据掌握的类图、对象图、活动图和构件图，编写实现系统的代码。工作产品是编制出的代码。

- 测试代码：测试专家运行测试脚本，评价代码是否完成了预期的工作。工作产品是测试结果。
- 构建用户界面和用户界面到代码的连接与测试。GUI 专家构建用户界面并将界面连接到代码，进一步测试确保用户界面工作正确。工作产品是带有用户界面的功能系统。
- 完成文档。开发阶段，文档专家与程序员并行工作，确保文档及时完成和交付。工作产品是文档。
- 编制备份和恢复计划。由系统工程师编制计划，防止系统崩溃。工作产品是备份和恢复计划。
- 在硬件上安装最终系统。系统工程师在开发人员协助下，将开发好的系统部署到合适的计算机上运行。工作产品是完全部署好的计算机系统。
- 测试安装后的系统。开发组对安装好的系统进行测试，包括功能测试、备份和恢复机制是否能够起作用等。
- 系统试运行。

通过上述基于 UML 的系统开发过程可以看出，系统的交付成果是在各个阶段逐层细化而形成的。UML 中的各种视图也不是在一个阶段全部完成的，而是随着开发的深入逐步细化。各阶段的主要任务和交付成果总结如表 14-1 所示。

表 14-1　面向对象系统开发过程及交付成果

系统开发阶段	主要任务	UML 交付成果
需求理解		用例模型 高层类模型
系统分析		类图 活动图 顺序图 状态图
系统设计		协作图 设计类图 部署图 组件图
系统实现		编程 测试

14.2 理解需求

正确理解需求并表达需求是成功地进行系统开发的基础。在面向对象的系统开发过程中，用例建模是常用的理解需求的方法。系统开发的关键性问题之一是从用户那里提取正确的必要的系统需求，并以用户可以理解的方式进行说明，以便使需求可以得到验证和证实。用例建模的基本思想就是以用户为核心，完全站在用户的角度看待系统，他们并不想了解系统的内部结构和设计，他们所关心的是系统所能提供的服务，即系统的使用。

用例主要用于捕捉系统的功能性需求，它是获取业务过程和系统需求的有效方式，而且技术本身是非常简单易学的。用例方法具有如下特点：

（1）容易界定系统边界。定义边界的目的是确立系统分析的起点。边界定义的不同会带来不同的后果，因为视角会因为边界而变动。传统的需求调研往往以业务模块为基础，或者以客户现有职能部门为基础进行划分，这种划分容易带来系统边界的不清晰和依赖关系复杂的问题。而用例方法完全是站在用户的角度上（从系统的外部）来描述系统的功能的。在用例方法中，系统被视作一个黑箱，用户并不关心系统内部是如何完成它所提供的功能的，而是系统有哪些外部使用者（抽象成为参与者），这些使用者与被定义系统发生交互；针对每一参与者，用例方法又描述了系统为这些参与者提供了什么样的服务（抽象成为用例），或者说系统是如何被这些参与者使用的。

（2）将需求分析和设计分离。与传统的功能分解方式相比，用例方法完全是从外部来定义系统的功能，它把需求与设计完全分离开来。在面向对象的分析设计方法中，用例模型主要用于表述系统的功能性需求，系统的设计主要由对象模型来记录表述。

（3）用例定义了系统功能的使用环境，每一个用例描述的是一个完整的系统服务。用例方法比传统的软件需求说明书（SRS）更易于被用户理解，它可以作为开发人员和用户之间针对系统需求进行沟通的一个有效手段。

（4）根据用例来对目标系统进行测试。可以根据用例中所描述的情境来完整地测试一个系统服务，可以根据用例的各个场景（Scenario）来设计测试用例，完全测试用例的各种场景可以保证测试的完备性。

构造需求用例模型的目的是分析和提取足够的需求信息，创建一个模型，模型从用户的角度表示系统需要实现什么，但不涉及系统如何构造和实现的具体细节。需求用例建模过程如下：

（1）确定业务参与者。

（2）确定业务需求用例。

（3）构造用例模型图。

（4）记录业务需求用例描述。

14.2.1　确定业务参与者

所谓的参与者是指所有存在于系统外部并与系统进行交互的人或其他系统。通俗地讲，参与者就是定义系统的使用者。寻找参与者可以从以下问题入手：

- 系统开发完成之后，有哪些人会使用这个系统？
- 系统需要从哪些人或其他系统中获得数据？
- 系统会为哪些人或其他系统提供数据？
- 系统会与哪些其他系统相关联？
- 系统是由谁来维护和管理的？

这些问题有助于抽象出系统的参与者。对于 ATM 机的例子，回答这些问题可以使我们找到更多的参与者，如表 14-2 所示。

表 14-2 参与者的识别

问 题	涉及的参与者
有哪些人会使用这个系统	银行客户
系统需要从哪些人或其他系统中获得数据	ATM 机需要从客户获得相应的操作请求信息,也需要与后台服务器进行通信以获得有关用户账号的相关信息
系统会为哪些人或其他系统提供数据	ATM 系统与后台服务器相连,并为客户提供数据
系统会与哪些其他系统相关联	ATM 系统与后台服务器系统连接
系统是由谁来维护和管理的	系统由维护人员负责管理与维护系统

该例中,参与者包括银行客户、操作员、后台服务器,如图 14.3 所示。注意,参与者是由系统的边界所决定的,如果我们所要定义的系统边界仅限于 ATM 机本身,那么后台服务器就是一个外部的系统,可以抽象为一个参与者,如图 14.4 所示。

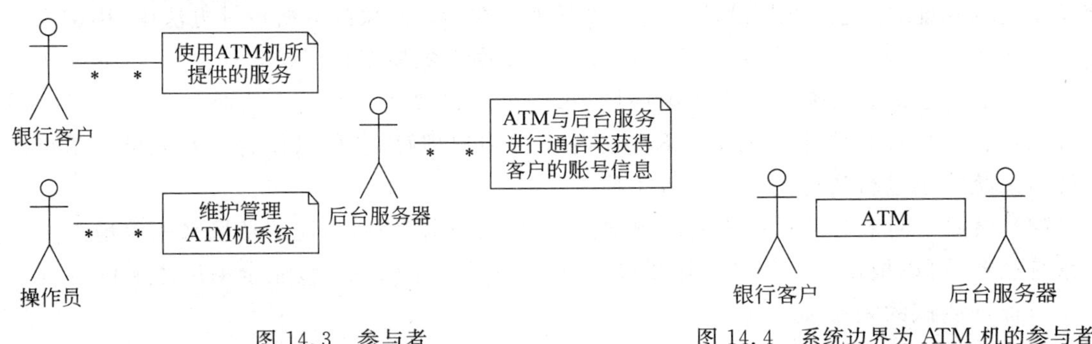

图 14.3 参与者　　图 14.4 系统边界为 ATM 机的参与者

如果我们所要定义的系统边界扩大至整个银行系统,ATM 机和后台服务器都是整个银行系统的一部分,这时候后台服务器就不再被抽象成为一个参与者,如图 14.5 所示。

在本例中,系统时钟也可以作为参与者,如图 14.6 所示。例如,有时候需要在系统内部定时地执行一些操作,如检测系统资源使用情况、定期地生成统计报表等。从表面上来看,这些操作并不是由外部的人或系统触发的,若要表述这一类功能需求,可以抽象出一个系统时钟或定时器参与者,利用该参与者来触发这一类定时操作。从逻辑上来看,这一参与者应该被理解成是系统外部,由它来触发系统所提供的用例对话。

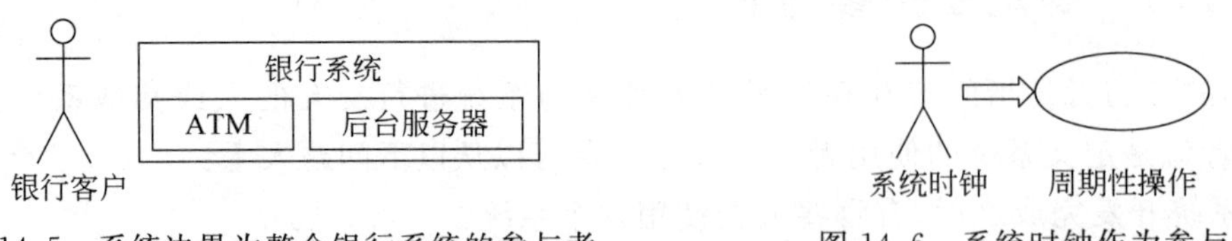

图 14.5 系统边界为整个银行系统的参与者　　图 14.6 系统时钟作为参与者

值得注意的是,用例建模时不要将一些系统的组成结构作为参与者来进行抽象。如在 ATM 机系统中,打印机只是系统的一个组成部分,不应将它抽象成一个独立的参与者;在一个 MIS 中,数据库系统往往只作为系统的一个组成部分,一般不将其单独抽象成一个参与者。

14.2.2 确定用例

找到参与者之后，可以根据参与者来确定系统的用例，主要是看各参与者需要系统提供什么样的服务，或者说参与者如何使用系统。实践表明，对参与者提供用例是非常有用的。面对一个大系统，要列出用例清单常常十分困难。这时可先列出参与者清单，再对每个参与者列出它的用例，问题就会变得容易很多。

在针对每个参与者识别用例时，首先要识别最关键、最复杂和最重要的用例，即必要的用例，可以从以下问题入手：

- 参与者为什么要使用该系统？
- 参与者是否会在系统中创建、修改、删除、访问、存储数据？如果是的话，参与者又是如何来完成这些操作的？
- 参与者是否会将外部的某些事件通知给该系统？
- 系统是否会将内部的某些事件通知该参与者？

综上所述，ATM系统的用例可以归纳成如表14-3所示。

表14-3　ATM系统用例

参与者	涉及的用例
银行客户	主要涉及的用例是查询、存取款以及转账操作
后台服务器	负责对客户的查询、存取款以及转账操作请求进行响应
操作员	主要负责维护系统
系统时钟	负责触发一些周期性的事务操作

在用例的抽取过程中，需要注意以下3点：

(1) 用例必须是由某一个角色触发而产生的活动，即每个用例至少应该涉及一个角色。如果存在与角色不进行交互的用例，就可以考虑将其并入其他用例；或者是检查该用例相对应的参与者是否被遗漏，如果是，则补上该参与者。反之，每个参与者也必须至少涉及一个用例，如果发现有不与任何用例相关联的参与者存在，就应该考虑该参与者是如何与系统发生对话的，或者由参与者确定一个新的用例，或者该参与者是一个多余的模型元素，应该将其删除。

(2) 对于同一个系统，不同的人对于参与者和用例都可能有不同的抽象结果，因而得到不同的用例模型。我们需要在多个用例模型方案中选择一种“最佳”(或“较佳”)的结果，一个好的用例模型应该能够容易被不同的涉众所理解，并且不同的涉众对于同一用例模型的理解应该是一致的。

(3) 此外，用例建模往往是一个团队开发的过程，在建模过程中必须注意参与者和用例的名称应该符合一定的命名约定，这样整个用例模型才能够符合一定的风格。如参与者的名称一般都是名词，用例名称一般都是动宾词组等。

14.2.3 构造用例图

根据前述识别的参与者和用例，构造用例图如图14.7所示，可以采用方框的形式将系统边界勾画出来。

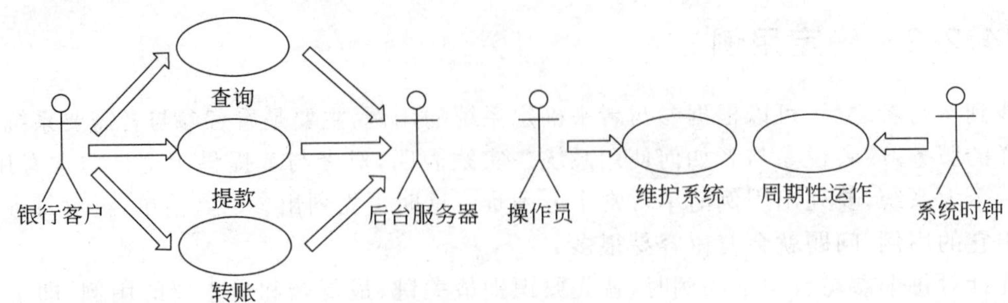

图 14.7　ATM 机的用例图

在初始的用例图中，只表述参与者和用例之间的关系，即它们之间的通信关联。然后应对用例图进行调整，描述参与者与参与者之间的泛化(generalization)、用例和用例之间的包含(include)、扩展(extend)和泛化关系。利用这些关系来调整已有的用例模型，把一些公共的信息抽取出来重用，使得用例模型更易于维护。但是在应用中要小心选用这些关系，一般来说，这些关系都会增加用例和关系的个数，从而增加用例模型的复杂度。而且一般都是在用例模型完成之后才对用例模型进行调整，所以在用例建模初期不必要急于抽象用例之间的关系。

14.2.4　用例说明

用例模型是由用例图和每一个用例的详细描述用例说明所组成的。用例图使我们对系统的功能有了一个整体的认知，我们可以知道有哪些参与者会与系统发生交互，每一个参与者需要系统为它提供什么样的服务。用例描述的是参与者与系统之间的对话，但是这个对话的细节并没有在用例图中表述出来，针对每一个用例我们可以用事件流来描述这一对话的细节内容，这些信息包含在用例说明中。用例描述也称为“用例场景”，即进行业务事件以及用户如何同系统交互以完成任务的文字描述。

1. 用例说明的要素

在用例说明中，通常包含以下基本要素，如表 14-4 所示。

表 14-4　用例说明

用例说明事项	作用和内容
简要说明 (Brief Description)	简要介绍该用例的作用和目的
用例场景 (Use-Case Scenario)	包括成功场景和失败场景，场景主要是由基本流和备选流组合而成的
事件流 (Flow of Event)	包括基本流(典型事件过程)和备选流(备选事件过程、替代过程)，事件流应该表示出所有的场景
前置条件 (Pre-Condition)	执行用例之前系统必须存在的状态
后置条件 (Post-Condition)	用例执行完毕后系统可能处于的一组状态
特殊需求 (Special Requirement)	描述与该用例相关的非功能性需求(包括性能、可靠性、可用性和可扩展性等)和设计约束(所使用的操作系统、开发工具等)

(1) 用例场景。用例在实际执行的时候会有很多的不同情况发生,所有这些可能发生的各种情况(包括正常的和异常的)被称为用例的场景(scenario),场景也被称作是用例的实例(instance)。在用例的各种场景中,最常见的场景是用基本流(basic flow)来描述的,其他的场景则是用备选流(alternative flow)来描述。也可以说场景是用例的实例,在描述用例的时候要覆盖所有的用例场景,否则就有可能导致需求的遗漏。在用例说明中,场景的描述可以由基本流和备选流的组合来表示。场景既可以防止需求的遗漏,同时也可以对后续的开发工作起到很大的帮助:开发人员必须实现所有的场景,测试人员可以根据用例场景来设计测试用例。

(2) 基本流。基本流描述的是该用例最正常的一种场景,在基本流中系统执行一系列活动步骤来响应参与者提出的服务请求。以 ATM 取款为例,首先插入信用卡,输入密码,然后取款,退卡。在描述基本流时需注意以下 4 点:

① 每一个步骤都需要用数字编号以清楚地标明步骤的先后顺序。

② 用一句简短的标题来概括每一步骤的主要内容,这样阅读者可以通过浏览标题来快速地了解用例的主要步骤。在用例建模的早期,只需要描述到事件流步骤标题这一层,以免过早地陷入到用例描述的细节中去。

③ 整个用例模型基本稳定之后,再针对每一步骤详细描述参与者和系统之间所发生的交互。建议采用双向(roundtrip)描述法来保证描述的完整性,即每一步骤都需要从正反两个方面来描述:a. 参与者向系统提交了什么信息;b. 系统对此有什么样的响应。

④ 在描述参与者和系统之间的信息交换时,需指出来回传递的具体信息。例如,只表述参与者输入了客户信息就不够明确,最好明确地说参与者输入了客户姓名和地址。通常可以利用词汇表让用例的复杂性保持在可控范围内,可以在词汇表中定义客户信息等内容,使用例不至于陷入过多的细节。

(3) 备选流。备选流负责描述用例执行过程中异常的或偶尔发生的一些情况。仍以 ATM 取款为例,前面仅描述了提款用例中最顺利的一种情况。作为一个实用的系统,还必须考虑可能发生的各种其他情况,如信用卡无效、输入密码错误、用户账号中的现金余额不够等,这些则采用备选流进行描述。在描述备选流时,应该包括以下 4 个要素:

① 起点:该备选流从事件流的哪一步开始;

② 条件:在什么条件下会触发该备选流;

③ 动作:系统在该备选流下会采取哪些动作;

④ 恢复:该备选流结束之后,该用例应如何继续执行。

备选流的描述格式可以与基本流的格式一致,也需要编号并以标题概述其内容,编号前可以加以字母前缀 A(Alternative)以示与基本流步骤相区别。

(4) 特殊需求。特殊需求通常是非功能性需求,它为一个用例所专有,但不适合在用例的事件流文本中进行说明。特殊需求的例子包括法律或法规方面的需求、应用程序标准和所构建系统的质量属性(包括可用性、可靠性、性能或支持性需求等)。此外,其他一些设计约束,如操作系统及环境、兼容性需求等,也可以在此节中记录。需要注意的是,这里记录的是专属于该用例的特殊需求;对于一些全局的非功能性需求和设计约束,它们并不是该用例所专有的,应把它们记录在《补充说明》中。

(5) 前置和后置条件。前置条件是执行用例之前必须存在的系统状态,后置条件是用例执行完毕后系统可能处于的一组状态。

以 ATM 系统中的“取款”用例为例，可以采用表格的形式对该用例进行说明，如表 14-5 所示。

表 14-5 ATM 机取款用例说明示例

<table>
<tr><td>用例名称</td><td colspan="2">ATM 机取款</td></tr>
<tr><td>目标</td><td colspan="2">描述客户在使用 ATM 机进行取款时的各种场景</td></tr>
<tr><td>主要参与者</td><td colspan="2">用户</td></tr>
<tr><td>触发条件</td><td colspan="2">用户登录系统时触发</td></tr>
<tr><td>前置条件</td><td colspan="2">系统必须能正常启动</td></tr>
<tr><td rowspan="2">典型事件过程</td><td>参与者动作</td><td>系统响应</td></tr>
<tr><td>① 用户插入信用卡
③ 输入密码
⑤ 输入取款金额
⑦ 退出系统，取回信用卡</td><td>② 系统显示登录界面
④ 系统验证信息
⑥ 系统吐出现金
⑧ 用例结束</td></tr>
<tr><td>替代事件过程</td><td colspan="2">备选流 1：在基本流步骤 1 中，用户插入无效信用卡，系统显示错误并退出信用卡，用例结束
备选流 2：在基本流步骤 2 中，用户输入错误密码，系统显示错误并提示用户重新输入密码，重新回到基本流步骤 2；三次输入密码错误后，信用卡被系统没收，用例结束
备选流 3：在步骤 5 中，如果卡内余额不足，则系统提示无法进行，要求重新输入取款金额</td></tr>
<tr><td>后置条件</td><td colspan="2">系统重新显示登录界面</td></tr>
</table>

2. 包含关系的用例说明

在基础用例的事件流中，只需要引用被包含用例即可。

查询——基本事件流：

(1) 用户插入信用卡。

(2) 输入密码。

(3) 选择查询。

(4) 查看账户余额。

(5) 包含用例“打印回执”

(6) 退出系统，取回信用卡。

在这个例子中，多个用例需要用到同一段行为，可以把这段共同的行为单独抽象成为一个用例，然后让其他的用例来包含这一用例。从而避免在多个用例中重复性地描述同一段行为，也可以防止该段行为在多个用例中的描述出现不一致性。当需要修改这段公共的需求时，也只需要修改一个用例，避免同时修改多个用例而产生的不一致性和重复性工作。

有时当某一个用例的事件流过于复杂时，为了简化用例的描述，也可以把某一段事件流抽象成为一个被包含的用例。这种情况类似于在过程设计语言中，将程序的某一段算法封装成一个子过程，然后再从主程序中调用这一子过程。

3. 扩展关系的用例说明[①]

扩展关系的用例说明如图 14.8 所示。

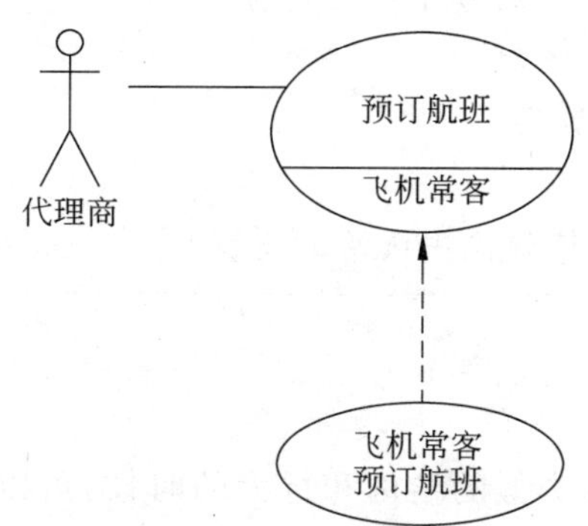

图 14.8　UML 扩展关系的用例说明

用例：预订航班

主事件流：

1. 当代理人为客户指定旅行路线时，用例开始。
2. 系统搜索一组符合条件的航班，并将他们提供给代理人。（飞机常客 a）
3. 代理人选择“选择航班”。
4. 系统验证航班上还有座位并预约座位。（飞机常客 b）
5. 代理人提供支付信息，结束预订。（飞机常客 c）
6. 系统预订座位并出票。

备选事件流：

4a　在选择的票类中没有座位可以提供：
　　4a1. 系统通知代理人，在客户选择的票价类别中没有座位可以提供。
　　4a2. 代理人指定另一种价格偏好。

4b　没有座位可以提供（航班已满）：
　　4b1. 系统通知代理人根本没有座位提供。
　　4b2. 代理人指定另一组客户的起飞时间偏好。（飞机常客 d）

用例：为飞机常客预订航班

扩展“预订航班”

主事件流：

飞机常客 a

系统检索客户的资料，并显示根据客户的航线偏好进行分类的航班。

飞机常客 b

---

① 摘自 Steve Adolph，Paul Bramble. 有效用例模式（影印版）\Agile 软件开发. 北京：清华大学出版社，2003.

系统为客户提供头等座位。 飞机常客 c 1. 系统验证客户已经升级了其账号中的优惠券 2. 系统把客户列入航班升级清单。 **备选事件流**：没有座位可以提供 飞机常客 d 代理人将客户放在一个座位等待优先级清单上。

4. 泛化关系的用例说明

当多个用例共同拥有一种类似的结构和行为的时候，可以将它们的共性抽象成为父用例，其他的用例作为泛化关系中的子用例，如图 14.9 所示。在用例的泛化关系中，子用例是父用例的一种特殊形式，子用例继承了父用例所有的结构、行为和关系。在实际应用中很少使用泛化关系，子用例中的特殊行为都可以作为父用例中的备选流存在。

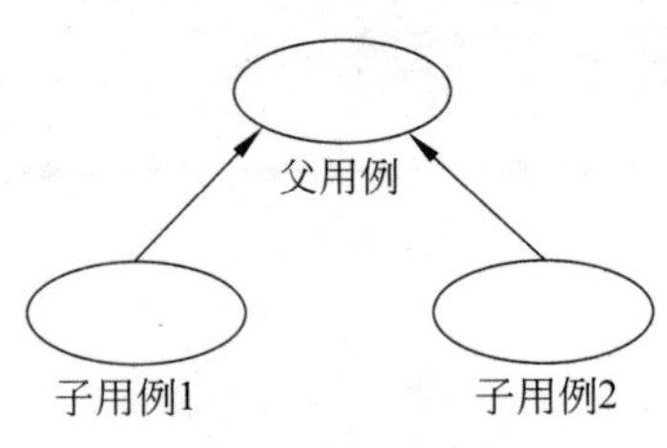

图 14.9　泛化关系的用例说明

以下是一个用例泛化关系的例子，执行交易是一种交易抽象，执行房产交易和执行证券交易都是一种特殊的交易形式。

用例泛化关系中的事件流示例如表 14-6 所示。

表 14-6　用例泛化关系中的事件流示例

执行交易 基本流： 1. 客户登录 验证用户身份…… 2. 客户选择交易 客户选择交易类型…… 3. 客户选择账号 系统显示客户可用账号，客户选择…… 4. 执行交易 5. 客户开始新的交易 如果客户需要执行其他交易，转至步骤 3…… 6. 显示交易结果 系统显示交易结果……	执行证券交易 该用例是执行用例的一个子用例 基本流： 1. 客户登录 2. 客户选择交易 3. 客户选择账号 4. 执行交易 根据客户选择的交易类型，系统分别执行定价买入，定价卖出…… 5. 客户开始新的交易 6. 显示交易结果 除了父用例中的操作步骤之外，系统计算用户的账号平衡情况……

14.2.5　用例模型检查

用例模型完成之后，可以对用例模型进行检查，看看是否有遗漏或错误之处。主要可以从以下 3 个方面来进行检查：

1. 需求完备性检查

1) 功能需求的完备性

现有的用例模型是否完整地描述了系统功能,这也是判断用例建模工作是否结束的标志。如果发现还有系统功能没有被记录在现有的用例模型中,那么就需要抽象一些新的用例来记录这些需求,或是将它们归纳在一些现有的用例之中。

2) 模型是否易于理解

用例模型最大的优点就在于它应该易于被不同的涉众所理解,因而用例建模最主要的指导原则就是它的可理解性。用例的粒度、个数以及模型元素之间的关系复杂程度都应该由该指导原则决定。

3) 是否存在不一致性

系统的用例模型是由多个系统分析员协同完成的,模型本身也是由多个部分所组成的,所以要特别注意不同部分之前是否存在前后矛盾或冲突的地方,避免在模型内部产生不一致性。不一致性会直接影响到需求定义的准确性。

4) 避免二义性语义

好的需求定义应该是无二义性的,即不同的人对于同一需求的理解应该是一致的。在用例说明的描述中,应该避免定义含义模糊的需求,即无二义性。

2. 用例模型的简洁和重用性检查

用例模型建成之后,可以对用例模型进行检查,看是否可以进一步简化用例模型、提高重用程度、增加模型的可维护性。主要从以下检查点(checkpoints)入手:

(1) 用例之间是否相互独立?如果两个用例总是以同样的顺序被激活,可能需要将它们合并为一个用例。

(2) 多个用例之间是否有非常相似的行为或事件流?如果有,可以考虑将它们合并为一个用例。

(3) 用例事件流的一部分是否已被构建为另一个用例?如果是,可以让该用例包含另一个用例。

(4) 是否应该将一个用例的事件流插入另一个用例的事件流中?如果是,利用与另一个用例的扩展关系(extend)来建立此模型。

3. 管理用例模型复杂度

一般小型的系统,其用例模型中包含的参与者和用例不会太多,一个用例图就可以容纳所有的参与者,所有的参与者和用例也可以并存于同一个层次结构中。对于较复杂的大中型系统,用例模型中的参与者和用例会大大增加,需要一些方法来有效地管理由于规模上升而造成的复杂度。

用例包(package)是 UML 中最常用的管理模型复杂度的机制,包也是 UML 中语义最简单的一种模型元素,它就是一种容器,在包中可以容纳其他任意的模型元素(包括其他的包)。在用例模型中,可以用构造型(sterotype)≪use case≫的方法来扩展标准 UML 包的语义，这种新的包叫做用例包(use case package)，用于分类管理用例模型中的模型元素，如图 14.10 所示。

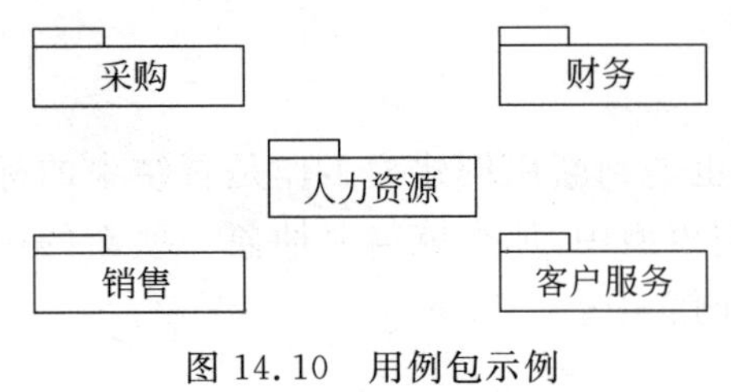

图 14.10 用例包示例

可以根据参与者和用例的特性来对它们进行分类，分别置于不同的用例包管理之下。例如对于一个大型的企业管理信息系统，可以根据参与者和用例的内容将它们分别归于人力资源、财务、采购、销售、客户服务这些用例包之下。这样将整个用例模型划分成为两个层次，在第一层次看到的是系统功能总共分为 5 部分，在第二层次可以分别看到每一用例包内部的参与者和用例。

14.3 案例分析——电子培训系统的需求理解

14.3.1 分析问题领域

分析问题领域是软件开发的一项基本工作，是项目开发之初必须首先进行的重要工作。分析问题领域的结果是对问题领域的清晰、精确的定义，明确系统目标将做些什么。

分析问题领域的主要任务是：对问题领域进行抽象，提出解决方案；对未来的系统进行需求分析，确定系统的职责范围、功能需求、性能需求、应用环境及假设条件等；采用用例图对未来系统的行为建立模型，初步确定未来系统的体系结构等。

ABC e-Training 系统是 ABC 公司内部研究开发支持培训教育的一个教学管理平台。经过整个项目小组特别是需求分析小组的反复讨论，基本确定 ABC e-Training 系统向用户提供的功能从逻辑上可分为 4 部分：一是教学过程管理，这是整个系统的核心；二是支持教学过程的教务管理；三是支撑系统的基本服务性功能；四是增强系统服务的辅助功能。

经过调研后理解各部分的基本功能如下：

1. 教学管理

教学是课程的活动形式。在 ABC e-Training 系统的教学活动中，教师、学生、培训点管理平台、培训工具进行互动，将静态的教程转化为动态的教学活动。教学过程包括以下 7 部分内容：

① 课堂教学环境：课堂教学环境指在一个教室范围内的由多种教学工具、培训工具组成的教学环境，为教师和学生提供多种现代化的电子手段，促使整个教学活动顺利进行。

② 网络学习环境：网站学习环境为学生提供了离线的异步学习环境，作为培训点实时培训的支持和补充。学生和教师可选择适合自己的时间，通过 ABC 教学网站提供的平台，异步进行提问/答疑、讨论等多种教学活动。

③ 教案组织：教案指在一次培训课的教学活动中各种资源的组织形式。教师在进行课堂教学之前，可根据课程的具体特点，把相关的教学资源组织在一起。

④ 自动教学：学生通过与系统的交互，获取知识、训练技能。在此过程中，学生可通过网络学习环境，与教师远程交流，得到帮助和指导。

⑤ 课堂教学：教师是教学活动的主导，通过多种形式利用系统资源，组织课堂教学。

⑥ 课终考试：学习结束后，学生可通过结业考试或认证考试，结束课程学习。

⑦ 教学活动信息管理：教学活动信息主要是指在整个教学过程中发生的，对每堂课、教学的每个阶段以及教学结束时学员学习活动和学习成果的记录，学习效果和教学效果的调查反馈信息。

2. 教务管理

教务管理为教学活动的正常进行提供组织支持。教务管理的核心目标是能够灵活地支持多种培训模式，即能为系统用户提供灵活、方便地资源使用方式，也能通过权限认证等手段保护系统资源不被滥用。

教务管理中包括以下 3 部分内容：

① 辅助教学模式下的教务管理：适用于以教师为主导的培训课程；课程、学生、教师等要素构成逻辑意义上的教学班。当一门课程结束以后，相应的教学班也结束。教师和学生对系统资源的使用也随着建立而开始，终结而结束。

② 自动教学模式下的教务管理：适用于以系统为中心的全自动教学模式。学生注册为系统成员后，在一个时间段内可随时使用系统资源，在教程学习结束后或时限超时后，不能继续使用系统资源。

③ 课程管理：培训点可针对自己的具体情况，设定在何时开设何种培训班，并报请 ABC 备案批准。

3. 系统服务

主要是为教学活动的组织、实施提供基本的系统服务，包括培训点的管理和维护，对用户的统一组织和管理，以及对教学资源的组织和管理。

4. 系统辅助功能

为了给系统用户提供更好的服务而添加的一些辅助功能，例如网站信息发布、历史信息管理、统计分析、技术支持等。

根据面向对象的思想，每一部分功能都是基于对现实世界中实际运行过程的设想来考虑的，有利于项目开发小组成员以及公司的各管理层对要开发的系统有一个清晰的认识，能迅速了解整个系统的流程，以及系统将来在实际中的运行情况。也有利于分清系统开发的轻重缓急，提炼出系统的核心部分，制订整个系统的分步实施计划，明确每一阶段系统要实现的目标，系统每一阶段需要扩展的功能。

实际上，随着需求理解的深入，项目组确定应首先实现系统的核心功能，即把“教学管理”作为系统开发的第一阶段，进行优先开发，首先确定 ABC e-Training 教务管理系统的原型，主要是组织教学资源，保障最基本的教学过程得以执行，最终完成一定的教学任务。因此，整个原型系统应实现如表 14-7 所示的基本功能。

表 14-7 ABC e-Training 的核心功能

主要功能	具体功能
教学资源管理	教学资源元素是教学内容的最基本来源，需要提供资源的制作环境。主要实现教学资源元素的制作、查询、搜索、定位、编辑和浏览。包括： • 教学资源元素的编辑与制作功能 • 教学资源元素库查询、修改资源库的索引（包括全文检索）功能 • 教学资源的组织、检索与管理功能
教案管理	电子教案是对教学资源元素的合理组织，是展开教学过程，实现教学任务的依据。主要实现教案的组织、编辑、修改和保存。包括： • 电子教案的编辑、组织和浏览功能 • 教案自动载入、输出
教学过程管理	教学过程的进行是根据电子教案进行教学内容的展示，这可以通过资源浏览工具来实现。教学过程中的互动则可以借助在线交互系统完成。包括： • 教学实施过程中的在线交互和在线帮助功能 • 针对学习效果的检测，如联系和测试 • 针对教学检测结果的评判

14.3.2 确定 ABC e-Training 系统范围和系统边界

首先要确定业务需求和系统目标。ABC e-Training 系统是支持定点培训的电子平台，提供学员学习 IT 技术的仿真模拟环境。整个系统包括对教学资源的组织管理，对用户的组织管理，培训点和培训班的组织管理，以及对整个教学过程和师生间交流互动的支持，这些都是该系统的职责范围。

由于学员付费后才被认可其学习资格，ABC e-Training 系统与财务系统存在着系统边界。财务系统从 ABC e-Training 系统获得学员选课情况，并将付费情况反馈给 ABC e-Training 系统。另外，学员学习完毕后，可直接转至 ABC e-Training 系统参加考试，获得技术认证资格。ABC e-Training 系统可从 ABC e-Training 系统获得该学员的基本报名资料，自动完成考试报名工作。所以这两个系统之间也存在着系统边界。

14.3.3 定义参与者

根据 ABC e-Training 系统的职责范围和需求可以确定以下的活动者：ABC e-Training 系统管理员，负责整个系统的维护；培训点系统管理员，负责培训点的维护和管理，包括培训点本身的建立和维护，培训点课程的安排和管理，培训点教师和学员的组织和管理；培训点主讲教师，利用系统提供的教学编辑环境，负责整个培训课程的组织、教学活动的进行以及课后的学生答疑；学生，参加培训人员的人员，利用系统提供的学习环境进行学习，以及教学过程中和教师及其他同学进行交互。

财务系统作为外部活动者，从 ABC e-Training 系统获得学员选课情况，处理学员的课程缴费情况，并将实际结果反馈给 ABC e-Training 系统。

而 ABC e-Training 系统则是从 ABC e-Training 系统获得要参加考试的学员基本信息，转为准考证信息。

14.3.4 定义用例

每一个用例都是一个活动者与系统在交互中执行的有关事务序列。应当根据系统需求，找出全部的用例，并从活动者的角度给出事件流，当用例执行时系统应提供给活动者服务。对一个用例应说明的基本内容是：用例怎样开始和结束、正常的事件流、变通的事件流、意外情况的事件流等。

从 ABC e-Training 系统的顶层用例进行抽象，可以确定这样几个用例："教务管理"、"教学活动"、"用户管理"、"培训点管理"、"辅助管理"等。

其中用例"教务管理"与活动者"培训点系统管理员"、"主讲教师"、"学生"存在着交互；"教学活动"与活动者"主讲教师"、"学生"存在着交互；"用户管理"与活动者"培训点系统管理员"、"用户"存在着交互；"培训点系统管理员"与活动者"ABC e-Training 系统管理员"和"培训点系统管理员"发生交互；"辅助管理"与活动者"培训点系统管理员"、"主讲教师"，"学生"发生交互活动。

14.3.5 绘制用例图

用例图是系统的外部行为视图。在确定了参与者和用例的基础上，绘制用例图，可视化参与者与用例之间的联系，可以更清楚地了解系统的行为。

绘制用例图从顶层抽象开始，如图 14.11 所示，然后逐步分解，精化用例图，如图 14.12、图 14.13 和图 14.14 所示，再次分解到如图 14.15 所示。直到能清楚地表达问题，满足系统分析与建立模型的需要为止。

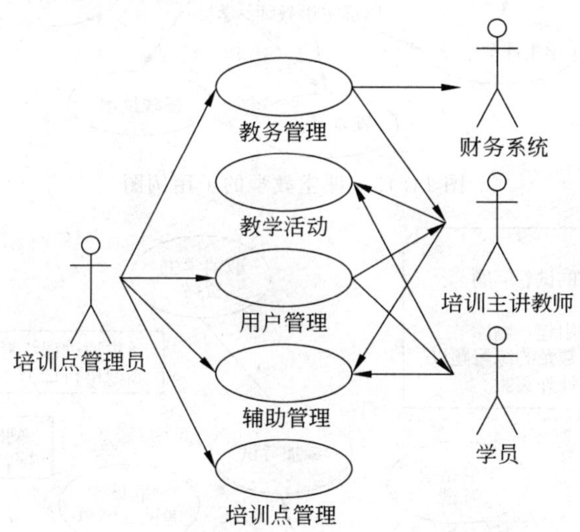

图 14.11 e-Training 系统顶层的用例图

顶层的用例模型只包含五个用例：这样设计在项目开端阶段理解系统的要求和目标是有好处的，但随着分析的深入，需要不断地细化和展开，以便深入了解系统的要求和目标。正如前所述，当系统分析进入到核心原型系统的时候，伴随着将"教学活动"这个用例逐层分解的过程。以"教学过程"为例，可以分解成"教案组织"、"课堂教学"、"课终考试"、"教学活动信息管理"、"教学环境"这 5 个子用例。

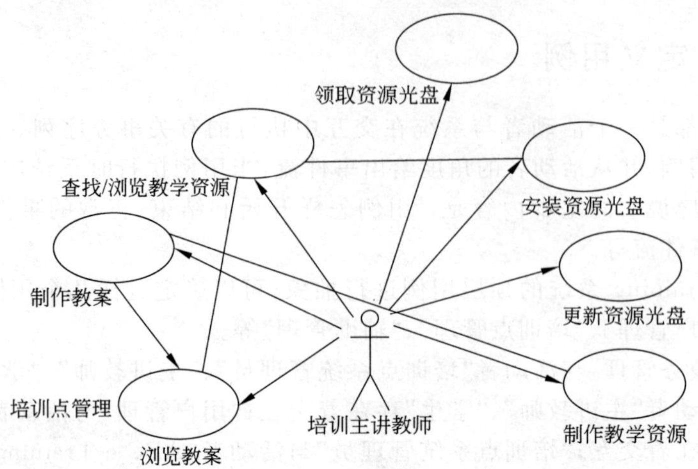

图 14.12 教案组织的子用例图

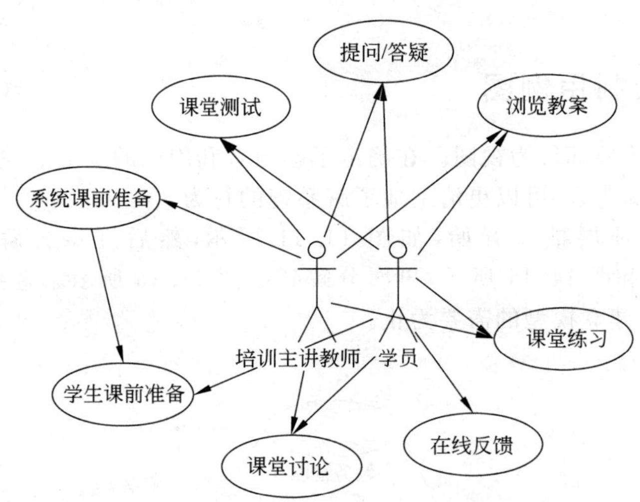

图 14.13 课堂教学的子用例图

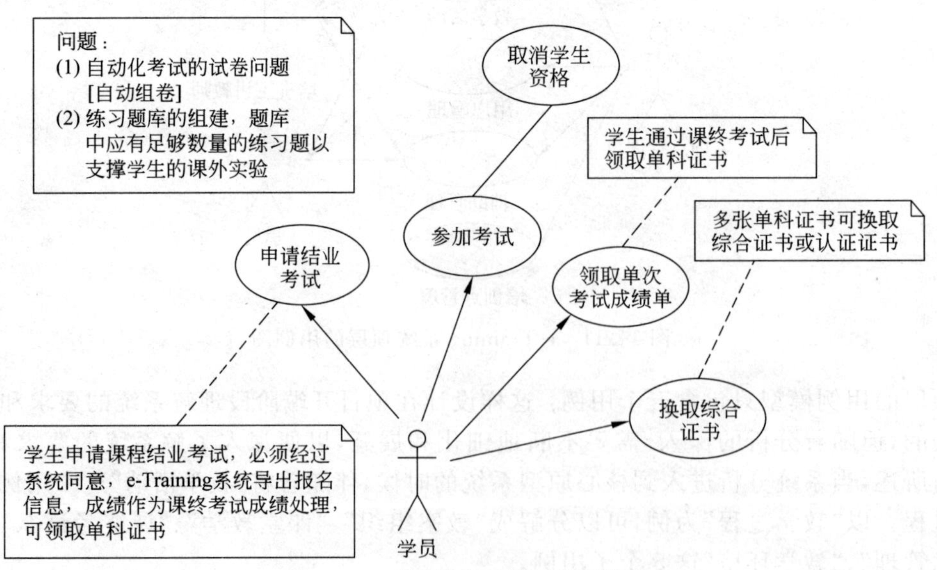

图 14.14 “课终考试”的子用例图

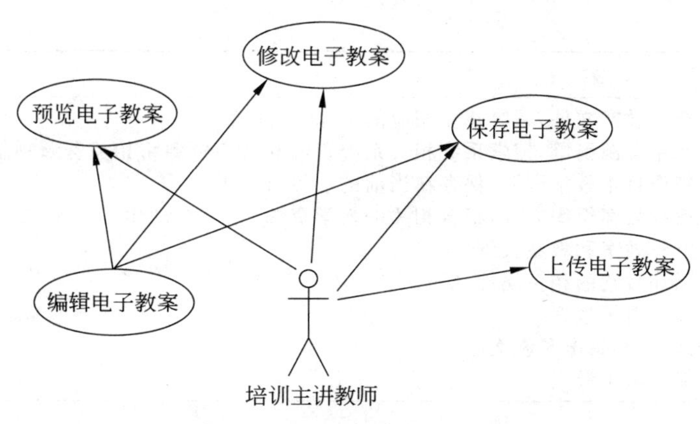

图 14.15 “教案制作”的子用例图

作为教学活动进行的先决条件,“教案组织”这个用例又可以分为以下几个子用例:“查找/浏览教学资源”、“制作教学资源”、“制作教案”、“浏览教案”、“领取资源光盘”、“安装资源光盘”、“更新资源光盘”,如图 14.12 所示。

而课堂教学以教师作为整个培训课程的主体,通过讲解、答疑、讨论等多种形式组织课堂教学。因此“课堂教学”又可以分为以下几个子用例:“系统课前准备”、“课堂测试”、“提问/答疑”、“浏览教案”、“学生课前准备”,“课堂讨论”、“课堂练习”和“在线反馈”,如图 14.13 所示。

整个培训课程结束时产生的“课终考试”用例可分为“申请结业考试”、“参加考试”、“领取单次考试证书”、“换取综合证书”,如图 14.14 所示。

作为第三层的用例图分别比第一层和第二层更加清楚地展示了系统的需求和目标,可以说这个阶段的分析已经进入了精化阶段的系统分析,然而要确切地了解未来系统的功能是怎样的,分解到这一步还远远不够。比如说随着系统分析的深入,“制作教案”这个子用例又可具体的划分为“编辑电子教案”、“预览电子教案”、“修改电子教案”、“保存电子教案”、“上传电子教案”这 5 个子用例,如图 14.15 所示。

14.3.6 用例说明

除了用例图之外,对每一个用例还应进行描述,编写用例说明文档。这有助于参与系统开发的各类人员了解每一个用例的活动和行为过程。

本案例中的部分用例说明如表 14-8、表 14-9 和表 14-10 所示。

表 14-8 编辑电子教案用例的说明

用例名称	编辑电子教案
用例概述	搜索、制作教学资源,编辑成电子教案
主要参与者	培训主讲教师
前置条件	教师具有权限并已登录到系统

续表

用例名称	编辑电子教案
典型事件过程	1. 新建教案文件,系统建立相应的 project 目录 2. 使用资源引擎,搜索系统相关系统资源和自主资源将相关资源复制到项目目录 3. 制作自主教学资源,保存在当前的项目目录下 4. 根据教案组织方式,组合相关的教学资源,系统自动生成教案的资源组织索引,生成电子教案和教案大纲 5. 添加教案的相关属性说明 6. 预览电子教案 7. 修改、编辑电子教案 8. 保存电子教案
替代事件过程	略
后置条件	

表 14-9 上传电子教案用例的说明

用例名称	上传电子教案
用例概述	帮助主讲教师将电子教案上传到培训系统中
主要参与者	培训主讲教师
前置条件	教师具有权限并已登录到系统
典型事件过程	1. 确定要上传的电子教案,选择上传功能,系统将电子教案压缩打包 2. 接收教师登录信息,系统验证身份,建立与培训点服务器的连接(登录模块实现功能) 3. 发送选定的电子教案 4. 根据教师的登录名查找教师的个人目录 5. 接收电子教案,将其解压缩到教师个人目录下 6. 返回消息教案上传成功
替代事件过程	替代 1:如果教师的身份验证没有通过,返回消息系统连接失败,无法上传教案 替代 2:如果与系统的连接超时,返回消息超时,上传教案失败,并中断与系统的连接 替代 3:如果没有教师目录,新建教师目录 替代 4:如果解压缩失败,返回消息教案上传失败,并中断连接
后置条件	如果上传成功,则教师的电子教案上传到网上供使用;如果上传失败,返回失败信息

表 14-10 预览电子教案用例的说明

用例名称	预览电子教案
用例概述	教师能方便、迅速地浏览、查找教案所需的资源
主要参与者	培训主讲教师
触发条件	选择要浏览的电子教案
前置条件	教师具有权限并已登录到系统
典型事件过程	1. 选择要浏览的电子教案,系统列出该教案的电子大纲 2. 选择浏览的资源内容,根据资源索引进行资源的定位查找 3. 找到资源文件,根据资源文件的后缀名,启动相应的浏览工具,展示资源文件 4. 浏览另一资源文件,原先激活的资源文件自动最小化 5. 关闭所有同类型的资源文件,关闭相应的浏览工具
替代事件过程	略

通过用例说明，用户和开发人员可以很清楚地了解每一个用例所交互的对象，要实现的功能，预期达到的目标，以及整个的工作流程。与此同时，配以相应的活动图，对工作流程包括正常事件流和意外事件流进行可视化的描述。这不但有利于系统开发人员充分了解各个业务流程，而且利于日后不断地考察、修正事件流，特别是对意外事件流的补充和修正。另一方面，根据用例的工作流，有利于在后面的分析阶段提取对象，以进一步深化系统的分析和设计。

本章小结

在面向对象的系统开发中，用例扮演着十分重要的角色，贯穿系统开发的始终。整个系统的开发是以用例来驱动的，用例是理解系统需求的起点，直观地说明了系统实现的功能以及和该功能发生交互作用的活动者。采用用例获取需求的一般方法是：先寻找参与者，再确定相关的用例，最后进行用例说明。

本章详细介绍用例建模的方法、步骤，以及用例说明的要素及具体方式。同时也介绍如何表示用例之间的包含、扩展、泛化等关系，以及相应的用例说明。

思考与练习

1. 现有一套简单的工资系统。绘制一张用例图，并包含表示下列用例之间适合的关系，考虑可能的包含、扩展和泛化关系。

- 增加奖金。给员工增加一种奖金类型，并合并在随后的工资单中。
- 取消奖金。删除员工的某种奖金类型。
- 统计收入。统计工资单中的所有收入。
- 统计奖金。统计工资单中所有奖金。
- 计算实得工资。计算工资单中去掉所有奖金后的总收入。
- 计算税额。计算工资单中所有应付税额。
- 计算养老金。计算工资单中所有养老金。
- 更改员工姓名。更改记录在案的员工姓名。
- 更改员工地址。更改记录在案的员工邮件地址。
- 计算基本工资。计算工资单中员工基本工资。
- 计算加班工资。计算工资单中员工加班工资。
- 改变支付手段。改变支付工资的方法，如现金、直接存款和支票。

2. 请根据下列场景绘制用例图，使用泛化和包含关系。

- 购买航班机票。预订航班机票，并提供付款和地址信息。
- 提供付款信息。用信用卡支付发生的费用。
- 提供地址。提供邮件地址和住址。
- 租赁汽车。预订出租汽车，提供付款和地址信息。

- 支付酒店住宿。预订酒店房间，提供付款和地址信息。
- 支付。支付旅行费用，提供付款和地址信息。

3. 根据下列飞行奖励计划绘制用例图，要包含用例之间的恰当关系。

- 查看积分。查看当前账户的飞行奖励积分。
- 递交遗漏积分。为没有奖励积分的活动请求积分。
- 改变地址。提交新邮件地址。
- 改变用户名。改变账户的用户名。
- 改变密码。改变账户的密码。
- 预订免费航班。使用飞行奖励积分获得免费的航班机票。
- 预订免费旅店。使用飞行奖励积分获得免费的住宿。
- 预订免费出租汽车。使用飞行奖励积分获得免费的汽车租赁。
- 请求飞行奖励积分卡。填写积分卡申请表，积分卡给出飞行奖励分数，作为购买机票的飞行奖励。
- 检查价格和路线。为一次付费航程搜索合适的路线和相应价格。
- 检查获得免费航班机票的有效性。查看免费获得的航班机票是否有效。

4. 图 14.16～图 14.19 是关于网上购物系统的用例图，请指出下列用例图存在哪些错误，应该如何改正？

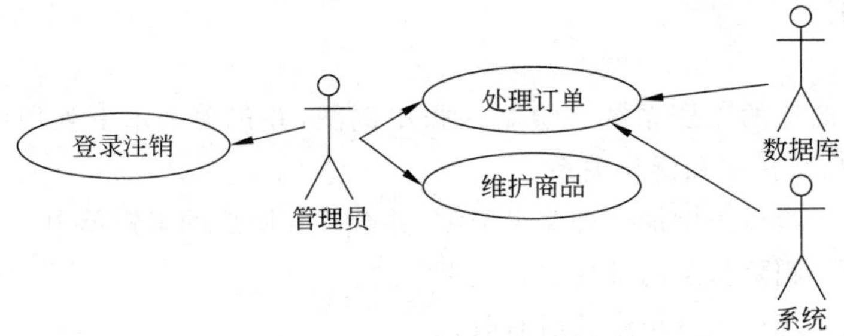

图 14.16 网上购物系统用例图

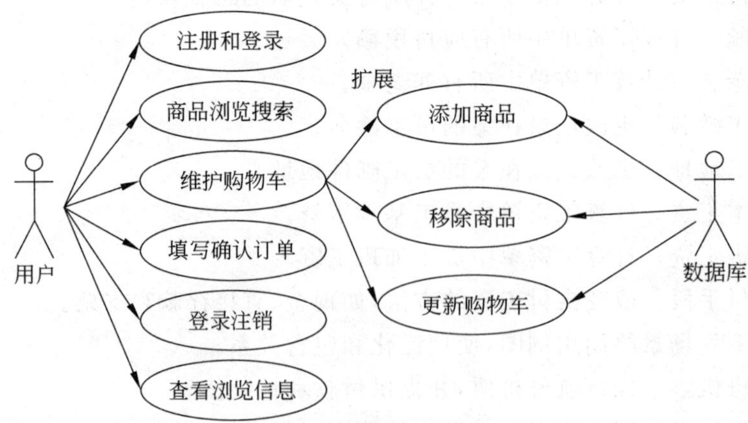

图 14.17 用户网上购物的用例图

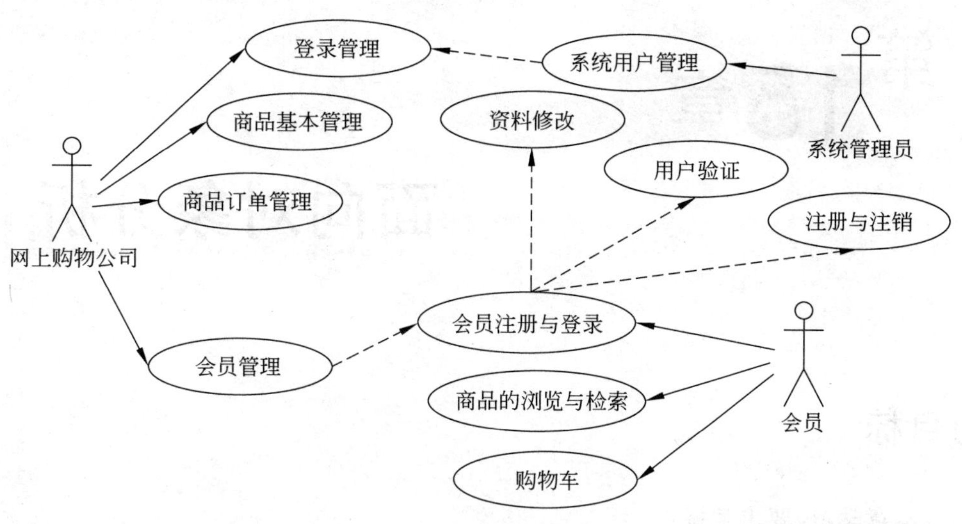

图 14.18　购物公司的用例图

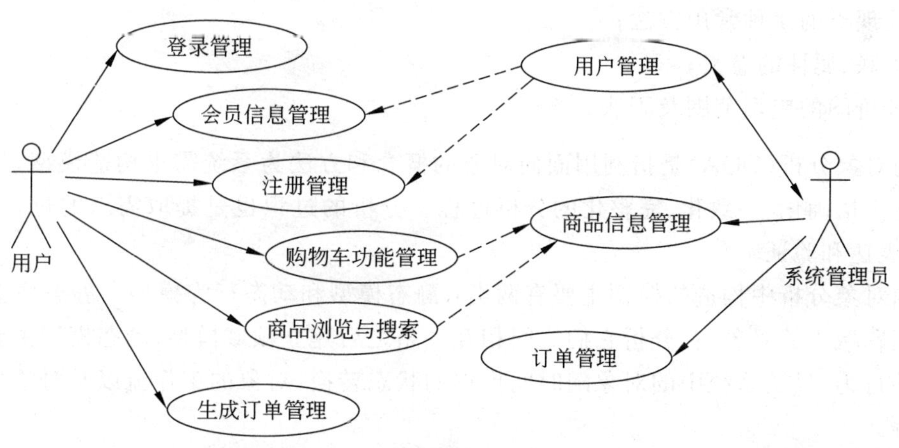

图 14.19　系统管理员的用例图

第15章 面向对象分析

学习目标

通过本章学习，要求掌握：

- 面向对象分析和领域建模的概念；
- 发现类的 4 种常用方法；
- 关联、属性的意义；
- 分析图的应用范围及画法。

面向对象分析(OOA)是指利用面向对象的概念和方法为系统需求构造模型，从而使用户需求逐步精确化、一致化、完整化的分析过程。分析的过程也是提取需求的过程，主要包括理解、表达和验证。

面向对象分析中构造的模型主要有两类：静态模型和动态行为模型。静态模型主要是识别出问题域中的对象，在分析它们之间相互关系之后建立领域模型；动态模型主要是指描述系统的行为，反映系统中的对象随时间推移的状态转换，对象的工作流以及对象之间交互的顺序等。

系统分析的结果需要以图形形式或者其他正规的模型形式进行说明。UML 提供了完整的建模技术，可以辅助系统分析员进行模型说明。该过程是迭代和递增的过程。

15.1 领域建模

系统分析的任务是分析系统的所有需求并加以描述，同时建立特定领域模型，也称为对象模型。从实际需求抽象出类，并描述各个类之间的关系。

面向对象分析的首要工作是建立问题领域的对象模型。这个模型描述了现实世界中的“类与对象”以及它们之间的关系，表示了目标系统的静态数据结构。静态数据结构对应用细节依赖较少，比较容易确定。当用户的需求变化时，静态数据结构相对来说比较稳定。因此，用面向对象方法开发绝大多数软件时，都首先建立对象模型，然后再另外建立动态模型和功能模型。

需求陈述、应用领域的专业知识以及关于客观世界的常识，是建立对象模型时的主要信

息来源。对象建模步骤如下:

(1) 研究所要分析的问题领域,确定系统的需求。

(2) 发现对象和类,明确它们的含义和责任,确定属性和操作。

(3) 发现类之间的静态联系。着重分析并找出类之间的一般和特殊关系,部分与整体关系,研究类的继承性和多态性,把类之间的静态联系用关联、泛化、聚合、组合、依赖等联系表达出来。

(4) 设计类与联系。调整和细化已得到的对象类和类之间的联系,解决诸如命名冲突、功能重复等的问题。

(5) 绘制对象类图并编制相应的说明。

15.1.1 发现类

类模型是面向对象系统开发的基石。只有建立了类模型,系统的状态和行为才能变成可观察的。但是,类是难以发现的,而且类的属性也不明显。对于同一个应用域而言,两个系统分析师很难产生同样的类集合以及属性集合。类的建模不是一个确定性的过程,而是一个迭代和递增的过程。能否成功进行类的设计取决于系统分析师对类模型的理解,对应用域的熟悉程度,类似设计的经验,以及预测结果的能力等。虽然类模型不同,但最终结果和客户满意程度有可能是相同的。类与对象是在问题域中客观存在的,系统分析员的主要任务就是通过分析找出这些类与对象。首先找出所有候选的类与对象,然后从候选的类与对象中筛选掉不正确的或不必要的。

Bahrami(1999) 归纳了 4 种较为流行的识别类的方法,它们分别是:名词短语方法、通用类模式方法、用例驱动方法和 CRC 方法。

1. 名词短语方法

名词短语方法主要是通过在需求文档中查找名词短语的形式,将每个名词都视作候选的类。候选类被划分成三组:一是不相关类,即在问题域之外的类;二是相关类,属于问题域之内的类。表示这些类的名词在需求文档中频繁出现。并且,可以根据我们的常识或者类似系统和文档判断这些类的重要性和目的;三是模糊类,即暂时不能够判断这些类是否相关,需要进一步进行分析才能归入相关类或者不相关类。

名词短语方法假设需求文档是完整的和正确的,但事实上这个假设是很难成立的。即使文档正确,也需要从大量文本中进行冗长的搜索,而且也不一定产生全面的准确的结果。

2. 通用类模式方法

通用类模式(Common Class Pattern)方法是一种从对象的一般分类理论中推演候选类的方法。例如,候选对象可以从以下 5 方面进行识别。

(1) 实体类:可感知的物理实体,例如,飞机、汽车、书、房屋等。

(2) 概念类:是人们用于分享和达成意见的概念。例如,政策、保险政策、版权法等。

(3) 事件类:在系统中可能发生的事件。例如,飞行、演出、访问、交通事故等。

(4) 人员类:是人或组织在系统中扮演的角色,而不是指具体的人。例如,医生、教师、雇主、雇员、计算机系、财务处等。

(5) 地点类：是指与信息系统相关的物理地点。

以航空订票系统为例，“预订”是航空订票系统中的一个概念；“到达”在航空订票系统中是一个事件；“旅行社”是航空订票系统中的一个组织类；“旅行办公室”在航空订票系统中是一个角色；“旅行办公室”在航空订票系统中是一个地点。

Rumbaugh 等(1999)提出了另外一种分类范式，划分为：物理类(例如，航班)、业务类(例如，订票)、逻辑类(例如，飞行时间表)、应用类(例如，订票交易)、计算机类(例如，索引)、行为类(例如，取消订票)。

通用类模式方法提供了有用的指南，但是并没有提供如何发现可靠完整的类集合的系统化的过程。这种方法对于定义类的初始集合，或者是判定某些类是否应该存在比较有用。但是该方法与客户需求关联十分松散，所以很难提供完整的解决方案。

该方法还有一个缺陷是可能会对类名称造成误解。例如，“到达”意味着什么，是到达跑道(起飞时间)，还是到达终点(降落时间)，还是到达行李认领处(行李认领时间)？

3. 用例驱动方法

用例驱动方法是在 UML 建模中最被推崇的方法。用例图形以用例描述进行补充，并且每个用例采用协作图和顺序图来进行补充说明。这些描述和图形可以定义每个用例中对象出现的步骤，也可以归纳并发现候选对象类。用例驱动方法是自底向上的。该方法与名词短语方法类似，都基于对需求的描述，并且也同样存在和名词短语相同的缺点。

4. CRC 方法

CRC(Class-Responsibility-Collaboration)方法常被用于头脑风暴会议，具体使用需要特别准备的卡。该卡包括 3 个区间：类名称在最上面的区间，类的责任在中间区域，类的合作者在最下面的区间。责任是指类代表其他类准备执行的操作或者服务。许多责任都需要其他类的配合来执行。这些类被列为合作者。

采用该方法时，开发者填写卡片，并执行处理场景(如用例场景)。当需要一个服务，而现有类没有涵盖时，就产生一个新类，并给它制定适当的责任和合作者。如果一个类太忙，则需要将其划分为更多的小类。与其他方法不同，它是从对象间信息传递和任务执行过程中识别类的。类是从技术需要的角度进行发现的，而非业务对象视角。因此，该方法比较适合对其他方法发现的类进行确认的情形，也比较适合确定类的特性。

5. 混合方法

上述各种方法均有其各自的优缺点，综合各自优点就形成了混合方法。该方法基本思路如下：首先根据系统分析师的经验和一般知识发现初始类。然后利用通用模式方法提供附加指南，采用名词短语方法根据问题域的高层描述来添加其他的类。如果用例图可以采用的话，可以使用用例驱动方法添加新的类并确认现有的类。最后，采用 CRC 方法对已经发现的类进行头脑风暴分析。

在发现类时需要遵循以下指南：

- 每个类必须有一个清晰的目的陈述。

- 每个类都对一个对象集有样例描述，而不是单个对象。
- 每个类都必须有一个属性集。
- 每个类都必须与其属性区分开来。某个概念是对象还是属性取决于应用域。例如，颜色是车的一个属性，但是在绘画工厂，颜色有它自身的属性（亮度，饱和度，透明度等）。
- 每个类都有一个操作集。

15.1.2　确定关联

熟练的开发人员习惯于在初步分析确定了问题域中的类与对象之后，再分析确定类与对象之间存在的关联关系。当然，这样的工作顺序并不是绝对必要的。由于在整个开发过程中面向对象概念和表示符号的一致性，分析员在选取自己习惯的工作方式时拥有相当大的灵活性。

如前所述，两个或多个对象之间的相互依赖、相互作用的关系就是关联。关联有表15-1所示的各种形式。分析确定关联，能促使分析员考虑问题域的边缘情况，有助于发现那些尚未被发现的类与对象。

表15-1　关联的形式

分　类	举例：POST系统中的类关联
A在逻辑上是B的一部分	销售项条目——销售项
A在物理上包含在B中/依赖B	POST——商店 商品项——商店
A在逻辑上包含于B	产品规格说明——产品目录 产品目录——商店
A是对B的描述	产品规格说明——商品项
A是事务B或报告B的一个记录项	销售项条目——销售项
A为B所记录	销售项——商店 销售项——POST
A是B的一个成员	出纳员——商店
A使用或管理B	出纳员——POST 管理员——POST 管理员——出纳员
A与B相互通信	顾客——出纳员
A与一个事务B有关联	顾客——支付项 出纳员——支付项
AB分别是一个事务，二者有关联	支付项——销售项
A是B的一个实例	POST——POST
A被B所拥有	POST——商店

关联有3种表现形式：

① 普通关联：最弱的关联，表示两个类的对象之间有导航关系。

② 聚合关联：包括组成聚合和共享聚合，组成聚合“A◆——B”强语义耦合，如果整体消失则部分也消失。共享聚合“A◇——B”表示对象A包含一个对象B。

③ 泛化关联：是指利用继承机制共享公共性质，并对系统中众多的类加以组织。可以使用两种方式建立继承(即泛化)关系：一是自底向上抽象出现有类的共同性质泛化出父类，这个过程实质上模拟了人类归纳思维过程；二是自顶向下把现有类细化成更具体的子类，这模拟了人类的演绎思维过程。从应用域中常常能明显看出应该做的自顶向下的具体化工作。例如，带有形容词修饰的名词词组往往暗示了一些具体类。

利用多重继承可以提高共享程度，但同时也增加了概念上以及实现时的复杂程度。使用多重继承机制时，通常应该指定一个主要父类，由此继承大部分属性和行为；次要父类只补充一些属性和行为。

在分析确定关联的过程中，应该避免过度细化泛化关系。也不必花过多的精力去区分关联和聚集，聚集不过是一种特殊的关联，是关联的一个特例。

在系统中采用关联的形式将对象连接起来，促进对象间合作。关联在模型中是最必要的关系，尤其在持久“业务对象”模型中是最为必要的一种联系。关联支持用例的运行，并且将状态和行为说明联系起来。

关联说明包括：关联命名；关联角色命名；关联重数确定。命名应该遵循属性名的命名规范。如果一个关联连接两个类，则关联名称的说明以及关联的角色名是可选的。CASE工具可以通过系统提供的标识符名称区分每个关联。角色名称用于解释更加复杂的关联，尤其是自我关联(递归关联)。重数应该在关联两端分别指定。

15.1.3 确定属性

属性是对象的性质，借助于属性可以对类与对象和结构有更深入、更具体的认识。注意，在分析阶段不要用属性来表示对象间的关系，使用关联能够表示两个对象间的任何关系，而且能把关系表示得更清晰、更醒目。

通常，在需求陈述中用名词词组表示属性，例如，“汽车的颜色”或“光标的位置”。往往用形容词表示可列举的具体属性，例如，“红色的”、“打开的”。但是，不可能在需求陈述中找到所有属性，分析员还必须借助于领域知识和常识才能分析得出需要的属性。幸运的是，属性对问题域的基本结构影响很小。随着时间的推移，问题域中的类始终保持稳定，属性却可能改变了，相应地，类中方法的复杂程度也将改变。

属性的确定既与问题域有关，也和目标系统的任务有关。需要考虑的是与具体应用直接相关的属性，而不是考虑那些超出所要解决的问题范围的属性。在分析过程中应该首先找出最重要的属性，以后再逐渐把其余属性增添进去。在分析阶段不要考虑那些纯粹用于实现的属性。

在进行属性确定时，通常会犯以下6种错误：

(1) 误把对象当作属性。如果某个实体的独立存在比它的值更重要，则应把它作为一个对象而不是对象的属性。在具体应用领域中具有自身性质的实体，必然是对象。同一个实体在不同应用领域中，到底应该作为对象还是属性，需要具体分析才能确定。例如，在邮政目录中,“城市”是一个属性,而在人口普查中却应该把“城市”当作对象。

(2) 误把关联类的属性当作一般对象的属性。如果某个性质依赖于某个关联链的存在,则该性质是关联类的属性,在分析阶段不应该把它作为一般对象的属性。特别是在多对多关联中,关联类属性很明显,即使在以后的开发阶段中,也不能把它归并成相互关联的两个对象中任一个的属性。

(3) 把限定误当成属性。正确使用限定词往往可以减少关联的重数。如果把某个属性值固定下来以后能减少关联的重数,则应该考虑把这个属性重新表述成一个限定词。在ATM系统的例子中,“分行代码”、“账号”、“雇员号”、“站号”等都是限定词。

(4) 误把内部状态当成属性。如果某个性质是对象的非公开的内部状态,则应该从对象模型中删掉这个属性。

(5) 过于细化。在分析阶段应该忽略那些对大多数操作都没有影响的属性。

(6) 存在不一致的属性。类应该是简单而且一致的。如果得出一些看起来与其他属性毫不相关的属性,则应该考虑把该类分解成两个不同的类。

在遇到以下4种情形时,可以考虑将某个事物定义成为对象,而不是属性。

① 包含可以分开的段的数据,如电话号码、人名等;

② 需要经常进行某些操作的数据,如分析或验证,如社会安全号等;

③ 本身还包括其他属性的数据,如促销价格应有开始和结束日期;

④ 带有特定单位的数量值,如支付金额有货币单位。

例 15-1 ATM系统的对象\类图[①]

某银行拟开发一个自动取款机系统,它是由自动取款机、中央计算机、分行计算机和柜员终端组成的网络系统。ATM和中央计算机由总行投资购买。总行拥有多台ATM机,分别设在全市各主要街道上。分行负责提供分行计算机和柜员终端。柜员终端设在分行营业厅以及分行下属的各储蓄所内。该系统的软件开发成本由各个分行分摊。

银行柜员使用柜员终端处理储户提交的储蓄事务。储户可以用现金或者支票向自己拥有的某个账户内存款或者开新账户。储户也可以从自己的账户中取款。通常,一个储户可能拥有多个账户。柜员负责把储户提交的存款或者取款事务输进柜员终端,接收储户交来的现金或者支票,或者付给储户现金。柜员终端与相应的分行计算机通信,分行计算机具体处理针对某个账户的事务并且维护账户。

针对该ATM系统的业务场景进行对象建模的步骤如下:

(1) 找出候选的类与对象。根据名词短语方法,从陈述中找出下列名词,可以把它们作为类与对象的初步的候选者:银行,自动取款机(ATM),系统,中央计算机,分行计算机,柜员终端,网络,总行,分行,软件,成本,市,街道,营业厅,储蓄所,柜员,储户,现金,支票,账户,事务,现金兑换卡,余额,磁卡,分行代码,卡号,用户,副本,信息,密码,类型,取款额,账单,访问。

通常,在需求陈述中不会一个不漏地写出问题域中所有有关的类与对象,因此,分析员应该根据领域知识或常识,进一步把隐含的类与对象提取出来。例如,在ATM系统的需求

① 本案例引自:张海藩.软件工程.第4版.北京:清华大学出版社,2004.

陈述中虽然没写“通信链路”和“事务日志”,但是,根据领域知识和常识可以知道,在 ATM 系统中应该包含这两个实体。

(2) 筛选出正确的类与对象。检查每个候选对象,从中去掉不正确的或不必要的,仅保留确实应该记录其信息或需要其提供服务的那些对象。筛选时需要删除不正确或不必要的类与对象,主要依据下列标准:

① 删除冗余名词。如果两个类表达了同样的信息,则应该保留在此问题域中最富于描述力的名称。本 ATM 系统中,上述 34 个候选类中,储户与用户,现金兑换卡与磁卡及副本分别描述了相同的两类信息,因此,应该去掉“用户”、“磁卡”、“副本”等冗余的类,仅保留“储户”和“现金兑换卡”这两个类。

② 删除无关名词。现实世界中存在许多对象,不能把它们都纳入到系统中去,仅需要把与本问题密切相关的类与对象放进目标系统中。有些类在其他问题中可能很重要,但与当前要解决的问题无关,同样也应该把它们删掉。本 ATM 系统中,这个系统并不处理分摊软件开发成本的问题,而且 ATM 和柜员终端放置的地点与本软件的关系也不大。因此,应该去掉“成本”、“市”、“街道”、“营业厅”和“储蓄所”等候选类。

③ 删除笼统名词。在需求陈述中常常会使用一些笼统的、泛指的名词,虽然在初步分析时把它们作为候选的类与对象列出来了,但是,要么系统无须记忆有关它们的信息,要么在需求陈述中有更明确、更具体的名词对应它们所暗示的事务,因此,要把这些笼统的或模糊的类去掉。本 ATM 系统中,“银行”实际指总行或分行;“访问”在这里实际指事务;“信息”的具体内容在需求陈述中随后就指明了。此外还有一些笼统含糊的名词。总之,在本例中应该去掉“银行”、“网络”、“系统”、“软件”、“信息”、“访问”等候选类。

④ 删除作为属性的名词。在需求陈述中有些名词实际上描述的是其他对象的属性,应该把这些名词从候选类与对象中去掉。当然,如果某个性质具有很强的独立性,则应把它作为类而不是属性。本 ATM 系统中,“现金”、“支票”、“取款额”、“账单”、“余额”、“分行代码”、“卡号”、“密码”、“类型”等,实际上都应该作为属性对待。

⑤ 删除作为操作的名词。在需求陈述中有时可能会使用一些既可作为名词,又可作为动词的词,应该慎重考虑它们在本问题中的含义,以便正确地决定把它们作为类还是作为类中定义的操作。例如,谈到电话时通常把“拨号”当作动词,当构造电话模型时确实应该把它作为一个操作,而不是一个类。但是,在开发电话的自动记账系统时,“拨号”需要有自己的属性(例如日期、时间、受话地点等),因此应该把它作为一个类。总之,本身具有属性需独立存在的操作,应该作为类与对象。

⑥ 删除作为实现的名词。在分析阶段不应过早地考虑怎样实现目标系统。因此,应该去掉仅和实现有关的候选的类与对象。在设计和实现阶段,这些类与对象可能是重要的,但在分析阶段过早地考虑它们反而会分散我们的注意力。在 ATM 系统的例子中,“事务日志”无非是对一系列事务的记录,它的确切表示方式是面向对象设计的议题;“通信链路”在逻辑上是一种联系,在系统实现时它是关联类的物理实现。总之,应该暂时去掉“事务日志”和“通信链路”这两个类,在设计或实现时再考虑它们。

综上所述,在 ATM 系统的例子中,经过初步筛选,剩下下列类与对象:ATM、中央计算机、分行计算机、柜员终端、总行、分行、柜员、储户、账户、事务、现金兑换卡。

(3) 初步确定关联。在需求陈述中使用的描述性动词或动词词组，通常表示关联关系。因此，在初步确定关联时，大多数关联可以通过直接提取需求陈述中的动词词组而得出。通过分析需求陈述，还能发现一些在陈述中隐含的关联。最后，分析员还应该与用户或领域专家讨论问题域实体间的相互依赖、相互作用关系，根据领域知识再进一步补充一些关联。

以 ATM 系统为例，经过分析初步确定出下列关联，如表 15-2 所示。

表 15-2 ATM 涉及的初步关联

关联种类	ATM 系统的关联
直接提取动词短语得出的关联	• ATM、中央计算机、分行计算机及柜员终端组成网络 • 总行拥有多台 ATM • ATM 设在主要街道上 • 分行提供分行计算机和柜员终端 • 柜员终端设在分行营业厅及储蓄所内 • 分行分摊软件开发成本 • 储户拥有账户 • 分行计算机处理针对账户的事务 • 分行计算机维护账户 • 柜员终端与分行计算机通信 • 柜员输入针对账户的事务 • ATM 与中央计算机交换关于事务的信息 • 中央计算机确定事务与分行的对应关系 • ATM 读现金兑换卡 • ATM 与用户交互 • ATM 吐出现金 • ATM 打印账单 • 系统处理并发的访问
需求陈述中隐含的关联	• 总行由各个分行组成 • 分行保管账户 • 总行拥有中央计算机 • 系统维护事务日志 • 系统提供必要的安全性 • 储户拥有现金兑换卡。
根据问题域知识得出的关联	• 现金兑换卡访问账户 • 分行雇用柜员

(4) 筛选关联。经初步分析得出的关联只能作为候选的关联，还需要经过进一步筛选以去掉不正确的或不必要的关联。筛选时主要根据如表 15-3 所示标准删除候选的关联。

经过筛选之后，还应进一步完善。经筛选后余下的关联，通常从以下 6 个方面进行改进：

表 15-3 关联的筛选

关联筛选标准	需要删除的关联
如果在分析确定类与对象的过程中已经删掉了某个候选类，则与这个类有关的关联也应该删去，或用其他类重新表达这个关联	① ATM、中央计算机、分行计算机及柜员终端组成网络 ② ATM设在主要街道上 ③ 分行分摊软件开发成本 ④ 系统提供必要的安全性 ⑤ 系统维护事务日志 ⑥ ATM吐出现金 ⑦ ATM打印账单 ⑧ 柜员终端设在分行营业厅及储蓄所内
删除与问题无关的或应在实现阶段考虑的关联	"系统处理并发的访问"并没有标明对象之间的新关联，它只不过提醒我们在实现阶段需要使用实现并发访问的算法，以处理并发事务
关联应该描述问题域的静态结构，而不应该是一个瞬时事件	"ATM读现金兑换卡"描述了ATM与用户交互周期中的一个动作，它并不是ATM与现金兑换卡之间的固有关系，因此应该删去。类似地，还应该删去"ATM与用户交互"这个候选的关联 如果用动作表述的需求隐含了问题域的某种基本结构，则应该用适当的动词词组重新表示这个关联。例如，在ATM系统的需求陈述中，"中央计算机确定事务与分行的对应关系"隐含了结构上"中央计算机与分行通信"的关系
三个或三个以上对象之间的关联，大多可以分解为二元关联或用词组描述成限定的关联	在ATM系统的例子中，"柜员输入针对账户的事务"可以分解成"柜员输入事务"和"事务修改账户"这样两个二元关联。而"分行计算机处理针对账户的事务"也可以做类似的分解。"ATM与中央计算机交换关于事务的信息"这个候选的关联，实际上隐含了"ATM与中央计算机通信"和"在ATM上输入事务"这两个二元关联
应该去掉那些可以用其他关联定义的冗余关联	"总行拥有多台ATM"实质上是"总行拥有中央计算机"和"ATM与中央计算机通信"这两个关联组合的结果。而"分行计算机维护账户"的实际含义是"分行保管账户"和"事务修改账户"

(1) 检查关联名称。选择含义更明确的名字作为关联名。例如，"分行提供分行计算机和柜员终端"不如改为"分行拥有分行计算机"和"分行拥有柜员终端"。

(2) 为了能够适用于不同的关联，必要时应该分解以前确定的类与对象。例如，在ATM系统中，应该把"事务"分解成"远程事务"和"柜员事务"。

(3) 分解之后可能会发现新的关联，应该进行补充。例如，在ATM系统中，把"事务"分解成上述两类之后，需要补充"柜员输入柜员事务"、"柜员事务输进柜员终端"、"在ATM上输入远程事务"和"远程事务由现金兑换卡授权"等关联。

(4) 标明重数。初步判定各个关联的类型，并粗略地确定关联的重数。但是，无须为此花费过多精力，因为在分析过程中随着认识的逐渐深入，重数也会经常改动。

经上述分析过程之后，得出的ATM系统原始的类图，如图15.1所示。

(5) 确定属性。根据属性筛选原则进行选择，经过筛选之后，得到ATM系统中各个类的属性，如图15.2所示。

(6) 确定泛化关系和聚合关系。例如，在ATM系统中，"远程事务"和"柜员事务"是类似的，可以泛化出父类"事务"；类似地，可以从ATM和"柜员终端"泛化出父类"输入站"。

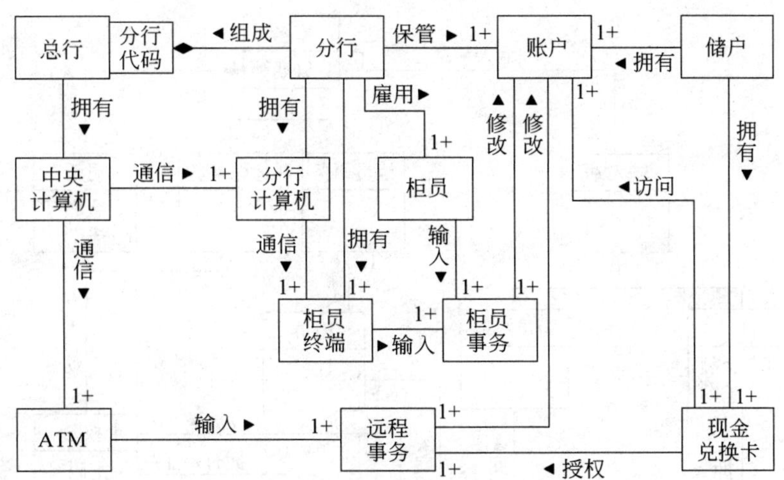

图 15.1 ATM 系统原始的类图

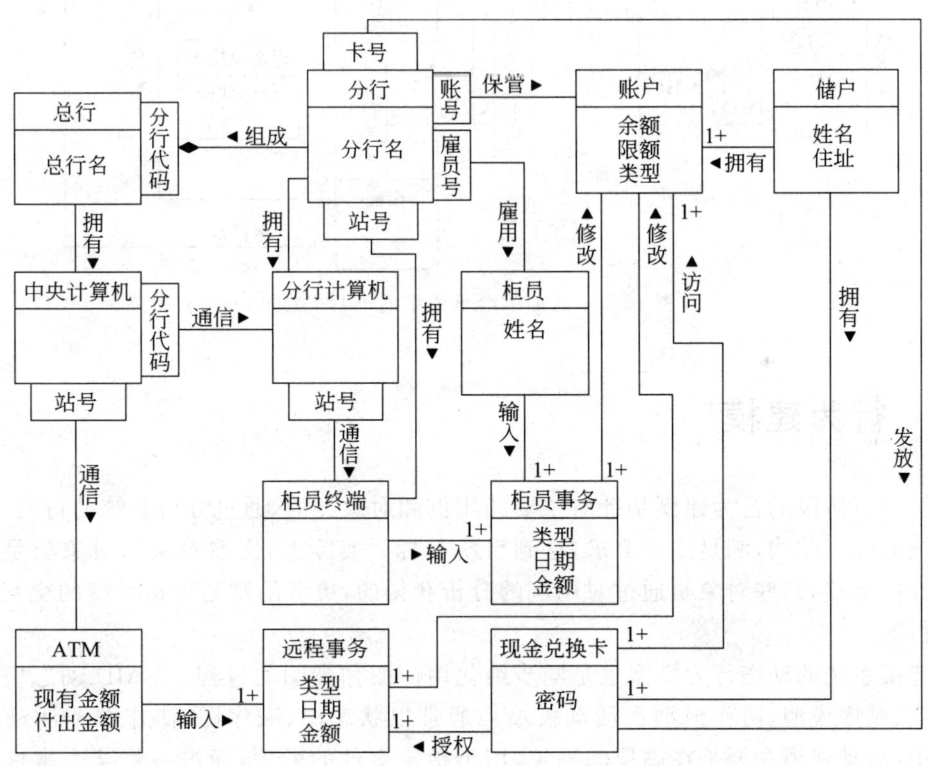

图 15.2 ATM 扩充的类图

图 15.3 是增加了继承关系之后的 ATM 对象模型。

上述模型并非最终的对象模型。由于面向对象强调迭代式开发，该类图还需要经过反复修改，不断完善。在系统设计环节中，还要对该类图进行细化，定义相应的属性和服务。由于面向对象的概念和符号在整个开发过程中都是一致的，使用起来远比使用结构分析、设计技术更容易完成反复修改的要求。

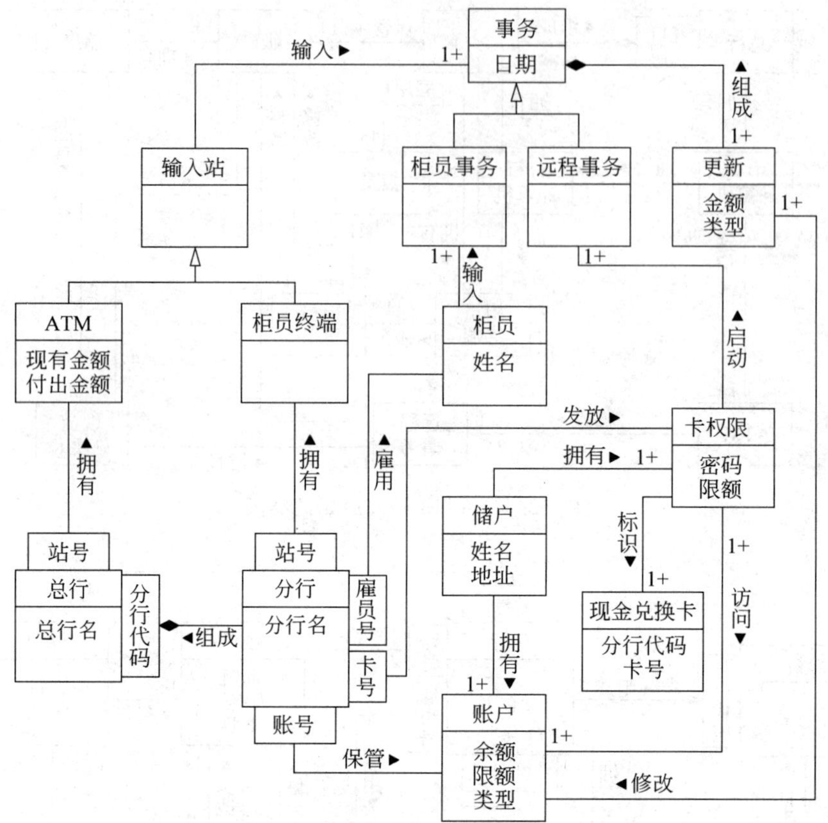

图 15.3 增加了继承关系的 ATM 类图

15.2 行为建模

系统分析阶段的行为建模是针对主要的用例和对象类的，通过分析系统的行为，印证和修正系统的静态结构，满足用户需求，达到系统目标。实际上，提取对象和对象类是系统分析和设计的难点，某些对象是通过对用例的分析获得的，更多的则是分析系统的交互图和活动图获得的。

在建模系统的动态行为模型也是同步细化用例图和类图的过程。UML 动态模型包括状态模型、顺序模型、协作模型和活动模型。通常以状态图、顺序图、协作图和活动图来表示。其中，活动建模主要是在高层的抽象，用于指定事件的顺序，而没有将某个事件指定给具体的对象。状态模型关注一个对象的生命周期内的状态及状态变迁，以及引起状态变迁的事件和对象在状态中的动作等。

顺序图和协作图通常合起来称为交互图，强调对象间的合作关系，通过对象间的消息传递以完成系统的用例。顺序图和协作图可以交叉使用，许多 CASE 工具支持二者的互相转换。区别在于强调的重点不同，顺序图主要关注时间顺序，而协作图则重点强调对象之间的关系。由于协作图描述执行某个用例需要的对象之间的互动，一般在需求分析的高级阶段或设计阶段才考虑，因此本书将顺序图放在需求分析阶段，而将协作图放在系统设计阶段。

15.2.1 状态图

对于一些要实现重要行为动作的对象也可以绘制状态图来表现一个对象类的生命史。在绘制状态图时，需要确定一个对象生命期可能出现的全部状态，确定引起状态转移的事件以及将会发生的动作。

状态图的建立步骤如下：

(1) 确定状态机，它可以是一个类、子系统或整个系统。

(2) 选择初始状态和终结状态。通常，一张状态图中只能有一个初态，而终态可以有0个或者多个。

(3) 发现对象的各种中间状态。

(4) 确定状态可能发生的装移。注意从一个状态可能转移到哪些状态，对象的哪些行为可引起状态的转移并找出触发状态转移的事件。

(5) 找出触发状态转移的事件。

(6) 绘制状态图。

(7) 细化状态中的可选项(状态变量/活动表等)。

例 15-2 复印机的工作过程大致如下：未接到复印命令时处于闲置状态，一旦接到复印命令则进入复印状态，完成一个复印命令规定的工作后又回到闲置状态，等待下一个复印命令；如果执行复印命令时发现没纸，则进入缺纸状态，发出警告，等待装纸，装满纸后进入闲置状态，准备接收复印命令；如果复印时发生卡纸故障，则进入卡纸状态，发出警告等待维修人员来排除故障，故障排除后回到闲置状态。

请用状态转换图描绘复印机的行为。

分析：该例中状态机主要是打印机，主要有如下状态：闲置、复印、缺纸、卡纸。由于这4个状态是循环转换的，没有明显的初态和终态。引起状态变换的事件主要是：复印命令；完成复印命令；发现缺纸；装满纸；发生卡纸故障；排除卡纸故障。然后绘制状态图，最后细化状态中的可选项，如活动表等。如图15.4所示。

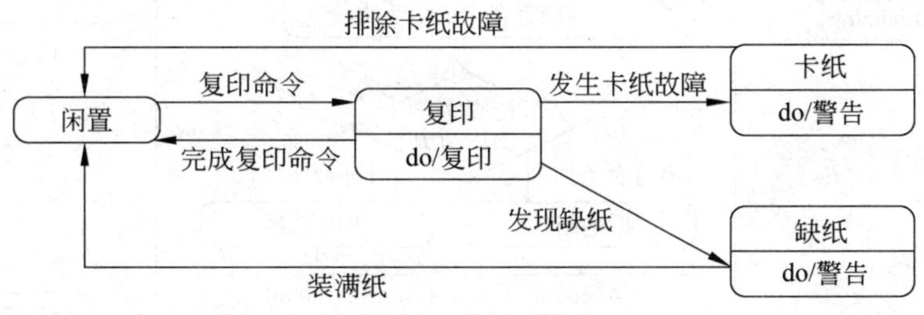

图 15.4 复印机的状态转换图

15.2.2 活动图

活动图可以描述两个层面的活动，一个是用于描述用例场景，另一个则用于描述对象交互。大多数情况下，活动图是对系统业务流程的描述，涉及活动的对象、动作状态、动作流以及对象流等。要更为有效地获得用例,可以从描述系统业务流程的活动图入手,对用例进行描述,除文字的用例说明外,可以附上相应的活动图进行可视化的描述。

活动图建立的步骤如下:

(1) 找出负责实现工作流的业务对象。这些对象可以是现实业务领域中的实体,也可以是一种抽象的概念或事物。为每一个重要的业务对象建立一条泳道。

(2) 确定工作流的初始状态和终结状态,明确工作流的边界。

(3) 从工作流的初始状态开始,找出随时间而发生的活动和动作,把它们表示成活动状态或动作状态。

(4) 对于复杂的动作或多次重复出现的一组动作,可以把它们组成一个活动状态,并且用另一个活动图来展开表示。

(5) 给出连接活动和动作的转移(动作流)。首先处理顺序动作流,然后处理条件分支,最后处理分支和结合。

(6) 在活动图中给出与工作流有关的重要对象,并用虚箭线把它们与活动状态或动作状态相连接。

例 15-3 请用活动图描述下述过程。

客户在银行开立信用账户的基本过程如下:客户服务代表收集客户信息,建立起新的信用账户,由信用部经理来检查客户的信用历史,根据信用史设定客户的信用限额,如果客户的信用历史不符合条件,则拒绝该账户,如果符合条件,则批准账户,并将批准信息反馈给客户,客户如果接受信用条件,则可以签发使用。如图 15.5 所示。

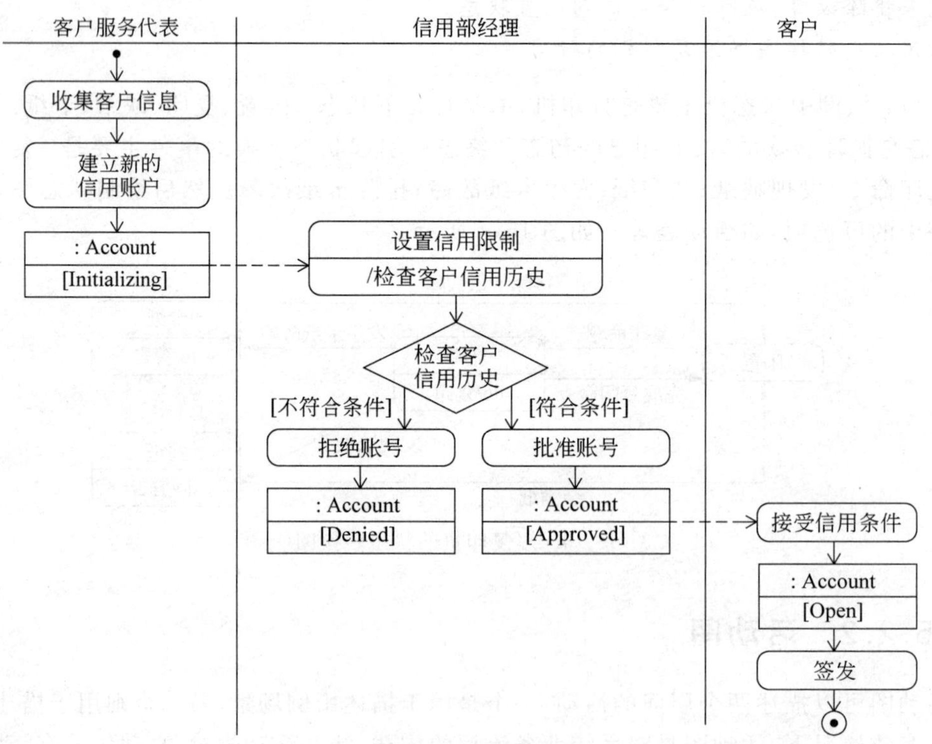

图 15.5 开户的 Activity 框图

分析过程如下：

(1) 找出负责实现工作流的业务对象，在本例中主要包括客户、信用部经理、客户服务代表。

(2) 确定工作流的初始状态和终结状态，该工作流始于客户代表收集客户信息，终止于接受或者拒绝账户。

(3) 找出随时间而发生的活动和动作。

(4) 找出条件分支，在本例中"检查客户信用历史"是一个信用条件。

(5) 找出与工作流有关的重要对象，本例中，Account 是一个重要的对象，分别以 initializing、denied、approved 和 open 4 个状态存在。

15.2.3 顺序图

顺序图可以描述用例中的交互活动，确定参与交互活动的对象和类(实际也是从中寻找对象和类的过程)，并确定相互之间的交互事件。顺序图的建立步骤如下：

(1) 找出参与交互的对象角色，把它们横向排列在顺序图的顶部，最重要的对象安置在最左边，交互密切的对象尽可能相邻。在交互中创建的对象在垂直方向应安置在其被创建的时间点处。

(2) 对每一个对象设置一条垂直的向下的生命线。

(3) 从初始化交互的信息开始，自顶向下在对象的生命线之间安置信息。注意用箭头的形式区别同步消息和异步消息。

(4) 在生命线上绘出对象的激活期。

(5) 根据消息之间的关系，确定循环结构及循环参数和出口条件。

以 ABC Training 电子培训系统为例，"编辑教案"时必须要用到"查找资源"用例，建立顺序图的步骤如下。

(1) 参与的对象角色包括参与者"教师"，"资源查找" 接口对象，"数据库接口"对象，"资源定位"接口对象和"浏览资源"对象。对每一个对象设置一条垂直的向下的生命线。

(2) 对象之间的交互事件包括：

- 查询。"教师"输入查询条件组合，发出查询请求的消息给"资源查找"接口对象。
- 建立连接。"资源查找"响应查询请求，根据查询条件，调用数据库接口与相关的数据库建立连接。
- 自检。"数据库接口"检验与数据库的连接是否成功，如果不成功，返回数据库连接失败消息。
- 返回资源地址。"数据库接口"调用数据库的操作遍历资源库的资源索引，找到相应的资源地址并返回给"教师"；如果找不到所要查询的资源，返回记录为空，并断开连接。
- 打开资源文件。"教师"根据返回的资源地址，发出打开资源的消息给"资源定位"接口。
- 导入资源浏览器。"资源定位"接口响应"教师"的请求，将资源文件复制到本地，并导入相对应的文件浏览器。

• 展示资源内容。浏览资源对象调用相应的文件浏览器，打开该资源文件，将文件内容展示给“教师”。

(3) 从初始化交互的信息开始，自顶向下在对象的生命线之间安置信息。在生命线上绘出对象的激活期。绘制的顺序图如图 15.6 所示。

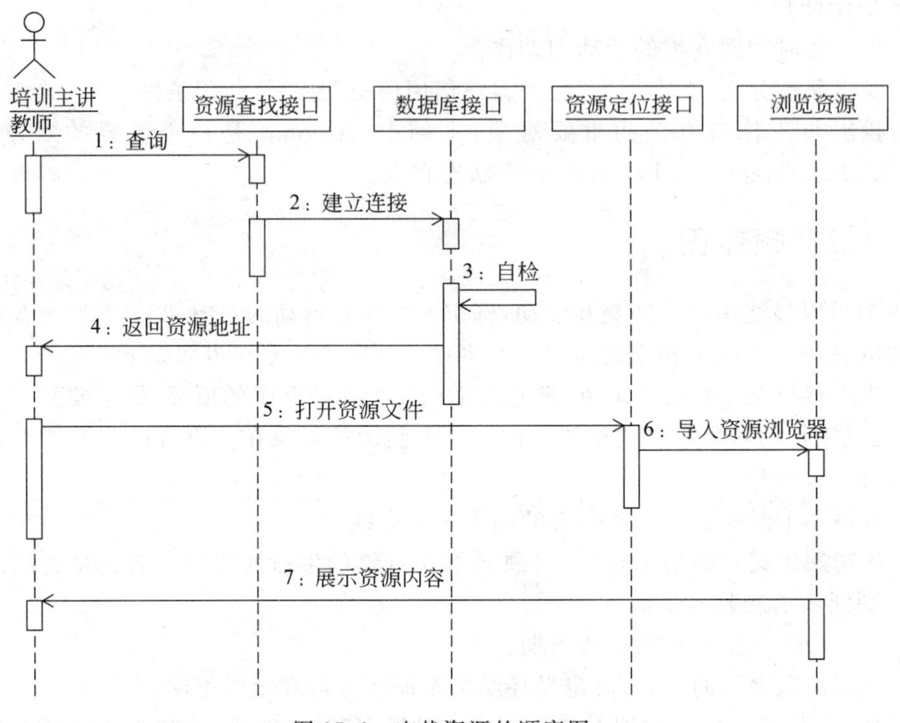

图 15.6 查找资源的顺序图

15.3 案例分析——网上商店客户订单处理系统[①]分析

某公司提供计算机的网上销售服务，客户可以通过该公司网站在网上购买计算机。计算机分为服务器、台式机和笔记本电脑。客户可以选择标准配置，也可以进行组装配置，即从各种配置组件列表中按用户需求进行配置选择，配置组件采用可选列表的形式呈现。对于每种新的组装配置，系统自动计算价格。

客户在下订单时需要填写运输和支付信息。主要的消费方式包括信用卡或者支票两种支付方式。一旦用户输入订单之后，系统会给客户发送一封电子邮件，显示详细订单信息，供客户确认。用户可以在任何时间查看订单的状态，跟踪订单的状况。

后台订单处理的主要工作包括接收客户的网上订单、确认客户的身份和支付方式、从仓库请求订购的配置、打印发票、要求仓库发送货物给客户。

---

① 本案例引自 Leszek A Maciaszek. Requirements Analysis and System Design, Developing Information System with UML.

15.3.1 用例图

1. 识别用户

根据上述场景描述，可以考虑下述参与者的需求：

- 客户可以使用厂商的网上商店网页浏览所选择的服务器、台式机或笔记本电脑的标准配置，并产生价格显示。
- 客户可以查看所有配置细节，也可以进行组装配置选择，系统可根据客户选择计算每种配置的价格。
- 客户可以选择网上订购计算机，也可以要求销售人员向其解释和提供订单细节，在订单实际生成之前还可以进行讨价还价等。
- 为了下订单，客户要填写在线表格，填写支付细节(信用卡支付还是支票支付)，以及运送地址和发票地址等。
- 当客户订单输入系统之后，销售人员发送电子请求给仓库，提供订购配置的所有细节。
- 厂商将交易细节，包括订单号和客户账号等信息通过 E-mail 形式发送给客户，所以客户可以在线检查订单。
- 仓库从销售人员处获得订单并将计算机运送给客户。

根据上述需求描述可以发现，该系统主要涉及三个主要参与者：客户、销售员以及仓库。

2. 识别用例

根据客户、销售员以及仓库所参与的活动进行用例识别，如表 15-4 所示。

表 15-4 用例列表

需 求	参与者	用 例
客户可以使用厂商的网上商店网页浏览所选择的服务器、台式机或笔记本电脑的标准配置，并产生价格显示	客户	显示标准配置
客户可以查看所有配置细节，也可以进行组装配置选择，系统可根据客户选择计算每种配置的价格	客户	建立组装配置
客户可以选择网上订购计算机，也可以要求销售人员向其解释和提供订单细节，在订单实际生成之前还可以进行讨价还价等	客户，销售员	订购配置的计算机，询问销售人员
为了下订单，客户要填写在线表格，填写支付细节(信用卡支付还是支票支付)，以及运送地址和发票地址等	客户	订购配置的计算机，确认并接收客户支付方式
当客户订单输入系统之后，销售人员发送电子请求给仓库，提供订购配置的所有细节	销售人员，仓库	通知仓库有新订单
厂商将交易细节，包括订单号和客户账号等信息通过 E-mail 形式发送给客户，所以客户可以在线检查订单	销售人员，客户	订购配置的计算机，更新订单状态
仓库从销售人员处获得订单并将计算机运送给客户	销售人员，仓库	打印发票

3. 用例图

根据参与者和用例之间的相互关系绘制用例图如图 15.7 所示。

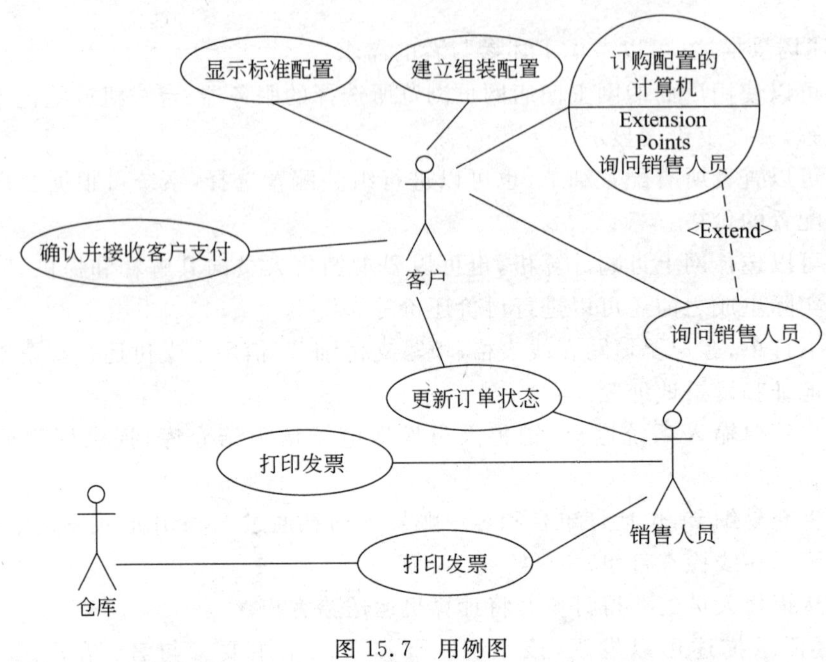

图 15.7 用例图

4. 用例说明

绘制用例图后，需要对每个用例进行说明，这里以“订购配置的计算机”为例，进行说明，如表 15-5 所示。

表 15-5 用例说明

用例	订购配置的计算机
简要描述	该用例允许客户输入购买订单。包括提供运送和发票地址以及支付细节等
参与者	客户
前置条件	客户打开计算机销售公司的订单输入页面，该页显示所配置的计算机细节及价格
主事件流	当订购细节显示在屏幕上，用户选择继续时，用例开始运行 系统要求用户输入购买细节，包括运送细节（客户姓名和地址）、发票细节、支付方法（信用卡或支票），以及任何评论 客户选择或填写相应的产品项并将订单发送给公司 系统为购买订单指定唯一订单号和客户账号，并将订单信息存储在数据库中 系统将订单号和客户号用 E-mail 发给客户，包括所有订单细节，进行订单确认
备选事件流	客户未填写完订单必填项就激活购买功能。系统显示错误消息，并要求补充填写 客户选择重置功能，显示空的购买表格，系统允许客户重新填写该表格
后置条件	如果用例成功，购买订单记录在数据库里，否则，系统状态不发生改变

15.3.2 活动图

活动图用于呈现用例中的活动和工作流。活动图可以看作状态图的特殊形式，活动图中一个活动结束后将立即进入下一个活动，而在状态图中状态转移可能需要事件的触发。表 15-6 显示了"订购配置的计算机"用例文档中的主事件流和备选事件流。

表 15-6 "订购配置的计算机"用例中的主要活动

用 例 说 明	活 动 状 态
当订购细节显示在屏幕上，用户选择继续时，用例开始运行	显示当前配置；获得订单请求
系统要求用户输入购买细节，包括：运送细节（客户姓名和地址）、发票细节、支付方法（信用卡或支票），以及任何评论	显示采购表格
客户选择或填写相应的产品项并将订单发送给公司	填写采购明细
系统为购买订单指定唯一订单号和客户账号，并将订单信息存储在数据库中	存储订单
系统将订单号和客户号用 E-mail 发给客户，包括所有订单细节，进行订单确认	电邮订单细节
客户未填写完订单必填项就激活购买功能。系统显示错误消息，并要求补充填写未完成项	获得采购细节；显示采购表格
客户选择重置功能，显示空的购买表格，系统允许客户重新填写该表格	显示采购表格

下面以"订购配置的计算机"为例，对活动图进行说明。系统的初始状态是"显示当前配置"，该活动可以重复进行，即可查看不同配置的价格，选择合适的配置后可以进入下一个活动状态"获得订单请求"，然后显示状态"显示采购表格"，供用户填写，用户可以进一步激活"填写采购明细"，如果填写信息不全的话，系统再次显示"显示采购表格"，供用户填写未完成项，如果填写完成，则进入统计"存储订单"状态，然后电邮订单细节给客户，该活动结束。如图 15.8 所示。

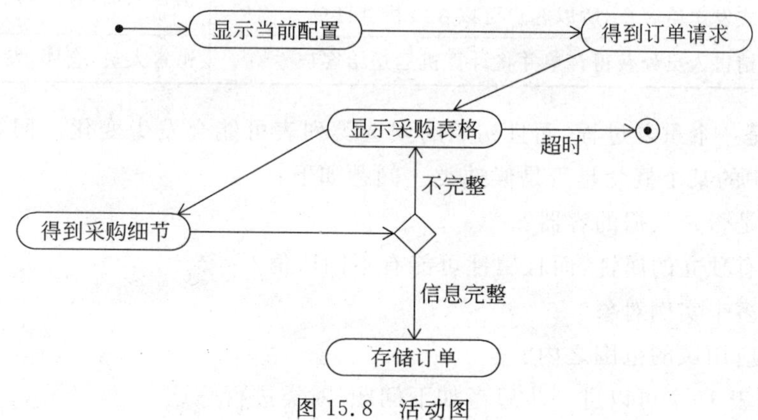

图 15.8 活动图

15.3.3 类模型

类模型被用于展示系统的构成和内部状态，是系统当前实例对象的集合。在实际建模时，类模型可以和用例建模并行。这两个模型互为补充，用例可以促进类的发现，类模型也可以发现容易被忽略的用例。

本例中采用类来定义业务对象。类是在业务实体中长期存在的，例如订单、运送、客户、学生等。这些为应用域定义了数据库模型的类，正因如此，这些类也经常称为实体类，它们代表持久的数据库对象。

实体类确定了信息系统的实质。需求分析关注主要实体类。但是，对于系统运行而言，其他类也是需要的。系统需要定义 GUI 对象的类（如屏幕表格），称为边界类。系统也需要控制程序逻辑的类，称为控制类。边界类和控制类是否包含到需求分析中取决于特定的建模方法，通常这些类在系统设计阶段才考虑。

根据发现参与者和用例的方法，可以从功能需求分析中发现类的表格，表 15-7 显示了实体类需求。

表 15-7 实体类需求

	需 求	实 体 类
1	客户使用厂商的网上商店网页浏览所选择的服务器、台式机或笔记本电脑的标准配置，并产生价格显示	客户，计算机（标准配置，产品）
2	客户可以查看所有配置细节，也可以进行组装配置选择，系统可根据客户选择计算每种配置的价格	客户，配置的计算机，配置项
3	客户可以选择网上订购计算机，也可以要求销售人员向其解释和提供订单细节，在订单实际生成之前还可以进行讨价还价等	客户，销售员，配置的计算机，订单
4	为了下订单，客户将要填写在线表格，填写支付细节（信用卡支付还是支票支付），以及运送地址和发票地址等	客户，订单，运送，发票，支付
5	当客户订单输入系统之后，销售人员发送电子请求给仓库，提供订购配置的所有细节	客户，销售人员，仓库，配置的计算机，配置项
6	厂商将交易细节，包括订单号和客户账号等信息通过 E-mail 形式发送给客户，所以客户可以在线检查订单	销售人员，客户，订单，订单状态
7	仓库从销售人员处获得订单并将计算机运送给客户	销售人员，仓库，发票，运送

类的识别是一个重复过程，而且初始的候选类列表可能会发生变化。回答下列问题有助于确定需求中的某个概念是否是候选类。问题如下：

- 该概念是否是数据的容器？
- 它是否有独立的属性，而且属性可能有不同取值？
- 是否有多个实例对象？
- 是否在应用域的范围之内？

因此，依据表 15-7 可以进一步思考如下问题，对类进行筛选。

- “配置的计算机”与“订单”之间的区别？一般只有在下了订单之后才会存储“配置的计算机”吧？
- 是否需要“运送”类？因为运送是仓库的责任，是否在系统范围之外呢？
- “配置项”是否可以作为“配置的计算机”的一个属性呢？

- “订单状态”应该作为一个类还是“订单”类的一个属性呢？
- “销售人员”应该作为一个类还是作为“订单”和“发票”的一个属性呢？
- 类的结构是由属性确定的，最初识别类的时候就应该考虑属性的结构。实际上，主要的属性是在类添加到模型以后就立即添加的。

要回答上述问题，只有深入了解应用需求才能够进一步掌握。经过分析，可以筛选出如表15-8所示的类。

表15-8　类及主要属性

类　　名	可能的属性
客户	客户姓名；客户地址；电话号码；电子邮件
计算机	计算机名称，标准价格
组装的计算机	计算机名称，组装的价格
配置项	配置项类型；配置项描述
订单	订单号；订购日期；运送地址；订购总额；订单状态；销售人员姓名
支付	支付方式；接收日期；接收金额
发票	发票号；发票日期；发票总额

类之间的关联为类之间的合作奠定基础。图15.9显示了类之间明显的关联，然后根据大致的认识确定重数。订单来自某个特定客户，而客户可以下多张订单。订单只有在指定支付时才能被接收，因此是一对一的关联。订单不一定需要发票，但是发票一定对应某个特定订单。订单可以包括一台或者多台配置的计算机。配置的计算机可以多次被订购或者一次也没有。计算机有一个或者多个配置项，可以采用聚合来进行表示。同样，组装的计算机也是由一个多者多个配置项组成的，因此，可以用泛化关系来表示组装计算机和标准计算机的共性特征，如图15.10所示。

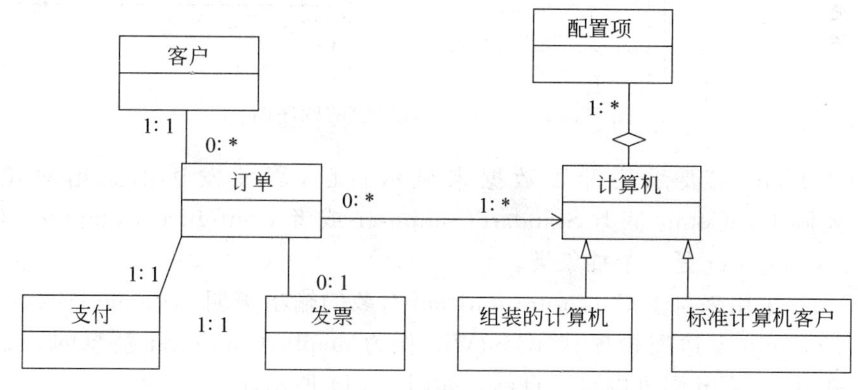

图15.9　关联类图

15.3.4　顺序图

“显示当前配置”的顺序图如图15.11所示。外部参与者(客户)选择显示某个计算机的配置。消息openNew发送给类ConfigurationWindow中的对象ConfWin。消息将会创建一个新的对象aConfWin。

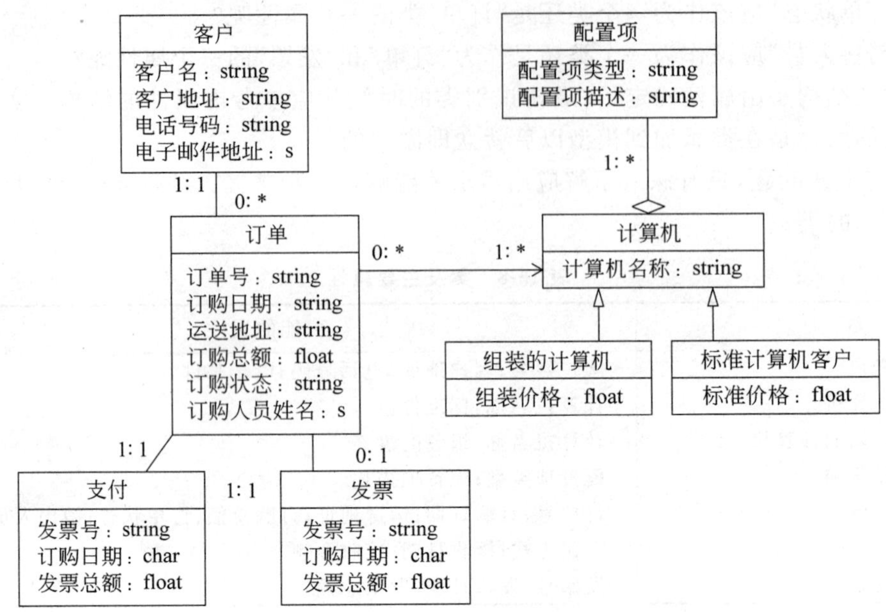

图 15.10 扩充的关联类图

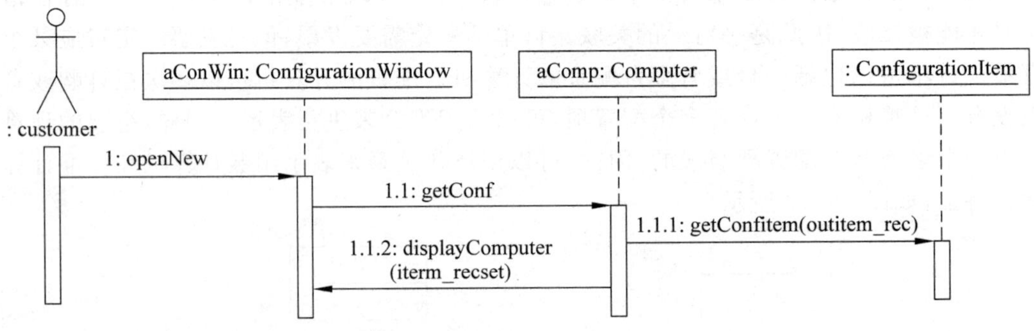

图 15.11 “显示当前配置”的顺序图

对象 aConfWin 需要采用配置数据来显示自己，因此发送消息给对象 aComp：Computer。实际上，aComp 是类 StandardComputer 或者 ConfiguredComputer. Computer 的一个对象。Computer 是一个抽象类。

对象 aComp 采用来自于 ConfigurationItem 对象的输出声明 argument“item_rec”来组成自己，然后 aComp 发送配置项到 aConfWin 作为 displayComputer 消息的 argument“i_recset”。对象 aConfWin 则可以显示自己。如图 15.11 所示。

参考前面的活动图构建“订购配置的计算机”顺序图。为了简化，该图没有显示对象 Computer 和 ConfigurationItem 之间的消息交互，也没有将子类可视化，如 Computer 是“标准计算机”还是“组装计算机”。该图仅显示激活的消息，没有显示消息的返回，也没有必要指定 operation argument 以及其他控制信息。如图 15.12 所示。

该顺序图很大程度上是自解释的。消息 acceptConf 导致消息 prepareForOrder 发送给“：Order”对象。这将产生一个临时的“：Order”对象，显示在“：OrderWindow”内。

当客户接收订单细节时(submitOrder)，“：Order”对象将自己连接到订购的 Computer

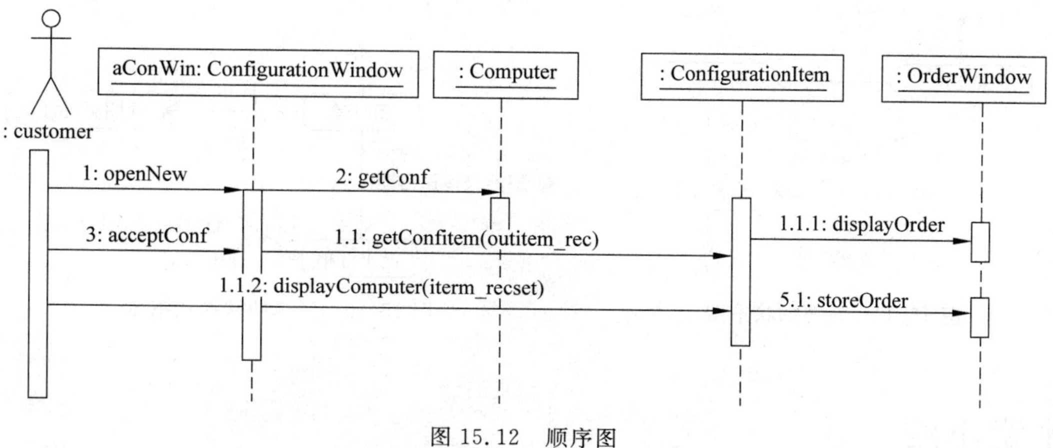

图 15.12 顺序图

以及相关的"：Customer"以及 Payment 对象。一旦这些对象在数据库中持久关联，"：Order"对象则发送 emailOrder 给外部参与者"客户"。如图 15.13 所示。

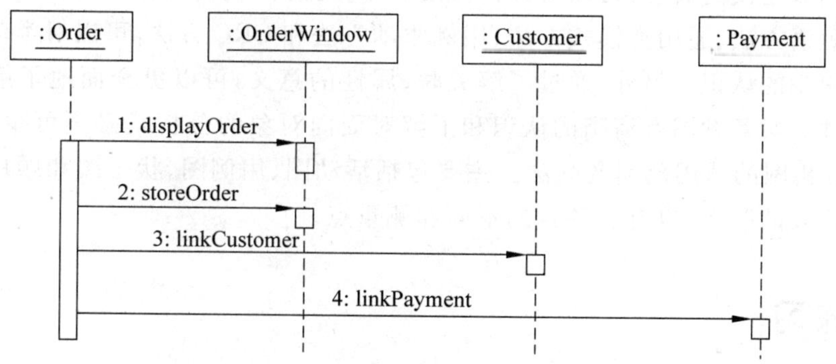

图 15.13 "订购配置的计算机"顺序图

注意"：Customer"作为外部参与者对象和内部类对象的双重应用。因为当客户信息必须在系统中保留时，外部客户也是合法的内部实体。

15.3.5 状态图

提供用例的细节说明，详细描述类状态的动态变化。动态变化通常描述了一个对象跨越几个用例的行为。

考虑类"发票"的状态变化，如图 15.14 所示。"发票"的初始状态是"未支付"状态。该状态有两种可能的转化：一种是"部分支付"事件，"发票"对象进入"部分支付"状态；另一种是"全部支付"事件，从"未支付"或者"部分支付"可以发起事件"全部支付"，然后进入结束状态。

状态图一般是关联某个类，但是也可以与用例项关联。当关联类时，状态图确定类的对象如何针对事件进行响应，确定在接收事件后会采取何种行动。同样的对象在不同状态下，对于同样的事件可能会执行不同的行动。行动的执行将导致状态发生变化。

订单的状态转化主要包括如图 15.15 所示的三个部分。

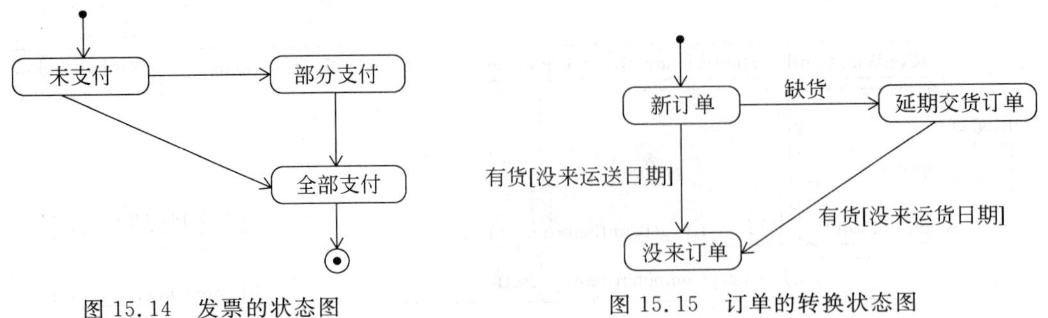

图 15.14　发票的状态图

图 15.15　订单的转换状态图

本章小结

通过本章的介绍,我们对面向对象分析法的应用有了一个全面的认识。首先通过面向对象分析和领域建模的概念,可以对分析方法有个概括的认识。其次,通过类的 4 种常用方法——名词短语方法、通用类模式方法、用例驱动方法和 CRC 方法,可以对类的概念和应用有一个更为深刻的认识。另外,通过了解关联、属性的意义,可以更全面地了解面向对象分析的使用条件。对各种图有清晰的认识和了解对面向对象的分析是必不可少的,因此需要各种 UML 分析图的适用范围及画法。主要包括活动图、用例图、状态图和顺序图。各种类图之间有着相互的联系,也有着各自的不同和侧重点。

思考与练习

1. 需求分析的目的是什么?需求分析中的典型活动有哪些?

2. 什么是顺序图?顺序图有哪些用途?如何在顺序图中表示消息的条件发送?

3. 假设某教学系统抽取了系、教师、学生、课程和教材 5 个类,试根据你的理解给出各类的属性和基本操作,并画出该教学系统的类图。

4. 某个研究院有若干处室,包括处编号、处名称、地点、负责人等;每个处室有若干科室,包括科编号、科名称、人数、地点;每个科室有若干工作人员,包括职工编号、姓名、职务、学历、职称、简历,每个职工的简历包括开始时间、终止时间、单位、担任职务,该研究院承担若干个课题,包括课题号、课题名、经费等,每个职工可以承担若干个课题,每个课题可以由若干人参加,每个课题有一个负责人。请建立对象模型,画出类图和其中一个对象图。

(提示:类包括处室、科室、职工、课题等,负责人可作为对象)

5. 请根据下列叙述建立类图和其中一个对象的对象图。以订单系统为例,客户可以划分为团体客户和个人客户。团体客户中有时会设立一名雇员作为销售代表。客户可以对应多个订单,每个订单有多个订单项,每个订单项只能对应一种产品,但一种产品可以在多个订单项中出现。

6. 根据楼层电梯升降场景构建状态图。

楼层电梯的工作过程大概如下:如果电梯处于空闲状态,在超时后自动向第一层下降,到达第一层后，如果电梯按钮触发向上或者向下时，则进入上升或者下降状态，到达指定楼层后又进入空闲状态。如果电梯在某个楼层处于空闲状态时要求上升或下降，则进入上升或者下降状态。

7. 根据下列订单处理和履行过程的场景构造状态图。

订单包含多个货品。首先，逐条检查订单，查看是否所有货品都有库存。如果是，订单发到分销中心进行送货。如果有一些货品缺货，则仓库将请求采购这些货品，订单处于待定状态，等待那些货品的到来。这些货品来自于不同制造商，可能不在同一时间到货。当所有货品都有存货的情况下，分派该订单，这些货品再发给客户，订单结束。

8. 请根据下列场景绘制活动图。

某咨询公司会见客户的业务过程如下：

(1) 公司业务员打电话给客户，确定一个约定。

(2) 如果约定地点在公司内，那么公司技术人员要为会面准备一间会议室；如果地点在公司外，咨询顾问需要用笔记本电脑准备一份陈述报告。

(3) 咨询顾问和业务员与客户在约定时间与地点见面。

(4) 业务员随后准备好会议用纸。

(5) 如果会议产生了一个问题陈述，咨询顾问就根据问题陈述建立编写一个提案并将提案发给客户。

9. 根据下列场景采用顺序图描述在线购物过程。

(1) 客户请求和接收产品信息；

(2) 客户选择物品到购物车；

(3) 客户进行结账并创建订单；

(4) 客户通过提供支付和运送地址确认订单；

(5) 订单送到结算中心进行审批；

(6) 通知客户已经接收订单；

(7) 分销中心按照订单进行配货。

10. 一家汽车租赁公司需要开发一个自动化的系统来处理汽车预约、客户账单和汽车拍卖。通常，客户先预订一辆车，然后取走，在一定的时期内再还车。在取车的时候客户选择是否购买车辆的碰撞保险。还车的时候，客户将会收到账单，然后付费。另外对于租出的汽车，每6个月左右，汽车租赁公司将会拍卖行驶历程超过20 000公里的汽车。画出用例图来表示系统开发的需求。其中包括一个抽象用例图以表示任两个用例之间的公共行为。对于公司账单，公司客户不直接生成账单，它们将推迟一段时间支付。为该汽车租赁公司的系统开发画出类图。图中需表示问题域中所有相应的类，如汽车、客户等，还要表明它们的属性和操作以及类之间的关系。画图的时候，可以根据实际情况做一些假设。

11. 王大夫在小镇上开了一家牙科诊所。他有一个牙科助手、一个牙科保健员和一个接待员。王大夫需要一个软件系统来管理预约。当病人打电话预约时，接待员将查阅预约登记表，如果病人申请的就诊时间与已定下的预约时间冲突，则接待员建议一个就诊时间以安排病人尽早得到诊治。如果病人同意建议的就诊时间，接待员将输入预约时间和病人的名字。系统将核实病人的名字并提供记录的病人数据，数据包括病人的病例号等。在每次治疗或者清洗后，助手或保健员将登记相应的预约诊治已经完成，如果必要的话会安排病人下次再来。

系统能够按病人姓名和按日期进行查询，能够显示记录的病人数据和预约信息。接待员可以取消预约，可以打印出前两天尚未接诊的病人清单。系统可以从病人记录中获知病人的电话号码。接待员还可以打印出关于所有病人的每天和每周的工作安排。

请建立上述牙科诊所管理系统的UML类图，并采用状态图描述系统可能的状态转换。

12. 针对以下的情况，画出用例图和类图(可自行设定一些假设条件)：某商学院成立校友会，学院约有5000名毕业生。学院保留了每个毕业生的学号、姓名、现在的姓名、现住址以及每个学生的专业名称(每个学生可以有一个到两个专业)。为了维护这些校友的关系，学院需要了解一些校友界的重要事件。每个事件都有标题、日期、地点和类型(比如招待会、宴会以及研讨会)。学院需要追踪这些事件中的毕业生，如果获悉有相关毕业生参加就会记录下来。学院通过E-mail、邮件、电话以及传真和这些毕业生保持联系，记录毕业生参加一些事件的信息。当学院领导在与毕业生见面或会谈的时候，系统将提供一份报告，这份报告中显示该毕业生的最新信息以及过去的两年中学院与该毕业生联系的情况和该毕业生参加事件的情况。

13. 一家杂货店希望实现库存管理自动化。该杂货店拥有能够记录顾客购买的所有商品的名称和数量的销售终端。顾客服务台也有类似的终端，以处理顾客的退货。它在码头有另一个终端处理供应商发货。肉食部和农产品都有终端用于输入由于损耗导致的损失和折扣。

采用面向对象系统分析方法确定上述杂货店问题中的类，并确定类之间可能有的继承关系。

14. 一家银行拥有三种类型的账户：支票账户(checking)、储蓄存款账户(savings)、贷款账户(loan)。以下为每种账户的属性：

CHECKING：Acct_No、Date_Opened、Balance、Service_Charge

SAVINGS：Acct_No、Date_Opened、Balance、Interest_Rate

LOAN：Acct_No、Date_Opened、Balance、Interest_Rate、Payment

假设每个银行账户都必须是这些类型中的一个。每个月月底，银行计算机计算每个账户的余额，并邮寄账目给账户的持有客户。余额的计算是以账户类型为依据的。例如，支票账户的余额可以反映服务的变化，而储蓄账户的余额可能包括一定利息额。绘制一张类图来表现这种情况。类图应该包括抽象类和计算余额的抽象操作。

15. 根据下列股票交易订单处理活动绘制活动图。

在线股票经纪人系统首先要验证订单的客户账户，然后在证券交易所执行它。如果订单执行成功，系统会并发做三件事：给客户发送交易确认信息，更新在线投资组合信息以反映交易结果，以及通过借记账户和迁移现金来与另一方结清交易。当这三项工作结束后，系统结束订单。如果订单执行失败，系统会给客户发送失败通知，并结束订单。

16. 某工程公司大约有500个不同类型的工程师。人力资源经理招聘新员工时根据应聘书以及其他经理对候选人面试的数据选择。应聘人可以在任何时间内应聘。工程部经理会通知人力资源经理并告诉他符合工作的条件。人力资源经理对比应聘人的资格，然后安排面试。当从工程经理处收到每次面试的评估结果时，人事经理根据此结果决定是否雇用应聘人，然后通知面试的经理和应聘人。被拒绝的应聘人的简历将会被保留一年后再清除。

一旦被雇用，新的工程师将要签一个协议，在协议中要填写该员工的信息。

请根据上述员工招聘过程绘制活动图。

17. 一个组织受委托开发一个车辆注册和上牌照系统，用来维护所有特定状况下注册的车辆信息。每个车辆都由主管部门登记注册，系统需要存储所有者的名称、地址以及电话；注册的起始日期和终止日期；牌照信息（发行人、年度、类型、号码）；贴标信息（年度、类型和名称）以及注册费用。另外还需要维护以下关于车辆本身的信息：号码、年度、制造、型号、车体形状、净重、乘客数、柴油动力（是/否）、颜色、成本以及里程数。如果是拖车，柴油动力和乘客数不需要。对于旅行拖车，车身号和长度必须知道。系统还需要维护汽车的行李容量的信息、卡车的最大载重和牵引力以及摩托车的马力。在车辆注册过期的前两个月，系统将会通知注册人。一旦所有者重新注册，系统将会更新车辆的注册信息。针对上述信息，完成如下任务：

(1) 开发静态模型，用类图表示所有的对象类、属性、操作、关系以及多样性。表示每个操作的变量或参数列表。

(2) 画一个状态图，用来表示车辆对象的所有可能状态，从制造完到废弃。在这张图中，请根据实际情况做假设。

(3) 从高层状态图中选择一个状态或事件，然后画出其子状态图。

(4) 对于"注册更新提示"这个用例，画出顺序图，用通用的形式，画出这个用例中的所有可能的对象交互。

第16章 面向对象设计

学习目标

通过本章学习，要求掌握：

- 以下面向对象设计的术语：控制器、耦合、内聚、协作图、设计类图、组件图、部署图、关联、导航、包、泛化以及聚合。
- 通用职责分配软件模式(GRASP)，GRASP 中的几种模式及其应用。
- 协作图、设计类图、组件图、部署图等 UML 模型图。
- 接口设计的原则。
- 包的概念和设计原则。
- 从 UML 图映射到数据库表的过程并能完成整个数据库的设计。
- 关系约束检查策略。

16.1 系统设计与 UML

面向对象分析(OOA)是提取和整理用户需求并建立问题域模型的过程。面向对象设计(OOD)则是把分析阶段得到的需求转变成符合成本和质量要求的、抽象的系统实现方案的过程。

从面向对象分析到面向对象设计是一个逐渐扩充模型的过程，也可以说面向对象设计是用面向对象观点建立求解域模型的过程。面向对象分析主要是模拟问题域和系统任务，而面向对象设计是面向对象分析的扩充，主要增加各种组成部分，设计系统中的类及其行为。

面向对象分析与面向对象设计的区别在于：

(1) 在侧重点上，面向对象分析侧重于理解问题，描述软件做什么，而面向对象设计侧重于理解解决方案，描述软件如何做。

(2) 面向对象分析一般只考虑理想的设计，不关心技术和实现的细节，而面向对象设计是更具体、更详细、更接近真实的代码的设计方案。

(3) 在设计结果的描述方式上，分析阶段侧重描述对象的行为，设计阶段侧重于描述对象的属性和方法。

(4) 面向对象分析只关注功能性需求,而面向对象设计既关注功能性需求,也关注非功能性需求。

(5) 面向对象分析产生的系统模型通常规模较小,而面向对象的设计产生的系统模型规模较大,内容也比较完整、详尽。

16.1.1 系统设计的主要任务

在设计阶段要对分析模型进行扩展并将模型进一步细化,并考虑技术细节和限制条件。主要工作包括:定义真实用例,定义报告、用户界面,精化系统体系结构,定义交互图,定义设计类图,定义数据库模式。设计的目的是指定一个可行的解决方案,以便能很容易地转变为编程代码。设计阶段成果及其相互关系如图 16.1 所示。

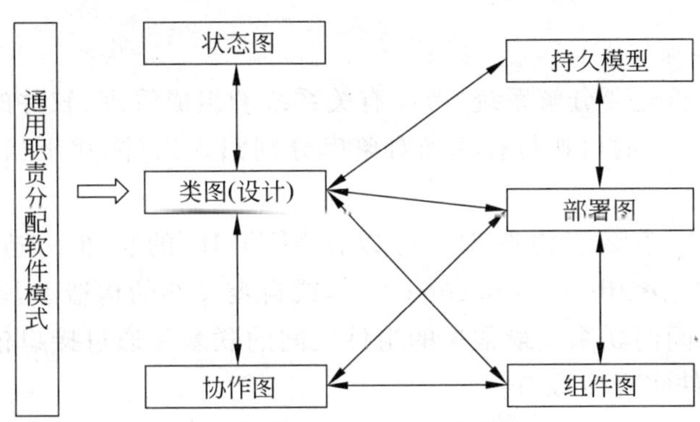

图 16.1 系统设计阶段 UML 图

16.1.2 协作图

职责的确定和分配是在绘制协作图的语境中进行的。一个类图的方法描述能够总结职责分配的结果,职责的履行通过方法调用来具体实现。

协作是对象之间的相互请求,描述了用以实现某些行为的一组对象之间交互作用。根据需要,一个对象向其他对象发出邀请或者与之协作,两个对象默契配合履行更大的责任。一组对象共同协作履行整个应用系统的责任。

协作包括结构和行为两个方面。结构方面包含一个角色集合和它们之间关系,这些关系定义了行为方面的内容。行为方面是一个消息集合,这些消息在具有某一角色的各对象之间进行交互,协作中的消息集合叫做交互。一个协作可以包含一个多个交互,每个交互描述一系列消息,协作中的对象为了达到目标交换这些消息。

协作图与顺序图一样,也是用来描述系统中对象之间的动态协作关系。但是协作图侧重于描述各个对象之间存在的消息收发关系(交互关系),而不专门突出这些消息发送的时间顺序。

绘制协作图的步骤如下:

(1) 找出参与交互的对象角色,把它们作为图形的节点放置在协作图中。最重要的对象放置在图的中央,与它有直接交互的对象放置在它的附近。

(2) 设置对象的初始性质。

(3) 说明对象之间的关联。首先给出对象之间的关联关系,然后给出其他关联。

(4) 从初始化交互的消息开始,在链接上安置相应的消息,给出消息的序号。

(5) 处理一些特殊情况,如循环、自调用、回调、多对象等。

16.1.3 组件图

系统实现的源代码、二进制码、执行码可以按照模块化的思想,用组件分别组织起来,明确系统各部分的功能职责和软件结构。组件是软件系统的一个物理单元,作为一个或者多个类的软件实现,软件驻留在计算机中,提供与其他组件之间的接口。数据文件、表格、可执行文件、文档和动态链接库等都可以定义为组件。组件最重要的特征是具有潜在的复用性。

组件图的绘制步骤如下:

(1) 确定组件。首先要分解系统,考虑有关系统的组成管理、软件的重用和物理节点的部署等因素,把关系密切的可执行程序和对象库分别归入组件,找出相应的对象类、接口等模型元素。

(2) 对组件加上必要的构造型。可以使用 UML 的标准构造型≪executable≫、≪library≫、≪table≫、≪file≫、≪document≫,或自定义新的构造型,说明组件的性质。

(3) 确定组件之间的联系。最常见的组件之间的联系是通过接口依赖。一个组件使用某个接口,另一个组件实现该接口。

(4) 必要时把组件组织成包。组件和对象、协作等模型元素一样可以组织成包。

(5) 绘制组件图。

例 16-1 ABC e-Training 核心系统的运行软件可以组成组件图,如图 16.2 所示。其中有 e-Training、"教案编辑子系统"、"课堂管理子系统"、"帮助子系统"、"用户管理子系统"、"培训工具"、"浏览工具"、"资源索引"、"通信"、"教师"和"学生"这些组件。这些组件包含相应的运行代码。

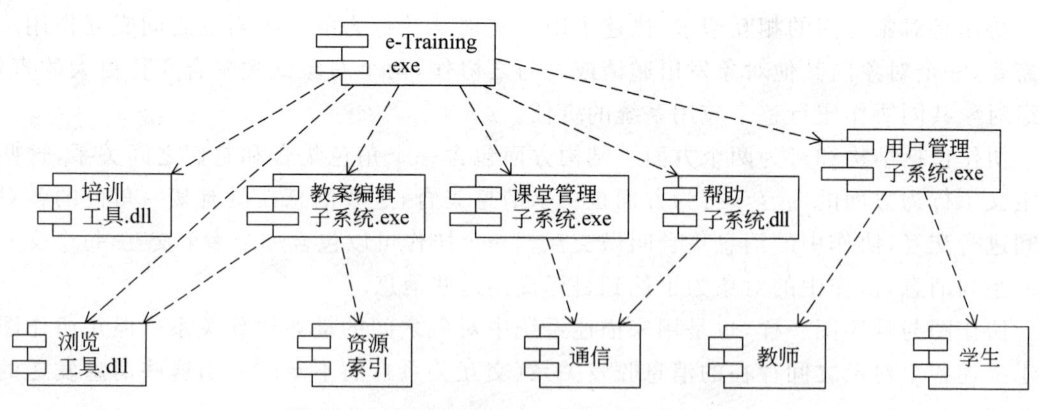

图 16.2 ABC e-Training 核心系统的组件图

组件 e-Training 包含系统的执行程序 e-Training. exe,组件"教案编辑子系统"包含执行程序教案编辑子系统. exe,主要是构建了资源制作和教案编辑的环境;组件"课堂管理子系统”则包含执行程序课堂管理子系统.exe,主要是构建实现教学活动的环境,实现从课前准备到课堂教学活动的进行直至结束的整个管理活动。组件“帮助子系统”包含的动态链接库则是实现教学系统使用帮助,教学活动中正在进行的任务的帮助,常见的Q&A的查询,以及实时的人的帮助。组件“用户管理子系统”包含实现用户管理的执行程序用户管理子系统.exe,负责对用户信息的管理。组件“培训工具”包含的动态链接库则实现对应于不同培训内容的仿真或模拟环境,而组件“浏览工具”包含的动态链接库则实现对应于不同类型的资源文件的浏览环境。这些都支持e-Training系统的程序运行。

组件e-Training通过接口依赖于“教案编辑子系统”、“课堂管理子系统”、“帮助子系统”、“用户管理子系统”、“培训工具”、“浏览工具”这些组件。

“教案编辑子系统”组件依赖于“浏览工具”组件和“资源索引”组件。

“课堂管理子系统”组件和“帮助子系统”组件都依赖于“通信”组件。

“用户管理子系统”组件依赖于“教师” 组件和“学生”组件。

在所有这些组件中包含各自相对应的对象类、接口、联系的实现代码。如果有必要,还可以绘制系统的源代码、二进制码、执行码的组件的跟踪关系图。

16.1.4 部署图

部署模型又称为实施模型,作用是将应用程序的各部分在物理结构上进行安装和部署。这个物理结构包括客户机、服务器、网络节点、移动设备等所有可能的程序逻辑处理设备和文件存放设备。部署模型与运行环境有关,也与应用程序有关,在建立部署模型时,需要从应用程序本身和运行环境两个方面的要求来分析,结合分析结果共同绘制部署模型。

部署图的绘制步骤如下:

(1) 确定节点。注意:标示系统中的硬件设备,包括大型主机、服务器、前端机、网络设备、输入输出设备等。一个处理机是一个节点,它具有处理功能,能够执行一个组件;一个设备也是一个节点,它没有处理功能,但它是系统和现实世界的接口。

(2) 对节点加上必要的构造型。可以使用UML的标准构造型或自定义新的构造型,说明节点的性质。

(3) 确定联系。这是关键步骤。部署图中的联系包括节点与节点之间的联系,节点与组件之间的联系,组件与组件之间的联系。把系统的组件如可执行程序、动态连接库等分配到节点上,并确定节点与节点之间,节点与组件之间,组件与组件之间的联系,以及它们的性质。

(4) 绘制部署图。

例16-2 ABC e-Training系统是一个客户/服务器结构的分布式系统,它的核心管理系统和数据库放置在ABC中心的服务器上,用户端的接口分别部署在培训点及培训点的教师和学生的客户机上,可绘制如图16.3所示的部署图。

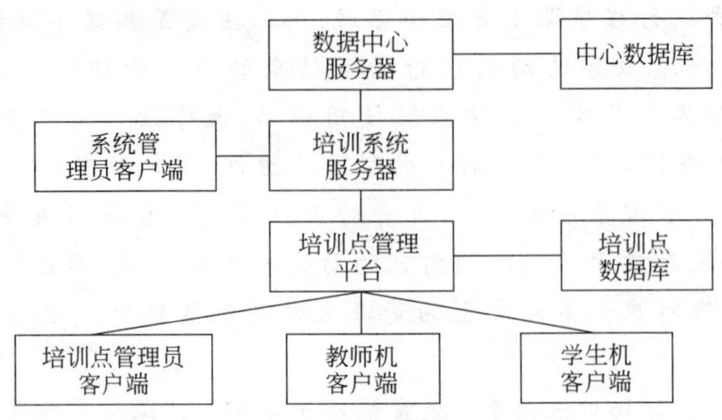

图 16.3 ABC e-Training 系统的部署图

16.2 通用职责分配软件模式[24]

面向对象系统是由多个不同对象组成的。这些对象之间不仅存在一定的关联,如组成、泛化等,对象之间还必须进行各种形式的交互,即某个对象必须能够向其他对象发送消息并产生对应的操作,只有这样才能构造出实用的软件系统。问题是软件系统的设计人员要如何规定对象的消息,并规定消息的发送方和接收方,这就需要解决对象之间的交互和各个对象具体职责的分配问题。在实际的软件系统中,一般存在大量职责,如何合理地分配类的职责并不是件容易的事情。设计人员在定义各个对象之间的交互时,需要做出具体将某个职责分配给某个类的设计选择。同时一个对象职责不应当过多,并且还应该是高度相关的。通用职责分配软件模式(General Responsibility Assignment Software Pattern,GRASP)是能够帮助系统设计人员理解和实现有关类和对象的设计技术。

GRASP 描述了有关对象设计和职责分配的最基本的指导原则,不仅可以指导设计人员把现实世界中的业务实体抽象称为程序中的实体类、将现实世界的业务功能抽象成程序中的业务类和业务类中的方法,还可以帮助设计人员确定一个具体的应用系统需要有多少个类以及每个类的职责。

GRASP 不同于软件设计模式,如 GoF 的 23 种设计模式等,前者侧重于设计类的原则以及如何分配类的职责,而后者侧重于所涉及的功能如何更好地被实现、类的交互以及代码质量等问题。在应用 GoF 设计模式优化系统中功能实现的程序代码之前,设计人员首先要能够正确、合理地进行类的职责分配和类之间关系的设计。

职责是一个类或者类型的契约或者义务,GRASP 中的职责主要分为两类:

(1) 知道型职责,主要指一个对象需要了解或者需要获得一些信息。包括知道自己的私有的、封装的数据;知道与自己关联的对象信息;知道自己派生出来或计算出来的事物。这种形式的职责主要在类的各种属性和类之间关系体现。

(2) 做型职责,主要指一个对象完成某种动作行为或者和其他对象协作完成某个动作行为。该形式的职责主要通过类中方法实现,从而达到对象自身完成某件任务的目的。做型职责主要包括自己完成某个任务或功能;控制和协调其他对象内的活动;在其他对象中进行发起操作。

GRASP 具有 5 个基本模式，主要包括信息专家模式、创建者模式、高内聚模式、低耦合模式和控制器模式。

16.2.1 专家模式

专家模式是指在进行类职责设计时，如果发现某个类拥有完成该职责需要的信息(数据)，那么这个职责就应该分配给这个类来实现和承担。类似于生活中的做事原则：事情应该交由懂行的“专家”完成。在类设计时，将职责分配给“信息专家”完成。信息专家应该尽可能是单一职责，而非复合职责。

以 POST 系统为例，在系统分析过程中创建了初始的类图和关联，如图 16.4 所示。

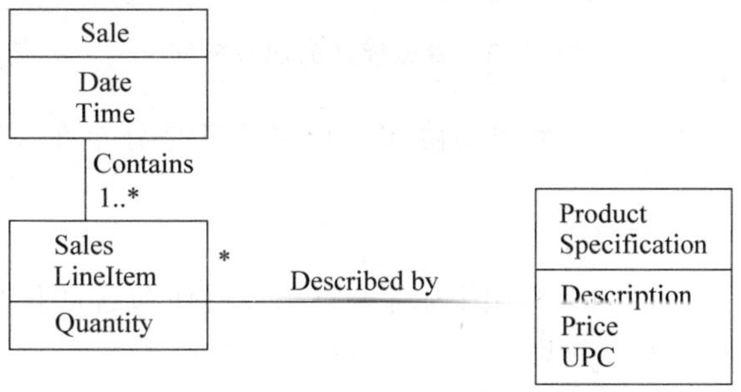

图 16.4 Sale 类的关联

例如，在 POST 系统中，一些类需要知道一个 Sale 的总额。根据专家模式，应找出哪个类对象具有确定销售项总额所需要的信息。销售项总额是由各个销售项的子金额累加到一起得到的，各个销售项的子金额是由价格和数量相乘得到的。

要了解销售总额，必须知道销售项对应的 SalesLineItem 的实例。只有 Sale 实例知道这些信息，按照专家模式，Sale 对象所在的类应该履行这个职责，它是信息专家。此外，还必须知道销售项记录的金额，SalesLineItem. Quantity 以及 ProductSpecification. Price 是所需要知道的信息。SalesLineItem 知道它的商品数量和相关的 ProductSpecification。因此，根据专家模式，SalesLineItem 应该确定该记录的子金额，它是信息专家。那么，Sale 需要发送 subtotal 消息给每个 SaleLineItem 实例并且计算它们的金额。此外，为了知道和回答 SalesLineItem 的子金额，SalesLineItem 需要知道商品价格。此外，ProductSpecification 是一个信息专家，它可以回答商品价格，因此，需要发送一个消息到 ProductSpecification 以查询商品价格。因此，为了知道和回答 Sale 总金额这个职责，有三个职责需要分别分配到三个类，如表 16-1 所示。

表 16-1 专家模式的职责分配

类	职 责	类	职 责
Sale SalesLineItem	知道销售项总额 知道各个销售记录子金额	ProductSpecification	知道商品价格

根据上述的专家设计模式，得到的设计结果如图 16.5 所示。

由于职责履行需要相关信息，而信息往往分布在不同的类对象实例中，因此在进行职责分配时，需要考虑职责是由某一个信息专家独立完成的还是应该由不同的专家协作完成的。

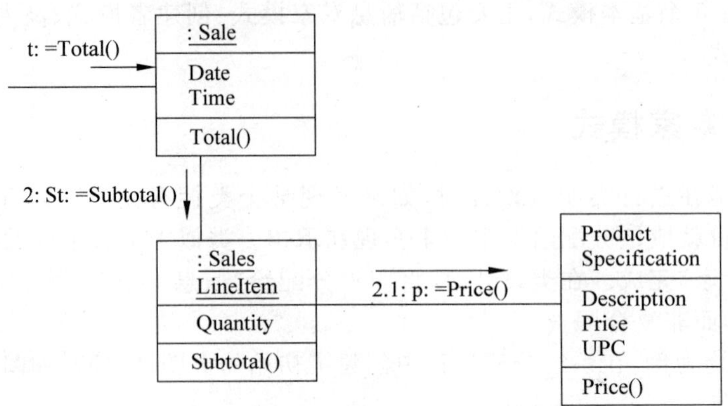

图 16.5 专家模式的职责分配

例如，上述销售项总额计算需要三个类的协作。只要信息是分布在不同对象中，必须通过消息传递方式协同工作。

应用专家模式具有如下优点：

(1) 能够使类保持良好的封装性，因为对象只用自己所包含的信息完成任务，使得类与其他类的关联较小，产生低耦合效果。

(2) 履行职责的各个行为都分配在所需信息的类中，这些类各自具有完成行为所需的信息，使得类具有高内聚特性，容易维护。

16.2.2 创建者模式

创建者模式主要帮助设计人员确定创建对象的职责具体由哪个类来承担，也就是某个类的对象实例应该由哪个相关的类来创建或者统一由某个类集中创建，以避免不同模块都能对该类的对象进行实例化。

系统设计人员一般根据下列情况进行职责分配。如果下列条件满足的话，则认为类 A 是类 B 的实例创建者，即由类 A 创建类 B 的对象实例。

- A 是 B 的聚合(类 A 中包含类 B 的对象实例)；
- A 是 B 的容器(类 B 对象的实例在类 A 产生的容器中运行)；
- A 持有发起 B 的信息；
- A 记录 B 的实例；
- A 频繁调用 B 类中的方法。

仍以上述 POST 系统为例，根据创建者模式，需要寻找一个负责创建一个 SalesLineItem 的实例的类，该类要聚合、包含 SalesLineItem 实例。由于一个 Sale 包含多个 SalesLineItem 的实例对象，因此，根据创建者模式，Sale 是承担创建 SalesLineItem 实例这个任务的候选者，需要在 Sale 类中定义一个 makeLineItem 方法，如图 16.6 所示。

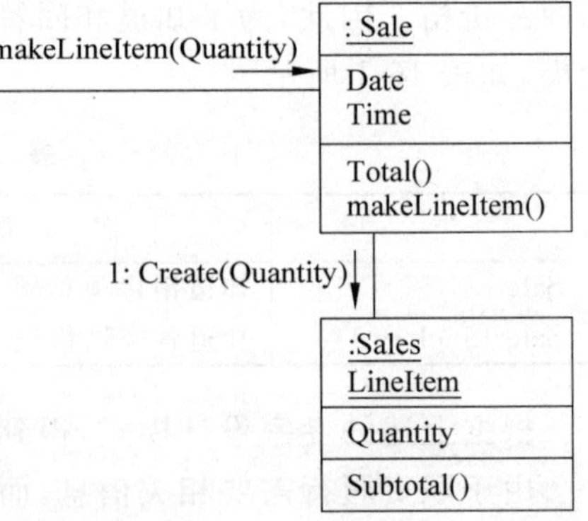

图 16.6 创建一个 SalesLineItem 的实例

创建者模式用于指导对象实例创建任务的分配，

基本目的是找到一个与被创建对象之间有关联关系的创建者，创建者的选择需要支持低耦合度原则。

创建者模式的优点在于：

(1) 可以封装对象创建逻辑的细节，对象的使用者不需要了解这些具体的技术实现过程和细节。

(2) 封装创建逻辑的变化。采用该方法，在进行修改时，只需要修改创建者类中的代码，而不用修改使用者类的代码。

16.2.3 控制器模式

控制器模式主要指导设计人员将处理系统事件消息的职责分派给特定的类，该类接收请求消息并控制或协调对请求的处理，即哪个类负责处理一个系统事件。控制器是处理系统事件的非用户界面类对象，控制器定义了系统操作的方法。

应用系统中的控制器包括如下类型：

(1) 全局控制器。该形式的控制器一般为应用系统的外观控制器。当需要为整个系统或者某个子系统提供统一访问入口时，应该设计一个外观控制器组件作为整个系统的全局控制器。

(2) 局部控制器。该形式的控制器一般为用例或者会话级别的控制器。在需要为代表系统事件发生的某个用例场景提供控制器时，应该采用局部控制器设计方案。

例如，在 POST 系统中，有若干个系统操作，如图 16.7 所示。

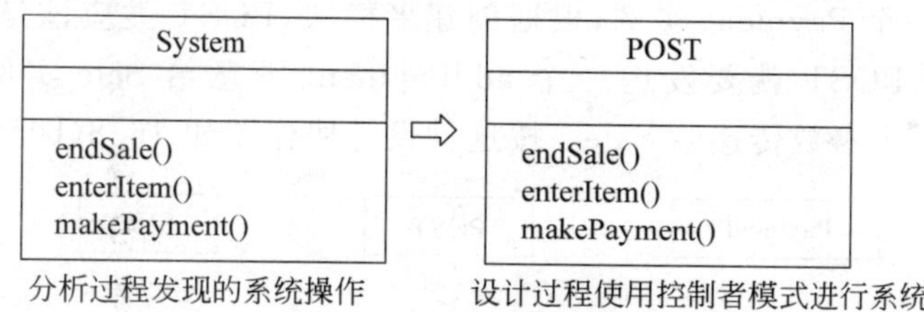

图 16.7 控制器模式

在分析系统行为过程中，系统操作被指派给 System 类完成，以表明该操作是系统操作。然而，在设计过程中，系统操作职责是被指派给一个控制器类完成。哪个类对象应该是系统事件的控制器，根据控制器模式，将处理系统事件消息的职责分配给代表下列事物的类：

- 代表整个系统的类，如 POST；
- 代表整个企业和组织的类，如 Store；
- 代表真实世界中参与职责的主动对象类，如 Cashier；
- 代表一个用例中所有事件的人工处理者类，如 BuyItemHandler。

就协作图而言，上述 4 个类都可以作为控制器。但具体哪个最适合作为控制器，还需要受到其他因素影响，如耦合度与聚合度等。

系统接收外部输入事件通常涉及图形用户界面，传感器等输入介质。不管采用哪种输入手段，如果运用面向对象设计方法，必须选出控制器处理输入事件。控制器模式是选择可接收的控制者类的一般指导原则。

一个用例中所有的系统事件都应该由同一个控制器处理，这样可以维持一个用例的状态信息，这些信息可用于识别出错的系统事件。例如，makePayment 操作发生在 endSale 操作之后。

16.2.4 低耦合模式

耦合是衡量系统中一个元素（如类、子系统）与其他元素关系强弱的尺度，两个类之间的关系紧密程度代表了类之间的耦合程度。低耦合的设计目标是要求在软件开发的时候，各个组件、模块和类尽可能少地依赖其他的类，这样可以提高模块和组件的可重用度。低耦合原则是要求设计人员尽可能地减少类之间的连接关系。

系统中的两个类之间如果存在控制关系、调用关系、数据传递关系等，则两个类之间就存在耦合关系，具体如下：

- X 的属性引用 Y 的实例；
- X 对象调用 Y 对象的服务；
- X 方法引用 Y 的实例（参数、局部变量、返回值）；
- X 是 Y 的直接或者间接子类；
- Y 是接口，而 X 是实现 Y 的接口。

以 POST 系统为例，系统分析抽取的部分类图如图 16.8 所示。假设我们需要创建一个 Payment 实例并使它和 Sale 实例之间形成关联，哪个类应该承担该职责？由于在真实世界中 POST 记录了一个 Payment 实例，根据创建者模式，POST 类应该是创建 Payment 的候选类。这样，一个 POST 就要发送一个 addPayment 消息给 Sale 实例，并将新生成的 Payment 实例作为一个参数传递给 Sale。按这种设计协作图如 16.8(b)所示。

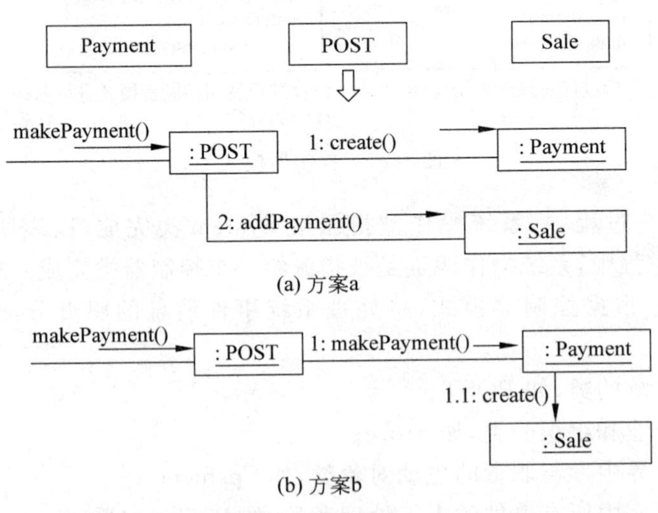

图 16.8 低耦合模式设计

在方案(a)中，POST 类要知道 Payment 类的信息，两者被耦合起来。假定一个 Sale 实例最终要和一个 Payment 实例耦合起来。在方案(a)中，POST 创建了 Payment，增加了从 POST 到 Payment 的耦合度；而在方案(b)中，Payment 是由 Sale 创建的，没有增加耦合度。

单从耦合度角度来看，方案(b)更好些，因为它的整体耦合度较低。

低耦合度支持更独立的类设计，这样的设计能够减少修改设计方案所带来的影响，更好支持重用，这些都还可以提高软件生产效率。

16.2.5 高内聚模式

高内聚模式能够使系统中各模块之间尽可能充分合作，即充分考虑和协调各个类的职责之间的相关度和集中度，而不是由一个或几个包揽所有功能的超级类完成。系统中的某个模块应该具有与自己高度相关的职责，即该职责中的几个任务必须高度相关，同时每个模块都不去完成与自己职责无关的任务。

以 POST 系统为例，如图 16.9 所示，假设需要创建一个 Payment 实例并将它与 Sale 实例关联起来。哪个类应该负责这项任务呢？由于 POST 在真实世界的应用领域中记录了一个 Payment 实例，因此根据创建者模式建议，可以把 POST 作为创建 Payment 实例的候选者。那么 POST 实例就要发送一个 addPayment 消息给 Sale，同时，将新创建 Payment 实例作为一个参数传递给 Sale，如图 16.9 中的方案(a)所示。这种职责分配方式将创建一个 Payment 实例任务交给 POST，POST 承担履行 makePayment 系统操作的部分职责。

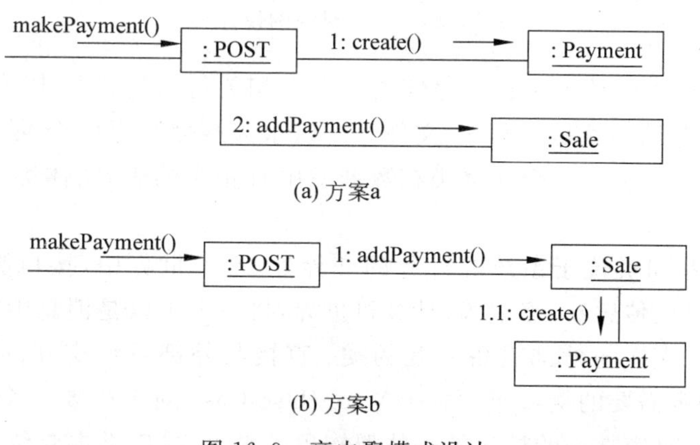

图 16.9 高内聚模式设计

但是，如果继续让 POST 承担一部分或者大部分与其他系统操作相关的职责，它的负担会越来越重，并且聚合度会下降。比如，如果有 50 个系统操作都由 POST 接收并处理。如果这些工作彼此间不相互关联，就会成为低聚合度对象。

而如图 16.9 中的方案(b)所示，将 Payment 实例创建任务指派给 Sale，这样的设计支持 POST 的高聚合度。该方案既支持高内聚，又支持低耦合，是比较好的方案。

高内聚模式能够使应用系统中各个模块各尽其能并充分合作。系统相关的功能应合理分配给各个模块协同完成，而不是一个或几个超类独立完成的。系统中某个模块应该具有与自己高度相关的职责，而不去完成与自己职责无关的任务。高内聚的类具有较少的成员方法和紧密相关的功能实现，但是不完成太多任务。当实现目标过大或复杂时，通过与其他对象进行协作完成。

16.3 类的设计

16.3.1 设计类

在面向对象分析中，重点是确定表示业务领域内的实际数据的类，这些类被称为实体类，实体类是承载业务信息特别是需要持久存储到数据库中的数据。在面向对象设计期间，继续精练这些实体对象，并确定作为新系统的物理实现决策而引入的其他类。设计期间将另外引入两种类：一种是用来表示用户与系统接口的方式，称为接口类，例如窗口、对话框、屏幕、接口程序等。另一种是承载应用或者业务规则逻辑，称为控制类，例如设计多个业务的业务规则和计算。控制类协调接口类和实体类之间的消息，以及消息发送的顺序。其表示方式如图 16.10 所示。

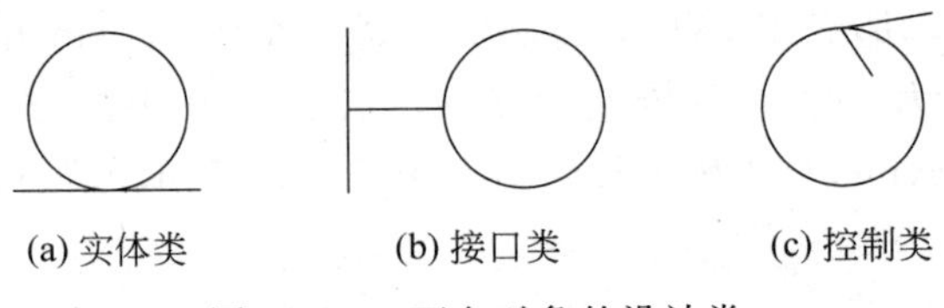

图 16.10　面向对象的设计类

(1) 实体类。实体类是指对必须存储的信息和相关行为建模的类，保存要放进持久存储体的信息。持久存储体就是数据库、文件等可以永久存储数据的介质。实体类可以通过事件流和交互图发现。通常每个实体类在数据库中有相应的表，实体类中的属性对应数据库表中的字段。

(2) 接口类。接口类位于系统与外界的交界处，现实世界中，接口类的实例可以是窗体、报表、打印机接口、传感器、终端等；计算机世界，接口类可以是消息中间件、驱动程序等。表示通信协议的类、直接与外部设备交互的类、直接与外部系统交互的类等都是接口类。通过用例图可以确定需要的接口类，每个 Actor/Use Case 对至少要一个接口类，但并非每个 Actor/Use Case 对应唯一的接口类。从架构角度来讲，接口类主要位于展现层。在下面 4 种情况下，可以建立接口类：

① 参与者和用例之间应该建立接口类；

② 用例和用例之间如果有交互，应该为其建立接口类；

③ 如果用例与系统边界之外的非人对象有交互，如第三方系统，则应当为其建立接口类；

④ 在相关联的业务对象有明显的独立性要求，即它们在各自领域内发展又不希望相互影响时，可以建立接口类。

(3) 控制类。控制类是控制其他类工作的类。控制类来源于对用例场景中行为的定义，每个用例通常有一个控制类，控制用例中的事件顺序，控制类也可以在多个用例间共用。其他类并不向控制类发送很多消息，而是由控制类发出很多消息。

面向对象设计就是将支持系统功能所需的责任和行为分配到这三种类中，它们一起工作，共同提供服务，这种方式使得对象的维护和修改变得更加容易，并且比较适合于客户端/

服务器的应用架构。例如,客户端负责应用逻辑(控制类)和表现方法(接口类),服务器端负责数据库(实体类)。

16.3.2 设计关系

在分析阶段关注的类之间关系主要是关联关系、聚合关系和泛化关系。在面向对象设计中需要建模更深层的关系,以便正确地说明系统结构。这些关系包括:依赖关系、导航能力、属性与方法的可见性、对象责任。

1. 依赖关系

依赖关系用于描述下面两种情况下两个类之间的关联关系:

(1) 当一个变化出现在一个类中,它可能会影响另一个类;

(2) 一个持久类和一个临时类之间的关系。接口类一般是临时的,可以采用这种方式建模。依赖关系如图 16.11 所示。

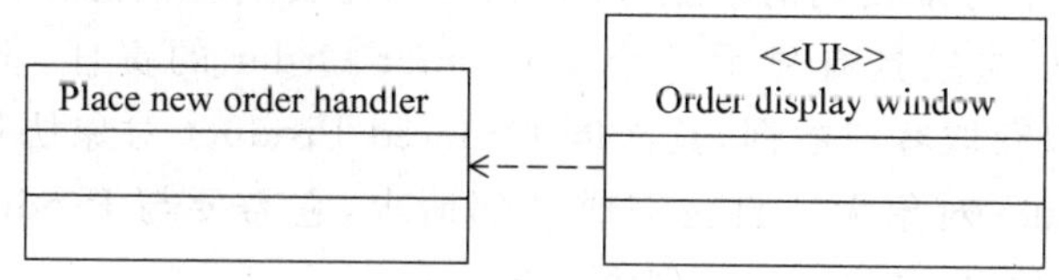

图 16.11 依赖关系举例

在本例中,Order display window 类是一个接口类,它的创建是用于显示订单内容,依赖于 Place new order handler 类,将订单信息映射过来,并响应接口发起的事件。依赖关系采用虚线箭头表示。

2. 导航能力

类之间的关联关系默认是双向的,意味着一类对象可以导航(发送消息)到另一类对象。也有些情况需要限制消息仅向一个方向发送。例如,假设每个系统用户必须有一个口令,并且用户必须每隔 30 天换一次口令。假设当用户修改口令时,新口令不能是过去 6 个月内使用过的口令,该场景如图 16.12 所示。给定一个 User,要找到用户当前的 Password,用于认证和修改口令。因此,User 对象要发送一个消息给 Password 对象。大多数情况下,给定一个 Password 确定相应的 User 是没有意义的,因此采用单向箭头,如图 16.12 所示。

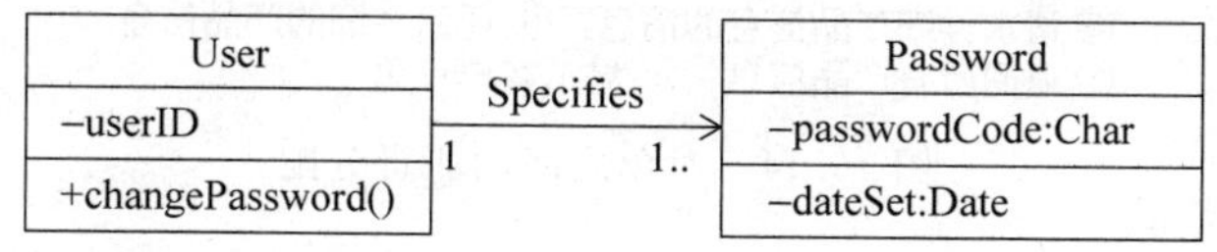

图 16.12 关联关系举例

3. 属性与方法的可见性

可见性定义了属性和方法如何被其他对象访问。UML 提供了三个层次的可见性。

公共可见性(“+”):公共属性可以被其他任何类的任何方法访问,公共方法可被任何其他类的任何方法调用。

保护可见性（“#”）：具有保护属性（方法）的类或子类可以访问该属性，或调用该方法。

私有可见性（“－”）：私有属性（方法）只能被定义它的类所访问。

如果需要调用某个方法以响应另一个对象发送的消息，该方法应该声明为公共的。大多数情况下，所以属性都应声明为私有的，以强制封装。可见性表示方法如图 16.13 所示。

Address
–street: String –city: String
+getStreet(): String +getCity(): String

图 16.13 可见性示例

4. 对象责任

面向对象系统中，对象封装了数据和行为。在设计中，需要确定一个系统必须支持的行为，然后再设计实现这些行为的方法。通过这些行为，确定对象责任。对象责任是指对象收到请求时必须提供的服务，必要时需要与其他对象一同协助以满足请求。在系统分析阶段重点了解了对象所具有的行为，或者说它们能够做的事情。在设计阶段，需要了解一个对象所具有的责任。当每个对象收到请求服务的消息时，需要响应消息并实现请求。

例如，一个 Order 对象具有显示一个 Customer Order 的责任，但它可能首先需要同 Customer 对象协作以获取客户数据，其次同 Ordered Product 对象协作以获得订购的产品数据。Ordered Product 对象无法自行完成全部请求，它需要与 Product 对象协作，以获得有关每个产品的详细信息，如图 16.14 所示。

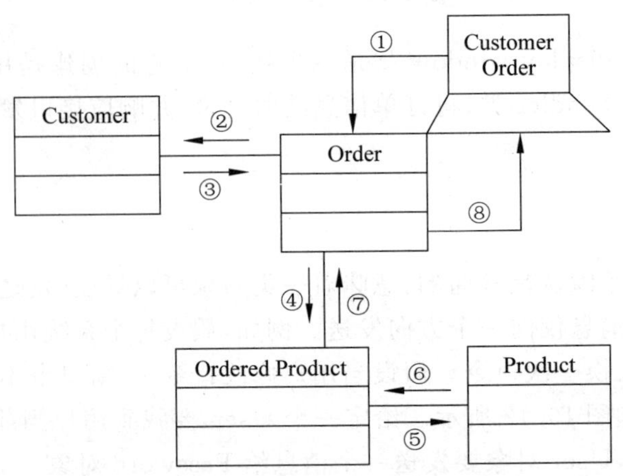

① 发送请求显示客户订单信息 ② 请求客户信息的消息
③ 返回客户信息 ④ 请求订单包含的所有产品的消息
⑤ 请求详细产品信息的消息 ⑥ 返回详细的产品信息
⑦ 返回所有产品信息 ⑧ 显示客户订单

图 16.14 对象之间的职责分配

对象责任与对象方法不同。对象责任通过创建一个或多个方法实现，这些方法可能同其他对象或方法协作。

16.3.3 设计类图

在系统开发的设计阶段，设计人员不仅需要设计确定出系统中的各个类及类中的成员，还需要为系统中的各个类添加方法，设计并定义对象之间的消息传递，这时产生的类图为设计类图。

设计类图的创建主要依赖于两个模型：一是协作图，可以据此识别出参与解决方案的软件类和类中的方法。二是概念模型，可以据此在类的定义中添加细节。

设计类图中包含如下信息，示例如图 16.15 所示。

- 类、关联、属性；
- 接口和操作；
- 方法；
- 属性类型信息；
- 导航；
- 类(接口)等元素之间依赖关系。

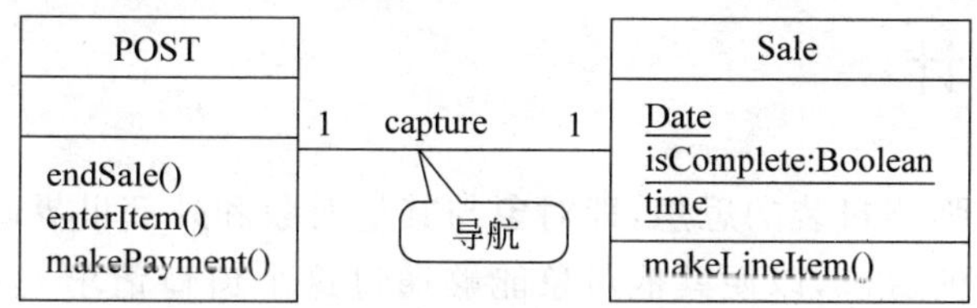

图 16.15 设计类图示例

建立设计类图的步骤如下：

(1) 分析协作图，识别出所有参与软件解决方案的类，将其补充到初始的类图中。

(2) 分析协作图添加类图的方法，为属性和方法添加类型信息。

(3) 在类图中添加关联，支持必要类的可见性。

(4) 关联上添加导航箭头，指明属性可见性的方向。

(5) 添加依赖关系连线，指明非属性的可见性。

1. 添加方法名

每个类的方法可以通过协作图的分析得到，例如，一个 makeLineItem 消息发送给一个 Sale 类的实例，那么 Sale 类必须定义一个 makeLineItem 方法，如图 16.16 所示。在所有协作图中发送给类 x 的消息集合能够说明类 x 必须要定义的大多数方法。

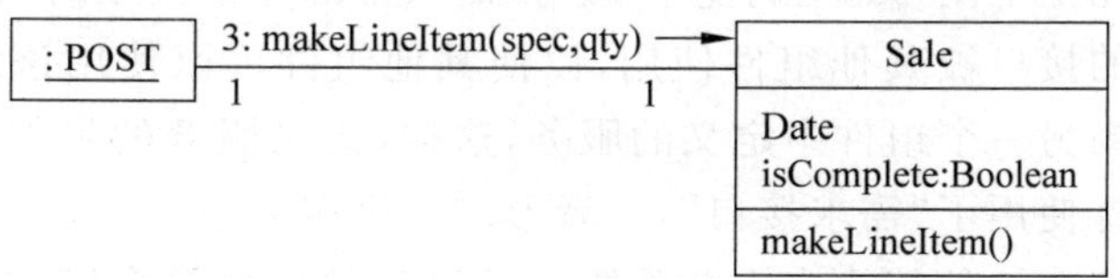

图 16.16 方法的识别

2. 添加关联和导航

在面向对象的设计类图中，关联的每个端点被称为一个角色，角色可能带有一个导航箭头作为修饰符。导航是角色的一个特性，说明从源对象到目的对象沿着关联有一个单向的连接。通过协作图可以确定导航，如图 16.17 所示。

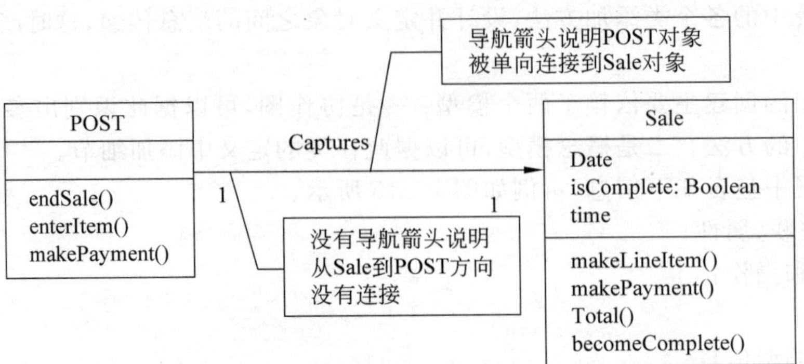

图 16.17　通过协作图确定导航

16.4　接口设计

面向对象设计中强调封装的思想，即对象与其他对象和外部世界隐藏了内部信息，对象必须提供对外部世界的窗口，以便其他对象能够通过这个窗口请求对象执行它的操作。这个窗口就是对象的接口。

接口是一个类提供给其他类的一组操作，类似于一组控制按钮，能够使外界访问一个类的行为并提供相关操作，类似于你可以通过各个控制按钮操纵洗衣机执行各种操作一样。可以认为接口是只有操作的一个类，类中没有属性。类和它的接口之间的关系被称为“实现”(realization)。由于组件之间也是通过接口来使用组件中定义的操作，因此，组件及组件的接口之间的关系也称为“实现”，如图 16.18 所示。

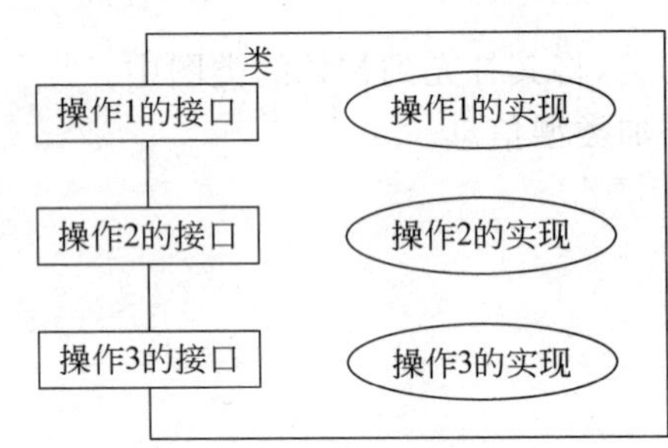

图 16.18　类的接口示意

接口是系统设计中十分重要的内容。优秀的系统设计中，两个类不直接相连，而是通过接口交互信息。在面向对象设计中，软件开发主要是面向接口编程。由于接口和实现的分离，使得在考虑程序逻辑时可以完全不用考虑程序怎样编写，而只考虑对象交互的接口。

组件可以让它的接口被其他组件使用，以使其他组件可以使用该组件中定义的操作。即一个组件可以访问另一个组件中定义的服务，这样，提供服务的组件呈现了一个“提供接口”，访问服务的组件使用了“需求接口”，二者形成了供需关系。

接口在组件复用和组件替换中十分重要。只要新的构件符合旧构件的接口，就可以采用新构件替换旧的组件。同样，如果一个系统需要复用另一个系统的组件，只要新系统能够通过组件接口访问复用的组件。

16.4.1　单个对象的接口设计

单个对象通常是封装某种算法的对象，如业务规则计算对象或者业务逻辑处理对象。这些对象由于业务规则和业务逻辑的特殊性使得它们很可能具有与众不同的方法，可以为这些对象设计单独的接口。

例如,"处理申请登记"这一业务逻辑可以提炼4个类,分别是ApplyControl、ApplyRuleControl、ApplyWorkflowControl和ApplyEntityAccessor,可以简单地将它们的方法抽取出来形成接口,每个接口对应一个实现类,实现类习惯上以Impl作为后缀表示,ApplyControl类的接口设计如图16.19所示。

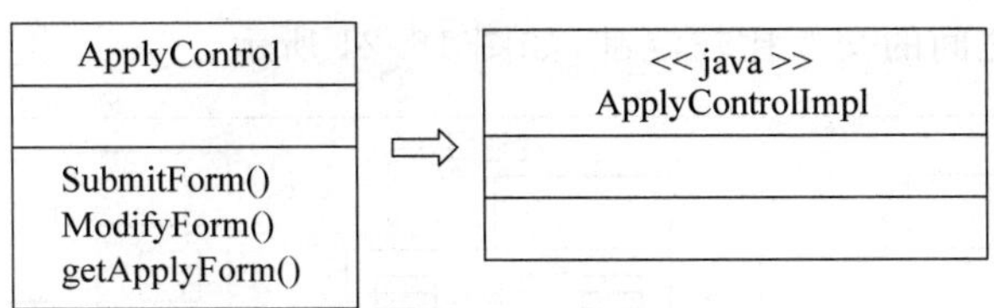

图16.19 单个对象接口实现设计示例

16.4.2 多个对象的接口设计

系统中有许多对象具有相同或者相似的行为模式,通常这些对象承担相同或相似的职责,也就是处理事情的办法差不多,但处理的内容和过程可能不同。

典型的具有相同或者相似行为模式的对象是实体对象。实体对象主要是封装业务数据和对业务数据的操作方法。虽然实体对象封装的业务数据千差万别,但是操作数据的方法无非是增删改查。这是典型的行为相似内容不同的对象。

以实体对象为例,将这些相同的操作方法提取出来形成接口,然后所有实体对象都实现这个接口,示例如图16.20所示。

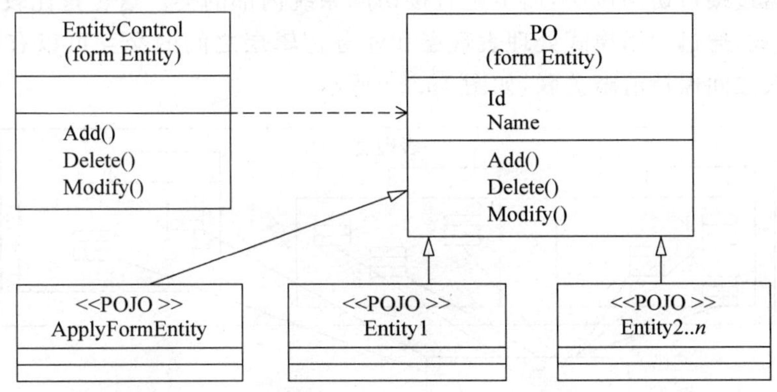

图16.20 具有相似行为的对象接口实现设计示例

在该例中,实体对象实现的不是一个接口,而是一个抽象类PO,具体的实体对象与抽象类PO之间是集成关系。由于抽象类的Add()、Modify()、Delete()等方法都是抽象方法,这些方法没有实现,它的作用是约束其子类必须实现这些方法,其作用与接口是相同的。与接口不同的是抽象类中的非抽象方法可以有实现,在这些非虚方法里可以编写处理共同行为的代码。

无论是虚类还是接口,意图都相同,都是将相同行为提取出来形成接口,这样,在业务程序中可以用相同方式处理不同实体对象。

16.4.3 层次之间接口设计

系统应用架构分成多个层次，各层之间交互复杂。应用分层的目的是使各软件层职责清晰，各施其职。如果层次之间的交互过程没有很好的接口设计，软件分层带来的好处很可能会完全丧失。例如，如果表现层和业务逻辑层之间的交互是由各种类完成的，如果没有良好的接口设计，两层之间的交互比较混乱，如图 16.21 所示。

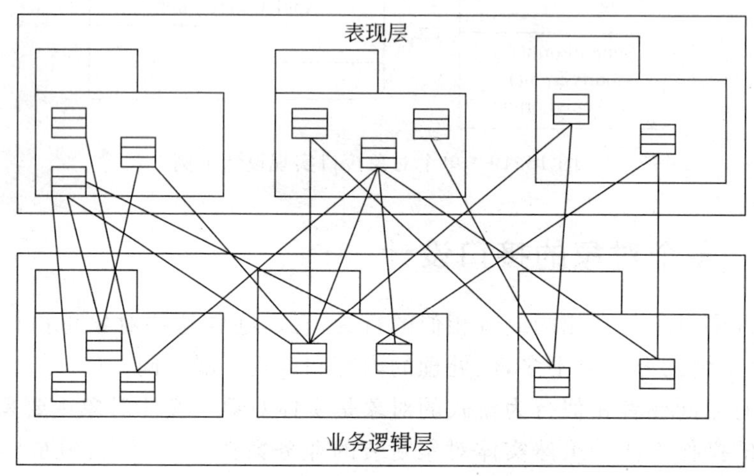

图 16.21 没有接口设计的层次交互

解决这类方法的办法是在层次之间进行接口设计。即在每个层次内抽象出高层的接口，外部系统通过接口访问该层，而不是直接访问系统内部的类。这也是比较典型的设计模式——门面模式，通过门面模式处理表现层和业务逻辑层之间的交互可以有效减少交互复杂度，使得层次之间保持清晰关联，如图 16.22 所示。

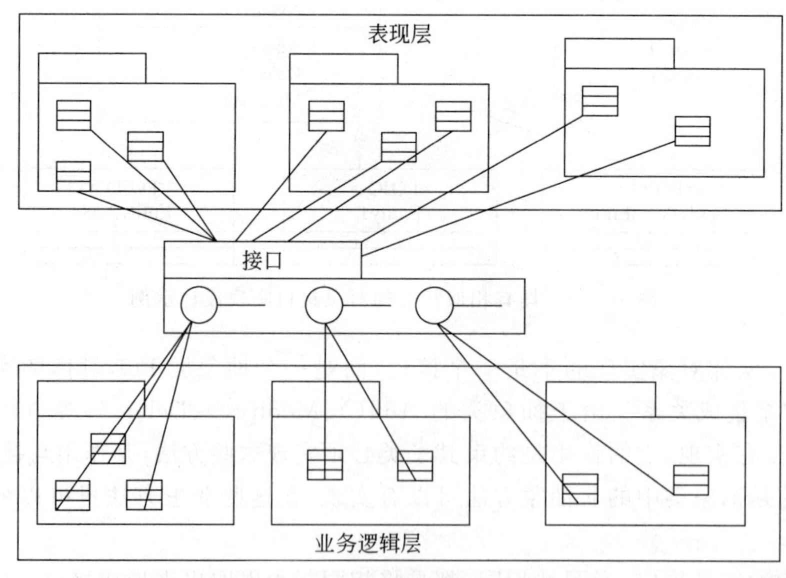

图 16.22 具有接口设计的层次交互

16.5 包设计

包是用于在物理上组织和管理类文件的包装器。包的作用是将类文件按照一定顺序有序地放置在一起。

16.5.1 包设计原则

分包需要遵循自顶向下、职责集中和互不交叉原则。

(1) 自顶向下原则。自顶向下原则是分包时要像组织机构一样，自顶层包向下延伸，下层不能够访问上层包，并且不能够跨层访问包，但层次之间的包可以相互访问。在软件世界里，包的组织结构是由软件层次组成的，最顶层的层次是离直接命令最近的层次，如操作界面、命令输入界面等；而最底层的是数据存储。

在进行分包时，应避免将界面类、逻辑处理类和数据处理类混在一个包里，并且应当遵循界面类只能访问逻辑处理类，逻辑处理类只能访问数据处理类、不跨级访问、不自下向上访问的自顶向下原则，如图 16.23 所示。

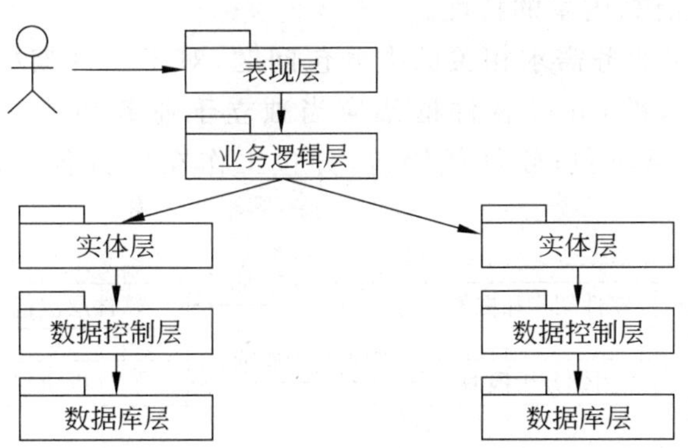

图 16.23　自顶向下分包原则

(2) 职责集中原则。职责集中原则是尽量将与一组业务功能相关的类分在同一包中。职责集中原则在软件里反映为子系统、模块、子模块、功能模块的划分。好的系统设计应该是高内聚、低耦合的，职能集中原则就是达到高内聚的目的，将关系最为紧密的类放在一个包里。

在分包时，应该首先服从自顶向下原则，再应用职责集中原则，在每个层次中划分职责，分析系统模型元素(通常是类)，把概念上或语义上相近的模型元素纳入一个包。可以从类之间的功能相关性来确定纳入包中的类。原则如下：

- 如果一个类的行为或结构的变更要求另一个类相应的变更，则这两个类是功能相关的。
- 如果删除一个类后，另一个类便变成是多余的，则这两个类是功能相关的，这说明该剩余的类只为那个被删除的类所使用，它们之间有依赖关系。
- 如果两个类之间大量的频繁交互或通信，则这两个类是功能相关的。
- 如果两个类之间有一般/特殊关系，则这两个类是功能相关的。

- 如果一个类激发创建另一个类的对象，则这两个类是功能相关的。
- 如果两个类不涉及同一个外部参与者，则这两个类不应放在同一个包中。
- 一个包应当具有高内聚性，包中的类应该是功能相关的。

(3) 互不交叉原则。互不交叉原则是指包与包之间尽量独立，少产生依赖关系。在软件世界里，尽可能使一个包里的类不再依赖其他的包。如果存在依赖，也尽量消除交叉依赖，即允许 A 依赖于 B，B 依赖于 C，但不允许 A 依赖 B，B 也依赖 A。对于交叉依赖，解决方式有两种：一是将交叉依赖的类单独分包；二是增加新的类，并单独分包。

16.5.2 包设计步骤

在结构化开发中，软件模块包是以系统、子系统、模块、子模块的顺序定义的，依据是功能点。在面向对象开发中，采用的是用例驱动的开发模式，软件模块划分依据是用例。一个用例就是一个需求单元、分析单元、设计单元、开发单元、测试单元甚至部署单元。用例分为业务用例和系统用例，如果业务用例普遍粒度较大，可以推导出许多系统用例，则可以把业务用例定义为一个包，将推导出的系统用例作为它的子包；如果业务用例普遍粒度较小，只能推导出数量较少的系统用例，那么可以直接用系统用例来分包。由于用例本身就具有独立性，采用用例分包具有高内聚的特性。

用例分包只解决了业务需求相关的类分包问题，对于软件架构的类和软件框架的类不是通过用例推导出来的，并且软件框架应当独立于业务功能。包的设计分成以下层次：软件层次包；软件模块包；软件代码包，分包工作在项目各个阶段进行，如图 16.24 所示。

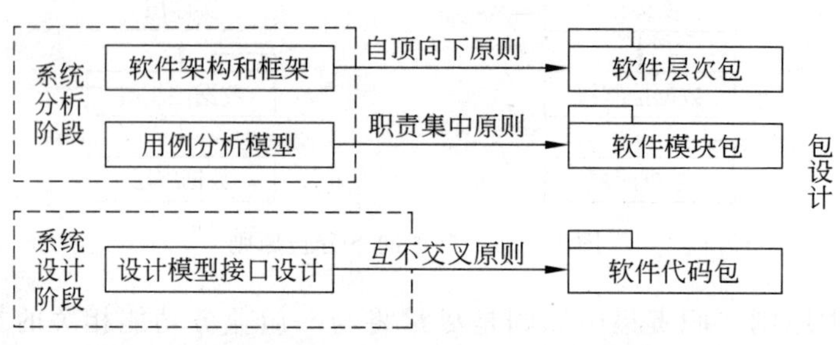

图 16.24 项目各阶段的分包工作

1. 设计软件层次包

软件架构的建立基本上确定了软件层次包，并应用了自顶向下原则。包的命名规则为：组织类型＋项目或产品名称＋具体内容，例如，某企业管理信息系统的顶层包如图 16.25 所示。

2. 设计软件模块包

在面向对象开发中，采用用例驱动开发模式，软件模块划分依据是用例，这个过程形成了以用例为基础的软件模块包。以 BBS 系统为例，由申请业务用例开始，推导出申请登记、调查等系统用例，从而得出如图 16.26 所示的软件模块包。

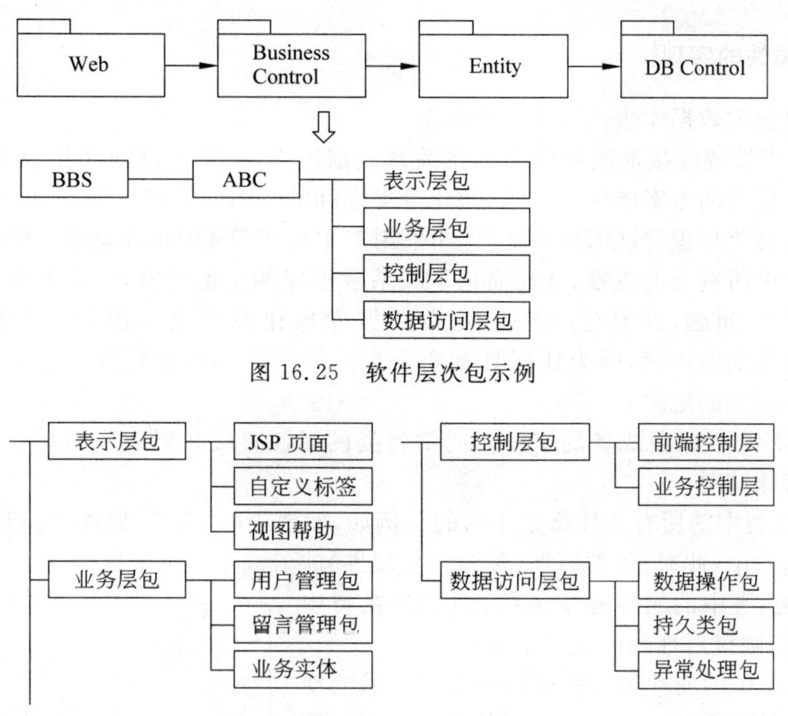

图 16.25 软件层次包示例

图 16.26 软件模块包示例

3. 设计软件代码包

软件层次包是系统架构级别的，主要应用自顶向下原则。软件模块包是系统框架级别的，主要应用职责集中原则，而软件代码包是实现级别的，除了将类归纳到相应的模块包之外，还要考虑实际类之间的依赖关系，主要应用互不交叉原则。

16.6 数据库设计

大部分应用程序都需要在一个持久化的存储(例如关系数据库)中存放和读取信息。如果使用对象数据库来存储领域中的对象，那么开发者与数据库进行交互就不需要附加的持久化机制，因为数据库提供者提供了存取对象的接口。然而，如果使用非对象数据库(例如关系数据库)，由于面向记录与面向对象的数据表示之间存在不匹配，则需要特殊的对象——关系服务。

标准建模语言 UML 通过类图描述了系统中各种类及其对象之间的静态结构。在关系数据库领域中，类与表相对应。本节主要介绍将 UML 类图中的类及其对象映射成关系型数据库中表的策略。

16.6.1 UML 类图映射为库表的原则

UML 中的类图主要由类及其关系组成，而类之间的关系又可以细分为普通关联、泛化关联、聚合关联等，下面结合案例介绍将类映射成表的过程中这些关系的实现技术。

1. 类和属性的实现

将类图映射为数据库表的基本原则如下：

(1) 将类直接或间接地映射成表。在关系数据库中，一个关键问题是表主键的唯一性策略的选取。适当的方案能优化继承、泛化等类之间的关系的实现。为此，可以在处理数据库关系时嵌入对象标识符(OID)的概念，即采用对象标识符 OID(对象唯一的标识符)作为相应的数据库中所有表的主键，从而简化了关系数据库的主键方案，使数据库发生更新时，不会出现完整性问题，并且还可以避免在数据库操作时的诸多限制。但要注意的是，OID 不应包含有商业内涵，因为任何具有商业意义的字段不在控制范围之内，从而设计者面临值和规划改变的危险。

(2) 将类的属性映射成表的字段。通常将类的属性直接映射成表的一个字段，但要注意以下两种特殊情况：

① 并不是类中的所有属性都是永久的。例如，发票中的"合计"属性可由计算所得而不需保存在数据库中，此时，该类属性(称为派生属性)映射成个 0 个字段。

② 一般地，类中的属性是单值的，但如果在类中存在多值属性，则该属性映射成多个字段。

(3) 将类图中的属性类型映射成表的域。域的使用提高了设计的一致性，且优化了应用的移植性。简单的域是非常容易实现的，在映射时仅需替换相对应的数据类型和数据范围。图 16.27 所示是类转换为数据库表的一个例子。

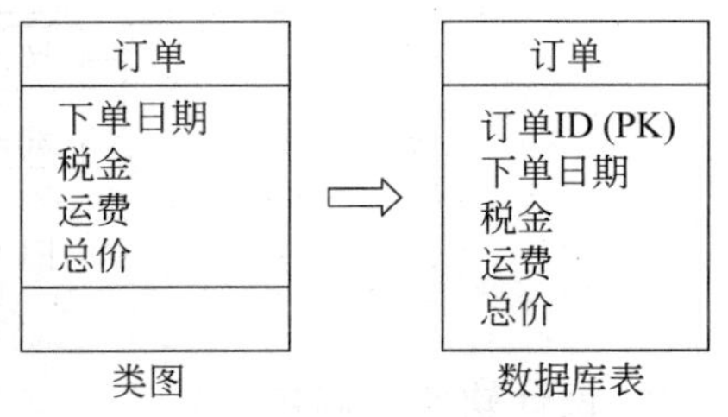

图 16.27　类转换为数据库表

2. 关联的实现

在关系数据库中，可通过外键实现类的关联。外键允许表中的某一行与其他表中的行相关联。为方便论述，现假定 M 表示强制(Mandatory)，O 表示可选(Optional)。类之间有以下几种关联。

(1) 1 对 1 的关联。如果关联是 O-M，则可将外键放置在可选的一端，该外键不能为空值；其他 1 对 1 的情况外键可放置在任意一边，具体情况依赖于性能等因素，如图 16.28 所示。但要注意的是：对于 1 对 1 的情况，不要在两个表中均放置对方的主键。这样，增加了冗余，并且不会提高性能。对于关联的强制性，一般在与商业规则对应的层实现，而不在物理层中实现。

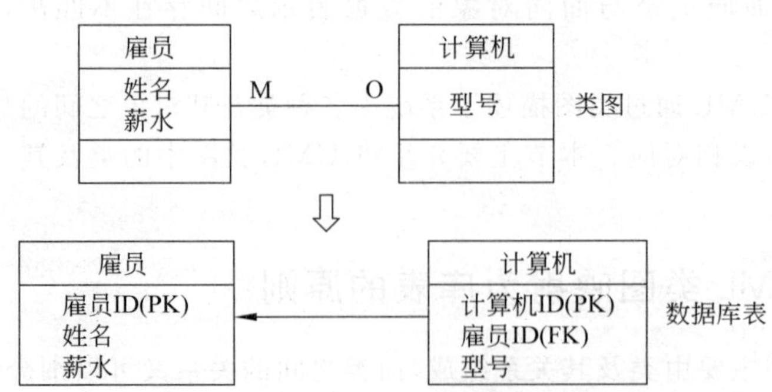

图 16.28　类图转换为数据库表(1 对 1 的关联)

（2）1对多的关联。这种情况下，将外键放置在"多"的一方。如果"1"方是可选的，则外键可有空值，以表明"多"方的记录可以独立于"1"方存在；如果"1"方是强制性的，则外键一定要非空。如图16.29所示。

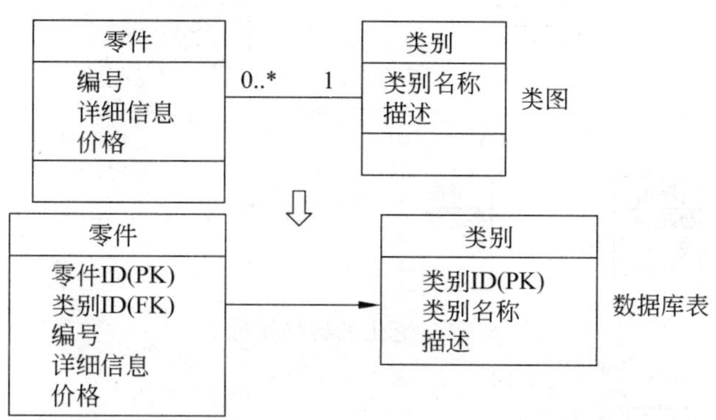

图16.29 类图转换为数据库表（1对多的关联）

（3）多对多的关联。实现多对多关系，通常需要建立一个关联表，并把它与关系两端的表建立联系，外键置于第三张表中，如图16.30所示。

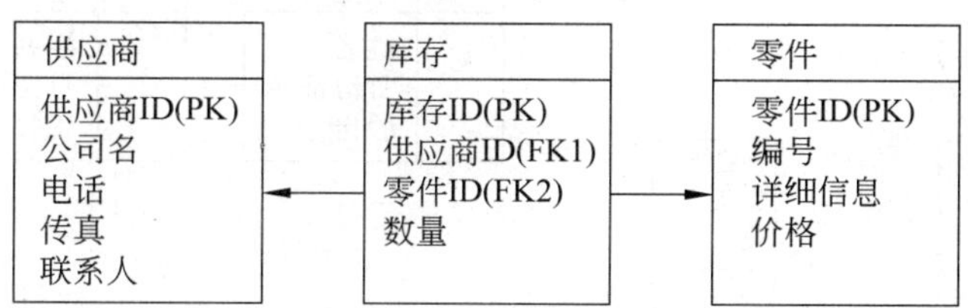

图16.30 类图转换为数据库表（多对多的关联）

在传统实现中，关联表的属性包含关系中两个表的主键，并且关联表的主键往往是它们的组合。该实现方法意味两个表的联系是静态的，不能跟踪一方退出某个项目然后又在某个时候加入的情况。另一种实现方法是将关联表视为普通表，使用自身的主键OID，然后加入实现关系所必需的外键。

使用该方法，可保证在物理层中，所有的表具有相同的形式，从而简化了实现，提高了运行时的效率。但要注意的是：一些数据库在连接具有复合外键的表时，性能较差；并且，存在着向关联表中增添字段的可能。

3. 泛化的实现

泛化的实现主要有以下3种策略：

（1）将整个类层次映射为单个数据库表，即为基类和子类共建一张表，如图16.31所示。

这种设计策略实现简单，只有一张表，报表操作实现简单。但类层次中任何类的属性的增加会导致表的变更；某个子类属性的修改错误会影响到整个层次结构，而不仅仅是该子类。并且该策略还存在大量空值，浪费了数据库空间。

（2）每个具体子类映射成单个数据库表。数据库表包括自身的属性和继承的属性，每个具体的子类包含各自的OID。抽象基类不参与映射，它的所有属性都复制到子类对应的表中。如图16.32所示。

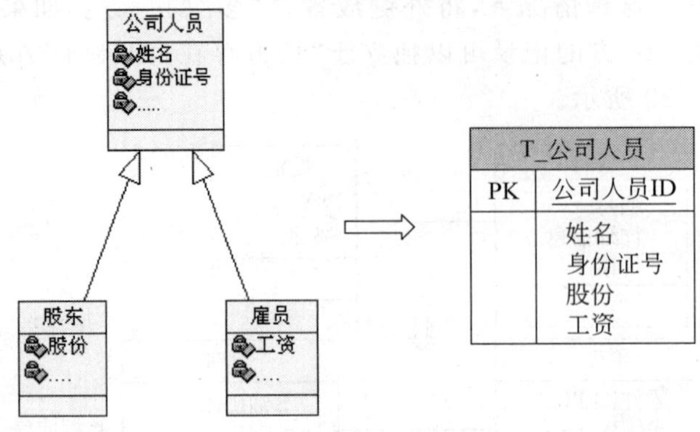

图 16.31 泛化的转换策略(1)

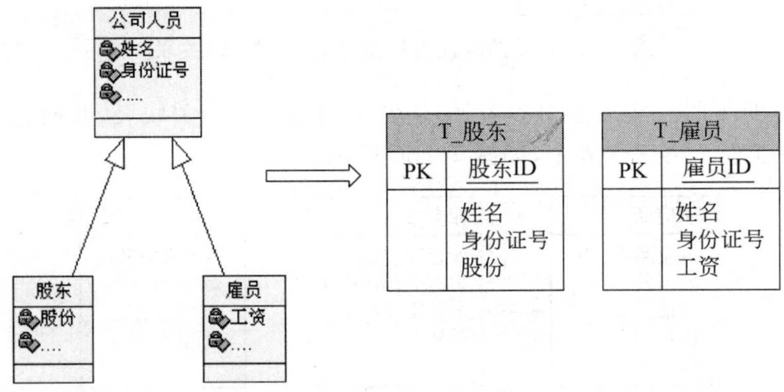

图 16.32 泛化的转换策略(2)

该策略由于在表中包含了具体子类的所有信息,所以报表操作实现简单。但超类的修改会导致相对应的表及其子类所对应表的更改;角色的更改会造成 ID 的重新赋值(因为不同子类的 ID 可能重复);在支持多重角色时,数据的完整性难以维护。

(3) 每个类均映射为数据库表。该策略与面向对象的概念相一致,支持多态性。并且对于对象可能充当的角色仅需要在相应的表中保存记录,易于修改基类和增加新的类,可扩展性最好。但由于数据库中存在大量的表,所以访问数据的时间较长,对报表的支持较差。如图 16.33 所示。

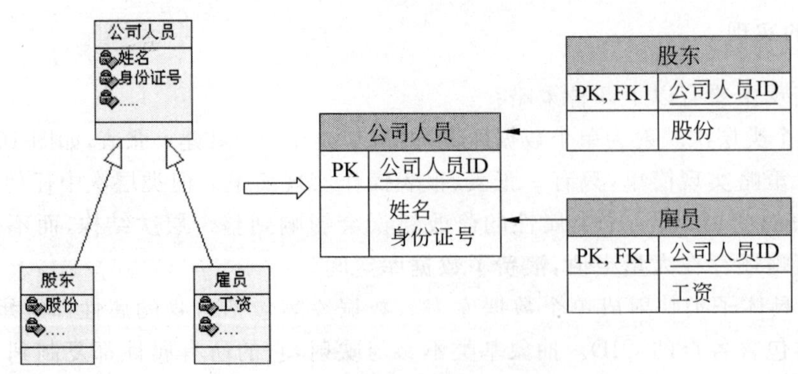

图 16.33 泛化的转换策略(3)

4. 聚合的实现

聚合与组合关系的映射规则与二元关系相似，以订单为例，订单是由一个到多个订单项组合而成的，则映射关系如图 16.34 所示。

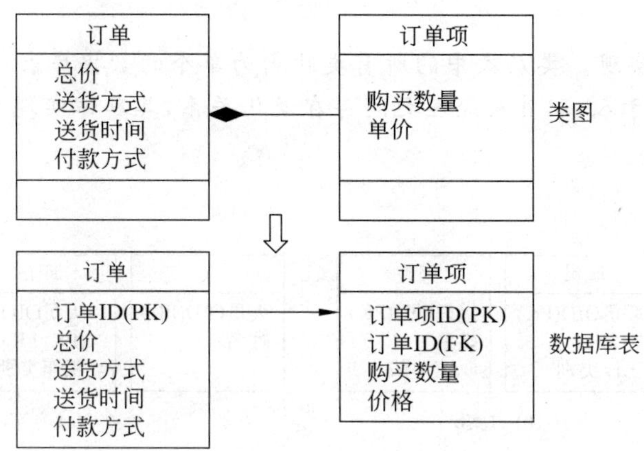

图 16.34　类图转换为数据库表(聚合关联)

5. 递归关联

类图中的递归关联在映射为数据库时，将类图转换为一张库表，在表中添加父项，如图 16.35 所示。

例 16-3　有一个计算机公司专门从事软件开发，其项目主要由项目开发部门承担，它们之间构成多对多的关联(即一个项目可由多个部门承担，而一个部门又可以承担多个项目的开发工作)；项目开发部门由经理及一般职员组成，项目开发部门和组成人员之间构成聚集关系，而人(抽象类)又可以进一步和一般职员及经理两个子类之间构成继承关系；每个项目具有一定的属性，它们之间构成组成关系。

综上所述，其主要关系的 UML 类图如图 16.36 所示。

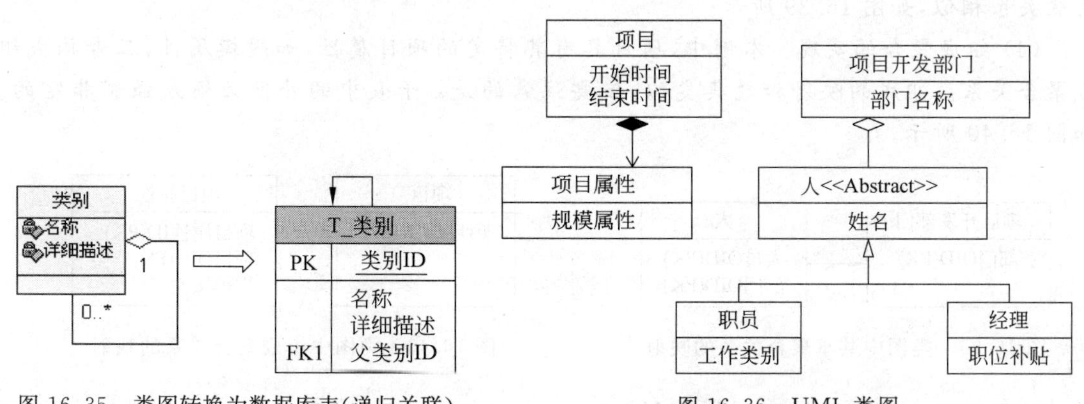

图 16.35　类图转换为数据库表(递归关联)

图 16.36　UML 类图

(1) 关联关系的实现。“项目”与“项目开发部门”之间的多对多关联可用图 16.37 所示的方式实现。

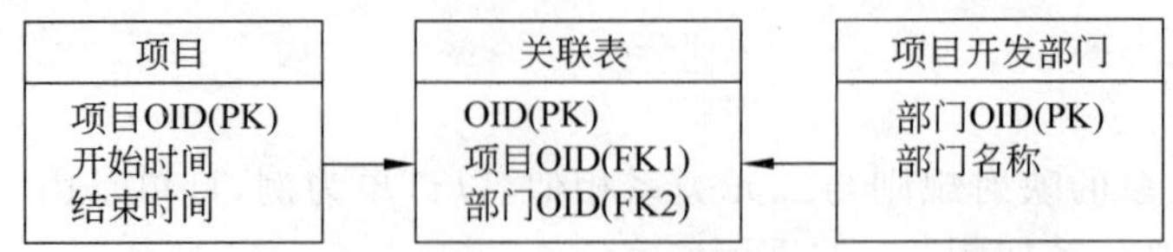

图 16.37 多对多关系的实现

(2) 泛化关系的实现。类层次中的所有类映射为单个的数据库表，表中保存所有类(基类、子类)的属性。由于人、职员及经理之间存在泛化关系，其具体实现可以采用图 16.38 所示的三种方式。

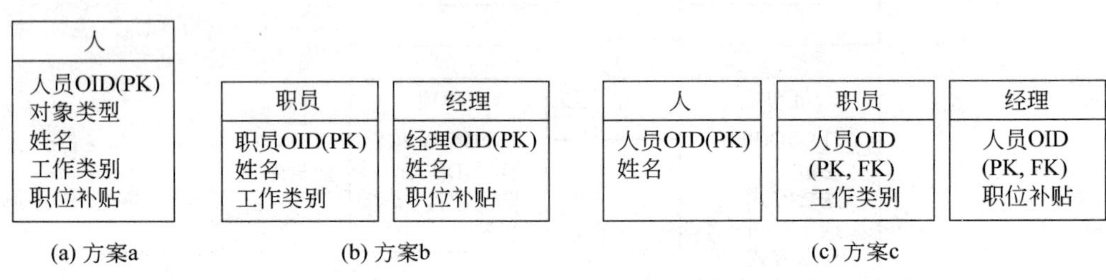

图 16.38 类图中泛化关系的映射

第一种方式是为基类和子类共建一张表，如图 16.38 中方案(a)所示。第二种方式是每个具体子类映射成单个数据库表，每个具体的子类包含各自的 OID，如图 16.38 中方案(b)所示，将人、职员及经理之间的关系映射成两个表，其中“职员”表包含“职员 OID”(主键)、“姓名”和“工作类别”字段；“经理”表包含“经理 OID(主键)”、“姓名”和“职位补贴”字段。第三种方式是将每个类均映射为数据库表。为每一个类创建数据库表，表中包含特定于该类的属性和 OID。如图 16.38 中方案(c)所示，人、职员及经理之间的关系可映射成三个表，其中“人”表包含“人员 OID”(主键)和“姓名”字段；“职员”表包含“人员 OID”(主键及外键)和“工作类别”字段；“经理”表包含“人员 OID”(主键及外键)和“职位补贴”字段。值得注意的是：“人员 OID”作为所有表的主键。

(3) 共享聚合的实现。项目开发部门及人之间存在共享聚合关系，其实现方式和二元关联关系相似，如图 16.39 所示。

(4) 组成聚合的实现。本例中，项目具有其特定的项目属性，如规模属性，三者构成组成聚合关系。组成的映射和聚集类似，但要注意的是：子表中的外键必须是强制非空的。如图 16.40 所示。

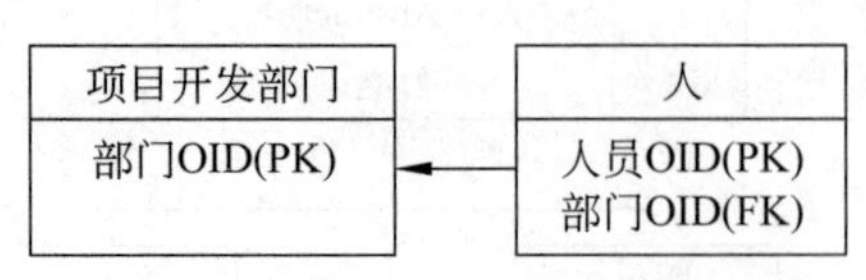

图 16.39 类图中共享聚合关系的映射

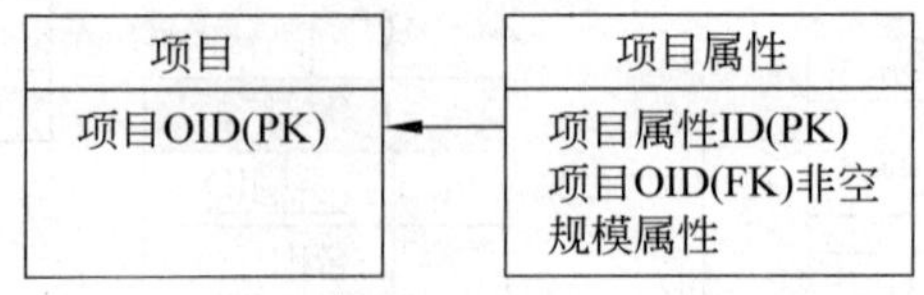

图 16.40 类图中组成聚合关系的映射

16.6.2 关系约束检查策略

在 UML 中，类之间的关系反映了具体的商业规则，因此将类映射到关系数据库时，必须保证类之间关系的正确定义，并确保在数据库中实施对数据的约束。下面以 1 对多的情形为例加以说明(1 对 1 关系可以视为特殊的 1 对多关系;多对多关系则可以分解为两个 1 对多关系)。

(1) 父表操作的约束。将类的关系映射为到关系数据库后,父表在操作上的约束规定如表 16-2 所示。

表 16-2 关系约束检查策略

类关系	关系类型	Insert	Update	Delete
关联	O-O	无限制	无限制,对子表中的外键可能需要附加的处理	无限制,一般将子表的外键置空
	M-O	无限制	修改所有子表(如果存在的话)相匹配的键值	删除所有子表或对所有的子表进行重新分配
聚集	O-M	插入新的子表或合适的子表已存在	至少修改一个子表的键值或合适的子表已存在	无限制,一般将子表的外键置空
组合	M-M	对插入进行封装,插入父记录的同时至少能生成一个子表	修改所有子表相匹配的键值	删除所有子表或对所有的子表进行重新分配

(2) 子表操作的约束。将类的关系映射为到关系数据库后,子表在操作上的约束规定如表 16-3 所示。

表 16-3 子表关系约束

类关系	关系类型	Insert	Update	Delete
关联	O-O	无限制	无限制	无限制
	M-O	父亲存在或者创建一个父亲	具有新值的父亲存在或创建父亲	无限制
聚集	O-M	无限制	兄弟存在	兄弟存在
组合	M-M	父亲存在或者创建一个父亲	具有新值的父亲存在(或创建父亲)并且兄弟存在	兄弟存在

施加子表的约束主要是为了防止碎片的产生。在一些情况下(如在 O-M、M-M 约束中),一个子女(子表中的记录)只有在当其兄弟存在时才能被删除或修改,即最后一个存在的子女是不能被删除或修改的。此时,可以对父记录进行即时的更新。或者禁止该操作。而子表约束可以通过在数据库中加入触发器来实现,一个更合理、可行的方法是将对子表的限制放在业务层中实现。

应用程序执行数据约束具有很重要的作用。在 M-M、M-O、O-M、O-O 四类约束中,键值的修改可能会改变表之间的关系,而且可能违反一些约束。违反约束的操作是不允许的。前面的规则仅为具体实现提供了可能性,具体的应用必须根据实际的要求和商业规则进行适当的选择。

本章小结

本章介绍面向对象的设计技术。目前,面向对象已成为软件开发的主流技术,在一个良好的项目设计中,可以使用面向对象的 UML 技术建立模型。如协作图、设计类图、组件图、部署图等。本章首先介绍面向对象系统设计的主要任务，通用职责分配软件模式在系统设计中所起的主要作用，详细介绍如何设计实体类、控制类、接口类，以及关系设计中涉及的依赖关系、导航能力、属性与方法可见性、对象责任等，然后介绍接口设计与包设计的原则与步骤。最后阐述了 UML 类图映射为数据库表的原则与方法。

思考与练习

1. 浏览因特网中有关面向对象系统设计的理论和方法，列举 GRASP 职责分配模式在系统设计中应用的案例。

2. 请用面向对象方法设计下述图书馆自动化系统。

设计一个软件用以支持一座公共图书馆的运行。该系统有一些工作站用于处理读者事务。这些工作站由图书馆员操作。当读者借书时，首先读入客户的借书卡。然后，由工作站的条形码阅读器读入该书的代码。当读者归还一本书时，不需要查看他的借书卡，仅需要读入该书的代码。客户可以在图书馆内任一台 PC 上检索馆藏图书目录。当检索图书目录时，客户应该首先指明检索方法(按读者姓名，或按照书名或关键词)。

3. 用面向对象方法分析并设计下述电梯系统。

在一幢 M 层楼的大厦中，用电梯内的和每侧楼层的按钮来控制 N 部电梯的运动。当按下电梯按钮请求电梯在指定楼层停下时，按钮指示灯亮；当电梯到达制定楼层时，指示灯熄灭。除了大厦的最底层和最高层之外，每层楼都有两个按钮分别指示电梯上行和下行。当这两个按钮之一被按下时，相应的指示灯亮，当电梯到达此楼层时灯熄灭，电梯向要求的方向移动。当电梯无升降动作时，关门并停在当前楼层。

4. 针对学校学生课程注册系统，采用面向对象方法完成下述系统分析和设计活动。

(1) 确定参与者及其发起的用例，绘制用例模型图。

(2) 为“学生登记课程”事件完成用例描述，为“学生取消课程”事件完成用例说明。

(3) 将分析用例转换为设计用例。

(4) 使用设计用例，确定所需的责任和行为，并将其记录在 CRC 卡上。

(5) 确定每个设计用例中的设计对象，构造设计类图，细化属性和方法。

(6) 为每个设计用例构造顺序图。

第17章 面向对象实现

学习目标

通过本章学习，要求掌握：

(1) 面向对象实现的两项工作。

- 将设计映射到代码：包括如何实现从设计类图到类的定义、从协作图到类方法的转换。
- 面向对象程序设计：包括设计过程中设计的三个原则以及详细准则等。

(2) 完成程序设计后的进行测试：包括测试的目的、作用、几种不同的测试策略等。

在掌握以上知识的基础上，通过练习加深对本章内容理解。

面向对象实现主要包括两项工作：把面向对象设计结果翻译成用某种程序语言书写的面向对象程序；测试并调试面向对象程序。

面向对象程序的质量基本上由面向对象设计的质量决定，但是，所采用的程序语言的特点和程序设计风格也将对程序的可靠性、可重用性及可维护性产生深远影响。

软件测试仍然是保证软件可靠性的主要措施。面向对象程序中特有的封装、继承和多态等机制，也给面向对象测试带来一些新特点，增加了测试和调试的难度。因此必须在实践中努力探索适合于面向对象软件的更有效的测试方法。

17.1 设计映射到代码

在完成系统设计之后，可以获得生成领域层对象定义的足够细节信息。在设计阶段产生的 UML 设计类图和协作图将作为代码产生阶段的输入。由于 UML 不是程序设计语言，因此不能用来直接书写程序，实现系统。UML 所建立的系统模型(逻辑模型和实现模型)，必须转换为某个程序设计语言的源代码程序，然后经过该语言的编译系统生成可执行的软件系统。面向对象程序设计语言实现需要编写如下源代码，即类的定义；方法定义。

17.1.1 根据设计类图创建类的定义

设计类图中至少应该描述类名、超类、方法特征标记和简单的类属性。下面以一个设计类图为例，说明根据设计类图创建类的定义，如图 17.1 所示[12]。可以看出 Java 定义的 SalesLineItem 类的基本属性的定义和方法的特征标记。Subtotal 方法的返回类型由 Quantity 变为简单类型 float。这是在编码阶段对设计工作再进一步细化的过程。

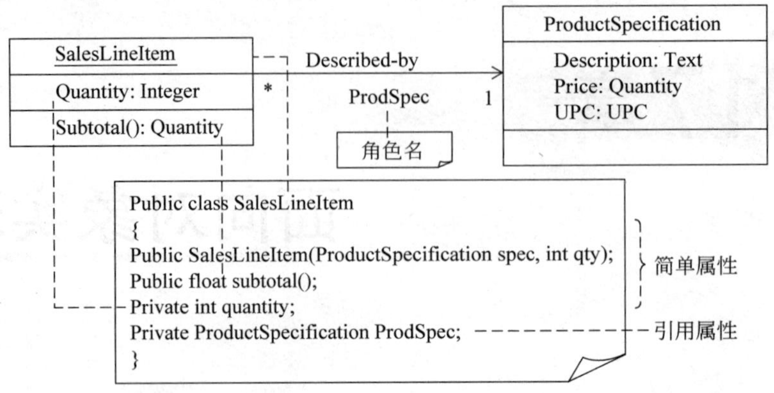

图 17.1 Java 定义的类

引用属性是引用另一个复杂对象的属性，而不像是 String 和 Number 这样的简单类型。引用属性主要通过类图中的关联和导航关系推导出来。例如，SalesLineItem 类有一个到 ProductSpecification 类的关联，并且有导航箭头指向 ProductSpecification 类。这通常表示 SalesLineItem 类的定义中有一个引用属性引用了 ProductSpecification 类的实例。在 Java 语言里，这表示一个实例变量引用了一个 ProductSpecification 类的实例，在代码实现阶段，它将明确地被定义为引用属性。如果角色名已经在类图中存在，那么在代码编写阶段将使用它作为引用属性名的依据。

17.1.2 根据协作图创建方法

协作图显示了相应方法调用而产生的消息传递。这些消息序列可以被翻译成方法定义中的一系列语句。图 17.2 中 enterItem 的协作图可以说明 enterItem 方法的 Java 语言定义。

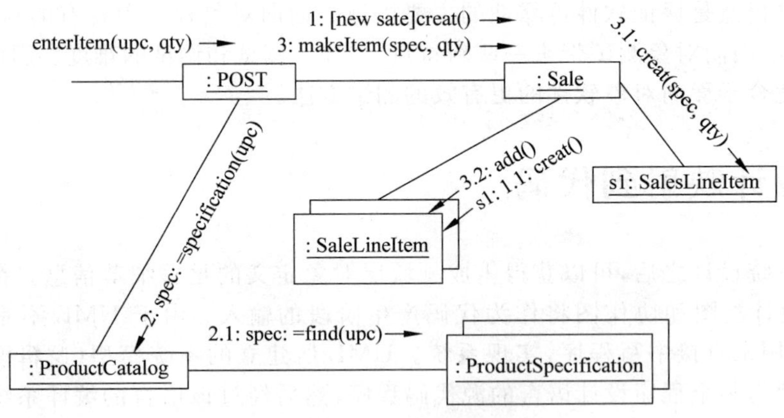

图 17.2 enterItem 的协作图

在本例中，将使用 POST 类，它的语言定义如图 17.3 所示。

根据 enterItem 的协作图可以看出，enterItem 消息被发往一个 POST 实例，因此，在 POST 类中定义了一个 enterItem 方法，POST 类的 enterItem 方法定义步骤如下：

```
Public void enterItem(int upc, int qty)
```

消息 1：根据协作图，响应 enterItem 消息的第一条语句是有条件地创建 Sale 类的一个

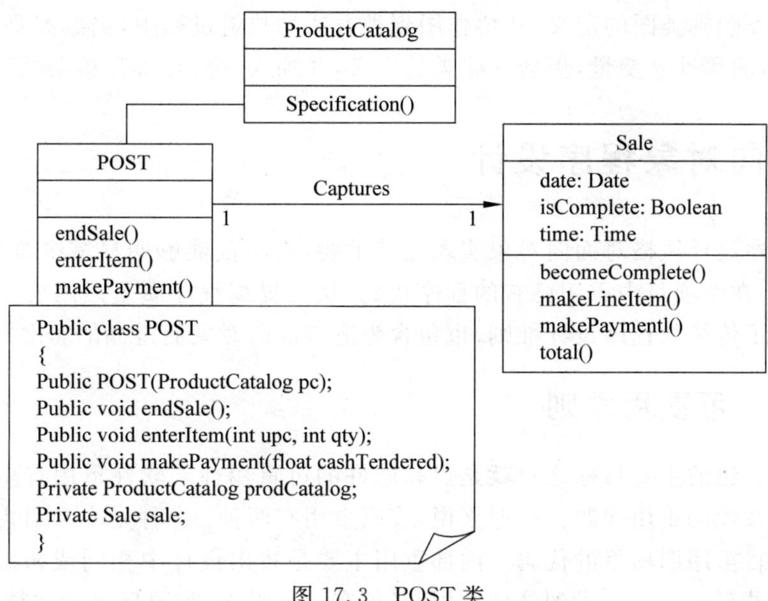

图 17.3　POST 类

实例。

```
If (isNewSale()) {sale= new Sale();}
```

消息 2：第 2 步，向 ProductCatalog 发送一条 specification 消息，并取回一个 Product-Specification 实例。

```
ProductSpecification spec=prodCatalog.specification(upc);
```

消息 3：第 3 步，向 Sale 发送 makeLineItem 消息。

```
Sale.makeLineItem(spec,qty);
```

总体而言，方法中每条消息对应 Java 语言方法中的一条语句。图 17.4 显示了完整的 enterItem 方法和它与协作图的关系。

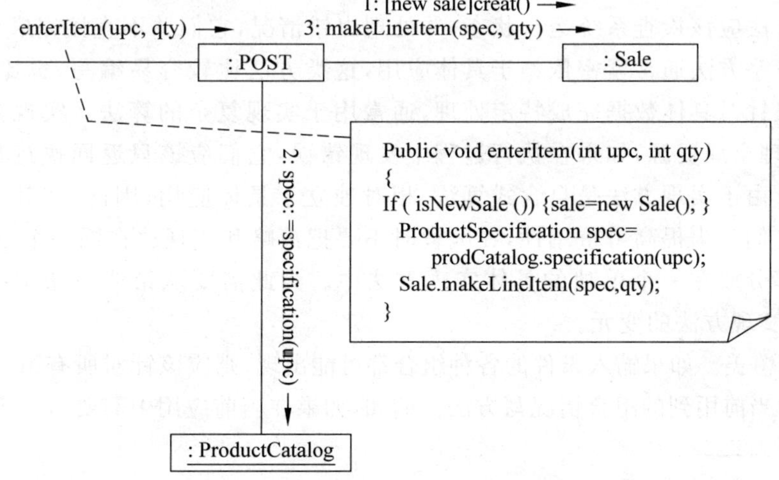

图 17.4　enterItem 方法

在从设计类图到类图的定义，从协作图到类方法的映射过程中，仍然需要不断进行调查研究，细化相应的属性及变量，更新一些类的定义，并加入一些异常和错误处理等机制。

17.2 面向对象程序设计

良好的程序设计风格对面向对象实现尤其重要，它不仅能够明显减少维护和扩充的成本，而且有助于在新项目中重用已有的程序代码，从而提高程序质量。因此，面向对象程序设计不仅保留了传统的程序设计准则，也包含为适应面向对象而遵循的新准则[①]。

17.2.1 可重用原则

面向对象方法的主要目标之一就是提高软件的可重用性。软件重用有多个层次，在编码阶段主要涉及代码重用问题。一般来说，代码重用有两种：一种是本项目内的代码重用，另一种是新项目重用旧项目的代码。内部重用主要是找出设计中相同或相似的部分，然后利用继承机制共享它们。为做到外部重用，必须有长远眼光，需要反复考虑精心设计。虽然为实现外部重用而需要考虑的面，比为实现内部重用而需要考虑的面更广，但是，有助于实现这两类重用的程序设计准则却是相同的。具体的准则包括：

(1) 提高方法的内聚性。一个方法(即服务)应该只完成单个功能。如果某个方法涉及两个或多个不相关的功能，则应该把它分解成几个更小的方法。

(2) 减小方法的规模。如果某个方法规模过大(代码长度超过一页纸可能就太大了)，则应该把它分解成几个更小的方法。

(3) 保持方法的一致性。保持方法的一致性，有助于实现代码重用。一般来说，功能相似的方法应该有一致的名字、参数特征(包括参数个数、类型和次序)、返回值类型、使用条件及出错条件等。

(4) 把策略与实现分开。从所完成的功能来看，有两种不同类型的方法。一类方法负责做出决策，提供变元，并且管理全局资源，可称为策略方法。另一类方法负责完成具体的操作，但却并不做出是否执行这个操作的决定，也不知道为什么执行这个操作，可称为实现方法。策略方法应该检查系统运行状态，并处理出错情况，它们并不直接完成计算或实现复杂的算法。策略方法通常紧密依赖于具体应用，这类方法比较容易编写，也比较容易理解。实现方法仅仅针对具体数据完成特定处理，通常用于实现复杂的算法。实现方法并不制定决策，也不管理全局资源，如果在执行过程中发现错误，它们应该只返回执行状态而不对错误采取行动。由于实现方法是自含式算法，相对独立于具体应用，因此，在其他应用系统中也可能重用它们。为提高可重用性，在编程时不要把策略和实现放在同一个方法中，应该把算法的核心部分放在一个单独的具体实现方法中。为此需要从策略方法中提取出具体参数，作为调用实现方法的变元。

(5) 全面覆盖。如果输入条件的各种组合都可能出现，则应该针对所有组合写出方法，而不能仅仅针对当前用到的组合情况写方法。例如，如果在当前应用中需要写一个方法，以获取

---

① 引自张海藩.软件工程导论.2003。

表中第一个元素，则至少还应该为获取表中最后一个元素再写一个方法。此外，一个方法不应该只能处理正常值，对空值、极限值及界外值等异常情况也应该能够作出有意义的响应。

(6) 尽量不使用全局信息。应该尽量降低方法与外界的耦合程度，不使用全局信息是降低耦合度的一项主要措施。

(7) 利用继承机制。在面向对象程序中，使用继承机制是实现共享和提高重用程度的主要途径。最简单的做法是把公共的代码分离出来，构成一个被其他方法调用的公用方法。可以在基类中定义这个公用方法，供派生类中的方法调用，有时提高相似类代码可重用性的一个有效途径，是从不同类的相似方法中分解出不同的"因子"(即不同的代码)，把余下的代码作为公用方法中的公共代码，把分解出的因子作为名字相同算法不同的方法，放在不同类中定义，并被这个公用方法调用。

17.2.2 可扩充原则

应用可重用性的准则也能提高程序的可扩充性。此外，下列的面向对象程序设计准则也有助于提高可扩充性：

(1) 封装实现策略。应该把类的实现策略(包括描述属性的数据结构、修改属性的算法等)封装起来，对外只提供公有的接口，否则将降低今后修改数据结构或算法的自由度。

(2) 不要用一个方法遍历多条关联链。一个方法应该只包含对象模型中的有限内容。违反这条准则将导致方法过分复杂，既不易理解，也不易修改扩充。

(3) 避免使用多分支语句。可以利用 DO_CASE 语句测试对象的内部状态，而不要用来根据对象类型选择应有的行为，否则在增添新类时将不得不修改原有的代码。应该合理地利用多态性机制，根据对象当前类型，自动决定应有的行为。

(4) 精心确定公有方法。公有方法是向公众公布的接口。对这类方法的修改往往会涉及许多其他类，因此，修改公有方法的代价通常都比较高。为提高可修改性，降低维护成本，必须精心选择和定义公有方法。私有方法是仅在类内使用的方法，通常利用私有方法来实现公有方法。删除、增加或修改私有方法所涉及的面要窄得多，因此代价也比较低。

17.2.3 健壮性原则

程序员在编写实现方法的代码时，既应该考虑效率，也应该考虑健壮性。通常需要在健壮性与效率之间做出适当的折中。必须认识到，对于任何一个实用软件来说，健壮性都是不可忽略的质量指标。为提高健壮性应该遵守以下 4 条准则：

(1) 预防用户的操作错误。软件系统必须具有处理用户操作错误的能力。当用户在输入数据时发生错误，不应该引起程序运行中断，更不应该造成"死机"。任何一种接收用户输入数据的方法，都必须对其接收到的数据进行检查，当发现了非常严重的错误，应该给出恰当的提示信息，并准备再次接收用户的输入。

(2) 检查参数的合法性。对公有方法，尤其应该着重检查其参数的合法性，因为用户在使用公有方法时可能违反参数的约束条件。

(3) 不要预先确定限制条件。在设计阶段，往往很难准确地预测出应用系统中使用的数据结构的最大容量需求。因此不应该预先设定限制条件。如果有必要和可能，则应该使用动态内存分配机制，创建未预先设定限制条件的数据结构。

(4) 先测试后优化。为在效率与健壮性之间做出合理的折中，应该在为提高效率而进行优化之前，先测试程序的性能。事实上大部分程序代码所消耗的运行时间并不多。应该仔细研究应用程序的特点，以确定哪些部分需要着重测试(例如，最坏情况出现的次数及处理时间，可能需要着重测试)。经过测试，合理地确定为提高性能应该着重优化的关键部分。如果实现某个操作的算法有许多种，则应该综合考虑内存需求、速度及实现的简易程度等因素，经合理折中选定适当的算法。

17.3 面向对象测试策略

面向对象开发技术与传统的开发技术相比，新增了多态、继承、封装等特点，极大地优化了数据使用的安全性，提高了代码的重用率。与此同时，也影响了软件测试的方法和内容，增加了软件测试的难度。传统软件测试技术与过程式程序中数据和操作相分离的特点相适应，是从输入/处理/输出的角度检验函数或过程能否正确工作。而面向对象程序设计把程序看作是相互协作而又彼此独立的对象的集合，在面向对象程序中，对象是属性(数据)和方法(操作)的封装体。每个对象就像一个传统意义上的小程序，有自己的数据、操作、功能和目的。因此，传统的测试技术必须经过改造才能用于面向对象软件的测试，同时，还需要研究专门针对面向对象软件、适应面向对象软件特定的测试理论和技术。

软件测试层次是基于测试复杂性分解的思想，是软件测试的一种基本模式。传统层次测试基于功能模块的层次结构，而在面向对象软件测试中，继承和组装关系刻画了类之间的内在层次，它们既是构造系统结构的基础，也是构造测试结构的基础。对于传统程序设计语言书写的软件，测试分为 3 个级别的测试：单元测试、集成测试和系统测试。面向对象软件测试的动态测试工作过程与传统的测试一样，分为制定测试计划、产生测试用例、执行测试和评价几个阶段。在测试的具体内容上。从面向对象软件的结构出发，可以将面向对象软件测试分为三个层次：类测试、集成测试和系统测试。面向对象的测试策略如图 17.5 所示。

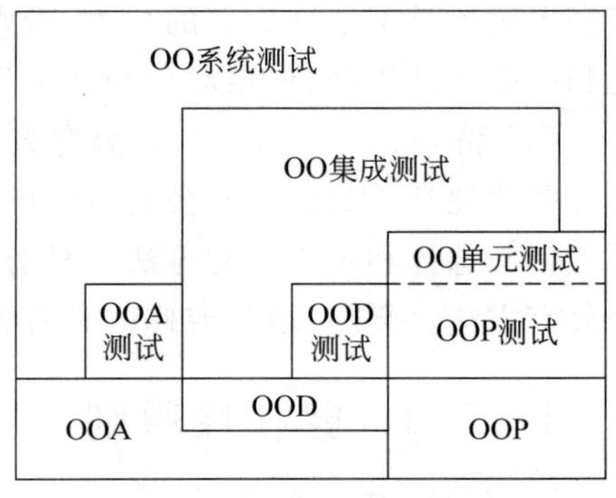

图 17.5 面向对象测试策略

17.3.1 单元测试

在面向对象的软件开发中，单元的概念发生了变化，是以封装的类或对象作为最小的可测试单位。一个类可以包含一组不同的操作，而一个特定的操作也可能存在于一组不同的类中，而不再孤立地测试单个操作(这是传统单元测试的视角)。

面向对象软件的类测试就是验证类的实现是否和该类的规格说明完全一致，这与传统的单元测试大体相似。但与单元测试不同之处在于，传统软件的单元测试关注算法细节和模块接口间流动的数据，而面向对象软件的类测试是由封装在类中的操作和类的状态行为驱动的，因此类测试除了要测试类中包含的方法，还要测试类的状态。在面向对象系统中，系统的基本构造模块是封装的数据和方法的类和对象，每个对象有自己的生存周期、自己的状态。消息是对象之间相互请求或协作的途径，是外界使用对象方法及获取对象状态的唯一方式。对象的功能是在消息的触发下，由对象所属类中定义的方法与相关对象的合作共同完成。在工作过程中对象的状态可能被改变，产生新的状态。测试过程中不能仅仅检查输入数据产生的输出结果是否与预期的吻合，还要考虑对象的状态。

类测试主要分为三个部分：

(1) 基于服务的测试：测试类中的每一个方法。

(2) 基于状态的测试：测试类的实例在其生命周期各个状态下的情况。

(3) 基于响应状态的测试：从类和对象的责任出发，以外界向对象发送的消息序列来测试对象的各个响应状态。

目前有很多类的测试方法，如基于状态图的测试、基于活动图的测试、基于协作图的测试、基于状态模式的测试等都是针对上述测试的某一个部分。

17.3.2 集成测试

集成测试作为重要环节，贯穿于面向对象软件构造过程的始终，在该测试阶段需要对类间的协作进行测试。面向对象软件没有层次的控制结构，传统的自顶向下和自底向上的集成策略没有意义。从面向对象的集成测试开始，设计测试用例就要考虑类间的协作，通常可以从面向对象分析方法的类-关系模型和类-行为模型中导出类间测试用例。常见的测试方法包括基于场景的测试和行为测试。

(1) 基于场景的测试。基于场景的测试关注的是用户做什么，这正是基于故障测试所忽略的，即不正确的规约和子系统间的交互。当与不正确的规约关联发生错误时，软件就可能不做用户所希望的事情，这样软件质量会受影响；当一个子系统的行为所建立的环境使得另一个子系统失败时，子系统间的交互错误就会发生。

(2) 行为测试。行为测试即从动态模型导出测试用例；用状态转换图作为表示类的动态行为模型，类的状态图可以导出测试该类的动态行为的测试用例。设计的测试用例，一方面应该覆盖所有状态，另一方面应该导出足够的测试用例，以保证该类的所有行为都被适当地测试过。

17.3.3 系统测试

面向对象的系统测试是面向对象集成测试后的最后阶段的测试，主要以用户需求为测试标准，需要参考面向对象分析和面向对象分析测试的结果。面向对象的系统测试一方面是检测软件的整体行为表现，另一方面是对软件开发设计的再确认。系统测试与传统测试相同，主要从用户角度评估应用程序。对测试者而言，程序内部设计和实现细节并不重要。开发系统级测试用例可以采用测试大纲法或者采用操作场景为重点的用例方法。测试大纲法是着眼于需求的方法，列出各种测试条件，将需求转换为大纲形式。用例法是从用户角度描绘系统行为，针对某种操作场景进行测试用例的开发，测试人员要认真研究动态模型和描述系统行为的脚本，以确定最有可能发现用户交互需求错误的情景。

17.3.4 回归测试

由于面向对象软件的特殊性使得其测试过程以层次增量方式进行,即首先对类进行测试;然后将多个类集成为类簇或子系统,并进行集成测试;最后将多个类簇或子系统集成为最终系统,并进行系统测试。在单个对象方法或方法的集成测试中,都需要确定对哪些测试用例进行回归测试。面向对象的回归测试不再作为测试的一个独立阶段,而是以增量的方法进行,采用层次增量的测试模型。

17.4 设计测试用例

由于面向对象开发采用的是用例驱动的开发模式,因此,可以据此推导出测试用例。首先需要确定哪些用例需要纳入到测试范围中,其次根据用例说明确定执行路径,再撰写测试用例,部署测试环境,执行测试用例。用例测试的主要步骤如下。

1. 确定测试用例场景

用例场景是推导测试用例的出发点,已经在系统分析过程当中明确,因此不需要重新开发。例如,以 ATM 取款用例为例,其场景如表 17-1 所示。在用例场景中,除了主事件流之外,前置条件和后置条件也是重要的测试点,其中前置条件构成测试用例的约束,而后置条件则是测试用例的预期结果。

表 17-1 ATM 机取款用例说明示例

<table>
<tr><td>用例名称</td><td colspan="2">ATM 机提款</td></tr>
<tr><td>目标</td><td colspan="2">描述客户在使用 ATM 机进行取款时的各种场景</td></tr>
<tr><td>主要参与者</td><td colspan="2">用户</td></tr>
<tr><td>触发条件</td><td colspan="2">用户登录系统时触发</td></tr>
<tr><td>前置条件</td><td colspan="2">系统必须能正常启动</td></tr>
<tr><td rowspan="2">典型事件过程</td><td>参与者动作</td><td>系统响应</td></tr>
<tr><td>① 用户插入信用卡
③ 输入密码
⑤ 输入提款金额
⑦ 退出系统,取回信用卡</td><td>② 系统显示登录界面
④ 系统验证信息
⑥ 系统吐出现金
⑧ 用例结束</td></tr>
<tr><td>替代事件过程</td><td colspan="2">备选流 1.1:在基本流步骤①中,用户插入无效信用卡,系统显示错误并退出信用卡,用例结束
备选流 3.1:在基本流步骤③中,用户输入错误密码,系统显示错误并提示用户重新输入密码,重新回到基本流步骤②;三次输入密码错误后,信用卡被系统没收,用例结束
备选流 5.1:在步骤⑤中,如果卡内余额不足,则系统提示无法进行,要求重新输入取款金额</td></tr>
<tr><td>后置条件</td><td colspan="2">系统重新显示登录界面</td></tr>
</table>

2. 确定测试执行路径

测试用例的目标是覆盖用例中所提到的各种场景，因此，需要把所有可能场景罗列形成场景集合，而场景集合是主事件流和备选事件流的排列组合结果。为了推导方便，可以绘制简单的场景分析图排列可能的场景，这就构成了用例的执行路径。对于ATM机取款用例，可能的执行路径如图17.6所示。

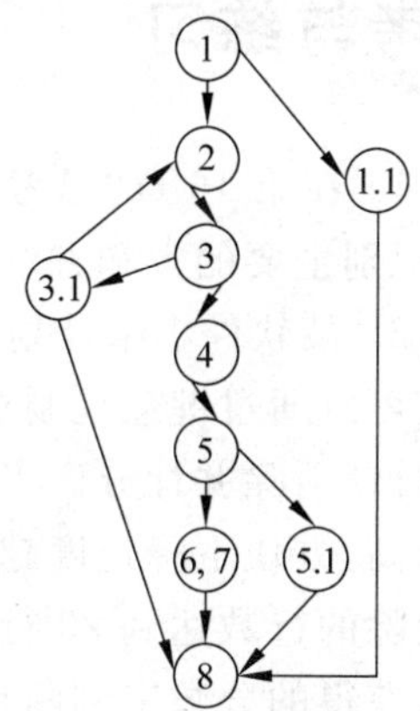

图17.6 ATM取款机测试执行路径图

根据上述执行路径图，可以识别5条基本的测试路径，分别为：

路径1：1-2-3-4-5-6-7-8

路径2：1-2-3-3.1-2-3-4-5-6-7-8

路径3：1-2-3-3.1-8

路径4：1-2-3-4-5-5.1-8

路径5：1-1.1-8

确定执行路径之后，需要确定测试的优先级。对用户而言，最常用、满足用户最基本要求的场景、失败后对系统影响最大的场景优先级最高，反之则最低。

3. 设计并执行测试用例

根据测试场景开发测试用例，形式如表17-2所示。

表17-2 测试用例设计

测试路径	测试用例	预期结果	实际结果
1			
2			
3			
4			
5			

根据所设计的测试用例，在符合用例输入数据的范围要求内输入相应数据，并给出预期结果。然后将每个测试用例转化为可执行的测试用例，有的用例需要开发测试代码，有的需要手工执行，有的需要借助工具完成。

本章小结

面向对象实现首先完成从设计类图到类的定义、从协作图到类方法的翻译。在此基础上，还要进行程序设计，选择具体的编程语言，完成程序的代码编写。

面向对象测试目标与传统软件测试目标一致，也是以最小工作量发现尽可能多的错误。但是，面向对象测试策略与技术和传统测试有所不同，测试焦点由功能模块转移到对象类。首先进行类的单元测试，测试类中封装的操作，检查对象的状态，以确定是否存在错误。然后采用基于线程或者基于使用的集成测试策略。然后应用传统的黑盒测试方法完成确认测试,基于情景的测试是面向对象系统确认测试的主要方法。

思考与练习

1. 在第16章“思考与练习”中的“学生课程注册系统”设计方案基础上,用Java进行编程,识别主要的类和方法,并列出主要的程序清单。

2. 某软件小组计划在Windows系统上为玩家提供传统俄罗斯方块游戏的基本功能,玩家可以通过键盘控制在游戏区中堆积软件随机提供的7种类型方块,在游戏区堆满一行后,自动消除并计分。当游戏区不能再堆积新来方块时,游戏结束。游戏设定10个级别,级别越高,方块下降速度越快,难度越大,玩家可根据自己的需要自由设定初始游戏级别,当玩家消除的行数达到20行,游戏自动进入下一级别,达到最高级别时不再增加。游戏以最终玩家获得的分数来判断玩家水平高低。根据系统分析结果,俄罗斯方块游戏分为三个模块:游戏区模块、游戏控制模块和级别设置模块。游戏区模块包括创建游戏区、处理玩家游戏操作、显示游戏结果等功能;游戏控制模块包括开始游戏、暂停游戏、退出游戏等功能;初始级别设置模块包括:1级、2级、……、10级设置。请用Java进行编程,识别主要的类和方法,并列出主要的程序清单。

3. 某用户希望开发个人信息助理,对日常工作进行更有效的管理,需要实现的基本功能如下:权限验证,检验用户合法身份,保证个人信息安全;日常记事,记录日常生活或工作事件,以免遗忘,并提供记录的查询、浏览、删除和修改等管理功能;通讯录,记录朋友、亲属和同事的练习信息,并提供查询、浏览、删除和修改等功能;密码备忘,记录日常使用的密码信息,如银行账号密码、邮箱密码等。依据上述需求,采用面向对象方法进行系统分析、设计,并采用Java编程实现,列出主要程序清单。

4. 某软件小组计划开发一个家庭理财系统,需要实现的基本功能如下:权限验证;收支管理,对主要收入和支出信息进行录入、修改、查询、删除,提供家庭收支统计数据;家庭资产管理,对家庭固定资产进行管理,提供增删改查及统计功能。依据上述需求,采用面向对象方法进行系统分析、设计,并采用Java编程实现,列出主要程序清单。

附录A 课程实验

A.1 实验教学的目的

系统分析与设计实验课程作为课程实践性环节之一，是教学过程中必不可少的重要内容。通过计算机实验和案例分析，使学生加深理解、验证巩固课堂教学内容；加强对信息系统的综合分析训练；重点掌握信息系统分析、开发的基本方法与工具；培养学生理论与实践相结合的能力。通过实验强化学生的实际动手能力及分析问题、解决问题的能力，使学生具有系统的观点和良好的工作模式，并培养学生良好的工作态度。

A.2 实验教学的任务

(1) 掌握信息系统开发各阶段所使用的开发工具及文档撰写工具。

(2) 独立完成一个系统的系统调查、系统分析、逻辑数据建模、物理数据建模、对象建模，对实验过程中出现的问题能独立分析、排除。

(3) 撰写简明扼要、文理通顺、图表清晰、结论正确、分析科学的实验总结报告。

A.3 实验内容

根据课堂教学设计 8 次实验，前 6 次实验是针对阶段性教学成果的验证和设计性实验，后 2 次实验为综合实验，如表 A-1 所示。设计性实验分为两个环节，一是示例实验环节，二是独立实验环节。示例实验环节主要按照实验指导书的具体要求和操作步骤按部就班地实现示例中的内容，其作用在于使学生熟悉和掌握 CASE 工具的运用。独立实验环节要求学生从所列开发项目中任选其一，作为所进行实验的软件开发项目，完成所有实验任务。

表 A-1　主要实验内容

序号	实验项目名称	学时	实验性质
1	采用 Microsoft Project 2003 进行项目管理	3	验证性
2	结构化需求分析	3	设计性
3	结构化系统设计	3	设计性
4	系统开发环境配置	3	验证性

续表

序号	实验项目名称	学时	实验性质
5	软件编码与测试	3	设计性
6	采用UML进行面向对象建模	3	验证性
7	结构化开发综合实验	8	综合性
8	面向对象开发综合实验	8	综合性

A.4 实验要求

(1) 实验前要认真预习和复习课堂教学中的有关信息系统开发基本理论方面的内容，明确实验目的，做好实验准备。

(2) 预先了解 Microsoft Project、Visio 以及 PowerDesigner 工具。

(3) 结合系统的具体要求，进行详细调查和系统分析，按照要求撰写实验报告，实验报告中需要包含如下内容：

- 实验目的与实验要求。
- 操作过程记录。
- 主要实验作业。
- 实验总结。

A.5 实验考核标准

实验课内考核为20分，评分标准如下：

(1) 实验操作(10分)：要求实验操作方法正确，能熟练操作系统开发所需的工具、绘图工具，实验结果正确。

(2) 实验报告(10分)：要求能够独立完成实验报告中要求的各项作业，内容全面，字迹清晰工整。对开发中出现的问题分析正确，并能解决问题。如果实验总结报告有雷同均以0分计。

(3) 无故缺席实验课，实验成绩以0分计，并取消该门课程期末考试资格。

(4) 特殊情况(事假、病假)必须由本人提出申请，学院主管领导批准，待期末考试前统一补做。

A.6 信息系统项目

1. 项目1——图书借还系统

某图书馆拟开发一个简化的图书借/还系统，该系统要实现下列功能。

(1) 图书维护：功能包括购进新书后，需要把该书的信息输入图书库(文件)；办理图书证；日常图书维护。

(2) 查询图书：读者或图书馆管理人员可以按作者、出版社查询图书库(文件)中的图书。

(3) 读者借书：读者凭图书证(书卡)借书。系统首先检查该读者的图书证(图书证号)是否有效，若无效，则拒绝借书；若有效，则进一步检查该读者所借图书是否超过限额数，若超过了限额数，则拒绝借书，否则读者可以借书。把图书证号、图书号、借书日期和还书日期等登记在借书/还书文件中。

(4) 读者还书：根据图书证号、图书号，从借书/还书文件中读出该图书的相关记录，并且登记还书的日期。

设定文件设计如下。

(1) 图书库如表 A-2 所示。

表 A-2 图书库

图书码	分类码	书名	作者	出版社	价格	简介	状态	入库时间	位置	备注
C 8	C 8	C 30	C 30	C 30	N 8.2	C 100	C 1	D 10	C 2	C 30

其中：状态表示有 1—借出，2—现存，3—注销；分类码是指专业分类号。

(2) 专业分类表如表 A-3 所示。

(3) 管理人员文件如表 A-4 所示。

表 A-3 专业分类表

分类码	专业领域
C 8	C 30

表 A-4 管理人员文件

编码	姓名
C 8	C 8

(4) 读者情况表如表 A-5 所示。

表 A-5 读者情况表

借书证号	姓名	部门	类别	可借书册数	期限
C 8	C 8	C 20	C 1	N 2	D 10

其中：部门指学院、系及其他，类别有 1 表示本校教师(职工)，2 表示学生，3 表示外单位。

(5) 借书/还书登记表如表 A-6 所示。

表 A-6 借书/还书登记表

借书证号	姓名	图书码	书名	借书日期	还书日期
C 8	C 8	C 8	C 30	D 10	D 10

限定条件如下：

(1) 每位教师借书数目不超过 10 本，学生不超过 5 本，外单位不超过 2 本。

(2) 出现图书过期的读者不能继续借书。

2. 项目2——高校学生收费系统

每学年新生入学，将教育部的学生录取名单导入到财务收费数据库中，同时学校制定每个专业的收费标准(基本情况是：入学收费标准都已定制好)，学生按一定的标准缴纳全学年学费，特殊情况可分多次缴纳。学校收费后，进行必要的统计分析。该系统的限制条件如下：

(1) 假定目前在校学生约1.2万人。设有经济学院、会计学院、金融学院、信息学院等12个教学系部，27个专业。

(2) 不同的年度、年级、专业有不同的学费收取标准，有不同的杂费及代收费的项目与标准。

(3) 收费种类包括学费、住宿费、教材费、生活用品费、体检费、公共财产费、其他。

(4) 收费方式有现金、刷卡、银行代扣。

(5) 统计：按不同条件进行票据查询、账单汇总、班级汇总，统计出应交费、已交费、欠费等数据，并打印与导出各种数据。

3. 项目3——学生成绩管理系统

学生成绩管理系统主要为教务部门提供统一的管理平台，提高对学生成绩管理的效率，降低工作失误。系统需要实现以下基本功能：

(1) 成绩管理：提供学生考试成绩的基本录入、修改、查询等基本管理功能，以及学生单科成绩以及总成绩的相关统计功能。

(2) 考生名单管理：提供对考生名单的基本管理功能，主要是考生名单的录入、修改、删除和浏览、查询等基本功能。

(3) 基础数据管理：提供对学校基本数据和考试相关基础数据的管理，包括院系设置、专业设置、班级设置、考试类型设置、考试科目设置和考试学期设置等。

(4) 数据库管理：对现有数据库进行管理，包括数据的备份和恢复，以便用户对数据库进行管理和维护，提高系统安全性。

4. 项目4——小型超市综合管理系统

小型超市综合管理系统应具备进货、销售、库存等基本管理功能，具体要求如下：

(1) 能记录每一笔进货，查询商品的进货记录，并能按月进行统计。

(2) 能记录每一笔售货，查询商品的销售情况，并能进行日盘存、月盘存。

(3) 能按月统计某个员工的销售业绩。

(4) 在记录进货及售货的同时，必须动态刷新库存。

(5) 能打印库存清单，查询某种商品的库存情况。

(6) 能查询某个厂商或供应商的信息。

(7) 能查询某个员工的基本信息。

(8) 收银台操作中，能根据输入的商品编号、数量，显示某顾客所购商品的清单，并显示收付款情况。

5. 项目5——工资管理系统

某大学现行工资管理系统简单描述如下：

某大学共有教职员工 5600 人。学校下设教务处、财务处和房产处等 26 处室，还设有信息学院、会计学院和金融学院等 18 个院系，此外还附设一个自来水厂、一个出版社和一所校医院。该校财务处负责全校教职工的工资管理工作，其工资管理业务情况如下：

每月 25 日至 28 日，房产处将本月职工住房的房费和水电费扣款清单报送财务处，总务处将托儿费扣款和通勤职工的交通补贴费清单报送财务处。财务处按期列出一份职工借支应扣款清单。所有这些清单的格式如表 A-7 和表 A-8 所示。

表 A-7　××月份职工××项扣款清单

职　工　号	姓　　名	扣款金额(元)	备　　注

制表人：　　　　　　　　　　　　　　　　　　日期：

表 A-8　××月份职工交通补贴清单

职　工　号	姓　　名	补贴金额(元)	备　　注

制表人：　　　　　　　　　　　　　　　　　　日期：

此外，学校人事部门及时向财务处提供下列信息：

(1) 若有职工在学校内部各部门之间调动工作情况发生，则提供这些职工的姓名、由何部门调至何部门工作、工资发放变动情况等。

(2) 若有校外人员调入本校工作，则应提供调入者的职工号、姓名、调入校内何部门，以及有关调入者工资方面的数据，还有他们的工资开始发放的月份，据此，财务处的工资管理会计员建立调入者的职工工资台账账页。

(3) 若有职工调离学校，则要提供调出人员的姓名、所在单位和终止发放本人工资的月份。

(4) 若调整工资，则应提供全校教职工工资调整变动情况清单和调整后工资从哪个月份开始发放。

当财务处收到各部门报送来的扣款单、补贴清单和其他有关职工工资变动通知单后，财务处的工资管理会计就可以依据上个月份的职工工资台账制作本月职工工资台账。职工工资台账格式如表 A-9 所示，每名职工全年工资信息占据台账的一页。

接下来，工资管理会计员再根据填制好的本月份职工工资台账，花费一个星期左右的时间制作出一式两份的本月份全校职工工资发放单(按部门制作)和本月份工资汇总表，如表 A-10 所示。

表 A-9　某大学职工工资台账账页　　第　页

职工号：　　姓名：　　部门代号：　　部门名称：

月份	基本工资	工龄工资	副食补贴	煤粮补贴	交通补贴	备补 1	备补 2	应发工资	房费	水电费	托儿费	借支扣款	其他扣款	扣款合计	实发工资
一月															
二月															
三月															
四月															
五月															
六月															
七月															
八月															
九月															
十月															
十一月															
十二月															

表 A-10　某大学一月份职工工资发放单　　部门名称：

姓名	基本工资	工龄工资	副食补贴	煤粮补贴	交通补贴	备补 1	备补 2	应发工资	房费	水电费	托儿费	借支扣款	其他扣款	扣款合计	实发工资
汪大伟 ⋮ 李　俊															
合　计															

工资管理会计员依据工资汇总表上的全校“实发工资”合计数字，从银行提回现金，并于下月的 5 号将本月份职工工资发至职工手中。

职工工资计算处理中的几项说明：

- 工龄工资每人每年增加 0.50 元。
- 应发工资＝基本工资＋工龄工资＋各项补贴之和
- 扣款合计＝房费＋水电费＋托儿费＋借支扣款＋其他扣款
- 实发工资＝应发工资－扣款合计

由于该所大学现行职工工资管理业务工作量特别大，同时还时常出现差错现象。有关人员迫切要求早日开发出全校职工工资管理信息系统，用计算机代替手工记账、计算和制作报表工作。请认真分析题目在现有系统描述的基础上，按照管理信息系统开发的工作步骤和工作内容，完成工资管理系统的开发。

6. 项目 6——文艺演出售票系统

某文化艺术售票公司要在公司的局域网开发一个售票系统，为互联网申请订票和电话订票的用户进行订票服务和售票服务。公司的职能机构如图 A.1 所示。

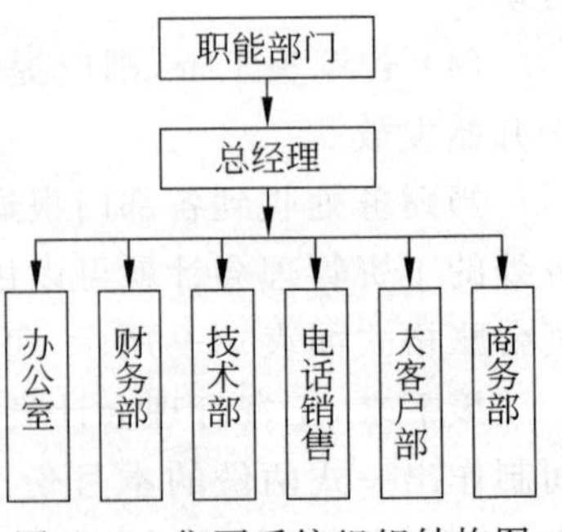

图 A.1　售票系统组织结构图

该公司是一个文化艺术演出售票公司。它与演出公司签订代理售票的合同,然后通过广告、杂志、互联网等宣传渠道吸引客户。客户通过互联网、电话等手段预订演出票。公司通过电话跟用户确认演出项目、场次、时间、票价等,通过快递公司把票送到客户手中,客户一手交钱,一手取票。快递公司把票款收齐后回公司财务交票款。演出结束后,公司与演出公司结账,把剩余票退回,并上缴应付的票款。如果是先付钱,则结账后根据剩余的票退回票款。

通过调研,开发小组了解到各部门的系统要求以及整个系统票务加工处理过程,所了解的各部门需求可以简述如下:

(1) 商务部。负责收集演出项目计划、演出公司、演出场馆资料,并加以维护。负责与演出公司签订售票代理合同并输入合同。合同主要内容是签订先付款后售票还是先售票后结算的结算方式,以及售票的代理折扣。商务部有权决定对大客户的票款折扣。维护其他部门必须共享的分类信息,例如行业编码、演出分类编码。

(2) 大客户部。负责联系大客户,即团体购票的客户。输入大客户的订单,经过电话销售中心核实后由电话销售中心下达订单给财务部。负责维护大客户的信息资料。

(3) 电话销售中心。通过电话、互联网与客户联系,并且负责值班接听客户的订票查询、订票要求电话,询问要求的演出名称、地点、场次、时间、票价、座位和送票时间,一旦客户决定了就输入客户的订票数据,如果是新客户还要输入客户的资料(姓名、住址、电话、E-mail、手机、身份证号等),下达订票单。负责维护个人客户的信息资料。当收到客户从互联网发来的订票信息后,核实后要输入订票单。当客户要求加票、减票、调票和退票时,负责分别开出相应票单给财务部,进行加票、减票、调票和退票。一旦订票单下达后就不能修改,只能通过加票、减票、调票和退票手续修改。

(4) 财务部库房。财务部包括库房和会计两部分。库房负责根据合同到演出公司取票,并把票单输入到计算机中。负责接收电话销售中心的订票单,并为每张订票单分配票,当处理完订票单后,根据客户要求决定何时送票。送票时开出快递单(包括快递公司编码、名称、快递员编码、姓名、客户姓名、身份证号、住址、电话、手机、订票单号、快递类型、快递费用、票款、结款时间)。负责维护快递公司、快递员信息。当接到电话销售中心的客户要求加、减、调、退票单后,负责为订票单加、减、调、退票。如果客户已经付款,通知财务部退款,并通过快递公司取票退款。

(5) 财务部会计。财务部包括库房和会计两部分。会计根据订票单收快递公司取来的票款、加票款,和支付减票/退票退款。负责演出结束后与演出公司结账。需要先付款时先开支票让票房去交钱取票,每月底根据快递单统计支付快递公司快递费。

(6) 办公室。负责维护雇员的信息,负责维护每个部门、每个雇员的权限。例如,大客户部的雇员彼此不能查看属于个人维护的大客户部信息,只有部门经理可以查看所有雇员的大客户信息。但是电话销售中心的个人客户信息对部门所有雇员都是共享的,谁输入的个人客户资料则谁负责维护。

经过需求获取后,识别问题,确立了本系统要解决的问题如下:

- 及时准确地响应客户要求,从计算机订票输入到生成快递单送票,把客户所要的演出票及时送到客户手中。
- 严格履行加票、减票、调票、退票手续,满足客户要求。

- 严格执行大客户订票最终由电话销售中心下订单的规定，大客户的客户资料授权访问，每月统计大客户部每个人销售业绩，作为考核的依据。
- 每月分部门分类统计销售的票数、金额，送票数、金额，每月和快递公司结算，演出结束后按照合同与演出公司结算。
- 计算机维护客户资料、演出资料，提供灵活的查询手段。
- 严格控制订票折扣，一律由商务部按照规定输入。
- 管理好系统权限，不同授权用户执行不同操作，记录操作人员的编码和时间，保证数据的安全保密。
- 完成与原财务系统、人事系统的接口。

7. 项目7——网上音像制品营销系统

本系统将结合网络营销系统的实际需要，完成网上音像制品商店系统的需求分析与设计，实现系统前台的信息浏览、商品订购和销售统计等功能，以及后台的各项管理功能，以满足网上音像制品店的基本系统需求。本电子音像店是一个供消费者网上浏览购物的具备完整的商品、客户等管理功能的后台支撑系统。

网站的购物流程如图 A.2 所示。

要求提供的主要功能如下：

(1) 实现会员的注册与登录功能，包括用户资料的更改、用户的验证、用户的注册和注销等。

(2) 实现商品的浏览与搜索功能，可以对商品进行分类查询、主关键字查询等。

(3) 实现购物车功能，可以精确记录用户所选商品的名称、价格以及定购数量，生成购物订单，并可对订单进行查询等。

(4) 实现会员管理基本功能，包括会员注册、修改和删除等。

(5) 实现商品管理基本功能，包括添加、删除、修改商品类别及详细信息等。

(6) 实现商品订单管理的基本功能，包括办理订单、办理发货、办理结账、删除订单等。

(7) 实现系统用户管理功能，包括添加系统用户、用户名、密码等信息，修改和删除系统用户信息等。

8. 项目8——在线考试系统

在线考试系统主要包括系统的注册、在线的考试系统、评分系统、在线的管理系统和在线的阅卷系统等。首先是不同用户的注册功能。其次是在线的考试系统，这里要考虑的主要是怎样出题、怎样收集答案、怎样保存，怎样判分这些问题。在线的账号管理系统比较简单，就是要对数据库中的系统用户和考试用户进行管理，而管理的项目则包括浏览整个系统的用户，添加、删除用户，以及更改用户的密码。在线的阅卷功能，根据用户答题情况进行自动判分。

在线考试系统的大致功能如下。

(1) 登录系统的功能如下：

- 欢迎页面；
- 功能选择页面；

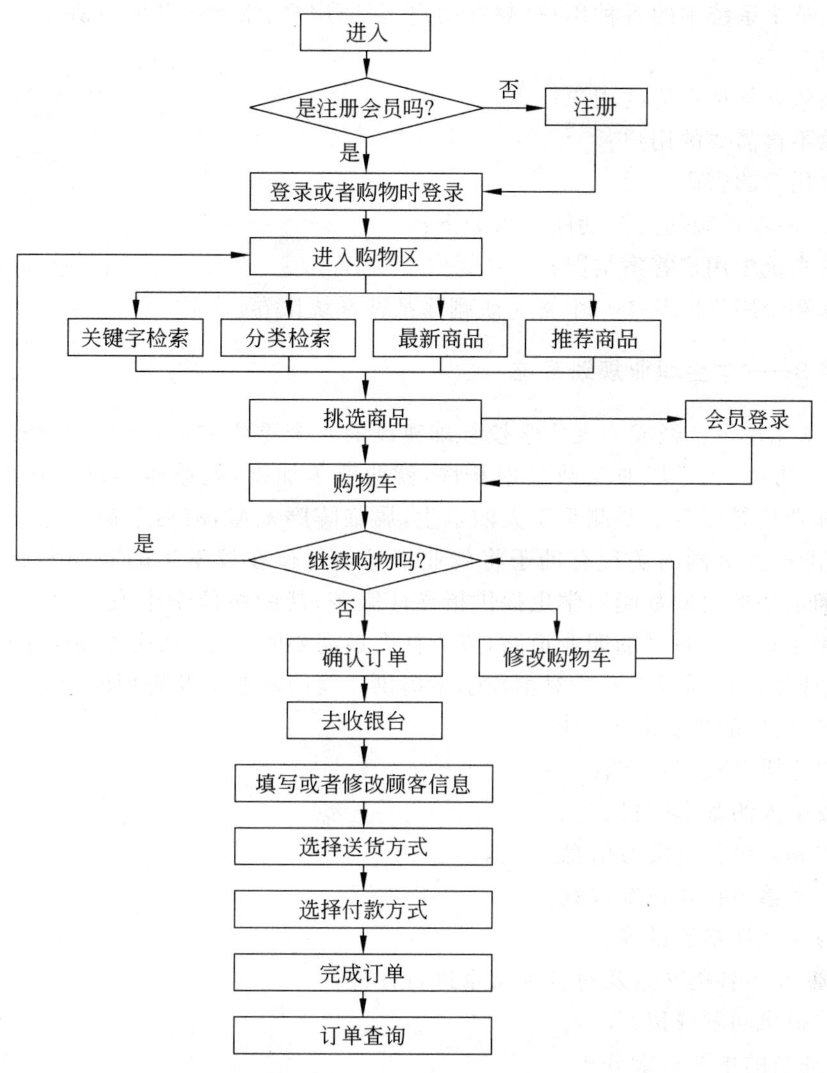

图 A.2 网站的购物流程图

• 各种功能的登录页面及密码验证。

(2) 在线考试系统的主要实现功能要求如下:

• 让用户选择试卷类型;
• 让用户选择试卷的断线情况;
• 从试题库中随机出题给用户;
• 将随机试卷保存在暂时表中;
• 保存用户的答案;
• 给用户的试卷判分;
• 保存用户的试卷;
• 查询用户成绩。

(3) 在线账户管理系统的主要功能要求如下:

• 选择更改账户属性的类别;

- 浏览整个系统中的各种用户(超级用户、普通用户、添加试题的管理用户和评卷老师用户);
- 添加包含某项功能的用户;
- 删除不再需要的用户;
- 更改用户的密码。

(4) 在线阅卷系统的主要功能要求如下:

- 浏览系统中用户答案情况;
- 删除某个用户的其中一个答卷或删除某种系统试卷。

9. 项目9——学生职业规划系统

学校信息化建设已经成为现代学校基础建设的一个重要方面,学校职业规划网也将越来越普及。一方面,大学毕业生数量增长快,就业竞争加剧,就业压力进一步加大;另一方面,传统的就业指导服务主要侧重于大四学生,属临阵磨枪型,滞后于高等教育大众化的浪潮。而学校职业规划网的实现有助于将就业指导与每位在校学生的职业发展愿望结合起来,并在任何需要的时候都能对学生提供指导性服务,帮助每位学生发现、培养自我的潜能与创造力,走上最适合自己的职业道路,成为社会最需要的人才,从而提高学生的就业率。

学校职业生涯规划网主要是对本校学生提供在线的职业生涯规划的指导,其需求如下:

(1) 学生用户的主要需求分析

① 用户注册、登录与注销。

② 修改个人的基本资料。

③ 查看和提供就业实习信息。

④ 发布和参与在线投票调查。

⑤ 参与在线性格测试等。

⑥ 查看、发布各类文章及对各种文章进行评论。

⑦ 在线提出问题或留言。

(2) 管理员的主要需求分析

① 管理员登录。

② 发布就业实习信息并对就业实习信息进行管理。

③ 发起、删除投票调查。

④ 发布、删除在线测试。

⑤ 发表文章并对文章进行管理,并可删除文章评论。

⑥ 对用户进行管理。

⑦ 在线回答学生所提问题或留言。

10. 项目10——毕业论文评阅系统

毕业论文撰写和评阅是大学教育中非常重要的环节,随着计算机在大学教育的全面普及,学生也借助计算机完成毕业论文撰写,并向教师提交电子版论文。本系统旨在完成电子化的论文评阅,从而动态地支持毕业论文评阅,并保证整个评阅过程的合理性和有效性。

系统大致包含以下功能:

（1）系统管理功能。

系统管理功能主要是指对后台数据管理，面向系统管理员。系统管理由用户管理、评分标准管理和毕业论文删除三个子功能组成。用户管理主要包括学生信息注册、双专业学生信息、教师信息注册和用户信息删除。评分标准包括评分标准新建、现有评分标准查询和评分标准部分或全部内容的删除。毕业论文删除主要是指上传错误的毕业论文后，管理员可以删除，从而使学生重新提交。

（2）毕业论文评阅功能。

毕业论文评阅功能由毕业论文上传与下载、评分标准和权重选择、答辩人选择、毕业论文评阅等子功能组成。

（3）毕业论文成绩查询功能。

毕业论文成绩查询功能主要包括个人论文成绩查询和论文成绩的查询与统计。学生只能查询自己的论文成绩和同专业学生论文成绩平均分；而教务秘书可以按照不同维度、方式查询和统计学生的毕业论文成绩，方便进行最后信息的整理与归档。

（4）站内信息收发功能。

站内信息收发功能支持学生、教师、教务秘书和系统管理员之间的消息发送和接收，由已收信息查看和写新信息（信息回复）两个子功能组成。

A.7 信息系统实验

A.7.1 实验1——Project软件项目管理

【实验目的】

- 掌握软件开发的基本流程与方法。
- 掌握软件项目管理的构成要素与项目管理过程。
- 熟练运用项目管理工具对项目的范围、进度、成本、人员等进行有效管理。

【实验要求】

- 完成项目范围管理。
- 完成项目进度管理。
- 完成项目资源管理。
- 完成项目综合管理。

【实验环境】

- Windows 2000 操作系统。
- Microsoft Project 2003。

【实验环节1：示例实验】

ABC公司是一家从事系统集成和咨询服务的IT企业。目前该公司的开发人员受客户委托正在开发一套新的OA产品。项目开发组决定导入Microsoft Project 2003，以便高效地管理项目开发过程，该 OA 产品要求从 2011 年 11 月 1 日起建设，要求在 2012 年 3 月 1 日之前正式上线，并且工作越快开展越好。

项目组通过与客户交流了解了基本的系统需求，经过技术核心小组的充分讨论后，决定采用头脑风暴法进行项目开发。对项目进行详细工作分解结构，并对各个工作包工作量采用 PERT 评审技术进行估计，然后根据工作包的关联关系和项目的人员情况，制定进度计划，其主要工作内容安排如表 A-11 所示。

表 A-11 OA 产品开发主要任务安排

序号	项目任务	前提任务	工时数(天)
A	策划与立项	—	10
A1	信息系统企划	无	5
A2	客户商谈确认	A1	5
B	系统分析	—	40
B1	问题分析	A2	10
B2	数据需求分析	B1	15
B3	过程需求分析	B1	15
C	系统设计	—	30
C1	功能模块设计	B2,B3	15
C2	用户界面设计	B2,B3	5
C3	代码设计	B3,C1	3
C4	数据库设计	B2,C1	7
D	系统实现	—	30
D1	编码和单元测试	C1	15
D2	集成与系统测试	D1	12
D3	系统安装与切换	D2	3
E	试运行	—	10
E1	运营测试	D3	7
E2	用户培训	D2,D3	3

为保证项目顺利实施，组建了高效的项目团队：共有 7 人参加该项目，其中，李华和刘星负责信息系统企划，马明负责立项并签订合同，李丽负责系统分析，王英和张静负责系统设计，张静和李华负责系统实现，徐峰负责试运行。其中，刘星和马明为项目兼职人员，其余人员为全职人员。为确保项目如期完成，项目组每周召开项目例会，并通过周报对项目的进度、质量、成本、问题和风险进行信息发布。项目每月进行项目小结，并发布项目总结报告。项目策划与立项的里程碑是与客户签订合同；分析阶段的里程碑是系统分析规格说明书；设计阶段的里程碑是系统设计说明；实现阶段的里程碑是系统的交付，试运行阶段的里程碑是项目验收。项目在每个里程碑结束时，对阶段里程碑进行总结和评审，跟踪前一阶段的工作情况对下一里程碑的工作量和进度进行重新的评估，细化和调整下一里程碑的工作计划，并把结果发布给项目相关人。

1. 项目范围管理

(1) 制定项目开始时间和结束时间(日期范围)，以便创建一个新文件。文件名为“姓名(或第 N 组)——项目管理过程实验”(N 为小组编号)。

具体工作步骤如下：

① 从“文件”菜单中选择“新建”命令，生成空白的甘特图视图。

② 从“文件”菜单中选择“保存”命令，或单击工具栏中的“保存”按钮对文件进行保存。

③ 从“项目”菜单中选择“项目信息”命令，将弹出项目信息对话框。

④ 因为项目要求在 4 个月内完成且越快越好，因此在项目信息对话框的“日程排定方法”下拉列表中选择“从项目开始之日起”，并设置项目优先级，如图 A.3 所示。

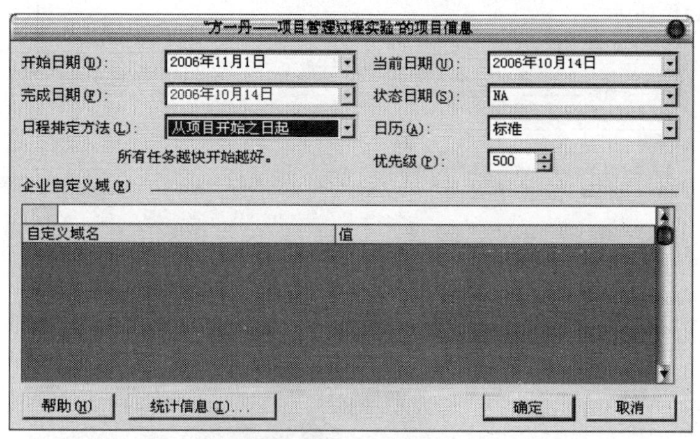

图 A.3 项目信息对话框

(2) 确定项目范围，并对项目进行分解，逐步形成实施项目所需的任务列表(工作分解结构)。

具体工作步骤如下：

① 按图 A.4 所示的内容依次将任务输入甘特图的任务表中(也可以通过 Word 或 Excel 文件导入)。

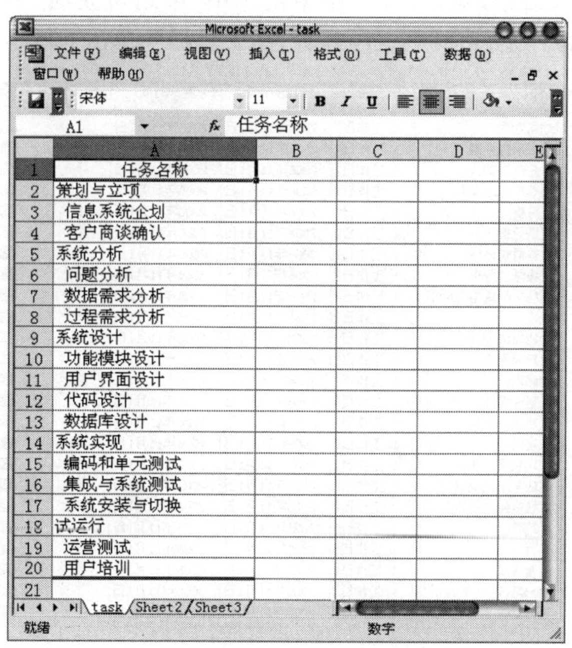

图 A.4 甘特图的任务表

a. 通过 Word 导入方法：复制任务名称，粘贴即可。

b. 通过 Excel 导入方法如下：

ⅰ. 新建 Excel 空白表格，粘贴任务文本，加入列名“任务名称”，将工作表名改为 task，该表格保存为 task. xls。

ⅱ. 打开任务向导，在“列出项目中的任务”中选择“从 Excel 导入任务”。

ⅲ. 新建映射，将数据追加到活动项目，导入“任务”，导入包含标题；将 task 设为源工作表名称，如图 A.5 所示。

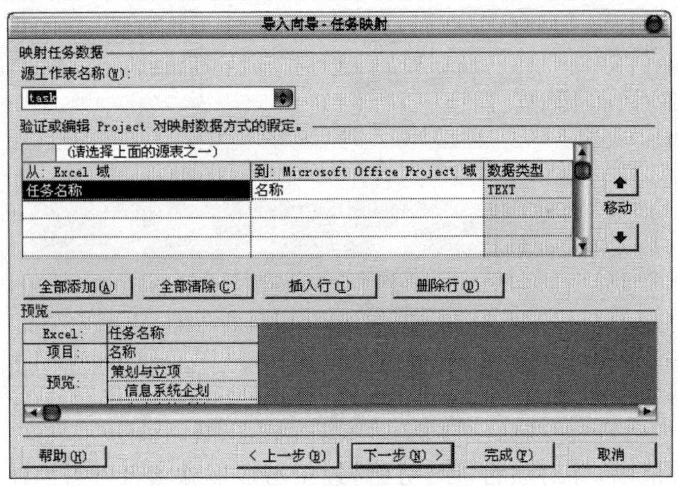

图 A.5 导入向导

ⅳ. 单击“完成”按钮。

② 在原先任务基础上加入里程碑。

按住 Ctrl 键，在任务表格（见图 A.6）中单击选中“策划与立项”下面的“信息系统企划”、“客户商谈确认”和“与客户签订合同”三项任务，在工具栏中单击“降级”按钮，如图 A.7 所示。

	任务名称	工期	开始时间	完成时间
1	策划与立项	1 工作日?	2006年11月1日	2006年11月1日
2	信息系统企划	1 工作日?	2006年11月1日	2006年11月1日
3	客户商谈确认	1 工作日?	2006年11月1日	2006年11月1日
4	与客户签订合同	1 工作日?	2006年11月1日	2006年11月1日
5	系统分析	1 工作日?	2006年11月1日	2006年11月1日
6	问题分析	1 工作日?	2006年11月1日	2006年11月1日
7	数据需求分析	1 工作日?	2006年11月1日	2006年11月1日
8	过程需求分析	1 工作日?	2006年11月1日	2006年11月1日
9	系统分析规格说明书	1 工作日?	2006年11月1日	2006年11月1日
10	系统设计	1 工作日?	2006年11月1日	2006年11月1日
11	功能模块设计	1 工作日?	2006年11月1日	2006年11月1日
12	用户界面设计	1 工作日?	2006年11月1日	2006年11月1日
13	代码设计	1 工作日?	2006年11月1日	2006年11月1日
14	数据库设计	1 工作日?	2006年11月1日	2006年11月1日
15	系统设计说明	1 工作日?	2006年11月1日	2006年11月1日
16	系统实现	1 工作日?	2006年11月1日	2006年11月1日
17	编码和单元测试	1 工作日?	2006年11月1日	2006年11月1日
18	集成与系统测试	1 工作日?	2006年11月1日	2006年11月1日
19	系统安装与切换	1 工作日?	2006年11月1日	2006年11月1日
20	系统交付	1 工作日?	2006年11月1日	2006年11月1日
21	试运行	1 工作日?	2006年11月1日	2006年11月1日
22	运营测试	1 工作日?	2006年11月1日	2006年11月1日
23	用户培训	1 工作日?	2006年11月1日	2006年11月1日
24	项目验收	1 工作日?	2006年11月1日	2006年11月1日

图 A.6 任务列表

	任务名称	工期	开始时间	完成时间
1	策划与立项	1 工作日?	2006年11月1日	2006年11月1日
2	信息系统企划	1 工作日?	2006年11月1日	2006年11月1日
3	客户商谈确认	1 工作日?	2006年11月1日	2006年11月1日
4	与客户签订合同	1 工作日?	2006年11月1日	2006年11月1日
5	系统分析	1 工作日?	2006年11月1日	2006年11月1日
6	问题分析	1 工作日?	2006年11月1日	2006年11月1日
7	数据需求分析	1 工作日?	2006年11月1日	2006年11月1日
8	过程需求分析	1 工作日?	2006年11月1日	2006年11月1日

图 A.7 选择任务进行降级

重复以上操作,将二级任务在任务表格中进行降级。结果如图 A.8 所示。

	任务名称	工期	开始时间	完成时间
1	**策划与立项**	**1 工作日?**	**2006年11月1日**	**2006年11月1日**
2	信息系统企划	1 工作日?	2006年11月1日	2006年11月1日
3	客户商谈确认	1 工作日?	2006年11月1日	2006年11月1日
4	与客户签订合同	1 工作日?	2006年11月1日	2006年11月1日
5	**系统分析**	**1 工作日?**	**2006年11月1日**	**2006年11月1日**
6	问题分析	1 工作日?	2006年11月1日	2006年11月1日
7	数据需求分析	1 工作日?	2006年11月1日	2006年11月1日
8	过程需求分析	1 工作日?	2006年11月1日	2006年11月1日
9	系统分析规格说明	1 工作日?	2006年11月1日	2006年11月1日
10	**系统设计**	**1 工作日?**	**2006年11月1日**	**2006年11月1日**
11	功能模块设计	1 工作日?	2006年11月1日	2006年11月1日
12	用户界面设计	1 工作日?	2006年11月1日	2006年11月1日
13	代码设计	1 工作日?	2006年11月1日	2006年11月1日
14	数据库设计	1 工作日?	2006年11月1日	2006年11月1日
15	系统设计说明	1 工作日?	2006年11月1日	2006年11月1日
16	**系统实现**	**1 工作日?**	**2006年11月1日**	**2006年11月1日**
17	编码和单元测试	1 工作日?	2006年11月1日	2006年11月1日
18	集成与系统测试	1 工作日?	2006年11月1日	2006年11月1日
19	系统安装与切换	1 工作日?	2006年11月1日	2006年11月1日
20	系统交付	1 工作日?	2006年11月1日	2006年11月1日
21	**试运行**	**1 工作日?**	**2006年11月1日**	**2006年11月1日**
22	运营测试	1 工作日?	2006年11月1日	2006年11月1日
23	用户培训	1 工作日?	2006年11月1日	2006年11月1日
24	项目验收	1 工作日?	2006年11月1日	2006年11月1日

图 A.8 将二级任务降级

对于周期性任务,则在“插入”菜单中选择“周期性任务”命令,此时会出现“周期性任务信息”对话框(见图 A.9 和图 A.10),填入具体信息后单击“确定”按钮,甘特图中便会显示出该项周期性任务,如图 A.11 所示。

添加周期性任务时,要注意将其添加在所有任务之前。

本项目中,每周和每月的周期性任务的工期均设为 0d;每周五、每月第一天发生。

作业 1:按照上述要求,完成项目的范围管理,并附图。

2. 项目进度管理

1) 输入任务工期

具体步骤如下:

在任务的“工期”微调框中输入所需的工期,格式可以是月份、星期、工作日、小时或者分

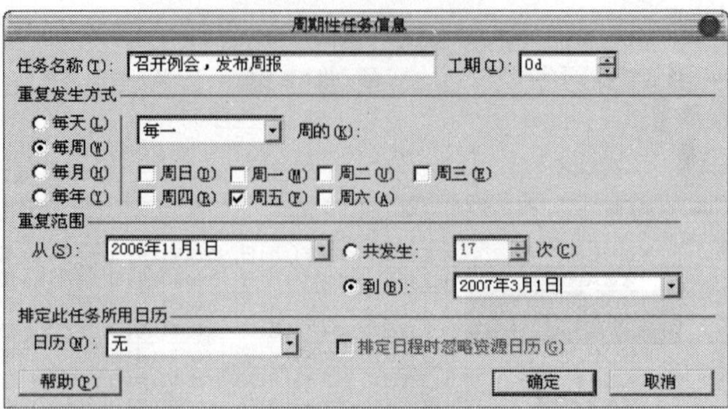

图 A.9 “周期性任务信息”对话框 1

周期性任务信息
任务名称(T): 项目小结，发布项目总结报告
工期(D): 0d
重复发生方式
每天(L)
每周(W)
每月(H)
每年(Y)
1 个月 每一 天
第一个 星期三 每一 个月的(E)
重复范围
从(S): 2006年11月1日
共发生: 5 次(C)
到(B): 2007年3月1日
排定此任务所用日历
日历(N): 无
排定日程时忽略资源日历(G)
帮助(P)
确定
取消

图 A.10 “周期性任务信息”对话框 2

Microsoft Project - 方一丹——项目管理过程实验
文件(F) 编辑(E) 视图(V) 插入(I) 格式(O) 工具(T) 项目(P) 协作(C) 窗口(W) 帮助(H)
不分组 显示(S)
任务 资源 跟踪 报表

		任务名称	工期	开始时间	完成时间
1		⊞ **召开例会，发布周报**	**80 工作日**	**2006年11月3日**	**2007年2月23日**
19		⊞ **项目小结，发布项目总结报告**	**86 工作日**	**2006年11月1日**	**2007年3月1日**
25					
26		⊟ **策划与立项**	**1 工作日?**	**2006年11月1日**	**2006年11月1日**
27		信息系统企划	1 工作日?	2006年11月1日	2006年11月1日
28		客户商谈确认	1 工作日?	2006年11月1日	2006年11月1日
29		与客户签订合同	1 工作日?	2006年11月1日	2006年11月1日
30		⊟ **系统分析**	**1 工作日?**	**2006年11月1日**	**2006年11月1日**
31		问题分析	1 工作日?	2006年11月1日	2006年11月1日
32		数据需求分析	1 工作日?	2006年11月1日	2006年11月1日
33		过程需求分析	1 工作日?	2006年11月1日	2006年11月1日
34		系统分析规格说明书	1 工作日?	2006年11月1日	2006年11月1日
35		⊟ **系统设计**	**1 工作日?**	**2006年11月1日**	**2006年11月1日**
36		功能模块设计	1 工作日?	2006年11月1日	2006年11月1日
37		用户界面设计	1 工作日?	2006年11月1日	2006年11月1日
38		代码设计	1 工作日?	2006年11月1日	2006年11月1日
39		数据库设计	1 工作日?	2006年11月1日	2006年11月1日
40		系统设计说明	1 工作日?	2006年11月1日	2006年11月1日
41		⊟ **系统实现**	**1 工作日?**	**2006年11月1日**	**2006年11月1日**
42		编码和单元测试	1 工作日?	2006年11月1日	2006年11月1日
43		集成与系统测试	1 工作日?	2006年11月1日	2006年11月1日
44		系统安装与切换	1 工作日?	2006年11月1日	2006年11月1日
45		系统交付	1 工作日?	2006年11月1日	2006年11月1日
46		⊟ **试运行**	**1 工作日?**	**2006年11月1日**	**2006年11月1日**
47		运营测试	1 工作日?	2006年11月1日	2006年11月1日
48		用户培训	1 工作日?	2006年11月1日	2006年11月1日
49		项目验收	1 工作日?	2006年11月1日	2006年11月1日

06年10月29日
一 二 三 四 五 六
就绪 扩展 大写 数字 滚动 改写

图 A.11 周期性任务的表示

钟。此外,如果要表明该任务的工期是估计值,则应该在后面输入一个问号“?”,如图 A.12 所示。对于项目的里程碑,相应的任务工期应该为 0。

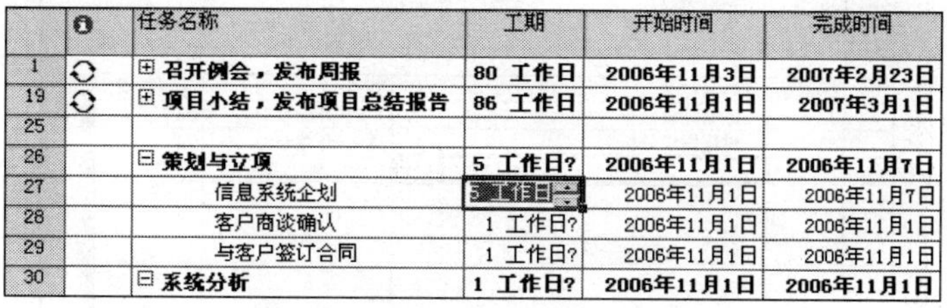

	❶	任务名称	工期	开始时间	完成时间
1		⊞ 召开例会,发布周报	80 工作日	2006年11月3日	2007年2月23日
19		⊞ 项目小结,发布项目总结报告	86 工作日	2006年11月1日	2007年3月1日
25					
26		⊟ 策划与立项	5 工作日?	2006年11月1日	2006年11月7日
27		信息系统企划	5 工作日	2006年11月1日	2006年11月7日
28		客户商谈确认	1 工作日?	2006年11月1日	2006年11月1日
29		与客户签订合同	1 工作日?	2006年11月1日	2006年11月1日
30		⊟ 系统分析	1 工作日?	2006年11月1日	2006年11月1日

图 A.12 设置任务工期

按 Enter 键。一级任务的工期由二级任务决定,依此类推,无法直接输入。

2) 定义任务的依赖关系

项目中的任务在时间上的关联性分为如下 4 种情况:

- 完成-开始(FS):只有在任务 A 完成之后任务 B 才能开始。
- 开始-开始(SS):只有在任务 A 开始之后任务 B 才能开始。
- 完成-完成(FF):只有在任务 A 完成之后任务 B 才能完成。
- 开始-完成(SF):只有在任务 A 开始之后任务 B 才能完成。

具体步骤如下:

(1) 选取“任务名称”栏中要按所需顺序连接在一起的两项或者多项任务。选取不相邻任务,可以按住 Ctrl 键并单击任务名称;若选取相邻任务则按住 Shift 键并单击希望连接的第一项和最后一项任务。

(2) 根据任务之间的先后关系,单击工具栏中的“链接任务”按钮(见图 A.13),从而建立任务之间的相关性。注意此时的时间相关性为“完成-开始”类型,如图 A.14 所示。

文件(F) 编辑(E) 视图(V) 插入(I) 格式(O) 工具(T) 项目(P) 协作(C) 窗口(W) 帮助

不分组

任务 · 资源 · 跟踪 · 报表 链接任务

信息系统企划

	❶	任务名称	工期	开始时间	完成时间
1		⊞ 召开例会,发布周报	80 工作日	2006年11月3日	2007年2月23日
19		⊞ 项目小结,发布项目总结报告	86 工作日	2006年11月1日	2007年3月1日
25					
26		⊟ 策划与立项	5 工作日	2006年11月1日	2006年11月7日
27		信息系统企划	5 工作日	2006年11月1日	2006年11月7日
28		客户商谈确认	5 工作日	2006年11月1日	2006年11月7日
29		与客户签订合同	0 工作日	2006年11月1日	2006年11月1日
30		⊟ 系统分析	15 工作日	2006年11月1日	2006年11月21日

图 A.13 链接任务

(3) 重复上面步骤,直到所有的任务建立了关联性,结果如图 A.15 所示。

(4) 需要改变或删除任务相关性时,可以直接在条形图之间的连线上双击鼠标,便会出现标题为“任务相关性”的对话框供修改,如图 A.16 所示。

建立了所有任务之间的关联关系之后,形成如图 A.17 所示的图形。

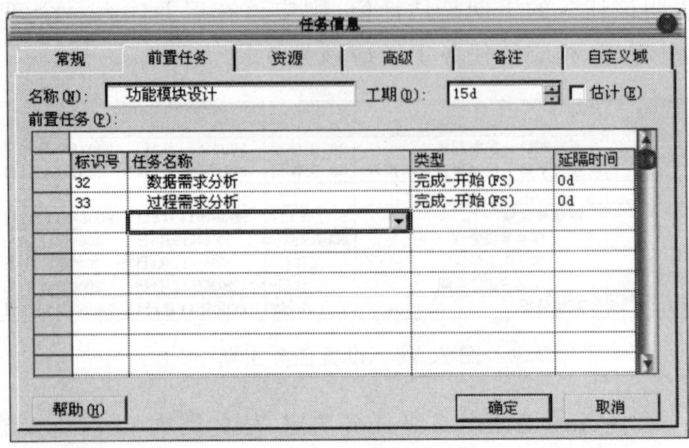

图 A.14 设置时间相关性为“完成-开始”

		任务名称	工期	开始时间	完成时间	前置任务
1		⊞ **召开例会，发布周报**	**80 工作日**	**2006年11月3日**	**2007年2月23日**	
19		⊞ **项目小结，发布项目总结报告**	**86 工作日**	**2006年11月1日**	**2007年3月1日**	
25						
26		⊟ **策划与立项**	**10 工作日**	**2006年11月1日**	**2006年11月14日**	
27		信息系统企划	5 工作日	2006年11月1日	2006年11月7日	
28		客户商谈确认	5 工作日	2006年11月8日	2006年11月14日	27
29		与客户签订合同	0 工作日	2006年11月14日	2006年11月14日	27, 28
30		⊟ **系统分析**	**25 工作日**	**2006年11月15日**	**2006年12月19日**	
31		问题分析	10 工作日	2006年11月15日	2006年11月28日	28
32		数据需求分析	15 工作日	2006年11月29日	2006年12月19日	31
33		过程需求分析	15 工作日	2006年11月29日	2006年12月19日	31
34		系统分析规格说明书	0 工作日	2006年12月19日	2006年12月19日	31, 32, 33
35		⊟ **系统设计**	**22 工作日**	**2006年12月20日**	**2007年1月18日**	
36		功能模块设计	15 工作日	2006年12月20日	2007年1月9日	32, 33
37		用户界面设计	5 工作日	2006年12月20日	2006年12月26日	32, 33
38		代码设计	3 工作日	2007年1月10日	2007年1月12日	33, 36
39		数据库设计	7 工作日	2007年1月10日	2007年1月18日	32, 36
40		系统设计说明	0 工作日	2007年1月18日	2007年1月18日	36, 37, 38, 39
41		⊟ **系统实现**	**30 工作日**	**2007年1月10日**	**2007年2月20日**	
42		编码和单元测试	15 工作日	2007年1月10日	2007年1月30日	36
43		集成与系统测试	12 工作日	2007年1月31日	2007年2月15日	42
44		系统安装与切换	3 工作日	2007年2月16日	2007年2月20日	43
45		系统交付	0 工作日	2007年2月20日	2007年2月20日	42, 43, 44
46		⊟ **试运行**	**7 工作日**	**2007年2月21日**	**2007年3月1日**	
47		运营测试	7 工作日	2007年2月21日	2007年3月1日	44
48		用户培训	3 工作日	2007年2月21日	2007年2月23日	43, 44
49		项目验收	0 工作日	2007年3月1日	2007年3月1日	47, 48

图 A.15 建立任务相关性

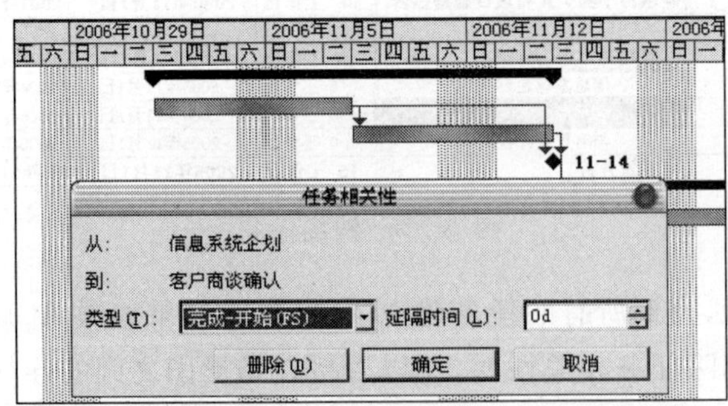

图 A.16 修改任务相关性

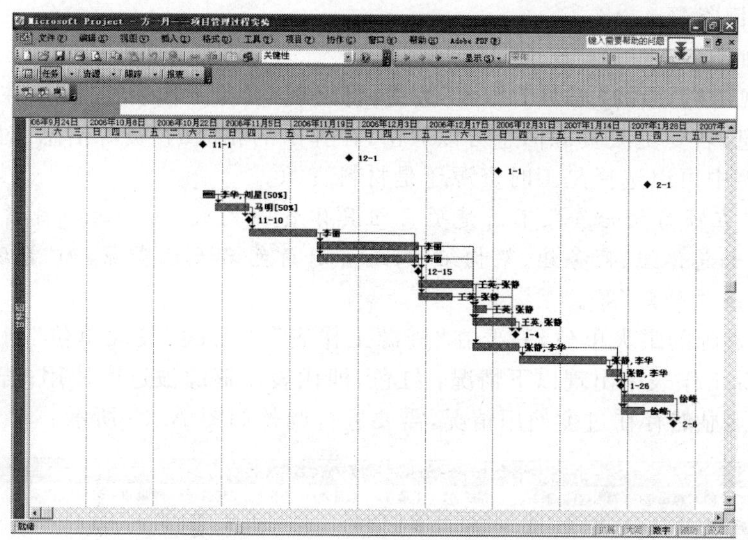

图 A.17 建立了所有任务之间的关联关系

实验思考：如何显示图 A.18 所示的关键路径(提示：格式——甘特图向导)？

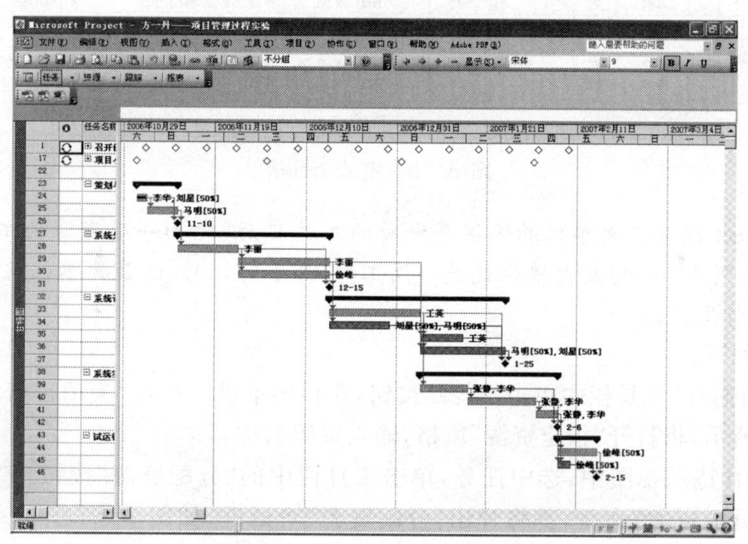

图 A.18 显示关键路径

作业 2：按照上述要求,完成该项目的进度管理,显示项目 PERT 图以及甘特图,并显示项目的关键路径。

3. 项目资源管理

注意：PROJECT 的资源分为两类,一类是工时资源,指的是执行工时以完成任务的人员和设备资源,工时资源要消耗时间(工时或者工作日)来完成任务,如项目中的人员、工作组等。另一类是材料资源,即可消耗的材料或者供应品,例如混凝土、木材或者钉子等物资。材料类资源不能使用资源日历,无法进行资源调配,不能使用加班费率。

1）增加项目资源

具体步骤如下：

① 单击"视图栏"中的"资源工作图"按钮，将出现"资源工作表视图"。在其中填入资源名称和相关信息，若要更改资源信息可以双击，在弹出的相应的"资源信息"对话框中进行设置。在资源类型中可以选择是工时资源还是材料资源。

注意：如果在项目初始阶段不清楚项目组具体资源构成，需要为项目增加一些通用名称来表示资源，如总体组、商务组、架构组等，或者以角色名表示资源，如"系统分析师"、"测试工程师"、"系统设计师"等。

② 要设置资源的最大单位，只要在"资源工作表"视图的"最大单位"列中直接输入即可。如果在资源工作表中出现以下情况：红色，即代表该资源被过度使用；若该资源的最大单位为100%，则显然存在过度使用情况，需要进行调整如图 A.19 所示。

	资源名称	类型	材料标签	缩写	组	最大单位	标准费率	加班费率	每次使用成本	成本累算
1	李华	工时		李		100%	¥20.00/工作日	¥30.00/工作日	¥0.00	按比例
2	刘星	工时		刘		50%	¥20.00/工作日	¥30.00/工作日	¥0.00	按比例
3	马明	工时		马		50%	¥20.00/工作日	¥30.00/工作日	¥0.00	按比例
4	李丽	工时		李		100%	¥20.00/工作日	¥30.00/工作日	¥0.00	按比例
5	王英	工时		王		100%	¥20.00/工作日	¥30.00/工作日	¥0.00	按比例
6	张静	工时		张		100%	¥20.00/工作日	¥30.00/工作日	¥0.00	按比例
7	徐峰	工时		徐		100%	¥20.00/工作日	¥30.00/工作日	¥0.00	按比例

图 A.19　资源工作表

注意：Project 设置最大单位的依据是资源的工作日历，比如一项资源的工作日历是一周工作 40 个小时，则 100%的最大单位就是一周工作 40 小时，50%的最大单位就是 20 小时。

2）为任务分配资源

具体步骤如下：

① 在"项目向导"工具栏中单击"资源"按钮，在弹出菜单中单击"为项目指定人员和设备"项，如图 A.20 所示，将打开"指定资源"窗格，输入资源名称。

② 或者在甘特图视图中，选中任务，单击工具栏中的"分配资源"按钮，或者选择"工具"菜单下的"分配资源"命令，都将弹出"分配资源"对话框，如图 A.21 所示。

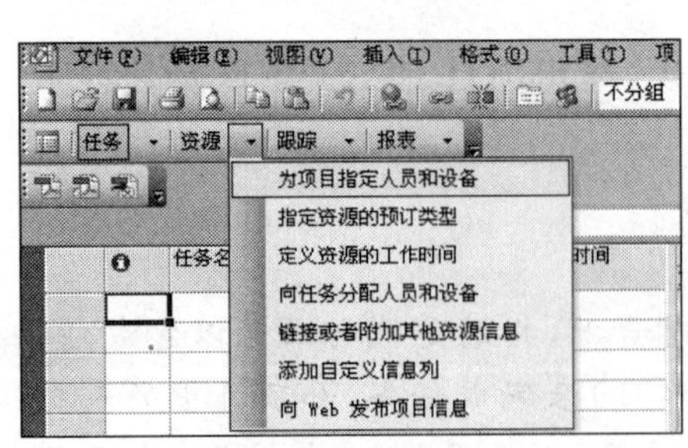

图 A.20　指定资源

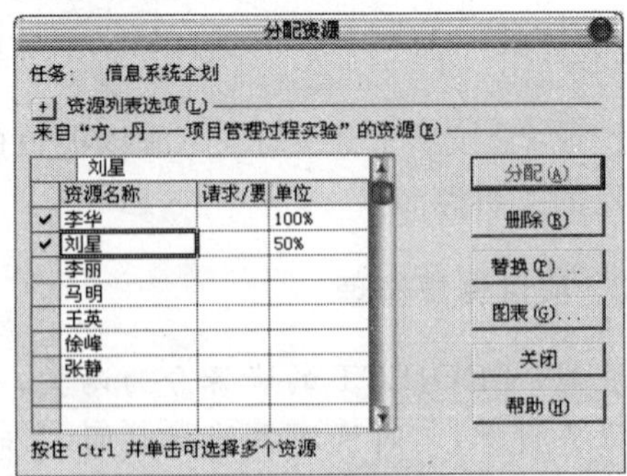

图 A.21　"分配资源"对话框

③ 在甘特图中，双击某一任务，选择“资源”选项卡，可设置各资源的使用单位，即资源的使用率。

④ 选择要分配的资源，如图 A.22 所示，单击“分配”按钮，即可将选定的资源分配给相关任务。

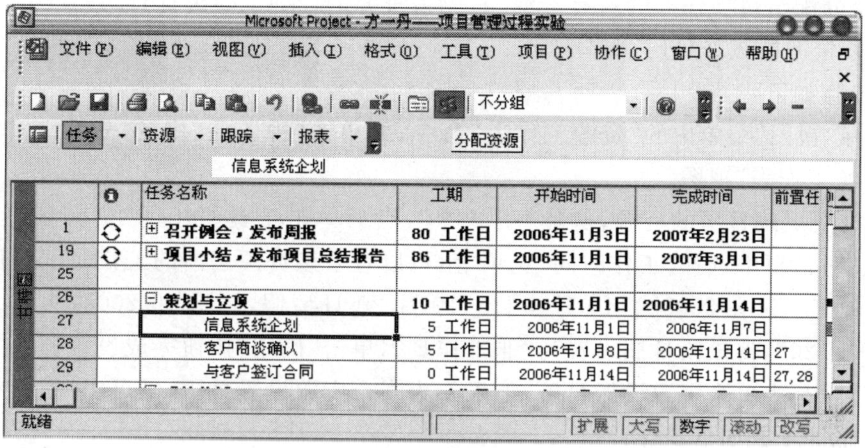

图 A.22　选择要分配的资源

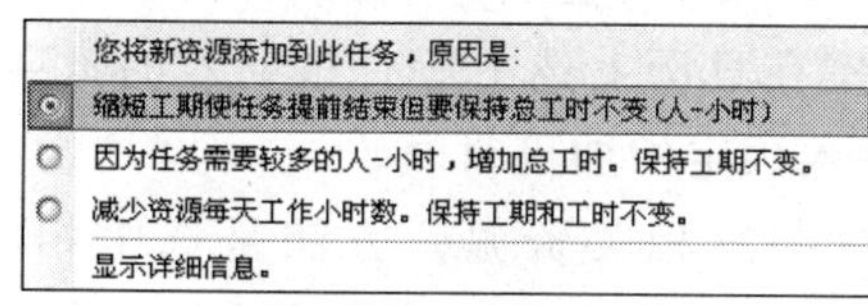

图 A.23　提示框

当添加多个资源到同一任务时，会出现图 A.23 所示提示框，可根据需要进行选择。

但是在资源工作表中，会出现以下情况：红色即代表该资源被过度使用。如李丽，在同一工期内要完成数据需求分析和过程需求分析两项任务；若该资源的最大单位为 100%，则显然存在过度使用，如图 A.24 所示。

图 A.24　显示资源管理过度使用

3）查看项目资源分配

方式 1：切换到“甘特图”视图，单击“分配资源”按钮，单击要查看的资源，例如“王××”，单击“图表”按钮，将显示该资源的可用性图表。在“选择图表”下拉列表中可以选择在“工时”、“剩余可用性”、“工作分配工时”。“工时”显示每个资源在分配给它们的所有任务中花费的总工时；“剩余可用性”显示在图表所显示的工作日内，每个选定资源可以进行工作的工时数；“工作分配工时”显示资源在任务中花费的工时数。

方式 2：使用“任务分配状况”视图，把资源和任务直接用列表统计方式显示，左侧是任务名称以及分配给每项任务的所有资源，右侧是资源的详细工时统计日历。

4）设置资源的工作日历

具体步骤如下：

① 选择“视图”菜单中的“资源工作表”命令，或单击“视图栏”中的“资源工作表”按钮，切换到“资源工作表”视图。

② 选择要更改日历的资源，例如“王××”，然后单击工具栏中的“资源信息”按钮，在“资源信息”对话框中选择“工作时间”选项卡，可以查看该资源当前的工作时间日历。

③ 假设王××在 2008 年 10 月 1 日—10 月 20 日请假，则选中“2008 年 10 月 1 日—2008 年 10 月 20”，将该段日期设置为“非工作日”，单击“确定”按钮完成设置。

上述步骤是为单个资源设置日历，如果要为多个资源设置日历，则可以通过创建新基准日历的方法，即采取如下步骤：

① 选择“工具”菜单下的“更改工作时间”命令，然后单击“新建”按钮，在对话框的“名称”列中输入“技术组夜班日历”，然后选择“复制”并从下拉菜单中选择“夜班”日历。

② 假设某个月每周六都要加班，则可以按住 Ctrl 键在日历上选中所有星期六的日期，选中“非默认工作时间”单选按钮，在“工作时间栏”中输入预定的加班时间。

③ 完成日历创建后，可以把“技术组夜班日历”分配给相关资源。方法是选中相应资源，然后在“资源信息”对话框的“工作时间”选项卡中从基准日历中选择“技术组夜班日历”。

5）修改资源分配对任务工期的影响

默认情况下，Project 2003 使用“投入比导向”的日程控制方法，即认为任务的总工时是不变的，将人员分配给任务或者从任务中删除人员时，系统将根据任务分配的资源总量延长或者缩短任务工期，但不会更改任务的总工时。当最初为任务分配了第一个资源后，系统将自动计算任务的总工时，在以后为同一任务添加资源或者删除资源，最初计算的总工时不会更改，而工期会随着资源分配数量自动进行调整。

例如，某任务分配给 A，该任务工期为 3 工作日，即 3×8＝24 小时，现将该任务也分配给 B，即任务由 AB 二人平均分担，则任务的工期减少为 1.5 天。

注意：一旦任务工期发生了变化，Project 2003 将对后续任务的起始日期自动做相应的调整。

实验思考：在上述案例中，存在资源过度分配的现象，请采取下列方式之一，解决资源过度分配的问题。

解决资源过度分配的方式：

(1) 延长任务工期。当任务上的工作量确定后，通过延长任务工期，降低资源每单位时间的用量，可以解决。但如果该任务是关键性任务，则会影响项目的总工期，因此要权衡利弊。

(2) 增加资源总量。可以通过增加资源数量的方式解决资源过度分配的问题,但是增加资源总量后成本也会相应增加,也要综合考虑。

(3) 通过设定资源的加班解决资源过度分配。安排资源在加班时间工作,可以缩短任务工期,也可以适当缓解资源冲突问题。

作业 3:按照上述要求,完成该项目的资源管理,显示项目任务的资源分配情况,并自行解决资源过度分配的问题。

4. 项目综合管理

1) 使用项目基准计划

一般情况下,在完成项目计划的制定并通过项目执行组织的书面批准后,注意应当将原始计划保存为比较基准计划。比较基准计划是在保存比较基准时得到的项目信息的快照,包括一组关于项目开始、完成、工期、工时和成本的参照值,是用于衡量项目变化的参照点。项目进行过程中可以定期将比较基准计划中的信息和项目中最新的进展信息进行比较。

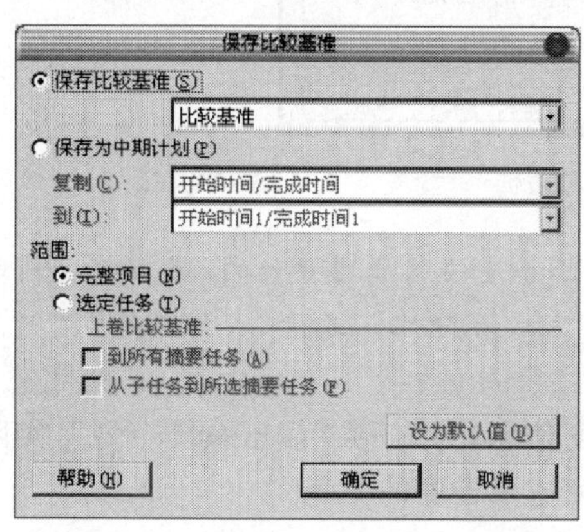

图 A.25 "保存比较基准"对话框

具体步骤如下:

(1) 选择"工具"菜单下的"跟踪"子菜单中的"保存基准计划"命令。

(2) 在打开对话框中选择"保存比较基准"和"完整项目"两个选项,然后单击"确定"按钮,如图 A.25 所示。

2) 查看比较基准计划

(1) 使用"项目统计"对话框

选择"项目"菜单下的"项目信息"命令,在"项目信息"对话框中单击"统计信息"按钮,可以启动"项目统计"对话框。在此可以看到项目的比较基准开始时间、完成时间,比较基准的工期、工时和成本。同时,还可以查看到项目当前计划的信息,实际情况的数据和产生的差异,如图 A.26 所示。

(2) 使用"比较基准表"

在"甘特图"或者"跟踪甘特图"视图中选择"视图"菜单下的"表"子菜单中的"其他表"命令,在"其他表"对话框中选取"比较基准",单击"应用"按钮即可,如图 A.27 所示。

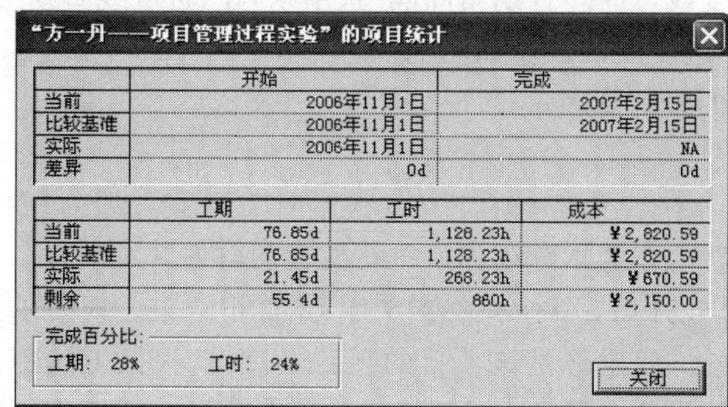

图 A.26 "项目统计"对话框

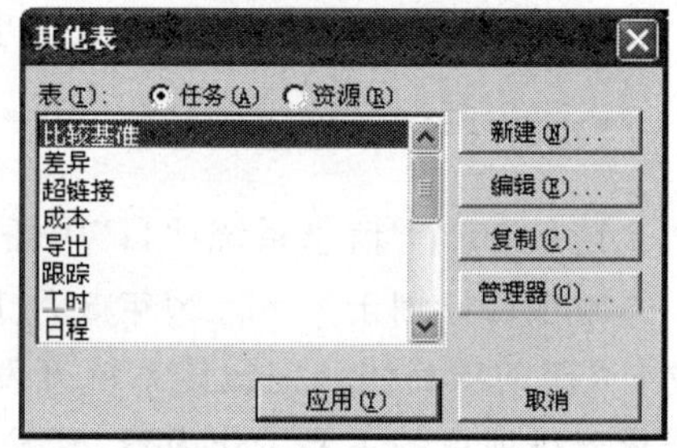

图 A.27 "其他表"对话框

3）跟踪任务进度信息

具体步骤如下：

(1) 选择某项任务，从“工具”菜单下的“跟踪”子菜单中选择“更新任务”命令，将打开“更新任务”对话框。

(2) 在“实际开始”框中输入 2006 年 11 月 12 日，在“实际完成”框中输入 2006 年 11 月 20 日，然后单击“确认”按钮。

(3) 操作完成后，系统自动计算“完成百分比”、“实际工期”、“剩余工期”等相关数据域的值，并将实际数据复制到当前计划的“开始时间”、“完成时间”、“工期”等数据域中。再次打开“更新任务”对话框，如图 A.28 所示。

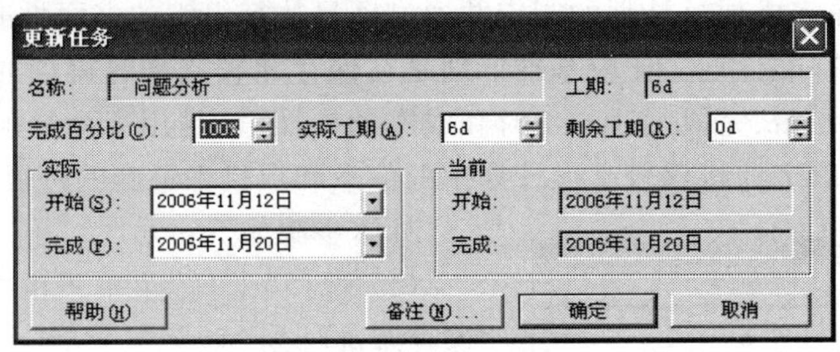

图 A.28 “更新任务”对话框

注意：如果不输入“实际开始时间”，系统默认为任务是按照计划开始的，将当前计划的“开始时间”作为“实际开始时间”。也可以通过输入“完成百分比”，或者“实际工期”、“剩余工期”进行更新。

(4) 在“任务信息”对话框中设置目前的任务进度信息。如任务“信息系统企划”，实际开始日期为 2006 年 11 月 1 日，在工期为两天时，已完成总进度的 100%。

4）使用项目进度线

如果要为项目进度创建一个可视化的表示方法，可以在甘特图中显示进度线。进度线是根据设定的状态日期构建的一条垂线。此线与每个任务进度相联结，对于落后日程的工时，定点指向左侧；对于提前于日程的工时，顶点指向右侧。顶点与垂直线的距离指示任务在进度或状态日期上超前或者落后于日程的程度。

具体步骤是：在“跟踪”工具栏中单击“添加进度线”按钮，再单击要绘制进度线的“甘特图”区域。如果要删除进度线，双击该进度线，选择“日期与间隔”选项卡，在“进度线日期”列表中选择进度日期，再单击“删除”按钮。进度线的显示如图 A.29 所示。

作业 4：按照上述要求，完成该项目的跟踪管理。

【实验环节 2：独立实验】

请从 10 个“信息系统项目”中任选其一，作为本学期你所进行实验的软件开发项目。

本项目计划于××××年 3 月 10 日起开始，××××年 6 月 10 日止结束。现要求成立4 人组的项目团队完成该系统开发任务。假定你是该项目的项目经理，请根据上述用户需求安排项目的主要工作内容，开发阶段，设定各阶段的里程碑，并建立项目定期汇报和跟踪的机制（例如例会和工作定期汇报等）。

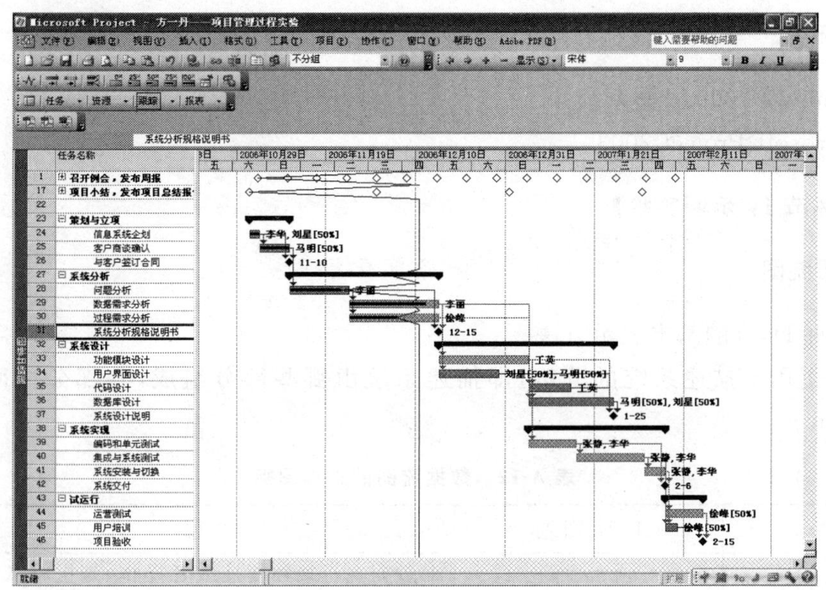

图 A.29 进度线的显示

请根据上述要求，完成本项目的项目管理任务。

作业 5：按照上述要求，完成项目的范围管理，并附图。

作业 6：按照上述要求，完成该项目的进度管理，显示项目 PERT 图以及甘特图，并显示项目的关键路径。

作业 7：按照上述要求，完成该项目的资源管理，显示项目任务的资源分配情况，并自行解决资源过度分配的问题。

作业 8：按照上述要求，完成该项目的跟踪管理。

【实验总结】

经过本次实验，你遇到了哪些问题，是如何解决的？有何收获与体会？

A.7.2 实验 2——利用 Visio 进行需求分析

【实验目的】

- 了解软件需求分析的方法和步骤。
- 掌握业务流程图和数据流图的绘制方法。
- 能够运用 CASE 工具对数据流进行分析与描述。
- 掌握数据字典的作用。

【实验要求】

- 完成业务流程绘制。
- 完成数据流图。
- 完成项目字典。

【实验环境】

- Windows 2000 操作系统。
- Microsoft Project 2003。

【实验环节 1：示例实验】

1．数据流图

(1) 掌握 DFD 的基本表示方法。

数据流图用于描述系统的分解，即描述系统由哪些部分组成，各部分之间的关联如表 A-12 所示。

表 A-12 数据流图的工具图标

标识	工具图标	说明
处理过程	(圆角矩形)	对数据执行某种变换或者操作，是把输入数据转变成输出数据流的一种变换
外部实体	(方框)	代表系统之外的人、物或者组织，他们发出或者接收系统的数据
数据存储	(开口矩形)	存放数据的文件或者数据库等
数据流	→	描述数据流中各种成分的接口

(2) 绘制数据流程图。

数据流程图的示例如图 A.30 和图 A.31 所示。

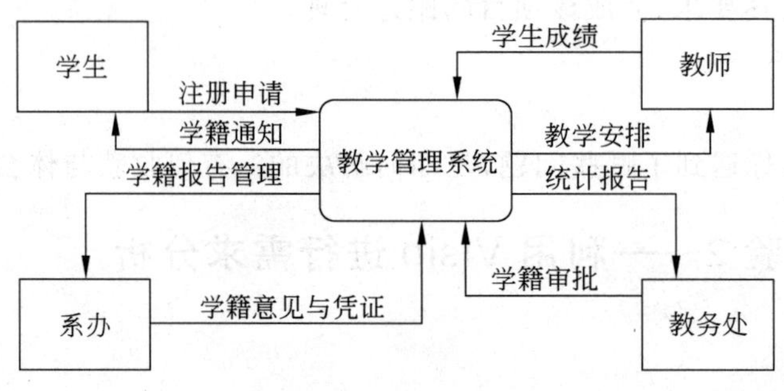

图 A.30 顶层图示例

2．数据字典

(1) 数据流条目举例。

数据流名称：订单。

别名：无。

简述：顾客订货时填写的项目。

数据流来源：顾客。

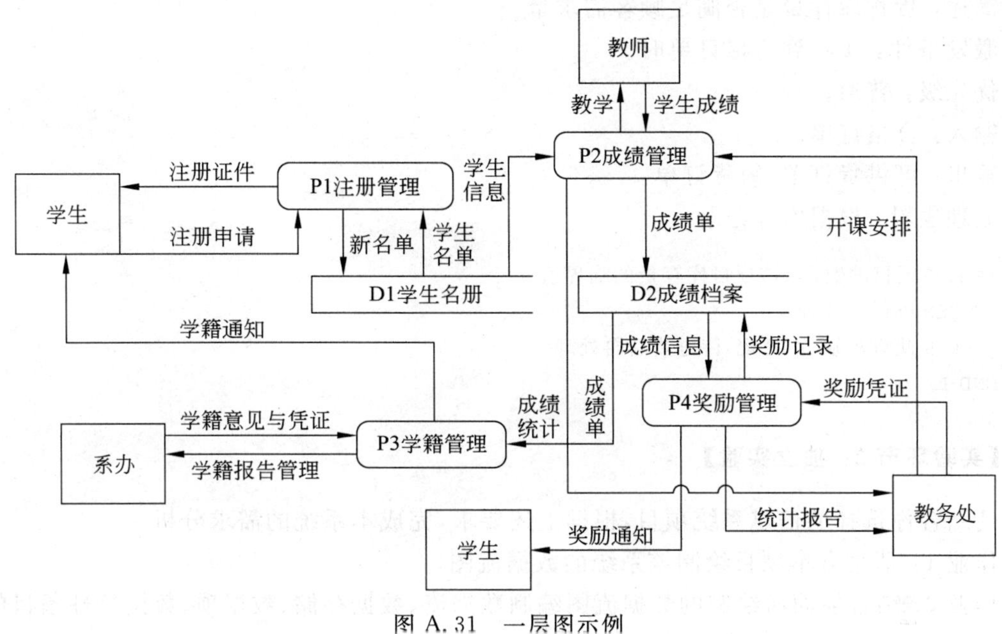

图 A.31 一层图示例

数据流去向：处理 1“检验订单”。

数据流组成：编号＋订货日期＋顾客编号＋抵制＋电话＋银行账号＋货物名称＋规格＋数量。

(2) 数据存储条目举例。

数据存储名称：库存记录。

别名：无。

简述：存放库存所有可提供货物的信息。

流入的数据流：来源是处理 3.1“根据进货单修改库存”以及处理 2.1“根据提供货单修改库存”。

流出的数据流：去向是处理 1.2“确定能否供货”。

数据存储组成：货物名称＋货物编号＋生产厂家＋单价＋库存量。

组织方式：索引文件，以货物编号为关键字建立索引。

查询要求：要求立即能够查询。

(3) 数据项条目举例。

数据项名称：货物编号。

别名：Goods_No。

简述：本公司所有货物的编号。

类型：字符串。

长度：10。

取值范围及含义：第 1 位为进口/国产；第 2～4 位为类别；第 5～7 位为规格。

(4) 处理条目举例。

处理名称：确定能否供货。

编号：1.2。

简述：货物库存量是否满足顾客需求量。

激发条件：接收到合格订单时。

优先级：普通。

输入：合格订单。

输出：可供货订单、缺货订单。

处理逻辑：根据库存记录。

```
IF 订单项目的数量<该项目库存量的临界值
  THEN 可供货处理
  ELSE 此订单缺货,登记,待进货后再处理
END IF
```

【实验环节 2：独立实验】

请结合你选择的信息系统项目，根据上述要求，完成本系统的需求分析。

作业 1：请结合本项目绘制该系统的数据流图。

作业 2：结合前面所绘制的数据流图编制数据流、数据存储、数据项、数据处理条目的数据字典。

【实验总结】

通过本次实验，你遇到了哪些问题，是如何解决的？有何收获与体会？

A.7.3 实验 3——结构化设计

【实验目的】

- 了解软件设计的方法和步骤。
- 掌握软件程序设计的方法与工具。
- 运用 CASE 工具对数据库进行设计。

【实验要求】

(1) 完成以下数据库设计：

- 完成系统逻辑数据模型。
- 完成系统物理数据模型。
- 完成系统数据表设计。

(2) 完成以下软件程序设计：

- 完成软件模块设计。
- 完成软件详细设计(程序流程图、盒图、问题分析图、过程设计语言)。

【实验环境】

- Windows 2000 操作系统。
- Microsoft Visio。

• PowerDesigner。

【实验环节 1：示例实验】

1. 概念数据模型

建立步骤如下：

(1) 确定业务问题。

在 BPM 中已经明确了业务流程问题，在此基础上提炼出需要存储的信息。其中包括与业务有关的实体、实体间关系、特殊的业务规则等，这些问题作为建立 CDM 的基础。

(2) 建立实体与属性。

① 选择 File→New 命令，在打开的对话框中选择要建立的模型类型——Conceptual Data Model。

② 单击 OK 按钮，打开 CDM 工作区。工作区包括左侧浏览窗口、右侧设计窗口、下侧输出窗口和浮动的工具窗口，可以利用工具窗口中的按钮在设计窗口中设计 ER 图。

③ 选择工具窗口中的实体按钮，光标变成该图标形状，在设计窗口的适当位置单击，在单击的位置上出现实体符号。

④ 在设计窗口的空白区域，单击右键使得光标变为箭头形状，然后选中该实体并双击，打开实体属性对话框。Name 是指实体的名字，可用中文表示。Code 表示实体代码。Comment 表示注释。

(3) 建立实体之间的联系。

定义好实体之后，需要为它们建立联系。建立联系的具体过程如下：

① 选择工具窗口中的 relationship 按钮，单击第一个实体，按住鼠标左键的同时将光标拖曳至第二个实体上然后释放鼠标，即建立了一个默认联系。

② 选中图中所定义的联系，双击则打开联系属性(Relationship Properties)对话框。在 General 选择中定义联系的常规属性。

(4) 定义概念模型的属性。

一个信息系统可能划分为多个模块，每个模块都需要建立对应的 CDM 模型。为使每个模型清晰地描述各自的业务问题，并且方便管理，需要给每个 CDM 模型定义特定的属性。具体方法为：打开所建立的 CDM 模型，选择 Model 菜单中的 Model Properties 命令，打开该模型的属性对话框进行设置，然后保存模型。

(5) 定义概念模型的显示参数。

建立 CDM 前，需要选择 CDM 的显示参数，这有助于 CDM 更加准确地描述系统信息。定义显示参数的具体方法如下：

打开所建立的 CDM 模型，选择 Tools 菜单中的 Display Preferences 命令，在 General 选项卡中设置基本显示参数。在 Object View 选项卡中可以定义所有对象名称长度以及每个实体的属性。在 Format 中可以定义显示格式，包括实体图形符号的宽度和高度。在该对话框中，如果选择 Auto adjust to text 属性，则在 CDM 中建立的实体图形符号的高度和宽度可以随着其中输入的字符自动调整。

(6) 定义概念模型的选项。

CDM 模型选项包括 Model 和 Naming Convention 两类。Model 用来设置整个模型选

项，Naming Convention 用来设置每种对象的命名约定。具体方法如下：

① 打开 CDM 模型，选择 Tools 菜单中的 Model Options 命令打开模型选项对话框，进行设置。

② 单击 Naming Convention 进行设置后保存。

(7) 创建概念数据模型域。

域是某个或者某些属性的取值范围，域的定义可以使不同实体的属性标准化更加容易。域可以与数据类型、长度、精度、检查参数和业务规则等内容联系起来。创建域的具体方法如下：

① 选择 Model 菜单中的 Domains 命令，弹出域列表(List of Domains)对话框。

② 单击该表中一个空行，或者单击 Add a Row 工具，在第一个空白行首会出现一个右箭头。输入名称和代码，或者输入名称后在代码列单击"＝"按钮，或者输入代码再在名称列单击"＝"按钮。双击右箭头，打开域属性对话框，在其中定义域的详细属性。

③ 为域选择数据类型。定义完后，单击 OK 按钮保存修改，并返回域属性定义对话框。

(8) 定义数据项。

数据项是数据字典的基本信息单位。除了直接为实体创建属性外，还可以先定义数据项，然后再把它连接到实体上。定义新数据项的方法如下：

① 选择 Model 菜单中的 Data Items 命令，打开数据项列表(List of Data Items)对话框。

② 单击该表中一个空行，或者单击 Add a Row 工具，在第一个空白行首会出现一个右箭头。输入名称和代码，或者输入名称然后在代码列单击"＝"按钮，或者输入代码再在名称列单击"＝"按钮。

③ 为数据项选择数据类型，单击 OK 按钮，并单击数据项列表中另一数据项行。

(9) 管理和检查 CDM。

创建 CDM 过程中，必须遵循一些基本准则，由于系统复杂，需要随时对 CDM 的正确性进行检查。检查之前可以通过设置检查参数来定义错误级别，检查之后可以对问题进行更正。设置错误及别的方法如下：

① 打开 CDM 模型，选择 Tools 菜单中的 Check Model 命令，打开 Check Model Parameters 对话框，在 Options 选项卡中进行错误级别和自动更新选项设置。

② 选择 Selection 选项卡，在该选项卡中选择要检查的对象。

③ 设置完毕后，单击"确定"按钮，开始检查 CDM 模型。如果发现错误或者警告，系统将显示提示信息。

检查整个 CDM 的具体方法如下：

打开 CDM 模型，选择 Tools 菜单中的 Check Model 命令，打开 Check Model Parameters 对话框，在 Options 选项卡中选中每个要进行检查的节点前的复选框。

① 选择 Selection 选项卡，在该选项卡中选择要检查的模型和对象。

② 设置完毕后，单击"确定"按钮，开始检查 CDM 模型。如果发现错误或者警告，系统将显示提示信息。也可以使用 Check 工具栏进行错误更正。如果 Check 工具栏没有显示，则可以选择 Tools 菜单中的 Customize Toolbars 命令，弹出自定义工具栏对话框，选择 Check 复选框。

③ 选中结果列表窗口中的某个 Warning，单击右键弹出快捷菜单，通过菜单项进行更

正或者重新检查。如果是 Error，则弹出另外的菜单。

④ 按照 Check 工具栏提示的错误和警告进行纠正，直到没有问题为止。

概念数据模型示例图如图 A.32 所示。

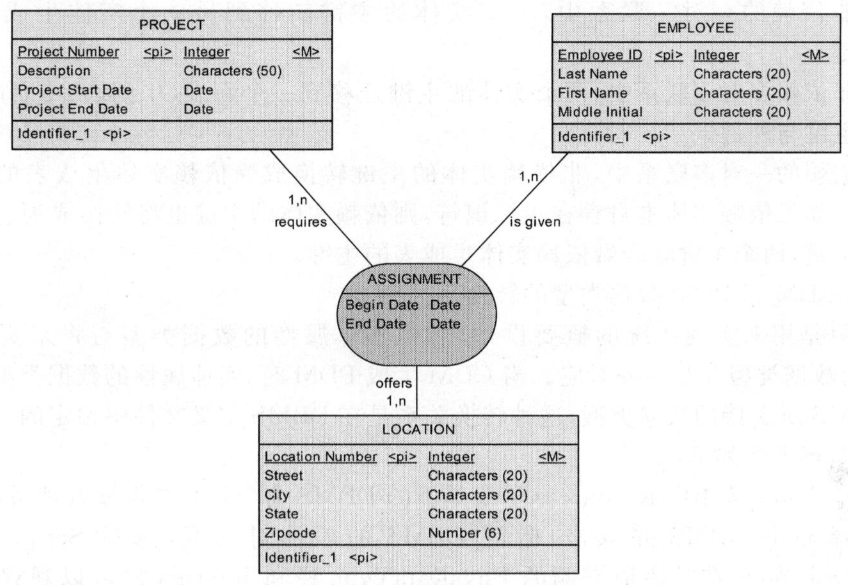

图 A.32 概念数据模型示例图

2. 物理数据模型

CDM 完成的是信息系统的逻辑数据模型，在数据库的物理设计阶段必须在此基础上进行详细的后台设计，只有将 CDM 转换成 PDM 才能完成这个阶段的设计工作。

在 CDM 转换成 PDM 之前必须选择一种 DBMS 作为目标数据库，CDM 中定义的实体属性的数据类型将转换为目标数据库对应的类型。逻辑数据模型和物理数据库中数据类型的转换关系在 DBMS 的定义文件中指定。

CDM 转换成 PDM 的具体过程如下：

(1) 生成 PDM 的过程和选项。

① 打开 CDM 模型，选择 Tools 菜单中的 Generate Physical Data Model 命令，打开 PDM Generation Options 对话框，在 General 选项卡中选择生成 PDM 的方式和参数。选择 Generate New Physical Data Model 表示生成新的 PDM，选择 Update Existing Physical Data Model 则与已经存在的 PDM 合并生成新的 PDM。

② 选择 Detail 选项卡，进行细节选项设置。

③ 选择 Selection 选项卡，选择要转换为 PDM 表的实体。

④ 单击"确定"按钮，开始生成 PDM，在 Result List 窗口中显示在处理过程中出现的警告、错误和提示信息。根据提示对出现的警告和错误进行修改。如果 PDM 中显示的信息太多，难以阅读，可以通过 Tools 菜单中的 Display Preferences 命令进行设置以减少显示的信息。

(2) 从 CDM 到 PDM 的标识符与联系的转换。

CDM 中的主键生成 PDM 中的主键和外键，次键生成候选键。CDM 中的联系所定义的依赖类型和基数决定键的类型。

- 在非依赖的一对多联系中,联系连接"一"端实体的主键转换成为两项,一项是该实体生成的表的主键,另一项是为"多"端实体生成的表的外键。
- 在非依赖的一对一联系中,一个实体的主键转移到另一个实体生成的表中做外键。
- 在非依赖多对多联系中,两个实体的主键迁移到一个新表(中间表)中,同时做该表的主键与外键。
- 在依赖的一对多联系中,非依赖实体的主键转换成为依赖实体生成表的主键和外键。如果依赖实体本身存在主标识符,则依赖实体的主键也将转换成为它生成的表的主键,两个主键联合做依赖实体生成表的主键。

(3) 从 CDM 到 PDM 数据类型的转换。

CDM 只是用来实现系统的概要设计,其中实体属性的数据类型与将来真正使用的 DBMS 中的数据类型并非一一对应。当 CDM 生成 PDM 时,实体属性的数据类型会被转换成当前 DBMS 所支持的数据类型,这种转换关系是在 DBMS 定义文件中预定的。如果需要适当修改,具体方法如下:

① 选择 Tools 菜单中 Resources 子菜单下的 DBMS 命令打开数据库管理系统列表。

② 选择一个 DBMS 并双击,激活 DBMS 的属性对话框,选择 Script-DataType-PhysDataType 节点,在对话框右侧的 PhysDataType 栏和 Internal 栏可以观察到当前的 DBMS 和 PowerDesinger 分别支持的数据类型的对应关系。

③ 可以根据需要进行修改,修改后单击"确定"按钮,返回到 List of DBMS 对话框,单击 Close 按钮即可。

物理数据模型示例图如图 A.33 所示。

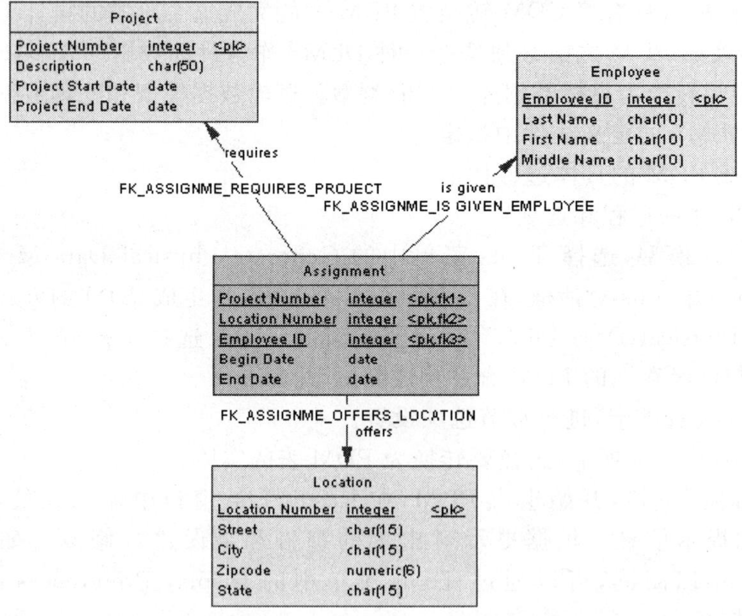

图 A.33 物理数据模型示例图

3. 创建数据表

略。

4. 软件设计

(1) 功能模块设计。

软件功能模块设计主要根据面向变换流或事务流的系统设计原则，将数据流图转换成软件结构图，如图 A.34 和图 A.35 所示。

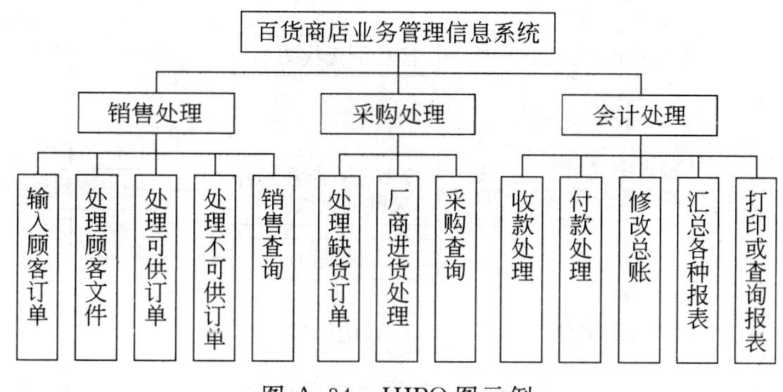

图 A.34 HIPO 图示例

(2) 软件结构图设计。

软件结构图设计如图 A.35 所示。

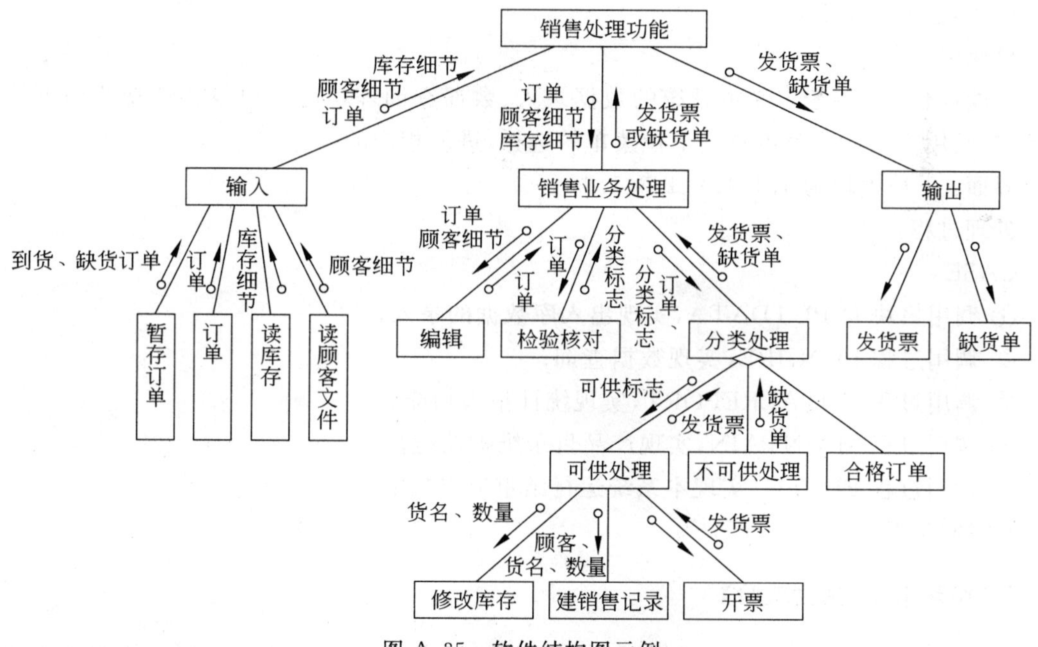

图 A.35 软件结构图示例

(3) 程序模块设计。

可以选择程序流程图、问题分析图、盒图、过程设计语言的其中一种进行程序模块的详细设计。图 A.36 所示为程序流程图示例。

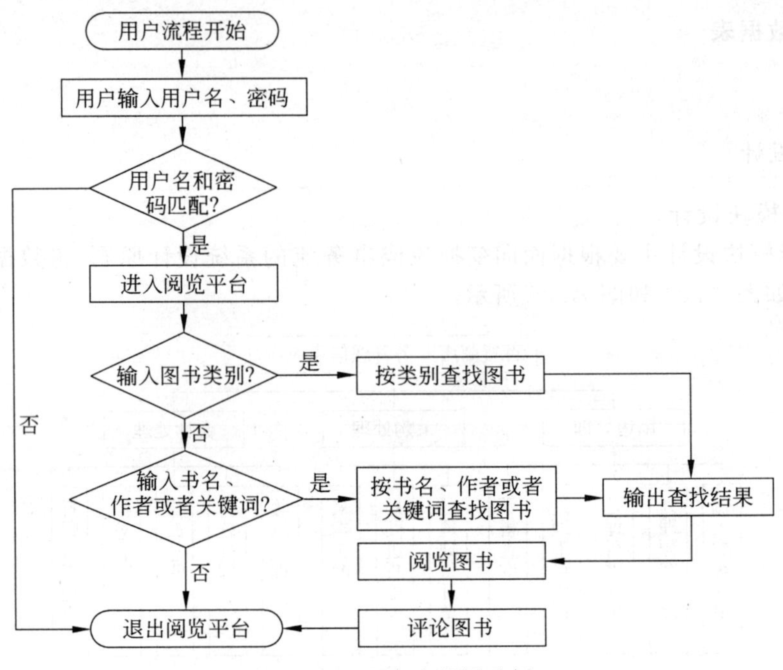

图 A.36 程序流程图示例

过程设计语言示例如下：

总控模块：

模块名：CCMAIN

模块编号：0.0

功能：本模块用于定义本系统的数据录入、数据查询等功能菜单及各项功能的下拉式菜单，接收用户对功能菜单及其下拉菜单的选择，进入相应的操作。

界面：下属模块为 1.1、1.2、1.3、1.4

处理过程：

CASE

① 调用模块 INPUTDATA，实现出入库数据的录入；

② 调用过程 INQUIRE，实现数据查询；

③ 调用过程 TOTALREPORT，实现统计报表功能；

④ 调用过程 MAINTAIN，实现产品目录维护功能；

⑤ 调用过程 FINISH，实现本系统运行结束退出功能。

ENDCASE

【实验环节 2：独立实验】

请从备选项目中任选其一，作为本学期你所进行实验的软件开发项目。请根据上述要求，完成本系统的需求分析。

作业 1：按照上述要求，完成系统的概念数据模型，并附图。

作业 2：按照上述要求，完成系统的物理数据模型，并附图。

作业 3：按照上述要求，完成系统的数据表设计，并附表。

作业 4：完成软件的功能模块设计、软件结构图设计和软件的程序设计。

【实验总结】

经过本次实验，你遇到了哪些问题，是如何解决的？有何收获与体会？

A.7.4 实验 4——系统开发环境配置

【实验目的】

正确运用先导课程所学知识，建立模拟工作环境。安装应用服务器，软件开发工具以及数据库系统，学会正确配置开发环境，为下一步软件开发做好准备。

【实验要求】

- 完成应用服务器的安装与配置。
- 完成 JDK 的安装与配置。
- 完成数据库的安装。
- 进行运行环境测试。

【实验环境】

- 操作系统：Windows 2000。
- Web 服务器：Apache+Tomcat。
- 数据库：Access。

【实验环节 1：示例实验】

1. 运行环境配置

1）利用 JDK 和 TOMCAT 配置 JSP 环境

具体工作步骤如下：

(1) 下载并安装 JDK 及 TOMCAT。

① 下载 JDK 并按照默认的步骤进行安装(本实验采用的为 jdk1.5.0_15)，其中，JDK 的路径为 C:\Program Files\Java\jdk1.5.0_15。

② 下载 TOMCAT 安装包(本实验采用的为 apache-tomcat-5.5.26)，按照系统提示进行安装，默认的安装路径为 C:\Program Files\Apache Software Foundation\Tomcat 5.5。

(2) 配置系统环境变量。

① 右击"我的电脑"，选择"属性"命令，打开"系统属性"对话框。选择"高级"选项卡，单击"环境变量"按钮，打开"环境变量"对话框。在"系统变量"栏中单击"新建"按钮，打开"新建用户变量"对话框，在"变量名"中输入"JAVA_HOME"，变量值为"C:\Program Files\Java\jdk1.5.0_15"，如图 A.37 所示。

② 在“系统变量”列表框中找到变量名为 Path 的变量，在其值最前面加上“C:\Program Files\Java\jdk1.5.0_15\bin;”，注意要用“;”隔开，如图 A.38 所示。

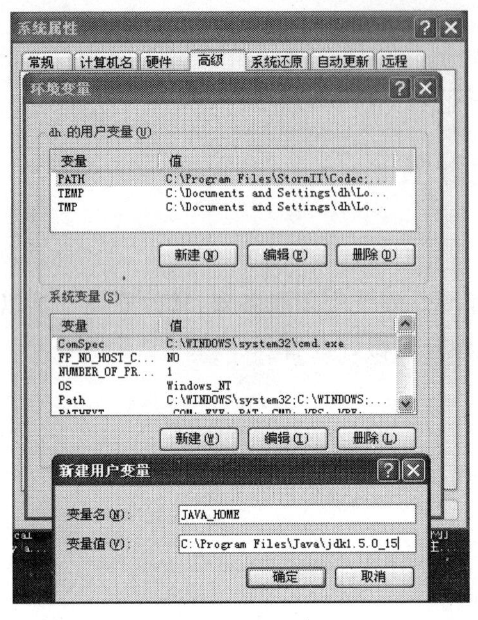

图 A.37 添加 JAVA_HOME 的变量

图 A.38 更改 Path 的变量

③ 创建一个 CLASSPATH 系统变量，变量值为“.;C:\Program Files\Java\jdk1.5.0_15\lib\dt.jar; C:\Program Files\Java\jdk1.5.0_15\lib\tools.jar”，如图 A.39 所示。

④ 创建一个 CATALINA_HOME 的系统变量，变量值为 C:\Program Files\Apache Software Foundation\Tomcat 5.5，如图 A.40 所示。

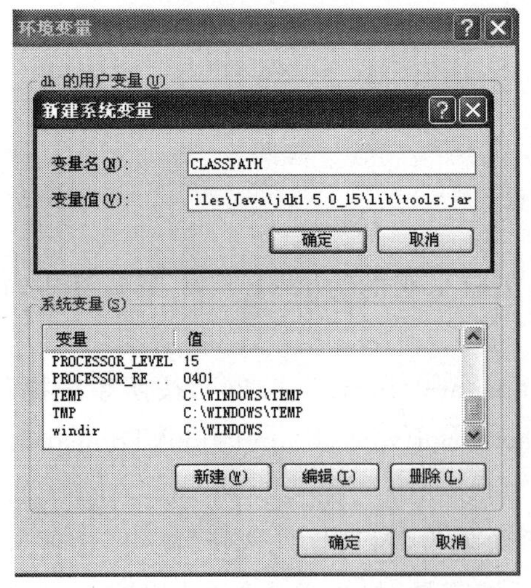

图 A.39 创建 CLASSPATH 的系统变量

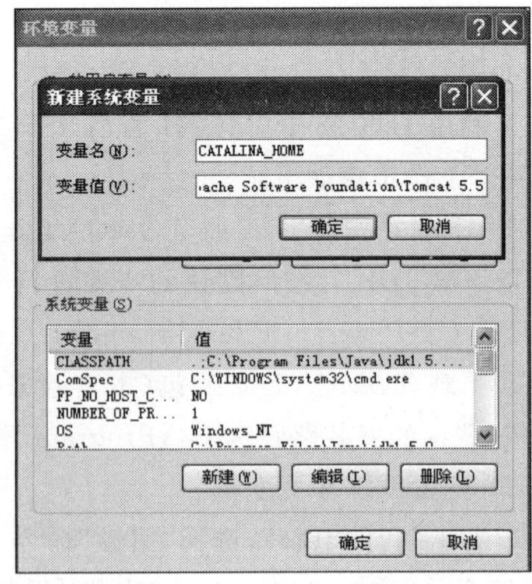

图 A.40 创建 CATALINA_HOME 的系统变量

⑤ 创建 TOMCAT_HOME 的系统变量，变量值为 C：\ Program Files \ Apache Software Foundation \ Tomcat 5.5，如图 A.41 所示。

注意：配置完后，要重新启动计算机后，环境变量才有效。

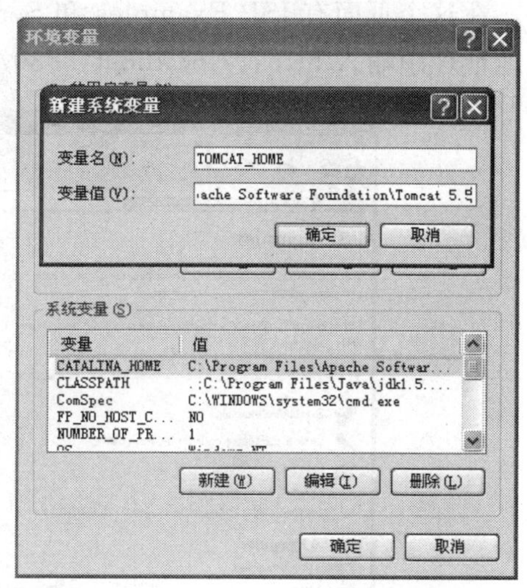

图 A.41 创建 TOMCAT_HOME 的系统变量

(3) 测试 JDK 是否已安装成功。

```
public class Test{
public static void main(String args[]){
System.out.println("Hello world!");
}
}
```

将上面的这段程序保存为文件名为 Test.java 的文件。

在命令提示符窗口中输入下面的命令：

```
javac Test.java
java Test
```

如果屏幕显示“Hello world!”就说明配置成功了。

注意：需要在 Java 文件路径下执行 Java 命令。

(4) 测试 Web 服务器。

① 启动 Tomcat。

在 C：\ Program Files \ Apache Software Foundation \ Tomcat 5.5 \ bin 下有一个 startup.bat 文件，运行它，将出现一个 Dos 窗口，如图 A.42 所示。

```
C:\Program Files\Apache Software Foundation\Tomcat 5.5\bin\tomcat5.exe
ction environments was not found on the java.library.path: C:\Program Files\Apac
he Software Foundation\Tomcat 5.5\bin;.;C:\WINDOWS\system32;C:\WINDOWS;C:\Progra
m Files\Java\jdk1.5.0_15\bin;C:\WINDOWS\system32;C:\WINDOWS;C:\WINDOWS\System32\
Wbem;C:\Program Files\StormII\Codec;C:\Program Files\StormII
2008-8-29 9:34:15 org.apache.coyote.http11.Http11BaseProtocol init
信息: Initializing Coyote HTTP/1.1 on http-8080
2008-8-29 9:34:15 org.apache.catalina.startup.Catalina load
信息: Initialization processed in 4906 ms
2008-8-29 9:34:16 org.apache.catalina.core.StandardService start
信息: Starting service Catalina
2008-8-29 9:34:16 org.apache.catalina.core.StandardEngine start
信息: Starting Servlet Engine: Apache Tomcat/5.5.26
2008-8-29 9:34:16 org.apache.catalina.core.StandardHost start
信息: XML validation disabled
2008-8-29 9:34:24 org.apache.coyote.http11.Http11BaseProtocol start
信息: Starting Coyote HTTP/1.1 on http-8080
2008-8-29 9:34:25 org.apache.jk.common.ChannelSocket init
信息: JK: ajp13 listening on /0.0.0.0:8009
2008-8-29 9:34:25 org.apache.jk.server.JkMain start
信息: Jk running ID=0 time=0/203  config=null
2008-8-29 9:34:25 org.apache.catalina.storeconfig.StoreLoader load
信息: Find registry server-registry.xml at classpath resource
2008-8-29 9:34:25 org.apache.catalina.startup.Catalina start
信息: Server startup in 10469 ms
```

图 A.42 Tomcat 服务启动

② 浏览。

在浏览器地址栏中输入：http://localhost:8080/，看看有什么效果(Tomcat 默认端口为 8080，在不冲突的前提下，可以进行改动)。应该会看到一只小猫或者叫老虎。

③ 运行。

在这个页面有 JSP Examples 和 Servlet Examples，可以进行输入测试。例如，在浏览器地址栏中输入 http://localhost:8080/ jsp-examples/，显示如图 A.43 所示。

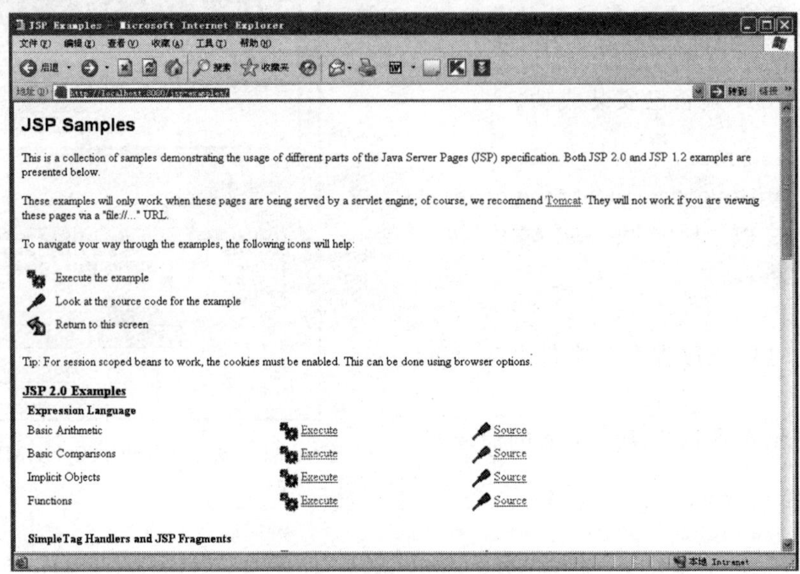

图 A.43　JSP 例子测试

单击 Basic Arithmetic 项后的 Execute 链接，打开图 A.44 所示的界面，证明 JSP 可以运行。

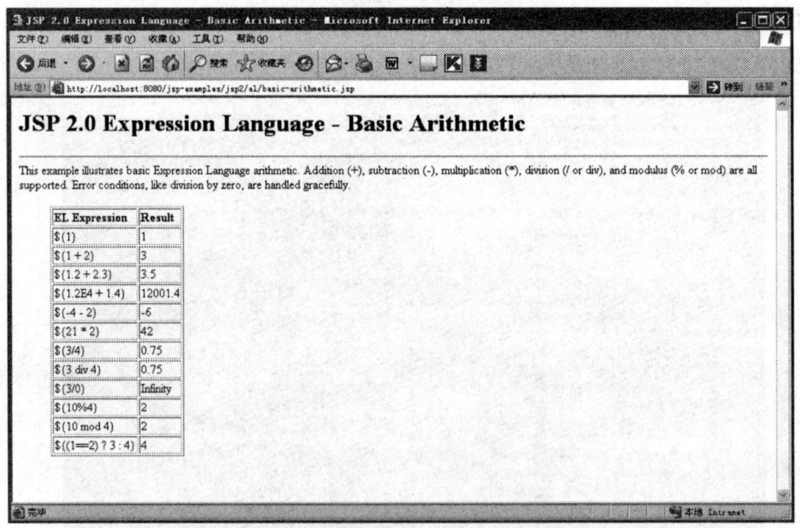

图　A.44

也可在 C:\Program Files\Apache Software Foundation\Tomcat 5.5\webapps 下自建文件夹，并编写 JSP 程序存放在该目录下，进行运行测试。

④ 退出 Tomcat。

关闭 DOS 窗口即可退出 Tomcat。

【实验环节 2：独立实验】

请从备选项目中任选其一，作为本学期你所进行实验的软件开发项目。说明你所开发的软件所需要的实验环境，并将主要配置步骤界面粘贴在下面。

(1) 运行环境配置。

(2) 数据库安装。

(3) 开发工具安装。

【实验总结】

经过本次实验，你遇到了哪些问题，是如何解决的？有何收获与体会？

A.7.5 实验 5——软件编码与测试

【实验目的】

- 初步掌握某种开发工具。
- 掌握基本的编码方法。
- 掌握测试用例的编写方法。
- 掌握软件测试的基本流程。

【实验要求】

- 软件界面的设计。
- 完成各模块的软件编码。
- 采用综合测试策略，对软件功能进行测试用例设计。
- 完成软件测试。

【实验环境】

- Windows 2000 操作系统。
- PowerDesigner 11.0。
- Microsoft Project 2003。
- SQL Server；Access。
- JSP、ASP 等。
- IIS、Tomcat 等。

1. 软件主要程序代码

(1) ×××模块主要代码。

(2) ×××模块主要代码。

(3) ×××模块主要代码。

2. 测试用例

参照示例如表 A-13 所示。

表 A-13 测试用例参照

用例 ID	UserMng_login_01			
用例名称	系统登录			
用例描述	用户名存在、密码正确的情况下,进入系统 页面信息包含:页面背景显示 用户名和密码录入接口,输入数据后的登录系统接口			
用例入口	打开 IE,在地址栏输入相应地址 进入该系统登录页面			
测试数据	场景	测试步骤	预期结果	测试结果
TC1	初始页面显示	从用例入口处进入	页面元素完整,显示与详细设计一致	
TC2	用户名录入—验证	输入已存在的用户:test	输入成功	
TC3	用户名—容错性验证	输入:aaaaabbbbbcccccdddddeeeee	输入到蓝色显示的字符时,系统拒绝输入	
TC4	密码—密码录入	输入与用户名相关联的数据:test	输入成功	
TC5	系统登录—成功	TC2,TC4,单击"登录"按钮	登录系统成功	
TC6	系统登录—用户名、密码校验	没有输入用户名、密码,单击"登录"按钮	系统登录失败,并提示:请检查用户名和密码的输入是否正确	
TC7	系统登录—密码校验	输入用户名,没有输入密码,单击"登录"按钮	系统登录失败,并提示:需要输入密码	
TC8	系统登录—密码有效性校验	输入用户名,输入密码与用户名不一致,单击"登录"按钮	系统登录失败,并提示:错误的密码	
TC9	系统登录—输入有效性校验	输入不存在的用户名、密码,单击"登录"按钮	系统登录失败,并提示:用户名不存在	
TC10	系统登录—安全校验	连续 3 次未成功		

(1) ××模块测试。

(2) ××模块测试。

(3) ××模块测试。

3. 回归测试

依据测试用例,对软件进行测试,若发现错误则进行调试,并进行回归测试。

【实验总结】

经过本信息系统项目的开发实践,你遇到了哪些问题,是如何解决的?有何收获与体会?

A.7.6 实验 6——UML 与面向对象开发

【实验目的】

- 了解 UML 的基本原理。

- 了解到软件设计和分析中的用例图和面向对象的概念。
- 通过阅读和分析应用实例，理解 OOM 的表示方法。
- 了解活动图、顺序图和类图的建模技术。
- 了解 PowerDesigner OOM 及其相关知识，初步掌握运用 PowerDesigner 建立 OOM 的方法。
- 掌握使用统一建模语言(UML)进行软件设计、分析与开发的基本技能。

【实验要求】

- 完成系统用例图。
- 完成系统类图。
- 完成顺序图、状态图和活动图。

【实验环境】

- Windows 2000 操作系统。
- Rational Rose。

【实验环节 1：示例实验】

1. 创建面向对象模型(OOM)

为创建 OOM 及定义模型的属性和选项，具体步骤如下：

(1) 进入 PowerDesigner 开发环境，单击工具栏中的 New(新建)按钮，弹出 New 对话框如图 A.45 所示。

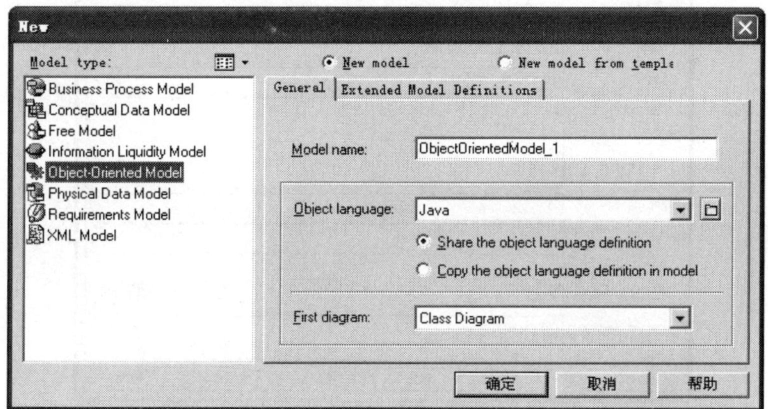

图 A.45 New 对话框

(2) 在 New 对话框左边的 Model type 栏中选择 Object-Oriented Model(面向对象模型)。对话框右边的 General 选项卡中各选项的含义如下。

- Object language：选择对象语言，包括 Analysis、C #、C ++ 、IDL-CORBA、Java、PowerBuilder、Visual Basic .NET、Visual Basic 6、XML-DTD 和XML-Schema 等。
- First diagram：选择图形的类别，包括类图、用例图、顺序图、构件图和活动图等。
- Share the object language definition：共享目标对象语言描述文件。

- Copy the object language definition in model：创建一个目标对象语言描述文件的副本。

(3) 使用系统的默认设置(Java 语言、用例图等)，单击“确定”按钮，进入 OOM 设计工作区，如图 A.46 所示。在该工作区中，可以定义 OOM 的属性和操作，也可以设计各种 UML 图形。

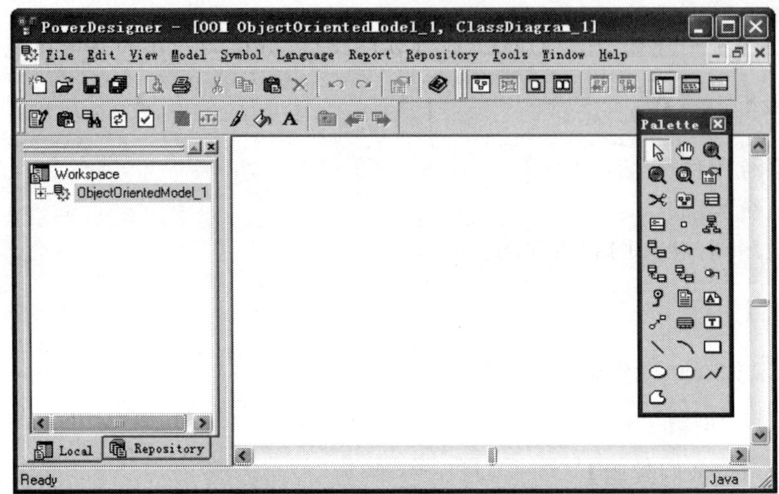

图 A.46 OOM 设计工作区

(4) 在 Model 菜单中选择 Model Properties 命令，显示 OOM 属性定义对话框，如图 A.47 所示。

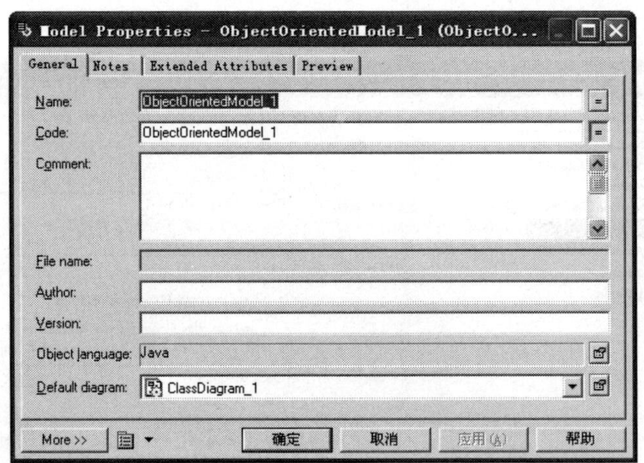

图 A.47 OOM 属性定义对话框

OOM 的 General 属性选项卡中的各选项含义如下。

- Name：模型名称，例如 Tutorial OOM。
- Code：模型代码，例如 Tutorial_OOM。
- Comment：模型注释。
- Author：作者。
- Version：版本。
- Object language：模型中的对象语言，例如 Java。

- Default diagram：默认使用的图形，例如 ClassDiagram_1。

(5) 定义完毕后单击“确定”按钮。然后在 File 菜单中选择 Save As 命令，以 Tutorial. OOM 这个名称保存所定义的模型。

(6) 设置模型选项。在 Tools 菜单中选择 Model Options 命令，打开 Model Options（模型选项）对话框，如图 A.48 所示。

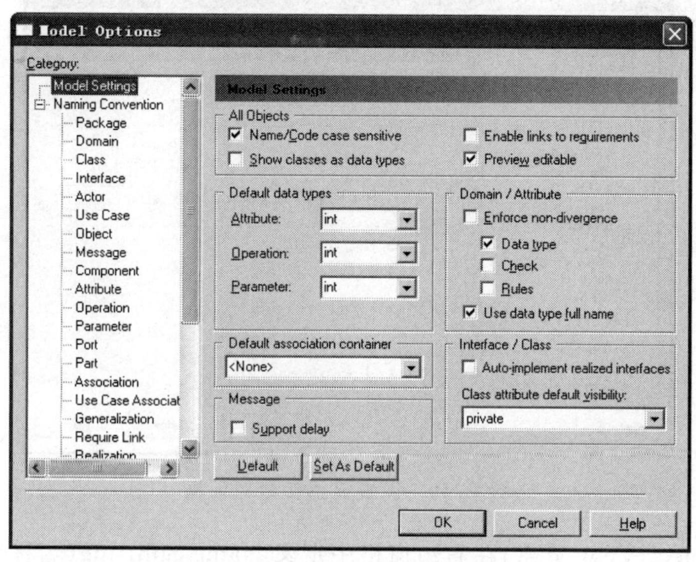

图 A.48 Model Options 对话框

部分选项的含义如下。

- Show classes as data types：将类当成数据类型显示。
- Preview editable：预览时允许编辑。
- Default data types：默认的数据类型。包括 Attribute（属性）、Operation（操作）和 Parameter（参数）等。
- Domain/Attribute：域/属性。包括域与数据项强制无分歧（Enforce non-divergence）、数据类型（Data Type）、数据校验（Check）和规则（Rules）等。
- Message：消息。选择是否支持延时（Support Delay）。

(7) 单击 Set As Default 按钮，选择默认选项，然后，单击 OK 按钮。

2. 用例图

为设计用例图，可按以下步骤操作：

(1) 在 OOM 设计窗口的 New 对话框（见图 A.45）右侧的 First diagram 下拉列表中选择 Use Case Diagram（用例图）图形类别。

(2) 单击“确定”按钮，进入用例图设计工作区。这时，Palette 面板上的用例图基本构件工具如图 A.49 所示。

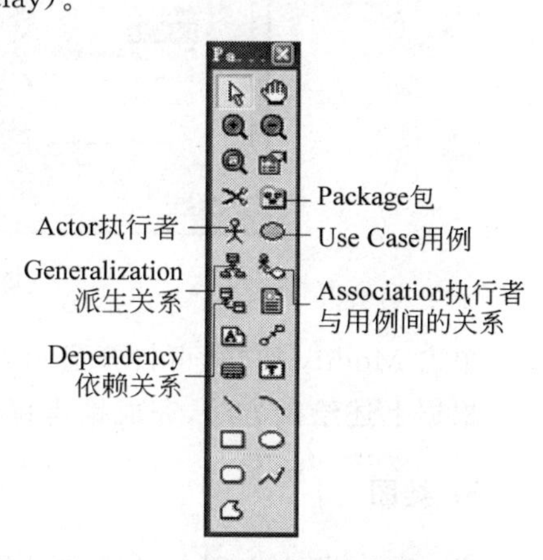

图 A.49 用例图基本构件工具

可以对用例图的显示参数进行设置，具体方法如下：

(1) 在用例图设计环境中，选择 Tools 菜单中的 Display Preferences 命令，打开显示参数设置对话框。选中 General 节点，在右面的窗格中可以定义整个工作区的 Window color(背景色)、Unit(显示单位)、Grid(网格线)等属性，如图 A.50 所示。

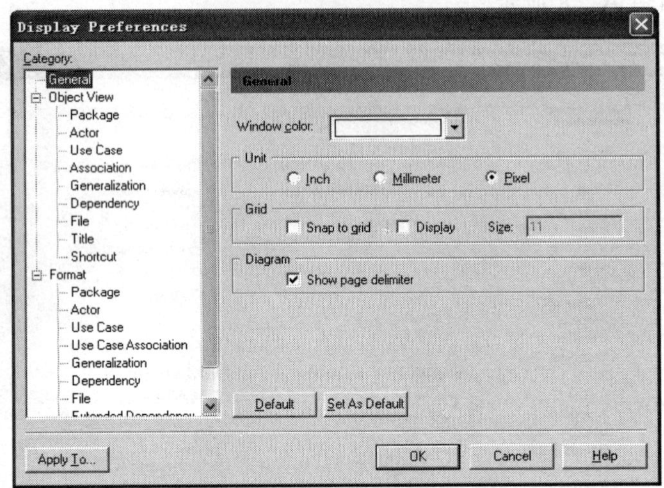

图 A.50 设置显示参数对话框

(2) 选中 Object View 节点，在右边窗格中定义 Name Splitting(名称拼写)属性。

(3) 选中 Format 节点，可以定义用例图内容的显示格式，如图 A.51 所示。

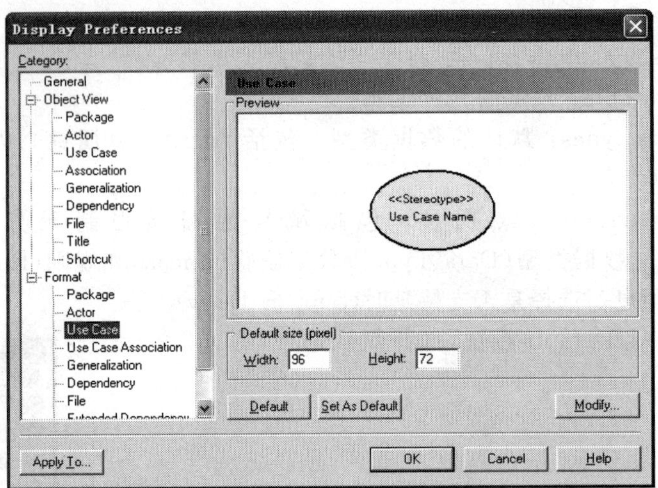

图 A.51 定义显示格式

单击 Modify 按钮，可打开显示参数定义对话框，为用例图定义特殊的显示格式。

根据上述绘制方法，完成销售订单管理示例，如图 A.52 和表 A-14 所示。

3. 类图

类(class)是定义同一类所有对象的变量和方法的蓝图或原型，这些对象拥有类似的结构和行为，相同的属性、操作、联系等，例如车辆、汽车、卡车等。

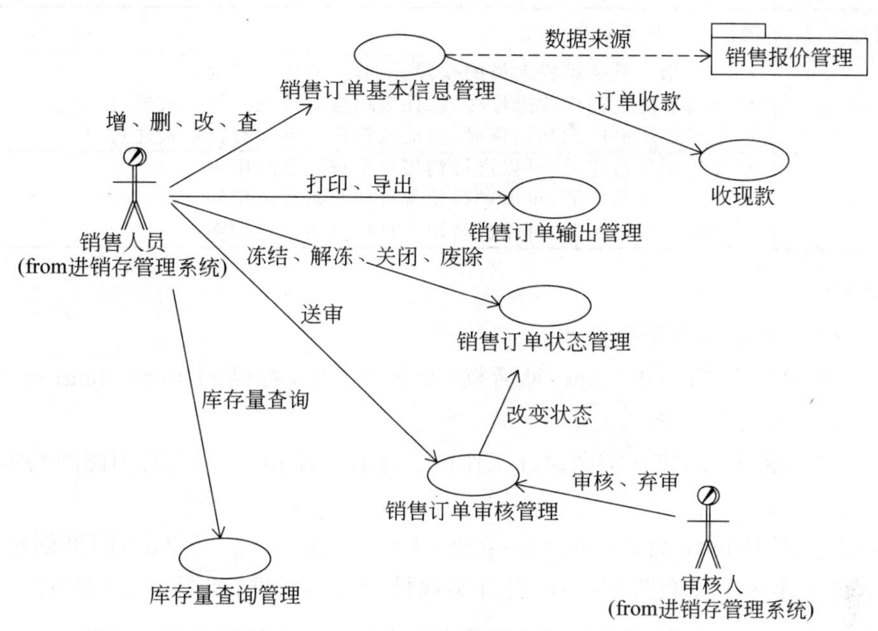

图 A.52 用例图示例-销售订单管理

表 A-14 用例描述 1

用例名称	销售订单基本信息管理
用例描述	该用例实现了销售订单基本信息的管理，包括对销售订单的新建、删除、修改和查询功能。销售订单是针对客户的购买需求进行存货定购的管理。
典型事件流	销售人员登录系统，进入销售订单管理功能菜单下面的销售订单维护子功能，可以进行如下基本流操作： • 新增销售订单：销售人员单击“新增”按钮，系统出现新增销售订单页面，销售人员输入销售订单基本信息，单击“保存”按钮提交信息到服务器。新增销售订单时，销售订单信息来源于前面的销售报价用例 • 删除销售订单：在销售订单列表页面，针对某个要删除的销售订单，销售人员单击“删除”按钮，系统提示是否确定要删除，选择确定删除后删除该销售订单。如果此销售订单已经被审核通过，则不能删除 • 修改销售订单：在销售订单列表页面中，针对某个要修改的销售订单，销售人员单击“修改”按钮，进入该销售订单的修改页面，销售人员可以修改此销售订单的信息，销售订单单号不能修改(如果此销售订单审核通过或作废也不能再修改)。修改完后单击“保存”按钮，返回到销售订单列表页面 • 查询销售订单：在销售订单列表页面中，默认不显示销售订单，销售人员通过单击“查询”按钮，设置查询条件来查询想要查看的销售订单 • 收现款：在维护销售订单的时候，根据业务要求可能需要客户交纳一定的定金，此用例提供销售人员收纳客户现款的功能。销售人员单击“收现款”按钮，系统弹出财务应收管理子系统的收款单界面，销售人员输入客户交纳现款的金额，单击“保存”按钮，系统自动产生一张应收单到财务系统。以上操作完成以后，系统会根据当前销售订单所收现款反写到它本身。特别说明：收款单详细描述请参考财务会计中的应收管理子系统

续表

用例名称	销售订单基本信息管理
前置条件	• 登录用户具备销售人员的权限，能够正常登录系统 • 进行该用例的修改操作时，保证该销售订单没有被审核通过、作废 • 进行该用例的删除操作时，保证该销售订单没有被审核通过、作废
后置条件	• 该用例执行完后，可以进行销售订单审核管理用例 • 该用例执行完后，可以进行销售订单状态管理用例 • 该用例执行完后，可以进行销售订单输出管理用例

1）创建类

为设计类图，可按以下步骤操作：

(1) 在 OOM 设计窗口的 New 对话框（见图 A. 45）右侧的 First diagram 栏中选择 Class Diagram（类图）图形类别。

(2) 单击“确定”按钮，进入类图设计工作区。这时，Palette 面板上的用例图基本构件工具显示。

(3) 单击类图 Palette 面板中的 Class（类）工具，再到工作区中单击，即可创建一个类。

(4) 双击工作区中类的图形符号，打开类属性定义对话框，如图 A. 53 所示。

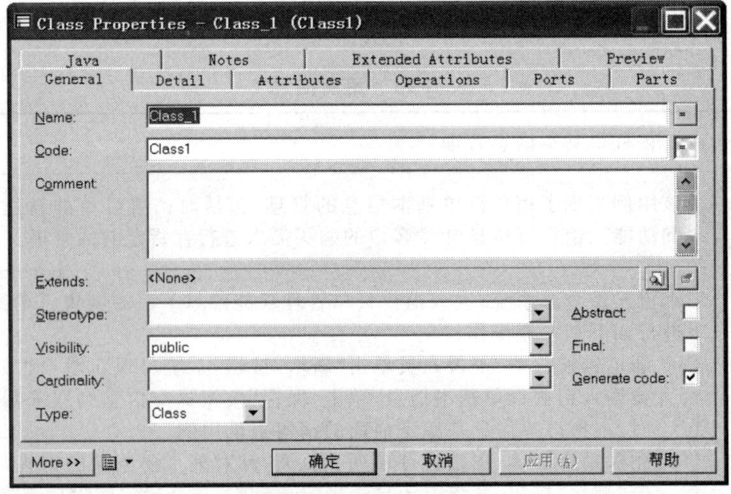

图 A. 53　类属性定义对话框

其中 General 选项卡中各选项的含义如下。

• Name 和 Code：类的名称和代码。
• Stereotype：类的版型。选择不同的语言，系统会提供不同的版型。
• Type：类的实现。包括 Business Object、Class、Storage、Utility、Visual Object 和 JavaBean。
• Visibility：类的可视性。包括 Public、Private、Protected 和 Package。例如，选择 Package，表示包含在同一个包内的所有对象都可见。
• Cardinality：基数，表示类可以拥有实例的最小和最大数量。取值分别为：0..1，表示类拥有 0 或 1 个实例；0..*，表示类拥有 0 到无穷个实例；1..1，表示类拥有 1 个实例；1..*，表示类拥有 1 到无穷个实例。
• Abstract：抽象类，这种类不能被实例化。

- Final：最终类，表示不能被继承。
- Generate code：表示在内部模型生成时，类自动生成相应的对象。

（5）选择 Detail 选项卡，可以定义类的类型，如图 A.54 所示。

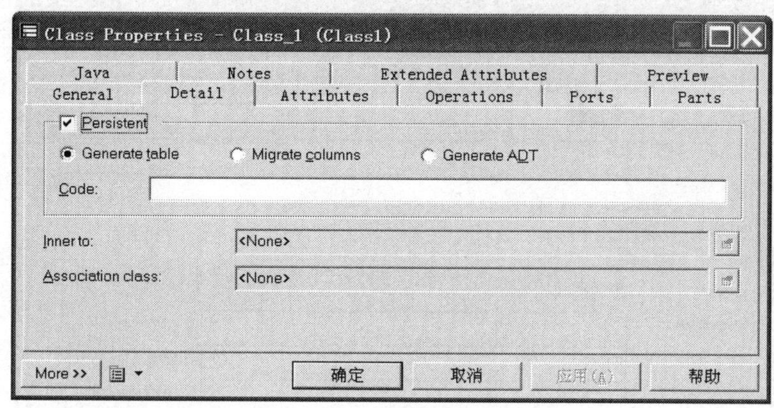

图 A.54 定义类的类型

其中各选项的含义如下。

- Persistent：持久性类。
- Code：类的代码。
- Inner to：当前类附加的类。
- Association class：关联类。

（6）选择 Operations 选项卡，单击 Add（增加操作）按钮，可从中选择该模型中其他类包含的操作，如图 A.55 所示。然后，所选的操作就可以增加到当前类上。

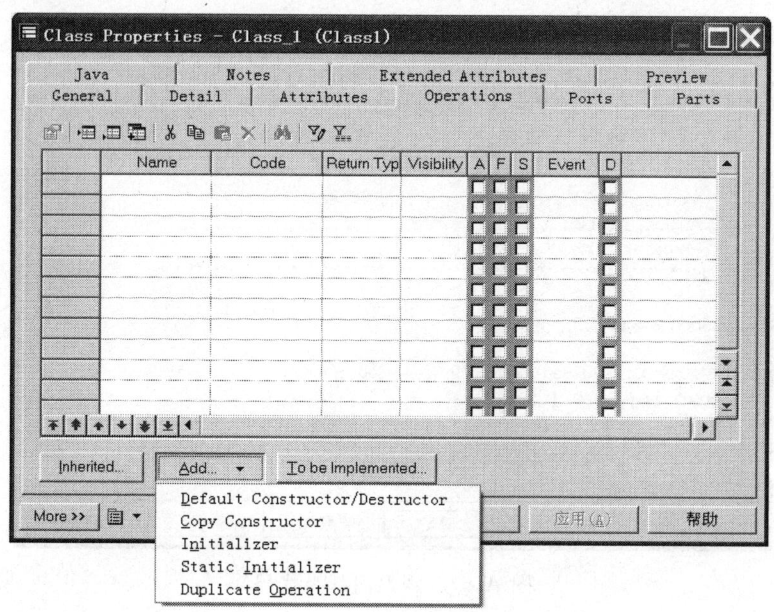

图 A.55 “类属性”定义对话框的 Operations 选项卡

(7) 选择 Attributes 选项卡，可以把其他类中的属性增加到当前列上。

(8) 单击 More 按钮可以打开更多的类属性选项卡，如图 A.56 所示。

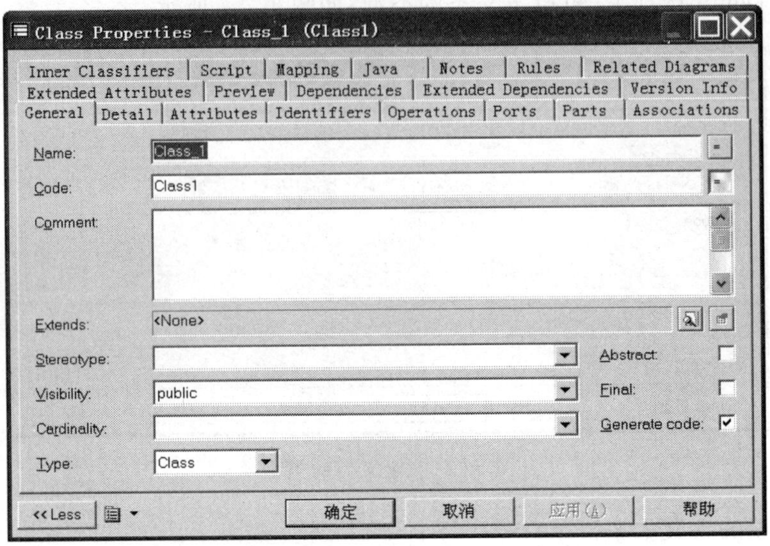

图 A.56 打开更多的类属性选项卡

例如，选择 Inner Classifiers 选项卡，可以为该类定义内部类。内部类是 PowerDesigner 的一个分类器(classifier)。在 UML 中，分类器是一个包含有属性和操作等的模型元素。把类或接口的定义连接到另一个类或接口的定义中，就产生了内部类。

(9) 定义完毕后，可以通过 Preview 选项卡，观察当前类或接口所连接的内部类代码(见图 A.57)。

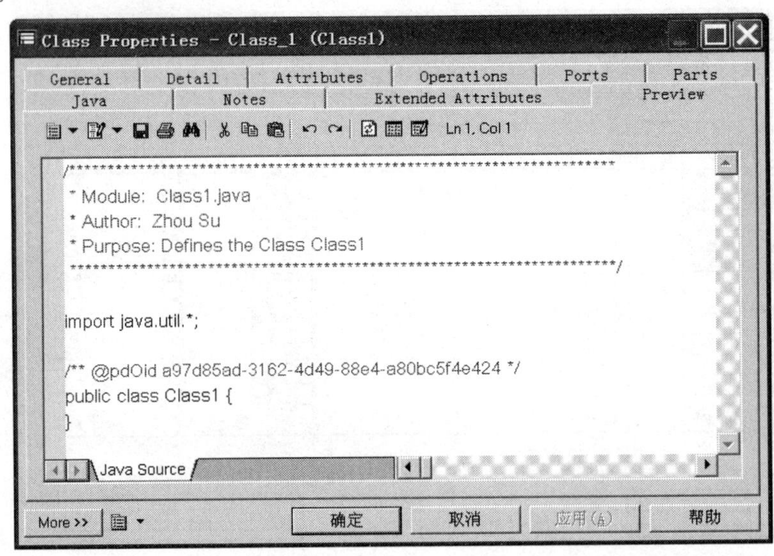

图 A.57 观察内部类代码

(10) 此外，还可以定义 Associations、Identifiers 等属性。属性定义完毕后，单击“确定”按钮关闭该对话框。

2）创建 Attribute(属性)

类的属性表示类或接口特征的集合。一个类或接口可以拥有多个属性，也可以不包含属性。在两个类或接口中可以包含同名的属性。图 A.58 所示的类包含了 id(学号)、name(姓名)和 department(系)3 个属性。

类或接口的属性可以新建，也可以从父类或父接口那里继承而来。可以通过单击类属性定义对话框的 Attributes 选项卡下部的 Inherited(继承)按钮来观察继承来的属性，如图 A.59 所示。

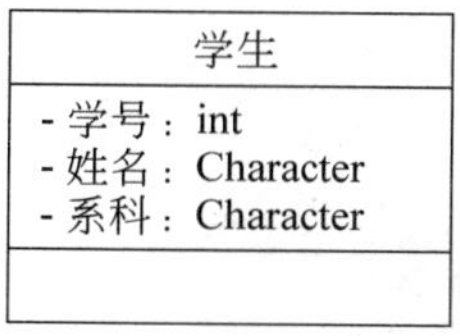

学生
- 学号：int
- 姓名：Character
- 系科：Character

图 A.58 一个学生类的属性

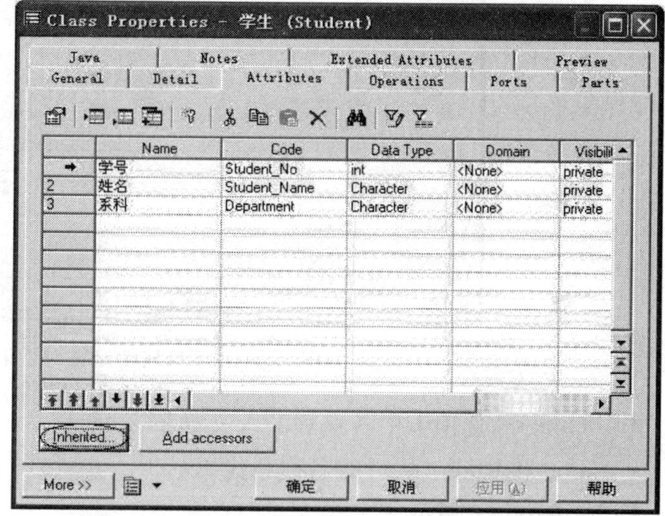

图 A.59 类的属性定义

选择一个属性，然后单击 Properties(属性)按钮，可以进一步定义更详细的选项。增加了属性的类或接口会以图形符号的方式在 OOM 模型中显示，还可以通过选择 Tools 菜单中的 Display Preference 命令来设置显示方式。

3）创建 Identifier(标识符)

标识符是类的属性或属性的组合，其值能唯一标识类中的每个实例。标识符分为主标识符(primary identifier)和次标识符(secondary identifier)。主标识符与 PDM 中表的主键对应，次标识符与表的候选键对应。当利用 CDM 或 PDM 自动生成 OOM 时，CDM 的标识符或 PDM 中表的主键和候选键生成 OOM 中类的标识符。

在类属性定义对话框中选择 Identifier 选项卡，可定义类的标识符属性。

可以利用 Attributes 选项卡为标识符选择所包含类的属性。还可以利用 Rules 选项卡将一个特定规则附加到标识符上；在 Notes 选项卡中增加注释；或者在 Version Info 选项卡中查看版本信息等。

4）创建 Interface(接口)

接口是描述类的部分行为的一组操作，这组操作可以被多个类重复使用。注意，一般是部分操作，指类外部的可以供其他类进行调用的操作，而不是全部操作。但接口与类不同，接口不能自己执行，只能被类调用。

创建接口的具体过程如下：

(1) 在类图工作区中,单击 Palette 面板中的 Interface 工具,在窗口空白区域单击,可以新建一个接口。

(2) 双击接口图形符号,打开接口属性定义对话框,如图 A.60 所示。

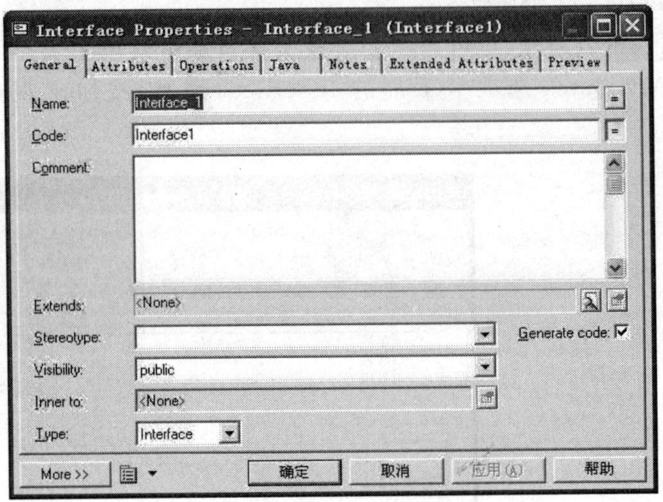

图 A.60 接口属性定义对话框

其中 General 选项卡中各选项的含义如下。

- Name 和 Code:接口的名称和代码。
- Stereotype:版型。
- Visibility:接口的可视性,包括 public、private、protected、package。
- Inner to:当前接口所连接的内部类名称。

(3) 还可以添加 Attributes、Operations、Inner Classifier 等属性,这些与类的属性类似。

(4) 定义完毕后,还可以将接口与类相连接,如图 A.61 所示,其中 EmployeeInfo 是一个类,Name 是一个接口,在接口中定义了 Name 操作。

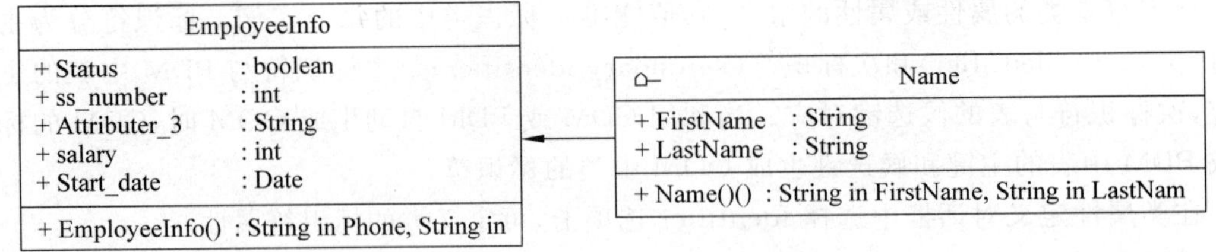

图 A.61 接口与类连接

5) 创建 Operation(操作)

操作表示类能够做的事情,或者另一个类对该类所做的事情。一个类可以没有或有多个操作。例如,图 A.61 所示的类就包含 StartEngine、Accelerate 和 Brake 3 个操作。

为在类或接口中增加操作和操作的属性,可按以下步骤执行:

(1) 在类属性对话框的 Operation 选项卡中单击 Insert A Row 按钮,增加一个新操作,单击“应用”按钮,单击 Properties 按钮,打开操作属性定义对话框,如图 A.62 所示。

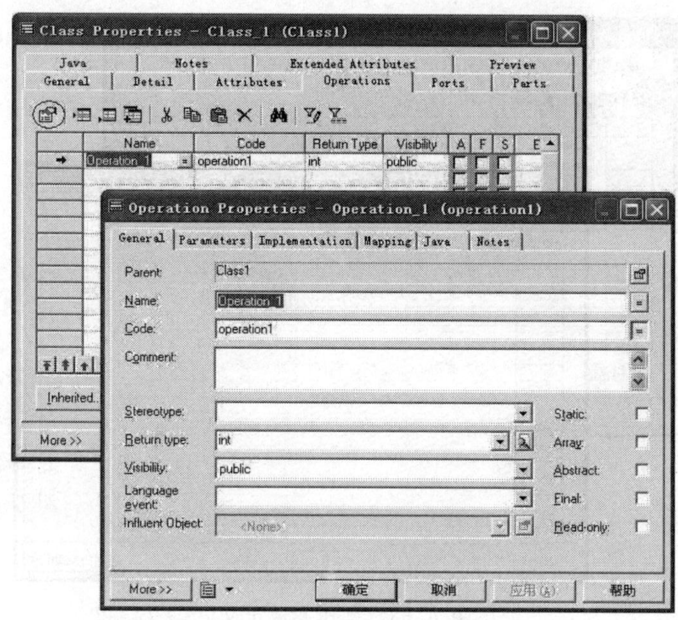

图 A.62 操作属性定义对话框

其中 General 选项卡中各选项的含义如下。

- Parent：操作所属的类。
- Name 和 Code：操作的名称和代码。
- Stereotype：版型。包括 Conshuctor 类实例化期间调用的操作；Create 是实例化一个对象时使用的操作；Destroy 是销毁一个类的实例时使用的操作；Procedure 利用 OOM 生成 PDM 时，将该操作转化为数据库存储过程的操作。
- Static：如果选择，表示操作不能被修改。
- Return type：返回值的数据类型。
- Array：如果选择，表示返回值是一个表。
- Visibility：可视属性。
- Abstract：如果选择，表示操作不能实例化，即不能有直接实例。
- Event：操作触发的事件。
- Final：如果选择，表示操作不能被重新定义。

(2) 在 Parameters 选项卡中，可以为操作定义传入参数。在图 A.63 所示的 Parameters 选项卡中，单击 Insert A Row 按钮，就可以增加一个参数，单击“应用”按钮，然后单击 Properties 按钮，在打开的对话框中设置参数的属性。

其中，各选项的含义如下。

- Parent：参数所属的操作名。
- Name 和 Code：参数的名称和代码。
- Data Type：参数的数据类型。
- Parameter Type：参数信息流的方向。包括：In，通过值传递方法传入参数。最终结果不能被修改，并且对于其他调用者无效；In/Out，传入参数可以被修改，最终结

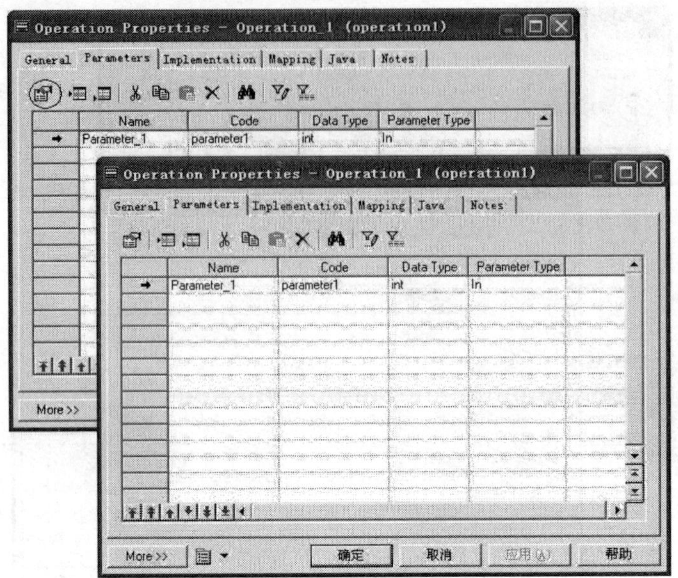

图 A.63　操作参数定义

果可以被修改，并与其他调用者进行交互；Out，传出参数，最终结果可以被修改，并与其他调用者进行交互。

(3) 在 Implementation 选项卡中，可以在各个 Sheet 上为操作定义实现代码；在 Body 选项卡中定义代码的主体：在 Exceptions 选项卡中定义例外处理等，如图 A.64 所示。

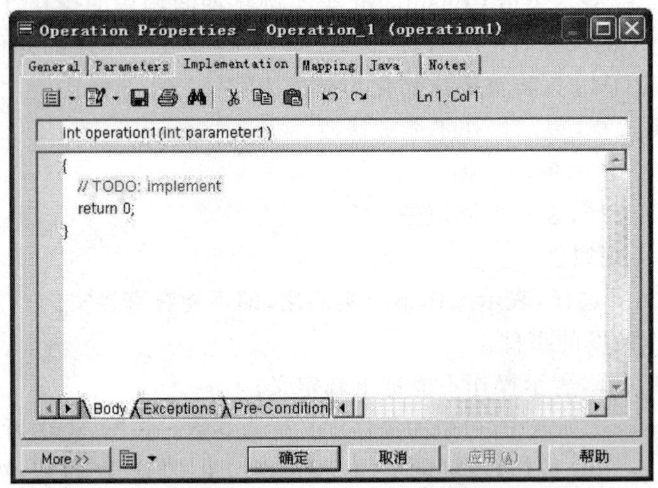

图 A.64　定义操作实现代码

此外，还有 Notes(注释)、Rules(规则)、Extended Attributes(扩展属性)、Version Info (版本信息)等属性选项卡。

操作按照功能的不同可以细分为下列 3 类：

(1) 构造器和销毁器。

构造器可以产生和初始化类的实例，销毁器则将类的实例销毁掉。

如果选择 Java 语言作为类图语言，为类增加构造器和销毁器的方法，是在 Options 选项卡的底部单击 Add 按钮，从中选择 Default Constructor/Destructor 命令，增加一个与类同名的默认构造器和销毁器，且构造器和销毁器的名称由系统生成。

(2) 默认构造器和拷贝构造器。

构造器可分为默认构造器和拷贝构造器。拷贝构造器是在类的构造器产生时产生的一个特殊操作，它包含类的属性拷贝。拷贝构造器的名称与类名相同，拥有默认参数，参数带有"old"关键字作为前缀，但可以修改。可以根据需要增加参数、修改实现代码。如果一个类是另一个类的实例，拷贝构造器操作内部的属性名称与父类的属性名称相同。在一个类中仅可以定义一个拷贝构造器。

创建拷贝构造器的方法如下。

① 在 Options 选项卡的底部单击 Add 按钮，从中选择 Copy Structure 选项，可以增加一个拷贝构造器。

② 选中所增加的拷贝构造器，单击 Properties 按钮，打开操作的属性定义对话框，在 General 选项卡中可以看到操作名与类同名。

③ 在 Parameters 选项卡中可查看操作的参数，可以修改或增加新的参数。

(3) 复制操作。

复制操作是在类中创建和初始化类的实例时的一种特殊操作。复制操作的名称为 Duplicate，可以修改。任何一个类只能定义一个复制操作。

为创建复制操作，可在 Options 选项卡的底部单击 Add 按钮，从中选择 Duplicate Operation 选项，则可以增加一个复制操作。

此外，还可以进行为类增加父类、建立静态初始化器以及将操作复制到另一个类上等操作。

6) 创建联系

在创建了类的属性、标识符、接口、操作之后，就该考虑类与类之间或类与接口之间的联系。在类图中，联系包括关联、依赖、概化和实现关联。

(1) Association(关联)。

Association 表示类之间在概念上有连接关系。例如，在足球队中，球员与球队之间存在关联，即球员为球队效力。关联用一条带箭头的实线表示，如图 A.65 所示。

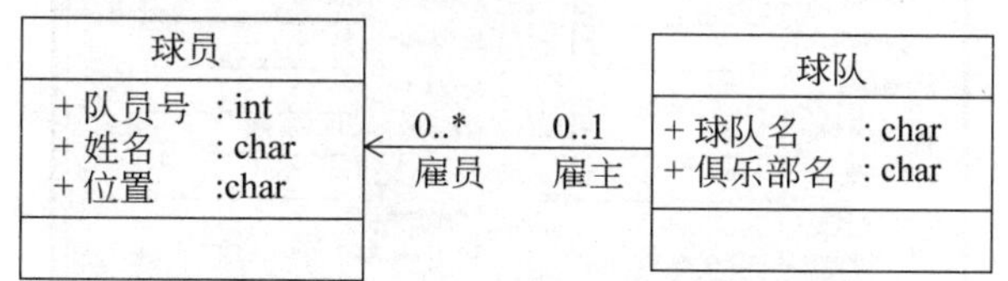

图 A.65 关联

当一个类与其他类发生关联时，每个类通常在关联中都扮演着某种角色，即类的功能。角色用关联线两边的名称表示。

创建关联的方法如下。

① 在类图 Palette 面板中选择 Association 工具，单击第一个类或接口的图形符号，按下鼠标左键并拖曳光标到另一个类或接口上，释放鼠标，在类之间或类与接口之间产生一个

关联。

② 双击关联，打开关联属性定义对话框，如图 A.66 所示。

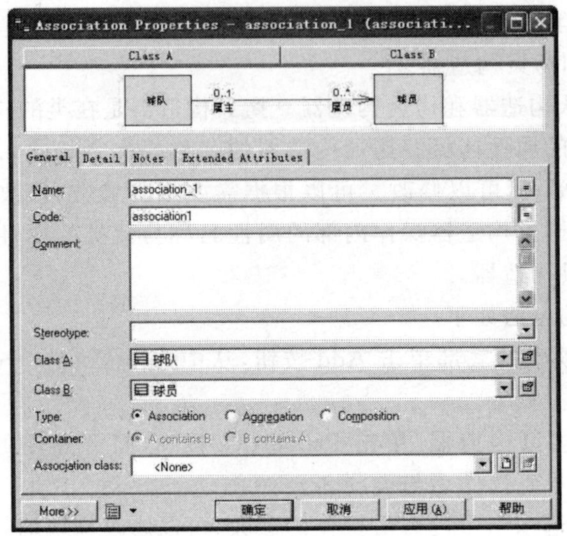

图 A.66 关联属性定义对话框

其中 General 选项卡中各个选项的含义如下。

- Name 和 Code：关联的名称和代码。
- Stereotype：版型。包括 implicit，表示关联仅仅是一个概念。
- Association class：当前关联可以拥有一个关联类。

关联类表示用一个类进一步细化关联信息。关联类同时具有类和关联的属性。

③ 在 Detail 选项卡中可详细定义与角色相关的属性，如图 A.67 所示。

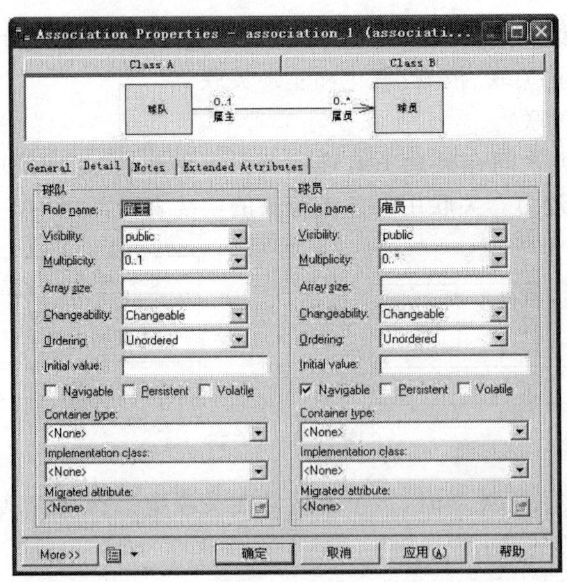

图 A.67 详细定义与角色相关的属性

其中各选项的含义如下。

- Visibility：关联的可视性。包括 public、private、protected 和 package。
- Mulitiplicity：关联类的实例的最小和最大基数。包括 0..1，0.. * ，1..1，1.. * 和 * 。
- Ordering：表示排序方式，包括 Stored、Ordered 和 Unordered。
- Navigable：表示关联的方向性。

④ 定义完毕后，单击“确定”按钮返回主对话框。

在创建关联过程中，通过定义 Aggregation/Composition 属性，可以把角色定义为聚集或组合类型。聚集表示在参与关联的两个类中，一个代表整体，一个代表部分。例如，一辆轿车包含 4 个车轮、一个底盘和一个发动机等，这是聚集的一个例子。在类图中聚集用空心的菱形表示，如图 A. 68 所示。

组合是聚集的一种特殊形式，表示整体拥有各个部分，部分与整体共存亡，整体不存在了，部分也会随之消亡。例如，打开一个窗口，它由标题栏、外框和显示区域等组成，一旦关闭窗口，其他部分同时消失。在类图中聚集用实心的菱形表示，如图 A. 69 所示。

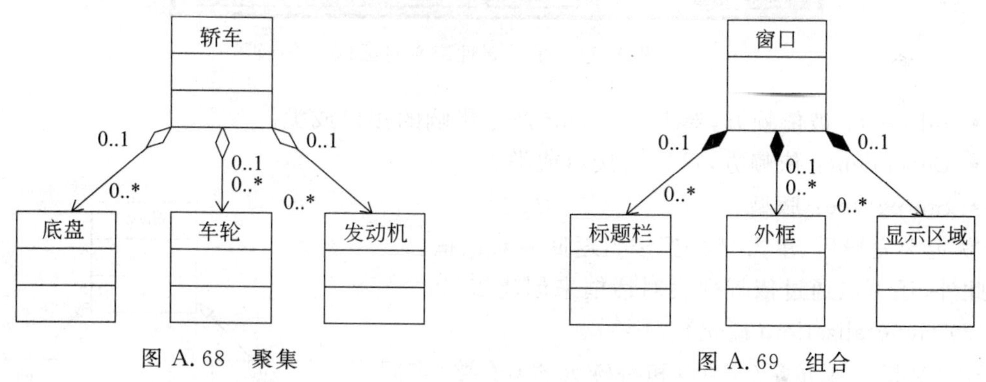

图 A. 68 聚集　　图 A. 69 组合

(2) Dependency(依赖)。

存在两个元素 A、B，如果修改 A 元素可能会引起对另一个元素 B 的修改，则称 B 依赖于元素 A。在类与接口、两个类或两个接口之间等都可以产生依赖关系。图 A. 70 表示一个类外围设备测试与接口外围设备之间产生了依赖关系。

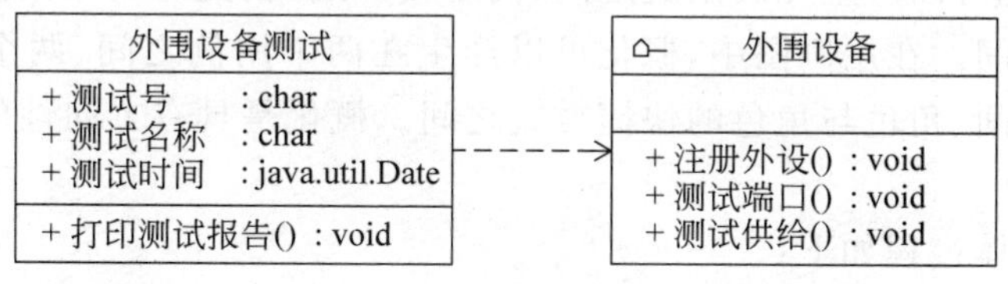

图 A. 70 依赖

为创建依赖，具体过程如下：

① 选择 Dependency 工具，单击第一个类或接口的图形符号，按下鼠标左键并拖曳光标到另一个类或接口上，释放鼠标，在类之间或类与接口之间产生一个依赖。

② 双击依赖，打开依赖属性定义对话框，如图 A. 71 所示。

其中 General 选项卡各选项的含义如下。

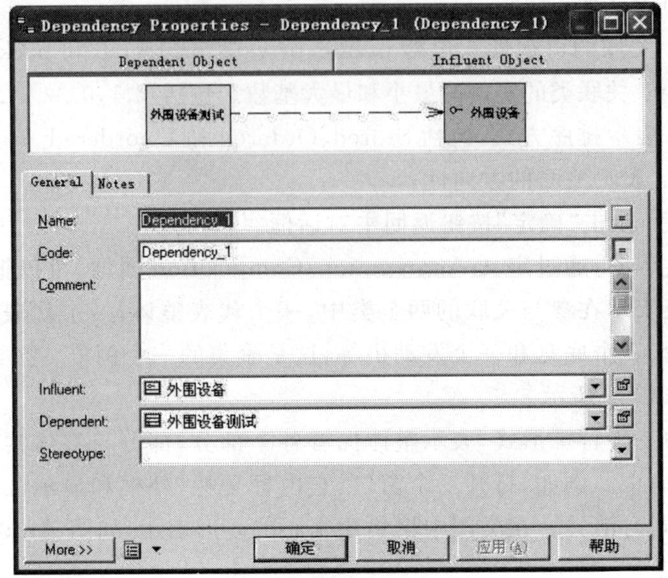

图 A.71　依赖属性定义对话框

- Influent：被依赖方，对 Dependent 产生影响的接口或类。
- Dependent：依赖方，可以是接口或类。
- Stereotype：版型。

③ 定义完毕后，单击“确定”按钮返回主对话框。

此外，还可以通过依赖列表对话框来创建依赖。

(3) Generalization(概化)。

概化是指一般元素(父类)和特殊元素(子类)之间产生的关联。特殊元素完全包含一般元素的内容，并增加一些附加信息。例如，动物是一个一般概念，而猫和狗是一个特殊概念。在动物和猫、狗之间就可以产生一个概化联系，如图 A.72 所示。

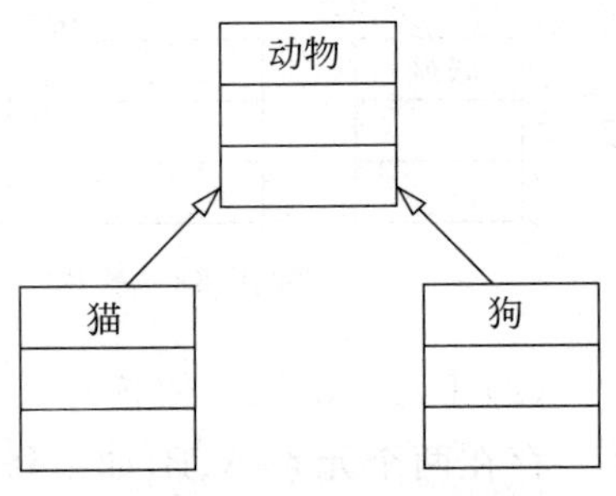

图 A.72　概化联系

在类图中，概化可以产生在两个类之间、两个接口之间、类与类的快捷方式之间、接口与接口的快捷方式之间。在用例图中，概化可以产生在两个用例之间、两个角色之间、用例与用例的快捷方式之间、角色与角色的快捷方式之间。概化是具有方向性的，只有父对象才能有快捷方式。

创建概化的具体过程如下：

① 在 Palette 面板中选择 Generalization 工具，再单击第一个类或接口的图形符号，按下鼠标左键并拖曳光标到另一个类或接口上，释放鼠标，在类之间或类与接口之间产生一个概化。

② 双击概化，打开概化属性定义对话框，如图 A.73 所示。

其中 General 选项卡各选项的含义如下。

- Parent：父类。
- Child：子类。

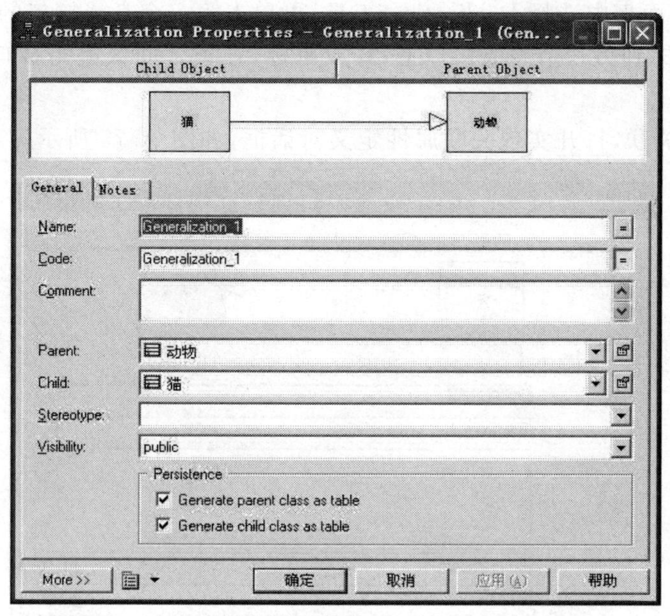

图 A.73 概化属性定义对话框

- Stereotype：版型。
- Visibility：可视性。

③ 定义完毕后，单击“确定”按钮返回主对话框。

此外，还可以通过概化列表对话框创建概化。

(4) Realization(实现关联)。

实现关联是类和接口之间的关联。在实现关联中，类的实现方法在接口中指定，接口被称为详细说明元素，类被称为实现元素。

实现关联可以产生在类与接口之间、接口的快捷方式与类之间、类的快捷方式与接口之间。实现关联是具有方向性的，只有父对象才可以创建快捷方式。

可以在类与接口之间建立多个实现关联，但是最好只建立一个，因为一个接口只能实现类的一个操作。当利用 OOM 产生其他模型时，如果存在多个实现关联，系统会显示警告信息。实现关联是具有方向性的，箭头总是指向接口方向。在连接的外围设备类与外围设备之间产生了一个实现关联。如图 A.74 所示。

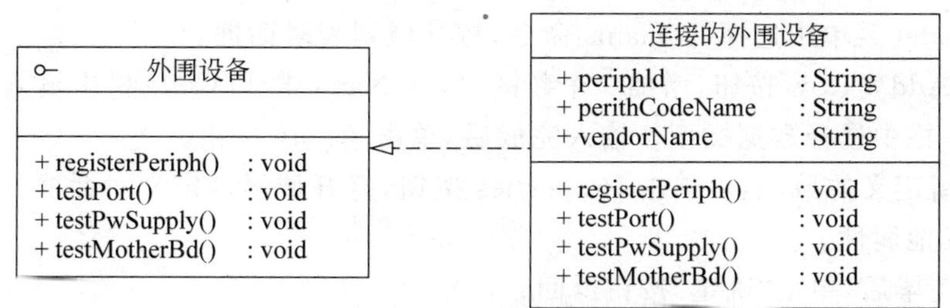

图 A.74 实现关联

为创建实现关联，具体过程如下：

① 在 Palette 面板中选择 Realization 工具,再单击第一个类或接口的图形符号,按下鼠标左键,并拖曳光标到另一个类或接口上,释放鼠标,在类之间或类与接口之间产生一个实现关联。

② 双击实现关联,打开实现关联属性定义对话框,如图 A.75 所示。

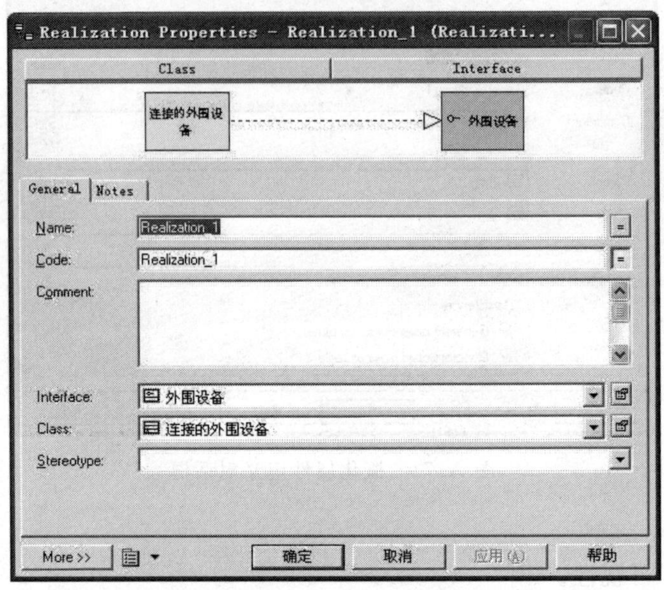

图 A.75　实现关联属性定义对话框

其中 General 选项卡各选项的含义如下。

- Class:类。
- Interface:接口。
- Stereotype:版型。

③ 定义完毕后,单击“确定”按钮返回主对话框。

此外,还可以通过实现关联列表对话框创建实现关联。

7) 创建域

域(Domain)定义了一个属性的一组有效值。在属性中应用域能够使属性在不同类中的取值标准化。在 OOM 中可以为域定义数据类型、检查参数和业务规则等信息。

创建域的具体过程如下;

① 在 Model 菜单中选择 Domains 命令,打开域列表对话框。

② 单击 Add a Row 按钮,增加一个新的域,在 Name 栏和 Code 栏中输入名称和代码,在 Data Type 栏中选择数据类型。输入完成后,单击 Apply 按钮。

③ 选中新定义的域,然后单击 Properties 按钮,打开域属性定义对话框,在其中根据需要修改域的其他属性。

④ 修改完毕后,单击“确定”按钮返回。

在 OOM 中,域的使用方法与 CDM 和 PDM 类似。

根据上述绘制方法,完成票务管理系统类图示例,如图 A.76 所示。

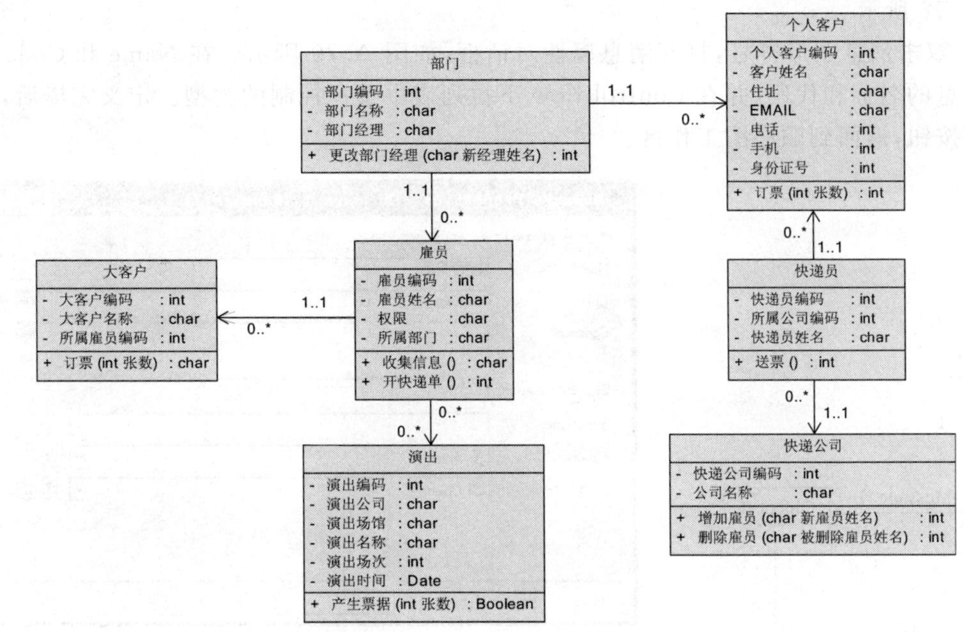

图 A.76 票务管理系统类图示例

4. 顺序图

产生顺序图的方法与产生用例图的方法类似。设计顺序图时,可以在角色和对象之间、对象和对象之间定义消息。但两个角色之间一般不定义消息,如果做了定义,在检查模型时,系统会自动删除,并提出警告。如果消息的发送者和接收者是同一个对象,称为递归消息。

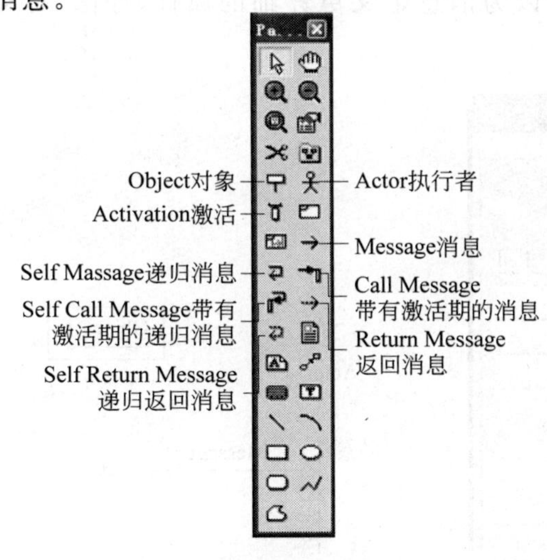

图 A.77 顺序图消息类型工具

为建立顺序图,可按以下步骤进行:

① 在 OOM 设计窗口的 New 对话框右侧的 First Diagram 栏中选择 Sequence Diagram (顺序图)图形类别。

② 单击“确定”按钮,进入顺序图设计工作区。这时,Palette 面板上的顺序图消息类型工具及其他基本构件工具如图 A.77 所示。

(1) 产生不同类型的消息。

在顺序图中可以定义不同类型的消息,具体方法如下。

① 在顺序图的 Palette 工具面板中选择 6 种类型消息工具之一。

例如,在顺序图设计工作区中加入一个 Actor 和一个 Object,然后单击 Message 工具,再单击消息发送者的生命线,拖曳鼠标至消息接收者的生命线后释放鼠标。然后,单击右键释放 Message 工具。在消息的发送者和接收者的生命线间就产生一条消息线,如图 A.78 所示。

② 双击消息图形符号，打开消息属性对话框，如图 A.79 所示。在 Name 和 Code 栏中输入消息的名称和代码，并在 Control flow 下拉列表中选择控制的类型。定义完毕后，单击“确定”按钮，返回到顺序图工作区。

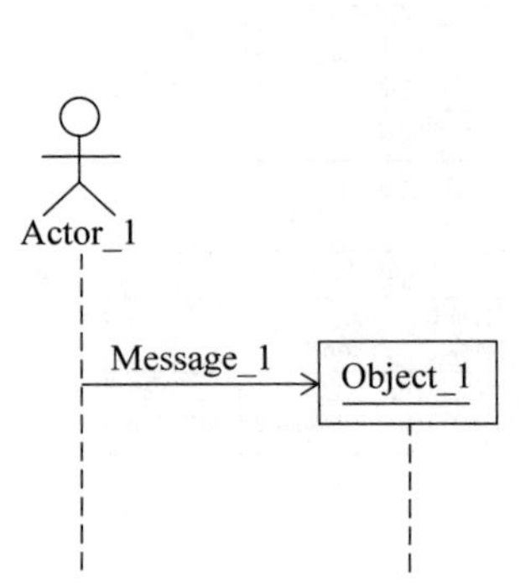

图 A.78 建立一条消息线

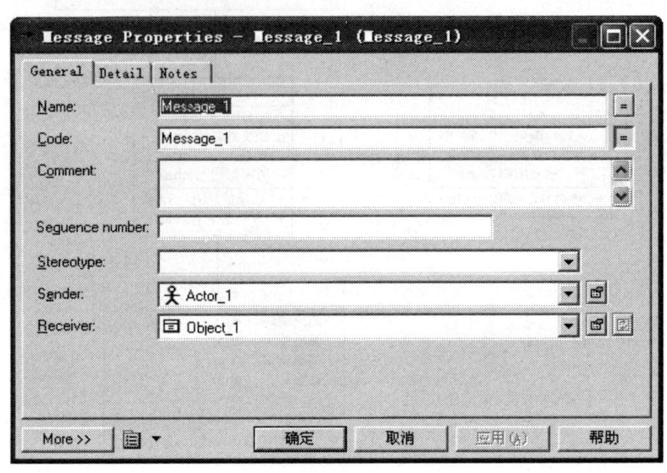

图 A.79 消息属性对话框

其中 General 选项卡的各个选项的含义如下。

- Sender：消息的发送者。
- Receiver：消息的接收者。
- Stereotype：使用的版型。该选项的默认值为空，可以通过在 Model 菜单中的 Extended Model Definitions 命令来定义当前 PDM 模型的版型。

③ 选择 Detail 选项卡，如图 A.80 所示，可以为消息定义更详细的属性，如图 A.81 所示。

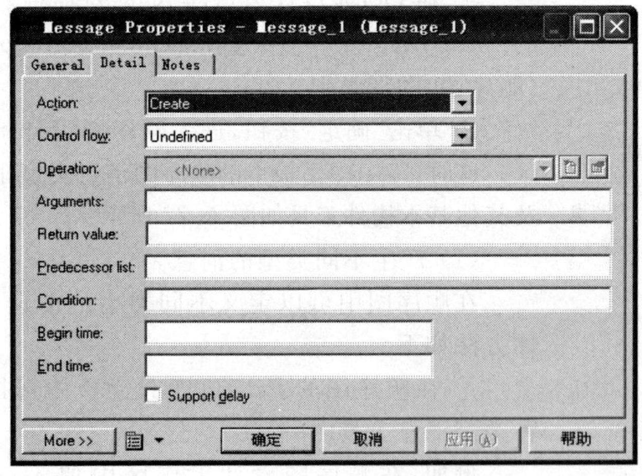

图 A.80 Detail 选项卡

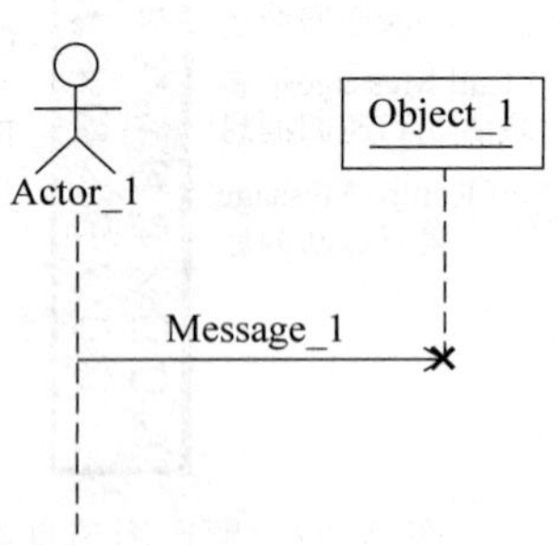

图 A.81 Destroy 消息在顺序图中的表现

Detail 选项卡中各个选项的含义如下。

• Action：完成的动作。包含 4 个选项，其含义如表 A-15 所示。

表 A-15　Action 选项的含义

动作类型	含　　义
None	不完成其他任何操作
Create	消息的发送者通过消息创建接收者，它是发送者和接收者的第一个消息
Destroy	消息的发送者通过消息销毁接收者，它是发送者和接收者的最后一个消息
Self-Destroy	消息的发送者通过消息销毁自己，它是发送者和接收者的最后一个消息

• Control flow：消息控制流的类型。包含 4 个选项，其含义如表 A-16 所示。

表 A-16　Control flow 选项的含义

控制流类型	含　　义	图形符号
Asynchronous	异步消息。消息的发送者不需要等待接收者的应答便可以继续自己的操作。一般用在并发处理中	→
Procedure Call	过程调用消息。下一个序列重新开始之前当前序列必须完成。发送者必须等待接收者的应答或激活期结束	─►
Return	通常与 Procedure Call 一起使用，表示消息返回	- ->
Undefined	未定义	⟶

Action 选项与 Control flow 选项的配合情况如表 A-17 所示。

表 A-17　Action 选项与 Control flow 选项的配合情况

控制流 / 动　作	Asynchronous	Procedure Call	Return	Undefined
None	√	√	√	√
Create	√	√	×	√
Destroy	√	√	×	√
Self-Destroy	×	×	√	×

• Operation：连接到消息的操作。如果消息的接收者是一个类，则此消息可以调用一个类的操作。操作可以从下拉列表框中选择，也可以通过 Operation 右边的 Create 按钮建立一个新操作，然后从下拉列表框中选择即可。如果消息的控制流是 Return，则不能连接一个操作。

• Condition：通过一个布尔表达式来激活消息。例如，输入密码次数≤3 次。

• Begin time：消息开始的时间，用于定义约束。

• End time：消息结束的时间，用于定义约束。例如，约束＝($t1-t2<30$ 秒)，其中 $t1$ 表示开始时间，$t2$ 表示结束时间。

• Support delay：定义消息的传输延迟。如果支持延迟，则 End time 可以与 Begin time 不相同。

④ 在 Palette 面板选择 Note 工具，可以为消息增加一个注释，然后再利用 Link/Extended Dependency 工具，在注释和生命线上的消息矩形框之间增加一条带箭头的连线。

⑤ 如果将一个消息的 Action 属性设置为 Create，则利用这个消息可以产生一个 UML 对象，除递归消息或消息的接收者是角色之外。Create 消息在顺序图中的表现如图 A.78 所示。

⑥ 如果将一个消息的 Action 属性设置为 Destroy，则利用这个消息可以终止一个 UML 对象的生命线，但不是销毁对象，除消息的接收者是角色之外。Destroy 消息在顺序图中的表现如图 A.81 所示。

当使用 Return Message 工具，其 Control flow 选项设置为 Return 时，消息的 Action 选项可以设置为 Self-destroy，表示通过返回消息销毁对象自己，除消息的接收者是角色或递归消息之外。Self-Destroy 消息在顺序图中的表现如图 A.82 所示。

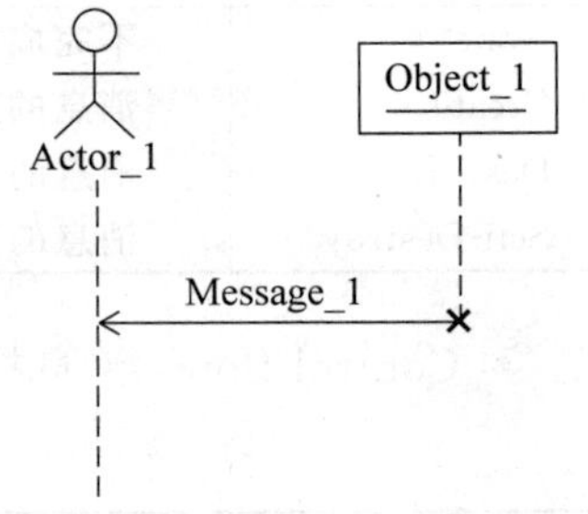

图 A.82 Self-Destroy 消息在顺序图中的表现

当消息的发送者和接收者是同一个对象时，则称该消息为递归消息。递归消息不支持 Action 选项为 Create 或 Self-Destroy，也不支持 Support delay 选项。递归消息分为两种，一种不带激活期的；另一种是带激活期的，但要求 Control flow 选项的值设置为 Procedure Call。

⑦ 其他选项卡。例如 Rules 用来定义规则；Dependencies 用来定义依赖关系；Version Info 用来显示版本信息等。

(2) 消息的激活期。

消息的激活期表示消息持续的时间，即消息所指定的动作执行所需要的时间。有些消息自带了激活期，该方法适用于 Control flow 的值为 Procedure Call 类型的消息，这是因为 Procedure Call 开始了这个激活期。如利用"带有激活期的递归消息"工具和"带有激活期的消息"工具创建的消息。带有激活期的消息在顺序图中的表现，如图 A.83 所示。

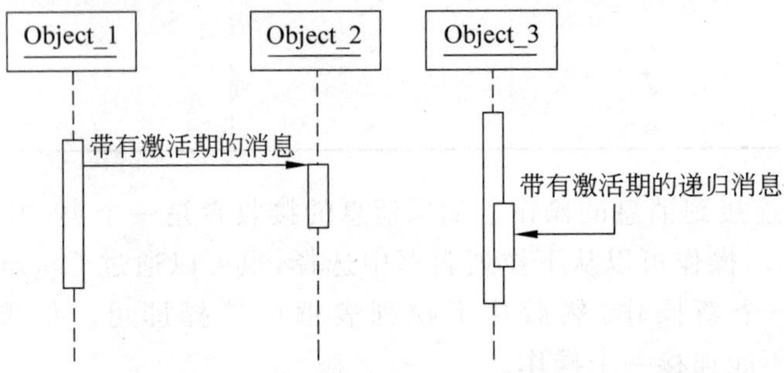

图 A.83 带有激活期的消息在顺序图中的表现

(3) 设置顺序图的显示参数。

可以设置顺序图的显示参数，以便更清晰地表明角色或对象之间交互时产生的时序关系。具体方法如下。

① 在顺序图工作区中，选择 Tools 菜单中的 Display Preferences 命令，打开显示参数设置对话框，单击 General 节点，在右面的选项卡中可以定义整个工作区的 Window Color(背景色)、Unit(显示单位)、Grid(网格线)等属性。

② 单击 Object View 节点，在右边的选项卡中可以定义 Name Splitting(名称拼写)

属性。

③ 单击 Object View 下的 Message 节点，可以定义消息的显示参数，如 Show Name（显示名称）、Show Stereotype（显示版型）、Show Time（显示时间）、Show Condition（显示激活消息的表达式）和 Show Activation Attachment（显示激活期附件）等。如图 A.84 所示。

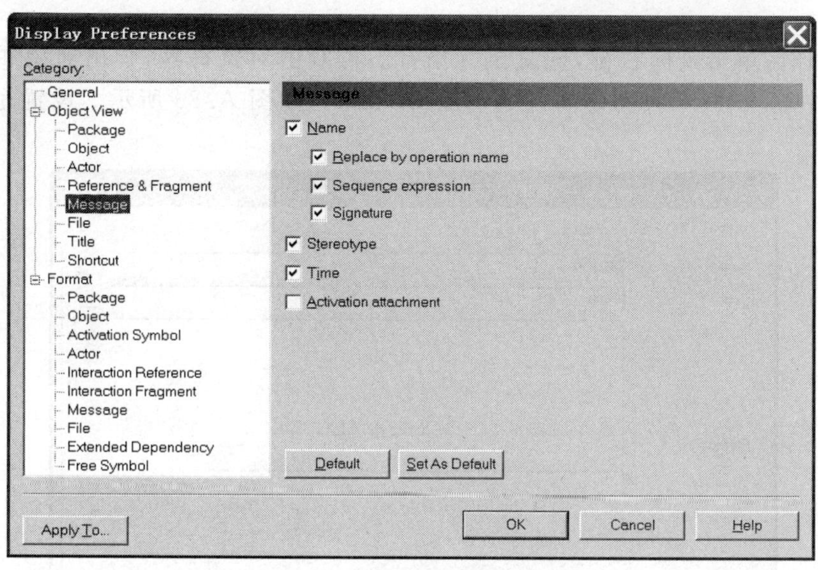

图 A.84　定义消息的显示参数

④ 单击 Format 节点，可以定义顺序图内容的显示格式。例如，在图 A.85 所示的界面中，通过单击 Modify 按钮，打开显示参数定义对话框，在其中可以为消息定义特殊显示格式。

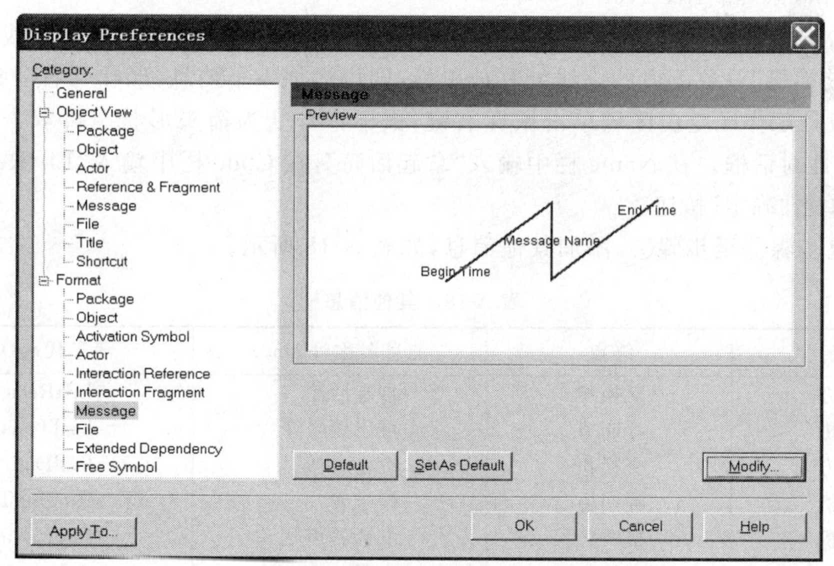

图 A.85　显示参数定义对话框

下面以打电话为例讲解如何定义时序图，具体操作如下：

① 进入 OOM 设计环境，在 First Diagram 下拉列表框中选择时序图(sequence diagram)，并以 Java 语言作为对象语言(object language)。

② 选择完毕后，单击“确定”按钮，进入时序图设计窗口。

③ 选择 Palette 面板中的 Object(对象)工具，在右边工作区域的空白处单击，出现对象符号。

④ 在工作区单击鼠标右键，恢复鼠标指针。再双击对象符号，弹出对象属性对话框。在 Name 栏中输入“呼叫方”，Code 栏中输入“Caller”，如图 A.86 所示。设置完毕后，单击“确定”按钮。

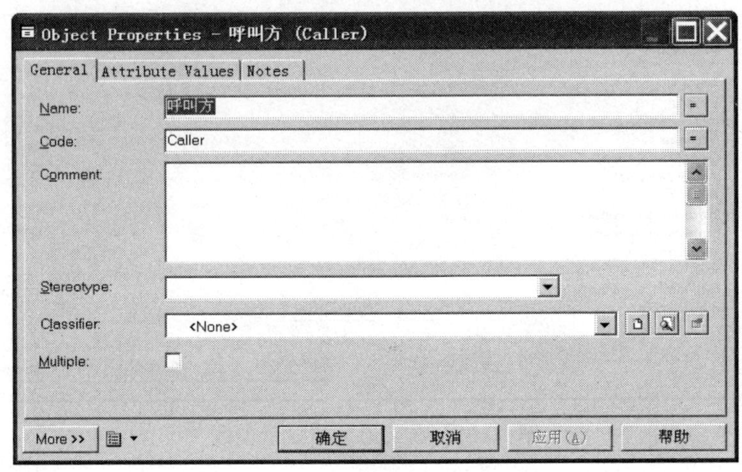

图 A.86 对象属性对话框

⑤ 重复步骤③至步骤④，添加其他两个对象，Name 分别为“交换机”和“被叫方”，Code 分别为“Exchange”和“Receiver”。

⑥ 单击 Palette 面板中的 Message(消息)工具，在“呼叫方”对象下方的虚线处单击，拖动光标至“交换机”对象下方的虚线处释放鼠标，即可增加一个消息，形状为右箭头。

⑦ 在设计工作区空白区域单击鼠标右键，鼠标指针变为箭头形状。再双击对象符号，弹出消息属性对话框。在 Name 栏中输入“拿起话筒”，在 Code 栏中输入“LiftReceiver”，输入完毕后，单击“确定”按钮。

⑧ 重复步骤⑥至步骤⑦，添加其他消息，如表 A-18 所示。

表 A-18 其他消息

起点	终点	消息名称(Name)	消息代码(Code)
呼叫方	交换机	拿起话筒	LiftReciever
交换机	呼叫方	可以拨号音	DialTone
呼叫方	交换机	拨号	DialDigit
交换机	呼叫方	拨号音	RingingTone
交换机	接听方	电话铃声	PhoneRings
接听方	交换机	接听	AnswerPhone
交换机	接听方	接听完毕	StopTone
交换机	呼叫方	电话挂断音	StopRinging

⑨ 最终完成的时序图如图 A.87 所示。

⑩ 在 File 菜单中选择 Save 命令,保存新建的面向对象模型。

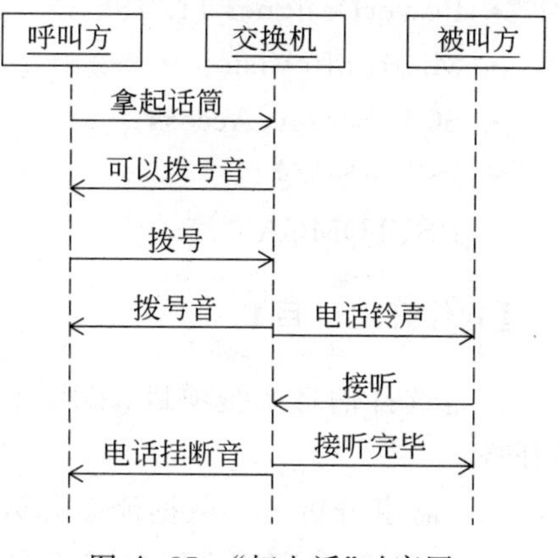

图 A.87 “打电话”时序图

上述时序图描述了从呼叫方拿起话筒开始,到通过交换机接通被叫方,直至接听完毕挂断电话为止的一系列动作。事实上,不同的设计人员对系统会有不同的理解,从而也可能导致所设计的时序图大同小异。

【实验环节 2: 独立实验】

请结合你所选择的信息系统项目,完成下列作业。

作业 1: 结合本系统需求绘制用例图,并对用例进行描述。

作业 2: 结合本系统需求绘制类图。

作业 3: 结合本系统需要绘制有关顺序图、协作图、活动图等。

【实验总结】

经过本信息系统项目的开发实践,你遇到了哪些问题,是如何解决的?有何收获与体会?

A.7.7 实验 7——结构化设计综合实验

【实验目的】

- 掌握结构化软件开发的基本过程与方法。
- 了解结构化分析、设计、实现阶段所需要完成的任务。
- 掌握结构化建模工具的使用。
- 掌握和运用 CASE 工具进行辅助开发。

【实验要求】

- 绘制系统数据流图,创建主要数据字典。
- 完成概要设计。
- 完成详细设计。
- 完成数据库设计和代码设计。
- 完成界面设计并提交系统原型。
- 提交系统程序代码。
- 进行系统演示。

【实验环境】

- Windows 2000 操作系统。

- PowerDesigner 11.0。
- Microsoft Visio。
- SQL Server;Access。
- JSP、ASP 等。
- IIS、TOMCAT 等。

【软件开发项目】

自行选择信息系统项目,采用结构化方法完成整个系统的开发,并按照要求完成如下实验任务。

(1) 需求分析——数据流图和数据字典

作业 1:要求完成系统数据流图以及数据流图中主要存储、数据流和处理的字典说明。

(2) 概要设计——建立模块结构图

作业 2:建立图书管理系统的模块结构图,注意和数据流图对应起来。

(3) 概要设计——E-R 图

作业 3:找出软件的主要实体,并绘制实体-关系图。

(4) 详细设计——IPO 图

作业 4:进行软件过程的详细设计,说明每个模块的主要输入、处理和输出。

(5) 详细设计——程序流程图、盒图、过程设计语言、问题分析图任选其一。

作业 5:进行系统的详细设计,采用主要绘图工具表示出来。

(6) 数据库设计——数据表

作业 6:根据实体-关系图建立数据库表。

(7) 界面设计——交互界面

作业 7:设计该系统所涉及的主要图形用户界面。

(8) 代码设计

作业 8:对主要数据进行代码设计。

(9) 系统实现——程序语言可自选

作业 9:完成系统设计到程序代码的转换,列出主要程序代码。

(10) 课堂演示

作业 10:学期结束时,在课堂对所设计的系统进行演示。

【实验总结】

经过本软件项目的开发实践,你遇到哪些问题?如何解决的?有何收获与体会?

A.7.8 实验 8——面向对象综合实验

【实验目的】

- 掌握面向对象信息系统开发的基本过程与方法。
- 了解面向对象系统分析、设计、实现阶段所需要完成的任务。
- 掌握统一建模语言的使用。

- 掌握和运用CASE工具进行辅助开发。

【实验要求】

- 绘制系统用例图,完成用例说明。
- 建立概念模型。
- 完成顺序图和交互图。
- 完成数据库设计和类图设计。
- 完成界面设计并提交系统原型。
- 提交系统程序代码。
- 进行系统演示。

【实验环境】

- Windows 2000操作系统。
- PowerDesigner 11.0。
- Rational Rose。
- SQL Server;Access。
- JSP、ASP等。
- IIS、TOMCAT等。

【软件开发项目】

自行选择信息系统项目,采用面向对象方法完成整个系统的开发,并完成如下实验任务。

(1) 需求分析——用例和用例说明

作业1:要求完成用例图和每个用例的用例说明。

(2) 领域分析——建立概念模型

作业2:建立图书管理系统的概念模型,绘制类图,并建立模类之间的关系。

(3) 行为分析——顺序图

作业3:建立系统的行为模型,构建"借阅图书"和"图书信息修改"等工作流的顺序图。

(4) 交互分析——协作图

作业4:建立系统的行为模型,构建主要对象之间交互的协作图。

(5) 系统设计——设计类图

作业5:根据销售点系统的协作图,绘制类图,添加属性、方法和关联。

(6) 数据库设计——数据表

作业6:根据实体类与关系数据库之间的映射关系,将实体类UML类图中的实体类转换为关系数据库中的库表。

(7) 界面设计——交互界面

作业7:设计该系统所涉及的主要图形用户界面。

(8) 代码设计

作业8:对主要数据进行代码设计。

(9) 系统实现——Java 程序

作业 9：完成系统设计到 Java 程序代码的转换，列出主要程序代码。

(10) 课堂演示

作业 10：学期结束时，在课堂对所设计的系统进行演示。

【实验总结】

经过本软件项目的开发实践，你遇到哪些问题？如何解决的？有何收获与体会？

附录B 模拟题

模拟题 1

得分	

一、判断题(每小题 2 分,共 20 分)(对的打"√",错的打"×")

1. 系统构造人员的主要任务是将业务需求转换成可实现的技术方案,形成技术蓝图。(　　)

2. 弱实体一定是关联实体,但关联实体不一定是弱实体。(　　)

3. 系统项目管理过程是用来开发和维护信息系统软件的活动、方法以及最佳实践的过程。(　　)

4. 可以利用逆向工程从现有系统导出系统模型,编辑和改进模型,然后将改进后的模型进行正向工程,形成新的系统。(　　)

5. 系统分析的主要任务为需求获取,即从用户团体那里确定系统需求。(　　)

6. 用例主要从外部用户的观点并以他们可以理解的方式描述系统功能。(　　)

7. 状态图用于描述对象所经历的各种状态以及引起状态转换的事件。(　　)

8. 分布式系统架构比集中式系统架构的数据安全和完整性更容易受到威胁。(　　)

9. 数据模型和过程模型之间的关联在于:数据模型中的每个实体与过程模型的外部实体相对应。(　　)

10. 网络计算架构中,表现层和表现逻辑层在客户端浏览器中使用从某个 Web 服务器下载的内容实现,表现逻辑层然后连到运行在应用服务器上的应用逻辑层,它最终连到后台数据库服务器。(　　)

得分	

二、单选题(每小题 2 分,共 20 分)

1. 下列选项中________活动不属于系统运行维护阶段。

   A. 系统恢复　　B. 系统转换　　C. 系统支持　　D. 系统修正

2. 下列选项中________不是 CMM 二级的关键过程域。

   A. 软件项目跟踪与管理　　B. 软件质量保证

   C. 软件同行评审　　D. 软件配置管理

3. 下列选项中________情况适合采用面向对象方法开发。

A. 大型工程计算系统　　B. 以大量数据管理为核心的系统

C. 用户交互控制系统　　D. 自动化控制系统

4. 下列选项中________不是保证访问完整性的规则。

A. 主键不能为空　　B. 限定性删除相关表中记录

C. 自动删除相关表中记录　　D. 自动将相关表中键值置空

5. 使用用例建模系统需求的主要优点是________。

A. 自顶向下分析需求　　B. 促进并鼓励用户参与

C. 有助于详细描述需求　　D. 自底向上分析需求

6. 下列选项中________不属于验收测试的环节。

A. 验证测试　　B. 确认测试　　C. 系统测试　　D. 审计测试

7. 下列选项中________是不适用于原型模型。

A. 软件开发周期内需求变化很少　　B. 用户主动参与开发活动

C. 简单而熟悉的行业或者领域　　D. 产品移植或者升级

8. 采用 Gantt 图表示软件项目进度安排,下列说法中正确的是________。

A. 能够反映多个任务之间的复杂关系

B. 能够直观表示任务之间相互依赖制约关系

C. 能够表示哪些任务是关键任务

D. 能够表示子任务之间的并行和串行关系

9. 下列关于输入设计原理的叙述不正确的是________。

A. 不要输入变化的数据

B. 不要收集在计算机程序中计算和存储的数据

C. 要使用相应属性的编码

D. 尽可能使用已知含义的设计

10. 如果用例“提交新会员订单”和用例“提交通信地址改变”包含了同样的功能步骤“修改通信地址”,那么可以将“修改通信地址”提取成为________。

A. 扩展用例　　B. 抽象参与者　　C. 被扩展用例　　D. 抽象用例

得分	

三、填空题(每空 2 分,共 20 分)

1. 下图中,关键路径是__(1)__,时间为__(2)__天,任务 7 的富余时间为__(3)__天。

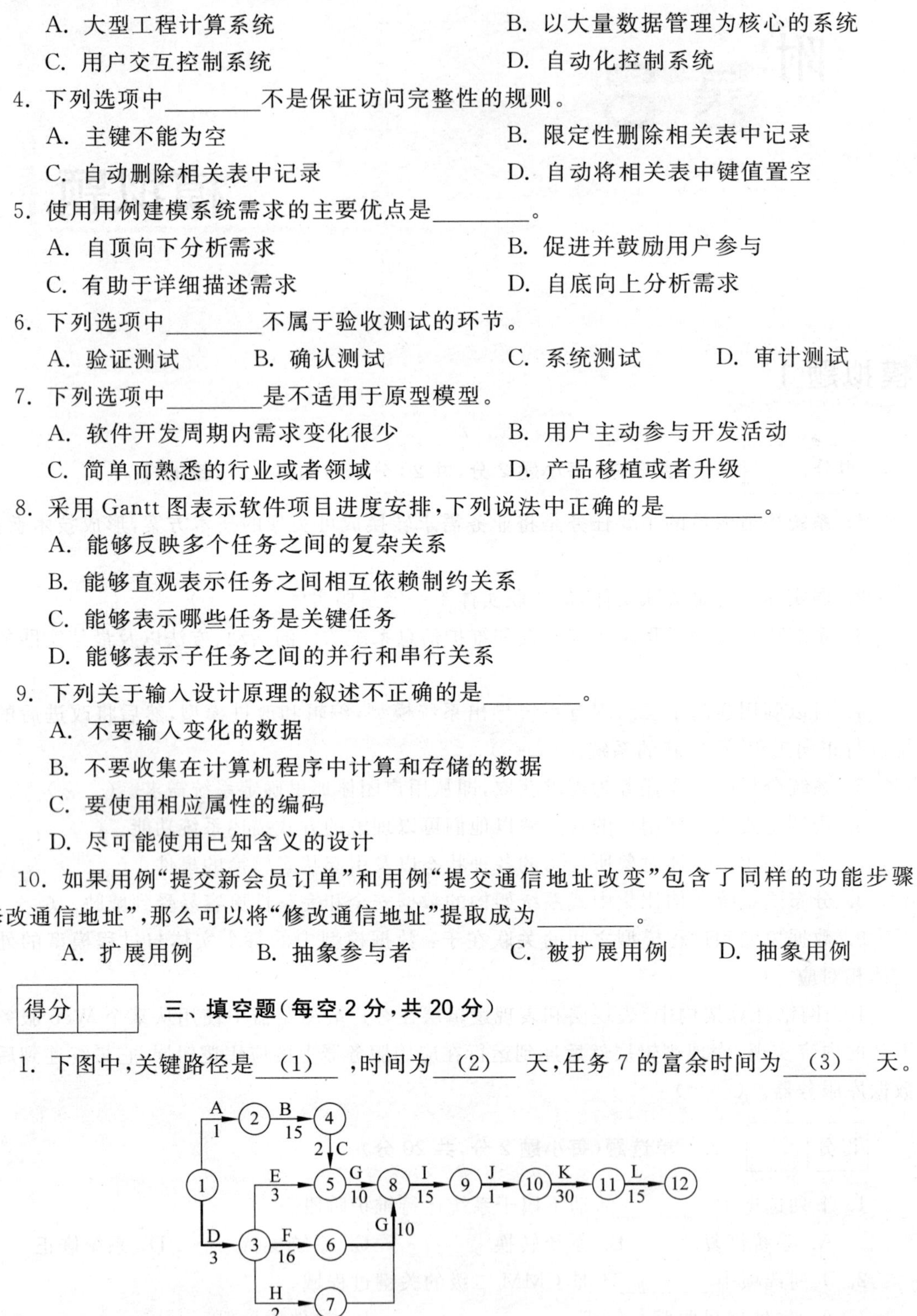

2. 下图显示了客户机/服务器方案的分布式数据与应用的信息技术架构形式,请在空中填入信息系统应用的各个层次:

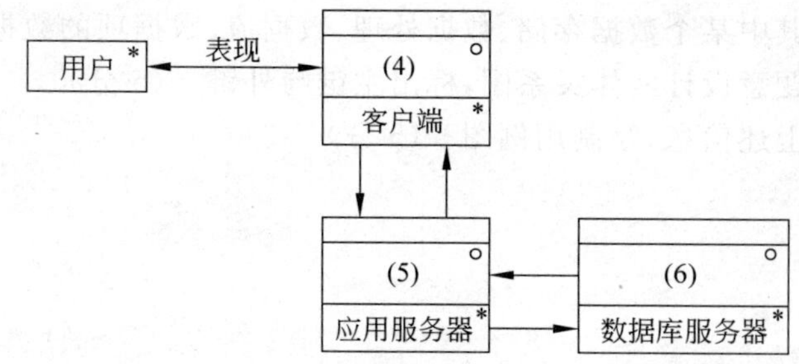

3. 某公司为本科以上学历的人重新分配工作，分配原则如下：

(1) 如果年龄不满 18 岁，学历是本科，男性要求报考研究生，女性则担任行政工作；

(2) 如果年龄满 18 岁不满 50 岁，学历本科，不分男女，任中层领导职务，学历是硕士不分男女，任课题组组长；

(3) 如果年龄满 50 岁，学历本科，男性任科研人员，女性则担任资料员，学历是硕士不分男女，任课题组组长。

如果建立决策表，则条件段的条件有 ___(7)___ 个，初步筛选的决策表中的规则数为 ___(8)___ 个。

4. 根据下面的实体关系图填空。

SHIPPED PRODUCT 是一个 ___(9)___ 实体。

SHIPPED PRODUCT 的主键是 ___(10)___。

得分	

四、简答题(每小题 5 分，共 20 分)

1. 简述结构化系统开发方法的优缺点。
2. 简述软件需求分析阶段的主要任务。
3. 简述系统项目管理的主要职能。
4. 简述系统设计的主要工作。

得分	

五、应用题(共 20 分)

某企业建立销售管理系统，采用结构化方法进行需求分析，该企业销售管理功能说明如下：

(1) 接收顾客订单，检验订单。如果库存有货，则进行进货处理，即修改库存，给仓库开备货单，并将订单留底；如果库存量不足，则将缺货订单登入缺货记录。

(2) 根据缺货记录进行缺货处理，将缺货通知单发给采购部门，以便采购。

(3) 根据采购部门发来的进货通知单处理进货，即修改库存，并从缺货记录中取出缺货订单进行供货处理。

(4) 根据留底的订单进行销售统计，打印统计表给经理。

问题：(1) 根据以上描述绘制该系统的数据流程图。(5 分)

(2) 创建其中某个数据存储、数据处理、数据流、数据项的数据字典。(5分)

(3) 根据题意设计实体关系图,标出主键与外键。(5分)

(4) 根据上述信息,绘制用例图。(5分)

模拟题2

得分	

一、判断题(每小题2分,共20分)(对的打"√",错的打"×")

1. 系统逻辑建模需要描述需求的任何可能的技术设计或实现。( )

2. 建立用例模型的步骤包括确定角色、确定用例和绘制用例图。( )

3. 系统项目管理过程是用来开发和维护信息系统软件的活动、方法以及最佳实践的过程。( )

4. 对象中的操作围绕对其数据所需要的处理设置,操作结果与当时所处状态有关。( )

5. 面向对象的分析是面向计算机系统建立软件系统的对象模型。( )

6. 软件成熟度级别中可重复级描述了标准的系统开发过程管理。( )

7. 问题分析图(PAD)是系统分析过程中了解用户需求常用的工具。( )

8. 结构化设计以结构化分析产生的数据流为基础,按一定步骤映射成为软件结构。( )

9. 系统测试重点是模块之间的接口,发现与接口有关的问题。( )

10. 系统开发工作的考虑范围主要是程序设计和实现。( )

得分	

二、单选题(每小题2分,共20分)

1. 关于系统分析,下列正确的是________。
   A. 企业领导根据系统开发建议书下达系统开发任务
   B. 系统分析的目标是提出建设系统的物理方案
   C. 系统分析工作不确定性大,面向组织管理问题
   D. 系统分析员应比程序员、软件设计师更精通计算机技术

2. 决策树可以用来________。
   A. 代替数据流程图　　B. 描述某种基本加工的逻辑功能
   C. 描述数据结构　　D. 描述系统结构

3. 下列选项中________情况适合采用极限编程方法开发。
   A. 大型工程计算系统　　B. 时间短、人员少的软件系统
   C. 用户交互控制系统　　D. 软件包二次开发

4. 下列选项中________情况适合用结构化语言描述。
   A. 存在多个规则　　B. 顺序与循环动作较多
   C. 多个条件的组合　　D. 需要逻辑验证

5. 关于接口叙述,下列不正确的是________。
   A. 接口是一个类提供给其他类的一组操作

B. 接口类只有操作，没有属性

C. 接口在组件复用和组件替换中十分重要

D. 优秀的设计将接口与实现整合在一起

6. 关于包设计，不正确的是________。

A. 自顶向下原则　　B. 职能集中原则

C. 互不交叉原则　　D. 跨层访问原则

7. 下列选项中________重点围绕需求说明书进行测试。

A. 验证测试　　B. 确认测试　　C. 系统测试　　D. 审计测试

8. 下列选项中________不属于面向对象行为建模。

A. 状态图　　B. 活动图　　C. 部署图　　D. 顺序图

9. 关于 GRASP 下列说法不正确的是________。

A. 有关对象设计中职责分配的指导原则

B. 与 GOF 一样都属于软件设计模式

C. 包含 5 个基本模式

D. 职责分为"知道型"和"做型"两种

10. 绘制数据流图的注意事项中不包括________。

A. 自顶向下，逐层分解，保持平衡

B. 数据流必须通过加工

C. 数据存储要考虑到存储器的介质特点和技术手段

D. 命名要注意规范

得分	

三、简答题(每小题 5 分，共 20 分)

1. 简述面向对象系统开发方法的主要特点。
2. 简述 4 种典型的系统开发路线。
3. 简述系统设计的主要原则。
4. 简述逻辑系统模型和物理系统模型的主要区别。

得分	

四、应用题(共 40 分)

某超市连锁店希望开发商品零售的支付系统，支持多种付款方式以及实时结算清算的高性能现代化支付系统。该系统将用于所有的具有独立结算和网络化的商品销售网点和超市。

系统充分利用了网络技术和安全加密技术，对数据库的支持也使得所有交易数据能被安全高效的存储。由于系统的开发过程基于.NET 框架，UML 能很好地与.NET 的面向对象设计语言结合，能大大提高软件开发的效率，缩短开发周期，提高软件质量。系统的目标是提高结算的自动化水平，为业务过程提供更快捷的、更好的和更经济的服务：

- 为顾客快速结账；
- 进行快速准确的销售统计分析；
- 仓储控制自动化。

该系统具备如下功能：

1. 基本功能

标号	功 能	标号	功 能
R1.1	记录在线的(当前的)销售-卖出商品	R1.5	当一次销售被提交系统以后,削减相应库存
R1.2	计算当前的销售总额,包括税和优惠折算	R1.6	提供一个持久化存储机制
R1.3	从条形码中获得被购买的商品信息	R1.7	显示记录下来的商品说明,商品价格
R1.4	记录完整的销售信息		

2. 处理支付的功能

标号	功 能
R2.1	处理现金支付,记录付款额,计算应还款额
R2.2	处理信用卡支付,从读卡机中读入信用卡信息,连接信用卡授权服务机构来为顾客的信用卡支付提供授权服务
R2.3	处理支票支付,人工录入个人信息并为支付服务,连接支票授权服务机构来为顾客的支票支付提供授权服务
R2.4	将信用卡支付的款项记录到应收系统中去

问题:(1) 请根据你的分析与理解对该系统进行功能分解。(8分)

(2) 绘制系统主要的数据流图。(8分)

(3) 绘制该系统的主要实体关系图。(8分)

(4) 绘制该系统的主要用例图。(8分)

(5) 绘制该系统的主要类图。(8分)

模拟题 3

得分	

一、单选题(每小题 2 分,共 20 分)

1. 发展CASE的目的是提高________。
   A. 系统的重用性　　B. 系统可维护性
   C. 系统可扩充性　　D. 系统开发效率和质量
2. 在各种系统开发方法中,系统重用性、扩充性、维护性最好的开发方法是________。
   A. 原型法　　B. 结构化系统开发方法
   C. 面向对象的方法　　D. 加速开发方法
3. 原型化方法是用户和软件开发人员之间进行的一种交互过程,适用于________系统。
   A. 决策支持　　B. 需求确定的
   C. 管理信息　　D. 需求不确定的
4. ________是对系统的用例、类、对象、接口以及相互间的交互和协作进行描述。
   A. 系统体系结构　　B. 软件(逻辑)系统体系结构
   C. 硬件(物理)系统体系结构　　D. 系统框架
5. 用于辅助管理人员理解项目费用、质量、范围等影响的主要工具是________。

A. 数据-地点矩阵　　　　B. 候选系统矩阵
C. 预期管理矩阵　　　　D. 可行性分析矩阵

6. 系统开发过程的问题分析阶段的主要交付品是________。

A. 问题陈述　　　　B. 系统改进目标
C. 业务需求陈述　　　　D. 范围与构想

7. 在 UML 的需求分析模型中，对用例模型中的用例进行细化说明应使用________。

A. 活动图　　B. 状态图　　C. 配置图　　D. 构件图

8. 下列选项中________不是面向对象类识别的方法。

A. 通用类模式　　B. 用例驱动　　C. CRC 方法　　D. RAD 方法

9. CMM 模型将软件过程的成熟度分为 5 个等级。实现了一致性的过程管理的级别是________。

A. 优化级　　B. 管理级　　C. 定义级　　D. 可重复级

10. 下列选项中________特点不是面向对象方法的显著特征。

A. 并发性　　B. 多态性　　C. 封装性　　D. 继承性

得分	

二、填空题(每空 2 分,共 12 分)

1. Use Case 用来描述系统在事件做出响应时所采取的行动。用例之间是具有相关性的。在一个"订单输入子系统"中,创建新订单和更新订单都需要检查用户账号是否正确。那么,用例"创建新订单"、"更新订单"与用例"检查用户账号"之间是__(1)__关系。

2. UML 中,对象行为是通过交互来实现的,是对象间为完成某一目的而进行的一系列消息交换。消息序列可用两种类来表示,分别是__(2)__和__(3)__。

3. UML 客户需求分析使用的 CRC 卡片上"责任"一栏的内容主要描述类的__(4)__和操作。

4. 父类"几何图形"中定义方法"绘图"。子类"圆形"、"多边形"都继承了几何图形类的绘图方法,但功能不同。这体现了面向对象的__(5)__特性。

5. 在面向对象的各种代表性方法中,__(6)__是以用例驱动为特点的面向对象软件工程方法。

得分	

三、简答题(每小题 6 分,共 30 分)

1. 面向对象需求分析中的典型活动有哪些?
2. 简要描述信息系统开发的主要过程。
3. 简述结构化分析与信息工程的主要区别。
4. UML 软件开发过程的基本特征有哪些?
5. 比较协作图和时序图。

得分	

四、应用题(共 36 分)

1. 过程逻辑描述如下:如果申请者的年龄在 21 岁以下,要额外收费;如果申请者是 21 岁以上并是 26 岁以下的女性,适用于 A 类保险;如果申请者是 26 岁以下的已婚男性,或者是 26 岁以上的男性,适用于 B 类保险;如果申请者是 21 岁以下的女性或是 26 岁以下的单

身适用于C类保险。除此之外的其他申请者都适用于A类保险。请根据上述描述绘制决策表。(10分)

2. 商场POS系统的前台管理是:由各柜台开出购物收款单,在POS上录入单证并检查,出收款传票;据传票和现金或信用卡进行收款处理,出发货单去柜台领回商品,另一方面出销售流水记录;对销售流水账分类出收款分类表去财务和出销售分类账;每日进行销售汇总和审核以对柜组考核,并出日出库明细账和进销存日报表中的销售情况。请画出该系统的数据流程图。(10分)

3. 某工厂(包括厂名和厂长名)需建立一个管理数据库,用于存储以下信息:

(1) 一个厂内有多个车间每个车间有车间号、车间主任姓名、地址和电话。

(2) 一个车间有多个工人,每个工人有职工号、姓名、年龄、性别和工种。

(3) 一个车间生产多种产品,产品有产品号和价格。

(4) 一个车间生产多种零件,一个零件也可能为多个车间制造。零件有零件号、重量和价格。

(5) 一个产品由多种零件组成,一种零件也可装配出多种产品。

(6) 产品与零件均存仓库中。

(7) 厂内有多个仓库,仓库有仓库号、仓库主任姓名和电话。

问题:(1) 建立该系统的概念模型。(10分)

(2) 标识各实体的主键与外键。(6分)

模拟题4

得分	

一、单选题(每小题1分,共20分)

1. 原型化方法是用户和软件开发人员之间进行的一种交互过程,适用于________系统。

A. 需求不确定的　　B. 需求确定的

C. 管理信息　　D. 决策支持

2. ________是软件(逻辑)系统体系结构(类、对象、它们之间的关系和协作)中定义的概念和功能在物理体系结构中的实现。

A. 构件　　B. 节点　　C. 软件　　D. 模块

3. ________意味着一个操作在不同的类中可以有不同的实现方式。

A. 多态性　　B. 多继承　　C. 类的复用　　D. 封装

4. 在各种系统开发方法中,系统可重用性、可维护性以及稳定性最好的开发方法是________。

A. 原型法　　B. 结构化系统开发方法

C. 面向对象的方法　　D. 加速开发方法

5. 发展CASE的目的是提高________。

A. 系统的重用性　　B. 系统可维护性

C. 系统可扩充性　　D. 系统开发效率和质量

6. 在下列面向对象的方法中,________种方法是以分析为重点的代表性方法,并从对象模型、动态模型和功能模型3个视角描述系统并建立模型。

A. Booch方法　　B. OMT方法
C. OOSE方法　　D. Coad/Yourdon方法

7. 系统开发过程的问题分析阶段的主要交付品是________。

A. 问题陈述　　B. 系统改进目标
C. 业务需求陈述　　D. 范围与构想

8. 用于辅助管理人员理解项目费用、质量、范围等影响的主要工具是________。

A. 数据-地点矩阵　　B. 候选系统矩阵
C. 预期管理矩阵　　D. 可行性分析矩阵

9. 关于UML,下列说法正确的是________。

A. UML是可视化程序设计语言
B. UML是一种面向对象方法
C. UML是独立于过程的一种建模语言
D. UML是Rational公司开发的CASE工具

10. 如果用例“提交新会员订单”和用例“提交通信地址改变”包含了同样的功能步骤“修改通信地址”,那么可以将“修改通信地址”提取成为________。

A. 扩展用例　　B. 抽象参与者　　C. 被扩展用例　　D. 抽象用例

11. 下列关于用户界面设计不正确的是________。

A. 用户界面应保持一致性　　B. 界面应展示尽可能多的信息
C. 应用程序应与界面分离　　D. 采用窗口分割不同种类的信息

12. CMM模型将软件过程的成熟度分为5个等级。实现了一致的过程管理的级别是________。

A. 优化级　　B. 管理级　　C. 已定义级　　D. 可重复级

13. 在UML的视图中,用来描述系统中对象之间的动态协作关系,并侧重于描述各个对象之间存在的消息收发关系(交互关系)的图是________。

A. 活动图　　B. 协作图　　C. 顺序图　　D. 状态图

14. 下列________是最终用户使用真实数据一段时间后进行的最终系统测试。

A. 确认测试　　B. 验收测试　　C. 系统测试　　D. 集成测试

15. 大型信息系统项目的高层管理者一般采用________项目管理方法进行总体计划。

A. Gantt图　　B. 项目评审技术
C. 关键路径分析法　　D. PETRI网

16. 下列________描述了不同位置上的数据和访问权限。

A. 数据—位置—CRUD矩阵　　B. 过程—位置—关联矩阵
C. 数据—过程—CRUD矩阵　　D. 对象—位置—关联矩阵

17. 下列选项中________技术不是对信息系统的经济可行性进行分析的常用技术。

A. 投资回收分析　B. 投资回报率　　C. 净现值　　D. 贴现率

18. 下列________系统开发方法提出了“数据位于现代数据处理系统的中心”以及“数据稳定论”的思想。

A. 结构化方法　　B. 面向对象方法

C. 信息工程方法　　　　　　　　D. 快速原型法

19. 某信息系统开发项目的 PERT 图如下：

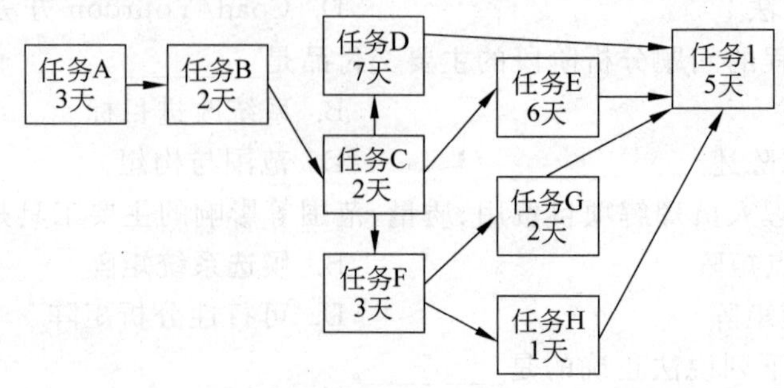

则该项目最早完成时间为________。

A. 19 天　　　B. 18 天　　　C. 17 天　　　D. 16 天

20. 有关基于因特网的体系架构，下列说法正确的是________。

A. 访问数据库记录必须首先把整个文件下载到执行数据处理逻辑的客户端

B. 应用逻辑必须在所有客户端上进行复制和维护

C. 表现逻辑需要在客户端浏览器中使用从 Web 服务器下载的内容实现

D. 表现逻辑和应用逻辑在客户端实现，数据处理层在服务器端实现

得分	

二、填空题(每空 2 分，共 20 分)

1. ___(1)___、___(2)___、___(3)___建立了 UML 面向对象开发过程中的对象动态模型。

2. 面向对象方法具有的三大特性分别是___(4)___、___(5)___、___(6)___。

3. 根据下面的实体关系图填空。

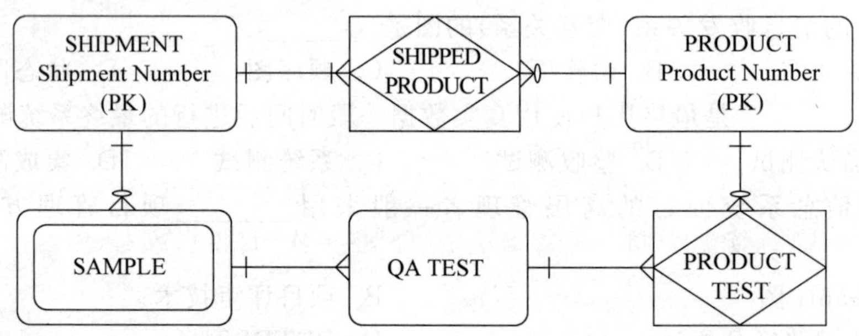

哪些是弱实体___(7)___。

SHIPPED PRODUCT 的主键是___(8)___。

SAMPLE 实体的主键是___(9)___。

SAMPLE 实体和 QA TEST 实体之间的关系是确定性关系还是非确定性关系？___(10)___。

得分	

三、简答题(共 20 分)

1. 简述面向对象方法相对于结构化方法和优点。(4 分)

2. 简述 B/S 与 C/S 架构的主要区别。(4 分)

3. 简述不同系统关联人员在信息系统开发中的关注点。(4 分)

4. 什么是 UML? 使用 UML 进行建模有哪些目的?(5 分)

5. 列出描述过程逻辑的三种方法。(3 分)

得分	

四、应用题(共 40 分)

1. 王大夫在小镇上开了一家牙科诊所。他有一个牙科助手、一个牙科保健员和一个接待员。王大夫需要一个软件系统来管理预约。

当病人打电话预约时,接待员将查阅预约登记表,如果病人申请的就诊时间与已定下的预约时间冲突,则接待员建议一个就诊时间以安排病人尽早得到诊治。如果病人同意建议的就诊时间,接待员将输入预约时间和病人的名字。系统将核实病人的名字并提供记录的病人数据,数据包括病人的病例号等。在每次治疗或者清洗后,助手或保健员将登记相应的预约诊治已经完成,如果必要的话会安排病人下次再来。

系统能够按病人姓名和按日期进行查询,能够显示记录的病人数据和预约信息。接待员可以取消预约,可以打印出前两天尚未接诊的病人清单。系统可以从病人记录中获知病人的电话号码。接待员还可以打印出关于所有病人的每天和每周的工作安排。

问题:(1) 建立上述牙科诊所管理系统的数据流图。(10 分)

(2) 建立上述牙科诊所管理系统的用例模型。(7 分)

(3) 建立上述牙科诊所管理系统的 UML 类图。(8 分)

2. 某企业决定开发一个企业仓储管理系统,现进行系统的设计工作。

该企业有多个仓库,每个仓库配备一台前端机,进出货物均由前端机辅助实现。中心数据库存储了各仓库中每种货物的库存信息。管理员每天上班时,通过前端机从中心数据库的库存表中读取本仓库各种货物的库存数,每个仓库的当日业务数据也都暂时存在前端机,当天业务结束后,再将前端机中存储的数据传输到主机进行存储与汇总。每个仓库可以存放多种货物,但同一种货物不能存放在不同的仓库中。每个仓库有多个管理员,但每个管理员只管理一个仓库。货物出库/入库时,由仓库管理员将货物的条码通过阅读器输入前端机,货物数量的默认值为 1,可以由管理员修改。前端机根据输入的货物信息,打印"出库/入库"清单。出库/入库单中同一种货物最多只出现一次,每份出库/入库单由流水号唯一标识。下表是一个出库单的实例。

流水号:20040808001300101　　　　时间:2005-10-01　13:22

货物编号	货物名称	单价	数量
320010010988	洗衣机	1680.00	26
320010010655	24 寸彩电	7580.00	20
320010010126	空调	2360.00	60

管理员:　　　　出库/入库:出库

该系统处理业务的过程如下:

初始化:前端机根据仓库号从货物表中读取本仓库中每种货物的货物编码、库存量、货物名称和单价。

登记出库/入库信息：由前端机存储每笔“出库/入库”记录。

汇总：在每个工作日结束前汇总当日各种货物的“出库/入库”量至日汇总表。

更新库存表：根据当日的汇总信息更新货物的库存。

问题：(1) 根据题意，设计出上下文数据模型。(10 分)

(2) 标出每个实体的主键和外键。(5 分)

模拟题 5

得分	

一、判断题(每小题 2 分，共 20 分)(对的打“√”，错的打“×”)

1. 缺乏有力的方法学的指导和有效的开发工具的支持，这往往是产生软件危机的原因之一。(　　)

2. 需求分析阶段的成果主要是需求规格说明，但该成果与软件设计、编码、测试直至维护关系不大。(　　)

3. 软件设计时应采用原则为：尽量多使用内容耦合，少用控制耦合，限制数据耦合的范围。(　　)

4. 模块的内聚性是对一个软件结构内各个模块之间互连程度的度量。(　　)

5. 在编写程序时应尽可能避免使用括号等符号以提高表达式的清晰度。(　　)

6. 通过分析程序内部的逻辑与执行路线来设计测试用例，进行测试的方法，称为黑盒法。(　　)

7. 软件主要是由程序与文档组成。程序是按事先设计的功能和性能要求执行的指令序列；文档是与程序开发、管理与维护有关的材料。(　　)

8. 软件的宽度与模块的扇入有关，一个模块的扇入过多，说明该模块过于复杂。(　　)

9. 在进行测试用例设计时，应在一个用例中尽可能多地包含尚未包括的不合理的等价类。(　　)

10. Macabe 方法是根据程序中的运算数和操作数的总数来度量程序的复杂度。(　　)

得分	

二、单选题(每小题 2 分，共 20 分)

1. 关于 UML 类图映射为库表为原则，不正确的是________。

A. 类映射成表　　B. 类的属性映射为字段
C. 类的属性类型映射为表的域　　D. 类的操作映射为表的属性值

2. 下列选项中________不是面向对象程序设计应遵循的原则。

A. 可重用性原则　　B. 集成性原则
C. 可扩充性原则　　D. 健壮性原则

3. 模块的内聚性最高的是________。

A. 逻辑内聚　　B. 时间内聚　　C. 偶然内聚　　D. 功能内聚

4. 下列功能完全相同的结构是________。

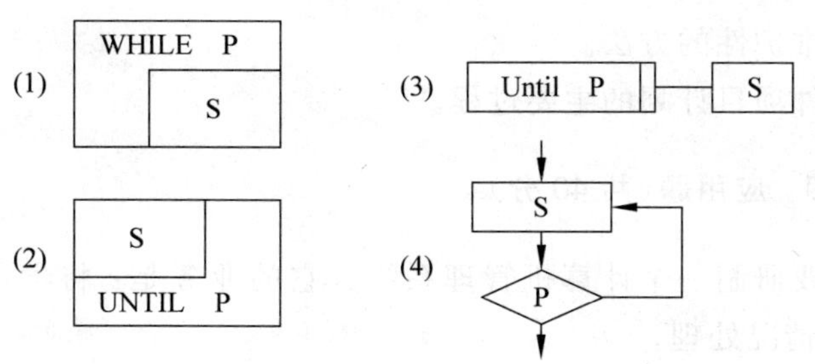

A. (1)(2)　　B. (1)(3)　　C. (2)(4)　　D. (2)(3)

5. 下列不属于白盒测试的方法是________。

A. 逻辑覆盖法　　B. 等价类划分法

C. 基本路径法　　D. 循环覆盖法

6. 下列选项中________是详细设计阶段的主要任务。

A. 软件结构图　　B. 软件程序设计

C. 软件功能模块　　D. 软件编码

7. 若有一个计算类型的程序,它的输入量只有一个X,其范围是[－1.0,1.0],现从输入的角度考虑一组测试用例:－1.001,－1.0,1.0,1.001。设计这组测试用例的方法是________。

A. 条件覆盖法　　B. 等价分类法

C. 边界值分析法　　D. 错误推测法

8. 因计算机硬件和软件环境的变化而作出的修改软件的过程称为________。

A. 纠正性维护　　B. 适应性维护

C. 完善性维护　　D. 预防性维护

9. 在商业系统中进行数据输入与撤销等常使用的界面交互形式为________。

A. 表单交互　　B. 菜单交互

C. 指令语言交互　　D. 基于对象的交互

10. 下图中,关键路径为________。

A. 92 天　　B. 90 天　　C. 89 天　　D. 87 天

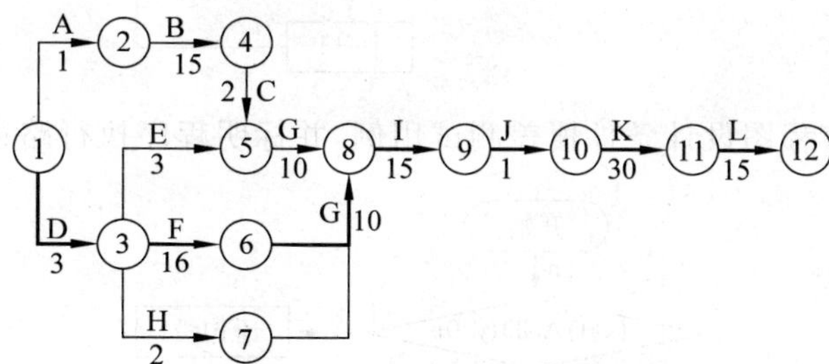

得分	

三、简答题(每小题4分,共20分)

1. 比较瀑布模型和原型模型各自的优缺点。
2. 简述面向对象系统分析阶段的基本任务。
3. 简述软件概要设计和详细设计的主要任务。

4. 简述提高可维护性的方法。

5. 简述制定软件项目计划的主要过程。

得分	

四、应用题(共 40 分)

1. 某培训中心要研制一个计算机管理系统。它的业务是:将学员发来的信件收集分类后,按几种不同的情况处理。

(1) 如果是报名的,则将报名数据送给负责报名事务的职员,他们将查阅课程文件,检查该课程是否额满,然后在学生文件、课程文件上登记,并开出报告单交财务部门,财务人员开出发票给学生。

(2) 如果是想注销原来已选修的课程,则由注销人员在课程文件、学生文件和账目文件上做相应的修改,并给学生注销单。

(3) 如果是付款的,则由财务人员在账目文件上登记,也给学生一张收费收据。

要求:

(1) 对以上问题画出数据流程图。(8 分)

(2) 画出该培训管理的软件结构图的主图。(7 分)

2. 某程序的程序流程图的拓扑结构如下图所示。

(1) 绘制该程序的程序图。(5 分)

(2) 计算该程序图的环路复杂性。(5 分)

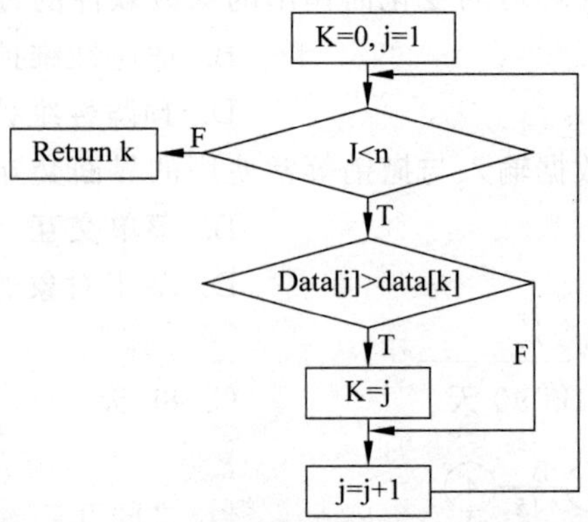

3. 为以下程序流程图设计条件覆盖测试用例,并标明程序执行路径。(7 分)

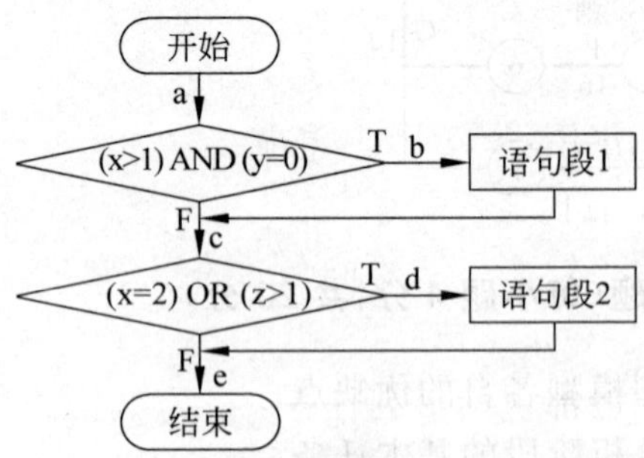

4. 某超市进销存系统的基本需求如下,请绘制该系统需求的用例图。(8 分)

(1) 销售：

- 售货员接收顾客订购，输入顾客购买的商品，计算总价；
- 顾客付款并接收清单；
- 售货员保存顾客购买的商品记录。

(2) 库存：

- 库存管理员每天进行盘点；
- 库存管理员每天发现库存商品有损坏时，及时到相关部门报损；
- 在供应商的商品到货时，超市人员首先检查商品是否合格，并将合格的商品入库处理；
- 经理、统计分析员根据需要进行相关商品的模糊查询或详细查询。

(3) 订货：

- 订货员用新商品供应商信息更新供应商数据库的信息；
- 订货员统计库存商品是否低于库存下限，然后制作订货单。

(4) 统计：

- 经理在促销期间或节日期间，注明相关商品的促销价格和手段；
- 经理按市场情况经常变动商品价格。

模拟题 6

得分	

一、判断题(每小题 2 分，共 20 分)(对的打“√”，错的打“×”)

1. 通过分析程序内部的逻辑与执行路线来设计测试用例，进行测试的方法，称为黑盒法。(　　)

2. Jackson 系统开发方法是一种典型的面向数据流的开发方法。(　　)

3. 需求分析的任务不是确定系统如何完成它的工作，而是确定系统必须完成哪些工作(　　)

4. 模块的内聚性是对一个软件结构内各个模块之间互连程度的度量。(　　)

5. 面向对象方法中对私有数据访问需要了解数据的具体结构与实现算法。(　　)

6. 自顶向下进行渐增式测试的缺点在于：主要的控制最后才能测试，影响范围大。(　　)

7. 在用户需求分析时观察用户手工操作过程不是为了模拟手工操作过程，而是为了获取第一手资料，并从中提取出有价值的需求。(　　)

8. 快速原型技术的适用于软件产品要求大量的用户交互，或产生大量的可视输出，或设计一些复杂的算法等场合。(　　)

9. 面向数据设计方法一般都包括下列任务：确定数据结构特征；用顺序、选择和重复三种基本形式表示数据等步骤。(　　)

10. 数据输入的一般准则中包括尽量增加用户输入的动作。(　　)

得分	

二、单选题(每小题 2 分,共 20 分)

1. 下列选项中________不是面向对象方法的主要特性。
   A. 继承性　B. 多态性　C. 封装性　D. 并发性
2. 把今天的方法用于昨天的系统,支持明天的需求,这种维护属于________。
   A. 适应性维护　B. 预防性维护　C. 完善性维护　D. 改正性维护
3. 模块的耦合性最差的是________。
   A. 数据耦合　B. 标记耦合　C. 内容耦合　D. 控制耦合
4. 下列选项中________方法属于黑盒测试方法。
   A. 因果关系法　B. 路径覆盖法　C. 判定覆盖法　D. 循环覆盖法
5. 研究开发所需要的成本和资源是属于可行性研究中的________研究的一方面。
   A. 技术可行性　B. 经济可行性　C. 社会可行性　D. 法律可行性
6. 软件详细设计主要采用的方法是________。
   A. 模块设计　B. 面向对象设计
   C. PDL 语言　D. 结构化程序设计
7. 下列属于维护阶段的文档是________。
   A. 软件规格说明　B. 用户操作手册
   C. 软件问题报告　D. 软件测试分析报告
8. 快速原型模型的主要特点之一是________。
   A. 开发完毕才见到产品　B. 及早提供全部完整的软件产品
   C. 开发完毕后才见到工作软件　D. 及早提供工作软件
9. 关于用户界面设计,下列说法中正确的是________。
   A. 用户应尽可能多地使用键盘完成数据输入
   B. 用户界面中的窗口只需要考虑控件位置,不需要考虑排放格式
   C. 复选框一般垂直排放,同一组的复选框不宜超过 10 个
   D. 下拉列表框中选项一般多于 3 项,少于 8 项
10. 下列模型属于成本估算方法的有________。
   A. COCOMO 模型　B. McCall 模型
   C. McCabe 度量法　D. 时间估算法

得分	

三、简答题(每小题 5 分,共 30 分)

1. 简述软件工程目标和面临的主要问题。
2. 简述结构化程序设计方法的基本要点。
3. 简述白盒测试与黑盒测试的主要区别。
4. 试描述软件生存周期各个阶段的基本任务。
5. 简述结构化分析方法的步骤。
6. 简述软件需求分析的主要任务和步骤。

得分	

四、应用题(共 30 分)

1. 某配件公司的营销系统中包含“销售”、“采购”、“会计”3 个加工，其中“会计”系统包含的处理逻辑有

3.1 收款处理

3.2 编制会计报表

3.3 修改总账目

3.4 核对对账单

3.5 付款处理

有关的数据存储为：

F10 应收款总账目

F11 总账目

F9 应付款账目

与此有关的外部项有顾客、供应商、经理。

根据上述描述，画出数据流图。(10 分)

2. 根据以下内容，画出数据字典。(10 分)

某旅馆的电话服务如下：可以拨分机号和外线号码。分机号是从 7201 至 7299。外线号码先拨 9，然后是市话号码或长话号码。长话号码是以区号和市话号码组成。区号是从 100～300 中任意的数字串。市话号码是以局号和分局号组成。局号可以是 455，466，888，552 中任意一个号码。分局号是任意长度为 4 的数字串。

要求：写出在数据字典中，电话号码的数据条目的定义(即组成)。

3. 已知被测试模块流程图如下，按照“判定覆盖”法，在表格中填入满足测试要求的数据。(10 分)

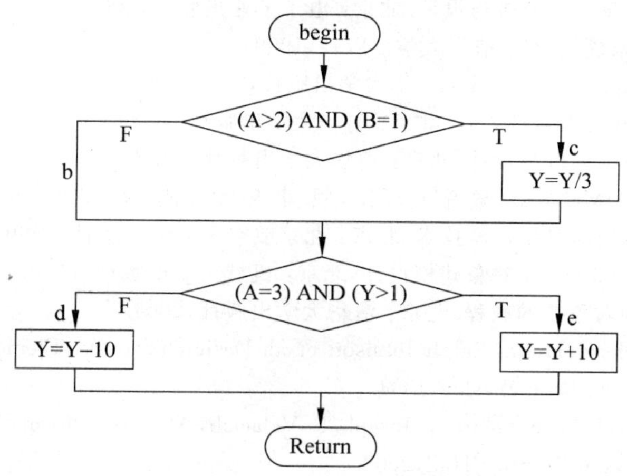

填写下表：

数据	覆盖路径	覆盖分支	Y 值
		TT FF	

参考文献

[1] Jason T Roff. UML 基础教程. 张瑜,杨继萍,等译. 北京：清华大学出版社,2003.

[2] 刘仲英. 管理信息系统分析与设计. 北京：中国物资出版社,1993.

[3] 黄明，梁旭，周绍斌. Java 课程设计. 北京：电子工业出版社,2006.

[4] 谭云杰. 大象——Thinking in UML. 北京：中国水利水电出版社,2009.

[5] 陆惠恩. 软件工程基础,北京：人民邮电出版社,2005.

[6] 王慧芳,毕建权. 软件工程,杭州：浙江大学出版社,2006.

[7] [美]Kenneth E Kendall,Julie E Kendall. 系统分析与设计. 5 版. 施平安,徐远新,钟玮珺,等译,北京：清华大学出版社,2004.

[8] [美]Joseph S Valacich, Joey F George, Jeffrey A Hoffer. 系统分析与设计基础. 施平安,译,北京：清华大学出版社,2005.

[9] Michael Blaha,James Rumbaugh. UML 面向对象建模与设计. 车皓阳,杨眉,译. 北京：人民邮电出版社,2006.

[10] Richard C Lee, William M Tepfenhart 著. UML 与 JAVA 面向对象开发实践. 王晨溦,译. 北京：清华大学出版社,2003.

[11] Sinan Si Alhir. UML 高级应用. 韩志宏,译. 北京：清华大学出版社,2004.

[12] Craig Larman. UML 和模式应用-面向对象分析与设计导论. 姚淑珍,李虎,等译. 北京：机械工业出版社,2002.

[13] Jason T Roff. UML 基础教程. 张瑜,杨继萍,等译. 北京：清华大学出版社,2003.

[14] Jeffrey L Whitten,Lonnie D Bentley,Kevin C Dittman. 系统分析与设计方法. 6 版. 肖刚,孙慧,等译. 北京：机械工业出版社,2004.

[15] 刘兰娟,竺宇光. 信息系统分析与设计. 北京：电子工业出版社,2002.

[16] 薛华成. 管理信息系统. 北京：清华大学出版社,1999.

[17] 张海藩. 软件工程导论. 4 版,北京：清华大学出版社,2003.

[18] 左美云. 信息系统开发与管理教程. 北京：清华大学出版社,2006.

[19] 卫红春,等. 信息系统分析与设计. 北京：清华大学出版社,2009.

[20] Joseph Schmuller. UML 基础、案例与应用. 3 版. 李虎,赵龙刚,译. 北京：人民邮电出版社,2004.

[21] 刘超,张莉. 可视化面向对象建模技术. 北京：北京航空天大学出版社,1999.

[22] Paul Dorsey. Oralce 8 UML 对象建模设计,北京：机械工业出版社,2000.

[23] 王少锋. UML 面向对象技术教程. 北京：清华大学出版社,2004.

[24] Erich Gamma,Richard Helm,Ralph Johnson et al. Design Patterns: Elements of Reusable Object-Oriented Software. Addison-Wesley,1994.

[25] Jeffrey A Hoffer, Joey F George, Joseph S Valacich, Modern information system analysis and design. 4th ed. Pearson Prentice Hall,2008.